集美学校百年校史

《集美学校百年校史》编写组

主编 林斯丰

厦门大学出版社
国家一级出版社
XIAMEN UNIVERSITY PRESS
全国百佳图书出版单位

校主陈嘉庚先生(1874—1961)

集美学校校歌

1=F（或G）
2/4（庄严）

5·5 5·5 | 5·3 | 1 3·2— | 3·3 3·3 | 3— |
闽海之滨　有我集美乡，　　山明兮水秀，

6·6 2·2 | 5— | 5 6 7 1 | 2 3 4 5 | 6 6 6 6 | 5 4 3 2 |
胜地冠南疆。　天然位置，惟序与黉，英才乐育，蔚为国光。

5·5 5 | 3·3 3 | 2 1 7 6 | 2 2 5 | 6 4 | 5·5 5 |
全国士聚一堂，　师中实小共提倡。春风　吹和煦，

1 2 | 3·3 3 | 6 5 | 4321 2 3 1 | 21 76 5 | 1 1 2 2 | 3·3 3 |
桃李尽成行。树人需百年，美哉教泽长。诚毅二字中心藏。

6 5 | 3 1 | 2 5·4 | 3·2 1 ‖
大家勿忘，大家　勿　忘。

1. 集美小学校木质校舍(1913年)
2. 集美小学三立楼
3. 集美小学延平楼(1922年)

①	②
③	④
	⑤

1. 集美学校博文楼(图书馆 1998年)
2. 集美学校博文楼(图书馆 1920年)
3. 集美幼儿园葆真堂
4. 集美幼儿园原貌(1926年)
5. 集美幼儿园养正楼

①
　　②
③
　　④

1. 集美中学道南楼(1962年)
　　南薰楼(1959年)
2. 集美中学高中部(2011年)
3. 集美学校中学居仁楼(1918年)
4. 集美学校龙舟池

①
②
③

1. 集美大学新校区(2008年)
2. 集美大学允恭楼群(1923年)
3. 集美大学尚忠楼群(1921年)

① 1. 厦门海洋职业技术学院翔安校区
② 2. 厦门海洋职业技术学院思明校区
③ 3. 集美轻工业学校全景

1. 集美归国华侨学生补习学校(1953年)
2. 集美学村校门(1953年)
3. 华侨大学华文学院南侨群楼
4. 1991年前的集美学村大门
5. 1994年之后的集美学村校门

序

今年 10 月，我们将迎来陈嘉庚先生创办集美学校 100 周年。100 年斗转星移，100 年风雨沧桑；100 年春华秋实，100 年薪火传承。在百年校庆即将到来之际，集美学校委员会决定编撰《集美学校百年校史》(1913—2013)。

100 年前，怀抱兴学报国之志的陈嘉庚先生从南洋归来，创办了集美小学校，从而奠定了集美学校的基石。饮水思源，抚今追昔，我们无限缅怀校主陈嘉庚先生。缅怀先生的伟大精神、高尚情操和为国、为民、为家乡所作的不朽贡献。

集美学校百年校史乃嘉庚先生爱国爱乡、兴教兴学之史。嘉庚先生是一位伟大的爱国主义者。他一生忠贞爱国，矢志于国家和民族的统一与振兴。辛亥革命、抗日战争、新中国成立，中国现代史上国家和民族所处的每一重要历史关头，嘉庚先生都深明大义、明辨是非，为祖国和民族的利益，义无反顾，挺身而出，带头出钱出力，组织带领南洋侨胞全力以赴，甚至置生命安危于不顾。弥留之际，他遗嘱的第一项，是呼吁亲友们竭尽努力，争取台湾早日回归祖国怀抱。其爱国爱乡之情之举，感人至深。毛泽东主席赞誉嘉庚先生为"华侨旗帜，民族光辉"。

爱国爱乡是嘉庚先生兴教兴学的力量源泉。翻开集美百年校史，深深感佩嘉庚先生强烈的对国家对民族尽国民之义务的责任感和浓烈的家国情怀。他自言"对于轻金钱、重义务、诚信果毅、嫉恶好善、爱国爱乡诸点，尤所服膺向往，而自愧未能达其万一，深愿与国民共勉之也"。秉持"教育为立国之本，兴学乃国民天职"之理念，在南洋兴业获得成功后，他即"思欲尽国民一分子之天职"，毅然携资回家乡兴学报国，创办了包括幼儿园、小学、中学、各类职业技术专门学校在内的规模宏大的集美学校和被誉为"南方之强"的厦门大学。他亲力亲为，做规划、选校址、觅校长、定学科，"不惜牺牲金钱，竭殚心力"。他独力维持集美学校长达半个世纪，维持厦门大学 16 年。在南洋实业陷于困难之际，他甚至不惜"出卖大厦、维持厦大"。在侨居地，为保存中华文化，弘扬民族精神，启发侨生爱国觉悟，他亦创办和资助了许多华侨学校。而所做的这一切，他概视之为"尽国民之义务"，不为名、不图利，无论是集美学校还是海外的学校，没有一所学校、没有任何一栋楼宇冠以他的名字。受嘉庚先生模范行动所感召，其胞弟陈敬贤

先生受命返乡经营校舍，延揽师资，倾尽心力，而后又接理新加坡工商业务，为筹建校经费拼命工作，积劳成疾，不幸英年早逝。其女婿李光前先生，其族弟陈六使、陈文确先生都曾为厦门大学、集美学校捐过巨资，海内外的校友也支持赞助，直至今天仍在延续。受其影响，南洋华侨回乡、在侨居地创办文化教育更是蔚然成风。

嘉庚先生是卓越的教育家。翻开集美百年校史，深深折服于嘉庚先生"为改进国家社会，舍教育莫为功"的远见卓识和其对教育内涵之深刻把握。立足提高国民之素质，百年前他就"从娃娃抓起"，创办了第一所中国人自己办的幼稚园；创办了学费、住宿费全免且提供校服，让穷孩子也读得起的小学、中学；创办了全省第一所私立师范学校，为乡村输送师资力量。立足振兴民族工商业，他创办了水产、航海、商业、国学、农林等职业技术专门学校，在厦门大学设置航空专业、对外贸易专业、土木工程建筑专业，培养实业救国人才。嘉庚先生倡导女子教育，兴办女子学校；推广社会教育，兴办成年人扫盲夜校；开创华侨教育，让侨生回国就读，都领先于当时国内教育界。他提出"三育"（德育、智育、体育）并重，德育为先，而德育应以爱国教育为首要；他坚持学校教育要理论联系实际，重视教学实习和社会实践，出资建立教学实践基地，购置水产航海学校实习船，建立农林学校实验农场，培养学生动手能力和独立工作能力；他在集美学校区域内兴建图书馆、科学馆、体育馆、美术馆、医院等公共配套设施，并设立教育推广部，既服务于学校又成为向周边民众展示和宣传现代文明、科学技术的窗口。嘉庚先生的这些教育思想、理念和实践，不仅在上世纪20年代是先进的，即使在今天看来，仍然闪烁着极为深邃的智慧光芒。

祖国兴，学校兴。翻开集美百年校史，我们感慨学校与祖国同命运。100年来，集美学校革路蓝缕，栉风沐雨，走过了艰难缔造和发展改进，经历了播迁和复员，迎来了新生，又历经磨难，终于在改革开放中振兴，在跨越发展中开辟崭新的局面。1994年五所大专院校（集美航海学院、厦门水产学院、福建体育学院、集美财政高等专科学校、集美高等师范专科学校）联合组建集美大学，实现了嘉庚先生办集美大学的愿望。水产学校升格为"厦门海洋职业技术学院"，华侨补校成为华侨大学华文学院，轻工业学校连续五次被评为国家级重点中专学校，集美中学为省一级达标校，集美小学、幼儿园为省级示范校（园）。在我们将迎来百年校庆之际，集美大学取得了博士学位授予权。集美学校实现了从学前教育（幼儿园）、基础教育（小学、初中、高中）、职业教育（高职、中职）直至高等教育（专科、本科、硕士研究生、博士研究生以及成人教育、海外教育）的全覆盖，实现了可以在一个地方从幼儿园读到博士。正是"春风吹和煦，桃李尽成行"。

百年兴学，百年树人。集美学校100年的坎坷历程，既彰显了校主陈嘉庚的丰功伟绩和"诚毅"校训的精华所在，也彰显了叶渊、陈村牧、叶振汉等校长、校董的苦心经

营和一代代教职员工的辛勤耕耘；既饱含着党和政府的关心和支持，也饱含着集美人民的心血和贡献，还有那数以十万计的集美校友和莘莘学子情系母校、"共护门墙"的深厚情谊。

追本溯源，鉴往知来。纪念集美学校100周年，撰写校史，目的正是通过对嘉庚先生和学校历史的追忆，弘扬嘉庚先生伟大的爱国主义精神和淡泊名利、一心服务人类、造福社会的高尚情操，感召海内外的校友和所有热爱祖国、钦佩嘉庚先生的朋友们，承继嘉庚先生对民族振兴的坚定信念，爱国、爱乡、爱校，共同为中华民族的伟大复兴奋斗。

嘉庚精神如同国际小行星委员会命名的"陈嘉庚星"，与宇宙共存，与日月同辉。

谨为序，纪念陈嘉庚先生创办的集美学校百年华诞。

黄　菱

中共厦门市委常委、统战部长，集美学校委员会主任

2013年7月15日于厦门

目 录

导　言

2013年10月，陈嘉庚创办的集美学校迎来百年华诞。100年在历史的长河中只是短暂的瞬间，但对于集美学校来说却经历了沧桑巨变。

世纪川流，追本溯源。集美学校是集美各校的总称，指的是陈嘉庚1913年在故乡集美创办的集美小学校，以及后来在集美陆续创办的各级各类学校和所有附属公共设施。1921年2月，定"福建私立集美学校"为总校名，简称"集美学校"。

一、集美学校历史脉络

十年树木，百年树人。在长达一个世纪的岁月里，集美学校既经历了艰难曲折，也抒写了灿烂篇章。集美学校的百年发展史，大致可以划分为四个时期：

（一）开创、发展和改进时期（1913—1936）

1913年至1921年，陈嘉庚怀着兴学报国的雄心壮志，以开拓者的远大目光，先后创办了两等小学（1913年）、女子小学（1917年）、师范部（1918年）、中学部（1918年）、幼稚园（1919年）、水产科（1920年）、商科（1920年）、女子师范部（1921年），设立了同安教育补助处（1920年），以及医院（1920年）、图书馆（1920年）、银行（1921年），并制定和颁布了集美学校共同的校训、校歌（1918年），兴建了统一的钟楼（1921年），确定了"福建私立集美学校"的总校名（1921年），亲自选定、聘请了主持集美学校工作长达14年之久的叶渊校长（1920年5月—1934年2月），结束了师范、中学开办之初两年三易校长的不稳定局面。至1921年初，一个较为完整的教育体系和"师（师范）、中（中学）、实（实业科）、小（小学）共提倡"的办学格局基本形成，集美学校发展的整体轮廓初露端倪。

1921年后，集美学校逐渐转入稳定发展时期。这个时期先后设立了科学馆（1922年），将水产科改为水产部（1924年）、后改为高级水产航海部（1925年），将商科改为商业部（1924年），将同安教育补助处发展为教育推广部（1924年），在师范部开办高级师范选科（1925年），并增办了农林部（1926年）、国学专门部（1926年）、幼稚师范学校（1927年）等。这一时期也是校舍建筑的黄金时期，修建了数十幢校舍。

1927 年至 1936 年，学校进入改进时期。随着学校的发展，全校变更组织，改部为校。其时集美计有 11 所学校：国学专门学校、师范学校、中学、水产航海学校、商业学校、农林学校、女子初级中学、幼稚师范学校、小学、女子小学和幼稚园。规模之大，门类之全，影响之巨，无与伦比。但在这一时期，集美学校也经历了波折，包括先后发生学潮、陈嘉庚企业收盘、陈敬贤英年早逝、师范教育横遭"统制"等等，对学校的发展产生了重大影响。

（二）播迁与复员时期（1937—1949）

1937 年"七七"事变后，金门失陷，厦集成为最前线，学校和师生处于炮火威胁之下。师范、中学、商业、农林、水产航海各校，相继辗转播迁安溪、大田、南安等地办学，小学则移至同安农村。1938 年 1 月，各中等学校在安溪文庙合并办理，定名为"福建私立集美联合中学"，各校改设为科。1939 年 1 月，水产航海、商业和农林各科脱离联合中学，迁往大田，定名"福建私立集美职业学校"，后来又几度分合，在艰苦的条件下坚持办学。

抗战胜利后，学校相继复员，迁回集美，结束了这段校史上最为艰难困苦的播迁时期。八年中，集美原有的校舍多数毁于日军炮火，数十座屋宇无一完好。在陈嘉庚和广大集美校友的努力下，校舍陆续修葺，但到 1949 年 11 月 11 日，又遭国民党军队飞机狂轰滥炸，再度留下满目疮痍。这一期间，集美学校的办学规模大幅缩减，各校基本处于"维持"状态。至 1948 年秋，集美学校的成员仅存集美高级水产航海职业学校、集美高级商业职业学校、集美高级中学、集美初级中学、集美小学和集美幼稚园 6 所。

（三）新生与磨难时期（1949—1978）

新中国成立后，陈嘉庚应邀回国参政，并从此定居集美。在他的亲自主持、监督下，集美学校积极修复被战火毁坏的校舍，同时又进行了大规模的扩建。1951 年至 1959 年，扩建校舍面积达 16 万平方米，相当于新中国成立前校舍面积 4.5 万平方米的 3 倍多。学校迅速得以恢复并有很大发展，新办了水产商船专科学校、航海专科学校和华侨学生补习学校。1955 年秋，集美学校学生总数达到 5217 人，为新中国成立前学生数最多的 1931 年的两倍。1956 年 1 月，集美学校改校董会制为委员会制，成立"福建厦门私立集美学校委员会"，人民政府加大对集美学校的支持和指导。财经（1956 年）、水产航海（1957 年）各校逐步由人民政府全面负责，办校规模进一步扩大，学生人数日益增多，至 1960 年达 11638 人。

"文革"期间，集美学校经历了磨难，除中小学外，集美各校均于 1969 年底后陆续停办或解散。集美学校委员会基本瘫痪，科学馆、图书馆、体育馆、福南大礼堂、医院、印刷厂等，先后被划归外单位使用。中小学也处于一派混乱局面中。"文革"中后期，上海水产学院迁至集美，改称"厦门水产学院"；航海、财经、轻工、水产等校陆续复办，福建体育学校也在集美开办。1978 年，侨校复办，航海学校改办为航海专科学校，体育学校改办为体育学院。

(四)振兴、跨越和开创新局面的时期(1979—2013)

党的十一届三中全会以后,集美学校步入了新的发展时期,办学质量和办学效益得到稳步提高,学校面貌发生了显著的变化。厦门水产学院发展成为以农科专业为主,工科和管理学科兼容,多层次办学的部属水产高等院校。福建体育学院立足本省,为发展福建体育事业作出了积极的贡献。集美航海专科学校于1989年进一步升格为集美航海学院,校园面积和校舍面积成倍增长,办学成效显著。集美师专复办后艰苦创业,不断改进办学条件,加强学科和师资队伍建设,取得了丰硕成果。集美财经学校从全国重点中专升格为集美财经高等专科学校后,继续发挥原有办学优势,大大提高了办学效益。各中等学校和小学、幼儿园也都在改革开放的新形势下,努力实现教育振兴。集美学校委员会重新开展工作,校友总会恢复活动,《集美校友》复刊,印刷厂、图书馆收回,集友陈嘉庚教育基金会成立。

1994年,在全国政协委员提案、陈嘉庚国际学会倡议和社会各界积极建言和推动下,学村五所高校合并组建成立集美大学,并于1999年1月实现实质性合并。1995年3月,集美大学工商管理学院成立。2003年,集美水产学校升格办高职,定名为厦门(集美)海洋职业技术学院,诚毅学院也在这一年应运而生,集美大学硕士点获得批准,研究生教育从此在集美学校开始起步。

2003年以来,集美各校进一步扩大办学规模,改善办学条件,提升办学水平,实现科学发展。2007年,集美大学新校区建成,并荣膺"新中国成立60周年百项经典暨精品工程"称号。2008年,经过多年努力,集美大学以优秀的成绩通过教育部本科教学工作水平评估;2013年7月成为博士学位授予单位。厦门海洋职业技术学院翔安校区2006年投入使用,集美中学高中部2011年落成启用。各校更加重视内涵建设,注重质量提升,推进素质教育,培育校园文化,集美学校展现崭新局面。

二、百年校史编写思路

集美学校是很特殊的,她既是一个"办学实体",又是一个"虚拟"的概念,是一些学校的"集合体"。集美学校几乎涵盖了现代教育的整个体系,高等教育、职业教育、基础教育、学前教育一应俱全。因此,集美学校百年校史的编写没有成功的范例可以借鉴,只能"摸着石头过河"。

经过深入的思考和充分的讨论,编写组提出"整合、补正、接着写"的总体思路。所谓"整合",就是将集美学校以往编撰的校史资料进行整合。这里主要包括《集美学校廿周年纪念刊》(1933年)、《集美学校最近三年来的概况》(1940年)、《集美学校要览》(1947年)、《集美学校编年小史》(1948年)、《集美学校七十年》(1983年)、《集美学校八十年校史》、《集美学校80—90周年》以及各校提供的近十年来的大事记等,这些校史资料为百年校史的编写提供了主要依据。但由于这些资料形成的年代不同,风格各

异,需要进行归纳梳理、还原史实、提炼整合。所谓"补正",就是通过对各种资料的发掘、整理、对比、分析、佐证,对校史进行补充、更正。采用了一些过去没有得到重视的历史资料,还原了一些由于种种原因被回避的事件真相,对某些人和事的评价有偏颇的,则作出适当的处理。所谓"接着写",就是要在以往校史的基础上接着往下写,特别是2003年以来集美各校的新发展、新变化、新局面。

编写过程坚持以史为据,人随事走,涉及的校史人物仅作简要介绍,不作专门评价。鉴于集美学校的特殊性,校史的编写采用"史志结合"的方式。根据集美学校的发展历程,以时间先后为序,传承学校早期对发展阶段划分的传统,将校史划分为开创、发展、改进、播迁、复员、新生、磨难、振兴、跨越和新局10个阶段。前期以"史"为主,后期以"志"为主。

由于集美各校的层次、规模、特色差异性较大,在篇幅的安排和材料的取舍上有很大难度,只能突出重点、兼顾一般、适度平衡。

在编写过程中,还涉及引用资料的"文白"问题。早期的校史资料有不少是"文言文",还有不少书信资料使用的是"大白话"或者闽南话的习惯用法,在编写引用时根据不同情况和需要分别处理,有的作了改写,有的则保留"原汁原味"。

三、历次校史序言辑录

为了让读者更好地了解集美学校校史的精髓,谨将1983年时任福建省委书记项南先生为《集美学校七十年》所作的序、1992年陈村牧先生为《集美学校80周年校史》所作的序和2003年时任福建省副省长汪毅夫先生为《集美学校80—90周年》所作的序,一并辑录如下。

(一)《集美学校七十年》序

1983年5月,时任福建省委书记项南以《纪念陈嘉庚》为题,为《集美学校七十年》作序,全文如下:

　　时间流逝是很快的。如果陈嘉庚先生还活着的话,他今年该是109岁了。就是他亲手所创建的集美学校,也已70周年了。

　　陈嘉庚是个重要的历史人物。他的影响远远越出了国界。福建人敬仰他,中国人敬仰他,华侨和外籍华裔也敬仰他。

　　这当然不只是因为他早年经历过旧中国半封建半殖民地那段屈辱的历史,不得不飘零海外,却又成了一个出色的实业家;也不只是因为他对辛亥革命、抗日战争、人民解放运动、社会主义革命和建设都作出了重大的贡献。主要是指他整个一生,总是站在人民一边,站在正义事业一边。在中国历史转折的关头,他的这一品质表现得尤其突出。陈嘉庚亲自撰写的《重庆与延安》、《所闻与所见》,就是最

好的见证。

陈嘉庚的全部历史，都是同华侨的命运、同中国人民的命运紧密联系在一起的。他认为："教育不振则实业不兴，国民之生计日绌。"他始终"以办教育为职志"，寄希望于下一代。在这方面几乎耗尽了毕生精力和全部财产。他在国内和海外兴办的教育事业，如今已发挥出越来越大的作用，同时也愈益显示出他重视智力开发的远见卓识。

要争取事业的胜利，首先要做出牺牲。这是陈嘉庚给我们留下的另一份重要精神遗产。他选择了一条决无安逸可言的生活道路。论他的产业，是家财万贯；看他的生活，却又淡泊清贫。他坚持真理，不畏权势，实践了他自己提出的"轻金钱，重义务，诚信果毅，嫉恶好善，爱乡爱国"的立身之道。直到临终，还念念不忘祖国的统一。

陈嘉庚是爱国华侨的光辉旗帜，是革命事业的忠诚朋友。他受到全国人民和千百万海外华人的尊敬和爱戴，绝不是偶然的。

(二)《集美学校 80 周年校史》序

1992 年 1 月，集美学校原校董、校董会董事长陈村牧先生为《集美学校 80 周年校史》作序，全文如下：

《集美学校 80 年校史》书既成，征序于牧。我深感陈嘉庚先生乃举世共钦的"爱国老人"。他既是一位杰出而始终坚定不移的教育事业家，又是一位明辨大是大非、坚持正确方向的政治活动家。兹就所知略述其办学经历，愿后来的校友永记不忘。嘉庚先生经常自谓对教育是门外汉，而实际上他创办了一系列规模宏大、设备完善的学校，造就了大量的革命和建设人才，对祖国教育文化事业有光辉的建树。他又经常自谓不懂政治，而实际上他具有锐利的政治眼光和坚定的政治立场，能随着时代的发展而前进，因而能够在反帝反封建的一系列革命运动中，作出积极的贡献，并起着深远的影响。他所以能取得这样的成就，既因他有强烈的爱国主义思想，嫉恶如仇的正义感，又有"诚毅"的奋斗精神，故能追随着中国共产党走社会主义道路。

陈嘉庚先生毕生致力于教育文化事业，为海内外所共知。他首先在集美创办了许多学校，培育了大量人才。初等教育有男女小学和幼儿园；中等教育有师范（包括旧制师范、普师、简师、幼师和乡村师范）、中学和水产、航海、商业、农业等职业学校；高等教育有国学专门和水产商船专科学校，另外还有图书馆、科学馆、美术馆、体育馆、医院、农林试验场和教育推广部。其规模之宏大，设备之完善，在解放前确为国内外所罕见。在厦门，他于 1921 年创立厦门大学，设文、理、法、商、教育五个学院。对厦大，他原希望海外殷富侨商共同捐款赞助，使之逐步扩大，但结果还是由他独力支持了 16 年。解放后(1956 年)，他又在厦门倡办华侨博物院，该

院经人民政府及海外华侨和外籍华人的支持、赞助，于1959年开馆，现已成为全国唯一一家具有比较系统、全面的有关华侨历史文物资料的陈列展览机构。在新加坡，他先后倡办了道南小学和南侨师范等学校。他不但自己慷慨捐资兴学，"尽国民一份子之天职"，鉴于南洋殷商巨富之多，又提出"欲与人竞争义务"之建议。他说："举国滔滔，但知争权夺利，对国家则少愿尽义务，我今欲与国民竞争义务，能为国家社会尽最多之义务，便是最能尽天职之国民。"在陈嘉庚先生倡导鼓励下，不少华侨在他们各自的家乡创办了学校和医院，使华侨创办文化教育蔚然成风。40年代闽南的国专、国光、同民、荷山等院校，都是直接受嘉庚先生的影响而创办的。

"七·七"抗战发生，学校遭到空前困难，中等各校播迁安溪、大田、南安等地，师生过着艰苦困难而弦歌不辍的战时生活，但对文化落后地区却传播了新时代的文化种子，至今尚为当地人民所怀念。与此同时，嘉庚先生在新加坡主持南侨总会，领导南洋广大华侨进行抗日救国活动，事务繁剧，仍对集美各校播迁内地以及师生生活状况极为关怀。1940年嘉庚先生率领南洋华侨回国慰劳，历经15省，并特别到大田集美职业学校（后仍分为水产航海、商业、农林三校）和安溪集美中学视察，给当地师生以极大安慰和鼓舞。1945年，日寇投降，先生从避难三年多的东爪哇回新加坡，这时他所毕生经营的企业，亦即集美学校的永久基金，已被日寇劫夺，一部分直接毁于战火，荡然无存。

1946年集美各校从大田、安溪、南安等地迁回集美，在陈嘉庚先生的热切关怀指导、海内外校友的支持赞助，及各校师生的共同努力下，积极医治战争创伤，使集美学村迅速恢复抗战前夕的旧观。1951年，南洋树胶价格大涨，胶业复兴，先生立即函示他的女婿李光前捐献巨款给厦门大学增建一系列的校舍，面积达6万多平方米。同时，又嘱其族亲陈六使、陈文确汇巨款给集美修复战时被炸的校舍。他对本地区的有关建设，亦协助有关部门筹划督建，以至完成。至于较重大的建设，则向全国人大、政协提出建议或意见。

1960年春，嘉庚先生病已垂危，他还在病榻指挥集美的建筑工程，其爱国爱乡的热情，感人至深，确不愧为中外人士钦仰颂扬的"爱国老人"——"华侨旗帜，民族光辉"。

（三）《集美学校80—90周年》序

2003年，时任福建省副省长汪毅夫先生为《集美学校80—90周年》作序，节录如下：

今年10月21日，是伟大的爱国主义者、教育家、实业家陈嘉庚先生创办集美学村90周年。届时，众多海内外各界人士将云集先生的故乡集美，举行纪念活动，缅怀先生的伟大精神、高尚情怀和为国、为民、为家乡所作的不朽贡献。本书是一部反映集美学村各校1993—2003年十年发展成就的书，也是专门为集美学村90周年校庆而编写的。

90年前，在世人眼里，集美还只是一个很不起眼的小渔村；曾几何时，集美已成为举世闻名、万千学子心驰神往的地方。这一切变化，概因陈嘉庚先生在此倾资兴学、教化一方。江泽民主席把嘉庚精神称之为"我们的国粹"，号召厦门人民、福建人民和全国人民都要永远怀念他、学习他。陈嘉庚先生一生紧跟时代步伐，矢志追求真理，他是一位伟大的爱国主义者，是一位伟大的教育家。他一生兴教兴学，爱国爱乡。兴教兴学是他爱国爱乡的生动体现，爱国爱乡是他兴教兴学的力量源泉。先生当年作为扬名中外的实业家，在海外创业获得极大成功，但他并不将创业所得用于享受，也不传之子孙，而是全部用来兴学助教，为国育才。他早年亲眼目睹国家多难、民族落后，人民缺乏衣食与文化，深感"国家之富强，全在于国民，国民之发展，全在于教育"。他以其远见卓识提出"教育为立国之本，兴学乃国民天职"。为此，他节衣缩食，自奉淡泊，"立志一生以所获财利，概办教育，为社会服务"。后来，当其实业陷于困难之际，他甚至不惜变卖家产，以供教育之需。这种一心服务社会、造福人类的高尚情操，永远值得我们学习！先生的英名永垂青史！

在我们隆重庆祝陈嘉庚先生创办集美学校90周年，深切缅怀这位伟大的爱国老人之际，编印出版这本书，展现集美学村各校发展变化之成就，这也是对嘉庚先生的最好纪念，也是向集美学村90周年校庆的最珍贵的献礼。

在集美学校90年的发展历史中，本书编著者们只撷取最近十年学校发展变化历史着墨，一方面是因为过去已经出版过70周年、80周年的校史，另一方面是因为这十年对集美学村来说，的确是值得大书特书的十年。嘉庚先生早年创办的从学前教育到高等教育的完整体系，十年来得到进一步的发扬和完善。学前教育资源得到合理整合；初等教育有了新的发展；集美中学经过多年的努力，逐步回升到她应有的地位，不失"中国名校"的风采；中等职业教育也顺应时代要求，重新定位，站到新的起跑线上；而集美大学的成立，则更是学村十年来最为精彩和令人兴奋的大手笔，是集美学村在新世纪高起点发展的标志。

近十年来在全国范围内进行的一场高等教育管理体制改革，通过对高等教育资源的重组，"资源共享、优势互补"，形成了一批学科更为综合的学校，促进了学科的综合交叉，优化了学生全面素质培养的环境，大大提高了学校的整体办学水平和效益。而仅仅通过几年的实践，这一改革成果在集美大学即得到了初步体现。同样的变化发生于教育的各个层次、各个领域、各个方面。许多新的教育观念从陌生到逐步被人们接受，进而渗入人的社会生活：素质教育付诸实施，从智力至上到强调创新，教育消费市场火爆，高校毕业生自主择业稳步走进市场，人力资本成为最重要的财富，终身教育开始被国人理解，继续学习成为时尚……

常言道"十年树木，百年树人"，十年虽难以完全衡量教育变革的成效，但过去的十年确实是中国教育在各方面都在发生着深刻变化的十年，是值得认真总结的十年。应该说，这本反映集美学村各校十年发展成就的书，从一个侧面验证了这种变化。

第一章 开创

1911 年 10 月,辛亥革命推翻了清王朝的封建统治。1912 年 1 月 1 日,孙中山就任临时大总统,宣布中华民国成立,并组建南京临时政府。这是中国历史发展进程中的一次重大飞跃,它标志着在中国延续两千年之久的封建君主专制制度的终结和资产阶级共和制度的诞生。南京临时政府教育部提出从根本上改革旧的教育,建立新的教育体系,促成了《壬子癸丑学制》的颁布,标志着中国现代教育的正式确立。

在这样的历史背景下,胸怀报国之志的陈嘉庚回国兴学,相继创办小学、女小、中学、师范、幼稚园、水产、商科等系列学校,奠定了集美学校的基石。

一、陈嘉庚回国办学

陈嘉庚，清同治十三年九月十二日（公元 1874 年 10 月 21 日），出生于福建泉州府同安县仁德里集美社（今厦门市集美区）之颍川世泽堂。

陈嘉庚的出生地集美，地处大陆东南的尽头，东临流贯同安的浔江出海口，隔海与厦门岛的高崎社相望。地势狭长，三面临海，一面靠山。南望嘉禾屿（即厦门岛的旧称），北枕天马山，东邻同安湾，西濒杏林湾，具襟带之要，兼海陆之利。

17 世纪中叶，集美曾是郑成功操练水师、抗清复台的据点之一，郑成功的部将刘国轩曾屯兵于此，至今留有"延平故垒"和"国姓井"等遗迹。

当年的集美社是一个荒凉的小渔村，散布着 11 个居民点，即后尾、塘墘、向西、清宅、二房、上听、渡头、郭厝、岑头、内厝、许厝尾等 11 角头。与之相邻的有孙厝、浒井等社。集美是陈氏宗族聚居之处。陈氏祖先原籍河南光州固始县（秦代颍川郡辖内，故陈氏宗人自称为颍川衍派）。

百年前的集美社面积约 1 平方公里，由于地少人多、经济凋敝，集美一带居民，不少人被迫离乡背井，出洋谋生。陈嘉庚的曾祖父陈时赐，有兄弟五人，鸦片战争以前，有居乡的，有出洋的。出洋的一支定居在马来亚的槟榔屿和新加坡。陈嘉庚的祖父陈簪集，在集美社"耕渔自给"，所生三子，老三陈杞柏即陈嘉庚的父亲。陈杞柏于 19 世纪 70 年代到新加坡谋生，主要经营米业，也兼营地产业、硕莪厂和黄梨（即菠萝）种植加工等。到 19 世纪 90 年代，陈杞柏已成为新加坡陈氏宗亲社团——保赤宫的会董，成为闽帮侨领之一。

少年时期的陈嘉庚是在父亲远离家乡的情况下，由母亲孙氏一手抚养长大的。1882 年陈嘉庚始入本社"南轩私塾"读书。塾师陈寅，是个迂腐的学究，给孩子们教授《三字经》和《四书》，仅仅照本宣科，未加解说。学童们只是跟着念，俗称"念书歌"。第二年，陈嘉庚的伯父陈缨节自南洋回归故里，办了个家塾，聘詹某为塾师。陈嘉庚转入家塾从学。可是这个塾师与陈寅一样，也是只教背诵，不作讲解，且经常旷席。因此，陈嘉庚就学多年，仍识字不多，不懂文义。

14 岁那年，改由颇有才气的邑庠生（清代指县学的生员）陈令闻主持家塾，讲授《四书集注》，上课时详加解说，陈嘉庚学了两年，课业大有长进，对古文和报刊文字"略有一知半解"。

1890 年夏，因塾师去世，家塾停办，陈嘉庚辍学在家。这时，他父亲来信催他前往新加坡佐理商业。对前程充满憧憬又茫然无措的陈嘉庚，告别故乡，从此踏上了"南洋客"的路途。从 1890 年在父亲陈杞柏开的"顺安"米店当学徒、帮助管理钱账开始，陈嘉庚创业的历程是极不平凡的。1903 年，他的父亲经营失败，债台高筑。他毅然决然地挑起了替父还债、重振家业的责任，开始了独立创业。陈嘉庚以其锐意进取的精神和诚信果毅的品格，建立起了自己的企业王国，成为华侨工商业巨子，赢得"菠萝苏

集美地质古地名图

集美地质古地名图

丹"、"橡胶大王"等种种称号。在 1925 年前后的鼎盛时期,他拥有种植园万余英亩,大小工厂 30 余所,分支商店 100 余处,常年雇佣职工 3 万余人,资产总值达到 1200 多万元。

身为同盟会成员的陈嘉庚,深受辛亥革命的鼓舞。他自问:"政治清明有望,而匹夫之责如何?"一方面他积极资助孙中山及其新生政权,另一方面,"思欲尽国民一分子之天职","自审除多少资财外,绝无何项才能可以牺牲,而捐资一道窃谓莫善于教育,复以平昔服膺社会主义,欲为公众服务,亦以办学为宜"。他于 1912 年 9 月从新加坡回到阔别 9 年的故园,决计兴办教育事业以报效祖国。

二、开办集美小学校

陈嘉庚早年曾在集美上过九年私塾,对旧式教育的弊病有着痛切的感受。他以破旧立新的志向,决计创办一所全村统一的崭新的小学校,这无疑是向顽固的封建宗族势力进行一场挑战。陈嘉庚满怀勇气,热情地奔走于各房角(陈氏族人聚居处的土称),反复讲明办学的目的,循循善诱地劝说各房房长消除宿怨,停办各自的私塾,设立一所统一的小学,经费由他独资负担。在他的精诚感召下,各房房长终于支持他的办学计划。

陈嘉庚暂借了集美社大祠堂、房角祠堂和"诰驿"(大祠堂对面)为校舍,出资修缮祠堂,并着手聘请校长和教师。当时兴办学校,师资是个严重困难。同安全县教师中师范毕业(包括简易师范毕业的)只有寥寥4人,其中1人已改行从商,师资的缺乏由此可想而知。陈嘉庚费了很大力气,重金聘来2人,其中洪绍勋(字抑斋)为校长。另外再从外地聘3位教员。组成了当时全县各校中最强的一个教学班子。

1913年1月27日,集美小学校在集美大社陈氏宗祠开学。学校分为高等一级、初等四级,学生135名,定名为乡立集美两等小学,这是陈嘉庚在国内办学的开端,奠定了集美学校发展的第一块基石。

小学开办了,陈嘉庚紧接着规划建筑校舍。然而集美三面环水,地狭田少,住宅稠密,空地更少。为了解决校舍问题,陈嘉庚把全村各房家长召集起来开会,提出把"诰驿"后面的空地用来建校舍。但家长们认为这与"祖祠"的风水关碍,不赞成。陈嘉庚又与本房家长商议,要用本房的一块空地来建校舍,但是,这块空地里有几座坟墓必须迁走,又遭到反对。受封建意识的影响,宁要风水、祖坟,不要学校,这是当时村民的普遍心态,给陈嘉庚办学带来很大障碍。

几经协商无果,陈嘉庚只好把目光移向村外,选中村西边的一口半废的大鱼池,面积数十亩,是早年在海滩上筑堤围成的。陈嘉庚出资2000元买下这口鱼池,作为集美小学校址。他亲自指挥工人修筑闸门、增高堤岸,在池的四周开挖深沟,用挖出的泥土填池造地,建筑一座前后两进的木质房屋,东边建一护屏,其余空地修整成操场,造价共1.4万多元,新校舍可容纳7个班级的学生上课。此即校史上所称的"填池建校"。

1913年8月,校舍前后进和东边教室宿舍均落成,秋季开学学生迁入新校舍。

1914年,集美小学在集美"大祖祠"开设"通俗夜学校",对文盲的成年人进行文化教育;又在"二房祖祠"设立"阅报室",供村民阅报学习,室内还陈列了社会教育画片等。8月,在校舍西边增建教室及宿舍。1915年2月,首任校长洪绍勋辞职,同安人洪应祥(字显民)接任校长。1916年,同安县劝学所划分学区,集美小学曾改名为同安第六区公立第四高等小学校。

创办女子小学是集美学校初创时期的一项创举。民国初年,男尊女卑及"女子无才便是德"的观念在社会上仍有广泛影响。那时,集美社的女孩子没有上学的机会,而且劳动负担很重,要帮助家里做家务、带弟妹。为了改变这种状况,让女孩子也享有受

教育的权利,陈嘉庚于 1916 年 10 月委派胞弟陈敬贤回集美增办女子小学校,并筹办师范和中学。

陈敬贤先生(1889—1936)

陈敬贤,清光绪十四年十二月十二日(公元 1889 年 1 月 13 日)出生于集美社,8 岁就读于惕斋学塾,12 岁时随陈嘉庚往新加坡投靠父亲。父亲实业失败后,跟随陈嘉庚开拓经营实业,是陈嘉庚的得力助手。

在创办女子小学的过程中,陈敬贤和夫人王碧莲深入各家各户,苦口婆心地做动员工作,有时为了让一个女孩子上学,要说服三代人。为了鼓励女孩子上学,陈嘉庚决定给每个女孩每月补助 2 元,结果招收了 65 名女生。

1917 年 2 月,女子小学正式开学,校长由集美小学校长兼任,聘请女教师 4 位。

随着学生规模的增加,陈嘉庚选择在环境适宜的寨内社(明末郑成功部将刘国轩筑寨操练水军的遗址),购地为校址,耗资 6 万元,建造了一幢三层楼的新式校舍,取名延平楼,于 1922 年 9 月落成,集美小学迁入上学。为保留历史遗迹以教育学生,陈嘉庚还嘱人在延平楼前的岩石上题刻"延平故垒"四个大字。

为了纪念学校初创时期的艰难,陈嘉庚于 1921 年 12 月亲自撰文书写《集美小学记》,刻石立碑。碑文如下:

> 余侨商星洲,慨祖国之陵夷,悯故乡之哄斗,以为改进国家社会,舍教育莫为功。
>
> 中华民国元年归里,筹办小学。翌年 2 月,假集美祠堂为临时校舍,行开幕式。越数月,填社西鱼池为校址。迄中秋,新舍落成,乃移居焉。五年以来,增筑师中校舍于西北隅,彼此逼处,既碍观瞻,又妨管理,乃思有以移之,遂相地于寨内社,明季郑成功筑垒以抗清师者也。今城圮而南门完好如故,颇足表示我汉族独立之精神,敬保存之,以示后生纪念。全寨周不逾数亩,据闽南大陆南端,临海小岗特起,与鹭屿高崎相犄角,洵一形胜地也。居民数家亦陈姓,开基逾六百年,近更式微,爰购为校址,筑新式校舍,永为集美小学之业。并建百尺钟楼,以为入境标志。

集美小学记

三、创办师范中学和幼稚园

1914年秋，第一次世界大战爆发，陈嘉庚在新加坡的米业和菠萝罐头业大受损失。但在艰危之际，他独具慧眼，另辟蹊径，经营航运业，转售白铁皮，获利颇丰。随着实业的发展，陈嘉庚计划实施他兴办集美学校规划的第二步——创办中等学校。

1912年底陈嘉庚曾亲自到同安考察教育，深感教育之落后。他发现同安县小学教育不振，师资缺乏是一个主要原因。当时福建全省的师范学校只有两所，福州、漳州各一所。漳州的那一所刚刚开办不久，经费缺乏，学生不多。福州那所省立的师范学校已开办十多年，每年招生80人，对学生有较为优厚的奖励，对外颇有名声。陈嘉庚满怀希望地前往考察，欲聘教师，却大失所望。发现这所学校弊端不少，所招学生多为官宦富家子弟，贫苦学生入不了校门，而且全校没有一个闽南学生。加上不少学生毕业后不愿意去当"穷教师"，更不愿意到穷乡僻壤任教，这种现象让陈嘉庚对福建特别是闽南初等教育的前途深感忧心。随后，他又考察了闽南的一些乡村，"见儿童裸体成群，或游戏，或赌博，询之村人，咸谓私塾久废，学校又无力举办"。他认为："若不亟图改善，恐将退处太古洪荒之世，岂不可悲？""默念待力能办到，当先办师范学校，收闽南贫寒子弟才志相当者，加以训练，以挽救本省教育之颓风。"

集美小学的开办，虽然仅仅是个开端，但它很快就引起了一系列的连锁反应。首先是本校的学生不断增加，接着是全县及邻近一些地区也想办学，小学教育开始发展起来。小学教育要发展，首先需要师资，因此办师范也就迫在眉睫了。而小学生学习几年后也面临升学的问题，中学也必须尽快兴办。

1916年10月，陈敬贤按照与陈嘉庚商定的计划，着手筹办师范，扩建校舍。他不辞辛劳，集中主要精力，扎扎实实地抓了两件大事。

一是亲自主持校舍的扩建。当时，校舍用地仍然难以解决。陈敬贤说服乡民，克服了风水迷信等障碍，凡是学校所需要的用地，都以通常的地价加倍收购，对坟墓还酌情另加迁移费。陈敬贤回国前因商务繁杂，积劳成疾，患咯血症。但为了筹办师范，他不以病体为意，每天清晨五时就起床，巡视工地，监督施工。至1918年年初，先后建成了尚勇楼、居仁楼、立功楼、大礼堂等校舍以及电灯厂、自来水塔、膳厅、温水房、浴室、大操场、贮藏室等公用设施，建筑费共20余万元。

二是亲自出省考察教育，延聘校长。陈敬贤于1917年5月亲往江西、浙江、江苏、安徽、山东、河北、湖北七省考察教育，聘请师资。年底，首任校长王绩（江苏人）和教职员陆续抵校筹备开学事宜，师资暂时得到解决。

陈嘉庚针对当时师范招生弊端，决定改革招生制度。他专门致函闽南30余县劝学所长，要求每一大县代为招选贫寒子弟五六人，每一小县三四人，所选学生须有志教职，详填履历，到校后加以复试，凡违背定章或不及格者决不收纳。经过如此严格挑选，招收的师范生质量有了保证（到1920年，学生质量已较稳定，才取消各县代选新生

的制度）。师范、中学两部开学时学生共 196 人，根据程度编为三年制师范讲习科甲、乙两班，五年制师范预科甲、乙两班和中学一班。

1918 年 3 月 10 日，集美师范、中学同时开学。陈嘉庚特地从新加坡寄来开学训词。训词说："凡我诸生，须知吾国今天，处列强肘腋之下，世界竞争之间，成败存亡，千钧一发，自非急起力追难逃天演之淘汰。教育不振则实业不兴，国民之生计日绌……言念及此，良可悲已。鄙人所以奔走海外，茹苦含辛数十年，身家性命之利害得失，举不足撄吾念虑，独于兴学一事，不惜牺牲金钱竭殚心力而为之，唯日孜孜无敢逸豫者，正为此耳。诸生青年志学，大都爱国男儿，尚其慎体鄙人兴学之意，志同道合，声应气求，上以谋国家之福利，下以造桑梓之麻祯，懿欤休哉，有厚望焉。"

学校从各方面给学生以优待。中学生只交膳费，学宿费均免，师范生各费均免。师范生和中学生所需被席蚊帐，一概由学校供给。每年春冬两季，学校还发给学生统一的制服各一套，春季是用灰色棉布做的，冬季以黑色粗呢制成。当时，闽南普通老百姓的生活习惯是三餐都吃稀饭，而集美学校供应学生是每日两餐干饭，一餐稀饭。陈嘉庚为了鼓励穷苦的青年入学师范，还特地规定：师范学生如愿按原来习惯三餐都吃稀饭的，学校每月还津贴每人两块钱。学校从各方面为贫苦青年创造就学条件，吸引了许多闽南、闽西以及广东潮、梅一带的寒门子弟报考。

陈嘉庚为了增强海外华侨的祖国观念，特别鼓励海外侨生到集美就学。1918 年他刚创办集美师范、中学时，就明确表示："至南洋华侨小学毕业生，如有志回国升入中学者，则由新加坡本店予以介绍函，概行收纳。到校时如考试未及格者，则另设补习班以教之。此为优待华侨派遣子弟回国而设，此例永存不废。"他还指出："集美学校所以特别欢迎华侨子弟之就学，盖亦有感于是为谋挽回其祖国观念也。"在陈嘉庚的热情倡导和特别优待下，集美师范、中学创办的第二年，就有不少侨生回国到集美上学。面向海外，广纳侨生，这成了集美学校办学历史上的一个特色。

在创办师范、中学的过程中，陈敬贤的夫人王碧莲也做了许多具体工作。为了供给学生被子、蚊帐和制服，她发动集美社的妇女们做缝纫活，并以身作则，日夜操劳。后来她在回忆录中曾写道："当时男女学生来校，除不收膳宿学费外，举凡蚊帐、被褥、制服、衣裙均由学校供给。予则时而缝纫，时而庶务，时而会计。凡能撙节开支，而为予力所能胜者，无不竭尽绵薄。"

1918 年 11 月，集美小学校长洪应祥在职病故，复聘洪绍勋为校长，聘陈延庭继任女小校长。12 月，学校呈报福建省长公署转呈教育部立案，定名"集美师范学校"，附设中学及男、女小学。

1919 年 2 月 18 日，集美幼稚园成立。初办时，暂借集美渡头角向东祠堂为园舍，聘请晋江人陈淑华（秋结）为主任，教员 4 人，学生 140 多人。雇请木工按照幼儿的高矮制作桌椅，为幼稚园配备了钢琴、风琴、玩具等教学设备。集美幼稚园开始时是一所独立的幼稚园，也是我国人民早期自己创办的一所平民幼稚园。1920 年春改称集美学校附属幼稚园。

1919 年秋，女小又招收高等生一班。依照当时部颁学制，规定初等四年毕业，高

等三年毕业。冬季，陈延庭因事辞职，校长一职由陈延香代理。后改小学校长为主任，改聘陈寿筠为男子小学主任，陈延香为女子小学主任。

四、颁布校训和校歌

在创办集美学校的过程中，陈嘉庚和陈敬贤充分吸取了中华民族源远流长的优秀文化传统，结合他们立身处世的感悟，概括提炼出"诚毅"二字，于1918年2月确立为集美学校校训，希望师生具有实事求是、言信行果的为人之道和刚强果决、百折不挠的处事毅力。校训在1918年3月10日集美师范、中学的开学典礼上向全校公布。

陈嘉庚曾把校训展述为"诚信果毅"。"诚"，是指真实，实在，不自己骗自己。"信"，是讲话算数，说了就做，不瞒、不骗、不欺、不诈。"果"，是"言必信，行必果"的意思。"果毅"，可以理解为：毅力坚持，做到"言必信，行必果"。"诚信果毅"，就是做人要诚实，待人要真诚，处事要认真，表里一致，言行一致，要重承诺、讲信用，不食言、不失信，说到做到。

"诚毅"校训比较常见的解释为"诚以待人，毅以处事"。也可以展开为"诚以为国，实事求是，大公无私；毅以处事，百折不挠，努力奋斗"。还有一种解释是：做老实人、办老实事、说老实话，是为"诚"；艰苦奋斗、百折不挠是为"毅"。概括地说，"诚"是做人的道理，"毅"是做事的道理。

为了充实"诚毅"校训的内涵，学校还定出"诚毅"的优劣细节，以便检查和落实。诚实最优者为：(1)忠于视事；(2)实践信用和义务；(3)不作浮夸虚伪之言；(4)戒绝武断；(5)作正当游戏；(6)待人诚恳不欺。诚实最劣为：(1)贪冒人功；(2)不顾信用与义务；(3)好作轻薄浮夸之言；(4)偏于武断；(5)作不正当之游戏；(6)待人诈伪。毅力最优者为：(1)尝试不成仍继续前进；(2)作事不中辍；(3)当行即行；(4)不肯私自放松一步；(5)肯负责任；(6)对于负责操作之分量过于常人。毅力最劣者为：(1)稍遇阻碍即为之气馁；(2)事未竣即置弃之；(3)遇事迟延；(4)私自苟安偷懒；(5)不负责任；(6)稍达其要求即生满足。此外对礼节、勤勉、纪律、整洁、友爱、公德、节俭、服务、勇敢、反省等都有明确的规定。

陈嘉庚曾语重心长地对集美学校的师生说："我培养你们，我并不想要你们替我做什么，我更不愿你们是国家的害虫、寄生虫；我希望于你们的只是要你们依照着'诚毅'校训，努力地读书，好好地做人，好好地替国家民族做事。""诚毅"校训激励着一代又一代集美学校师生对中华民族忠诚不二，在人生道路上孜孜以求，勇往直前，成为集美学校师生为人处世的共同价值取向和精神追求。

集美学校校歌全称是"福建私立集美学校校歌"。它是与集美师范中学教职员服务简章以及"诚毅"校训一起确定并公布的。校歌由当时集美学校闽籍教师黄鸿翔作词，许子川精选名曲加以改编。校歌的歌词是："闽海之滨，有我集美乡，山明兮水秀，胜地冠南疆。天然位置，惟序与黉，英才乐育，蔚为国光。全国士聚一堂，师中实小共

提倡。春风吹和煦,桃李尽成行。树人需百年,美哉教泽长。'诚毅'二字中心藏,大家勿忘,大家勿忘!"歌词中"全国士聚一堂,师中实小共提倡"一句,原为"泉漳士共提倡,孕育师中在一堂",1921年改为"泉漳士聚一堂,师中水商共提倡",1923年6月改为"泉漳士聚一堂,师中实小共提倡",刊登在1923年6月15日出版的《集美学校十周年》刊物上。1927年再改为"全国士聚一堂,师中实小共提倡",刊登在1933年出版的《集美学校廿周年纪念刊》上。

校歌的公布,令集美师生、校友引为自豪,成了凝聚师生、校友力量的重要媒介,特别是把校训"诚毅"二字融入校歌,运用反复手法突出"中心藏,大家勿忘"之词,寓意更加深刻。

五、校长的"三次更动"

在集美师范中学开办后的两年多时间里,校长和师资处于不稳定的状态,出现了三次大的变动,影响了办学成效,陈嘉庚称之为"三次更动"。

集美师范中学开办后不久,就发现校长王绩带来的教师多不合格,且王绩在处理校政上也多欠妥,幸亏订的聘约只是试办半年,至1918年7月,王绩和他带来的教职员就离校了。

陈敬贤不得已亲往上海另聘校长,其他教职员亦由该校长负责聘委,准备秋间来校接办。1918年9月,第二任校长侯鸿鉴(无锡人)和由他代聘的教职员到校。秋季开学后数月,陈嘉庚接陈敬贤来信告知:"新校长及教师比前好些,但教师尚有缺点。校长自承认仓促托人聘来,故有此失,待年假伊回上海亲自选聘。"陈嘉庚认为不妥,回信给陈敬贤说:"聘请教师非同市上购物,可以到时选择。校长若能用人必及早行函往聘相知,如脑中乏此相识者,则函托知友介绍,非充分时间不可。况年终时稍好教师设有更动,早被他人聘定,决无待价而沽之理,希告知之。"果然,到了年假结束校长回来,说好教师难觅,并通知学校自己暑假时也将辞职,希望尽早另聘校长。于是,陈嘉庚委托黄炎培代聘校长,又致函北京高等师范学校校长,查询"本学期贵校闽省籍有何科毕业生若干人,肯来集美服务否",得到回复说有5人。

1919年5月陈嘉庚回到集美,立即通知黄炎培,黄炎培带着他的学友陆规亮来校商谈校务,校长仍未聘到,教师仅聘定2人。而集美学校已定6月1日放假,相距只数天,全校教职员大都辞退,秋季又拟再招新生3班,统算全校教职员须40余人。陈嘉庚十分着急,乃委托黄炎培代聘校长,其他教职员尽量就地聘请。他在旧教师中选留了20余人,并聘请北京高等师范学校5位闽籍毕业生,又托人在本省内再聘数人,尚缺六、七人,再电请黄炎培在上海访聘。到8月底开课时,黄炎培帮助聘到了一位校长及5位教师。新校长为池尚同(浙江人、北京高等师范学校教育主任),系北京高师毕业,曾留学日本,原籍泉州,故能说闽南话。到校后陈嘉庚告诉他"现尚缺教师数人,新春拟续招新生两三班,省内教师已乏,请于省外预早谋聘"。到将近年终,陈嘉庚发现

他没有任何动作，又催促了两次也没行动，不得已又亲自托人代觅数人。陈嘉庚见其"才干庸常，办理校内事无何可取，对外聘请教师又短拙"，认为"此种人才若任一小规模学校或可维持，若集美学校日在进展，决非彼所能办"。他说："余由是忧虑焦灼，不可言喻，盖未及两年已三易校长，外间难免讥评，而不知当局负责苦衷。但虽焦虑萦怀，亦未便轻向人言，再觅校长既无相知人才，屡屡更动又恐不合舆论，唯含忍静待而已。"1920年6月，池校长因与同事发生意见争执，自愿提出辞呈，陈嘉庚复函婉劝而不挽留。

由于"三次更动"的教训，陈嘉庚渐觉集美学校校长从外省聘来实属错误。他说："盖校长既用外省人，教师亦当由外省聘来，本省虽有良教师，校长亦不能聘用，从外省觅聘许多教师，又甚觉困难。好教师多不肯离乡井，间有愿来者，多不待期终回去。原因多端，或思恋家乡，或被旧校或母校函电催返，此为两年来常有经验。故虽诚挚如黄炎培先生，亦爱莫能助。""外人但知弟轻财尽义而已，不知其间进行之苦，第一乏善人帮忙。"因此，陈嘉庚决定今后不再向外省求聘校长，"拟待本省有相当人才，然后慎重聘请，否则虽暂时虚位，亦属无妨"。

六、集美学校永久基金的设立

1918年冬，第一次世界大战结束，陈嘉庚计划回国长住，专心致志办教育，以尽国民一分子之义务。他把各营业机构改组成陈嘉庚公司，并让其胞弟陈敬贤加入为股东，请陈敬贤南下新加坡接理各项营业。

1919年5月，陈嘉庚启程回国。行前，他作出了两个不寻常的举动：

一是为了使集美学校的经费有可靠的来源，他在新加坡聘请律师按英国政府条例办理财产移交手续，将在南洋的所有不动产全部捐作集美学校永久基金。包括橡胶园7000英亩，都已全部栽种橡胶树，有的树龄已七八年，不久即可采液，有可观的收入；货栈、店屋地皮面积150多万平方英尺（约合16.6万平方米）。

二是在离开新加坡回国前在恒美米厂宴请同人时作了题为《愿诸君勿忘中国》的演说。演说中说：

> 余不日将回祖国，此次回国四五年或五六年方能再来。前日有多位友人询余此番归国何时南来，余答以四五年，诸友皆不信，有曰，汝正在竞争谋利，安能久住家乡，料不一年必复南来；有曰，汝现已获多财，要家居安乐享福了；是言均未达余意。然余亦不便告以素怀，惟笑置之。兹对诸君如一家人，有密切之关系，不妨按实以宣布，以慰诸君之念。
>
> 顷间友人谓余如竞争谋利，是亦莫怪其然，盖吾人作事，当存有竞争之心，乃有进步之效。果然竞争二字，则有是有非。如嫖赌酒色，以金钱使意气者，乃非理之竞争。余之所言不在争此，乃身任职业之人，不可不时存优胜进取之念是也。

惟吾人竞争财利积赀巨万都为儿子计较,不知外人竞争财利之外,尚有竞争义务者。义务为何,即捐巨金以补助国家社会之发达也。而补助之最当最有益者,又莫逾于设学校与教育之一举。是以量力捐助,相习成风,寡财之家,则捐数十元以至千数百元,合办小学;多财者则独捐资数万,以自办小学;更有捐数十万以办中学,尤有捐至百万、千万以办大学者;甚至有捐至万万以办多数之大学;其获利愈多,则其向义之忱愈热。例如美国三百所大学,其由商家兴办者竟占二百八九十所,故其教育能收美满之效果,国强民富,为今日世界之头等国。

我国民则不然,虽略知竞争于财利,若义务则茫然不知,或有知者则吝啬资财不肯倡办,袖手旁观,互相推诿,以致教育不兴,百业不振,奄奄垂死,迄于今日,言念及此,诚堪痛哭流涕。兹者我辈既已知之,则必行之,行之如何,惟有竭尽绵力,毅然举办,以冀追步外人而已。余蓄此念既久,此后本人生理及产业逐年所得之利,除花红之外,或留一部分添入资本,其余所剩之额,虽至数百万元,亦决尽数寄归祖国,以充教育费用,是乃余之所大愿也。本家之生理产业,大家可视为公众之物,学校之物,勿视为余一人之私物。望诸君深信余之所言是实,勿误会为欺瞒之语。设有花红不满意者,乃被公益所屈,学校所屈,非被余一人之所屈。如或有作欺负之事,乃欺负公益,欺负学校,非欺负我一人。祈诸君明白此义,切信余言,勿视余为未能免俗,亦将为儿子图享。固然,父之爱子,实出天性,人谁不爱其子,唯别有道德之爱,非多遗金钱方谓之爱,且贤而多财则损其志,愚而多财则益其过,是乃害之,非爱之也。况际此国家存亡续绝之秋,为子者若自私自利,安乐怠惰,但顾一己之挥霍,不顾公益之义务,则是与其父居反对之地步,对于国则不忠,对于父母则不孝,不忠不孝虽有多子奚益哉。

以上所言乃余对财利义务并行竞争者如是,至若诸君个人之职业,亦当知有义务竞争之念。譬同业中之服务,按日作事,彼略能尽职,而我心思所以真能尽职,较其长而不较其短,如此对公司,则营业兴隆,对自身则前程无限,是尤余所厚望焉。兹余经将诸务付之舍弟敬贤及李玉昆、张两端二君办理。二君者,素与余同志,且谨慎忠诚,是为余信任而可靠,虽顷间未闻余言,而已早知余意。惟诸君多未周知,故本晚不得不为诸君通,征求诸君之同意,若能如愿,则大众一心协力进行,以此营业,何业不成,以此图功,何功不就。余既得诸君之赞助,供给源源之资财,实行素志,虽免在洋受谋利之苦,亦须在梓任义务之劳,决不敢偷安一日,有负诸君代表之职。本晚席设中字形,饮中国之酒,食中国之菜,愿诸君勿忘中国,克勤克俭,期竟大功。今将远离,谨效临别赠言之例,千祈留意。余虽归,而函电往返,无异一堂晤对也。

陈嘉庚的这篇演讲对竞争财利与竞争义务的关系作了非常透彻的阐述,也把自己的抱负与志向表达得十分明白,既反映了陈嘉庚的办学决心,也体现了他的兴学动机。

1919年7月,黄炎培在其《陈嘉庚毁家兴学记》一文中记述了他与陈嘉庚的交往经过和参观集美学校后的感想。他说:"获亲观其所建之学校,识其生平,并确悉其毁

家兴学之实况,则不敢不亟亟焉介绍其人与事于吾全国焉。"他在文中这样描述集美学校永久基金:"君之捐充集美基金,究有几何?依七月十三日,在厦门浮屿,集众宣布,分两项如次:(甲)新加坡店屋货栈基地,面积二十万方尺,月收租金万元。又价值同等之地三十万方尺,甫在建筑,按三年完工。尚余百万方尺,价值稍次,俟数年后再作计算。(乙)橡胶园七千英亩,至本年春全栽毕。栽最久者八年,余为七年以下,及近月着手者,不欲急于取利,拟待足八年方取液。现已采者可五百亩,月收百余担,实利六七千元。以上不动产,陈君在南洋时,决定充集美学校永远基业。其预立遗嘱,变更簿记各手续,均料理完毕。遗嘱之要件,为异日托新加坡中华总商会,及公立道南学校,代理收款。盖英政府条例,私人遗产,无永远继承权,惟公益慈善举有之,此皆陈君演词中语也。就上两项计,甫建筑之属产,以已建筑者为例,已栽未采液之橡园,以已采者为例;将来全部经营告竣,苟依现时市况,无有增减,岁入在百万元以上,盖君之不动产尽此矣!"

黄炎培在文中写道,陈嘉庚在筹办厦门大学的演讲中最慷慨激切语则云:"财由我辛苦得来,亦当由我慷慨捐去,公益义务,苟用吾财;令子贤孙,何须凭借?我汉族优秀性质,不让东西洋,故到处营业,辄能立志竞争;惟但知竞争权利,而不知竞争义务,群德不进,奴隶由人,故国弱而民贫。古语有之,栋折榱崩,侨将厌焉,未敢视同秦越,而不早为之所。我国不竞,强邻生心,而最创巨痛深,莫吾闽若。试观吾闽左臂,二十年前,已断送矣!野心家得陇望蜀,俟隙而动,若不早自猛省,后悔何及!诚能抱定宗旨进行,彼野心家能剜吾之肉,而不能伤吾之生;能断吾之臂,而不能得我之心。民心未死,国脉尚存,以四万万民族,决无甘居人下之理。今日不达,尚有来日;及身不达,尚有子孙。"黄炎培评价:"壮哉!"他写道:"余语闽商某,诸君聆此言谓何?答曰:苟不惟陈君是助者,非人也!"他认为陈嘉庚"心力强毅而锐敏,不苟言笑,利害烛于几先,计划定于俄顷;临事不惊,功成不居;严于处物,而宽于处人;……君之散财,非为名高,非为情感,盖卓然有主旨如此"。

七、陈嘉庚的开学训词

陈嘉庚1919年夏回到故乡集美后,开始大规模兴办教育事业。他一方面把办好集美学校作为首要目标,另一方面紧锣密鼓地筹备厦门大学。

1919年8月18日学校开学,因新聘校长池尚同不能如期到校,由陆规亮先来代理,偕已到之教员暂行开课。新校长到校后,学校在9月12日举行"秋季始业式",陈嘉庚在始学式上发表训词。他对学生们说:

"惟最希望者有三:一对于国家,当尽国民之责任,凡分所应尽者,务必有以报国家。二对于学校,学生品学之优劣,关于学校名誉甚重。诸生在校希勿稍忽功课,努力向前。在校既能尽学生之职务,出校则能尽国民之职务是也。三犹可以慰鄙人一片之苦心,愿诸生勉之,鄙人有厚望焉。

"此次所请诸教师,皆学问渊博。就本省而言,计中等学校二十余所,将各校教师较诸吾校,恐未能出我右矣。抑吾校设备虽未能言完全,然所缺者,不过化学仪器、图书、标本耳。积极进行,明年谅可齐备。由是言之,我校既占全省优点,则诸生之来校者,若果真心向学,务必抱定宗旨,始终如一。脱令朝来暮去,毫无定见,则大失鄙人之希望。如存此心,无论在何学校,余敢决其无进步。何以言之? 当上学期末放假时,曾通告秋季始业必如期到校,及放假后又复驰函通告,乃竟置若罔闻,迟迟启行,至有逾限二三周方到者。……西人云,信用为人生第二生命,信用既失,何以为人? 此迟到诸生者,对于信用二字甚为余不满意也。"

谈到集美学校的"性质",他指出:"本校性质如何? 即省俭是也。中国今日贫困极矣,吾既为中国人,则种种举动应以节俭为本。"他谈到:"且有一事,自开学至今不过一月,在鄙人耳所听目所见,诸生请假赴厦者,除例假外尚不胜数。究竟有何事故而仆仆如此? 若购衣服鞋袜,何不于来时购备? 况一次赴厦最少须费一元,无故而浪费,甚非求学者之所宜尔也。查请假生以中学部为多,大抵该部各生家资富厚,以浪掷金钱为无妨,不知本校性质与市镇学校不同。……鄙人在新加坡时,地处繁华,每月除正当费用外不及二元,所以如此者,盖以个人少费一文,即为吾家储一文,亦即为吾国多储一文,积少成多,以之兴学,此余之本意,亦即本校之性质也。"

他还对学生的文明举止提出劝告。他说:"且食之一字,在我国为最大之恶根性。本年远东运动会,我国赴会会员于途中持食物大嚼,为状极鄙,致为外人所笑,此诚足为吾国学生羞也。此次鄙人返国时,因赴广东乘广九汽车,无论一等二等搭客均购多数食物,停车时则肮脏物狼藉盈车矣。在新加坡三四等汽车中,亦无此种举动,即暹罗国为世界最未发达之国,亦无此种劣习。以吾文明古国竟至如此,又足为吾国羞矣。余在新加坡设橡胶园,曾聘一美国人为经理。此美人为美国陆军少将,充美国某埠商会坐办,既受余聘,驻美经理贩卖橡胶事务。于二年前曾至星洲与余接洽,到星未久即向余铺中经理某闲谈,谓彼来东方所见,最奇之事即东方人之健于饮食,每日除三餐外,沿街食物杂陈,坐而食者,立而食者,触目皆是。后某经理人向余言此事,余殊为之赧然。但鄙人今日言此,未免过于鄙俚,因视学校如家庭,视学生如兄弟,有不容不告也。"

对于"诸生体育",他在训词中指出:"鄙人返国时曾晤博士林文庆先生,知彼洗脸沐浴均用冷水。询何意,据云,冷水沐浴,可以坚固皮肤,不但在本省如是,即在北京冬天时亦如之。又前曾聘日本水产学校毕业生制造罐头,彼亦用冷水沐浴,云彼前身体柔弱,自用冷水后,反弱为强,是冷水沐浴有益于身体明矣。故本校此后务期一律仿此,非省火柴费也,因足为诸生锻炼身体,愿勿误会为幸。"

对于校舍建设,他说:"更有言者,本校开办已有一年余,在校学生不过三百余人,现方从事建筑,旁观者询何时可以告成,在余之意,非至资竭不止。若学生逐年增加,则建筑亦逐年增加,苟非金尽无所谓告成也。诸生闻吾言,得无误会,鄙人在南洋金可从天降欤? 抑有点金术欤? 不知皆余劳苦所得,三十年来备尽艰苦,有难以笔墨形容者,非诸生所能知也。"

八、开办水产航海教育

1920年2月,集美学校创办水产科,把"开拓海洋,挽回海权"作为办学宗旨。招收旧制高等小学七年或八年制毕业生45名,修业年限为四年,系甲种实业学校程度。入学的资格以品行端正,身体健全,年龄在13岁以上18岁以下,具有下列资格之一者为合格:(一)曾在高级小学毕业者;(二)有相当的学历者。符合第一项资格者,试验科目为国文算术英文常识测验,并检查体格及进行口试;如果以第二项的资格投考者,还须加试历史地理二科。学生录取后,于开课两个月后再进行甄别一次,以定去留,说明当时的招生是相当严格的。水产科的校舍与师范、中学一起在居仁楼。

当时,民间还存有"行船跑马三分命"的旧观念,上船工作的确也较艰苦,并有一定的危险性。为了鼓励学生学习水产航海,陈嘉庚特地规定水产科学生"待遇同师范生,学膳宿费均免"。学生不但不用交学杂费和膳食费,而且所需被席蚊帐,一概由学校供给,学校还发给学生统一的制服。

1920年10月,学校聘水产科教员冯立民(江苏宝山人)为水产科主任。1921年秋,水产科与商科合并为实业部;1924年春,又独立为水产部;1925年春,增办航海科,后重订课程,改称为"集美学校高级水产航海部";1925年招收初级中学一年级肄业生,修业期限定为五年。第一、二学年授以普通基础课程,完成初中学业;第三、四学年

集美学校水产科钤记

为高年级,授以专业课程;第五学年,往海上实习渔捞及航海实际技术。后因五年制的修业年限太长,中途辍学的学生过多,也不利于贫寒的学生就读,便改为三年制,招收初中毕业生。

陈嘉庚之所以在集美学校创办水产科,皆因他目睹旧中国"门户洞开,强邻环伺","船舶川行如织,但航权均操洋人掌握,我国公私营船舶,即在国境,犹寥若晨星,况在海外各属殖民地,何从觅其踪影"的可悲状况,深感痛心疾首。

在海外几十年,陈嘉庚对西方资本主义世界的物质文明有较深的了解,对航海与经济的关系也有一定的认识。他自己又有过一段经营海运的经历。视野的开阔与个人的实践,使陈嘉庚认识到航海事业对各国经济建设的重要性。他指出:"我国人口居世界第一位,沿岸领海环抱万里,不让任何大国;乃所有船舶之数尚不足与最少船舶之国比拟,甚至世界数十个航业注册,我国竟无资格参加,其耻辱为何如?故今后我国欲振兴航业,巩固海权,一洗久积之国耻,沿海诸省应负奋起直追之责。"

陈嘉庚认为要"开拓海洋,挽回海权",就要振兴渔业、航业,"欲振兴航业,必须培

育多数之航业人才"。他义无反顾地负起了"直追之责",选择在被迫开放为五个通商口岸之一的厦门,在他自己创办的集美学校开办水产航海教育,以实现他"造就渔业航业中坚人才,以此内利民生,外振国权"的宏愿。

陈嘉庚认为办好学校的一个重要条件是"要严选良师",要创办水产航海学校,首先要选聘这方面的教师。为解决水产航海教师难聘的问题,早在 1917 年,他就提前致函上海吴淞水产学校,托代聘一二位教师。该校回函说:"水产教师国内无处可聘,本校亦甚需用,仍付缺如。现有两位高才生本届可毕业,如有意,可资以经费往日本留学。两年后便可回来任教师。"陈嘉庚立即复函应承。当年即资送该校高才生冯立民、张柱尊(别号君一、江苏江阴人)、侯朝海(别号宗卿,江苏无锡人)等三人往日本东京水产讲习所(东京海洋大学前身)留学,预聘他们回国后到集美任教。1919 年 9 月,到日本留学回来的冯立民便应聘到集美。陈嘉庚即请他调查泉漳沿海一带和台湾的渔业航运状况,并且共同筹办水产科,研究招生的办法。张柱尊、侯朝海后来也到集美任教,成为骨干教师。

九、创办商科

1920 年 8 月,集美学校创设商科。商科初办时只有 25 名学生,第一组生源委托菲律宾教育会代为考送,修业年限为四年,待遇与中学相同,隶属于中学,主要授以商业必需的知识和技能,功课偏重专业知识,校舍也在居仁楼,聘李敬仲为主任。

商科的创设与陈嘉庚对商战真谛的深刻领悟有直接关系。他指出:"文明国之所谓商者,既能经营天产之原料,兴厂制成器物,复益以航业之交通,银行之便利,保险之信用,发行机关之完备,凡诸商业上种种之原理,又莫不洞若观火,而具有世界之眼光,故其物品优良,大促供社会之需要,博国际之欢迎,始是以居商战之地位,执其牛耳矣。其经济上势力与精神,尤能辅助国家,以培育无量数之人才,而使其互相利用获益者,盖商战也,而学战已寓其中焉。反观我国人之所谓商者,不特对商业上各种原理,茫然不知,即对于商业上各种常识,亦付缺如,而徒拥虚名,听天由命,因人成事,甚至一身命脉,均操纵于外人,而不克自振,此固无可讳言者也。似此资格,何足与言商,何足与言商战,更何足与言商战中之寓夫学战哉。"他认为:"我国商业之不振,推原其故,地非不大也,物非不博也,人非不敏也,资本非不雄且厚也。所独缺乏者,商人不知商业原理与常识耳。吾人深知此弊,以为补救之法,莫善于兴学。侨商若欲求免天演之淘汰,务必急起直追,学习西式簿记知识,银行、贸易技术本领。"

商科的办学宗旨,主要有以下三个方面:

第一是培养人才以谋民生问题之解决。学校提出:"民生至今,凋敝已极,政治不修,固为主因;而国人智识孤陋,墨守成法,难与人竞。方今革新伊始,百业待兴;此本校贮养商业人才,以期建设新国家者一也。"

第二是注意南洋商业、适应地方需要。学校提出:"今日南洋灿烂之文明,胥为吾

华人三百年来汗血之结晶。闽粤两省人民之衣食，直接间接几尽仰给于海外之侨商！顾以国势不竞，终无保护，既一再受殖民政府无理之虐待，复频遭土人排外之仇恨，建开辟之伟功，曾不能受锱铢之酬报？而自日本建立南进政策以来，强敌崛起，今后侨商，苟不急起直追，充实学识，则优胜劣败，难逃天演公例；此本校注意南洋商业，力谋发展者二也。"

第三是实行公民教育、养成健全国民。学校提出："本校虽以实施商业教育为职责，但非置公民教育于不顾。狭义的职业教育，恒致养成偏颇浅陋之恶习，故本校于职业训练之外，复注意公民的训练。务使三民主义之真精神，及吾校生命所寄之牺牲服务精神，充分贯彻，而求所以实现之者；此为本校最终之目的也。"

由此可见，创办商科的目的在培养有学识之才，援助南洋华侨经营商业，并希望通过培养商业人才改变国内墨守成规的商业经营方式，以谋民生问题的解决，以期建设新国家。同时还要实行公民教育，以养成健全的人格。

十、敦聘叶渊为校长

1920 年 4 月，经思明县（即厦门）教育局长介绍，陈嘉庚认识了叶渊。叶渊，字贻俊，号采真，1889 年出生于福建安溪，早年就读福建高等学堂，1917 年毕业于国立北京大学经济系，1919 年曾任洪濑留守司令和安溪县知事。求贤心切的陈嘉庚邀请叶渊到集美学校参观，与之深入交谈。经过了解，陈嘉庚认为叶渊有才干，教育上洞识底细，"新加坡中小校及集美诸教师，要求些如先生之研究，心得之品，则敢断言未有其人。是以一晤而知其足可有为之士，故倾慕竭诚，再三恳请出为赞助"。

但是，叶渊的志向在于从事银行业，陈嘉

叶渊（1889—1952）

庚在 1920 年 5 月 1 日写了一封长信动员他："弟之牺牲非尽关集美及厦门大学两件事。盖除此而外，尤注重希望南洋侨胞醒悟用财之道，及内地或亦有所感化。如大吹特吹、大声疾呼，不牺牲财，无教育可言，民无教育，安能立国？以最近区而言，如吾闽下游一带，几不尽变野蛮者几何耶？兴念及此，不容不致力于义务。且以崇实求是，树侨胞之模范，冀多进于群德。是以不得不恳请真才之士，出为帮助，乃能收美满广大之效果，非仅集美一校成绩之收效而已也。先生以成学经济，志在整理银行，挽回利权，事诚至善。第以现下名曰银行，究实不外钱庄之变相，加美名而已，诚无银行资格之可言，恐对先生志愿目的，为期尚远。是以恳请

勿作无益之谋,而把握集美学校之教育,其造福于乡里国家,岂可与一银行或不成银行同日而语哉?"

叶渊以所学专业不适于任校长为理由而推辞,陈嘉庚诚恳地劝说:"若论所学之资格,对任校长有乖,此等实在过虑。弟愚以为问才与不才,有学问与无学问已耳。不然,何以欧美伟人原初非政治学家而能于政治成大名者? 以先生之青年,总再后四、五年或至成十年,谅之度亦未晚。且此数年之中总任校长,亦足以增知经过之情形。许时集美学校规模大,定付托有人,不论改从何界,概如钧便。若仍以银行为必谋之要者,弟或能从中为提倡,以展骥迹,则更两全其美。先生既受高等之教育,定必存高等之爱国。目下权其轻重,当以何事为先,不待智者而后知,况先生乎? 敢以为请,千万勿复客气,至荷至幸。"

陈嘉庚在给叶渊的信中还明确了待遇、权利等有关问题,节录如下:

校长——此席决请先生负责,别无讨论之问题,约书不日呈送。薪水首年每月大银一百八十元。校内行政用人之权,概由先生独裁,弟唯办理财务及管理建筑事宜。

优待费——此条弟早有打算,经函嘱新加坡调查英政府原定之优奖例,大约由十年、十五年、二十年依薪俸计核,拟待秋季加入校中章程。凡集美学校不拘高下教师,一律得享此权利。

调查——先生之须先往等处调查或联络,弟深赞成,祈早预备进行,俾暑假内或前回来,以便接理一切。调查一切费用由校中清理,薪俸亦准由起程之日核计也。

贵眷——如不嫌敝社,请早示知,当代为谋一屋。现下中小校教师多家住眷于社中,伙食概从教师之便,或在校用膳,或半家半校均可。

池校长——此次之辞退,乃由彼自三月杪来书告退。书中但言往外国留学,而对人言难办。弟亦承认,其才难办,故不挽留。始终非有与弟生何意见,亦非弟有何干涉。若以弟鄙意,世间不拘何事,唯有财、才、权,三件如充分,决无难字之问题。彼之藉口难办,不知何件难?

校员——自去秋重新组织之教师,旧者四、五位,黄炎培荐来亦四、五位,池君荐来二、三位,余十多位概由弟托友荐来,总属混合,均能服从校务。鲜有狡癖之人,亦非有与结生死交之辈。故不关池君之去留,而能致诸教师于随也,设有之,亦不外一人至两人而已,设十人八人,何妨于事? 况决不至也,祈宽怀。

学生——师范学生比之中生尤觉易于管理,缘费省,多属贫寒子弟,既志切求学,且无较上之校可往,况对于池君颇乏诚感情,决无风潮之可言。若中生亦多有无还膳费者,其情亦与师范生无殊。至于水产,更无问题矣。

比较——校中诸教师以及前后校长,论资格,未有如先生之高;论学问,则有中无西或有西无中,要求如先生之两备,未曾一见;其余言论、办理、熟悉教务、记才亦未有如先生之完满。故弟决知,先生如长本校,万无教师不服之可言。再者,

本地人办本地事，八分才尤胜外处之十分，况外处之五分才尚且难得，祈勿见弃而视弟不足共事，尤幸。

5月3日，陈嘉庚又以恳切的心情致信叶渊，信中写道："先生来示既不弃共事，肯就校长之席，深慰鱼水。昨信略有言之，非因人荐某某可当本校校长便喜而轻诺，幸勿误会。所以敢即屈请者，系知先生之主要学问及才力，不唯校中诸师无一可匹，总前两次之校长、教师更不足望肩背，且属本土名士。为弟因才亲聘，与本校自来数校长不同，声价之高，更无待言。况——弟素以诚挚待教师，又以优俸酬其劳，按月必交，无缺分毫。俾仰事俯蓄无内顾之忧，是以前日无为之当局，诸教师尚能相安无事，理由实尔，了无疑义。至于学生更无问题之可言。试讲全闽诸校之优待学生，及省费，并教师之资格，谁能与本校比拟？故本校以特别之情形，培育特别之精神。诸学生驯服爱戴，与他校之学生与校长教师有连带之关系者大不相同。先生明达，毋庸弟再详底蕴。倘教师中有一二或二三意见而不留者，何妨于事？盖贤君亦有不仕之臣。弟历商三十年，总乏社会之交才，自度作事不负'天良'二字，凡守正道以行事，何畏何疑？池校长未辞职之前，弟尚在优容，未敢先发，唯有隐忧，恐鼓吹之宗旨难进。不意彼因他故辞职，弟以是主不挽留，且打算如未得亲知之人可任校长，决不再事。外省托聘，盖已饱受教训矣。虽空此席，度能维持，决不致于纷纠，然后慎选相知之士，诚心以求，不患不达到目的。近识先生之后，倾心仰慕，大慰下怀。是以详陈鄙志，望先生再勿过虑、客气为幸。如果愿细心从事，唯有渐取缓进，软化及笼络感情之宗旨，对于改革之事，勿遽激烈，审时察势，一步又一步，数月之后不期效而自效。善治事者定不易乎是想。先生早有处理之策，毋庸弟再赘。又或以商人办事，原有商情之手段，待师如待伙，见利则思迁。揆之吾国商家，莫怪其然。但是商人亦有商人之道德，第不过罕见耳。今日者，既牺牲一己之权利，从事国民之义务，除相当衣食外，别无长物可为妻子萦恋。恨难识多士，共结真诚爱国之同志，何尚有不道德商人之意味乎？弟不学无文，词不达意，请以意会。"

5月10日，陈嘉庚亲笔立聘书，敦请叶渊"任集美师中商水产学校附属两等小学校校长职务"，聘期三年。7月，叶渊应聘来校，接手校务。至此，两年又四个月三易校长的集美学校终于"安定"了。叶渊主持集美学校校务长达14年，对集美学校的建设和发展做出了重大贡献。

1921年2月，集美学校设立了女子师范部，辖女子小学，招收女子师范讲习科和预科，首期共100多名学生，聘请陈乃元为主任。女师部校舍在新建的尚忠楼、诵诗楼，附属女小亦迁入新址。这时，学校确定总校名——"福建私立集美学校"，内分师范、中实（包括中学、水产科、商科）、女师（女小隶之）、小学、幼稚园5个部，全校学生1409人。学校还先后设置了一系列为师生学习、工作、生活服务的公共设施，如1919年9月设立医务处，次年独立设置为集美医院；1920年设立集美图书馆，等等。

第二章

发展

　　1921 年至 1926 年,集美学校进入相对稳定的发展时期,校舍建设快速推进,公用设施渐趋完备,办学领域继续拓展,德智体"三育并重"的方针得到全面贯彻,学校呈现良好的发展态势。

一、校舍建设的概况

1919 年 6 月至 1922 年 3 月，陈嘉庚亲自主持集美学校校舍的建设工作。当时建筑校舍，不但需要花费大量资金和精力，而且要敢于同封建势力作斗争。为了扩建小学，陈嘉庚选中了"延平故垒"背后的一块坟地。可是当时乡人深受封建迷信影响，慑于"神鬼"作祟，无人敢于平坟破土，甚至有的教职员亦托故辞职。陈嘉庚认为，办学校必须移风易俗，亲自带乡亲们到坟地，手执拐杖，捅捅这墓穴，敲敲那墓碑，风趣地说："这里没鬼，赶快开工！"众人在他的开导下，才破土动工。至 1922 年 9 月，"延平楼"就落成了，闹鬼的谣言也随之消失。

在这两年多时间里，陈嘉庚主持建设的校舍有医院、图书馆（博文楼）、科学馆、立德楼、立言楼、约礼楼、即温楼、明良楼、手工教室、钟楼、尚忠楼、诵诗楼、延平楼以及西膳厅、俱乐部、消费公社和操场等。

1923 年至 1926 年，是陈嘉庚企业蒸蒸日上，"得利最多和资产最巨之时"。他认为这是发展学校的难得机会，一再函促叶渊校长加速校舍建设和增添设备，扩大规模，大量招生。往往"钱未到手，就先准备把它用掉"。因此，这几年中，集美学校又建设了允恭楼、文学楼、敦书楼、葆真楼和养正楼、音乐室、务本楼、崇俭楼、瀹智楼、肃雍楼、校长住宅、军乐亭、植物园、网球场、浴室、大膳厅、农林建筑办事处、工人住所等。

集美学校 20 世纪 20 年代建筑一览表

序号	名　称	层数	间数	建筑费	竣工时间
1	医院	2 层	18 间	10000 元	1920 年 9 月
2	图书馆（博文楼）	3 层	16 间	45000 元	1920 年 11 月
3	科学馆	4 层	34 间	65000 元	1922 年 9 月
4	立德楼	3 层	27 间	76000 元	1920 年 3 月
5	立言楼	2 层	20 间	建筑费并于立德楼	1920 年 7 月
6	约礼楼	2 层	38 间	22000 元	1920 年 11 月
7	即温楼	3 层	39 间	45000 元	1921 年 4 月
8	明良楼	3 层	33 间	30000 元	1921 年 6 月
9	手工教室	1 层	6 间	8000 元	1921 年 2 月
10	钟楼	5 层	5 间	不详	1921 年 10 月
11	尚忠楼	4 层	22 间	36000 元	1921 年 2 月
12	诵诗楼	2 层	10 间	14000 元	1921 年 2 月
13	延平楼	3 层	30 间	60000 元	1922 年 9 月
14	允恭楼	3 层	44 间	建筑费不详	1923 年 8 月
15	文学楼	3 层	5 间	4000 元	1925 年 8 月

续表

序号	名　称	层数	间数	建筑费	竣工时间
16	敦书楼	3层	12间	28000元	1925年8月
17	葆真楼和养正楼	2层	24间	96000元	1926年9月
18	音乐室	1层	3间	3000元	1925年2月
19	务本楼	2层	20间	30000元	1925年12月
20	崇俭楼	3层	36间	38000元	1926年2月
21	瀹智楼	2层	18间	63000元	1926年8月
22	肃雍楼	2层	14间	20000元	1925年1月
23	校长住宅	2层	8间	16000元	1925年4月
24	军乐亭			3500元	1925年4月
25	植物园			30000元	1925年4月

1927年以后,因橡胶价格暴跌带来经济困境,校舍建筑暂时停顿,集美学校的校舍在相当长时间内保持这时的状态,没有兴建大的建筑,直至1950年代。

《集美学校廿周年纪念刊》(1933年出版)对当时全校建筑概况作了详细记载,兹摘录如下:

本校建筑工程,向由校主办事处派人掌管,嗣因工程急进,特设建筑部以司之。民国十二年四月,校主将建筑事务,划归叶校长办理,乃调白养浩主其事,谦辞不就。翌年四月,叶校长以校中建筑物,向无定名,通常称谓,或以号,或以方向,或以新旧,殊觉不便;特规定名称,分别已成未成,绘就平面图付印,并提挂匾额以张之。七月,集美半岛全图,由测量员陈钰生测量告竣。进而整理校地契据,公同勘验,实行丈量,将契面重要条件,编号登录。举凡界限范围,及面积若干,均详细填载。于是校址分明,而校产亦有切实之统计矣。九月,校主以建筑事繁,不可无人主持,乃聘同美车路主任王卓生为建筑部主任,以陈金放副之。重订办事细则,并遴委测量司库会计登记保管监工等项人员,俾专责成。十四年五月,叶校长屡赴天马山麓测量水源,拟建设自来水,以供校用。发现该处荒地甚多,可设农林学校,因与洪塘头社家长订定收购天马山附近荒地契约。未几分设建筑办事处于农林部,以利进行。九月,工程师余石帆到校。十五年十二月,校主电止建筑。迨十六年八月,各校工程结束,建筑部裁撤,所存材料,由总务处接收。此后建筑事宜,即由总务处及各校事务课分别任之,综计二十年来,建筑费已达一百五十一万四千余元。辛苦而得来之,慷慨而用之,校主之牺牲精神,诚伟矣哉!

全校重要建筑物,就规定之名称,概括述之:峻宇雕墙之间,有朴旧之木质平屋焉,是即集美小学故址。填海堤而为之,落成于民国二年,盖本校最初之建筑物,可留以为纪念者也。北向为居仁楼,翼以尚勇瀹智二楼,有泮池环之,跨石桥于其上,以达大礼堂。离立于堂侧者,雨操场也。东雨操场,划为俱乐部及消费公

社；西雨操场则为课外运动之所，曩时曾庋救火机于其隅焉。堂后有立德立言立功三楼，总务处会计处及储蓄银行，设于立德楼下。毗连立言楼者为博文楼，图书馆设于楼上，其前则约礼楼也。由约礼楼折而东北，有美术馆，原名音乐室，因欲辟为图画教室及图画成绩室，故易名以副其实，落成于民国二十年十二月，盖本校最新之建筑物也。馆后为医院。折而北即二房山，形势高亢，为全校冠，女学之尚忠诵诗文学敦书各楼在焉。其邻为葆真楼，结构新颖富丽，则幼稚师范及幼稚园之校舍也。东南行数百武（注：古时以六尺为步，半步为武），抵国姓寨，层楼巍峨，俯瞰沧波，是为男小学。因江干有郑延平故垒之古迹，故名为延平楼焉。

科学馆屹立于郭厝之旗杆山，为全校之中心点，校董办公室秘书处及教育推广部，咸设于馆之三楼。其东有钟楼水塔及音乐室。北侧有军乐亭，亭北为植物园，拓地数十弓（注：1弓等于5尺），树木蓊郁，徜徉其间，致足乐也！

馆之西南十余武，红楼与绿树相掩映，是为校董住宅。遥望肃雍楼，檐牙相啄，高低绵亘，皆教职员住宅也。折而西曰交巷山，即温楼矗立其上，楼巅大书"民国十年四月六日厦门大学假此开幕"盖校主手笔，厦门大学之发祥地也。逶迤复西，明良允恭崇俭各楼在焉。中学水产商业三校之教室宿舍，就各楼而分配之，辄有变易。至如手工室，储藏室，电灯厂，贩卖所，以及操场球场，盥所浴室，食堂庖厨，应有尽有，实更仆而不能数也。

农林校舍，建于天马山麓之侯厝社，教室宿舍之所在曰务本楼，其未竣工者曰敦业楼，停顿多年，迄今犹未续建也。又特辟农场，畜厩鸡埘，先后告成，且依据场务计划，分全场为七区，对于各项农作物及龙眼枇杷桃李桔柚香蕉等之实验，尤兢兢致意也。

本校建筑，校舍而外，兼及园圃，已略言之矣。尚有可记者，一曰桥堤，如沿海岸之通津堤，及泮池前之大石桥。二曰码头，龙王宫码头，盖糜款巨万，经年而后成者也。三曰船舶，集美第一号实习船，第二号拖网渔轮，第三第四号电船，及祖逖号郑和号诸端艇，皆或购自英法诸国或自备工料而督造之。四曰道路，村中四通八达之康庄大道，及天马山之阶磴，皆由校雇工辟之。至于沟渠溷圊（注：厕所），所耗不赀，亦不仅中人十家之产也。校舍建筑，原有整个计划，有中途停工，犹未完成者；有地址已定，尚未兴工者；他日校费宽裕，经之营之，不日成之，是以为左券（指有把握）焉可。

1923年，在集美学校举行建校十周年纪念活动之际，叶渊校长和12名教职员共同发起在全校师生和校外募捐款项建造两座亭子，其中一座为"介眉亭"，一为陈嘉庚祝寿，二为纪念他的兴学功绩。陈嘉庚获悉后"殊深诧异"，指出"无论兴工与否，弟决不愿受"，并于1924年3月27日致电设在厦门专司集美、厦大经济汇兑的"集通行"："告校长请取消建介眉亭，捐款发回"。次日又致信叶渊，详述反对"建亭祝寿"的理由，指出："盖弟每以实事求是四字为宗旨，若目的未达，遽邀钓誉，毋乃自背乎。盖今日本校虽有许规模，而学生之实益如何，可裨于社会如何，毋庸隐讳。……弟之仰望者大，

绝非谦逊本性，唯要有相当之功德，然后敢享受耳。……要达目的，第一须先知社会人之心理，今日我诚无私，尚多不满人意。语云：'止谤莫如自修'，故却其（指厦大师生）贺仪，自修之一端。兹之不愿建亭，亦犹是也。若好制造虚荣，必能影响于厦大，为无益，损有益，岂不误哉！盖我若确能实行实事求是四字，加以不急功誉，终必显示无我之大公，则助厦大者，必有其人，爱社会，爱国家，不为时欲所移，定表同情也。"要求叶渊"善说诸君，勿强立不满意之纪念"。叶渊接信后即召集发起人商议，遵照陈嘉庚的函示，决定取消建造"介眉亭"，改建"军乐亭"，校内外捐款一概退还。此事从一个侧面反映了陈嘉庚的高风亮节和深谋远虑。

即温楼

明良楼

崇俭楼

大礼堂

电灯厂

美术馆

尚忠楼

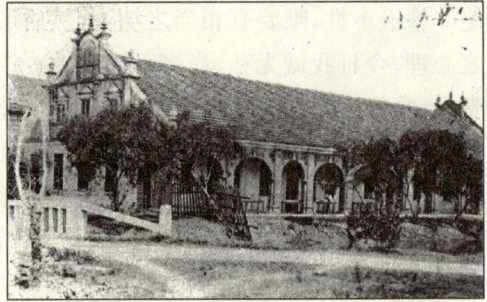

手工教室

校董住宅

音乐室

游泳池

浴沂小筑

三立楼

尚勇楼

约礼楼

瀹智楼

钟楼及雨操场

军乐亭

1925 年 11 月集美学校西北隅

二、校舍建设的规划设想

陈嘉庚对集美学校校舍建设既有整体规划,又讲究美观实用。他在给叶渊校长的信中全面阐述了自己对集美学校校舍整体规划的意见。

1923 年初,叶渊校长向陈嘉庚报告学校拟建教员住宅一事,并寄去教员住宅设计图纸。陈嘉庚收到后对教员住宅的"屋式与地位"有不同意见,2 月 28 日回信指出:

"集美校舍建筑之大误，其原因不出两项，一、六七年前，既乏现财力，故无现思想；二、愚拙寡闻见，不晓关碍美术山水而妄自堆建。迨至后来，悔恨无已。论集美山势，凡大操场以前之地，均不宜建筑，宜分建两边近山之处，俾从海口看入，直达内头社边之大礼堂。而从大礼堂看出，面海无塞。大操场、大游泳池居中，教室数十座左右立，方不失此美丽秀雅之山水。"

他对集美学校早期建筑的选址不满意，指出："先生亦知此误，唯无术可移耳。再后复建师范饭厅，其失错亦甚。因阻塞岗下天然曲折之纵观，每念他日移之别处，损失不出数千元工资而已。至于师范部之教室、礼堂、宿舍，或者他日有力时，亦当移之，庶免长为抱恨也。"

他在信中提出："故今日计划集美全部，宜以大学规模宏伟之气象，按二十年内，扩充校界至印斗山。建中央大礼堂于内头社边南向之佳地。故凡礼堂近处能顾见之环境，当无加入住宅之问题，了无疑义。东隅虽失，尚可冀收于桑榆，况前车之鉴，尤希慎重之慎重。师范校舍，他日果实能移去，按损失工料不出十万、八万元，我何惜此而贻无穷之憾。若我不移，他日后人或拘于前人之艰难手创，更不能移。岂非永屈山水助雅之失真者乎！"

他认为："教员住宅，如岑头社前近乏相当之地。若按此三、两年需要，不如取建筑部与木工场后面诸山地，依其山势坐东向西，亦属美观。将来与校舍绝无相犯。且先建一排，他年可更建后排，再后另辟一区，建为模范村，以作久计。况车路已通，何妨数里为遥。

"女师之山岗亦雅。若专务美观，则当建造三数座独立之校舍为配合。无如容人不多，其他种种附属各舍比教室为多，将安于何地，故不得不建作'□'字形。虽完建，容客生（外地寄宿生）不上五六百名，尤非所愿。弟之希望二十年内可容女生千余、二千名，而'□'字形校舍之东、西、北三方面可续建似外护者供应。况后人之继吾志者，恐又形地小之叹矣。先生未知弟望过奢，故拟建该处。接息后，定表同情也。

"男师范部之地位，当如来示于大操场西北之小岗，连续至内头社口。地方颇大，惟建舍方向非一，他日建法，如无专门家可计划，必请先生与各教员详审然后可。若实业部（水产、商科）不宜加入此山，宜从中校部（中学）而进，地位亦大也。

"至于大学校舍之地址，弟意非内头社后，则许厝社后诸近处，另独立山冈，建较美观座座独立之校舍。凡寄宿舍另建于一边，以界限之。如是，则男师、女师、中实（中学实业部）三部，俱分岗而立。大学亦自占一方，未悉合否？最好如有真正美术家，雇到校中数月，测量全部之高低，造一全境之模型，及路舍之安排，庶免再误。虽费万元亦不惜。未知有无等人，设有者，恐属外国人，月虽千元未必肯来。但恐肯来之人，其术无真。不然，至址亦有其人。弟前到岭南学校，见其模型，系校中两教员之手造。未审厦大有无等手，或注意待觅亦可。如何之处，乞为良裁。

"鱼池岸应当迁移。来示以任移亦难正，故主张不移。若弟意，池不必正，有善布景之围池园，用工力造其屈曲岛屿。兹我因池小，路又不接池，故拟移之。如恐与美术有关，暂待有美术家到划定，然后移亦好也。

"教员住宅之建于何处，总是屋式不甚增差。如来图一房一厅仅二丈两尺，屋既

小,而住楼上之人,上落必经楼下之厅房则不妥。走廊四尺亦嫌太小。然不建则已,要建必期合用及长久,且与校舍略可配合,亦好作模范舍。故弟从后面纸亦绘平面图夹回。系照此间政府审定住宅新法。至前之花园,如有地可加长些。若后之天井有地,亦可加长些。'五脚气'(骑楼)留八尺,亦有至十尺者,最合休息之佳地位。每间有楼之屋身,长三丈八尺,阔一丈七尺,共六百四十六平方尺。前后有楼与无楼四百零八平方尺,合计一千零五十四平方尺。若有楼者每平方尺按建费四元,余者二元,即三千四百左元。若一连多间,可省多少,或三千元可得来。筑屋之事,多按未准,如厦大现建之一部,前按二十万元为有楼者,每方尺五元,无楼一元半。迨至将竣,非三十万元不成。先生按千余元,虽间格较小,恐亦不足也。

"前日金凤寄来现建中校舍图,其中仿鼓浪屿林家之宅建一半圆形骑楼,而尾层楼加建一亭。弟意亭盖之下之云路,可伸出二尺外三尺。然伸出许多,恐乏力承载,须于云路下造相当之拱仔以承载之。其拱仔约二尺或二尺半,抑一尺半造一支。拱仔须涂白灰为好看。弟见有一屋如是建法甚雅观。又如屋顶盖洋瓦,其屋脊如嫌不雅观,可造华式屋脊,仍盖洋瓦。"

陈嘉庚在建设校舍的过程中,既重视量力而行,又重视长远规划;既讲究中西合璧,又注重民族风格,还重视听取美术行家的意见。他尤其重视满足教学用房的需要,除了建设数十座教学楼外,还建设了为教学服务的公用图书馆、科学馆、体育馆、美术室、音乐室等。

三、设立各类公共机构

为满足教学和师生生活需要,集美学校在1920年代初陆续设立了图书馆、医院、科学馆、消费公社、储蓄银行等公共机构。为提倡和改善闽南教育,设立了教育推广部。此外,学校还成立了校友会、童子军、救火队、铜乐队等各种组织。

(一)1920年设立集美图书馆

陈嘉庚很重视图书馆的建设,早在1913年创办集美小学时,就注意添置图书,建立图书资料室。1918年,已有小学、师范、中学等校,为满足广大师生求知需要,即成立集美学校图书馆,成立之初规模狭小,仅就前师范部之居仁楼,辟一室为馆址。所有购置、管理诸事宜,概由总务处兼理。1920年11月,博文楼落成,图书馆迁入新馆址,以李钟英董理图书事宜,将前购图书归入新馆。馆屋类似宫殿式建筑,分上中下三层。屋顶覆以绿色琉璃瓦,两旁栋楹及走廊,均加精细雕刻,饰以金箔,辉光四映,灿烂夺目。四面窗户洞达,光线适宜。图书馆的布置,上层为普通阅览室、杂志阅览室、报纸阅览室、陈列室、中日问题南洋问题研究室、典书课、办公处、杂志庋藏室。中层为书库、主任办公室、编目课办公室、登录课办公室、会议室、职员住室、晒书台。下层为报纸庋藏室、装订室、铅印处。工作人员初为2人,后逐渐增加到13人。

集美小学校图书馆（1918 年）

1921 年春，许佶甫继任图书馆管理员，是年秋季，图书馆设主任管理馆务，首任主任为罗廷光。罗廷光于 1922 年春离职，改聘吴康为主任，开始实行新的图书馆管理法及分类编目法。秋季，吴康他就，由潘鸿秋暂代。1923 年秋，蒋希曾继任主任，用其自编之中外图书统一分类法，重新分类编目，卡片除分类一种以外，添制书名及著者两种，并厘定各项章程、各种标签表册，日事扩充与改革。1926 年秋，增设史地研究室及装订课。

截至 1933 年 1 月，图书馆馆藏图书总数达 13746 种 42917 册。从 1923 年开始，各类报纸按种按月保存。购书经费达 30176 元。

图书馆规程分九个方面，包括组织大纲、借书规则、假期借书规则、阅览规则、参观规则、图书委员会规程、购置图书规程、办事细则和征求书籍简章。

（二）1920 年设立集美医院

1918 年 6 月，师范中学学生染脚气病者甚多，造成恐慌，学校特请厦门医院医生来校检查。1919 年 9 月特置校医，专司治疗。先后延请王镜如、陈昭宗、刘为霖、许嘉斯担任校医。1920 年 9 月，集美医院院址落成，两层十八间，乃独立设立集美医院。1922 年 2 月聘陈昭宗为主任。医院设置主任，自此开始。

集美学校医院（1920 年）

医院为谋公共卫生及增进教职员学生之健康，一律优待不收费（1929 年 2 月后才收取挂号费，1931 年 9 月开始征收注射费和住院费，以弥补药类支出）。

（三）1922 年设立科学馆

1918 年师范和中学开办以后，因物理、化学、博物（包括动物、植物、矿物等）课程教学需要，向上海实学通艺馆采购甲种理化器械及药品各一组，博物标本一组，以居仁楼为庋藏室。1920 年冬，借工艺室一半为理化教室及学生实验室。1921 年春，理化教员陈庆兼理馆事，乃斟酌学校自然科学需要的范围，参考各处图样，拟就科学馆建筑规划，绘图呈请校主校长核准开工建设。这一年因厦门大学在集美学校开学授课，需用理化试验器械药品，又添置数千元。1922 年秋，科学馆落成，仍将仪器药品标本迁入，分别布置，底层为理化教室、实验室、庋藏室及暗室、天秤室等。第二层为博物教室、实验室、陈列室及标本室。第三层为校长办公室和理化教员宿舍。

1923 年 8 月，聘请林德曜为科学馆主任。1925 年 2 月，林德曜辞职，陈庆继任。科学馆下设物理、化学、博物三股，配管理员 3 人，管理各股事务；标本剥制员 1 人，专司标本采集剥制。组织"科学馆委员会"作为咨询机关，内分设备计划股、教科书编译股、图书审查股、采集标本股

科学馆（1922 年）

等。科学馆以供全校教职员及学生研究试验，增进科学知识为宗旨，制定科学馆规程 14 条和实验室规则 10 条，师生员工必须共同遵守。各校自然科学课程的教学，均可到科学馆自由参观及试验。

为提倡学生研究化学及试验起见，1927 年设立化学研究会，从事制造摄影片及肥皂试验。1930 年设立自然科学研究会，介绍最近自然科学界学说及理论。1932 年，设立无线电研究会，从事制造收音机及播音之研究。

（四）1921 年设立消费公社

1918 年 3 月，师范中学开办前夕，为了供应入学师生的生活必需品，学校成立了贩卖部。1919 年 4 月，学校将贩卖部交给学生管理，选定股长三人，分别负责文具股、书籍股、杂品股。1920 年，学校师生已达 1700 余人，生活日用品的需求量增大，购买

又极不方便。为了解决这个问题，同时节省学生开支，叶渊校长即委托贩卖部，负责筹备消费公社事宜。

1921年3月，学校公布消费公社章程及招股简章，章程共8章26条，定名为集美学校消费公社，宗旨为便利师生共享价廉物美之利益而设，性质仿有限公司办法，由集美校友投股集资创办，是股东负有限责任的经济独立团体。股本总额定为5000元，向各部校友募集股金。4月19日举行筹备会，研究召开股东大会事宜。25日举行第一次股东大会，选举监、理事和职员。5月14日，消费公社正式开始营业，社址设在东膳厅。

1922年4月，消费公社因办理不善，发还股本给各股东，由学校派员接办。1924年11月，为便利商业部学生实习，将消费公社划为商业部直接管理。

（五）1921年设立集美学校储蓄银行

1919年6月，学校设立"校主办事处"及"银行部"。1921年8月，设"校长办公室"后，校主把银行部移交给校长管理，更名为"集美学校储蓄银行"，会计主任黄绶铭兼任银行经理。储蓄银行之设立，欲谋教职员及学生存款之便利，养成节俭储蓄之良好习惯，并有利于商科学生之实地练习。学校成美储金也归银行保管，贷出偿还，均依照手续办理。历年贷款升学，赖其协助，卓然克自树立者，实繁有徒。这是储蓄银行的特殊任务。

储蓄银行存款分三种：储蓄存款（整储零付，特为学生整储而设，每月支取本息，以应一切费用；零储整付，为本校同人积蓄而设，订以期限，如期储蓄，经若干期，应得本息共额）、活期存款、定期存款。

借款分抵押借款及信用借款两种。其中信用借款又分教职员和学生两类。教职员得以其薪俸为担保，惟借款数不得超过月薪2/3，借期不得逾两个月。学生借款分为教职员保证及同学保证两类，教职员保证的数额不得超过保证人月薪1/3；同学保证得有4位同学负连带保证责任，不得超过8元，期间不得逾两个月。教职员或学生有所借或替人担保借款尚未还清，不得再借或再担保。

为了资助经济困难、品学兼优的本校毕业生升入国内外大学或专门学校学习，自1924年起，学校设立"成人之美储金"。申请借贷储金的人，得具有下列三个条件：毕业成绩、学业操行均列甲等者；毕业后曾在校服务卓有成绩者；家境清贫有确实证明者。

审查合格的贷款生，每学期每名可贷款50元（可酌量增减）。贷出之款，月息六厘计算，毕业后，将所贷各款连同利息分期清还。服务社会者，以月收入1/5汇还贷款；回本校服务者，可免利息，以1/10的月收入抵还母金，回校服务6年以上，其贷款已清还过半者可申请将其贷款残额豁免。有中途辍学、留级、发生重大不正当行为三种情况者，停止贷款并限期偿清所贷款项。

(六)1924年设立教育推广部

1919年6月,陈嘉庚倡议组织"同安教育会",自任"同安教育会"会长,带头认捐开办费1万元,常费逐年5000元,作为"同安教育会"的经费。又函告新加坡同安籍华侨,号召支援家乡发展教育事业。按照他的计划,同安县10年内创办200所小学,普及小学教育。他自己每年补助办20所,每所1000元,另动员同安籍富侨创办50所。为了实现这一计划,他于1920年在集美学校设立教育补助处,开始补助同安兴办小学。在师资方面,陈嘉庚提出担任小学校长、教员必须是师范毕业生,他根据集美师范的毕业生情况,拟逐年分配到小学,逐渐推广,提高教育质量。

1924年3月,陈嘉庚将"同安教育补助处"移交集美学校叶渊校长办理,改名"教育推广部",继续拨款补助闽南各县一些中小学,叶渊校长还兼推广部主任和视察之职,对各校除经费补助外,还在行政管理、教学实施等方面提出指导性意见。推广部每年召开补助学校校长会议一次,除研究经济补助、人员聘请外,又共同研究教学改进问题。同年夏天,集美学校成立"闽南小学教育研究会",闽南各小学用通讯选举的办法,选举叶渊为会长。

为了促进闽南教育界人士研究初等教育,也为了使闽南的小学教员有进修的机会,更为了提高闽南各县教育、教学水平,集美学校于1924年7月举办第一届暑期学校。学员130多人,特聘请北京、江苏、浙江等地的教育专家王蕴山等6人为讲师,设课程12门,包括教育制度、教育行政、教育管理、儿童心理、教学方法、教育趋势等,学员可自由选科学习,至少选习4科,至多选习8科。暑期学校附设"暑期小学",成为暑期学校师生实习、研究的园地。暑期学校的教与学,有理论、有实践,又能互相切磋观摩。1926年7月,又举办第二届暑期学校,学员280多人,聘请东南大学附属小学5位教师为讲师,还有本校教师参加讲课并指导实习。

1925年,陈嘉庚的企业有较大的发展,曾计划扩大补助同安县100所学校,闽南各县500所学校,分期实行。后因企业收盘,未能实现全部计划。自1924年成立教育推广部至1932年的8年间,全省接受补助的有20个县市73所学校,其中小学有同安52所,安溪2所,金门2所,厦门、南安、惠安、诏安、永定、漳浦、上杭、龙岩、东山、石码、云霄、海澄、仙游、德化、永春各一校,中学有泉州私立中学和福州鳌峰三民中学等,8年间推广教育费计19万多元。

集美学校设立的教育推广部,举办的暑期学校,传播了新的教育思想,推广了新的教学方法,提高了闽南各校教师的教学水平和教学质量,成为闽南的教育中心。

(七)1920年成立校友会

师范和中学创办以后,即筹设校友会,由师生共同组织。1919年12月12日,召开全体教职员会议,制定集美学校校友会简章8章11条。1920年1月21日,选举德育、文艺、讲演、游艺、体育、调查、庶务各部正副部长。4月23日,选举评议部正副部长。5月22日,召开成立大会,校主陈嘉庚致词,并声明不担任会长的各种理由,嗣后

决定会长由校长担任。校友会成立,意在团结教育界为教育事业共同奋斗,筹划教育经费及征集教材等工作。集美校友会成立之后,1920 年 10 月,出版《校友会杂志》(由范毓桂主编,不定期),主要发表本校概况及校友文艺作品。1921 年 1 月,出版《校友会旬报》(由范毓桂、黄鸿翔主编,旬刊),发表本校消息及校友文艺作品。集美各校毕业生遍布海内外,除在集美学校成立"集美校友会"外,各地区、各学校也纷纷成立"校友会"。海外,新加坡最早成立分会(1923 年);国内,厦门最早成立分会(1924 年);各校自设校友会,以水产航海学校最早(1929 年)。

(八)出版《集美周刊》

1921 年 10 月 1 日,集美学校创办《集美周刊》,刊登学校消息和教职员、学生作品,聘陈联璧为出版主任,王钟麒为编辑主任,1923 年聘苏鉴亭为《集美周刊》总编辑,半年后改聘蒋希曾为编辑主任。《集美周刊》的宗旨是:传布消息,研究学术,发表意见,交换知识。《集美周刊》自创刊后,在国内外公开发行,历经 29 年,至 1951 年 7 月停刊,共出版 815 期。除了《集美周刊》之外,学校还于 1922 年 1 月创办了《师范教育》,刊载教育论著和试验报告。1923 年学校出版《集美学校季刊》,聘钱穆为总编辑。1923 年 12 月创办《集师学生》周刊,刊载师范学生作品。1925 年出版《民治》周刊,刊载研究自治的论文。1926 年出版《集美师范月刊》,刊载师范部教职员作品。这一时期创办的刊物还有《新民旬刊》、《集思旬刊》、《集商》、《小学生》、《集声》、《闽南小学教育》等。

四、集美学校与厦门大学

对于集美学校来说,随着规模的扩大,解决师资困难已刻不容缓。陈嘉庚多次谈到创办厦门大学的目的之一是为集美学校培养师资。他指出:"外人多未知敝人创设学校之目的在培养教师人才,造就种子起见。……师范学校既成立,而欲求师范学校之教员,比之小学教员为更难。于是又觉非办大学或高师,不能为功。查全国统计,除教会建设外,只有五间高师,数间大学,毕业生供不应求。故厦大之设,非仅为集美学校计,乃为全省全国计,其宗旨以培养教师人才。"他在 1920 年 6 月 27 日致叶渊的信中详细分析了应该速办厦门大学的理由,其中谈到:"以本校(集美学校)未来之计划,年按添招新生三、四百名。需高等(大学)毕业生二十名。闽中诸中等以上之公私立学校二十余所,就现状而论,虽不敢望如何发达,按中谱每校年添三两位教师,共需七、八十名,合计已在百名方敷分配。如现下十名尚无门可聘,且现有教师,又多属前清名人,此后若无及早筹谋,则国粹日稀,精神日减,必至无救药之惨痛。此我之不同意于二君(指蔡元培、蒋梦麟,二人劝厦大不宜速办)者也。"

1919 年 6 月,陈嘉庚回到集美,一卸下行装就四处勘地筹办厦门大学。他认为在家乡闽南创办一所大学非常必要。他指出:"国家之富强,全在乎国民,国民之发展全

在乎教育。""何谓根本，科学是也。今日之世界，一科学全盛之世界也。科学之发展，乃在专门大学。有专门大学之设立，则实业、教育、政治三者人才，乃能辈出。"从当时福建省的情况看，他也认为兴办大学非常必要。他说："民国八年夏余回梓，念邻省如广东江浙公私立大学林立，医学校亦不少，闽省千余万人，公私立大学未有一所，不但专门人才短少，而中等教师亦无处可造就。"

陈嘉庚在报上刊登《筹办福建厦门大学附设高等师范学校通告》指出："专制之积弊未除，共和之建设未备，国民之教育未遍，地方之实业未兴。此四者欲望其各臻完善，非有高等教育专门学识，不足以躐等而达。吾闽僻处海隅，地瘠民贫，莘莘学子，难造高深者，良以远方留学，则费重维艰，省内兴办，而政府难期。长此以往，吾民岂有自由幸福之日耶？且门户洞开，强邻环伺，存亡绝续迫于眉睫，吾人若复袖手旁观，放弃责任，后患奚堪设想！鄙人久客南洋，志怀祖国，希图报效，已非一日，不揣冒昧拟倡办大学校并附设高等师范于厦门。"

随后于7月13日邀集各界人士在厦门浮屿陈氏宗祠开特别大会，说明筹备厦门大学的动机和经过。他说："鄙人不揣绵力，拟在厦门倡办大学校及高等师范学校，欲将详情报告各界。……鄙人羁留海外，前后凡30年，此次回国，拟长住梓里稍尽义务。……窃吾人欲竞存于世界而求免天演之淘汰，非兴教育与实业不为功。此固尽人所知，然就进化之程序言之，则必先兴教育，而后实业有可措手。鄙人于教育一事实门外汉，本不敢以扣槃扪烛之见贡献于方家之前，第为爱国愚诚所迫，欲出而提倡举办。爰于民国二年创办集美小学校，方知小学教师缺乏，继办师范、中学，欲以培植师资及预备专门人才。开校一年有半，教员屡更，成绩未见，复觉中学师资更难。敝处如此，他县可知，岂非进行教育之大阻碍。私心默察，非速筹办大学高师实无救济之良法。""今日国势危如累卵，所赖而维系者，惟此方兴之教育与未死之民心耳。若并此而无之，是置国家于度外而自取灭亡之道也。"

陈嘉庚还论述了培养各级师资的必要性与迫切性，但对政府却无可指望，"当轴者既不能为我谋，则吾民不可不早自为谋，兴学责任讵有旁贷"。谈到为国家培养人才的重要性时，他说："我国现有大学，强半为外人所创办，其内容不过神学、文学、医学等科目，而农工商等关系社会经济发展和国家生存的重要专业，则少有所闻。"他准备创办的大学，力求完备，为国家培养教育、经济和政治的专门人才，因此必须年筹几十万或百万元的经费或千万元基金，可收学生数千名，但自己"绵力有限，唯具无限诚意"，他愿意以身作则，带头示范，并公开表示："自己先认捐开办费100万元，作两年开销；再捐经常费300万元作12年支出，每年25万元。"并拟于开办两年后，学校略有规模时，即向南洋富侨募捐。"诚恳希望内地诸君及海外侨胞，负起国民责任，同舟共济，见义勇为，则数千万元之基金，不难立集。"

创办厦门大学的资金来源，是陈嘉庚在海外经营实业所得及其企业的预期收益，其中最重要的保证就是1919年5月捐作"集美学校永久基金"的"全部不动产"的经营收入。至于为什么要尽出家产以兴学，陈嘉庚在1920年11月筹办厦门大学的演讲词中提到："（一）尝观欧美各国教育之所以发达，国家之所以富强，非由于政府，乃由于全

体人民。中国欲富强，欲教育发达，何独不然。（二）南洋实业，日益发达，其进步之速，实有一日千里之慨，而土地又大，未开垦之地颇多，各国人侨居于斯数，首推中国。则中国欲发达实业，南洋实为重要之地。乃反视在南洋之华侨，广帮余不知，不敢言，请谓闽帮，余乃抱悲观。每见许多华侨，多不愿回国者，虽有回国者，亦不过拥巨资作安逸之富家翁，专从事于种种奢华。在福建曾见华侨嫁女，乃费至千万之多，实为奢华之极；而对于实业教育各问题，反置之不问。故余谓长此以往，华侨财愈富，其有害于中国尤深，因之乃每欲设法援救之。援救之方法无他，惟有身先作则，创办数事，以警醒之。兹出家财之半，或十分之三四，恐仍不能动其心，改将所有家财尽出之，以办教育，并亲来中国经营，以冀将来事或成功，使其他华侨，有所感动也"。

1920 年 9 月 9 日，陈嘉庚致函集美学校叶渊校长，请叶渊为厦门大学代聘教师。信中说："大学事，新春开幕，瞬息将到。……独是师资一项，最为无上第一要切。因教育之母，将来概由此产生。为本校发达计，为全省进步计，舍是别无问题可言，是以刻不容缓也。高尚之学长、高尚之师资既在难得，然以预科生之程度，更可免求如何高尚。故请先生千勿客气，毅力果断，早聘新知。如不敷，再托别友代荐。百尺高楼从地起，初举之简陋及寡数，窃世界虽文明国之学校，难保不从此经过，不足引咎，亦不足抱歉。总是谦虚为人之美德，无论日后如何进步，吾侪决不敢自骄。但位居平民，希不失平民之资格。抚心自问，莫乖天良，唯实事求是，先度学生之程度，因而聘相当之师资。再后潮长则船亦可随之增高。若吾闽中等毕生，料其程度浅薄，无可为讳。故就先生所知之士，或再托友觅聘不上下之士而为之师，绰有余裕，故敢决意行之。再两三个月便可发表招生，订期考试矣。若外间诸筹备员，切不可靠，再一推让则又误去一期矣。安可客气哉！师资之重，无庸再言。若大学等科亦不过试办三几年后，方有实行'下手'（闽南方言，即下一步之意）之问题。缘三几年内不但难聘良教师，亦难招良好学生。先生既参观闽中中校，已知之尤稔，希从此之后，较有进步。以备加三几年入大学资料是也。至于财政之事，亦按加三年或且汇水免如下损失，则年或可投百万元注力于集、厦二校耳。前日恐忙之事（指南洋经济不景气之事），虽略有影响，亦为在洋误报如草木皆兵之类。兹不唯免失，尚可见长多少，此后力戒取平稳为主义，盖基础已备，若顺序进行，决能收美满之效果也。"

1921 年 4 月 6 日，厦门大学在集美学校举行开学式。首先设立商学和师范两部，从上海、福州、厦门、新加坡等地招生，共录取新生 100 多人。因校舍尚未兴建，暂借集美学校的即温楼、明良楼和一些辅助房屋作为临时校舍。福建省、厦门市社会各界代表、中外来宾及学生共 1000 多人参加了开学典礼。美国著名教育学家杜威博士及其夫人也应邀参加，分别讲演《现代教育之趋势》和《中国女学概况》。校训初定为"止于至善"。厦门大学的创办，标志着福建省有史以来由华侨创办的第一所大学诞生了。

1922 年 2 月，第一批校舍落成后，厦门大学师生从集美学校迁往厦门新校舍上课，以后又陆续新建了一批校舍，招生规模也逐步扩大，校务蒸蒸日上，聚集了一批国内学界翘楚，组成了实力雄厚的师资队伍，成为全国著名的大学之一。

1924 年初，陈嘉庚在写给叶渊的信中又一次阐述了厦门大学与集美学校的关系，

并提出重点支持厦大建设的必要性。他说:"厦大已成之教室并寄宿舍可容客生五百名,再后弟如乏力扩充,则厦大亦聊可算一小局之大学。总是不负事实为大学精神之第一要义,其事为何,则各种实验室并仪器略得完备,庶能将小部局之称。否则,与现国内他大学何殊。抚心自问,虚誉无裨之罪小,误社会国家之罪大。弟是以不计财政之困难而未忍缩减厦大之建设,冀于三、五年之内,略些完备力是故也。至若集校所欠者,教员住宅及幼稚园等室耳……设有再需,不外扩充生额而已。然扩充生额,尤为弟所至愿,但财力不遂手,奈何。世间不如意者十常八九,正为此也。以现下乏扩充能力,不得不遵养时晦以待机会。就天不遂我愿,而集美现下之规模、可容生额二千名,此后力整内部,费务省而成绩求佳,既不务多,则必务精,若此则集校虽未能年年增生,窃为对于名誉与事实不至如何坠落。故际此困难之中,略将切需之教员住宅,月按五千元建筑,不上一年足以供用,那时谋及幼稚园未晚。弟是以对于集校与厦大权其重以供给,而非有所偏倚。……况厦大与集校大有连带之关系,集校历来之困难及校费之浩繁,当以师资为首问题。……若集校要免困难并省费,舍厦大外,恐未易达目的。弟是以深盼厦大能得设备略妥,数年之后,其有益于集校,不唯小部分之师资,则集校大部分毕生,庶有造就之日。以此而言,厦大之设备,更不可缺也。不宁唯是,弟又作希求之过望,以为三数年内虽乏同志赞助,亦莫怪其然。盖小项可情捐,可面求,若厦大者,所需巨额实非用情面得来。必当先整我之内部与成绩,然后能感发于人,庶有相当之赞助。此亦厦大不得不设备之紧要也。"

1925 年 8 月 14 日和 17 日,叶渊两次致函陈嘉庚,提出拟派学生往国内大学留学,以学习该校之特长,如北大之文科、南大之商科等。陈嘉庚 9 月 6 日回信指出:"北大之文科,诚可推仰。若究其何以能致是者,无他,其教员多好文学,有根底,良传授,严规纪而已。……南大之商科,创办亦属未久,至其令人仰慕者,非其毕业生如何出色,有益社会,亦非其教师多属大商巨贾之经理董事,抑或仪器标本贵重新奇,难可追踵。而兹之扬名者藉上海名埠已耳。……厦大之设,原由集校感触而来。凡重国货者,应当尽力经营国货以自足自给,除力未能做到外,倘能做到,万万不可不积极进行。西谚曰:'种桃树须在桃荒时候',以南北二科(南大商科、北大文科)若果厦大不能仿效,亦当取作模范,弟念非艰难之事,何不自振精神?盖好文学教员,无省不有,若不惜重金罗致,断无不来之理。至于商科亦何独不然。况派学生至多不上 10 余 20 名,不惟不敷集校之需要,而厦大之宗旨,亦非仅为集校而设。若厦大能办得好,则年毕业生以百数,其相差之远为何如耶?况正为学荒时代,乘时奋进,尤吾侪之职责也。至派遣学生之费,每名一年约当 200 至 300 元或至 400 元,若 20 名年须七八千元。就此条之项,益之厦大薪俸于两科教员,可裨四、五名。譬如现聘之教师,月仅 150 元,兹加 100 元或 120 元,一年加千八百元,则该数位教师可造就两班生或三班,其数岂不增两倍乎?况亦厦大应为之责任,而不可不注意失后来居上之锐志。"

五、"永久和平学村"

1920 年代，军阀混战，闽南战事紧张。当时，闽军臧致平部驻高崎大石湖牛家村，粤军王献臣部驻鳌冠排头，隔海对峙，开枪互击。舟行其间，流弹横飞，厦集交通，为之断绝。叶渊等学校负责人，为购买粮食等事，经常冒险由海道往厦。或由吴冠陆行至东屿，渡海经鼓浪屿而转厦。

1923 年 9 月 3 日，集美学校中学部八组侨生李文华、李凤阁乘帆船赴厦门，行至高崎大石湖附近，被闽军臧致平部枪击，李文华身中三弹，李凤阁身中一弹。两天后，李文华死于医院。经集美学校严重交涉，臧致平部才答应惩办肇事兵士，发给李文华丧葬费 500 元，电慰其家属，并派代表致祭。李凤阁医药费也由臧部负担。

李文华无辜被害事件，激起师生极大义愤，纷纷抗议军阀的罪行。11 月 18 日，集美学校在厦门教育会为李文华召开了追悼会，叶渊亲致悼词，并把李文华遗体由厦门运回集美安葬，沿途抗议军阀的罪行。《集美周刊》还刊出了《李文华事件专号》，师生们纷纷发表文章、诗歌、祭文，声讨祸国殃民的军阀，为伸张正义而呐喊。

鉴于闽南战事紧张，集美交通阻梗，军队屯驻校内者，动辄千数百人，诛求无厌，供应殊苦。兼之溃兵过境，哗变时虞。为安全起见，女子师范部全体师生只好移住鼓浪屿三丘田，租一座楼房开课。叶渊校长怵于战祸之蔓延，倡议划学校为"永久和平学村"，并缮具请愿书及各种文件，派代表分别向南北军政当局请求承认划集美为和平学村。同时，向本省军政各机关、各长官，请其签名承认；请求全国实力派领袖、名流签字赞同；向驻厦领事团声明，如有犯及集美学村之事发生，请其主张公道，为精神上之援助。目的是为了鼓励华侨兴办教育，学生能安全求学，将来为国家建设出力。在新加坡的陈嘉庚也同林义顺和新加坡中华总商会分别致电闽军、粤军首领，要求他们把驻军撤出集美村界外。

倡议和请愿获得各有关军政当局、大学、报社、名流人士等复函，并表示极力赞同、支持、承认。孙中山大元帅大本营也于 1923 年 10 月 20 日批准在案（内政部批第 36 号），并由大本营内政部电令闽粤两省省长及统兵长官对集美学校特殊保护。电文说："广州廖省长、福州萨省长鉴：现据福建私立集美学校校长叶渊，呈请大元帅电饬粤闽军民长官，一体保护该校，永久勿作战区一案，原呈并请愿书一件奉发到部，查教育为国家根本，无论平时战时，军民长官对于学校之保护维持，皆有应尽之责。厌兵望治，人有同心，国内和平，尤政府所期望。不幸而有兵事，仍应顾全地方，免为文化之阻碍。该校创设有年，规模宏大，美成在久，古训有徵，芽蘖干霄，人才攸赖。兴言及此，宁忍摧残！应请贵省长转致两省统兵长官，对于该校务宜特别保护，倘有战事，幸勿扰及该校，俾免辍废，则莘莘学子，永享和平之利。"

电文附上承认集美学校公约：

窃维敬教劝学，治本所关，思患预防，古训尤著。陈君嘉庚敬贤兄弟，创办集

美学校,规模宏远,成绩斐然。迳因军事之蔓延,深恐校务之停滞;历请军政长官核准集美为学村,通饬保护。得法律之保障,期教育之安全;同人等共仰高风,难辞大义;理当承认,乐于观成;谨订约章,藉资信守。

一、公认集美学校设立地为学村。

二、集美学村之四至,北以天马山为界,南尽海,东暨延平故垒及鳌头宫,西抵岑头社及龙王宫。

三、学村范围内,不许军队屯驻、毁击及作战。

四、有破坏前项规定者,即为吾人公敌,当与众共弃之。

当时,陈炯明所部师长张毅,驻防漳州一带,首倡承认集美为永久和平学村。陈炯明来电嘉奖。原电如下:"张师长鉴,感电欣悉。师行所至,首重教育,保护学校,洵堪嘉许。陈君嘉庚,倾家兴学,为吾国第一人。所办集美学校,规模宏伟,凤所钦佩,尤当竭力扩持。当此秣马砺兵,该师长有见及此,迥异凡伦,务希切实报行,尤为厚望。"

社会各界承认集美为"中国永久和平学村"以后,叶渊拟划定集美学村的范围,并围篱笆、筑隘门或墙垣。陈嘉庚则在1923年11月15日致叶渊的信中指出:"现下军人多乏资格,谁肯恪守范围,如权利所在,或成败所关,彼辈无难立刻破坏。盖除有武力对待外,否则,何所忌畏。此为必然之势,了无疑义。但是此回之运动,各名人承认虽未必见效,永为军人所遵守,然大胜于无也。既属如是,应声明集美之半岛范围,不可划出车路而与龙王宫为界外。至于要围何项篱笆,筑隘门或墙垣,费款多,无裨实事。万一军事再有发生,乏人格辈无难破坏,若与交涉,恐为害更烈,况诸承认赞成我学村者绝无计较界线,是以赞成全半岛较为清白易知。"

争得承认集美为永久和平学村,固然是件好事,但实际上并没有使集美学校幸免于战祸。不过,"集美学村"由此得名,并享誉中外。

六、创办集美大学的设想

在集美学校已经开办小学、中学、师范、水产、商业教育后,陈嘉庚觉得这些还不是解决振兴祖国文化问题的根本。他认为,"法治之根本,非在中小学也……端赖正当专门大学"。于是,他于1921年4月,假集美学校校舍创办了厦门大学,同时设想把集美学校也办成大学。

1923年1月27日,他在给叶渊的信中明确提出:"本校将来应改为大学,其理由不在规模之广,而在对内对外可期有益无损,与宗教人之但张其名誉者不同耳。教育部章,如专办一科,亦可称为大学。大学中之科有最省之费,年花不上万元亦有可办者。总我决不如是主张,当除厦大办不到之科而由本校承办,并助吾闽各科学之完备也。其科则如农林科或农科,厦大迫于地势,当然就地不能办此科。若我大陆之集美,平田虽乏,若作试验场,就同安辖内,要千百亩之地,无难立置。……他日应再添别科,

亦意中事。唯目下应办不雷同于厦大是也。如荷赞同，则秋季宜先办甲种农业为基础，至于实行发表改为大学者，拟于何年由先生自定之。"

信中还说："至于未改之前，先生视何时有相当之人可以交代者，要达宿愿往欧美留学或调查考察，以一年为限。应开各费，由本校负责。薪俸与优待费，仍旧准给。如视为免出洋，亦属无妨。请先生自主之，弟均听从。又如令弟（指叶道渊）留德不久将毕业，如肯任本校之职务者，更为欢迎。若于普通学毕业后，有意再留一、二年更求高深之学问者，本校可助其学费，俾他年回国得尽本校之职务，而壮名称实于集大也。"

陈嘉庚在 2 月 23 日给叶渊的信中又提到，预算过几年如能获利 250 万元，"可供两大学（指厦门大学与集美大学）之费"。2 月 28 日，他又致函叶渊，详细阐述了集美学校的发展规划，提出"计划集美全部，宜以大学规模宏伟之气象……"。

由此可见，在集美创办大学是陈嘉庚当年的凤愿，他曾经有过很周密的计划。但创办大学的条件尚不成熟，就先创办农科，以区别于厦大。

七、开办农林部

陈嘉庚十分关注占全国人口最多的农民及其农村的生产生活问题。他在《南侨回忆录》中谈到："我国素称以农立国，然因科学落后，水利未兴，改良无法，故收获不丰，民生困苦。本省虽临海，农业实占一大部分，尚乏农林学校，以资研究改良，余对于农科尤为注意。民十二年函告叶校长，在天马山或美人山麓择地开办，土质虽欠佳，可以肥料补助。"

1923 年 5 月初，集美学校发生学潮，筹划农林之事暂时被迫中断。1925 年 2 月 1 日，陈嘉庚在给叶渊的信中指示续办农林学校的具体事宜，并对经费作了承诺。他说："前年曾提起筹办农科由甲种办起，日后可升办专门大学，许时先生亦复函赞成，意为秋季可以举行。不幸夏月便起风潮，于是中止，延兹将届两年，搁息未再提起，为数原因在焉。如此间生理人息逊于往年，地方兵役、校内风潮等故，但是大都限于经济，其他可作无甚关要事，是以弟尚刻刻不忘耳。至所谓限于经济者，为不能多输建筑费之憾。设如本校秋季开办一班，学生至少须建宿舍三间之额，每间作三千元，约一万元。其他教员住宅及课室，不知有无可以权用。每念光阴易逝，迟滞不进，抱恨无任。倘能干得去者，尤当勉尽天职。况自初办算起，要达至实际无愧我心者，至速非五七年不为功。孰谓岁远日长可容我寄留耶？先生如以为然者，对于寄宿舍之建造，可示知舍弟（指陈敬贤）即日兴工，以应秋季之需。至于下半年弟甚希望入息进步，得多认建筑费，俾新春添招多班学生。"

叶渊接信后即与科学馆主任陈延庭、建筑部主任王卓生等，前往陈嘉庚指定的天马山与美人山之间的荒地考察，议定农林学校校址和农林场场址，并写信给陈嘉庚。4 月 2 日，陈嘉庚给叶渊复信，除同意所定校址外，对经费又作了大体安排。信中说："农林开办之事，先生主张，弟甚赞成。至于买荒地并建筑校舍种种预算约需万元至二万

元。此项作一年开支亦可，作半年开支亦可。设再后逐年应再设备成万元或万外元亦可，虽至二万元，亦无不可。至云学生务亲粪秽，诚如尊论。弟意学生之能否实行，当视教员何如。若教者是避旁观，而望学生亲理，定然不达。未有教者亲行，而学生敢高尚袖手。未悉先生以为何如。弟曾参观厦城内日人所办之小学（指旭瀛小学），各种标本甚多，大都教员亲身寻觅山海得来。于是学生亦有帮助及劳力管顾各种花木，无须依赖工人也。"

对于拟聘请叶道渊为农林部主任之事，陈嘉庚说："聘令弟为主任，此事弟至为赞成，薪水之仪自有相当报效。"他还指出："'人之相知，贵相知心'。今日弟与先生共事已历五年，诚与伪以及轻浮乏实，可欺他人，断不能欺先生。是则先生必知弟之深而无疑，若交许久而不知者，非愚则妄，绝非先生之可拟。因相知之深，然后可以共负吾闽南应尽重大之责任也。令弟平素与弟相交不深，莫怪不能见信，反劝先生勿轻代荐，致干饭碗之由。然弟既慕令弟之学，复痛闽南之贫，倘令弟果愿本其所学，矢志一心，立定方针以救济父母之邦为己任者，敢请代弟介绍愚诚，俾亦能如先生之深相知，则其利可以断金矣。"

至于拟收买荒地，陈嘉庚指示"须先调查我之需用若干亩，则显明与地主商妥，较为顺手。若只先买无几，彼或有意居奇，未免'费气'。如何之处，请主裁为是。至于此后供费，可免介意。总期不变戴虚名以羞集美二字。况将来之希望乎"。

遵照陈嘉庚的指示和表态，同年 5 月 21 日与 26 日，陈敬贤、叶渊、王卓生三人两次前往同安县仁德里洪塘头社与该社家长订立合同，购买天马山与美人山麓的侯厝社、后坝社附近一带久荒之地，为设立农林部校舍、试验场、畜牧场等之用。诸家长以事关公益，极力赞成，冀将来农林诸务得以改良，为利地方造福桑梓定非浅鲜。

双方议定，同意由集美学校校主、校长及诸家长负责共同遵守实行条件，主要有：(1)无论耕田荒田，凡集美学校要买者，每亩收大洋十二元，照丈量每亩六十方丈计算，诸家长愿负介绍之责。(2)耕地荒地每亩大洋十元。(3)侯厝社每年应完钱粮×分×厘归集美学校完纳，即将侯厝社社地为集美学校建筑开垦，如有纠葛由家长负责设法等五条。随后，即与乡民订立契约，筹划建筑事宜，并开辟苗圃和栽种果树林木。

1925 年 12 月，农林校舍务本楼及附属用房建成，并开辟农林试验场。1926 年 3 月 11 日，集美学校农林部正式开学，招收甲种农林第一组四个班、学生 130 多名。农林各科专业教材都以教育部所颁布的中等职业学校必修课程为中心，并参酌本省农林业的需要而设置。普通课程虽不及普通中学同等分量，但基础学科与农林学术有密切关系的皆力求充实，使学

农林部务本楼（1925 年）

生有此基础学识得以探讨农林之学术，以收事半功倍之效。当年秋季，农林部又开辟畜牧场，添购牲畜甚多，并培育许多树苗，派人到各乡游说植树造林，带树苗下乡教村民种树，掀起一场造林运动。

农林学校（部）在办学过程中，遇到许多问题，如经济困难、地土贫瘠、水源不足、地方纷乱、疾病流行等，致使办学成绩欠佳。

八、设立国学专门部和幼稚师范

1926年9月，集美学校设立国学专门部。聘请杨筼如（湖南常德人）、余永梁（四川忠县人）、刘纪泽（江苏盐城人）等为专任教授，录取旧制中学毕业生44人，按照专门学校的规章制度办理，修业年限定为4年，校舍在新建的瀹智楼。第二年9月，国学专门学生为谋师资便利计，签名陈请移并厦门大学文科办理。经叶渊与厦门大学林文庆校长多次洽商，议定代办条件（由集美学校每月津贴厦大500元）。学生持集美学校出具的证明，前往厦门大学注册上课。1930年5月，该届学生到集美学校实习，由中学校教务主任负责指导。这届学生毕业者37人，其中除广西籍3人，浙江籍2人外，都是本省人。他们参加工作后颇有建树，如温伯夏、包树棠、谢新周、宋庆嵩等都闻名于海内外。这届学生的毕业证书由厦门大学转呈福建教育厅核准验印，辗转延搁至1931年4月，方寄达厦门大学。集美学校派人领回并遵照指令加盖校主印章后颁发。

集美学校幼稚园虽然早已开办，但幼稚师范尚付阙如。当时，发展幼稚教育的声浪很高，但幼稚教师十分缺乏。为解决幼稚园师资严重不足的问题，集美学校于1927年9月创办幼稚师范。学校提出："幼稚教育不能靠舶来品，不能依样画葫芦，不能胶柱鼓瑟，是有时代性的。闽南的幼稚教育，不能专在外国研究，亦不能在北平上海研究的，应该是在闽南地方研究的。不是靠着外国人，或不关痛痒的人来研究，是要靠着生于斯长于斯的有心人来研究的。这样的研究，才能彻底，才能亲切。本校的设立，就是要集合闽南有志幼稚教育的分子，在闽南研究现代闽南的幼稚教育。"幼稚师范最初招收本预科各一级，计63人，聘前幼稚园主任陈淑桦为校务委员会主席。校舍在幼稚园新园址，即1926年秋落成的位于集美东北隅的葆真、养正等楼堂，幼稚园成为其附属。幼稚师范及附属幼稚园楼宇巍峨，来参观者皆称赞其为全国第一流的幼稚教育建筑物。

九、德智体三育并重

在创办集美学校时，陈嘉庚提出以德智体"三育并重"为宗旨，强调对学生学习操行运动优秀者给予奖励。他极端反对学生"如机械一样"地"读死书"，一再强调，学校教育"不但教其识字而已，其他如知识、思想、能力、品格、实验、体育、园艺、音乐以及其他课外活动，均须注重，与正课相辅并行"。

（一）德育方面

秉承陈嘉庚的办学理念，集美学校自创办初期起，就强调教师在教书中尤其要注

意对学生进行品格教育,认为"教育的机能是多重的,不只是知识的传授和机能的训练,尤其是品格教育,在全部教育历史中是最重要最基本的一部分"。学校的教员职责规定应注意教师训导及学生品行。在1920年代初期,学校建立了"指导员制",由教员兼任各组的指导员。指导员的主要职责是训导学生的风纪品行,考核及批阅学生的学级日记,监视教室与自修室的整理,巡视督察学生进行自修、早操和课外活动。

学校非常重视学生的道德教育,甚至认为品德重于学业。当时水产科提出"服务实业,首重道德"的德育方针。要求"诸生尤须敦品励行,俾能取信于人,发挥所学"。强调"品格者,立身之大本也。凡人服务社会,第一必须有高尚之品格,方能取得社会之信仰。学问经验,尚属次要。若品格不良,则虽有高深之学问及丰富之经验,亦归无用矣"。训育的内容,除了按"诚毅"校训统一教育学生外,1924年水产部还针对水产航海专业的特点提出训育要点:品行方面要注意"忠、恕"二字。"忠"之义兼负责、服从、尽心诸美德。因为从事水产航海业者,时遇狂风巨浪,若各不负责任,不服从指挥,则意见分歧,方针错乱,瞬息之间,足启覆亡之祸。故平时修行,首宜注重"忠"字。能"恕"则人己相安,可收同舟共济之效,船上是集体工作,不可不讲"恕"字,故亦为平日修养所当注重者。修业方面注重"勤、敏"二字。凡欲成就功业,非"勤"不达;能"敏"则学业精进,而无凝滞之弊。为了树立正气,指导员还让学生在教室内张贴催人上进的格言,逐日更换,并令学生附带记入课业日志。

为了有章可循,学校制定了《学生须知》等条例和奖惩规则。1924年制定的学生奖励办法是:可得奖的分为操行甲等、学业甲等、未曾缺席3项,得一项者发给单项奖状;得两项者除奖状外,加奖书券2元;得3项者除奖状外,加奖书卷8元,每学期评一次。惩戒办法分为禁假、训诫、记过、停学、停止试验、退学6种。学生有以下其中一项者即令其退学:凡有不正当行为,与本校秩序或名誉风纪有关者;一学年中记过3次者;连续留级两次不及格者;每学期中开课15日以上未曾到校、亦未请假或假满至一个月以上而不续假者。

学校还注意培养学生的自治能力。1921年10月,学校提出要"积极地提倡学生自治,发展他们自动的能力,养成他们高尚的人格",并认为"学校里用种种惩罚方法去限制学生的行为,就是证明他自己的教育无效"。1922年,学校还试行让学生参与学校教务、舍务、庶务等事务管理的革新办法。

(二)智育方面

学校特别强调"知识与技能并重"的原则,突出的特点是强调理论与实践相结合,主张实验方面应"与正课相辅并行"。对于师范教育,特别重视实习环节;对于水产、商科、农林等实业教育,更是要求学生必须学以致用。学校提出"知识为体,技能为用,有知识,庶能施之技能,有技能,庶能利用知识"。在课程的安排上,要求学生掌握的知识面是较广的。如1920年至1924年水产科的学制为四年,所学的课程有:英文、日文、国文、公民学、数学、物理、化学、博物学(包括动物学、植物学)、地文学、生产学通论、气象学、海洋学、机械学、操船术、航海术、造船学、渔捞论、图画、簿记、卫生、法制经济等

20 几门。实习课程分为制图实习、渔具实习、机械实习、驾驶实习、渔捞实习等五种。1925 年改为高级水产航海部以后,学制改为 5 年,重订课程,提高程度。第一、第二学年,授以普通基础课程,完成初中程度;第三学年起为高级,授以专科课程;第五学年到海上实习渔捞与航海,并改为学分制。

学校对实践环节非常重视。为了保证学生的实习条件,陈嘉庚不惜花重金购置充足的教学设备。水产科开办后,为了满足学生出海实习的需要,1922 年 1 月,他从英国购买渔船机器,由本校教师张君一设计,雇请船匠在集美建造一艘载重 31 吨的实习船,耗资 2 万元,1924 年 6 月造成下水,定名为"集美一号",作为航海实习及厦集交通载客用。1925 年 7 月,叶渊校长写信给在新加坡的陈嘉庚,要求购置较大的渔轮,陈嘉庚立即回信表示赞成。1926 年 5 月,陈嘉庚耗资 5.8 万元从法国买进一艘铁壳拖网渔轮,定名为"集美二号"。该轮载重 274 吨,长 126.6 尺,宽 22.5 尺,深 12 尺,主机功率 420 马力,航速 10 节。该轮是国内第一艘、也是当时最大的铁壳拖网渔轮。学校还建造或委托建造了 4 艘端艇,其中 3 艘分别命名为"郑和号"、"祖逖号"、"海鸥号"。端艇主要作为学生操艇练习和采集海上标本用。

学校把加强实践作为教学的重要环节来抓。在"集美二号"的"开业式"上,叶渊校长指出:"建屋陆上以办水产教育,不如建屋海中以办水产教育之切实便利,有此一船则诸生对于渔捞航海,能为实际之认识,不仅纸上之空文。"水产航海部主任冯立民也对学生强调说:"水产航海事业,为海上事业,我国今日尚在萌芽,故较陆上事业,遥为困难。学问故属重要,而精熟之技能,丰富之经验,尤

集美二号

为必需,但技能经验之精进,在多实践,实践须耐劳,毋贪安闲,毋畏艰险。"水产科从创办开始,在教学上就体现了重视海上实践训练的特色。在课程安排上,实习和技能训练占有较大的比重,约为全部学时的三分之一。实习的形式主要有五种:一是课内实习。主要是船艺训练,紧密结合课程进行,如结索、结网、补网、气象观测、信号练习、游泳、操艇、轮机、测天、水产解剖等。二是假期实习。利用假期作各种渔捞航海之短期实习,巩固已学习的课程,加强感性认识。如参加延绳钓渔业、拖网渔业及渔船驾驶操作等实习。三是专业实习。专业学科考试及格后,进行渔捞航海的专业实习,分别到渔船、商船作较长时间的渔捞及驾驶实习,学生分组到台湾和江浙一带实习。四是毕业实习。这是对学生进行知识技能、实际操作和航海基本素质的考核。五是生产实习。在本校渔轮或渔航公司的船上,参加生产劳动。对各种实习,学校都制定了严格的实习规则。1924 年制定的《水产部学生外海实习规则》要求:学生实习时,对于指挥者有绝对服从之义务。非有指挥者之命令,或得其许可,不得自由行动。学生在实习时期中,须一律穿着制服,对于操业上有须轮流当值者,在值守期中,须特别注意应尽

之义务,对于日记尤须详细记载。除了各种实习以外,学生还在教师的指导下,围绕学习内容,开展各种有益的课外活动。

(三)体育方面

陈嘉庚"眼见欧美人士对体育之提倡,不遗余力",而对照旧中国体育落后的现状,"抱定决心,以提倡体育,恢复国民健康为振兴教育之先决条件"。他对体育的认识和重视,对集美学校的体育产生了非常积极的影响。1920年5月8日,他在集美学校第二次运动会开幕式上说:"杂花生树,惠风扇郊,洵青年活动之良辰也。本校师范中学、水产、男、女小学、幼稚园诸学子千人集合于一场,雍容角艺,鄙人躬逢盛会,感时抚事,喜惧交加,谨竭悃诚为管教诸师及与会诸生,稍贡愚忱,用供商榷。本校去年第一次运动会,鄙人尚侨商星洲,回国以后瞬将一年,平日在校观诸同学对于各种运动颇知奋勉,良堪欣慰。回忆同学初进本校之时,身体羸弱,颜色青白者颇不乏人。迨经数月,身体健康,颜色红润,或归功于海滨空气之佳,或致誉于校舍卫生之宜,而鄙见则谓不专系乎是,强半注意体育勤习运动,故能获此效果。然有一部分同学锐意攻书,而对于课外运动不甚注意,是未悉三育并重之宗旨也。夫吾国积弱已达极点,尽人皆知,故自民国改定学制,于体育颇为注重,普通操之外,并课兵式体操,以养成健全之国民,为他日捍卫国家之预备,法至良也。惟本校各种运动之地场及器械设备未周,尚无以饫诸生之练习。今日之会不过试验平时体育之成绩而已,然苟平时团体动作能各存历久不懈之精神与百折不回之志气,则体育进步当有可言也。故此次运动,无论团体选手胜者不宜恃胜而相凌,负者亦不必因负而自馁,由相竞而相勉,奋发精神。对于个人为不可欺侮之国民,由相勉而相爱团结。团体对于国家为有秩序之尽力,庶几将来立身应世,随所措而咸宜。挽吾国积弱之颓风,矫社会搏沙之陋习,胥于诸生是赖。抑鄙人前在南洋曾见各校每届运动会期,必加意训练以争一时之优胜,及毕会后则鼓衰力竭,毫无振作之气,似此取办临时,毋与体育之旨相刺谬耶。传曰:靡不有初,鲜克有终。愿同学三复斯言,以副国人振懦起衰之希望焉。"

1921年10月10日,陈嘉庚在集美学校"三十节"(指民国十年十月十日)运动会上演说,进一步提出:"吾人为中华民国国民,应有健全之身体与精神,方可为社会服务,荷国家仔肩。故本校此次运动会,意在发扬精神,锻炼身体,扫除病夫之讥,并望能以学界少数而影响及于他界人士。再者,三四星期后,将在厦门开闽南运动会,望此次运动会能影响及于闽南,使人人知体育之重。闽南运动会约再一星期后,又将在福州开全省运动大会,更望能借此发扬全省学界之精神,而感及全国人民对于运动之兴趣云。"

为了加强体育教育,集美学校从北京、上海等大城市寻聘体育教师。曾任集美学校体育馆主任的吴德懋为远东运动会五项冠军,是东南大学体育系毕业生;吴振西是北京师范大学体育系毕业生,等等。学校大力建设体育设施。在1920年代初期,就开辟了具有大型足球场和四百米跑道的大操场,场内的草坪用陈嘉庚特地从新加坡寄来的草籽培植。这种标准的运动场,当年在全省是数一数二的。为了让学生进行游泳实

陈嘉庚与集美学校第二届运动会部分师生合影（1920年）

习和开展游泳活动，1922年10月，集美学校耗资3000元建造了一个四周用石砌成，底铺水泥，长100米、宽33米、高1.7米的游泳池。

为适应职业需要，水产科还提出体育教学"旨在培养学生的健全体格，以适应海上生活"。水产航海的学生认识到自己今后要从事艰苦的海上工作，需要有健壮的体魄，因此对体育，尤其是水上锻炼都特别重视，每个学生都能游1600米以上。1922年10月，集美学校举行第四届秋季运动会，水产科学生进行侧游团体表演、蛙跃团体表演、背游团体表演、立游团体表演、潜游表演和救生术表演等6种水上表演。对于早操，一年四季都坚持不断。篮球、排球和足球等运动，也排入课表，连同早操，一律视为正课。

由于学校对体育重视，不但增强了学生的体质，而且还培养了许多出色的运动员。在参加校际、全省、省际、全国、乃至远东运动会的比赛中，都取得了突出的成绩。

十、国内首创海童子军

中国的陆上童子军成立于1911年，集美学校童子军成立于1921年3月，当时仅有小学一部，召集队员，从事训练，设备简陋。1922年9月，前江苏童子军总教练顾拯来应聘来校，主持童子军事务，先后建立中学部、师范部童子军，水产科海童子军、商科商团和教练养成班等。

（一）国内首创海童子军

1923年5月9日，集美学校成立海童子军，这是全国最早成立也是仅有的海童子

军。水产科创办海童子军的目的,是为了结合专业,进行海事方面的训练,增进海上智能,培养义勇精神,练就健全体格,以保卫海权,报效祖国。

叶渊校长在海童子军成立宣誓大会上说:"今天是国耻纪念的日子,而我们海童子军趁着今天成立,行了一个宣誓礼。……天下兴亡匹夫有责,我们看我国这样贫穷,这样危急,绝不能够袖手旁观。……我们水产科的学生,将来是从事于海上捕鱼的事情,但这种捕鱼的练习和经验就是他日海军的大基础。至于海童子军那更重要,与闽海更有关系,……我还希望,切实预备训练,养成做他日我国海军的大栋梁,把我国败坏海军变成优良的海军,做个世界的海军王,雪掉这国耻。我们人生在世界上,对于国家都要有牺牲精神,去谋国家的幸福,增国家的光荣,使国家于进步线上天天都有进步,才可算是一个人。"水产科主任冯立民在会上说:"吾侪习闻教育者,每谓教育可以救国,然迄乎今日,教育救国之说,已生一重变化,即一般教育家已彻底悟到普通教育为效太迟,欲图救国,非急切提倡武装教育不可。夫在今日外察世界大势之所趋,内顾国内乱离之状,武事教育,实属根本要图,不可不讲。"

海童子军隶属于集美学校童子军部,由顾拯来担任总教练。海童子军刚成立时,由水产科各组学生志愿加入,共有队员56人,组织一个团,分为鲸、鲷、鲤三队。海童子军的入队宣誓是:"我诚心立愿永世不忘:(一)尽国民之责任;(二)随时随地扶助他人;(三)遵守海童子军规律。"

海童子军的训练有一整套计划,须先修毕陆童子军初级本功课而后始可进习海童子军课程。其学程分为如下六种:

第一,驾驶:(1)能板桨摇橹及掌舵;(2)能做各种船用绳结;(3)能顺次背诵罗针方位;(4)能从帆装的不同辨别船舶;(5)知拖船之方法;(6)能停船合法;(7)能合法掷一救生绳;(8)能独自驾驶帆船。

第二,游泳:(1)能不脱衣服游五十码(1码=0.9144米);(2)能在水中脱去衣服;(3)能用胸游法游五十码;(4)能两臂交叉身上,用背游法游五十码;(5)能潜水底觅物。

第三,救生:(1)能拖一假定之溺者至十码以上;(2)熟悉各种救生法及人工呼吸法;(3)能使用各种救生器具;(4)能参与救生艇放下工作。

第四,讯号:(1)知世界各国之国旗;(2)知万国旗语及其通讯法;(3)知单旗与双旗之通信法。

第五,守望:(1)能举出团本部附近沿海五寻线(古代长度单位8尺为1寻,五寻线为40尺,约为13.3米)以内之礁石及沙滩至四哩(英里旧称哩,1哩=1.6093千米)以上;(2)知涨潮退潮高潮低潮之时间及其高度;(3)知附近游泳危险之地;(4)知船舶触礁后及发生其他危险时之救急法;(5)知附近之锚地及可以避风之处;(6)知渔船之标识及平日进出港口之各国船舶旗号;(7)知附近灯台之灯号;(8)知附近信号所之各种信号;(9)熟悉发电方法及能敏捷延医;(10)知商船之旗语信号;(11)知气象之大要。

第六,领港:(1)熟悉各种航路标识;(2)能作简单之测量;(3)熟悉航海规则;(4)知各种船舶之悬灯;(5)能用交叉方位法在陆上及船上测定船位;(6)能记录航海日志二日以上。

具体训练分为普通训练及特别训练两种。普通训练按所学习的各种知识,安排适当的机会进行实地演习;特别训练分为防海和巡海两种,防海练习海口的守望,巡海练习海面的巡逻。

凡初级海童子军修了第一、第二两种学程,经教练员认为及格者升为一级海童子军。一级海童子军修了第三、第四两种学程,经教练员认为及格者,升为二级海童子军。二级海童子军修了第五、第六两种学程,经教练员认为及格者,升为三级海童子军。海童子军每周授课三小时,野外实习则利用节假日举行。实习的内容各种各样,如远足、野炊、露宿、射击、骑术、战场救护、消防救火、气象观察、游泳、操艇、驶帆、讯号联络、水上救生,等等。训练是很严格的,每项都要考核,童子军配备统一的服装。1924年6月,集美学校成立童子军救火队,海童子军的部分队员被选入救火队。

海陆童子军活动——操艇

海童子军集美号

海陆童子军"辎重车"

(二)"片舟渡重洋"的壮举

1925年6月,水产航海部第二组海童子军驾驶仅31吨小型汽油发动机船"集美一号",由集美开赴上海,航线达2000里,后又在江浙沿海实习达5个月之久。此次远航实习,一方面为航海、驾驶、渔捞、渔具等见习,另一方面兼为海童子军行动。该船由

实习指导教师兼船长张君一(张柱尊)和海童子军总教练顾拯来率领,由船务员2人(吕汝珍、林循鉴,两人均为水产科第一组留校毕业生),第二组学生12人,司机3人,厨工2人,共21人。出发前,冯立民主任举行茶话会,"以耐劳、勇敢、服从三种精神相勖勉"。叶渊校长致训词:"此次远航实习,至为重要,不特诸生之学问上、经验上有密切之关系,而本校之校誉,亦系诸生之一举一动中。"

"集美一号"6月2日由厦门出发,经台湾海峡,走大型轮船的航线,6月5日抵舟山群岛,大雾迷蒙中安全驶入港内停泊。水警巡舰上船查询,该舰长对"集美一号""以片舟渡重洋,赞美不止"。6日,"集美一号"泊马迹山一夜,7日下午入黄浦江,停泊吴淞。9日下午溯黄浦江而上,当时同学们均穿制服,遇各国军舰,均升旗为礼。江中来往船舶,均极注目。三时许,抵大通码头。当时上海青年会代表克乐恺,美国航海青年会代表李启潘,江苏童子军联合会代表章君畴,上海县童子军联合会代表汪英超,及各团体代表数十人,在埠欢迎。10日,江苏省教育会、上海县教育局、江苏童子军联合会、上海救火联合会、南市保卫团、上海童子军联合会、上海公共体育场、东亚体育专门学校、两江女子体育学院、华东体育专门学校等11个团体,联合在上海公共体育场召开欢迎会,到会者600余人,由江苏省教育会代表沈信卿任主席。首由主席致欢迎词,次由顾拯来教练、张君一船长报告此行之经过,继由章君畴等演说,对于轻舟远航,均致钦慕之辞。

章君畴说:"此次集美海童子军练习长途驾驶,以片舟渡重洋,平安抵沪,极可钦羡。中国童子军之创办,已在十年以上,海童子军则尚付缺如,今集美能首先倡办,实为空前事业。且其计划规模,均极宏伟,此吾人之所极为钦佩者也。今日国家到如此地步,国人海事知识之缺乏,实为一大原因。故欲国家强盛,非使国人熟娴海事不为功。诸君此来,一方可使国人注意海事之重要,一方可促进江苏童子军事业之进行,或许影响全国,此尤吾人所最为希望者也。且自沪案(指'五卅'惨案)发生后,本埠充满忧闷愤激之空气,今日得见诸君蓬蓬勃勃之精神,心中安慰不少。"

10月24日,"集美一号"按原定实习计划完成航海与渔捞等实习后离沪返厦。师生们离开上海前夕特地谒见在沪的二校主陈敬贤。陈敬贤语重心长地对师生们说:"诸生此次来沪,备蒙各界欢迎,私心甚慰,益当努力自爱,庶不负欢迎者之盛意。且欢迎是一时的,切不可因此自满。此后须努力学问,以求有所贡献于社会,庶能始终受人欢迎也。再诸君此次孤舟远航,历程二千里,鄙人亦知诸生备尝艰苦,但诸生当知艰苦系快乐之代价。古来圣贤豪杰之丰功伟烈,大半从艰苦中得来。吾人立身处世,学问经验,盖无一不由勤苦而得,故勤劳耐苦者,立身之基也。览阅报章,谓美国现设有海上大学,以轮船为校舍,以海洋为试验场,学问与经验并重,意甚深也。"

10月30日,"集美一号"凯旋,安抵集美。对这次远航实习,同学们都极为重视和认真,每日都写实习日记。《集美周刊》还连载叶经华、巫忠远、陈维风等人写的《第二组学生江浙沿海实习日记》,后又汇编成册。1927年5月,航海教师王喻甫(江苏崇明人)带领第四组全体学生以及第三组毕业生叶庆尧、叶澄源等人,又驾驶"集美一号"再次航行至上海、南京。师生们亲自驾驶进行长途航海实习,既是对办学成效的检验,也是海童子军训练的总检阅。

(三)出版《童子军纪念刊》

童子军的教育宗旨为"造成健全个人,授以实用智能,培养义勇精神"。训育的实施,采取中庸主义,不涉放任,不偏严格,分为德育智育体育服务四项。德育分为训话、仪式、个性调查、奖励、假期通信等。其中训话又分为集体训话和个人训话,集体训话每天早操前举行,内容有谈论、故事和身心修养事项,旨在培养队员爱国精神;个人训话一是对违反校规的队员在予以惩戒前促其反省,二是对身心方面存在弱点的队员促其注意和改善。仪式主要是在集会、国庆、元旦和学校纪念日举行隆重的升降旗仪式,以激发队员之爱国精神。个性调查旨在默察队员个性而有针对性地加以训育,对有饮酒吸烟、浪费、品性不良、身体孱弱呆钝等特加注意。智育分为室内演讲、野外实习、参观、课外演讲四类。体育不仅在强健体魄,使队员得享健康幸福,尤其注意养成习劳耐苦、百折不挠的精神,使合于高尚之品德,灵敏之头脑,而完成其人格。服务主要是组织红十字队为运动会、纪念会等活动提供服务。

1924年1月,学校出版《集美学校童子军周年纪念刊》,收录了童子军活动的概况和叶渊校长撰写的《我对于童子军的信仰》和冯立民主任撰写的《我之海童军观》,两篇文章充分体现了当时集美学校对于童子军以及海童子军的深刻认识和重视程度。叶渊在文中指出:

1.学校为训练青年之机关。教练之事,最要者在得良好之方法。不得良法,则训练不生效力,或效力极小而缓。近年来研究教育效率者,多侧重智力体力方面,且其方法极为板滞,有类机械。不如童子军能从精神上与学生以一种"活力",使生气盎然,活泼泼地向各方面发展。而对于为人处世之根本道德上研究出极可爱、极符人类之同情、极合社会之心理之种种举动。且以极有效力之方法,使学生不知不觉、自然而然养成各种美德,此吾所信仰者一。

2.学校诸育之中,德育为最属根本、最切要之事,第一当有简单扼要而又齐全之训练标准。若仅有笼统之校训或杂陈许多款目规则为消极上之防备者,均不生效力。第二此标准当成为一种规律,使学生修养及教员训练,均得引为绳墨,纳于正轨。平常训话,随事杂引,学生无正确之信条,不能奉以自律者,亦不生效力。童子军规律中之三纲十二目,简单明了,而本末粗细无不具备。且名为纪律,凛凛焉有不可逾越,必须奉行之威信。而其日常功课,又能予以种种实修之机会。童子军为学校训育之良好方法。此我所信仰者二。

3.同是一青年,衣以长袍大袖,则佝偻颠顶。饰以戎服轻装,则活泼矫健。形式之足以影响精神者至钜。青年发育正盛,五官百骸,灵动锐敏,宜顺其优美之天性,使向善处活动。不宜矫揉屈伸之,使奄奄欲绝。童子军制服对青年生理上心理上都有至妙之作用。既遂其生长之机能,又能使快乐勇敢,催生其自爱自重活泼进取之心。抚躬顾影,便觉童子军为何如人,负有何项责任与职务,无待师长之鞭策,父兄之督励,其在教育上之价值为如何! 此吾之所信仰者三。

4.平常之教育方式,呆板凝滞,绝少生趣,大足窒塞青年之智慧。盖聚数十人于一室,雁行班列,一任教者之倒海倾江,而惟瞠目倾耳,不加动作于其中,使非势驱力迫,必且过耳东风,目无所见,心无所知矣。童子军不然,室外作业,共同活动,可养成协作之精神,实验之智识,且潇洒自如,兴趣横生。膺其事者,咸乐以忘疲,大可补教师沉郁之缺憾。教者多所接触,得因其举动,加以指正,有裨青年者甚多。此吾所信仰者四。

冯立民在《我之海童子军观》一文中指出:

国人对于海事知识之缺乏,由来久矣。求仙山于海上,闻在虚无缥缈之间;听海客之谈瀛,亦以云水苍茫为憾。……以此而欲与人揖让于太平洋岸,固不待智者而后知其不可。古者寓尚武于搜苗迹狩,渔亦海猎也。矧在今日,海权之重要,匪特关系于军事。渔业也,商业也,殖民也,罔不相资为因。生存而无需竞争则已,否则海事知识之普及,以期国势之发展,又焉容稍缓乎?以个人言之,则风涛之狎习,识力之养成,以及操舟游泳诸艺,亦为人生必需之技能。负教育之责者,又安可不授青年以习此之机会乎!在昔阿拉比亚(阿拉伯),以尝称海上一日之雄,然考之纪元前550年之历书,则食鱼之日,已为规定。此无他,利而导之,所以冀国民海上知识之普及已耳。我校创办海童子军之旨趣在是。

海童子军,非海军也;亦非海军之预备也;故其训练之法,截然相异。盖海事知识,乃常识而非特识,海国青年,宁能昧此?故宜利用其好动之心,寓教育于娱乐,导学问于息游;以活泼愉快为经,以知识技能为纬,绳以规律,感以至诚;以养成其果敢义勇之精神,矫捷流利之身手;庶由其一己,乃至于社会,以及乎国家,罔不胥受其益。由是而普及之,行见有为之士,遍于国中;人怀乘风破浪之心,咸坚击楫中游之志;葱郁蓬勃,莫可向迩。而海权之巩固,国势之扩张,其余事也。彼登堡(创办童子军的英国爵士)曰:"青年入伍为海童子军,非为海上执役之预备,盖将藉此种训练,自游戏中获得种种美德,固不问其他日将执何种职业焉。"蒲来司福曰:"英吉利邦国之安宁,实恃乎国民普及的谙习海事。大军压境,百万海军,霎时由集,此英吉利之所以为世界之雄也。"

我国滨海者七省,海线延袤万里,宜国民之狎习海事矣!然起视现状:海舶交通,操纵非我;此一事也。海行视为畏途,行旅相率裹足,此又一事也。谙习游泳者,十不得一,偶蹈不测,束手待毙,此又一事也。海事学识,探讨无人,非荒唐附会之谈,即锥指管窥之语,此又一事也。夫国力之消长,视海权为转移之今日,而我海国国民,海事知识之幼稚,竟至于此,不特可耻,抑亦可危;海童子军之训练,实不容须臾或缓。虽然,陆童子军,固以风行全国矣;海童子军,则仅以我校为嚆矢。夫仅以我校为嚆矢也哉,则我校之成败利钝,其将关系于我国此后之海童子军事业为何如也!吾人知所勉矣!

十一、"三次风潮"

1920年12月至1927年3月间,集美学校曾发生过三次大风潮。尤其是第三次风潮规模最大,引起全国教育界的关注。

(一)第一、第二次风潮

第一次风潮因处理偷窃的学生引起。1920年12月,学生宿舍发生失窃事件多次,最后抓住了一个偷窃一枚金戒指的新生孙某。叶渊校长叫工友将他绑在柱子上,以期收"惩一儆百之效"。高年级部分同学反对这种侮辱人格的做法,群往责问叶渊。加上校内有人欲"取而代之",也攻击叶渊,因此要求更换校长的呼声很高。当时,陈嘉庚也在集美,他对叶渊完全信赖,不同意换掉叶渊。后来,学校给孙某以退学处分,学生不满学校处理,举行罢课。陈嘉庚和省立13中校长黄婉劝解无效,陈嘉庚当即下令提前放寒假,并发告家长书,让学生家长了解真相。学生回家,风潮无形中也就平息了。

第二次风潮发生在1923年5月。学生于5月1日、4日和7日自行停课召开纪念大会和各部学生自治会联合大会。学校以"鼓动风潮、破坏学校"为由,宣布开除学生自治会干事杨望甡、刘荆荫,各部学生要求叶渊收回成命,被拒绝。学生举行罢课,发布宣言,攻击叶渊,并致电在新加坡的陈嘉庚,再次要求撤换校长。陈嘉庚复电以"千军易得,一将难求"而不同意,又致电在集美的胞弟陈敬贤:"曩数易校长,前车之鉴。若轻易更动,集校恐无宁日。我兄弟又未暇兼顾,况权操学生,教育何在? 余绝端反对。"5月16日,学校宣布开除14名学生,17日除女师、男女小学、幼稚园照常上课外,其他各部提前放暑假。

陈嘉庚在一次演讲中谈到了这次事件的"真相",他说:"集美学校此回风潮,其缘由为少数学生不喜欢校中规则严谨,阻碍其志气与男女社交之自由,乃倡设学生会以对抗学校。……复以'五一'、'五四'自由停课,全体到厦游行,自鸣爱国。5月9日,唆使童子军违抗教师命令,于是校长既忍无可忍,乃开全体教职员会议,革除为首两名,于是罢课风潮遂起,而集矢于校长,以为校长若罢,则不满意之教职员亦可一网打尽矣。"他指出:"高小毕业生有志升学者,第一,当毅力求学;第二,凡事当审慎是非;第三,要有主见,不要随附盲从时势潮流。但现在中等学生,既失家庭之教育,复乏良好之小学,立基不善,办理维艰。加以血气未定,自由误解,以罢课为爱国,以不敬为勇敢,既无尊师重傅之念,安有爱家爱国之行? 不晓权限,不计是非,乏主持能力,复以不同为耻,故一唱百和。重以劣社会不明真相,推波助澜,是以一发而不可抑止也。""自风潮发生后,鄙人屡接多处教育社、劝学所并素不相识之人来函讥刺,谓余甘牺牲千余学生而不肯去一校长,嗟乎! 此语或出他界,尚可有原,不意乃出诸教育界中人,且为一方之领袖,可不叹哉? 现集美校长办理三年,鄙人在家与共事者两载,深知其道德毅力学问,足以长集美而达我将来之目的。其成绩为何,毋庸多赘。然教职员170多人,

系经过三年中罗致多省之精锐，而非一郡之所有。此回风潮，不讲是非曲直，而以多少数比拟，即罢校长，诸教职员，其谁不解体乎？势必重新组织，无论鄙人不能复居家求贤，舍弟病躯未痊，设托人介绍得贤如现校长，亦必再压三年乃无此现状。则该三年中务退阻进，其牺牲为何如耶。况贤校长将何处觅，鄙人曾受多次教训矣，不幸不得其人，则集校前途，奚堪设想，恐其牺牲或当十倍于此回也。至于牺牲千余学生之说，更觉谬妄。盖彼辈若甘自废学，作乏程度之国民，虽留之集美奚益，或即足以捣乱耳。若果有诚意求学，试讲闽南中何校可容其来者，就使有者，均属教育，何牺牲之足云。若果如来函与某报馆社会之言论，当依多数学生之意旨更动校长，以迁就之，则校中规则亦当任学生可否；而教师当奉迎听命于学生，管理员可以免役，此后学生便可气高志扬实行自由之目的，而校中可以省许多经济，鄙人何愚而不从。弟恐失教育之真相而负学生父兄之信仰，否则更动校长，为鄙人之惯技。集美开办未及三年，四易校长。厦大成立，仅一月便辞校长，兹何劳学生之要求社会之推波哉？总而言之，教育非仅读书识字，而尤以养成德性神益社会，且不忍血汗微资，贻害青年，并问我之天良与实事求是耳。"

学生的吁求和社会舆论的谴责都未能改变陈嘉庚对叶渊的同情和支持，5月29日，他致信叶渊，信中说："此次学生风潮，虽由一二狂谬之辈妄倡于先，似亦有丧心之教员主使而然，故敢如此耳。吾侪为义举起见，但问我之天良如何，抚心无愧，何足介怀。伊等不守校规，要罢便罢，我届期再招新旧生，不患无生可来，设有数百名，何妨我之进行。故前电请先生宽怀，视为常事。盖学生罢课、嚣张种种过激事，可云司空见惯，不足为虑。我唯有实行我校权、校规，力矫他处之校权移之学生便是。无论伊等如何要求，如何罢课，终不能移我方寸。祈先生始终与弟同意，尽此而已。"

（二）第三次风潮

第三次风潮发生在1926年冬。1926年春夏之间，党团组织在集美学校的活动十分活跃，叶渊对此顾虑重重，陈嘉庚对此也很不理解，因此学校按照陈嘉庚的指示，提出禁止学生加入任何政党，由此引发学生不满，进而酿成学潮。

1. 禁止学生加入任何政党

鉴于当时纷纷扰扰的局势，学校规定："凡未有党籍者，须填写不入党誓词；已有党籍者，须填暂停党务活动誓词，或转学党化教育之学校。至于主义之信仰与研究，无论入党与否，皆得自由。"

学校禁止学生入党的规定，备受各方面的攻击。为此，叶渊校长特地在《集美周刊》上发表《叶采真启事》："上半年开学时，我已经把学生不可加入任何政党的理由在当时宣布：一、学生的年龄、学问、时间皆不宜入党。二、军阀压迫的危险。三、防内部的纠纷。后来管理员再三再四的劝告，学生不听，所以不得不取缔。我认为国民党应该文明些，在未能保护集美学校的时候，不能怪集校禁止入党。我以为政教必须分离，学校对于政治，必须绝对中立，才不会惹起是非，妨害学生的前途。况且这个学校是私人设立的，要让他长长久久，为地方百年之计，不可把它当作孤注，致负陈嘉庚先生昆季兴学的苦心。"

2. 北伐军入校宣传

1926年11月13日，北伐军光复同安，刘端生、陈乃昌、李纯青等人前往祝捷，并要求革命军宣传员来校演讲。16日，集美学校召开欢迎国民革命军大会。会上，国民革命军宣传员宋思一、周邦彩、李大超等三人发表激烈演说，学生大受鼓动。周邦彩提议由党部、学生及学校当局三方面各选代表组织校务革新委员会，以谋学校之改进。学生即当场议决有组织的必要。随后，学生就拟出《校务革新会章程草案》共十二条。其中第四条内容是："凡本校一切校务皆由本会议决施行之。"此时校内气氛紧张，叶渊校长致电国民革命军总指挥何应钦，请示教育方针。何应钦于11月21日复电："贵校为闽南文化中枢，成绩昭著，执事办理得法，无任钦佩！此后迎合潮流，适应环境，尚需长才擘画，力予革新。党化教育，当务之急，除电饬漳州各属政治监察员鲁纯仁，就近接洽办理外，特此电复。尚希努力进行，无负陈君乐育之本旨。"

3. 陈嘉庚的公开信

11月5日，陈嘉庚致函叶渊，内附"谨告集美学校诸位学生的公开信"，详细阐述了反对学生加入政党的原因。"公开信"指出：

一、余自光复前数年，就剪发与满清政府断绝关系，而后加入同盟会。民国成立，同盟会取消，组织国民党时，余回梓创办本校，而新加坡之进步党及国民党均来书招入，余皆函辞之。数月后，余复南来，国民党重要人员联袂屡次辱临，劝余入党。余谢绝之。彼等疑余将入他党，余乃告以终身不愿入何党，但愿为未党青年服务，以尽天职。迄今十余年克守吾志，虽总商会诸君顾爱，屡俾一席，终不敢许，良由是也。至学生时代无加入何政党之问题，经本校宣布在前。叶校长先生亦屡次开示明白，毋庸再赘。兹余因久客异域，归志未达，思乡萦怀，无时或已。而近鉴于乡梓党人之活动，冀利用本校诸生以邀功，恐诸生误坠其求，贻误非轻，是以不能已于言。故不计谫陋，远道寄此告我诸生，幸留意焉。

二、彼辈之鼓动诸生入党，其用心如何，诸生知之否？无他，欲利用以邀功耳。盖欲乞党军之青眼，必有进见之仪，乃别无他技能，而诱我艰难缔造之本校诸生为彼之孤注，只知私己之权利，不计桑梓之损失，所谓司马昭之心，路人皆见。且世未有不爱乡而能爱国，亦绝未有中等未卒业之生而加入政党之有益。若然，则世界教育程度可以降低，专门可以免设，大学可取消，高深研究与实验，亦如置诸无何有之乡矣。

三、学生中之倡首者虽被彼辈利用，至其居心亦不出求名邀功。所可惜者，彼愚之盲从耳。日本人讥我国人之坏性，就是贪心并乏责任二事为败类。盖贪者，非仅指贪财利，如贪功名，贪权势，昧心一萌，天良何顾？至于乏责任者，明知其人举动不端，恶马乱群，乃或袖手旁观，或畏缩保己，见义不为，甚至人和亦和，终至同归于败。余知校中诸生，专心求学，不赞成彼等人之所为必大多数。若不甘承日人之诮，则无难鸣鼓而攻之，彼辈虽狡，何从而捣乱哉！

四、诸生反对者军阀。然军阀如何分别乎？凡诸未成军阀者，权势未到手耳。

昔李鸿章出使欧洲，德相俾士麦克问曰："君功名许大何来"？对曰："平汉贼"。问李"何种人"？答曰："汉人"。德相曰："同种相残，吾欧最鄙也"。今日军阀驱愚民与愚民战，如兽之于食人皆恶之。奈何驱学生与愚民战，夫学生有限，而愚民无穷，悲夫！

五、借口反对军阀，而身任权势之流，乃引狼入室，助纣为虐，奉赤俄共产，行必败不可成之政，诱青年学生功利，驱之必死之役，其与军阀相去为何如耶？

六、军阀与非军阀我可毋庸置喙，我但知行我之志，不相干涉，故自来不愿加入何党。且救国不专在武力，亦不属空言，是以亟我血汗财力输办教育，招致同志子弟，造成将来有用之才。故设立校章，详订规则，为诸生轨道。诸生既不弃而来，应当遵守奉行，方不背余苦衷及诸生父兄之信托。若见异思迁，志趣不同，立可引领而去，各行其是。本校非有相强，何必背逆校章，居心捣乱，人格何存，天良何在？

七、礼义廉耻，国之四维。四维不张，人格丧尽，焉能图存？以校中言，尊师重傅，敬长谦恭谓之礼；克己守校章，不忘本原谓之义；不贪名，不贪功，不出轨道谓之廉；寸阴是惜，恐学业无成谓之耻。绝未有舍己耘人、无尊无长、倒行逆施而可谓之有人格哉。

《公开信》最后强调："有义务者乃有权利，稍有常识者多能知之。今日我以血汗资财负此完全义务，其应享权利，毋庸再赘。然办学而对于利字已无价值可言，若对于权字则余决不放弃。盖费由我供，而权操他人，世界至懦至弱之人，当不如是。故前日曾函电校长先生，对于本校此后遇有背违校章之事，解决如下：甲、校内不许教职员或学生设何政党；乙、校内不许学生新立何团体。"

4. 鲁迅来校演讲

11月27日，鲁迅应邀到集美学校作题为《生活的意义与价值》的演讲，认为学生"也应该留心世事"，说"聪明人"不能做事，"世界是靠傻子来支持，是靠傻子去推动，终究是属于傻子的"，在师生中产生了极大的影响。鲁迅在《华盖集续编·海上通讯》一文中谈到了他在集美学校的演讲，他写道："新近还听到我的一件罪案，是关于集美学校的。厦门大学和集美学校，都是秘密世界，外人大抵不大知道。现在因为反对校长，闹了风潮了。先前，那校长叶渊定要请国学院里的人们去演说，于是分为六组，每星期一组，凡两人。第一次是我和语堂。那招待法也很隆重，前一夜就有秘书来迎接。此公和我谈起，校长的意思是以为学生应该专门埋头读书的。我就说，那么我却以为也应该留心世事，和校长的尊意正相反，不如不去的好罢。他却道不妨，也可以说说。于是第二天去了，校长实在沉鸷得很，殷勤劝我吃饭。我却一面吃，一面愁。心里想，先给我演说就好了，听得讨厌，就可以不请我吃饭；现在饭已下肚，倘使说话有背谬之处，适足以加重罪孽，如何是好呢。午后讲演，我说的是照例的聪明人不能做事，因为他想来想去，终于什么也做不成等类的话。那时校长坐在我背后，我看不见。直到前几天，才听说这位叶渊校长也说集美学校的闹风潮，都是我不好，对青年人说话，那里可以说

人是不必想来想去的呢。当我说到这里的时候,他还在后面摇摇头。我的处世,自以为退让得尽够了,人家在办报,我决不自行去投稿;人家在开会,我决不自己去演说。硬要我去,自然也可以的,但须任凭我说一点我所要说的话,否则,我宁可一声不响,算是死尸。但这里却必须我开口说话,而话又须合于校长之意。我不是别人,哪知道别人的意思呢? 先意承志的妙法,又未曾学过。其被摇头,实活该也。"

5. 学生"罢课"、"驱叶"

12月1日,学生发出《第一次宣言》,全体学生举行罢课,要求取消禁止进党的规定,收回以前被开除的学生,恢复学生组织,一切校务皆由校务革新委员会议决施行,遭到叶渊的拒绝。漳属政治监察员鲁纯仁奉革命军总指挥何应钦之命来校调解无效。叶渊于12月4日往新加坡向陈嘉庚汇报,商议善后事宜。全体教职员发表宣言,主持正义。但一部分学生别有背景,举定代表,极力扩大运动,于5日发出《第二次宣言》,成立罢课委员会,并提出"驱叶"的口号。18日,学生将"罢课委员会"改为"倒叶运动全权代表大会",展开驱逐校长的运动并争取到社会上的支持,如厦门成立了"各界援助集美学潮委员会",全国学联和各地学联也给予声援。扰攘兼旬,学校无形中停课。

6. 陈嘉庚反对更换校长

陈嘉庚赞成改进校务,但反对学生罢课。他于12月11日致电集美学校秘书处暨各部主任:"变革校章,迎合潮流,余亦赞成。但须有新政府规定,并电余认可,施行。若未经上节手续,学生切须上课,安待未晚。"对于更换校长一事,陈嘉庚坚决反对,他致电集美学校各主任:"进退校长,主权在余,不准学生干涉,校长决不更动。各生如不满意,即日停课放假。"

1927年1月15日,叶渊校长自新加坡返厦。27日前往福州晋谒何应钦,商洽校务。2月8日,陈嘉庚致信叶渊:"因我之宗旨在办学,尽天职,能办则办,不能办则罢。不求人知,不怕人欺,邪气虽一时之荣,终即枯消。我以正道良心行事,成败付之天命是也。集美开办(复课)之正当问题,别无他法,惟有执行先生与弟面商之主旨。第一条,政府有诚意保护,明示地方官;第二条,革生之权,在我必行;第三条,先生住校负责。舍一,决不开课。若不作正大光明,我何必如此牺牲。第以我之目的,如停一学期,然后开办,其地步后来更觉稳稳固固也。"

7. 蔡元培、马叙伦来校调解

1927年2月,国民政府大学院院长蔡元培和著名教育家马叙伦奉命来集美学校协助调解。蔡元培和马叙伦提出解决学潮办法,电劝陈嘉庚续办。集美学校派"集美二号"渔轮,专送他俩回浙江,自温州登岸。蔡元培与马叙伦为此赋诗一首,蔡元培的《赠集美第二》写道:民国十六年二月十八日,承集美第二送我等回浙,口占志谢,并请采真校长、君一船长教正。诗云:"见惯风潮了不奇,要将实习养新知;渔权海外新开展,记取青天白日旗。断发操舟古越民,浙东渔户尚精勤。要将闽士雄强气,随着银涛到海门。"马叙伦的《赠集美第二》写道:十六年二月,乘集美第二渔舟抵永嘉,率占断句。诗云:"谢君相送到温州,谢客岩前认旧游;他日西湖双屐过,鱼羹纯菜一尊浮。无边烟雨迷前路,不畏风波争上游;此去江南好风景,鲈鱼美酒胜封侯。"

福建省政务委员会也致电陈嘉庚，表明政府将"推诚维护"之意，"盼速筹备开课"。电文内容为："先生创办集美学校，为国树人，热忱宏愿，极为钦佩！政府建设伊始，对于教育事业，急欲励行。已设各校，但求不悖本党政纲，悉予加意维护。集美规模宏大，数年经营，讵宜停办！春季始业在迩，盼速筹备开课！庶莘莘学子，得遂求学之愿，而先生育才之心，亦始终贯彻；政府当推诚维护，幸勿稍萌退志，是为厚望！"陈嘉庚复电指出："党化政纲，早已承认，除奉行外，其他校权当不干涉。如诚意乞明白宣布，并饬地方官实行保护，俾众咸知，便开课。"

8. 学潮平息复课

3月1日，男女小学幼稚园开学。3月2日，陈嘉庚致信叶渊："至于蔡先生所云，学生不必开除，以为开除无效，宜顺其潮流，宽大怜惜以济之。先生亦略赞成其说，且为大教育家之经验，未必无见解也。虽然，此乃蔡先生平时主持北大之方针，事事任学生自由。然北大为公费之校，无论其一年几次风潮，几回罢课，教员、学生均称便利。所损失者，政府之公款耳，何事而不可？弟意该校之费若从蔡、马二君私囊取出，必不能时常逍遥海外，忧乐所限者，恐彼未必如许宽大怜惜也。况属乱群之马而固留之以分校权，及函请政府收为国有，今日费我私财，而复任之其所欲为，蔡、马二君若能反思底细，必不能复抱素时之乐观而代弟筹一稳健之办法也。先生来书谓政府经有电弟就是保证之实，若凭一纸公文，亦属无益等情。弟意见与先生则不同，若彼之来电，虽云要维护，实一纸空文耳。若有诚意，应即用正式公文，详陈保护校权，宣布大众及明饬地官奉行。有如此者，安得为之一纸空文哉？既有命令则学生及思乱辈，定可敛迹，不敢如前之有赖矣。设日后有事，地方官不奉行，此另一问题，乃新政府之腐败无信，夫复何言！然凡事当有一定或见解之宗旨，不为流弊及局外人与临时感情之所误，方可达其目的耳。来示拟请政府代设法反动辈令转学他校，此事对于政府，实不能办到；对于本校亦失主权。若再后凡有开革学生，必借政府之力为转学，毋乃多事乎？盖可办则办，不可办则停，以待正当之机会，庶学风有纠正之日矣。"

2月11日和3月7日，集美学校学生会和各部学生先后致电陈嘉庚："生等向承培植，仍恳始终维持，俾学有成，至为感幸！""开课期逼，向学情殷，恳即续办！此后当服从校规，乞鉴原示复！"陈嘉庚复电"余非不欲迁就；念厦集屡次罢课，无理要挟，出反任意，太自简便。既蔑校规，不顾损失，误青年求学光阴，阻华侨内向诚意。余苦心积虑，为厦集善后计，别无良策，惟有悔！待时机，重开未迟，故停。请转学他校是荷！"随后，陈嘉庚电准农林、女子师范、国学专门各部开学。师范、中学、水产、商业四部，则坚持暂停。此时，学生代表梁绍之等19人，因同学反对，乡人警告，相率离校。3月17日，陈嘉庚亦渐谅解，致电叶渊校长："各部准开课，须依六条件：（一）诸生重签志愿书；（二）各部学生全体登报认错，此后愿诚恳求学，永不干犯校规；（三）与师生约，开课四个月，放假一个月；（四）教师薪俸，由开课日起；（五）破坏生开除；以上手续办妥即开。（六）全校月费，勿过二万元。"

4月1日，师范、中学（此时已改为高级中学校和初级中学校）、水产、商业各校也获准开学，这次大风潮遂告平息。

十二、师生的早期革命活动

在 1920 年代，集美学校涌现出一批早期革命活动家，建立了闽西南第一个共青团支部，集美学校校友还在厦门大学组建了福建省第一个共产党支部，一批校友参加了毛泽东在广东创办的农民运动讲习所。此后许多校友奔赴各地创建党的地下组织，有的参与组建中共厦门市委、闽南特委、福建省委，成为各地党组织的创始人，为开辟闽西南革命根据地立下了不朽的功勋。集美学校因此被誉为福建的"民主堡垒，革命摇篮"。

五四运动之后，革命运动的浪潮波及厦门，各种思想和思潮竞相在集美传播，革命意识觉醒。无政府主义派在校中散发其刊物《民钟》、《奋斗》等；国家主义派在师生中推销《醒狮报》；社会主义派在校中代销《新青年》、《向导》及《人民周报》等；封建主义、资本主义思想在校中也有一定影响。师生们思想活跃，热情高涨，在复杂的思潮中追求真理，为开展革命活动和接受中国共产党的领导奠定了坚实的基础。

1921 年，校内师生开始纪念"五一"国际劳动节，宣传马克思主义思想。发起"太平洋会议研究"、致电"太平洋会议"，反对帝国主义侵略。1922 年，学生的活动已经开始涉及社会。1923 年，成立了《集美学生对日外交后援会》，发出通电，分赴各地游行、宣传、演讲。4 月 16 日，集美学校师生 1500 多人在叶渊校长的率领下乘船去厦门参加游行示威，抗议日本拒绝取消"二十一条"，要求归还旅顺、大连。随着马克思主义在中国的日益传播，集美学校信仰马克思主义的师生渐多。1924 年 9 月开学后，师范部罗善培（即罗明，师范第 6 组）与国民党中央组织部秘书杨匏安（共产党员）联系，寄来参加国民党左派的文件、表格，秘密介绍师范部同学 30 余人参加。10 月，成立国民党左派集美区分部，并向中学部、水产部、商业部等学生和小学部教师发展，3 个月内发展 130 多人，全校各部各班都有国民党左派成员，成立全集美学校领导小组，成员是罗明、李觉民、罗扬才、刘端生、邱泮林等 5 人。五人小组成立《星火周报社》，并出版宣传马克思主义的《星火周报》，师范部学生还出版《集师学生》周刊。这些进步活动和刊物，推动了学校建立革命组织的进程。

1925 年 3 月 12 日，孙中山在北京逝世，国共联合发动各界举行追悼会。并通过追悼会组织了一次大规模的反帝反封建的爱国宣传运动。4 月 16 日，集美学校师生召开"孙中山先生追悼会"，追思孙中山革命的一生。

5 月 15 日，上海日本纱厂的日籍职员枪杀工人顾正红，伤多人，导致工人罢工斗争。5 月 30 日，上海各校学生 2000 余人分头到公共租界及各马路讲演，散发传单，抗议帝国主义者的暴行，租界巡捕连续抓人，激起近万名群众聚集巡捕房要求放人，帝国主义者开枪镇压，造成了"五卅"惨案。消息传到集美，学校师生组织救国团，进行反帝宣传，外地学生也利用假期回乡组织宣传活动。6 月上旬，集美学校以全体师生名义致电声援上海罢工工人，并发表《为上海惨杀事敬告国民书》，愤怒地抗议帝国主义的

侵略暴行,痛斥段祺瑞政府祸国殃民的罪行,提出"扫除国贼,打倒强权"的口号。全校师生员工捐款支援上海罢工工人,总共捐款 3600 多元汇往上海接济罢工工人。

5月,共青团广东区委根据福建青年协进社的要求和共青团通讯员罗明的建议,决定派蓝裕业到厦门筹备共青团组织。6月初,蓝裕业以国民会议促进会代表的身份到集美学校,根据罗明开列的同学进行联系,从左派学生、学生运动的积极分子中吸收李觉民、罗扬才、邱泮林、刘端生、罗良厚、罗贤开、罗朝金等 7 人加入共青团。6 月中旬,在集美学校成立了闽西南第一个共青团支部——共青团集美学校支部,并根据恽代英的介绍任命李觉民为支部书记,隶属共青团广东区委领导。团支部的成立,推动了集美学校和闽西南地区反帝反封建运动的开展。

1926 年 2 月,中共厦门大学支部成立,党支部书记为罗扬才,成员有罗秋天、李觉民等。3 月,集美学校各部学生的党支部和集美小学部教师党支部相继成立。与此同时,师范部毕业生罗明根据中共广东区委的指示,以国民党中央农民部特派员的身份到闽南招收第六届广东农民运动讲习所学员 9 名,其中包括郭滴人、朱积垒、胡永东、黄昭明等 4 名集美学校的学生,他们在农民讲习所先后加入了中国共产党。10 月 12 日北伐军入闽后,集美学校的一批进步学生,先后返回原籍龙岩、漳州、泉州各县和厦门市开展革命活动,发展和组建国民党左派及其县区组织;发展共产党党员,建立中共支部,领导工农运动,成立政治监察署、农民协会,建立工农武装游击队等等,把革命的种子撒遍闽西南大地。

1927 年初,罗明奉命在漳州组建中共闽南特委。在 20 余名委员中,曾在集美学校就过学的就有组织部长刘端生,宣传部长翁振华(泽生),秘书长邱泮林,委员朱积垒、郭滴人、罗扬才、胡永东等,参与领导厦门、闽西、闽南各县革命工作。4 月 9 日,厦门发生了反革命政变,时任厦门总工会委员长的罗扬才被捕,数日后被秘密押往福州杀害。这时,集美革命师生多数奉调离校工作,未毕业的则在白色恐怖下转入地下,坚持斗争。

第三章

改进

　　1927 年 3 月至 1937 年 5 月,是集美学校的改进时期。在这一时期,改部为校,各校行政独立,以校董统辖之。全校编制,也因时制宜,组织几经变更,措施力求合理,各项工作日益改进。这一时期,师资力量雄厚,教学设备完善,学术研究气氛浓厚,课外活动蔚然成风,校园处处生气勃勃。在校学生数不断增加,最多时(1931)达到 2723 人。这十年,是集美学校颇富活力的十年。

　　在这十年中,陈嘉庚在南洋的企业却江河日下,终至全部收盘。但陈嘉庚办学的信心毫不动摇,仍竭尽心力支撑集美学校,"盖困苦艰难者仅一人,而学校尚供应无亏,规模胜昔也"。

一、因时制宜 改部为校

由于国内形势的变化和陈嘉庚企业受到世界经济危机的影响，以及集美学校第三次风潮的冲击，为了加强学校管理，遵照陈嘉庚的意见，集美学校于1927年3月，进行学校体制的重大改变：各部改组为校，公布集美学校组织大纲，叶渊校长改任校董，代表校主监察各校一切事宜。校长办公室改为校董办公室，下设秘书、总务、会计三处。图书馆、科学馆、体育馆、美术馆、教育推广部、建筑部、医院、储蓄银行，以及其他公共机关，也均由校董统管。

师范部改为高级中学校，附设前期师范和后期师范。中学部改为初级中学校，女子师范部改为女子初级中学校，附设前期师范及女子小学。国学专门部、水产航海部、商业部、农林部、男小学、幼稚园各部仅易其名称，改部为校而已。各校设校务执行委员会，公布委员会办事规程，设委员三至五人，分别兼任教务、训育、事务、体育各课主任。重要事件，由校务执行委员会公同解决。

此时，蔡玑任校董办公室秘书处主任，吴仲甫任总务处主任，陈维熊任会计处主任，陈庆任科学馆主任兼教育推广部主任，蒋希曾任图书馆主任，张洪南任医院主任，陈水荐任储蓄银行经理。国学专门学校主席委员由校董叶渊兼任，蒋希曾代理主席委员；阮真为委员兼训育主任。高级中学校（师范）以李敬仲为主席委员，辞职不就，张灿为委员兼训育主任，代理主席委员；陈甘棠、庄文潮为委员。初级中学校不设主席委员，开会时由各委员轮值任之，曹奇山、高文拯、赵琼、蔡毅、杨孙赞为委员。高级水产航海学校由冯立民任主席委员，张柱尊、曹镜澄为委员。商业学校以黄绶铭为主席委员，陈庆瑜、戴锡璋、郑训标为委员。农林学校以叶道渊为主席委员，彭家元、殷良弼、黄鹏飞、陈诵尧为委员。女子中学校以苏师颖为主席委员，宋文翰、叶燕贻为委员。女子小学以黄福图为主事；男小学以叶维奏为主席委员，王名丙、叶祖彬为委员。幼稚园以陈淑华为主席委员，王道尧、黄仁爱为委员。

秋季新学期开始时，各校人事又有所调整，殷良弼任农林学校主席委员兼林科主任，杨孙赞调任中学主席委员兼训育主任，宋文翰代理女中主席委员，陈淑华任幼稚师范学校主席兼训育主任及幼稚园主任。

各校校务执行委员会主席委员总辖该校一切事务，其职权是：（1）商承校董，订定该校重要计划。（2）商承校董，聘请该校教职员。（3）编造预算案呈交校董审查。（4）主持教学上的一切事宜。（5）主持训育上一切事宜。（6）管理校舍校具及其他一切事宜。（7）各校事件，关涉各公共机关者，由校长商请校董，或公共机关主管人员，办理之。（8）主持学生之入学、转学、退学，及奖励惩戒各项事宜。

各校虽然行政相对独立，但又受校董的统辖，经费、建筑都由校董统一安排。图书馆、科学馆、体育馆、美术馆、医院、银行等，均为各校公用，运动会由各校联合举行。各校的教师分别定额，但又可以互相兼课，另发兼课津贴。聘请教职员，由各校校长决

定,以校董会的名义发聘书。学校还设立"集美各校联席会议",制定各校联席会议暂行规程,以校董为主席,各校校长及各公共机关主任为议员。每月开常务会一次,议决关于各校或公共机关的重要事件,由校董公布,交由各校校长或各公共机关执行。因此,改部为校后,集美学校仍然是一个实体。

集美学校各校联席会议议员(1933年)

1927年5月,为维持学校治安,应学校之请,漳厦海军警备司令部派巡官樊景儒带领禾山巡警队19名警员前来集美驻扎,替代已被遣散的校警。

5月9日,陈嘉庚致信叶渊,就师范、中学是合并还是分设的问题谈了看法。他说:"本校办学之宗旨,前屡为先生陈之矣。其正科原以师资为主,其他中、实(中学及商业、水产、农林等实业学校)则为附属也。至重师资之原因,莫非痛闽南教育之荒废,种子之失留,若不早为筹办,则一旦政治平定,政府或社会注意兴学,不免更多欠缺。不宁唯是,凡毕业生之出路,亦以教育界最易得地位,薪水亦不薄,可造重要之种子,及可少高等之游民。良工制器,必能迎合时用,到处争售,彼此均蒙利益,此为吾人不可不虑也。先生来书,以师资之造,当责之政府,而吾人要打倒帝国主义,尤当注重农工商然后能达到目的,云云。夫注重实业科,弟亦甚赞成,但是真正实业如农工商,有切实之规模,真是无好容易,绝非如教育家教出之毕业生,几年后便可以有造于实业也。若果即收成效,试讲吾国内实业科诸卒生,盈千累万,干何事出来。些有皮毛者,大都未经等校出身,而千辛万苦勤俭积蓄多年而来,就是欧美实业家类亦略似。以此推之,兴实业诚无容易,高等游民,真莫之怪。然天下事未亲经过,当然未能确知底细,况卒生之矜高自大,生活不亚资本家,其忍苦耐劳,又百不当一,弟是以始终未便赞成,以为可渐而不可急,欲速不达,非无理由。是以主张由师资起手,既免卒生之向隅,阻进行之效果,未悉先生以为何如耶?若以弟言似有见地,应以师范专设为主体,若日后政府果能办到无须兼助者,那时改组未迟。以吾闽之广,政府之新,虽能办到,恐非五、七年,对师资之足敷分配,就能左右逢源也。"

5月21日，陈嘉庚来信赞成叶渊亲自抓学生训育工作，认为"若能于每星期拨冗几点钟，不唯裨益不少，且可联络感情及检验诸生之程度也"。但对于校内一些老师提出开办报馆一事，陈嘉庚则不赞成。他指出："盖我原主张办学校以尽天职，信心诚意，实事求是，抱定此宗旨，任何天翻地覆，矢志不移，成败付之天命。报馆虽可开化民智，然好人难觅，稍一不慎，咸罪我方。彼舞文弄墨之人，何能相谅，且鞭长莫及。至与等辈争陋习之短长，到底何益耶？"

1927年6月，遵照陈嘉庚函嘱，各校联席会议议决恢复师范、中学名称，高级中学仍称师范学校，初级中学仍称中学校。

从1925年6月到1927年7月，中等各校计毕业生29组，672名。其中师范288名，中学247名，水产23名，商业33名，女子师范81名。

当时，国民政府颁布学校立案规程，规定凡私立学校须先组织校董会，然后由校董会呈请主管教育行政机关立案。集美学校于1927年9月呈报设立校董会，由同安县教育局核转。10月6日，又遵照学校设立规程的规定，造具师范、中学、水产、商业、女中（附女师女小）、农林、幼稚师范（附幼稚园）、小学各校立案事项表，校舍平面图，公共机关职员一览表，图书馆概况，科学馆器械药品的种类及件数等，仍由同安县教育局转呈教育厅核准立案。11月，同安县教育局函知，奉教育厅指令，学校校董会获准设立，各校立案也已核准，并转呈国民政府教育行政委员会核夺。

1927年12月，集美各校联席会议修订并公布"成美储金"条例。自1924年设立"成美储金"后，曾资助几批毕业生升入大学或到国外留学。为了使这一制度更为健全，新修订的条例中规定："本储金以协助品学兼优之本校毕业生升学为目的。"凡在集美中等各校毕业，符合三个条件：1.家境清贫；2.操行甲等；3.学业甲等或乙等（以毕业成绩为标准），且应国内外各大学或专门学校入学试验及格者，经校董审核后，可以向母校贷费以便继续升学，每学期每名可贷借50元。贷费生应于毕业后将所贷各款，连同利息，分期清偿，但不得延至三年以上。贷费生毕业后如就集美各校之聘，每月薪俸应扣百分之三十，清偿母利，至偿完为止。该储金由下列各项收入供给：1.每学期学生膳费余额；2.转学、退学各生的保证金、赔偿费；3.贷款的利息；4.贷款生的捐助；5.教职员及学生的捐助。由"成美储金"资助至国内外大学深造的优秀毕业生，学成后相当一部分回集美母校任教，成为办好学校的可靠力量。"成美储金"至1934年停止。

1928年2月，因教育制度变更，各校废止委员制，仍用校长制。集美学校遵照办理，由校董选任各校校长，呈报教育厅备案。聘张灿为师范学校校长，杨孙赞为中学校长，苏师颖为女子中学校长，冯立民为水产航海学校校长，黄绥铭为商业学校校长，殷良弼为农林学校校长，叶维奏为男子小学校长，陈淑华为幼稚师范学校校长兼幼稚园主任。8月，中学校长杨孙赞辞职，郭鸿忠接任。10月，女子中学校长苏师颖辞职，以邵挺继之。

1929年1月，水产航海学校校长冯立民辞职，以苏国铭暂代。2月，农林学校开办高级农林科。3月10日，学校召开成立15周年纪念会。23日，各校启用新印。6月12日，同安县教育局函知，国民政府大学院已核准学校备案。

二、经济困难 勉力维持

陈嘉庚认为"百事非财不举"。经营实业赚的钱,是他办学的经济基础。但是,他对实业与教育关系的认识比一般人更为深刻。在某种意义上也可以说,他是为了教育而经营实业,为了教育甚至可以牺牲实业。他曾对叶渊说:"须知余办学校,非积存巨金寄存银行,一切经费,皆待经营。本校及厦大费用,端赖活动生意之接济。"他在《陈嘉庚公司分行章程》的序中指出:"本公司及制造厂虽名曰陈嘉庚公司,而占股最多则为厦门大学与集美学校两校,约其数量,有十之八。盖厦集两校,经费浩大,必有基金为盾,校业方有强健之基。而经济充实,教育乃无中辍之虑。两校命运之亨屯,系于本公司营业之隆替。教育实业相需之殷,有如此者。况制造工厂为实业之根源,民生之利器。世界各国奖励实业,莫不全力倾注。在其国内,一方讲求制造,抵抗外货之侵入;一方锐意推销,吸收国外之利益。制造推销,兼行并进,胜利自可握诸掌中;否则一动一止,此弛彼张,凡百事业,皆当失败,况正当肉搏之经济战争哉。我国海禁开后,长牙利爪,万方竞进,茫茫赤县,沦为他人商战之场,事可痛心,孰逾于此。然推其致此之由,良以我国教育不兴,实业不振,阶其厉耳。凡我国民,如愿自致国家于强盛之域,则于斯二者,万万不能不加注意也审矣。惟然,则厦集二校之发达,本公司营业之胜利,其责尤全系于同事诸君。诸君苟奋勉所事,精勤厥职,直接兴教育实业,间接福吾群吾国矣。庚十年心力,悉役于斯,耿耿寸衷,旦夕惕励,窃愿与诸君共勉,以尽国民一分子天职焉。"

陈嘉庚虽号称拥有千万资产,其实由于他承担了沉重的校费,经济状况长期不佳。从 1913 年创办集美小学的一年后,就有感于"银根无时宽舒,常侵欠银行多少款项"。1918 年创办师范、中学后,就开始在银行里挂债 30 余万元。在创办集美水产、商科、女师和厦门大学的 1919 年至 1922 年,经营收入与支出相抵,不敷 30 余万元,这个时期的总支出 410 余万元,而厦集两校校费就达 220 余万元,占一半以上,支付银行利息达 60 余万元。1922 年 2 月 25 日,陈嘉庚在集美学校春季开学式上讲话,说他年纪大了,回国是为了献身教育,服务社会,以了余生,尽到国民一分子的天职。他说回国时有三种收入充作学校的基金和经常费,即地皮屋业、橡胶园、生意及制造厂之收入。两年来学校的经费,全靠这些收入。但由于近来土产降价,生意大受影响。加上胞弟敬贤生病,因此必须亲自出洋筹划。到了企业鼎盛时期的 1925 年,虽总资产 1500 万元,但银行的债务已增至 300 万元,实际资产为 1200 万元。这个阶段是陈嘉庚经济较好的阶段,但是,1926 年开始,就出现困难,经济每况愈下。

在经济困难的时期,陈嘉庚曾说:"世界无难事,唯毅力与责任耳!"这就是他赖以支撑兴学的精神支柱。1926 年至 1928 年,胶价暴跌,每担由约 180 元下降到约 90 元,他所经营的各业"均无利可收",而支出达 490 余万元,其中厦集两校校费 220 余万元,银行利息 130 余万元,无奈两次出售胶园 11000 英亩以充抵。这是陈嘉庚始料未

及的，两校的建设受到了很大的影响。厦大已动工的校舍竣工后，不再续建，集美学校的建筑工程也暂时停工了，原拟在国内建3座图书馆的筹备工作也停止了。陈嘉庚说："此为我一生最抱憾、最失意之事件。"在这之前，他"凡有盈余，尽数可加入教育费……迨至今日方悟公益事业非艰难辛苦不为功"，但振兴祖国不外实业和教育，"经营地方之利，仍还地方之益，一息尚存，此志不减"。

1929年至1931年8月，陈嘉庚的企业受到世界资本主义经济大危机的袭击，持续多年，胶价一跌再跌，每担由约90元，猛降至七八元。这期间的收入"只供义捐及家费"，而支出仍达280余万元，其中厦集两校经费90余万元，银行利息120余万元，致加欠银行100万元，积累负债400万元。当时，有人曾劝说陈嘉庚减少逐月汇给集美、厦大的经费，陈嘉庚回答："我吃稀粥，佐以花生仁，就能过日，何必为此担心。"不久之后，有一同安老乡也好意劝他停止校费以济营业之急需，他坚决不肯，说："余不忍放弃义务"，"盖两校如关门，自己误青年之罪少，影响社会之罪大……一经停课关门，则恢复难望"，表达了"毅力维持"集厦两校的决心。

1931年10月，陈嘉庚的企业被银行团改组为有限公司，改组后董事们限定厦集两校经费为每月5000元，后来某国垄断集团要对其企业加以"照顾"，提出的条件是停止维持厦集校费，面对着外国人的要挟，陈嘉庚十分愤慨，指出"宁使企业收盘，绝不停办学校"，断然予以拒绝。为保存集美、厦大两校，他将新加坡、槟城两处橡胶厂出租给李光前的南益公司，巴双厂也租给南益公司，约明有利时分出一半作为两校经费；麻坡厂租给陈六使的益和公司，得利全部充作集美校费；怡保、太平等厂招经理人和自己合租，得利抽三成作校费。为了筹措校费，他将已承继给陈济民、陈厥祥两子的私家住宅（即位于新加坡经禧律42号的别墅）抵押给银行，周转融通，继则过户易主，卖给华侨银行负责人。他还通过在厦门专门受理厦大、集美两校财政的集通号向他人有息借债20多万元和接受亲友的资助作为维持学校的经费。虽然校费极力削减，但"奇利难闻"。陈嘉庚为"维持二校之生存，难免时时焦灼"。当时，社会上风传陈嘉庚公司收盘后厦大、集美两学校不久也必将关门停办，为此陈嘉庚在报上刊登《陈嘉庚启事》，说明两校自可维持，绝无影响，望两校员生坚定奋发，为振兴我民族之文化而努力，勿为浮言所惑。

1930年7月，陈嘉庚给国民政府打电报，吁请国民政府帮助厦大集校。电文说："三年来树胶事业失败，损失至巨，致令厦、集两校不但乏力扩充，甚至年费将难维持。盖土产既经绝望，所恃者树胶制造厂入息而已。自关税加重，银价降落，厂货运销国内，已难获利，近复加日本货到处竞争，亏损愈甚，影响所及，两校必同归于尽。爱请厦、集两校校长林文庆、叶渊进京，吁请设法维持两校命运，或按年助费，或减免入口税，俾得与日货竞争，以期于教育实业有所裨益。"

到了1936年春，经费困难日趋严重。陈嘉庚考虑到"厦集两校虽能维持现状，然无进展希望，而诸项添置亦付缺如，未免误及青年"。为了集中力量维持集美学校，他写信给国民政府教育部长王世杰和福建省政府表示愿意无条件将厦门大学献与政府，改为国立。不久得到复函同意，厦大于1937年改为国立，由萨本栋继任校长。陈嘉庚

后来追述当时的处境仍不胜感慨地写道："每念竭力兴学，期尽国民天职，不图经济竭蹶，为善不终，贻累政府，抱歉无似。"事实上，他为了创办与维持厦大，已经作出了巨大的牺牲，尽了最大的努力，16 年间为厦大支出的款项刚好与当初认捐的 400 万元相符，甚为凑巧。

厦大改为国立后，陈嘉庚致电教育部长王世杰，请求将自 1934 年起政府给厦大集美两校的补助费每月 5000 元全部补助集美学校，助发展集美各科及农林水产。同时，又在新加坡将厦大胶园 388 英亩移归集美学校。

在经费紧张的情况下，学校物尽其用，人尽其才，勉力维持。全校师生和衷共济，少花钱，多办事，不负校主艰难支撑之苦心。

三、变更组织 迭经裁并

1929 年 6 月，由于受经济危机影响，陈嘉庚指示自秋季起，全校经费每月以一万五千元为限。不足部分须收学费弥补，故不得不并校裁员，以节省开支。

（一）学校迭经裁并

6 月 24 日，集美学校召开临时各校联席会议，讨论变更学校组织问题。本拟将初级中学校独立，而师范、水产、商业三校与高中文理科合并为高级中学校，其他各校不变，但未有共识。翌日，继续开会，决定师范、中学合并为中学校，水产商业合并为职业学校。中学校长郭鸿忠自请辞职，叶渊乃聘贺鉴千为中学校校长，以师范隶之。又聘黄绶铭为职业学校校长，以陈庆瑜代理其职务。嗣因水产商业两校性质不同，未便强合，复决定两校分设，由陈庆瑜代理商业学校校长；另聘张荣昌为水产航海学校校长。中学、水产、商业三校校舍也重新编配，中学校计有大礼堂、音乐室、旧小学木质平房、立德、立言、立功、尚勇、瀹智、约礼、即温等楼，博文楼的底层也归其使用。商业学校除原有崇俭楼全座和允恭楼底层右边的宿舍外，其教室从科学馆移至允恭楼第二层右边；新班学生则住在明良楼底层。水产航海学校学生宿舍从瀹智楼移到允恭楼第三层，教室在允恭楼第二层左边，标本室和各办公室在允恭楼底层左边。而明良楼的二、三层则由中学、水产、商业三校教职员共同居住。

7 月，集美学校公布征收学费条例，中学、商业、女中学生每名征收学费 10 元，新生另收入学金 10 元；男女小学寄宿生每名收学宿费 10 元；男女师范、水产、农林、幼稚师范学生每名每月津贴膳费 2 元，并豁免学费，以示优待。校主族属及现任教职员直系亲属之在校肄业者，均免收学费及入学金。学生操行优良而家境贫寒的，经审查确实者，亦准免学费，以资鼓励。

8 月，陈嘉庚新购的电船集美第三号、第四号先后自新加坡抵厦。第三号载重 18 吨，第四号原名集福，载重 4 吨，装修告竣后开始航行。

9 月，幼稚师范学校校长陈淑华辞职，以黄仁圣（则吾）继之。10 月，女子中学校长

邵挺辞职,以龚礼贤代理校长。12月,农林学校校长殷良弼辞职,复聘叶道渊为校长。1930年1月,复聘苏师颖为女子中学校长。女子小学行政独立,聘邓仲平为校长。6月,商校校长黄绶铭病故。8月,聘陈定评为商校校长。同月,农林学校开办农林专科,修业年限为四年。9月,女子中学添设乡村师范科,修业年限也为四年。1931年6月,中学校长贺鉴千辞职,以李荣锦代理校长。同月,农林学校因经费关系,裁并专科,仍设高、初级农林科,以章文才为代理校长。7月,男子小学校长叶维奏辞职,以陈庆暂行代理。

1932年2月,复聘叶维奏为男子小学校长。7月,改聘梁士杰为男子小学校长,王登沂为女子小学校长。8月,聘陈式锐为商业学校校长,复聘郭鸿忠为中学校长,并变更训育制度,采取分区指导制。

1933年2月,商业学校开办高级商科,改聘李遂囊为校长,聘王秀南为试验乡村师范校长。6月,陈嘉庚增聘蔡斗垣、郭季芳、苏师颖、陈延庭为校董,正式组织校董会,以叶渊为校董会主席。8月,农林学校校长章文才辞职,改聘何敬真接任,男子小学校长梁士杰辞职,改聘谢锦添继任。9月,根据校董会规程,各校联席会改为全校校务会议,以校董、校长及各公共机关主管人员为议员。12月,再次变更全校组织,男女中学合并为中学,高级师范、乡村师范、幼稚师范合并为师范学校,男女小学及幼稚园附属于师范学校。聘王秀南为师范学校校长,陈村牧为中学校长。男女小学仍设校长各一人,幼稚园设主任一人。水产航海、商业、农林三个学校不变。

1934年2月,公布《福建私立集美学校组织大纲》。大纲共10条,其中第三条规定:校主聘请校董若干人,组织校董会,代表校主,监察各校一切事宜。第六条规定:各校校长总辖该校一切事宜。

(二)叶渊身陷"许案"

在这一时期,还有一个重要事件,即叶渊因许卓然案被陷。许卓然在1920年代曾是"中国国民党福建省临时党部"负责人之一,又与国民党军队驻漳州师长张贞为党友,许张派在闽南一带有相当的势力。1930年5月27日,许卓然在厦门遇刺身亡。许张派别有用心地诬告叶渊为主谋。6月4日,叶渊被厦门思明地方法院拘留审讯。自6月4日至10日,集美各校师生四次派代表到法院请愿,没有结果。6月18日,全校近2600名学生举行罢课请愿,发表《集美各校学生联合会为叶校董无辜被诬罢课宣言》。《宣言》中说:"叶校董身主集美九校行政,又负推广闽南教育数十校的使命,一日去职,则万事失其中心,百校陷于危境。我们为闽南教育计,为人权保障计,我们于是毅然决然而罢课请求援助。我们罢课的鲜明旗帜是——誓为公理而牺牲,永作正义的后盾。"各地补助学校、毕业同学会、旅集各县同乡会、集美村民也纷纷发表宣言,代为辩诬。陈嘉庚多次由新加坡发电报与各方交涉,未获实效。叶渊曾向陈嘉庚电请辞职,并登报声明。陈嘉庚复电宽慰,不准其辞职。6月26日,陈嘉庚致电集美各校校长、主任和全体教职员,指出:"彼辈不顾公理,因私害公,冀陷叶破集为快,我等对叶君务希悉力营救,以维人道。对校务,亦当力负责任,坚决维持。谨此互励。"

据陈嘉庚在《南侨回忆录》中记载,叶渊被禁厦门监狱,而厦门司法官权属中央,张贞、秦望山(也是许卓然的党友)鞭长莫及,乃谋将叶渊移往漳州审问,屡次向厦门司法官交涉引渡,实欲置之死地。陈嘉庚致电南京国民政府胡汉民(时任国民政府立法院长,1920年4月13日曾应邀访问集美并发表演讲)、古应芬(时任国民政府文官长)二人,请求急电厦门司法官阻止将叶渊移往漳州。胡汉民电令将该案移至杭州审判,于是叶渊前往杭州,陈嘉庚设在杭州的分店以二万元为其担保,得免狱禁。讼案判决翻复,纠缠两年多,最后宣判无罪释放。但对方又利用军人势力,继续上诉。拖至1932年12月,高等法院才审结许案,驳回许张派上诉,宣布叶渊属被诬告,无罪释放。叶渊于1933年1月返校主持校务。陈嘉庚回忆道:"余在洋适遭世界不景气,不能回梓设法妥人办理校务,致数年间集美学校如无舵之舟,乏人主持成绩退化。"

1934年2月,叶渊辞卸集美校务而往广西任省府秘书。叶渊离校后,蔡玑任校董会主席。8月,校董苏师颖辞职就任福建省莆田师范学校校长。11月,任命林德曜为校董。12月,商业学校校长李遂囊辞职,由陈式锐接任。

1935年1月,蔡玑、郭鸿忠辞职。校董会无形中解散了,只由林德曜校董一人独负专责。改聘杨振礼为水产航海学校校长。2月,女子小学改称师范第一附属小学,调王登沂为主任,男子小学改称师范第二附属小学,聘徐址安为主任,另聘庄宝珍为幼稚园主任。6月,由吕希清代理水产航海学校校长。7月,由章桂森代理农林学校校长。8月,师范学校校长王秀南辞职,由林德曜兼任校长;商业学校校长陈式锐辞职,调叶书德继任,聘陈志中为农林学校代校长。9月,由林德曜兼任农林学校校长。

(三)陈敬贤英年早逝

1936年2月20日,陈敬贤因患唇疔疾病,医治无效,在杭州弥陀寺溘然逝世,终年49岁。国内外有关团体和人士纷纷发来唁电、唁函,送来挽轴、挽联表示哀悼。噩耗传到集美学校,全体师生员工更是深切哀悼,学校与厦门大学及厦门校友会联合厦门各界在厦门举行一个大规模的追悼会,集美学校师生于4月18日又在集美举行"陈敬贤校主追悼大会"。为了纪念二校主陈敬贤,学校决定把大礼堂改名为"敬贤堂",并刻石纪念。碑文曰:"本校之始创也,嘉庚校主命介弟敬贤先生董其事,经营校舍,延揽师资,心力瘁焉,及其持筹星洲,管理校产,积劳成疾。……念缔造之维艰,望典型之不远,爰以先生之名名堂,勒石纪焉!登斯堂者,知教泽之绵延,与贞珉共垂不朽,其尚有所钦式哉?铭曰:兴学精神胜于物质。所以示人,岂在突兀之宫室?礼门义路,前作后述。愿我师生,朝夕于斯,传矩镬而勿失。"

陈敬贤跟随陈嘉庚开拓经营实业,是陈嘉庚的得力助手。1916年至1919年间,他受陈嘉庚的委托,在家乡创办集美女子小学、师范、中学、幼稚园等学校,为集美学校的发展奠定了基础。1919年陈嘉庚回国办学,年仅30岁的陈敬贤在新加坡主持陈嘉庚公司的业务,苦心经营,为集美、厦大的建设和发展提供资金。1923年因病回国疗养,仍不辞劳苦,协理集美、厦大校务,前后长达13年。因此,集美、厦大两校师生皆称他为"二校主"。陈敬贤英年早逝,对陈嘉庚办学无疑是一个沉重打击。

（四）师范被"统制"

集美师范学校自 1927 年独立建制后，教育事业发展较快，培养了许多优秀教师。至 1933 年，集美试验乡村师范学校和集美幼稚师范学校先后并入师范学校，集美师范学校的体制更加完善，学校规模更大。然而 1936 年 6 月 29 日，福建省政府教育厅以"统制"（私立学校一律不许开办师范教育）为名责令集美师范停止招生。陈嘉庚认为，师范学校为教育基本，程度参差或不妥，省政府收归统办倘可一律改善，实教育之幸。但是省政府不但要充分容纳生额，而且要各区分设师范学校，让有志于师范教育的贫困生不至于向隅而泣，这样才可以裁撤各私立学校。否则，程度虽参差不齐，但总比没有强。可是当时省立师范只有福州一校，学生数百名，实属杯水车薪。陈嘉庚致电省政府和国民政府教育部长详述理由，请求保留，并嘱时任集美中学校长兼任师范校长的陈村牧往省力争。但当接到省府"电悉，师范教育已由省统筹，希勿招生"的复电后，即致函陈村牧嘱勿往省城，"省府既如此坚决，本校切勿再请，反受其辱。从兹之计，唯有一切学费勿收，以多招中学生，及此后极力设想创办何项职业校，为闽南所无办者积极行之，极力聘农林合格教员；发展农校为切要"。"兹者为师范既不能办，而职业实益之科本年又办不到，从今之计，惟有加招其他各科之新生及插班生。要达到此目的，则须学费免收，庶贫苦之生乃能多来，及多招南洋侨生。"陈嘉庚对禁办师范极为愤慨，他说："若言成绩集美决不让于省立，若言普遍收纳闽南有才志贫寒子弟，则远胜于省校，况集美校又有关于南洋华侨学校之师资，重要如是，而乃加以摧残，是存何心也。"这样，陈嘉庚苦心经营的师范教育，不得已于 1936 年停止招生。8 月，中学和师范学校合并办理，由中学校长陈村牧兼任师范学校校长。师范第一、第二附属小学独立，合并为小学，调王登沂为校长。改聘陈哲人为农林学校校长。12 月，陈村牧辞职南渡，由黄泰楠暂行代理中学兼师范学校校长。1937 年 2 月，聘邱丕荣为中学校长兼师范学校校长。1940 年最后一届学生毕业后师范停办。师范学校的停止招生，对集美学校的学科结构、办学规模和社会效益都造成巨大影响。

四、改进教学 完善训育

1927 年 3 月改部为校后，集美学校所属各校虽然组织几经变更，各校校长频繁更换，办学经费也日益困难，但教学工作却不断得到改进，教学理念也比较先进。各项制度日益完善，管理更加规范，形成了优良的校风，现分而述之。

（一）幼稚师范学校

1927 年以前，集美学校已开办普通师范、女子师范、高级师范选科，1927 年创办集美幼稚师范学校，以培养幼稚园教师和小学低年级教师为目标。起初招收本科和预科各一班，两年制，1930 年取消预科，提高本科的程度，改两年制为三年制。1932 年又改

为四年制,提高程度一年,分预科二年,本科二年,除培养良好幼稚园及小学低年级教师外,还有"造就适合时代的社会女子"之意。

1. 课程

预科注重基本训练,对于语言、科学、社会、音乐、美工、健康等科特别注意,且致力于教师的习惯与态度的养成,预科班还开设儿童心理、普通教育学等课程。

本科为后期两年,注重专业训练,课程特别注重幼稚教育及实际技能方面,学生参加幼稚园或小学工作,且致力于养成研究批评的能力与精神。优良学生于第四学年第一学期由学校分派校外各幼稚园或小学实习,充作实际教师(称为代用教师),以训练独立工作与研究的能力,侧重实习成绩考查(如计划、整理、教养、报告、日记、书信、问题研究、阅读书籍等)。最后一学期则多注重自习、听讲观察、搜集、研究、实验等工作。

幼稚师范学校对学生的学习内容和毕业标准,都有严格的规定。主要的学习科目有国语、社会、教育、自然、艺术、体育、选修课和实习课。艺术课包括音乐、图画、手工。选修课包括英语、数学、理化、工艺等科。实习课包括家事、校务、幼稚园、小学等。每天还安排 20 分钟的早操和半小时习琴。毕业生的毕业标准分 10 类。第一类是要求语言及文字表达能力的 15 项,第二类是有关政治经济等方面的知识 22 项,第三类是教育学和心理学等方面的知识 20 项,第四类是幼稚园的管理方面的知识 21 项,第五类是数学及会计、统计的知识 14 项,第六类是自然科学的知识 14 项,第七类是农业耕作知识 10 项,第八类是音乐、美术、手工等方面的知识 26 项,第九类是生理卫生方面的知识 16 项,第十类是体育及文娱表演的技能 10 项。

2. 训育

训育方面注重实际,尽量采取有普遍性的方法。通过训育会议、学生规则和训育大纲落实训育要求。训育的标准包括幼师的学生是自由的、纪律的、平等的、自重的、勤勉的、俭朴的、活泼的、坚毅的、诚实的、忠义的、互助的、负责的、和平的、整洁的、慈爱的、康乐的等 16 条。幼师学生的信条包括:应该有专业的精神、德业的修养、革命的思想、强健的身体、研究的兴趣、科学的头脑、教育的学识、丰富的学识、教学的技能、公正的态度、和悦的仪容、慈爱的心肠、劳工的身手、规律的生活、管理的能力、利物的才能、白热的心肠、领袖的才干、孩子的天真、以身作则等 20 条。学生操行评定的内容包括守法、勤勉、节俭、整洁、慈爱、和乐、忠实、义勇等 8 个方面。

3. 增设艺术专修科

为了发展学生的艺术天才,发展民族文化,适应教育的需要和社会的需要,幼稚师范学校于 1933 年增设艺术专修科,招收 26 名学生,分设音乐系、美术系和体育舞蹈系。艺术专修科的学生,学习的内容确实有点"专"。从课程设置看,音乐系开 24 门课:公民、国文、外语、乐理、领略法、视唱、听音默谱、乐史、和声学、键盘和声、作曲初步、曲体学、和声曲体解剖、高级和声、对位法大要、复对位法、乐器配合法、名著研究、指挥实习、音乐教学法、实习、合唱、钢琴或风琴、第二乐器。美术系开 19 门课:公民、国文、外语、艺术概论、画理、美术史、色彩学、透视学、西画实习、国画实习、用器画、图案画、国画教学法、手工、书法、金石学、篆刻、美学、哲学。体育舞蹈系开 15 门课:公

民、国文、外语、体育原理、体育史、生理卫生、舞蹈、柔软操、游戏法、童子军、体育教学法、球类、田径、人体解剖、救护术等。从这些课程设置，可以窥见教学质量之一斑。

4. 幼稚师范的六条经验

对于如何当好一个幼稚教师，幼稚师范学校总结了六条经验：

(1)要有献身儿童教育的决心——幼稚教师的生活是清苦的，幼稚教师应该有献身儿童和教育事业的决心，不应见异思迁。如有好的机会，就不顾一切地放弃职务而走，这实在不具备做幼稚教师的品德。

(2)要有慈母的心肠——慈母爱子，人之常情。为幼稚教师者，也应仿效母亲的心情，以和蔼、慈祥、循循善诱的态度对待儿童。

(3)要有牧师的精神——苦口婆心是每个牧师不可缺的条件，幼稚教师应学习他们的这种精神，不厌其烦地抚育幼稚生。

(4)要有医生的态度——慈悲的心灵，是医生应具的德性，"望、闻、问、切"以对症下药，是医生诊断病情的手段。幼稚教师必须具有同样的态度。

(5)要有随机应变的能力——要有能力，先要有学问，因为学问是办事的基本条件。有了学问，还须学孙悟空善变化，应付万难的本领。如小孩哭了，应带他玩玩，给他玩具，介绍旧同伴和他玩。

(6)要有坚强的体魄——有坚强的体魄才能教出坚强的儿童，又能尽其职守。

(二)试验乡村师范学校

1930年4月，闻名全国的"南京晓庄师范学校"被封闭，创办人陶行知被通缉，该校负责人之一、著名的儿童教育家张宗麟避难于上海。承集美幼稚师范校长黄则吾礼聘，张宗麟及其夫人王荆璞来集美幼师执教。

1931年9月，集美初等教育社(1929年3月，各校联席会议议决组织初等教育研究会，由教育推广部、师范、幼稚师范和男女小学校轮值召集)同人提议创办乡村师范。黄则吾捐100元，张宗麟捐50元，邓仲平捐50元等，公认了经常费，拟定了计划，并商准教育推广部按月拨款补助，请张宗麟为校长，开始在凤林尾村先办小学，接着又招收师范生。张宗麟校长介绍原晓庄学校校友刘心村、王济弱、蓝九盛、庄行容等来校主持新教育试验。

实验乡村师范提倡"教学做合一"，"会的教人，不会的跟人学"，目的在"培养乡村儿童及农民敬爱的导师"。在校长的领导下，设生活指导部，负责主持全校生活，包括课程、教材、生活、学习的安排；设小学指导部，指导各中心小学的"教学做合一"活动；设社会改造部，指导学生进行社会调查、社会活动，主办成人教育；设行政事务部，负责学校行政事务；设指导员会议，是乡师的决策机构。还有纪律委员会及膳食委员会，由师生共同组织。

实验乡村师范附设洪林、乐安、东势、亨保、集亨、下蔡、陇西、养正等8所中心学校及洪林中心幼稚园和消费合作社，还有农民娱乐会、农民夜校和妇女夜校等学习场所。木工场是师生劳作的场所，校刊《南国乡音》是师生发表各种作品的园地。每学期还举

行中心学校联合运动会、中心学校故事竞赛会和中心学校成绩展览会。

集美试验乡村师范学校师生合影（1933 年）

实验乡村师范培训乡村教师是根据"生活教育"的宗旨，采用下列五个目标：健康的体魄、劳动的身手、科学的头脑、艺术的兴趣、改造社会的精神。乡师全部的课程和活动，始终贯彻这五个目标，因此乡师的学生都比较实学致用。

实验乡村师范先后招收三届学生共 126 名，生源来自本省，闽南居多，少数来自江苏、广东和东南亚。学生大都是劳动人民的子弟，立志从事乡村教育者。乡师招生不重学历而重实际水平，因此学生中有大学肄业的、普师毕业的，也有中学生甚至是小学毕业的，但多数当过小学教师。三届的学生没有分高低班级，不划一毕业期限，不追求空头文凭，鼓励勤学苦练，掌握牢固的真才实学，用书本知识联系实际，在"教学做合一"的实践中发挥过硬本领，去建设乡村教育，造福乡村，做到农民承认你是他们的好教师才算合格。

"教学做合一"是一种全新的教学方法，使社会与学校打成一片，不拘泥于形式的学校教育。在课程安排上，中心学校的"教学做"占 50％，承担校务的"教学做"占 20％，改造社会环境的"教学做"占 20％，依个人兴趣选修其他"教学做"的占 10％。要求达到"改造社会"、"教育儿童"、"干农事"、"科学常识常能"、"医药卫生的本领"、"艺术"、"杂务"等七项标准，每项还有具体要求。改造社会占课程 20％，有 20 条具体要求；教育儿童占课程 30％，有 14 条具体要求；干农事占课程 10％，有 20 条具体要求；科学的常识常能占课程 15％，有 20 条具体要求；医药卫生的本领占课程 7.5％，有 18 条具体具体要求；艺术占课程 7.5％，有 26 条具体要求；杂务占课程 10％，有 18 条具体要求。

实验乡村师范学校毕业生要会开茶馆、会办民众学校、会懂得卫生医药常识并会医小病、会做账房先生、会算钱粮、会看契据公文等俗体字、会通俗讲演、会写对联和婚帖、会调解民事纠纷、会编贴壁报、会几套武术并且联合民众办自卫团、会演通俗戏、会指导组织合作社、会布置学校为民众的公园、会主持民众集会、明了世界大势、明了本

国现状、熟悉本地社会经济现状、熟悉本地故事与大事、有当地职业的常识并能相应介绍改良的方法。由此可见，实验乡村师范培养的学生是大处着眼，小处着手，要求学生既要有改造社会的大志，又要有脚踏实地的实干精神，还要学会各种各样的实际本领。

1932年夏天，实验乡村师范发起人为立案便利及扩充经费，商请叶渊校董收归集美学校办理，叶渊致函陈嘉庚请示，陈嘉庚认为"乡村师范在集美范围外，弟原属不知，亦不赞成。在此艰危时景，创办附属，而集美学校乃根本问题，应极力维持，极力保存为先务。其他无论如何美，如何善，绝非目下之可言，决当俟之异日矣"。后来，陈嘉庚又致函叶渊，勉强同意兼办乡师，"惟此间入息全无，故对于校费不能随便添加耳"。1933年春，张宗麟校长因事辞聘，校董会派师范校长王秀南兼任乡师校长，把学生分配到各中心小学去，同年7月乡师结束办理。

（三）高级水产航海学校

1927年春，高级水产航海部改称"私立集美高级水产航海学校"；1935年春，改为"私立集美高级水产航海职业学校"。

1. 学制和课程

1932年9月，张荣昌校长采取了新旧学制并存的方针，一方面仍然保持五年制的旧学制（这种学制直到1938年才停止招生，1942年7月最后一组渔航五年制学生毕业）；另一方面，开始增办新学制，招收初中毕业生，学制三年，第一学期至第五学期，专授普通必修及渔捞航海专门学科，第六学期派往海上实习渔捞及航海。

五年制的课程设置为党义、国文、英文、代数、几何、三角、解析几何、物理、机械、化学、气象、海洋学、操船、航海学、造船、测器、水产、渔捞论、渔具构造论、水产动植物、簿记、制图、军事训练、索具实习、渔具实习、操艇实习、渔捞航海实习等27门功课。三年制的课程设置为党义、国文、英文、立体几何、平面三角、球面三角、大代数、解释几何、微积分、应用物理学、应用机械学、簿记、水产通论、水产动植物学、渔捞论、渔具构造论、造船学、海上气象学、海洋学、航海学、航用测器学、运用术、军事训练、操艇实习、渔具实习、索具实习、渔捞航海实习等27门功课。

水产航海学生"测天"训练（1933年）

水产航海学生"解剖"训练（1933年）

针对水产航海学科的特点,学校将课程分为四类:一是直接应用学科,如航海、测器、渔具、操船、海洋等科;二是半直接应用学科,如造船学、机械学、制图等;三是间接应用学科,如数学、物理、化学等;四是辅助学科,如国文、历史、地理等。为了减轻学生的负担,提高教学质量,以适应实际工作的需要,课程安排总的指导思想是:以水产航海为中心,压缩普通学科教学时数,加强专门学科教学。直接应用学科应尽量增加项目,充实内容,应十足求全,半点也不能放松,做到"食不厌精,脍不厌细"。半直接应用学科要自编适合本校专业的教材,以"让学生能获得普遍的知识而又适合于实用为条件",对许多高深的计算和繁难的公式便不必要求学生弄得很精。对制图课程也是如此,水产航海学校的学生毕业后不是当工程师,只求能绘制简单器械图形,能阅读复杂图件即可。间接应用学科,不应像普通中学那样求全,而应以专业课程所需为重点内容。但数理化教师又不明了专业课的内容,因此,最好先由专科教师将所有应行引用的数理化知识列出,交数理化教师编出本校特用课本,不支不蔓,以达到专业所需为止境。辅助学科,中外文当偏重应用文,并选读英雄故事,以激励志气;史地侧重海洋形势及古人探险漫游事迹;外国文以实际应用为准则。

集美各校除校长外,设有教务主任、训育主任和事务主任,但水产航海学校增设"实习主任",主持学生的实习与调查工作。实习分三类:第一类是课内实习,每学期四周,在校期间随课程之需要,举行结索、结网、补网、气象观测、信号、游泳、操艇、机关学、测天、水生解剖等。第二类是假期实习,利用假期作各种渔捞之短期实习。第三类是最后一学年或最后一学期学科结业试验及格后,出海较长时间进行实际操作。

2. 体育教学

对于体育教学,教师们也认真研究改进措施。他们认为:"本校学生将来学成出校,献身于事业界,欲望其事业上之成功,及能争雄于海上,非有健康之体魄,耐劳之精神,不为功。因其职业之性质,与他种事业显有差别,故对于体育一端,更宜重视。"至于体育教学内容,亦结合专业特点来安排:第一,以游泳为主要内容,游泳达不到规定程度,不予毕业。第二,偏重器械操练。就兴趣上说,球类田径,当然适合于一般学校,但水产航海学校体育决不能以兴趣为依归。海上工作如揉开跳跃凌空攀绳,须有流利的眼光,敏捷的身手,纯熟的翻腾,器械操练如单杠、平衡木、木马、秋千、天桥等有助于达到以上要求。第三,应兼习武术,除锻炼身体外,尚可增强逢险防卫的技能。第四,军事训练应注重射击及海军战术,以防御海匪,及作海军的后备力量。

当时,体育不列入课程表中,主要由体育教师利用早晨和下午下课后组织同学进行锻炼。1929年,学校规定:"凡课外活动缺席者,每二小时当作正课缺席一小时计算。"

3. 训育和管理

在训育和管理方面,学校根据海上专业的特点,对学生采取严格的训育与管理,以养成学生将来在海上有适应环境的精神为原则。学校提出,水产航海人才在品德方面应具备忠实、服从、勇敢、合作、刻苦耐劳、胆大心细、敏捷、负责、沉着、守时、保管、节约等素质;而且必须有牺牲精神,要牢固树立国家观念,并具有强壮的体魄。至于船长,

还应具备公正无私、廉洁、果断、庄严、严格、知人善任、以身作则等优秀品质。

1933年，学校制定的训育目标为：(1)诚毅精神；(2)服从命令；(3)见义勇为；(4)养成自治；(5)热心服务；(6)生活美化。训育的方法包括订定训育规则，俾学生自动遵守，养成自治精神；采用渔航管理制度，养成海上生活精神；鼓励课外作业，养成自动研究精神；指导团体活动，养成互助及团结精神。此外，还特别提出：从事海上事业，须有耐劳耐苦精神，并能绝对服从高级船员命令，故在学生时代，即应注意此项指导。

1936年，训育的方法增加了一条：实行军事管理，养成纪律化精神。学校参照海军学校的管理办法，对学生采取类似军事化的管理。在这一时期，海童子军继续进行严格的训练，学校实行三级管理体制，全校为一总队，由校长杨振礼担任队长，队副由教职员担任。全校学生共分为三个区队，各个区队又分为三个分队。每日早操、升降旗、上课、自修、用膳等活动，概照军事训练办法管理。

学校对学生的着装统一制定，并严格规定穿戴制服和制帽规则，学生无论在校内或校外，一律穿着。当时，学生的制服热天用白斜布，寒季用树皮布，一律用国产布；鞋子统一用陈嘉庚公司出产的胶皮底鞋或篮球皮鞋。帽章的样式和含义是：中心为"锚链"，表示学校宗旨在培养振兴渔业及发展外海的渔航人才；顶上是"梅花"，梅花原为国花，系以发挥爱国思想及复兴中华民族之意，并且梅花品质高洁凌傲风霜，以映出渔航之人，乘风破浪，具有勇敢耐劳的性格；左右围以"集美"篆字，表示学校之所属而寓人才之所出。帽章底围黑色，锚链及花须为白色，梅花瓣及字均为金黄色。帽章上尖下宽，表示学问下层须在博，上达又须专精之意。

学校对学生宿舍的内务管理很严格。当时，一般是每个宿舍安排4个人，宿舍内所有东西都得整齐划一。1934年还规定，在叠好的被子上面还得覆盖统一的白线毯。

4. 完备的规章制度

为了使全体学生有章可循，按章办事，学校制定了各种规则，对教室、宿舍、膳厅、早操、课外活动、晚自修、集会、着装、假期留校、平时用款等，都有非常详细的规则。有了各种规章制度后，关键还在于检查落实。学校注意发挥教师管理教育学生的作用，聘请教师担任学生各组指导员。指导员的任务是：考察并指导该组学生的操行思想及学习；指导并参加学生的各种课外活动及自治组织；参加并督察学生的课外运动。指导员均须以身作则，与该组学生共同生活；每月至少举行组会一次，并随时进行个别谈话。

从早操到课外活动以至晚自修，都由值日指导员点名和督促，对不出席者，以缺课论。学校还组织课外活动委员会和自修指导委员会，由教师组成，对学生进行指导。学生的宿舍由各指导员轮流逐日巡视，每周由校长会同各课职员举行总检察一次，时间临时指定，不预先通知学生。学校每学期还举行两次紧急集合训练，一次在日间，一次在夜间。学生闻警铃后，限5分钟，穿齐制服到操场集合，听候检查及点名，不到者，作缺课一日计。

为了培养学生节俭的生活作风，学校采取了监督学生用款的办法：由学校函告各学生家长，给其子弟寄款，应直接寄交学校训育科代收，存入学校的储蓄银行，将存折

交学生本人收执。学生支款时,必须说明用途,请训育科盖章,方得支取。

对学生操行成绩的评定,主要靠平时由全体教职员进行考查,措施有两条:一是印发学生操行评定表,请各教职员注意学生平时行为,随时登记,作为学期结束时评定的根据。二是在教职员准备室内,设备考查学生操行报告单和投入箱。教职员发现学生犯规时,即填单投入箱内,由训育科按时汇集登记,并分别轻重处分。

学校要求学生必须尊敬老师,讲究礼貌。规定:上下课全体学生须起立向教员致敬,不得怠忽;遇事与教职员接洽,或遇教职员有所询问,均须起立,态度言语不得傲慢;校外遇到教职员,须行致敬礼。

为了加强膳食管理与监督,学校组织了膳食委员会,由师生推选代表组成。

5. 生动活泼的课外活动

在严格管理的同时,又注意生动活泼。学校组织了文艺、音乐、美术、海事、时事等各种研究会,并聘请教师作指导,开展丰富多彩的课外活动。1934 年春季,学生们组织了一个"海友会",开展海上活动,并进行各种学术研究和文体竞赛。1936 年秋季,学生又开办了一个消费合作社,出售各种学习和日常用品,做到价廉物美。为了增进师生间的感情,学校还举行师生同乐会、师生球类比赛、师生远足游览等活动。师生同乐活动旨在营造家庭化的学校生活。

这个时期,水产航海学校学风很好,教学质量也不断提高。学生在参加全国专业类的统考中,都取得了良好成绩。如 1933 年 11 月,国家交通部在南京举行全国第一届船员考试,与试者一百多人,共只考取 16 名,其中集美水产航海学校应考的 5 名学生全部及格,领到商船二副文凭,其中第八组的林表亨成绩名列第一。

在这期间的毕业生,上船工作的不少成为有一定声望的船长,其中尤为出色的是十一组的宣伟(宣巨成)。宣伟 1935 年毕业,成绩优良,留母校任教务员,1944 年开始当船长,1946 年入招商局,任"永洪"等轮船长,后出任世界船王董浩云所属船团二十余艘船的船长。凡董氏船团所有船的处女航,多由他首任船长。他是当时亚洲第一艘全部由国人经营并驾驶的超级油轮"东方巨人"轮的首任船长,曾轰动一时。1969 年他到日本接掌第一代 20 万吨级超大型油轮"维运"轮船长。1970 年 9 月,他到巴哈马接受"伊丽莎白皇后"轮。该轮系世界有史以来最大、最豪华的邮船,船楼高 24 层,载重 83000 多吨,但因停航数年,机件失修。宣伟艺高胆大,以丰富的经验和高超的技术,历尽风险,克服种种困难,终于安全驾驶绕半个地球以上的航程,到达香港,受到香港各界热烈欢迎,港督亲自登船慰问,盛况空前。

(四)高级商业学校

1928 年 2 月,商业学校新订章程,重申办学的三大宗旨:一是培养商业人才,以谋民生问题之解决;二是注意南洋商业,以适应地方之需要;三是施行公民教育,以养成健全之国民。所有一切教育设施,均本此目标而行。

1. 组织系统

学校组织,除公共机关由校董统一管理外,校长以下,设教务、训育、事务、体育四

课，各课设主任一人。又设各种行政会议，如校务会议，以襄助校长办理各项行政，由校长、各课主任、校长室文牍及专任教师每五人中互推一人组成，校长任主席。其他如教育、训育、事务、体育各种会议，由校长、各课主任、全体教员以及有关系的职员组成，以各该课主任为主席，决议一切教学上、训导上、庶务上、体育上的重要事件。

随后，校长几经变动，至1932年8月，陈式锐为校长，变更学校组织，废除教育、训育、事务三课，设校长办公室，聘李遂良为办公室主任，总揽三课事宜。主任下设办事员三人，分掌教务、训育、事务上的事项。各组设级任一人，由专任教员兼之，负责指导该组训育工作。组织教务训育事务体育各种会议。校务会议：襄助校长审议各项行政，由校长、办公室主任、各级任、各专科专任教员组成，以校长为主席。教务会议：议决关于教务上的重要事项，由校长办公室主任、专科专任教员组成。训育会议，议决关于训育上的重要事项，由校长办公室主任、各级任组成。体育会议：议决关于体育上的重要事项，由校长办公室主任、体育教员、军事教官、校医组成。事务会议：议决关于事务上的重要事项，由校长办公室主任及办事员组成。以上四种会议，皆以校长办公室主任为主席。此外，还设立实习指导委员会和膳食委员会，以指导学生实习，及改良膳食问题。

学校组织变更之后，全体教职员协力整顿，学科不求高深，惟求切于实际；训练不取被动，处处启发学生活动之能力，尤加注意锻炼强健之身体，阐扬民族之精神，务期手脑并用，造成商业实用之人才，以任建设新国家之工作。校风整肃，气象为之一振。并改变学制，定高初商修学各三年毕业，经呈准教育厅备案。故1932年12月，第十组学生仍为旧四年制毕业，第十一组学生则为初商三年制第一届毕业。1933年2月，招收高商学生一组，这是开办高商之始。

2. 课程设置

从1927年3月开始，高级商业学校修改课程，采用学分制，计开三民主义及公民、国文（第一学年上学期每周习字1小时，第二学年上学期每周有尺牍1小时）、英文（第三学年上学期每周有尺牍1小时）、算术、商业通论、代数、货币及银行、珠算、中国簿记、本国史、本国地理、商业簿记、零售学、进货学、世界史、世界地理、体育（包括兵操及运动）、自然科学、图画、音乐、应用文、商业应用文、商用英语及文件、经济学原理、银行簿记、英文簿记、会计学原理、统计、法制、打字、保险、中国国外贸易及汇兑、广告、商算、工商金融等35门功课，第四学年安排1个月以上的实习。凡上课1小时或实习2小时，满半年者为1学分。图画、音乐为半学分。学生修满260学分（含实习学分），考试及格者，方得毕业。

1933年春季，遵照教育部修正课程标准对课程设置略作修订，分为必修课与选修课两种，仍采取学分制，学生须修满所定课程且德智体三育考核合格者，方得毕业。

1936年春，为适应社会需要，增设银行班和会计班。银行人员训练班课程第一学期开国文、英文、军训、体育、银行会计、银行实务、货币、商算、珠算、打字、簿记等11门功课，第二学期开国文、英文、军训、体育、银行会计、银行实务、官厅会计、经济学、财政学、财务行政等10门功课。所得税会计人员训练班课程第一学期开国文、应用文、英

商业学校"打字教室"(1933 年)

文、军训、体育、经济概论、商业簿记、会计学、官厅会计、财政学、财务行政、珠算等 12 门功课,第二学期开国文、英文、军训、体育、会计学、银行会计、统计学、货币学、审计学、所得税原理与实务等 10 门功课。

3. 教学考试

高级商业学校的教学方法,一向由各教员就各学科的性质,采取最有效的方法分别教授。大都以启发学生身心,增进其智识为主旨。各科每周教学的时间,以时数分配,实授为 45 分钟。体育则注重课外之运动。各学科皆采用课本,并加以指定数种用书,或另行编印讲义,以供参考。国文科选各书局活页文选,为补充教材。数学则注重习题的演习,珠算必使之算盘运算而臻于纯熟,理化则重在实验,社会科学则提出问题,搜罗材料,制作图表,汇集整理,以收实效。打字科备有中西打字机多架,供学生实地实习。至于簿记及其他各学科,尤注意平时练习,以切实用。实习则多方指导,俾多实地之经验。总的目的是要增进学生的智识,而收运用技能的实效,造成商业界实用的人才。

学生学业成绩考察方法,分临时试验、学期试验、学年试验、毕业试验四种,届毕业时免除学年试验。分数则由教员斟酌学生平时及试验成绩决定甲、乙、丙、丁四等。甲等 80 分以上,乙等 70 分以上,丙等 60 分以上,丁等不满 60 分。丙等以上为及格,丁为不及格。1927 年以后,对于考察学生成绩办法略有修改,考试只分学期考试及临时考试两种。学期考试由每学期终了时举行,临时考试于每月终了时,由教员酌量情形举行。1932 年冬,又修订为:临时考试——由教员酌量临时举行;月份考试——每月份举行;学期考试——每学期末举行。合三种考试成绩核算,为学期学业成绩。学期终了时,学生总成绩,除分列等第评定,报告其家长外,并将成绩分列等第名次公布。

4. 训育制度

高级商业学校有健全的训育制度。训育的根本主张,也就是提出训育标准的前提包括:(1)设校宗旨——本校根据国家教育宗旨,实施职业教育,除授学生以商业上必

需之知识与技能外,并注意公民的训练,以期养成商业界上之中坚人物。(2)立校精神——根据校主陈嘉庚先生的牺牲服务精神,努力求其实现。(3)训育原则——利用学生自动的能力,发张原有的天性;指导者以身作则,采取无形的人格感化;训练积极消极并重,尤注意积极的工作。

学校各组设级任一人,由专任教员兼任,负责训育工作。训育的任务是:指导该级学生自治及修业方法;纠正学生之不良行为,及处理学生间纠纷事件;调查本级学生之个性及家庭情况,分别施以诱导;视察宿舍之整洁,及学生身体健康之训练;办理本级学生请假事项及早操自修点名巡视;评定本级学生操行成绩;调查及访问患病学生之现状;指导关于各级联合各种比赛的事项;提请训育会议订立及修改学生修养的标准;其他关于训导的事项。

考察学生操行的方法,根据训育标准所规定学生的十大信条:忠诚、廉洁、信实、尊重、勇敢、谦恭、互助、友爱、节俭、快乐等,注意学生平时是否有恪遵学生修养标准所规定实行。编制簿表,分与各级级任及教员,就其平时观察学生行为之优点劣点,及应训练各项,分别予以记分,作为成绩。学期结束时,交由办公室统计平均。其中各级以各该级任及办公室主任所记之分数,占50%,其余各级教员平均之分数,占50%。其总和为学生操行的成绩。成绩多少,予以甲乙丙丁等第。列丁等者退学。

高级商业学校1931年制定的学生十大信条:

一、集商的学生是忠诚的。

举例:(1)对于三民主义,竭诚尽忠的拥护。(2)对于应做的事,竭诚尽忠的去做。(3)对于功课,竭诚尽忠的去学习。

二、集商的学生是廉洁的。

举例:(1)誓不愿得非分之钱。侵蚀公款,诈欺取财,视为死刑之宣告。(2)交结高尚清正的伴侣。(3)保持身体和思想言动的清洁。

三、集商的学生是信实的。

举例:(1)不作谎语。(2)不作欺人的事。(3)受人嘱托,能负责任。

四、集商的学生是尊重的。

举例:(1)服从学校的规则。(2)服从父兄师长,及其他领袖的职权。(3)保守高尚人格,做事不轻举妄动。

五、集商的学生是勇敢的。

举例:(1)勤奋做事,不避艰难。(2)任何失败,决不灰心。(3)不因强暴的恐吓,改变自己正当的主张。

六、集商的学生是谦恭的。

举例:(1)对于师长宾友,及妇孺老弱,均有相当的礼貌敬意。(2)待人无傲慢的态度。(3)与人接谈,不露急言厉色的神情。

七、集商的学生是互助的。

举例:(1)随时随地,能扶助他人。(2)肯分担家庭和学校的事务,引为自己的责

任。(3)每天能做一件有益他人的事情。

八、集商的学生是友爱的。

举例:(1)视同学及他人,均如自己的兄弟一般。(2)人有过失,肯忠告善导,不取为我的态度。(3)不因小故,即起争端,即生冲突。

九、集商的学生是节俭的。

举例:(1)不浪费时间,并能充分利用机会,做各种有益的事情。(2)爱惜个人和公众学校的品物,不令损坏。(3)节省个人费用,留以做公益之事。

十、集商的学生是快乐的。

举例:(1)心常泰然,时有活泼欢欣之气象。(2)克尽分内的职务,觉得非常愉快。(3)虽遇极困难之事,仍不改其中心之乐。

高级商业学校1931年制定的学生修养标准包括对己、对他人、对物、对事、对学问知识等五个方面共计173条。

一、对己(共50条)

(一)整洁(18条)

包括:1.颜面——每天至少盥洗三次,项下、耳后、耳壳无积垢。2.牙齿——每晨刷洗,饭后必漱口。3.指甲——勤剪,勿使长,勿使有积垢。4.全身——勤洗澡,有癣疥等病须速治疗。5.衣服——内衣勤洗濯,外衣朴素雅洁,纽扣一律扣好。绽裂速补,能自备针线,自行补缀,收藏时,叠之使平,区之以类,勿使受湿,勿使生虫。6.帽——式样颜色文雅大方,戴时力求端正。除在自修室及寝室外,不戴遮光帽及压发帽。7.袜——勤洗,未及损坏时,即预加布底,收藏有定所,不以污袜挂置于人所易见之地。8.鞋——勤拭,勤晒,新旧换着,收藏有定所,绝不纵横置于床面之前。不着易发大声之木屐。9.被褥——勤洗,勤晒。每日起身后、就寝前拂拭一次,不用时叠之使雅观。(或用白布一方覆于床被褥之上,并挂下床面尺许。)10.床帐——帐内勿使有壁虱。如睡室内人多,每早起身后撩起。11.面盆——盆内外勤洗拭,不使有积垢,安放有定所,用时,勿使水散溢于地。12.毛巾——用后,挂置适当处所,勤用肥皂洗濯。13.箱笼——安放于适当处所,睡室人少,则置于箱架,人多则置于床底,勿使受潮湿。14.碗箸茶壶茶杯——勤洗拭,安放有定所。15.书桌——时常拂拭;桌边桌腿亦须注意,抽屉内存放各物,有秩序,有条理。16.书籍——勤加收拾,勿使凌乱,书面书角,时时留意,不使污损卷曲。17.笔砚——笔用后加套,砚用后加盖。18.信件——应保存者,检齐放在一处。

(二)卫生(16条)

包括:1.依时起睡。2.行走坐立时,头正胸挺腰直。3.无论何地,绝不随意吐痰。4.一日三餐,各依定时,此外绝不购进杂物。5.非至万不得已时,不用开水淘饭。6.不食已腐败的肉蔬水果。7.食不过饱。8.食时加意咀嚼。9.饭后课前,缓步庭院,不行激烈运动。10.运动有恒。11.有小病,从速医治。12.如患伤风沙眼等传染病时,不用公共手巾,并注意自己手巾的安放。13.不在光线黑暗处看书,更不藏在帐子里或者躺

在床上看书。14.读书时,手里的书,不离眼太远。15.写字时,身不过分前倾,免伤肺部。16.平时留心卫生知识,购读简明卫生书籍。

(三)劳动(4条)

包括:1.自己事,自己做,非至万不得已,不呼唤校工。2.认定手脑并用,是做人的本分。3.以劳动为乐,以安闲休息为苦。4.凡扫地拭桌等,关于公共利益之事,虽议定轮值,而己则愿意多做,并且能切实做去,不须教师监察。

(四)节俭(12条)

包括:1.随身零用钱,存放在适当处所。2.设立簿记,分别收支,随时记载,绝不间断。3.月终将收支用款,详细报告家长。4.对于自己的笔墨纸书,加意爱惜,绝不浪费。5.不购无用的玩好品及消费物。6.不染不良的嗜好。7.不入无益的娱乐场。8.用钱时先思量到来源不易,计算到效益几何。9.用钱能支配得法。10.实行储蓄。11.节省时间。12.工作时能用最经济的方法,免精力及时间之虚耗。

二、对他人(共48条)

(一)对师长(10条)

包括:1.时时存尊重心,敬爱心。2.无论在校内校外,每日第一次见面必鞠躬问好。3.上课不迟到早退,无故不缺席。4.先生到教室上课时,起立为礼。5.在上课时,如欲发问,必先举手,得教师许可,然后发问,问时态度谦和。6.师长有问,据实陈报,不稍隐饰。7.说话和平清朗。8.受先生教训,能服从,并知感激。9.师长有不快意事,亲到或写信去安慰。10.师长所指示历史上有名人物,及近世成功的事业家,必细心考究其言行,取以为一己行为的模范。

(二)对同学及同辈(26条)

包括:1.时时存友爱心。2.时时保持谦和态度。3.见面有礼貌。4.说话时态度诚恳。5.对年长同学敬重,对年幼同学爱护。6.不夸己长,不笑人短。7.不以苛刻语加人。8.不肯背后议人长短。9.男女交际,态度大方。10.欲入友人之室,呼应后再入。11.不泄漏别人的秘密。12.人若有事,绝不高声谈笑,或以无关重要之言,阻其进行。13.同学有疑难事来问,就己所知,详细奉告。14.同学有困难事求助,自量力能为助,则竭力助之,不能为助,则和容婉词以谢之。15.同学间有争议,竭力为排解。16.对同学不嫉忌,不计前嫌。17.对同学间不存分党分派心理。18.别人成功,我也快乐。19.别人有痛苦,我也感到不快。20.同学有不称心的事,赶快去安慰。21.与友交,不因小事闹意见。22.不与同学随意戏谑。23.与人家说笑话,不涉轻佻粗鄙。24.运动比赛时,对于对方有礼貌,绝不因胜而骄,因败而怒。25.辩论问题时,态度温和,言语明晰,不急切,不杂乱,不以盛气凌人。26.同学有不正当的举动,婉言谏阻,或设法示意,使之愧悟。

(三)对校工(6条)

包括:1.时时存平等待遇的观念。2.有机会施以补习教育。3.尊重校工执行之职务。4.不随意呼唤校工。5.不私给物质之酬报,陷人于不义。6.无事时不在校工室逗留。

(四)对会(12条)

包括:1.开会时绝不无故缺席,并能依时进退。2.严守公共秩序。3.会食时有礼

貌。4.集会聚餐时,不随意高声谈话。5.参加会议时,对于各议案,能细心研究,已有意见,能尽量发表,案经多数表决,即表示服从,不坚持成见。6.服从首领指挥。7.尽力为团体服务。8.时时存爱护团体的观念。9.时时存发达团体的观念。10.时时设法改进团体生活,为公众谋福利。11.能知道国耻,时时存雪耻心。12.认定爱国家,是国民唯一的天职。

三、对物(共17条)

(一)己物(3条)

包括:1.特别爱惜,虽至废弃,仍思设法利用。2.己物有余,友物缺之,尽可酌量分赠。3.零星各物,记入簿内,以免遗忘。

(二)友物(7条)

包括:1.特别重尊,如为钱财零物,友不在室,绝不相近。2.非至万不得已,不向友人借物。3.友人私信不拆看。4.友人看私信时,己必离开。5.欲取友人书物看,须先商得同意,看后交还时,并须表示谢意。6.受友人赠物,必有以报,但须量一己之财力行之,超过一定限度,必报告家长,投报之物,力求其合于实用。7.友人予己以不义之物,详审是非利害,婉言拒绝。

(三)公物(8条)

包括:1.不折花木。2.不污庭院墙壁。3.爱护公物,胜于己物,绝不任意毁坏,即偶不经心毁坏公物时,亦必直认赔偿。4.保护公物,重审慎,记载详明,一丝不苟。5.代购公物,如购己物一样,详查价目,不涉含糊。6.如遇特别情形,公私两物不能两全时,必舍己物而全公物。7.公物将被毁,由己保存之,认定此事为做人要道,可以博得良心上之安慰。8.认定侵蚀公众一钱,损毁一物,为一生莫大耻辱。良心将予以无穷痛苦。

四、对事(共28条)

包括:1.每做一事,出一言,必先加以考虑而后发。2.对于旁人所做的事,所谈的事,能随意留心。3.每日应做之事,应从容不迫,按次做完。4.本日能做完之事,绝不留待明日。5.做事能和人合作。6.欢喜和别人一同做事。7.立定志愿,使今日做的事,一定比昨日做得好。8.每晚入寝室时,能反省一日所言所行,何者为是,何者为非。9.小善小恶,皆能特别注意。10.自己做错的事,能不掩饰,能勇于悛改。11.认定慕虚荣是最可恶的心习。12.令人不愉快的举动,能注意避免。13.人有非礼加我,不为过分的反动。14.人家有无心的过失,能加以原谅。15.人家求我的事,能详加考量,决定可否,而后再表示。16.已答应人做的事,立刻就去尽力做。17.劳苦事能忍耐。18.论事时对于事的内容及经过不明了,绝不妄加批评。19.论事时能替当事人设身处地去想。20.演述一事,不形容太过,使之失真。21.处理公家事,要以大多数人利益为前提。有时宁可牺牲小己,以全大群。22.关于爱护国家的事,能不落人后。23.遇有困难事,要亟待解决时,能先用冷静的头脑,想明来源去路,然后再拟好步骤,按定办法,用和平手段,坚毅心志,勇敢气概,一步一步向前去做。24.做事方法不同,能随地随时,明晰思考,运用以往经验,一面做,一面学,学的愈多,做的愈好。25.无论何事,做起来皆抱快乐的态度。26.做事论事,皆精密有条理。27.做事论事,皆能先寻着扼要

之点。28. 做事论事，皆能重用理性，不妄逞感情。

包括：1. 先生讲解，静心听受。2. 有须预习之功课，能充分预习。3. 出教室后，能按时温习其功课。4. 功课有不了解的，能极力求其了解，倘自己经过一番思索考虑，仍不了解，则再请问同学。5. 认定抄袭别人功课，是一件最大可耻的事。6. 课外种种活动，皆能有益于身心。7. 到假期时，能将假期内预备自修之功课，先行拟定，并能按照原定计划，切实自修，假满入校，且向先生报告。8. 勤笔记，不间断。9. 读完一部书或一篇文，能继以思考，必求明了其意义而后已。10. 作文不苟且。11. 能时时留察自己的个性，宜于何项功课，不宜于何项功课。12. 自己喜欢研究的功课，能不断的努力。13. 自己所不喜欢的功课，如认定与自己一生做人及将来做事有关，亦能特别努力，求达到水平线以上的程度。14. 能认定自己将来何项职业，即努力从事于何项功课。15. 时时留心职业界的现状，加以调查记载。16. 能于教室功课以外，留心多阅读关于职业及有关个人修养之书籍，读何书为最宜，则先请教师指导。17. 能常就校内所信仰的先生，讨论个人将来职业问题，以预为之备。18. 预备关于职业功课时，并能时时兼顾到人格的修养。19. 时时谋新智识的输入，新经验的扩充。20. 每日不断的阅读报纸，对于国家社会有关的事，要特别留心。

高级商业学校于 1926 年春成立学生自治会。学生自治会组织遵照法令屡次更动，会务尚见发达。消极方面，能自制自治，以匡训育之不逮。积极方面，能自习自动，以补教学之不足，故多课外活动。如国语演说会、英语研究会、经济学研究会、社会科学研究会、国际贸易研究会等，亦具热忱。如集美救火队历届队员，商校学生，均能认真从事，始终不懈。

（五）农林学校

农林学校系职业学校，其组织系统除教务训育事务各课外，另设场务课（下设园艺系、农艺系、畜牧系、森林系），以管理农场事宜。又特设推广委员会，以图谋地方上农林事业的进展。

农林学校课程设置以教育部所颁中等职业学校必修课程为中心，参酌本省农林业上的需要及地方情形，作为开设课程之参考。普通课程减少分量，基础科学因与农林学术有密切关系，故力求其充实。学校以造就实用之农林人才为教学目标，特别重视农林场的实习工作及室内实验，藉资学理之佐证。所以每天上午上课，下午则进行各种实习。学业成绩分数计算课本与实习各得其半。学校认为只有这样，方可杜空言无补之弊，并增进学子之自信力。

设置的课程除学习党义、国文、英文、数学、地理、历史、物理、化学、生物等普通课程外，还有生理卫生、植物学、地质学、土壤学、肥料学、气象学、蚕桑学、养蜂学、作物学泛论、园艺学概论、作物改良学、畜产学、造林学、森林保护学、森林利用学、森林经理学、测量学、图画、音乐、军事教育等科目。

1929年春,农林学校增设高级农林科。高级阶段分高级农科和高级林科两种不同的课程。高级农科主要学习植物学、土壤学、肥料学、几何学、遗传学、育种学、植物生理学、农艺化学、食用作物学、特用作物学、果树园艺学、蔬菜园艺学、花卉造园园艺学、畜产学各论、植物病理学、植物虫害学、农业经济学、农业社会学、农场管理学、农产品制造学、农政学、军事教育及毕业论文等课程。并开设测量、树木、稻作、热带作物栽培、柑橘栽培、桃梨园艺、热带果树栽培、观赏树木栽培、乡村教育、日文等10门功课为选修课。

高级林科主要学习植物学、土壤学、几何学、测量学、植物生理学、农艺化学、植物病理学、造林学、森林利用学、森林保护学、森林数学、森林经理学、测树学、花卉造园园艺学、林政学、树木学、林产品制造学、植物虫害学、军事教育及毕业论文等课程。另有遗传学、育种学、林产化学、乡村教育、果树园艺学、观赏树木栽培学、农林社会学、畜产学各论、日文等9门功课为选修课。

农林科考查学生有六条标准:(1)平时成绩、农林场实习、学期考试成绩,三者并重。(2)各科功课由各教员随时考察成绩,每周上课1小时以上者,则每月须举行临时试验1次,每周上课2小时以上者,每月须举行2次以上临时试验。(3)临时考试分口试、笔试、考查笔记及实地观察等数种,由各科教员自行酌夺办理。(4)月考不及格者,由担任教员报告教务课,给予书面警告。(5)凡有三科不及格者,即不得升级;三科以下不及格者,应于次学期开始缴费补考(每科五角大洋),在第一次月考时,补考如不及格仍不得升级。(6)考试如夹带或抄袭他人答案者,则给予零分,其帮同他人舞弊者,亦必受同等之处分。

1930年春,农林学校开办农林专科,招收初中毕业生入学,修业年限定为四年。后因经费困难,而且农林专科的设置又不符合教育部颁布的标准,故于1931年夏天裁并农林专科,仍设高级农林学校。

农林场是农林学校的命脉。农林试验场分为园艺、农艺、森林、畜牧四系。每系设主任一人,由教员兼任,与各课教员负责分配及进行各该系事务。园艺系所占土地面积占全场面积之大半,分为果树栽培、蔬菜栽培、花卉栽培、果树苗圃等四部分。农艺

农林学校学生实习(1933年)

系主要作物以水稻为大宗，花生、甘薯、小麦等次之，栽培面积约百亩左右，后坝社及香蕉园上面稻田 50 余亩一概供学生实习栽培及试验之用。森林系造林山地有玳瑁（大帽）、美人两山，面积约千余亩，大部分种植马尾松。苗圃面积有 80 余亩，每年作为播种移栽苗木之用。畜牧系因学校地势、位置关系，注重鸡、猪、羊的饲养。

农林学校的规章制度包括校长办公室规则（6 条）、教师规则（7 条）、考查学生成绩标准规程（9 条）、训育规程（包括农林学生信条 13 条、农林学校公约 10 条、宿舍规则 5 条、膳堂规则 9 条、学生集会规则 8 条、学生请假规则 6 条）。

农林学生的信条如下：(1)集农的学生是诚信的。(2)集农的学生是勤勉的。(3)集农的学生是整洁的。(4)集农的学生是友爱的。(5)集农的学生是俭朴的。(6)集农的学生是互助的。(7)集农的学生是勇敢的。(8)集农的学生是谨慎的。(9)集农的学生是革命的。(10)集农的学生是有礼节的。(11)集农的学生是有毅力的。(12)集农的学生是有纪律的。(13)集农的学生是有公德的。

（六）中学校（包括师范、中学）

中学校的高中分文理两系，所学习的课程有所偏重。党义、英文、国文、生物学、生物实验、中国近代史、中外地理、三角、大代数、无机化学、军事学、人生哲学、体育等 13 门课程为文理两系共同必修的。

文系另开：文学史、文学概论、修辞学、文字学、中国文化史、西洋近代史、西洋文化史、地理通论、心理学、伦理学、政治经济、社会学及社会问题、英文修辞、英文应用文、哲学概论等 15 门功课。

理系另开：物理学、立体几何、微积分大意、解析几何、有机化学、应用力学、高等动物学、高等植物学、应用测量、医药大意、用器画、化学实验等 12 门功课。

1929 年 6 月师范并入中学，称中学校。设高级中学和初级中学，高级中学分普通科和师范科。修订中学校组织大纲，遵照国家教育宗旨，以养成健全人格，适应社会需要，而授以升学预备，及职业知能为宗旨。

9 月，开办高中师范科，分为文、理、艺术三系，修业期限定为三年。开设共同必修课：党义、国文、中国近百年史、生物学、生物实验、普通化学、伦理学、心理学及教育心理学、教育概论、教育史或现代教育思潮、测验及统计、小学组织及行政、教育行政、应用文、学校卫生、人生哲学、各科教学法、音乐、体育、军事训练、教育实习等 21 门功课。

高中师范科文系加开：学术文选、文艺、文字学、文学史、文学概论、作文、本国文化史、西洋文化史、西洋近世史、哲学概论、社会学、政治经济、英文、地理通论及地质学、本国地理、世界地理、地图画法、气象学大意等 18 门功课。高中师范科理系加开：平面三角、立体几何、大代数、解析几何、微积分大意、分析化学、有机化学、应用化学、理论化学、化学实验、物理学、物理实验、高等动物学、高等植物学、英文、地质学、应用力学、博物标本制造法等 18 门功课。高中师范科艺术系加开：水彩画、木炭画、色彩画、油画、国画、应用各画、美术史、制图、立体几何、手工、小学细工、声乐器乐、乐理、柔软操、游戏及表情操、舞蹈、童子军教练法、田径赛及球类、急救法等 19 门功课。

中学校的训育组织采分区指导制。按年级及校舍划为四区。高师高中各组为第一区,初中第三年级各组为第二区,第二年级各组为第三区,第一年级各组为第四区。每区设主任一人,副主任二人,指导员无定额,凡担任该年级功课的教员,均为该区指导员,共负该区学生道德修业及风纪卫生诸事宜。训导标准以十二德目为经——诚实、毅力、礼节、勤勉、纪律、整洁、友爱、公德、俭朴、服务、勇敢、反省,用为品性训导之目标;以学生须知为纬,用为品性训导之标准。学生须知包括通则(14条)、教室(8条)、宿舍(18条)、膳堂(8条)、浴室(5条)、扫除(6条)、集会(9条)、早操(5条)、请假(10条)、损坏(5条)、奖励(6条)、惩戒(7条)、操行(4条)、附则(1条)。

中学校学生品性考查标准(1929年制定)如下:

一、诚实。最优:1.忠于视事。2.实践信用与义务。3.不作浮夸虚伪之言。4.戒绝武断。5.作正当之游戏。6.待人诚恳不欺。最劣:1.贪冒人功。2.不顾信用与义务。3.好作轻薄浮夸之言。4.偏于武断。5.作不正当之游戏。6.待人诈伪。

二、毅力。最优:1.尝试不成,仍继续前进。2.作事不中辍。3.当行即行。4.不肯私自放松一步。5.肯负责任。6.对于负责操作之分量,过于常人。最劣:1.稍遇阻碍即为之气馁。2.事未竣,即置弃之。3.遇事迟延。4.私自苟安偷懒。5.不负责任。6.稍遂其要求,即示满足。

三、礼节。最优:1.对待各人,有相当礼貌。2.尊重父母师长及领袖之职权。最劣:1.对人傲慢。2.不尊重父母师长及领袖之职权。

四、勤勉。最优:1.不任意缺课。2.有知识上的好奇心。3.充分利用机会,做各种有益的事情。4.常复修已习得功课。5.阅览课外有益的书籍。6.不浪费时间。最劣:1.任意缺课。2.缺乏知识上的好奇心。3.漠视机会。4.已习功课,绝不温习。5.阅览无益的书籍。6.好空谈好戏谑。

五、纪律。最优:1.不以个人的自由,妨害他人或团体的自由。2.作事有条理。3.作事有定时定地。4.思想与行为一致。5.遵守规则。6.重视训条。7.服从公正人之判决。最劣:1.任意妨害他人或团体的自由。2.作事无条理。3.作事无定时与定地。4.思想与行为不一致。5.不遵守规则。6.破坏训条。7.不服从公正人之判决。

六、整洁。最优:1.维持公众卫生。2.衣服被褥,常洗濯整洁。3.常保持思想言语及习惯上的清洁。最劣:1.不注重公众卫生。2.衣服被褥,污秽及不整洁。3.思想错误,言语鄙俗。

七、友爱。最优:1.对人对物,有和乐的表示。待各人如朋友,视同学如兄弟姊妹。2.对人一视同仁,不存阶级观念。3.抱有民主的精神,而不愿争权夺利。最劣:1.常盛气凌人。2.以强凌弱,以众暴寡。3.攘夺他人之权利。

八、公德。最优:1.爱护公家的物力。2.尊重他人的自由与安宁。3.尊重公共意识。最劣:1.损坏公家的物力。2.蔑视或妨害他人的自由与安宁。3.蔑视公共意识。

九、俭朴。最优:1.服饰力求朴素。2.节省日用不必要的用费。最劣:1.好着华美服饰。2.用费毫无节制。

十、服务。最优:1.热心参加有价值之团体活动。2.宁牺牲个人私利,不忍阻碍团

体之幸福。3.乐与他人共事。最劣:1.对于有价值之团体活动,表示一种漠不关心的态度。2.坚固私利,以妨碍团体精神与幸福。3.喜过孤独的生活。

十一、勇敢。最优:1.对于自己意思,肯爽直表出。2.遇困难工作,能勇往直前。3.有坚强的判断力。最劣:1.对于表白自己意见,往往蹰躇。2.遇困难工作,即抱悲观。3.不自信其判断,甚为懦怯。

十二、反省。最优:1.勇于改过。2.勇于认过。3.犯过失后,有悔改之表示。最劣:1.常犯同一的过失。2.饰词文过。3.无悔改之表示。

针对女子中学校的特殊情况,学校制定了女子中学校学生训育标准,内容如下:(1)锻炼体魄——坚苦耐劳,奋发有为。(2)勤勉学业——切实深造,注重创作。(3)启发思想——探讨真理,破除盲从。(4)力行群治——牺牲私见,服从团体。(5)研究艺术——陶冶情操,提高欣赏。(6)注重社交——谨守信义,娴习礼仪。(7)训练自治——遵守规律,善用权能。(8)崇尚俭朴——戒除奢华,提倡节用。(9)砥砺意志——忠贞果敢,见义勇为。(10)完成人格——亲爱精诚,慈祥博大。

中学校的训导方法分为积极的和消极的两类。积极的——每周定一训练纲目,如秩序训练周、勤学训练周、整洁训练周等,一一训练。每个训练周,并与学生共立简要易行之公约,共同遵守。消极的——依照学生须知,施行奖惩。

(七)小学、幼稚园和民众教育

1. 集美小学

1927年3月,集美各校改部为校,叶维奏为集美小学校务执行委员会主席委员。1928年春改为校长。叶维奏担任过"主任"、"主席委员"、"校长"三个阶段的领导职务,他主持小学工作期间,行政组织皆有所变更:任男小主任时,设教务、训育、研究、事务、体育五个系,系设主任一人,以专责权;任主席委员时,校务执行委员会下设教务、训育、事务、体育四课,课设主任;任校长时,分设总务、教务、训育、研究四课,课下设若干股。1929年秋季以后,总务课改称事务课,股改为部。

1927年秋,女小脱离女师,改为女子小学部,主事改为主任,仍以黄福图担任主任。课程除根据新学制各科目外,每周各级增加阅读、讲演、时事各30分钟,使能适应社会和学生的需要。1930年2月,女小改部为校,邓仲平为校长。

1931年7月,叶维奏北上升学,教育推广部主任陈延庭兼任小学校长。1932年7月,女小以王登沂为校长,男小以梁士杰为校长。

梁士杰校长提倡师生共同生活,认为这是训育最高尚的实施方法。校内外的一切活动,师生融和一气。养成学生良好的习惯,或矫正学生不良的行为,力求以具体切实有效的方法,评定学生的品性优劣,多用客观的观察及测验,少用主观的批评。

1933年秋季,梁士杰辞职,谢锦添继任男小校长。1935年1月,女子小学改为集美师范附属第一小学,以王登沂为主任。男子小学改为集美师范附属第二小学,以徐址安为主任。1936年8月24日,一附小和二附小脱离师范独立,合并为集美小学。以原一附小的王登沂为校长。

王登沂校长鉴于当时社会景况萧条,集美儿童失学者颇多,为求普及教育,扫除文盲起见,乃倡办男女夜校。经校务会议决议,先行招收女生,开办妇女夜校,推举洪浩然、萧素娥、吴青批等三位先生为筹备委员。

2. 幼稚园

幼稚园创办之初,仿美国幼稚园分级制。把幼稚园二学年分为四学期,每学期为一级,每级又分若干团,有如普通小学以学年编级的形式。

1929 年秋,成为幼稚师范附设幼稚园,改为“中心幼稚园”。1930 年取消学年编级,以年龄智力为分级标准,仍分为四级。1931 年春,又把级别取消,采取混合制度,把全校幼稚生分为新旧两团。1933 年,又打破新旧两团,分设三个中心幼稚园,合新旧长幼于一炉。为幼稚师范生研究幼稚教育的实验场所。

幼稚园幼儿学习的内容丰富多彩,主要有以下七个方面:

(1)讲故事和唱歌。儿童的习惯、性情,在故事和唱歌的生活中不知不觉得到熏陶,并养成爱善、爱美的快乐心情。

(2)游戏。儿童在游戏之中得到新的生活经验,而且锻炼了体格,养成了良好纪律和习惯。

(3)课程。以灌输日常生活常识为主,如衣食住行及对家庭、邻里、商店、邮局、医院、救火队、公园等社会组织的观察和研究。

(4)识字和计算。根据儿童的接受能力,给予识字和计算的知识。

(5)劳作。教给画图、沙盘装排、缝纫、园艺、剪贴、模型等方面的简单操作。

(6)餐点。幼稚生一入园,过了几小时,常有饥饿的情形,所以备以餐点,教给有关餐点饮食的知识。

(7)休息的方法。儿童劳作之后,应使他们能得到适当的休息,教以各种正确的休息方法。

幼稚生的毕业,也有六条标准:能唱 4 首歌;能用园中所设备的 3 种游戏器具;能吟唱 3 首简短的儿歌;能作 3 种算术游戏;能顺数 1 至 15;能写 1 至 20 的数字;能说出 3 种食物的来源;能种活 2 种花卉或蔬菜。

1933 年 12 月,高师、乡师、幼师合并为师范学校,幼稚园附属于新合并的师范学校。1935 年 1 月,集美师范附属幼稚园,以庄宝珍为主任。1936 年 8 月,幼稚园附属于小学。幼稚园附属于小学后,幼稚生分为甲、乙团。甲团偏重与小学衔接的教学内容,乙团注重日常生活习惯的训练。同年,幼稚园采用中心问题设计教学。所谓中心问题设计教学,是根据儿童的特点,顺应儿童的兴趣和需要而拟定的。儿童有自发学习的动机,教师即顺其自然地进行指导,使儿童于不知不觉中获得真实的知识,从动机、目的、讨论、发表、活动等五个环节来进行教学。

3. 民众教育

集美学校秉承陈嘉庚“学校教育重要,校外教育更重要,教育要面向学校大门外的广大民众”;“必须倾全力于发展国民智力,尤其是成年人的教育”;“提倡民众教育,既注意于男的,尤不可不注意于女的”等教育理念,对民众教育的重大意义有着深刻的理

解。1930年2月，专门成立了一个"民众教育委员会"，由叶渊校董任主席。

民众教育委员会抓的第一件事，就是在民众中开展识字运动。发出《为识字运动告民众书》，告民众书指出："可敬可爱的民众们，在你们当中，有许多人眼能见蚊子的足，而不识斗大的字；力能举千斤，而不能握小笔，这是多么的痛苦呵！现在我们为解除你们的痛苦，特办了三四间民众学校。希望你们大家一起来！来！来！来！不要你们的钱，只要你们快来。有先生教你们读书，有先生教你们写字，有先生教你们打算盘，有先生教你们写信子，还有先生讲新闻，说故事。从此你们可以得到许多新的知识——这是多么好的机会，多么快乐的事呀！来呀！来呀！我们一同来读书，我们一块来高歌：识字好，识字好，识得字多无价宝，识字不嫌迟和早，识字不问少和老。"

民众教育委员会还发出了《为识字运动告青年知识界书》，指出："先知觉后知，是人们的责任。带动不识字的民众，由不识字的境域，走至识字的境域，这是中国知识分子的义务，是责无旁贷的。"

民众教育委员会还提出26条"识字运动标语"，如："打破识字运动是士人专利的思想"、"打破为做官而读书的错误观念"、"无论工农商妇女都应该识字读书"、"各处都应遍设民众学校"等，广为宣传发动。

这期间，集美学校开办了4所民众学校，其中男校2所，收16岁以上至40岁以下男民众；女校2所，收12岁以上至30岁以下女民众；还创办短期小学二班，收9岁至12岁男女失学儿童。为了便利村民的学习，学校还在村中醒目处悬挂着黑板，派师生施行流动教学。举办民众教育，不但不收一分钱，而且还由学校供给民众纸、笔、墨、砚等学习用品。师生们利用课余时间进行义务教学，不辞劳苦，有的还主动深入到各家各户，送教上门。

集美学校对民众普及教育，并不止在识字读书方面，对于科学知识也注意普及推广。如农林学校1931年制订的工作计划中，就专门罗列了推广农林技术方面的内容，明确指出："农林学校当直接谋农民之联络，将改良种苗、改进科学方面等，从速介绍与乡村农民，期农林教育之普遍，农林事业之发达。"并提出了"农林知识、农林方法、农林人才到民间去到乡村去"的口号。此外，还注意对民众进行破除迷信等启蒙宣传。

1931年12月，美术馆落成，为集美各校进行美术工艺教育提供了场所，也为进行民众教育提供更形象及更喜闻乐见的教材。1932年创办"试验乡村师范"后，农民娱乐会，农民夜校，妇女夜校等不断兴办，使社会和学校打成一片，也为提高民众的文化素质做了大量的工作。

五、"最富有活力的学校"

1931年3月，国立杭州艺术专科学校教授、散文作家、画家孙福熙来集美学校举行画展和考察，住了两个月。后来他回到上海，在《社会与教育》上发表一篇文章，称赞集美学校"为世界上最优良、最富活力的学校"。

这个时期集美学校之所以最富活力，主要表现在以下五个方面：

（一）师资雄厚，和衷共济

在陈嘉庚爱国兴学精神的感召下，加上集美学校有了名气，工资待遇又比一般同类学校为高，因此，不少有名望的教师都乐意应聘来集美任教。在这一时期，到集美学校任教过的有：学者钱穆、杨晦、阮真、吴康、马瑞图、蒋希曾，文学家吴文祺、许钦文、王鲁彦，诗人潘训、汪静之、方玮德，农学家章文才、彭家元、陈缘，林学家叶道渊、殷良弼，体育教育家吴振西、庄文潮、吴德懋，画家林学大、张振铎、张书旗，经济学家黄绶铭、陈庆瑜、陈式锐、叶书德，水产航海专家冯立民、张荣昌、杨振礼、沈汉祥，教育专家叶渊、苏师颖、黄则吾、张宗麟、陈村牧、王秀南，等等。雄厚的师资队伍使教学质量有了保证。在学校经费日益困难的情况下，教职员们和衷共济，同甘共苦，帮助学校渡过难关。1935 年，教职员待遇：校董月俸减为 80 元，中等各校校长及各部处主任月俸均以 80 元为标准，月俸百元以上的教职员，薪俸照八折计算，月俸 70 元至 90 元的教职员，每月减 10 元，月俸 40 元至 70 元的教职员，每月减 5 元。从以上可以看出，校董、校长的工资比有的教师还低。而当时教师的工作量是很大的，具体规定是：国文科教员，每周授课时间以 22 小时为标准，每级学生为 30 人左右，每周最少作文一次，作文 2 小时作 4 小时计算；外语科教员，每周授课时间以 22 小时为标准；理科及专科教员，每周授课时间以 21 小时为标准；史地科及教育科教员，每周授课时间以 23 小时为标准；体育美术劳作科教员，每周授课时间以 24 小时为标准；担任级任的教员，每周授课时间减配 2 小时。

（二）师生合作，打成一片

在这一时期，集美学校已开始打破"师道尊严"的传统观念，师生实行共同生活，以造成融乐的家庭化的学校生活。1929 年，《集美周刊》对教师的修养问题进行了讨论。教师们认为，一个良好的教师，对待学生，在性情方面，最低的限度，必须做到慈爱、同情、诚实。慈爱——以慈爱为怀，爱护学生如子弟，以劝告代责罚，不分男女、大小、智愚、贫富、美丑、亲疏，不歧视，不偏爱。同情——教师要有同情心，与学生同苦乐，遇学生有困难悲痛的事项发生，即帮助解决。诚实——师生的接触，事事要存诚实心，不弄虚作假。比方教师对于某事物尚未明了的，应直接地对学生说："我不大明了，待我详细研究后再对你们讲"。学生因教师的诚实无欺，不但不会存半点"看不起"的态度，反而会更加敬爱师长。30 年代初期，集美男子小学在行政事项上规定："实行师生共寝室、共膳席，级任教师办公桌安置在各级教室，科任教师则安置在科任室。"女子小学在训育方法上提出："师生共同生活，是最高尚的实施方法。"1934 年，中学在行政方针中规定："提倡师生合作，共同推进学术"。在训育大纲中提出："本校训导学生，特注重于积极工作，一面实行师生共同生活，采取无形的人格感化，一面积极指导，互相援引，广辟用才之路，以期养成学生自觉、自动、自治、自律的能力"。为了增进师生间的感情，学校开展了各种形式的活动。如举行师生"交谊会"、"同乐会"、"联欢会"等。1935

年,中学组织了"师生交谊团",并制订了简章。其宗旨是联络师生感情,共同研究学术。交谊团利用课余时间,举行郊游、狩猎、泛舟、茶叙、会餐、娱乐、游艺、谈话、学术研究、时事讨论等活动。小学高年级的同学曾组织了"护幼队",专以扶助低年级幼小儿童为职责,如放学后送他们回家等。同事之间,更是互相关心。有的教师病故后,同事们除了帮助办理后事外,还主动捐款,作为其子女的抚育基金,对其子女负起抚育的责任。师生之间、同事之间、同学之间都充满着团结友爱之情,因此,学校像个温暖的大家庭。

(三)提倡劳作,崇尚俭朴

在这一时期,学校提倡劳动服务,推行生产教育,明确提出师生要参加一些必要的生产劳动,要养成劳动的身手。整理校内环境等劳动项目,都由学生们自己来完成。为了树立劳动的风气,学校还制订了"劳动服务竞赛办法"评判标准,评判员由校董会聘请。竞赛结果成绩优良者,由校董会给予奖励。1935 年小学还成立了一个"生产委员会",专门组织指导学生参加生产劳动。农林学校更是强调师生应参加生产劳动,师生们与农场工人一块开辟了一大片农田、林场、果园,把教学、试验与劳动紧密结合起来。为了提倡劳作精神,学校还举行各种劳动竞赛,如举行师生割稻竞赛,并请校董到现场评判。为了督促学生培养俭朴的良好习惯,学校采取了相应的措施。如 1929 年,中学制定了《节制学生日常用款办法》,对学生用款做了详细规定。教职员也注意带头养成俭朴的美德,起到为人师表的作用。

(四)重视体育,卓有成就

德智体三育并重是集美学校的办学宗旨。学校把体育当作一门主课来抓,认为体育是教育的一部分,它直接可以发展学生的身心,间接可以增进学生的知识、道德。学校体育不是为少数选手而设,而是为全体学生而设。在体育教学实施上,学校建立了相应的组织领导机构,制订了严密的规章细则,平时坚持严格的训练。在这一时期,集美各校行政独立,为了加强统一领导,各校共同成立了一个"体育联合会",采用委员制,每月开常会一次。每年举行全集美学校的大型联合运动会。为了普及体育活动,学校曾采取"强迫体育"的办法,要求学生一律要参加课外体育活动,并严加考核,体育一科不及格者不得升级或毕业。在普及体育的基础上,进一步组织各种运动员训练队,以提高运动水平。严格的训练换来了丰硕的成果。这几年,是集美学校体育繁荣的"黄金时期"。1929 年 3 月集美学校篮球队先后战胜来访的美国"黑鹰队"和"毕斯堡队"。4 月,集美学生运动选手参加全省运动会,取得甲乙组、女生组团体总优胜、个人总优胜等。1930 年 4 月,集美高师学生林绍洲参加在杭州举行的全国运动会,获得高栏赛跑第一名,并被选为参加远东运动会选手。1931 年 5 月,集美学校学生运动选手共 46 人出席福建省参加全国运动会第一次预选会。这次预选会,男子田径赛共197 分,集美学校选手得 101 分;女子田径赛共 89 分,集美学校选手得 69 分;集美学校女子篮球队战胜省城联合队。9 月,在福建省参加全国运动会第二次预选会上,集

美学校女子跳远选手薛匹侠、女子跳高选手陈桂花，打破全国纪录；标枪选手林绍洲、十项全能选手王胜兴，打破全省纪录；而福建省的女篮则以集美学校女篮为代表队。1932年1月，集美学校女子篮球队赴香港、广州、汕头比赛，连战皆胜。1933年7月，集美学校女子篮球队在厦门战胜曾获全国冠军的上海两江女篮队。10月，在全国运动会上，集美学校选手林绍洲获高栏第一名，打破全国纪录，陈荣棠获女子标枪第四名。1934年4月25日，远东运动会田径预选赛在上海举行，集美学校高栏选手林绍洲、四百米赛跑选手戴淑国取得参赛资格，同年5月赴菲律宾参加远东运动会。11月，在全省运动会上，集美学校选手戴淑国得个人总优胜，魏木土撑竿跳高、苏剪花掷铁饼均破全省纪录。1935年9月，在全省运动会上，集美学校选手破五项全省纪录。10月，在全国运动会上，集美选手潘为廉一人得5分。

（五）课外活跃，多才多艺

集美学校办学的一个突出特色，就是在抓好学生课堂学习的同时，十分重视学生课外活动的开展。学校认为，"学生课外活动，为增进知识等的主要工具，应与课内日常学习相行并视"。"课外活动之实施，在积极地诱导学生，使其自觉地实践，以达到德、智、体、群、美五育并进之目的"。"学生课外活动得法，较课内作业，效率尤大，可借此扩张经验，吸收知识，养成自治精神、互助美德，而适应社会生活"。在这一时期，学校明确规定："凡本校学生，皆应参加课外活动。"各校都成立了"学生课外活动指导委员会"，有组织、有计划地引导学生开展课外活动。课外活动的组织形式，主要有三种：一是组织各种研究会，如文学、音乐、戏剧、美术、书法、数学、理化、外语、时事、南洋问题等研究会。研究会由学生自愿报名参加，由学校统一组织，研究会的导师有时由学校指定，有时由学生自由聘请，学校对研究会的活动经费有所补贴。二是组织各种业余训练队，最有影响的是"铜乐队"和"救火队"。铜乐队的乐器、乐谱很完善，队员有专门制服。附近各地开运动会或游艺会，都请该队去演奏。救火队的设备也很齐全，置有蒸汽泵车、人力泵车、皮带车、碳酸水灭火箱以及铜帽、出水带、进水带、接梯、救命绳等等。救火队一般定员50人，由学生自愿报名，经学校严格挑选，平时由教练进行严格的训练。队员们抱着"不被火烧死，就要把火扑灭"的决心，多次扑救校内外火险，赢得社会各界赞誉。三是组织"同乡同学会"，在寒暑假回乡时开展宣传、演戏等活动。课外活动的内容丰富多彩，包括德育活动——有关品性陶冶、思想训练、信仰测验等；智育活动——有关学术研究或竞赛，常识测验等；体育活动——有关体育运动或竞赛，健康检查等；群育活动——有关团体生活、社交活动等；美育活动——有关艺术研究或竞赛，爱美观念的陶冶等。为了鼓励学生积极参加课外活动，增加活动兴趣，学校经常举行各种课外竞赛，竞赛的项目有数十种，如演讲、朗诵、故事、歌咏、美术、书法、壁报、簿记、作文、数学、弈棋、爬山、拔河、船模、风筝、化妆、缝纫、烹饪、环境布置、清洁卫生等等。由于课外活动非常活跃，因此，集美学校的学生不但学业成绩好，而且不少人多才多艺，有较强的社会活动能力和组织才干。

六、开展抗日救亡运动

在这一时期，集美师生和全国人民一起，开展了轰轰烈烈的抗日救亡运动，与陈嘉庚在南洋领导的抗日斗争遥相呼应。

1928年3月，日本战舰在平潭肆虐炮击我渔民，日本警部又在厦门越权擅捕韩侨李箕焕、李刚等四人，激起了我国人民的义愤。3月29日，集美各校联合举行黄花岗七十二烈士殉国纪念式，并召开集美各界反抗日本侵略国权大会。大会致电国民政府，提出：1.撤换驻厦日本领事板本龙起；2.索还李箕焕、李刚等；3.取消厦门梧桐埕日警派出所；4.赔偿平潭县大富港一切损失；5.日本当局须向我国民政府道歉；6.取消一切不平等条约；7.扩大对日经济绝交。集美学校又派出师生宣传队到各地进行抗日宣传，并组织纠察队在龙王宫等处检查日货，向当地群众分发"买货须知"，凡抗拒检查的店户，则由抗日总会通告群众勿去购买。

1928年5月3日，日本帝国主义在济南进行了灭绝人性的血腥大屠杀，造成了"济南惨案"，引起普天同愤。陈嘉庚在新加坡联合华侨组织了"山东惨祸筹赈会"，他被举为会长。集美学校师生也掀起了大规模的反日怒潮。5月8日，集美各校联合举行了"反对日本出兵山东大会"，大会决定立即组织"反对日本出兵山东委员会"。

5月9日，集美各界反抗日本侵略国权大会又举行大会，集美师生纷纷登台演说，情辞激烈，大义凛然。大会又致电国民政府："日军肆毒济南，演国际未有之惨剧，请即正式宣战，愿组织义勇队，为政府后盾。"

5月10日，叶渊校董致函集美各校校长指出："日本肆虐山东，事机危迫，学生为国民表率，亟应训练。"提出两条办法：（1）朝操时间，练习快跑；体育或课外活动，酌抽时间，练习瞄准射击及连教练中重要各动作。（2）朝操终了时，由体育教员高唱口号："勿忘国耻！"学生唱答："不忘！"教员高唱"勿买仇货！"学生唱答："不买！"口号呼后，闭目默想三分钟，想如何做人，如何爱国，想后散队。叶渊还致函各校校长及各机关主管人员，要求："在济南惨案未解决以前，关于一切娱乐事项，如演电影、演剧、吹弹、乐器、唱戏及游艺会等，概行停止，志耻志哀。"

5月14日，集美各校教职员举行联席会议，叶渊提议各校教职员应积极联合，指导学生爱国运动，会议决定：教职员全体参加反日运动，组织"集美各界对日备战大同盟"。根据叶渊的提议，会议还决定："各项教材，就可能范围内，人文学科，则取发扬民族精神和倾向于对日交战的宣传文字；关于自然科学，则取倾向于战争知识和实际上的准备。"从5月14日开始，集美各校停课三天，为"济南惨案"殉难者志哀。在停课期间，除每日上午开会，请教职员讲演国耻史，下午实行操练外，其余时间，学生都分往附近各村宣传。不少学生还深入各家各户宣传，以唤醒民众。从5月15日开始，集美学校各省县同学会还组织宣传队，分别回到原籍进行抗日救国宣传，其经费由学生减膳筹措。

经过 5 月 11 日各校联席会议议决成立"集美学校义勇队"。5 月 26 日公布了义勇队组织大纲。大纲中规定:"本队以施行严格训练,冀对外作战时效命疆场,保卫国家为宗旨","全队人员,皆须宣誓愿为国家牺牲"。5 月 28 日,集美学校义勇队成立,举行宣誓典礼。叶渊任总队长兼大队长,男女学生志愿加入者计 596 人。义勇队的誓词是:"余誓以至诚加入集美学校义勇队,准备对外作战,为国牺牲,入队以后,定当遵守纪律,服从命令;始终不渝,谨誓。"义勇队成立后,即请独立第四师派遣第四团教导连驻扎校内,共同训练。训练时间是每日早晨五时四十分至六时四十分早操,下午二时至三时上军事学科课,傍晚四时半至五时半晚操,每星期三、六下午举行野外练习。义勇军之红十字队则每日下午上医学常识课一小时。在暑假中,义勇队也继续训练不辍。

经过五个多月的严格军事训练,于 10 月 29 日起举行义勇队毕业考试。考试的内容包括:步兵操典、战法初步、射击教范、野外勤务、地形军语、兵器名称及保存法、连坐法战斗秘诀、卫生急救法、卫戍勤务、筑垒教范、内务条例、陆军礼节、政治学等等。

1931 年 9 月 18 日,日本侵略者悍然发动了对我国东北的武装进攻。"九一八"事变发生后,全国人民激愤万分,抗日热情空前高涨,集美师生同仇敌忾,奋起投入抗日救亡运动。9 月 26 日,集美各校联合成立了"抗日救国会"。该会制定了"组织大纲"和"宣传大纲"。组织大纲规定:"本会以反抗日本帝国主义侵略,并拯救中华民族为宗旨","凡集美学校教职学生校工,及集美学村农工商渔警各界,皆为本会会员"。集美抗日救国会誓词是:"勤业奋斗,雪耻救国,援助政府,严守纪律,牺牲自己,爱护民国,永为忠勇之国民,终生不买日货,不卖日货,不用日货,坚持到底,以消灭帝国主义者之野心,谨誓。"

集美抗日救国会通电国民政府各院长、各部长、各报馆,指出:"我国军备虽不如人,而民气激昂,磨砺以须,已非一日,背城借一,虽死犹荣。应请政府即行对日绝交,积极备战,宁为玉碎,毋为瓦全!张我人道之义旗,打破强权之迷梦。"对坚持抗日的将士,集美师生给予坚决的声援和捐款慰劳。为了武装自卫,集美学校继续组织义勇队,全校学生分期训练,"以养成刚毅沉着之劲气,效越王十年教训以报吴仇"。义勇队的编制是:中学、水产航海学校、商业学校混合编成十队,女子中学、幼师、农林学校、男子小学、女子小学各编一队。义勇队队员的誓词是:"余誓以至诚加入集美抗日救国会义勇队,服从命令,遵守纪律,准备对日作战,为国牺牲,如有二心,天人共戮,此誓。"此时,集美师生又比过去更深入广泛地进行抗日宣传和抵制日货的活动。

为了推动厦门地区的抗日工作,统一及充实闽南的抗日力量,集美抗日救国会还派出代表到各地进行联络,于 11 月 24 日召集闽南各地抗日团体,在集美学校大礼堂开代表大会,议决组织"闽南各地抗日团体联合会",后又改称为"闽南抗日总会",设会所于厦门。可以说,在整个闽南的抗日救亡运动中,集美学校起到了中坚骨干作用。

1932 年,"一·二八"上海战争发生后,陈嘉庚深为十九路军奋起浴血抗敌所鼓舞,积极向华侨筹募巨款,汇往上海,支持十九路军抗日。3 月 6 日,他写信给叶渊校董,强调说:"时至今日,任何人皆应抱牺牲精神,各尽所能,以与暴日抗,希勉励学生,激昂勇气……"陈嘉庚赤诚爱国的伟大精神,给集美师生很大的鼓舞。

第四章

播迁

　　自 1937 年 6 月至 1945 年 5 月，为集美学校的播迁时期。1937 年"七七"事变后，中国人民开始了艰苦卓绝的八年抗战，集美学校也经历了艰难困苦的八个春秋。校舍历遭日寇轰炸，美丽的"和平学村"几成废墟。各校辗转播迁安溪、大田、南安等地，在艰苦的条件下坚持办学，并为适应时势几度分合。

　　抗战时期，学校经费极端困难，但全体师生和衷共济，共克时艰。在国内不少学校停办的情况下，集美学校却以百折不挠的精神，依然弦歌不辍。学校的师资力量和图书仪器仍较充实，学生数逐年增加，至 1944 年，在校学生已增至 2380 人，比 1938 年的 851 人增加近两倍，毕业生的质量也有所提高。

　　在播迁内地期间，集美学校不仅延续了血脉，而且广大师生在抗日烽火中"复仇血热，许国心丹"，为抗日战争的神圣事业作出了自己的贡献，同时也为文化落后的内地山区撒播了文化的种子。

一、陈村牧受聘校董

1930 年代，陈嘉庚因企业收盘，经济陷入困窘，难以同时支撑集美学校和厦门大学，因此于 1937 年将厦门大学献给国家改为国立。这时，陈嘉庚计划集中财力复兴集美学校，并选聘陈村牧担任集美学校校董。

陈村牧原名陈春木，字子欣，1907 年出生于福建省金门县后浦镇，1920 年小学毕业后到集美中学读书，1924 年毕业，获"成美储金"资助，入厦门大学预科学习，后升入文学院史学系，1931 年 1 月毕业。同年 2 月，回集美学校任教，讲授高中、高师中国文化史和西洋史，兼做训育工作。1932 年 2 月受聘为厦门大学高中部教员，9 月重返集美学校任教。1934 年 1 月接任集美中学校长。1936 年 8 月，集美师范学校奉省令停止招生，与集美中学合并，陈村牧兼任师范学校校长。

陈村牧(1907—1996)

1936 年 12 月，陈村牧辞去校长一职，离开集美南渡，应聘为马来亚蘇坡中华中学校长。1937 年 1 月，陈村牧与受聘为新加坡华侨中学校长的前厦门大学教授薛永黍同船抵达新加坡。薛永黍执意要陈村牧同往华侨中学共事、襄助，华侨中学董事李光前等也同意并与蘇坡中华中学前来迎接的代表协商，但未取得一致意见，双方同意由陈嘉庚裁定。当时，叶渊已离开集美，继任校董难孚众望，陈嘉庚正愁集美学校没有一个合适的校董人选。当他了解到陈村牧是集美学校和厦门大学培养出来的，其人品才华在担任集美中学校长期间已有出色表现之后，当即决定让陈村牧在华侨中学担任训育主任，以便就近考察，并商讨改进大计。经过数次晤谈，在陈村牧抵新十天后，陈嘉庚即定聘其为集美学校校董，执掌集美学校大政。当时，正值抗日战争爆发前夕，国内形势动荡不安，而集美学校因陈嘉庚企业收盘，经济支绌，困难重重，但陈村牧深谙办好集美学校的重大意义，毅然接受陈嘉庚的重托，于 6 月 3 日返厦履职，6 月 28 日接收校董办公室，即日视事。

二、集美学校复兴计划

1937 年 6 月 14 日，陈嘉庚提出《复兴集美学校守则十二条》："（一）余在南洋之景况，陈校董先生知之最稔。希望同学诸君，征已往，鉴将来，以复兴民族之苦干精神来

复兴集美学校。（二）集美应重新整顿，凡修理校舍道路沟渠油灰等项，以及添置仪器，改良灯光，增益图书等等，经托陈校董逐渐进行矣。（三）教职员薪俸宜平，比上不足，比下有余。（四）工作时间宜苦干，加负些钟点，多尽些义务。（五）人员少，工作多，乃复兴之基本。（六）各校役丁，除非不得已外，不宜多用。（七）校内轻件工作，教员应负责指导学生勤劳，俾养成自动性。（八）师生切应力求俭朴，注重国货。（九）闻城市中有恶习惯之跳舞或赌博，切宜禁戒，违者开除。（十）全校管理，务求严格，以整风纪。（十一）卫生应如何研究，作有组织之准备。（十二）过去之非比如前日死，今后觉悟可如今日生。"

陈村牧根据陈嘉庚的意见，拟定了《改进集美学校计划大纲》。6 月 17 日，在敬贤堂召开各校全体师生会议，陈村牧宣布和阐述《改进计划大纲十条》，内容如下："（一）减轻学生负担。1. 减免学宿费及杂费；2. 贫寒学生一律免费。（二）恢复师范学校（俟与省政府接洽后决定）。1. 培植南洋师资；2. 辅导闽南初等教育：（1）组织初等教育研究会，（2）视导各地校友工作，（3）利用暑假举行初等教育讨论会；3. 利用假期推广农村教育；4. 研究闽南及南洋风土教材。（三）发展农林水产两校。1. 农林方面注重实验改良品种、指导农村合作事业、推广优良品种及农作方法、辅助附近农村建设、与各县农场或苗圃密切合作；2. 水产方面培植轻渔业人才、训练渔村师资及渔村指导人员、设立小规模水产试验场或水产实验室。（四）充实商业学校。1. 增授适应南洋商场之学科；2. 设立商品陈列所；3. 注重实习。（五）筹办工业学校（拟于明年度实现）。（六）改进中学校。1. 增设班级扩大招生；2. 实施升学指导；注重实际知识。（七）扩充小学校。1. 多开班级；2. 试办二部制短小；3. 附设夜校；4. 试行小先生制。（八）繁荣集美村。1. 普及教育；2. 改进公共卫生；3. 提倡生产建设。（九）沟通中南文化。1. 多招南洋侨生，灌输祖国文化；2. 培植师资及商业人才向南洋发展；3. 联络南洋文化机关及生产机关；4. 创办南洋讲座；5. 试编南洋小学校教科书；6. 组织集美学校海外同学会。（十）注重劳作教育。1. 男生注重劳役；2. 女生注重家事。"

复兴计划原本很有希望将集美学校带进一个崭新的阶段，然而，抗战的全面爆发，不仅使得复兴集美学校的计划无法付诸实施，还使得学校面临更为严峻的考验。

三、辗转播迁安溪大田

1937 年 7 月 7 日，日本帝国主义发动卢沟桥事变，日寇大举侵华，中华民族处于危急之中。天津的南开学校，上海的同济学校，均惨遭日军炮火摧毁。国民政府为保存国力起见，通令沿海危险地区中等以上学校移迁到安全地带继续办学。

（一）集美学校播迁安溪

8 月 5 日，集美学校召集各校校长会议，拟定救国工作：（一）募集救国金；（二）草印宣传大纲，分发暑期回籍学生扩大抗敌宣传；（三）电请国民政府迅派大军收复失地；

（四）组织抗敌后援支会筹备会。

9月3日，日本飞机、军舰掩袭厦门，集美危急。陈村牧召开临时全校校务会议，讨论对时局应取态度。为确保师生安全并办学不致中断，学校准备迁往内地。当时，同安、安溪、南安、永春、德化均为可选之地，但权衡利弊之后，认为安溪县的地理环境最为适宜。安溪属山区，距离泉州、厦门有一定距离，不是敌机轰炸的目标，却有两条主干公路可通集美、泉州等地，又因集美各校安溪县籍的教职员及学生较多，已毕业的集美校友在安溪县工作的也很多，再加上安溪县当局及当地士绅也表示欢迎和支持，因此倾向于迁往安溪。

安溪文庙

9月5日，陈村牧一方面致函向校主请示，陈嘉庚电复"移安溪可主张"。另一方面派办事员赵雪岑等赴安溪商借临时校舍。赵雪岑等与安溪县长谢开敏商借文庙为校舍时，得知文庙拟用作盐仓，立即联合校友、士绅一起据理交涉，指出贮盐毁庙之弊，终获同意借为校舍。安溪文庙始建于公元1001年，称为县学，俗称"孔子学"。文庙在安溪县城内南端，南北长164米，东西宽36.3米，素有"安溪文庙冠八闽"之称。

9月19日，学校再次召开临时校务会议，做出八点决定：（1）师范、中学、商业三校先移，水产、农校暂缓，小学不移；（2）内迁三校，校主族属本学期暂予优待半膳，但以已行注册之学生为限；（3）教职员学生迁移车费由各人自备；（4）全校新旧生限于10月4日以前到校注册；（5）移校后新旧生一律不发给"转学书"及"寄读证"；（6）教学上应用的图书、仪器也运往安溪；（7）公共机关人员由校董斟酌情形派往安溪；（8）留校职员工作分配由校董指定。

20日，陈村牧偕图书馆主任王瑞壁等赴安溪考察临时校舍，并布置有关事宜，责成总务主任叶书衷负责筹备迁校。叶书衷等在安溪修葺校舍，设置厨房，定制课室桌

椅等,至10月上旬这些工作就绪,随即与安溪汽车公司、同美汽车公司接洽车辆运载人员及校具。

10月13日,集美师范、中学迁往安溪,校舍借用安溪县城文庙及安溪中学、中心小学两校各一部分,宿舍安排在文庙大成殿及崇圣殿侧屋、明伦殿下屋、安溪中学前排两侧屋,"老师衙"全为女生宿舍,后又租后层民屋为女生宿舍。教室安排在安溪中学4间,文庙下进及两廊8间,礼拜堂附近4间,共16间。临时膳厅则利用文庙四周走廊。至于教师则住得比较分散,有的住在安溪籍老师王瑞璧和吴孝仁的住宅,有的住在民教馆、礼拜堂。

一切因陋就简,10月20日正式上课,学生440多人。由于车辆有限,师生们大多背着行囊,唱着战歌,翻山越岭65公里,一天之内赶到安溪。其情其景正如国文教师、诗人温伯夏的诗作《移校入安诗以纪事》所描绘的那样:路似螺旋山如秃,车如乳虎吼深谷。天风料峭吹我衣,回首独舒千里目。水复山重路欲无,放翁诗句从头读。挑云驳气入青天,恰似飞仙骑黄鹄。风驰电掣入安溪,野渡舟横草荫堤。漠漠平沙无雁落,猗猗绿竹有莺啼。拾级徐行入城市,客里相随有黄耳。儿童远远竞传呼:"番仔牵狗前来矣!"民情简朴古风存,问道直登璧老门。阿毛相见犹相识,笑道"先生是姓温"。

原定师范、中学和商业三校移至安溪县城上课,后因新旧生注册缴费的人数超过预期,临时校址不敷分配,陈村牧校董再往安溪,商借安溪后垵乡原后垵小学校址为商业学校临时校址。后垵乡与县城相隔不远,来往尚为便利。10月27日,商业学校正式迁入新址上课。

11月1日,陈嘉庚为时局致函陈村牧,勉励师生努力抗敌救国。指出:"金门失陷,厦集已成为最前线,此后厦大集美两校,将损失至如何程度,殊难逆料。然欲求最后之胜利,实现中华民族之自由平等,唯有全国人民抱定牺牲到底之决心以赴之,现在全面抗战业已展开,国人牺牲生命财产于敌人炸弹炮火之下者,已不知凡几,集厦二校纵惨遭损失,余亦不遑计及矣。自抗战开始以来,余因受侨胞之推举,及居留政府之指定,不得不稍尽国民之天职,出而主持劝募救国捐,然若仅空口劝募,自不捐输,虽人能我谅,我亦有愧于心,故先自长期认捐,每月二千元,以为侨胞倡,并为鼓励侨胞起见,先交一年计二万四千元。兹又开始劝募救国公债,我政府甚望侨胞能踊跃认购,余又不得不同样有相当之表示,以为倡率,故亦认购十万元。即此区区之款,尚须告贷半数,始能足额。值兹国族生命,已届最后关头,余惟恨现无百万资产,否则亦必以全数购买救国公债,绝不犹豫也。国难日亟,希激励员生,抱定牺牲苦干之精神,努力抗敌救国之工作,是所至望。"

11月2日,科学馆仪器标本装车运往安溪校舍。12月7日,农林职业学校迁往安溪同美乡同美小学,附属农林场不搬,各职员仍坚守岗位,继续生产。16日,水产航海职业学校迁往安溪官桥乡,官郁小学校长陈清杰主动将小学搬至附近祠堂上课,腾出校舍借给水产航海学校。

(二)成立集美联合中学

集美各中等学校内迁安溪后,因地点分散,管理困难,又因机构分散,经费困难,更因人才分散,不利于一人多用,乃有合并办理之议。1938年1月3日,召开全校校务联席会议,决定各中等学校一律迁入安溪县文庙校舍,合并办理,定名为"福建私立集美联合中学"。变更组织,由校董陈村牧兼任校长,师范、水产航海、商业、农林各校改设为科,各设科主任一人,原各校校长改任科主任。校董办公室也迁往安溪南街吴祠,原有公共机关,改隶校长之下,分秘书处、教务课、训育课、事务课、体育课、会计课、图书馆、科学馆、艺术馆、农场、医院等,各设主任一人。编辑委员会、民训工作指导委员会、课外活动指导委员会、校产保管委员会,也各设主席一人。改小学为部,设主任一人,也隶属校长之下。其调任人员如下:

姓　名	职　务	备　注
陈村牧	校董兼校长	
黄毓熙	秘书处主任兼农业科主任	原农业学校校长
叶维奏	教务课主任	原校董办公室主任
王瑞壁	训育课主任	原图书馆主任
叶书衷	事务课主任	原总务处主任
黄泰楠	师范科主任兼编辑委员会主席	原中学师范校长
杨振礼	水产航海科主任兼图书馆主任	原水产航海学校校长
叶书德	商业科主任兼民训工作指导委员会主席	原商业学校校长
郭应麟	艺术馆主任兼体育课主任	原美术馆主任
陈朝内	会计课主任	原会计处主任
陈　庆	科学馆主任兼校产保管委员会主席	
刘　宇	课外活动指导委员会主席	原编辑主任
陈　椽	农场主任	原农业学校农场主任
王登沂	小学部主任	原小学校长

1938年1月5日陈嘉庚致函陈村牧,指出:"时值国难,如教师薪俸降减,可增班级,多招中学生,以维闽南教育根本。抗战胜利必属于我,故吾侨今日不可放弃集校之职务,而搏战胜、坚持、毅力之光荣也。"13日,图书馆书籍装车运往安溪校舍。20日,水产航海科、商业科、农林科分别从官桥、后埯、同美迁入安溪县城文庙校舍。2月19日,举行第一次校务会议,通过《集美学校组织大纲》,其中第一条为:"集美各校及各公共机关因时局关系暂时合校办公,统称为集美学校。"3月10日,值建校25周年之际,全体师生致电陈嘉庚表示敬意。4月1日,假安溪公共体育场,举行集美学校成立25周年纪念典礼,并举办第16届运动会。9日起各校合并办学,并呈教育厅备案获准。

5月5日，教育厅颁发"福建省同安县私立集美联合中学钤记"新印一颗，即日起用。

5月10日，日军在厦门江头强行登陆，敌机飞集美投六弹，集美小学师生避入后溪乡。11日，厦门沦陷。12日，集美小学迁同安县第三区石兜校舍。后分设于同安县的石兜、霞店、珩山三个地方。16日，陈村牧校董由安溪赴集美视察校舍被炸情形，并处理村中要务。22日，敌机舰掩袭集美，轰炮四五百发，集美学校创痕满目。损失最重者为小学延平楼，中30余弹，其三楼图书馆已坍塌；科学馆中六弹；幼稚园葆真堂中两弹，楼前空地落九弹；师范中学校舍居仁楼两弹穿过屋顶，两弹落空地，两弹落池旁，尚勇楼中两弹；立言、立德、立功各楼中三弹，前边旷地落两弹，敬贤堂中一弹，左旁平屋顶中一弹，前面池口落两弹；水产校舍明良楼中四弹，允恭楼中三弹，又前边空地落一弹未发；商业校舍崇俭楼中两弹，实验农场中四弹。

(三)职业学校迁往大田

因时局一天比一天紧张，沿海中等学校百分之七八十停办，报考集美学校的学生剧增，安溪的校舍已经容纳不下了。更主要的是厦门失陷后，安溪也不安全，大量师生聚集一处风险甚大。为预防万一，拟再迁校。但迁往哪里呢？原本计划与厦门大学一样迁往长汀，陈村牧致电陈嘉庚征求意见，陈嘉庚于6月20日函复："先生来电，询集校拟移长汀，嘱复。余接厦大萨(本栋)校长来函，告敌机常往炸机场并城内，云云。若然，则移至何处，飞机亦可跟到也。余意省内无论何处，但打算如非战区，就可为本校立足。安溪料非战地区域，第其他粮食或何项能否阻碍，如不致者，当勿移如何。且校舍非容易觅设，闽南学生肯否前往，总之，非万不得已，当勿移为善。然函电难通，实在情况未详，应移与否，请便中主裁，为荷。"10月13日，陈村牧校董到大田、永安等地考察校址，考察后拟将学校迁往大田，并把详细情形向校主报告。

1939年1月20日，学校召开校务会议，遵照陈嘉庚"决将职业科移设大田"的电示，议决将联合中学的水产航海、商业、农业诸科迁移大田，成立福建私立集美职业学校，由叶维奏为校长。秘书处、总务课、会计课、图书馆、科学馆、医院、农场，仍隶校董会，人员没有变动。中学取消"联合"二字，校长仍由校董兼任，至6月改聘王瑞璧为中学校长。校务会议还通过修正战区学生补助金条例，修正奖学金条例等要案。会议决定由叶维奏、叶书衷、陈延庭诸师主持迁移事宜。

大田县是闽中腹地的偏僻山城，局势较之沿海平静，文化教育相当落后。当时大田县只有一所县立初级中学，学生毕业后升学，都得到泉州、永春或福州就读。集美职业学校迁到大田，得到大田各界的热烈欢迎和支持。一开始选定大田凤凰山麓的孔庙(文庙)为校址，背山朝街，环境幽雅。叶维奏在校友和当地士绅的支持下，一面修葺校舍，定制桌椅及床架；一面分函聘请各科教师，定2月22日正式开学。校门设在文庙围墙下，因年久失修，壁灰多已剥落，经刷扫石灰水，并在墙壁上敷饰有关"抗战救亡"等文字，出校门外，为公共体育场，面积宽广，略加修整，即足供学校师生运动及集会应用。整座文庙皆为职业学校校舍，其布局是：办公室一间，图书仪器室一间，消费合作社一间，教室十间。中厅为宿舍，照预定可容纳200人左右，经调配后，仅可供140人

住宿，另 60 人又借住于朱子祠和体育场司令台。教员宿舍及厨房则借用国民党县党部平屋前半段，后半段暂借作膳厅。为便利农科同学实习，并移种外地农作物试验，商得大田县当局同意，在学校附近租农田数亩为农场。《集美周刊》第 498 期记述了当时的情形："经匝月之经营，费全部之精神，规模粗具，现该校员生已陆续到齐。连日当地士绅前往参观者踵趾相接，对该校搬迁之迅速、筹划之周详，均称赞不置云。"

集美职业学校教室（1939 年 6 月）

集美职业学校餐厅（1939 年 6 月）

森林课堂

水产航海学生在大田均溪进行跳水训练

集美学校经此变革，已分为三个部分：即集美中学、集美职业学校和集美小学。2 月 19 日，教育厅颁到中学新钤一颗："福建省同安县私立集美中学钤记"；职业学校新钤一颗："福建省同安县私立集美职业学校钤记"，分别启用，呈报备案。福建省政府同意把集美各职业学校迁大田，拨经费 2000 元补助，并确定从 1939 年 2 月份起，每月由省库补助职业科经费 600 元。

9 月 20 日，六架日寇飞机在大田城区上空盘旋，瞄准文庙俯冲、扫射、轰炸，敌机飞得很低，几乎贴近树梢，猖狂得很。师生因及时疏散到预备的防空洞内，幸无伤亡。校舍被炸毁数间，学生宿舍的物品被炸得四处横飞。因集美职业学校已被日寇盯上，

安全没有保证,水产航海和商业两科不得不一度疏散到离城三里的仙亭山,以大地作茵席,以青天为帷幕,在"森林课堂"里上课。后经校友范成钢的努力,借用玉田村范氏祠堂及民房 20 多座为办公室和各科教室、宿舍、医院、厨房、膳厅等,并于 10 月 2 日再度迁到城外的玉田村。玉田村坐落在大田县城西南面,离城二里多路,背靠青山,林木苍翠,永安德化公路在村前经过,均溪河水碧绿蜿蜒。在烽火四起的抗战年代,这里可算是比较安全宁静的读书场所了。

(四)陈村牧谈学校播迁

1940 年 5 月,学校出版《集美学校最近三年来概况》,陈村牧作《序》。他在《序》中描述了学校播迁的过程和遇到的五个方面的困难,表达了排除万难、为国育才的坚定信心。摘录如下:

> 民国廿六年夏,村牧承乏校政,自星洲内渡。视事之日,即禀校主陈嘉庚先生所示复兴守则,草为改进计划大纲,俾逐步实施。无何,抗战军兴,沿海屡遭掩袭,乃将中学、师范、水产、商业各校,先后迁移安溪。廿七年春,改科并校,为联合中学。其夏,厦门陷,小学亦迁同安石兜乡,设分校于霞店珩山。廿八年春,中学生数激增,水产、商业、农林各科复与离二之,是为职业学校,移设大田。中学取消联合二字,仍以师范科隶焉,设安溪如故。忽忽三载,此中困难,可得而言:一曰校舍问题,安溪大田两处所借用者,公私情谊,几费商量,从事修葺增筑,亦因工料飞涨,购置维艰,辄生阻碍,未能尽量扩充,为裕余之分配,此内迁后之困难一也!二曰设备问题,本校图书仪器用具,向称美备,始迁之日,车辆不足,仅择最需要部分装运。迫后公路破坏,交通阻碍,时事日亟,改用人力运送,穷年累月,耗费颇巨,而所运仅及十分之一二。校舍扩散,一物不能数用,往往教学上仍感缺略,此内迁后之困难二也!三曰医药问题,员生环境骤易,水土不服,多患疟疾,传染滋易,而药品昂贵,来源稀少,购运踌躇。卫生设施,时穷应付,此内迁后之困难三也!四曰粮食问题,目前生数,中学八百余人,职业学校三百余人,小学二百余人,当此时难年荒,食指千余,状至严重,学校负责人时时宜为注意,此内迁后之困难四也!五曰师资问题,比年政府积极建设,各项人才,多方罗致,因之学校师资,顿形缺乏,尤以数理职业专科为甚!奔走各地,艰于物色,此内迁后之困难五也!上举诸端,均为平昔易办之事,而在此日,几费心力,犹难为处理。幸赖政府指导,地方人士协助,以及校中同人戮力苦干,用能排除万难,免于缺失,而致意于校务之推进,汲汲于战时青年之训练。抑村牧以为际此艰危时期之教育,有如隆冬草木,在严霜沃雪中,全其生机,以待春和景明而敷荣耳!校主竭平生心血于兹,创办二十余年,建筑设置经常费,达五百余万元,虽遭此划时代之巨变,教育救国,弘愿勿逾!此次在海外预备二百万元,为复兴之需,诚以吾校扼闽南文化枢纽,将为内地向学之尾闾。高瞻远瞩,语重心长,吾辈尤宜如何体仰斯旨,操颠沛弥历之心,坚抗战必胜之念,收栋梁,拾榱桷,储群材以为国用,道济天下,匪异人任,则中华民族解

放之日,亦即吾校复兴之年。翼翼执心,爰撮最近三年来行政及训练大端,见诸事实者,汇为斯编,则前有廿周年纪念刊为其总汇,今兹燹痕之余,麤及涯略,黾赴艰巨,后当详焉。于其成也,记一言以为息壤。

(五)组织第二届校董会

1941 年 1 月,奉教育厅令,学校组织第二届校董会。聘请叶渊、萨本栋、陈文确、李光前、陈延庭、黄毓熙为校董,陈村牧为董事长。2 月,小学迁回集美,仍在孙厝、崧上两处设立分校。8 月 10 日在安溪举行校董会第一次会议,李光前、陈文确在南洋,叶渊在广西,均因远道不能到会,请假缺席。出席的有陈村牧董事长、萨本栋、陈延庭、黄毓熙三位校董,王瑞璧、陈水萍两位主任列席。会议做出十五项决定:(1)修正集美学校组织大纲。(2)制定校董会会议规则。(3)各校各机关联席会议规程。(4)咨询委员会章程。(5)1941 年度每月收支预算。(6)本学期校舍修缮费及校具添造费(22000元)。(7)1941 年下学期起,中学征收学费(初中 20 元、高中 25 元)。(八)1941 年下学期起,商业学校征收宿舍费(每人 10 元)。(9)1941 年下学期起,水产航海学校、农林学校学生贴膳办法(旧生每月贴膳 10 元,新生一律不贴膳费)。(10)1941 年下学期起,增加各校免费生及奖学金学生名额(中等各校每百名学生免费生 10 名。中等各校每百名学生设甲种奖学金 1 名,每学期 100 元;乙种奖学金 2 名,每学期 60 元;丙种奖学金 6 名,每学期 30 元,计每百名学生可有 9 人分别享受甲乙丙三种奖学金)。(11)各校每月膳费规定为诗山校舍 48 元,安溪校舍 39 元,大田校舍 33 元,同安校舍 33元。(12)教职员生活津贴照核定之各校每月膳费数目发给。(13)追认聘请陈维风为水产航海职业学校校长,叶书衷为商业职业学校校长,杨赐福为农业职业学校校长。(14)追认聘请林乃明为校董会办事处大田分处主任。

校董会第一次会议还决定选聘蔡玑、郭鸿忠、苏师颖、李敬仲、叶道渊、黄泰楠、杨振礼、叶书德、陈式锐、李遂囊、郭应麟、丘汉平、蔡继琨、黄开绳、叶维奏、颜乃卿、林承志、陈大弼、庄文潮、汪养仁、叶祖彬等 22 人为咨询委员。选聘咨询委员的条件为:(1)担任过本校校董;(2)担任过本校校长;(3)担任过本校公共机关主任;(4)校友担任过中等以上校长或大学教授,或发表有价值著作或有所发明;(5)在本校服务 20 年以上教师有卓著劳绩者;(6)对本校有特殊贡献者。以上 22 人都具备上述六个条件之一。

(六)职业学校分开办理

经过两年半的实践,职业学校总结了经验教训,认为水产航海、商业、农林三科性质不同,各有特点,设施各异,合并办理困难很多,发展尤为不易。因此,从 1941 年 8月起,仍恢复播迁前的原状,各自独立为校,仍称"私立集美高级水产航海职业学校"、"私立集美高级商业职业学校"、"私立集美高级农业职业学校",由陈维风、叶书衷、杨赐福分任校长。高级水产航海职业学校校长陈维风系本校水产第二届毕业,日本农林省水产讲习所渔捞本科毕业。高级商业职业学校校长叶书衷系本校中学第五组毕业,

厦门大学商学士。高级农业职业学校校长杨赐福系本校中学第七组毕业,金陵大学农学士。

为了便于闽南各县渔民子弟就学,1942 年 8 月 20 日,高级水产航海职业学校由大田又迁到安溪,在县城南街王田祠新建一系列教室。迁回安溪后,招生人数逐年增加,1945 年春季一下子就招了 70 名新生,为建校 25 年中最多的一届。10 月,农校校长杨赐福辞职,改聘官熙光为校长。12 月,为了给沿海各地的贫寒子弟提供上学的机会,学校特地制定了《招收沿海各县学校及集美校友保送学生办法》。保送的资格是:1. 初中毕业;2. 身体健康;3. 籍贯为本省沿海各县。凡具有这些条件的学生,得请求当地县政府及原毕业学校或所在地渔会具函保送,由学校审查合格即发入学通知书。家境清贫、品学兼优的学生还可以申请免费生、公费生待遇,或领受本校或闽江轮船公司奖学金。受委托保送的有沿海 26 个县市。该办法中还特地指出:"本校为广为培植海上工作优秀人才起见,各项训练素取严格,凡意志未坚或身体衰弱者,请勿前来。"

1943 年 1 月,农校校长官熙光辞职,由林乃明暂代。增聘叶道渊、郭季芳、陈济民、陈厥祥为校董。2 月,聘庄纾为农校校长。

1944 年 2 月,福建省教育厅考虑到集美高级水产航海职业学校历史悠久,成绩卓著,而且师资及教学设备充实,故决定将省立水产职业学校交托集美高级水产航海职业学校合办,并委任陈维风兼任省立水产职业学校校长。陈维风接到委任状后,即迅速进行筹备,聘请教员,建筑校舍,并于 2 月 27 日分别在福州、安溪两处招考新生。至 1946 年 3 月,省立水产职业学校才迁到莆田埭头新校址。在这两年间,集美高级水产航海职业学校从各方面大力支持这个学校,为福建多培养水产航海人才作出了贡献。

1944 年 3 月,集美学校以水产航海专门人才之缺乏,抗日胜利后水产航海专门人才之需要,拟利用本校高级水产航海职业学校现有设备及师资,加以扩充,增设水产商船专科学校,以培养高级水产航海专科人才,并以校主陈嘉庚的名义报省教育厅转呈教育部。但在旧中国,由于各方面条件的限制,这个计划得不到实现,直到新中国成立后的 1951 年 1 月才办起集美水产商船专科学校。

在职业学校分开办理的同时,中学也因安溪校舍面积狭小,高中、初中分开办理。高中部移设南安县诗山镇(前"诗山农林中学"旧址),初中部仍设在安溪县文庙。经教育厅批准,并于暑期中迁移完竣,分别开学。高中部主任由校长戴世龙兼任(赴重庆"中央干部训练团"受训期间,职务由高中部训育主任宋庆嵩代理),初中部主任则聘厦门大学文学士杜煌担任。1945 年 2 月,初级中学在安溪长康设立分校,由王成章为分校主任。3 月 14 日,陈村牧校董应省临时参议会秘书长新职,晋省履新,1946 年 3 月 13 日辞去。

四、苦难磨砺　弦歌悠扬

自播迁内地以后,集美学校面临着诸多困难,处在艰苦支撑之中。但艰难困苦、玉汝于成,学校没有被困难吓倒,而是千方百计度过时艰。

（一）破解"三大难题"

学校播迁内地遇到的困难和问题很多，但最突出的是校舍、师资和经济"三大难题"。首先是校舍问题。一千多名学生安身在安溪城内的文庙里，一个"大成殿"就住了一百多人。学校几经迁徙，苦状自不待言。但师生们因陋就简，在艰苦的环境中坚持上课，毫不动摇。其次是师资问题。抗战期间，由于生活困难，很多教师纷纷改行，另谋生计，集美学校又内迁山区，教师更难聘到。但集美学校60％以上的教师都能坚守岗位，与学校同艰苦共患难，和衷共济，还自愿适当地降低工资。第三是经济问题。这是学校遇到的最严重而又最困难的问题。陈嘉庚除了殚精竭虑出资维持集美学校的经费外，还于1939年8月4日在南洋发表了《为复兴集美学校募捐启示》，发动集美校友捐款支持母校。南洋各地集美校友热烈响应陈嘉庚的号召，踊跃捐款。印尼巨港校友募捐得国币23万元，集美族亲陈六使托上海华侨银行代购公债100万，以利息每年6万元，捐作集美学校复兴基金。

1942年1月，日军发动对新加坡的总攻，新加坡危在旦夕。2月3日，陈嘉庚离开新加坡，前往印尼避难，连家人也来不及通知。但是，在那危急的时刻，他仍担心集美学校的经费无着，抓紧新加坡沦陷前尚能汇款的时机，及时作好汇款安排，动员族弟陈六使汇国币700万元，女婿李光前汇100万元，长子济民、次子厥祥二人汇55万元，共计国币855万元，以南侨总会救济款的名义，汇重庆国民政府财政部转交给集美学校。这笔巨款后被耽搁年余，几经交涉，始行交付。因币值猛跌，造成较大的损失。为谋集美学校能有永久的经费来源，乃将此款在福建省临时省会永安设立"集美实业股份有限公司"和"集友银行"，由已回到永安的陈济民、陈厥祥兄弟分任总经理，每年以盈利20％补助集美学校。

新加坡沦陷后，侨汇中断，集美学校经费几乎濒临于山穷水尽的困境。但集美学校仍顽强支撑着。一方面，靠原有的校产（天马山农场等）收入，以及集友银行、集美实业公司的补助；另一方面，学校精打细算，节省开支，也尽量争取政府的一些补助。1942年至1945年间，省政府和国民政府行政院曾三次拨款补助共100万元，两次借给大米计4000担。

（二）"校友养校"运动

谁言寸草心，报得三春晖。1942年1月18日，集美学校校友会在安溪临时校舍召开第二届代表大会，提出"校友养校"的倡议。19日通过《告全体校友书》，其中有这样一段话："母校创办已达29年，缔造维艰，维持匪易，全赖我校主血汗输将，苦心支持……自南太平洋战事发生，校主领导侨胞起而抗战，大敌当前，内顾未暇，此后复兴母校，我校友实责无旁贷。愿资群力，共护门墙，少或一金，多则百数，使校主逐月之负担可以减轻，母校复兴之基金亦得立集，众擎之力易举，百年大计可成。"这个倡议得到了各地广大校友的热烈响应，校友们说："饮水思源，我们实在一千个应该来报答我们的校主、我们的母校，共同负起养校的责任来，不应该让重担永远压在我们老校主的肩

上。""我们养校的目的,是在永远维系校运于弗坠。所以校友养校运动,应该是永恒的、长久的,而不是短时间的,也不是间歇的养校摆子。"

1943 年 3 月,老教师陈大弼又提出了《扩大校友养校运动的倡议》,热望各地校友"提供实施办法,普遍倡导施行,加紧促其实现,以奠母校经费长久之基,使校主的伟大理想与母校的光荣历史永垂无疆,庶于'校友'的名分责任两具无愧"! 他的倡议又得到广大校友的一致响应。建阳校友分会发表《响应陈大弼先生扩大集美校友养校宣言》,提出:"至此母校前途千钧一发之秋,正我校友衔环结草之日,吾人为爱护与扶植母校计,特响应陈大弼先生发起之'校友养校'运动,乞援拯急,力挽狂澜。凡我各地集美校友,允宜追怀母德,体念时艰,慷解义囊,热烈捐助。庶裘成集腋,奠母校经济巩固之基,拯母校水深火热之危。"校友陈上典提出了校友养校的三个办法:一是有钱出钱。"母校目下经费支绌。有钱出钱,是最直接、最有效的方法。"二是有力出力。"大家受母校的培养,当此全国正闹'教师荒'的严重时期,希望有能力的校友,能体念校主毁家兴学的苦心和母校当前的困难,挟一己之所长,回母校服务。"三是有物出物。"母校规模宏大,经费支出除教师薪俸外,大半用在设备方面。假如校友们能够以自己厂家的产品,以最低价格售给母校,则对于设备方面也可减少负担,如图书馆的书籍杂志,可由我校友自由捐赠。"

"校友养校"运动收到了不小的成效。据 1946 年 10 月的统计,各地校友分会捐献母校基金共国币 3439 万余元。其中在上海的水产航海学校第一组的校友张辉煌就独力捐献了国币 500 万元。水产航海学校第二组的校友陈维风应母校之召,放弃在广东汕尾的工作,从广东挑着一头行李、一头幼女的担子,艰难徒步跋涉 10 多天,才到达大田,担任水产航海科的主任。感人的例子不胜枚举,集美校友就是这样,以自己赤诚的心和实际行动,帮助母校度过了八年抗战的危难时期。

(三)因时制宜的办学方针

在艰苦的环境和困难的条件下,集美学校从各个方面更加严格地教育管理学生,在办学的指导思想上是很明确的。陈村牧校董于 1940 年 2 月 19 日在职业学校开学式上的训词,可以集中反映当时学校领导的办学方针。他在希望同学们要精诚团结,积极抗日,发扬集美固有的好作风,接受严格的训练以后,着重提出了以下四个"重于":

1. 操行重于学业

他说:"学业固然要好,但操行比之学业更为重要。如果没有道德的人,他们的学问越渊博,则危害国家社会的能力越高强,越毒辣。所以我希望各个同学要视品行的修养,重于学业的研讨。同时希望各个同事,除了上讲堂、改课业以外,还要时时注意学生的思想行为,予以诱导和纠正。"

2. 自修重于上课

他认为:"上课是接受教师所传授的课业,自修是就教师所传授的课业,加以研习探讨,以期领会。以饮食为喻:上课时教师传授课业,正如把调好的饭菜递到你们口

里，你们把它吞下；自修便如胃肠里消化工作。一个人如果只会吃，不会消化，不仅于身体无补，而且反有害处；同样理由，有上课而没有自修，也是无益的。"

3. 实习重于书本

他强调："学识与经验，是同样的重要。学识多得之于书本，经验则从实地工作得来。文哲学科得偏重书本的研究，实用学科则非有实际经验不可。你们是在职业学校求学，所研习的是实际的技能，当然要注重实习。希望你们在实习的时候，要认真工作，视同自己的事业，不要马虎从事，才能得到实际的经验。此外，如参观、考察、调查及采集标本，均应选用寒暑假时间，多多举行。求实际的经验，来补书本上的不足。"

4. 劳动重于运动

他指出："过去读书人多鄙视劳动，这是绝大错误。近一二十年来，乃提倡体育，鼓励运动，最后又提倡劳动服务，推行生产教育，就是要纠正从前错误的观念。以运动和劳动相比较，我以为后者尤为重要，因为运动的主要目的在锻炼身体，而劳动则有下列三种作用：养成劳动的习惯；籍劳动来锻炼强健体格；可获得工作的效果。"

（四）提倡"生活劳动化"

学校播迁到内地，尤其是在大田玉田村，环境是相当艰苦的，地处出麓。僻静荒芜，道路崎岖，水潦浸淫；住的是破旧祠堂，透风漏雨，冬天寒风刺骨，夏天蚊子成群。面对着艰苦的环境，学校强调实行劳动服务。1939 年，学校的特种训练委员会提倡"生活劳动化"，明确指出："我们要在劳动生活中，认识到劳动与人类社会关系的意义，培养平等观念。"师生们用自己勤劳的双手，把一幢幢破旧祠堂修整成干净明亮的校舍，把一条条泥泞弯曲的小道修筑得宽阔平坦，把一处处臭水沟、泥污塘填平修成运动场。校舍周围遍植花草，村里路旁植树成行，使学校环境焕然一新，宛如第二集美学村。由于粮食经常供不应求，学校分派本地学生，下乡采购粮食。同学们翻山越岭，挑运粮食，不辞劳苦。学校又组织学生养猪、种菜，做到肉食、蔬菜部分自给，节省开支，办好伙食。师生们推选代表组织膳委会，负责管理伙食，学生代表轮流监厨。闽南来的不少同学刚到大田时水土不适，身染疟疾，发高烧，出冷汗，生疥疮。同学们互相照顾，渡过了难关。

（五）实行军事化管理

播迁内地后，虽然生活条件很差，但日常管理是十分严格的，校风良好，秩序井然。为了适应战时环境，学校实行军事化管理。学生一律着黑色制服，束腰带、绑腿，头戴镶有"集美"、天马山为图案的军帽，个个英姿飒爽。清晨，天刚蒙蒙亮，无论天寒地冻，只要起床号一响，大家迅速起床，穿戴整齐，打好绑腿，在几分钟内齐集操场，报数点名，无一缺席，随后进行升旗、早操、跑步。全校师生沿环城路集体跑步，服装、步伐整齐，显得威武雄壮、紧张活泼。从内务管理上，也能看出同学们的精神面貌。虽然住宿非常拥挤，但一切井然有序。大殿上，一行行单人床密集而十分整齐地排列着。床上一律挂着白蚊帐，一式白床单，床下盥洗用具、鞋子等都按固定的地方摆好，每张床上

的棉被都叠得方方正正,顶上用白布巾覆盖。为了把被子叠成"豆腐块",每个同学都特制了两块一尺左右长的长方形木板,叫做"内务板",每次叠被子后,再用"内务板"把几个被角夹成直角。每月检查评比,持之以恒,宿舍个个保持整洁美观,可与军营媲美。这个时期,教师对学生的教育管理实行导师制。学生每组各设导师一人,导师由校长亲自从专任教员中选任,以人格高尚,堪为学生表率,且能切实负起训导责任者为标准。导师必须与学生共同生活,最低限度必须做到:在校住宿,在膳厅与学生同时用膳,参加早操或晨间跑步。导师还要批改学生的生活周记,监督学生用款,每学期对每一个学生,至少须有两次以上谈话,并要填写学生的情况报告,送交学校领导及学生家长。导师的任课时数,以专任教员担任教课时数的三分之二为限,其薪水一律照专任教员加一级叙薪。主任导师及导师,及时与教师主任、军训教官、童子军教练密切联络,达到训管教合一的效果。除导师认真负责督导外,校长每天晚上也坚持到学生自修室和宿舍巡视,风雨无阻。

(六)严谨治教治学

在播迁时期,虽然办学条件较差,但学校对教学抓得比以前更紧。为了适应当时的社会需要,淡化专业,培养通用人才,设置的课程是比较广泛的,专门学科与普通学科同时并重。学校对英语、数学的要求,比一般高级中学高得多。学校对学生的要求相当严格,月考、期考采取统一编号数、座位,集中举行和严格监考的办法。除了期中考试外,平时的作业查看也很严格。学生不但要学好功课,而且要进行战时特种训练,如消防训练、交通训练、特工训练、防毒训练等等。通过各种训练,大大提高了学生们的实际本领。在艰苦的环境中,同学们的学习是很刻苦的。在大田的临时校舍被敌机轰炸后,师生们只好临时把教室搬到树林里、防空洞内。大家团坐着听课,笔记本放在膝盖上作业,早晨出、黄昏归,中午在山上用膳,珍惜每一分钟时间。师生们称这为"生活在山间"。那时没有电灯,晚上集体在课室自修,初时学校还有炽亮的煤油汽灯照明,后来煤油难买,点灯时间缩短。同学们自己动手,用旧墨水瓶做成小油灯,人手一盏。白天课余之暇,在绿阴树下,兰溪河畔,林中隐寺,到处可见学生三五成群,手不释卷,一片琅琅书声,而图书馆、阅览室里更是挤满了同学。那时,虽然生活上很清苦,不少同学严冬腊月都打着赤脚,但是同学们却从知识的宝库里得到了丰富的文化营养。播迁到内地后,学校在设备上虽然不及以前,但仍然千方百计克服困难,保持着战前"全国设备最完全的中等学校"的荣誉。图书馆、科学馆、医院等公共机关,均于抗战初便随校迁入内地。新出版的图书杂志及中外报刊,也尽力设法搜罗购置,有些还是当时难以看到的进步书刊。理化教学用的仪器也相当齐全。除了渔航实习船无法迁移到内地外,其余教学设备都能保持完整。迁到大田后,同学们还自己开辟了两个养鱼池,作为养殖学科实习之用。集美学校的学习风气比战前更加浓厚,学生数也从 1938 年的 851 人,增加到 1944 年的 2380 人,在国难当头、民族危亡之际,为国家培养了一大批人才。

（七）丰富课外活动

集美学校的学生,历来有重视课外活动的传统。迁到内地后,虽然闭塞的山城没有什么娱乐设施,但是,同学们仍然保持以前课外活跃的传统风气,积极创造条件,开展丰富多彩的课外活动。学校专门制定了《课外活动实施大纲》,其中指出:"课外活动之实施,在积极地诱导学生,使其自觉地实践教、训、军合一,以达到德、智、体、群、美五育并进之目的。"课外活动的内容分为德育活动、智育活动、体育活动、美育活动、综合活动等六类。学校专门设立一个课外活动指导委员会,主持实施课外活动的工作。当时对课外活动是像正课一样严格要求的,有组织指导,有活动计划,有成绩考核。职业学校迁至大田后,学校课外固定活动的项目有:演讲研究会、时事研究会、戏剧研究会、音乐研究会、文艺研究会、健康研究会、航海技术研究会、漫画研究会等等。临时活动的项目有:时事测验、作文竞赛、演讲比赛、爬山竞赛、越野赛跑、团体运动竞赛、急行军、夜间紧急集合、野战演习、同乐会、野炊、郊游会、晚会等等,内容极其丰富多彩。学生们对体育运动特别重视。在大田时,学校特地在均溪"塔兜潭"架起一座跳水台,开展高台跳水、游泳活动,为山城前所未见。暑假,学校组织篮球队远征永安、广西和华东各地。1939 年 11 月,学校参加大田县运动会,几乎囊括了青年组全部项目的冠亚军。教职员也经常与同学们共同举行爬山、远足、游艺、晚会等同乐会。由于课外活动相当活跃,因此,环境虽艰苦,但校园里处处充满生动活泼的气氛。山区内地,虽然没有城市的繁华热闹,但是也别有一番风味。师生们在这片土地上尽情地享受着大自然的美。安溪那条清澈澄碧的兰溪,大田那林木苍翠的青山,在师生们的脑海里留下了难忘而美好的记忆。

峥嵘岁月,艰难磨砺。在八年抗战的苦难历程中,集美学校的师生发扬了"诚毅"的精神,把学校办得生机勃勃,在自己的校史上写下了光辉灿烂的一页。

五、播迁时期的教学实施

集美学校播迁内地后,中学、职业学校的组织系统因应时局变化作相应的调整。中学的组织系统为:校主——校董——校长——校务会议——校长办公室、教务课、训育课、体育课、各种委员会、军事训练队、中国童子军第 92 团——全体教职员会议。其中校长办公室下设文牍股、事务股;教务课下设学科会议、教务会议,设注册股、课务股、生产训练股、成绩股、统计股;训育课下设导师会议、训育会议,设舍务股、训导股;体育课设体育会议,设设备股、训练股;各种委员会包括课外活动社会服务指导委员会、膳食委员会、学生升学就业指导委员会。职业学校的组织系统为:校主——校董——校长——校务会议——各种委员会、事务科(主任——事务会议——书记股、布置股、保管股、庶务股、文牍股)、教务课(主任——教务会议——图书仪器股、学籍股、招生股、统计股、成绩股)、训育课(主任——训育会议——课外活动股、体育股、奖惩

股、服务股、指导股)、各科主任办公室。

在播迁时期,各校的教学实施因时制宜、因地制宜,体现了严谨的办学方针和实事求是的办学态度。1940 年 6 月出版的《集美学校最近三年来概况》对各校的教学实施情况作了较为全面的记载,现分述如下。

(一)中学的教学实施

中学校自迁入安溪以来,教务人事方面,虽屡有更动,而教务实施方针,则多本一贯之精神,鲜有更改。其主要原则,一面在乎提高学生之程度,一面仍积极参加或训练抗建之工作,二者相辅并行,俾教育与时代互相适应,学习与生活共同联系。

1. 教学概况

(1)举行学科会议。学校为谋各科教学上计划及实施之完备起见,特在教务会议之外另设学科会议,分国文科、英文科、数学科、自然科、社会科、艺术科、体育科等七科,各科每学期至少举行例会两次,讨论学期计划,检讨教学成效,提出改进措施。

(2)设立教师座谈会。中等学校教师工作繁忙,自身进修受到限制。学校"于无可为力之中,特谋补救之法",每学期中举行座谈会一次,主持人由各教师轮流承当,于闲谈阔论之中,作各种问题之探讨,如教学上困难之解决,学术上新发展事项之切磋,集思广益,舍短取长,沟通感情,融合思想。

(3)补充抗建教材。为使学生彻底明了抗建之意义及应付临时事变时之技能起见,除组织特种训练外,并于各科讲授课本之际尽量收罗有关抗建教材,藉资补充,抗战以来,努力实行,收效颇有可观。

(4)实行补课。播迁时期教师缺课时有发生,所以学校规定教师请假必须登记其时日和缺授学科组别等,待销假时由教务课另定时间补授,以免影响教学进度、阻碍学生学业。

(5)设立各科研究会。学校为使学生对于某科具有特殊兴趣或天才者,得发展其专长计,特由课外活动指导委员会指导学生组织各种研究会,先后设立了音乐研究会、时事研究会、艺术研究会、文艺研究会、无线电研究会、化学研究会等。

(6)调查学科兴趣。每学期终了时,举行学科兴趣调查一次,藉悉学生学习之心理及兴趣,并可供各科教学上改进之参考。

此外,在教务方面还推行严格考试,试行教室内短时间测试,抽阅各科作业,举行全校主要学科测试比赛,举行教室布置比赛,举行寒暑假补习等。

2. 生产训练实施概况

(1)装订印刷训练。学校开辟装订印刷实习场所,装订部购置装订机、压纸机、切纸机、抒绳机各一架,附属用具数十种。印刷部购置石印机、手扳铅字车、裁纸刀板、中文铅字、英文铅字等设备。训练中心工作在装订方面,教以装订中西各式书籍以及各种集影簿、纪念册等技术,至印刷门类,则教之以检字排版成印以及石印制版等方法。教学实施注重理论研究与实际工作之联系,注重个别指导,注重技能之娴熟敏捷及精密,特别训练学生将来可以主持装订印刷业务之能力。训练时间高中每周实习 2 小

时，初中 4 小时，一年完成。1938 年度上学期结束时，共计出品集影簿、纪念册、备忘录、袖珍日记及学校应用文具等数百件，大部分于劳作展览会时出售，余者存校陈列。1938 年度下学期为训练学生经营印刷业务起见，乃另雇四名助手帮同工作，承印外来印件，营业颇佳，事务亦繁，幸得学生与工人共同合作，埋头苦干，尚能按期交货，深受主顾赞许。1939 年度上学期，以低年级学生修装本校图书馆一部分破旧书籍及杂志等，高年级学生装订各式书本及印刷。

（2）黏土工训练。教以黏土的采取及炼制，教以手造法、塑造法、素烧法、釉烧法等技能。

教学目的为练习制坯、塑造、雕塑、烧窑等工作法，树立各种技能的练习，以培养制陶的兴味，为从事职业的基础。学时为初中（一年上）每周 2 小时。

（3）木藤竹工训练。理论方面：木工——识别木材方法及来源与用途、工具概况、油漆法及装饰法、学习木工应注意事项；藤竹——识别藤竹的来源及用途、明了藤竹器的各种制法（藤之围心与藤皮制法）、竹之劈制、编制及涂色等法。实习方面：木工——训练使用锯铇凿的各种技能、钉接法、藤接法、简单油漆与装饰法；藤竹——训练编劈藤皮、竹篾、围心等各种技能，涂色、修补及其他各种技能。学时初中（一年下、二年上）每周 2 小时。

（4）园艺训练。教以垦土、播种、栽植、施肥、除虫、浇水、除草、筑篱笆棚架等技能，调查本地蔬菜出产之各种情形。教学实习目标为利用荒地依种菜月令垦殖蔬菜以鼓励耕种之兴趣，养成体力劳动习惯及生产技能。学时初中（二年下）每周配订讲述时间 2 小时，田间实际工作另定之。

（5）缝纫训练。全校高初中女生，每周 4 小时并于星期日下午自由作业。训练中心工作是缝制战士棉衣。

3. 特种训练实施概况

（1）消防。初中三年上男生全数受训，其余年级学生符合一定条件的可报名请求参加。

（2）交通。为训练交通各种技能起见，组织下列各种工作队：①无线电通讯队——无线电报组 10 人，无线电话组 6 人。②有线电通讯队——有线电报组 8 人，有线电话组 8 人。③旗语通讯队——双旗语二组 8 人，单旗语二组 8 人。受训人员共 48 人，电讯组由高中学生精于数理者自由参加，旗语组由初中已习过旗语者自由参加。每周除讲授 1 小时外并实习 2 次持续训练 1 年告毕。

（3）特务。高中三年上学生参加，每周授课 1 小时，必要时得临时增加之。学习课报概说、侦探概要、间谍防范和侦探方法（包括观察方法、检查方法、侦查方法、登录方法等）。

（4）防毒。高中三年上学生参加，每周讲授 1 小时，实习 1 小时。学习防毒常识和防毒纪律，练习防毒器材使用等。

（5）救护。全体高初中女生参加，每周授课 2 小时，学习救护要义、急救用品、各种人工呼吸法、创伤消毒法、编扎法、止血法、搬运法、外伤急救、骨折急救、灼伤急救、昏

厥急救和护病学,凡有实习时均在本校医院实习。

(二)职业学校的教学实施

1. 教学实施

播迁时期职业学校提出的教学方针是:以时间补空间,以精神补物质,以自修补上课,以实习补课本。具体实施情况如下:

(1)布置环境

学校认为,环境与教学有密切之关系。学校现处环境,系一内地乡村,所有校舍,非庙宇即祠堂,而且大都破陋不堪。历经修葺与改进,耗费几许金钱与精力,以迄今日,四壁一新,门墙井然。校内外道路,亦经一一辟通,道旁栽种柳树或果树。空旷之地,盖以绿茵或细沙。高显之处,则书以淡色之标语。此乃就一般环境布置而言。至于各组教室之环境,尤为注意改进。开学之初,定期举行教室布置比赛。室内墙壁,一律粉刷白色,壁上悬贴各科有关图表,力求整洁与美观。为保持教室整洁起见,逐日实行检查教室,并制检查表分发各组长,令其轮流检查及登记,并于翌日送课汇计公布,周末再行总计发表,最整洁之教室,颁给整洁牌,以示荣誉。此项整洁牌,凡连获三次者,得永久保留之。故各组竞争至为热烈,而教学环境之优美亦赖以造成。

抗战期间内迁大田时水产航海学生上课的情景(1941年)

(2)补充读物

学校位于闽中,周围环山,与外界隔离颇远,而于新思想之吸收,自极困难。数百员生讲学藏修于斯,深恐闭户造车,结果无以适世。乃亟谋补救之道,惟有尽量补充读物,藉资涉猎,庶免落伍之虞。故除由学校积极扩充图书室藏书和增辟阅报室外,并发

动各组加紧组织读书会,分别订阅各种报章杂志,以期尽得外界之新知识。此时,各专科中英文参考书 2000 余册,中英文报纸及杂志 20 余种,已足资员生课外浏览。

(3)调查研究

学校提出,教育之发展,多赖调查与研究。调查所以知其实况,研究则所以谋其改进,此实最关重要者也。学校教务之调查,于校内为学科兴趣,逐月教学进度,每日教学实况,暨学生家庭职业、籍贯、年龄、体格及志愿等项。于校外则为课程、教本、教具、及应用表格诸类。调查所得,或则登录存查,或则付诸各种不同会议,分别研究,皆视为教学改进上最好之参考资料。

(4)整理统计

学校科系既多,班数又多,教务之繁,自不待言。欲求行政便利,管理得法,必须从事整理及统计,庶有头绪可寻。有鉴于此,学校对于各种应用簿籍辄加修订,随时记载,且对各种重要教务事实及平日调查所得,分别统计,并调制图表,悬挂于办公室,以便参考,而利改进。

(5)限制请假

学校对于学生请假,素主严厉限制。规定旷课 5 小时记大过,15 小时不得参加学期试验。学生因事或病,请求给假回家者,须持有家长或校医证明书,否则不准,其缺席作旷课论。并按日将各组缺席或旷课学生姓名公布之,俾资督促。

(6)实行补课

学生请假固须严厉限制,而教师在每学期正式上课后迟到,或在平日缺席,亦须实行补课,此乃吾人为教育者之责任所应尔,亦为尊重学生学业,所不得不尔也。学校对于教师补课,向来极为认真,规定:一,凡缺席一至二小时者,由其本人自行调课。二,请假逾 3 日者,由教务课定时补课。三,逾一星期者,由教师自请代课人;若在一月内者,则由教务课报告校长,聘人代理;而所有代理人之津贴,概由请假教师薪俸扣给。四,因公请假者不扣薪,但于可能范围内仍须设法补课。

(7)严格考试

学校每值举行临时考,或期考,除由专任教师主试外,教务课分请职员为监试。试题分奇偶二种,并规定考试犯规扣分办法,如有不守秩序或作弊行为,悉按情节轻重,予以相当处分。

(8)注重作业

学校为注重学生平日作业,减轻教师工作之积压,除规定各科作业办法及划一各科练习簿外,复由教务课每周召阅各科作业一二种,签注阅过日期及意见,俾教师、同学知所注意。实行以来,师生工作均见紧张,而教学效率自多增益无疑也。

(9)出版壁报

学校为鼓励学生研究学术、练习写作起见,特多方给予发表之机会。除定期举行各种论文竞赛,及随时向学生征集作品寄登《集美周刊》外,复发动各科学生出版壁报。颁布壁报出版办法,藉资遵守,并成立审查委员会,以便管理。当时全校计出版三个壁报,依其出版先后,一为商业科之《拓荒》,二为农林科之《乡音》,三为水产科之《海风》,

定期出版,各有其精神之表现。

(10)检讨生活

学校于督促学生研究学术外,复使注意日常生活之检讨,各组每星期规定生活座谈会一小时,并予排入日课表内,藉资有恒。座谈之中心问题,分为高初级二种,按月由教务课拟定公布之。又发给生活座谈会报告表,以便记录送课存查。座谈秩序:一,检查出席人数;二,全体肃立默念总理遗嘱;三,时事报告(每次一人或二人,每人以 5 分钟为限);四,讨论问题(每次二人或三人,每人以 10 分钟为限);五,结论或批评;六,散会。座谈时级任导师须列席指导,由组长任主席,同学轮流为记录或司仪。此种座谈会,因其所讨论者均为实际之生活问题,故不但学生直接获益,即学校行政亦间接受其利也。

2. 实习概况

(1)水产航海科实习概况

水产航海科实习项目:在平时,有气象观测实习、操艇实习、驾驶实习、渔具实习、索具实习、机械实习、水产物实验等科。五年制学生最后一学年、三年制学生最后一学期,派往海上实习渔捞航海。实习设备有供渔业航海实习之 31 吨油机木船,及 274 吨之汽机铁船各一艘,端艇 2 艘,各种网具钓具及杂渔具凡数百件,航海仪器数 10 件,气象仪器 20 件,海洋仪器 9 件,渔船模型 12 件,网具模型、钓具模型等 200 余件,水产生产物标本 500 余件,最新编网机 2 架,小型机关 1 部,颇足供平时实习之用。其最后一学年或一学期之航海渔捞实习,则均由学校介绍至招商、大北等商船公司及各渔业公司渔轮服务。自学校内迁,实习船、端艇无法搬运,平时实习之操艇驾驶,暂告停顿,而侧重于气象观测、渔具、索具、机械等实习,或赴沿海作渔村经济调查。1939 年度下学期起,并在大田租鱼池三口,作实地研究养殖之用。至在校学科修完,最后实习,除一部分赴南洋渔航界服务外,余则改在省立科学馆及农业改进处之养殖场实习。抗战以来,沿海被敌人封锁,航业渔业大受打击,此后水产航海科着重于养殖事业之研究与推广。

(2)商业科实习概况

商业科实习设备:有英文打字机 10 余架,中文打字机 2 架。实习项目:除平时对簿记、珠算、英文打字、中文打字等技能科每周规定时间认真训练外,并定期分组调查各地商况,以为统计研究之资料。又为使学生获得实际经营之经验起见,组织合作社由学生轮流担任职员,举凡社中之组织、管理、进货、运输、广告、推销、函件往来、账目登记、银钱保管、会计、结算、稽核等,统由学生负责,藉资练习。至最后一学期学科修业完毕后,则由校介绍赴财政厅、省银行、中国银行、贸易公司、盐务管理局等机关实习,成绩尚称满意。

(3)农业科实习概况

农业科实习设备,原是完全:山地水田计有千余亩,畜舍 10 余间,农具有美国播种机 2 台,割草机 2 台,圆盘碎土机 1 台,脱粒机 1 台,远心分离器 1 台,喷雾器 2 台,孵卵器 2 台,本国农具犁、锄、耙、铲、剪、刀等 500 余件。实习工作除耕种、栽植、饲养、管

理外，并作种种研究实验。自学校迁入安溪，场地狭小，实习大感不便，仅能租地5亩并修葺畜舍1间，供园艺畜牧实习之用。至森林作物实习，则借用安溪农场及苗圃，有时下乡表证堆肥，宣传冬耕，或作农村访问调查。再迁大田，实习场所计租水田20亩，旱田12亩，并辟标本室1间，建温床1座，实习项目着重于基本技术之训练，并作施肥比较试验、纯系地方试验、距离试验、进种试验、适宜造林树木之比较试验等，至最后一学期，则由校介绍赴农业改进处所属之试验农场实习。

（三）小学的教学实施

抗战时期，小学的组织系统为：校长——校务会议——教务系（课务股、学籍股、生活指导股、成绩股、训练股）、总务系（庶务股、会计股、社会服务股、生产股、文书股）、研究系（实验研究股、编审股、测验统计股）、各种委员会、第一分校、第二分校、第三分校。其教学实施情况如下：

1. 教导方针

（1）我们深信，"抗战必胜，建国必成"，应该激励社会群众，同一信念。

（2）我们深信，"生活即教育"，应该领导儿童在生活中从事抗建工作。

（3）我们深信，人不能离群而独居，应该处处指导儿童营团体的生活，以适应新社会的需要。

（4）我们深信，要给予儿童的是：活的智识，实用的学问。

（5）我们要养成儿童有"自动"、"自学"的习惯。

（6）我们要训练儿童能手脑并用，并具有简单的生活技能。

（7）我们要训练儿童有敏锐的知觉和缜密的观察，使多得推理的机会。

（8）我们要训练儿童的身体、行为、学业均衡发展，无所偏废，以作升学的准备。

（9）我们要训练儿童重视农工，乐就职业。

集美小学崙上校舍（1940年）

2. 学级编制

小学学级编制,以儿童智力、学力、年龄等为分级标准,全体分为三个阶段:低年级段——具有一二学年程度者编入之;中年级段——具有三四学年程度者编入之;高年级段——具有五六学年程度者编入之。

学校每学期举行各种标准测验,及成绩考察各若干次,视成绩之优劣,依据规定升降标准,予以升降,以免程度参差不齐,而碍教学之进行。当时共办理 7 班,均为复式编制(石兜校舍高级二班、中低各一班。珩山分校单级一班,霞店分校中低各一班)。

3. 教学方法

小学的教学方法,高中级采用自学辅导法,低级采用设计教学法,以儿童的活动为主,导师的辅导为副,倘有相当机会时,则举行大单元的中心设计,如"抗建中心活动"、"冬耕中心活动"、"义卖中心活动"等,由教导课拟具施行办法,尽量联络各科,教学时则由教师依实际的情形参用、设计、实行、考核等过程,务使儿童在课内课外都有充分的活动,极力避免注入式的教学。

4. 生产训练

小学对于生产训练向极注重,自迁校后,虽限于校舍及经济,然亦尽量利用乡土教材,力谋补救。就附近荒地,自辟园艺场两处,复租农田数坵,以供学生栽种四季蔬菜,并利用假日,上山砍柴,或采草芒等以为燃料或制扫帚之用。女生宿舍设立缝纫部,自置针车两架,收制校服校帽、优胜旗、短裤、衬衣,修补破袜及刺绣枕头、椅褥、桌巾等发售。规定训练时间为每学期二、四、六三日,又暂定训练事项为日常用品、慰劳品、义卖品等。三年以来,未曾宽弛。

5. 研究概况

教师于教学之余,复从事研究工作。全体教师组织研究会或座谈会,就教育实际问题及新方法,集思广益,加以研究商讨,求得解决途径,以利教学之改进,而资教员之进修。并随时将研究成果公诸社会,以辅助地方小学教育之发展。各分校分别组织教师座谈会,每两周开会一次,复集各分校教师座谈会,合组教育研究会,每月举行会议一次,讨论各科教学、儿童训导、教材教具、战时教育设施、教师进修诸问题,每学期每教师至少须从事一种以上有系统之研究工作,并于学期终拟具研究报告,以备参考。研究工作及其概况,散见于《初等教育界》、《集美周刊》、《儿童导师》及本校出版刊物等,已成文发表者,不下百篇。

6. 出版刊物

小学的出版刊物有:《小学行政组织问题》、《标准的乡村小学》、《现代教育方法概观》、《儿童自治指导法》、《健康教育实施法》、《改革后之集美师范附小》、《现况概览》、《延平乡组织法》、《一个小学一年来的一事一物》、《成绩考查法》、《师范生参观实习指导法》、《好公民》、《一年来的教导设施》、《集美小学学则》、《集美小学组织大纲》、《教导常规》、《集美儿童》、《春姑(歌舞剧)》、《梅花仙子(歌舞剧)》、《勇士之歌(歌话剧)》、《渔村劫(歌话剧)》、《长恨绵绵(歌话剧)》、《菊子姑娘(歌话剧)》、《假期作业大纲》、《小学应用文》、《新儿童》。

六、播迁时期的训育实施

集美学校的训育制度在播迁之前已经较为完善，播迁内地之后，学校根据战时的形势和特殊的环境，对训育制度作了相应的调整。

（一）中学的训育实施

播迁安溪之后，中学实施导师制，设主任导师一人，由训育主任兼任，下设级任导师及导师若干人，级任导师系就每级各导师中选任，除训育该组学生外，并负处理级务之责。各导师每月开训导会议一次，讨论训导上之各种问题，开会时由校长主持。

学校根据部颁——中等以上学校导师制纲要和厅颁——修正福建省中等学校导师制实施细则，制定本校导师服务要项。主要内容包括：体察本小组学生之思想行为学业及身心摄卫等事项，并施以严密之训练，如认为学生不堪训导时，得请求校长准予退训；与本小组学生作个别谈话，并指导其生活；利用课余及例假时间集合本小组学生举行谈话会、讨论会、远足会等，作团体生活之训导；评阅本小组学生之生活周记；监督本小组学生之用款；指导本小组学生之小组讨论；详密记载本小组学生之性行、思想、学业、身体状况，按期报告学校及学生家庭；处理本小组学生纠纷事件；处理学校临时委托事项。

学校重视学生的精神训练，提出精神训练的原则：（1）行政方面总动员——除训育课军训处童子军团部共同主持精神训练事宜外，其他各课（教务、事务、体育）各会（课外活动委员会、自修督导委员会等）各馆（图书馆、科学馆等）均确定精神训练为实施方针之一。（2）生活方面的总动员——教员生活与学生生活相结合，物质环境与精神活动相呼应，形式训练与内心修养相融贯，个别指导与集团训练相适应，课内教学与课外活动相配合，理论的阐明与实际的行为相联系。

（二）职业学校的训育实施

职业学校实行级任导师制，重视精神训练，提出："精神之为效，远驾物质而上之。"学校按照这一宗旨，每逢星期日举行。总理纪念周时，于普通道德学术讲解外，并及总理遗教与总裁嘉言等作有系统之讲述，俾学生了然于求学立身之道外深切认识总理与总裁之伟大，为三民主义之实现，而作英勇之奋斗也。又每逢星期四晚间，集合全体学生，由教师轮流或请社会人士作半小时以上之精神讲话，藉期今日之青年学生，悉为未来国家社会之中坚分子也。

学校还编订礼节要点、日常生活规约、服务须知及内务奖进办法，以成文之规定，昭示学生，严格督导其实行。不特期其于进退应对上有物有则，而于明礼义、知廉耻、负责任、守纪律之习性，亦获日渐养成，认识人生以服务为目的，整齐、清洁、简单、朴素之旨，在学校日常生活中全般实行。

学校对学生用款严格加以管理。指出："青年学生每为其家长所诉病者,即用款浩大,挥霍无度是也。且自其离开学校,跨入社会后,精神上每感莫名之苦闷。拨厥原因,固由于社会生活之复杂,应付困难,而其收入有限,不敷支出,乃憧憬过去在校时之生活,而益增其苦闷矣。"学校有鉴于此,乃规定学生用款之办法,凡学生来款,统须存入会计处,并由训育课定制支款用途登记表乙种,规定每星期支款时间。学生如有用款,先向训育主任声叙理由或用途,经核准后登记于表,并持业经训育主任盖章之支款单向会计课支取其应用之款额。设学生有向校外人士挪借款项,届时有来款而须清偿,当其向训育主任声叙支款理由时,必经查明实在后方准其支取清偿,甚至有时迳由训育课代为送还者也。`学校认为这样做,"不特于消极方面限制学生之浪用款项,而于积极方面可以明了全校学生用费之详情,其有不当者则加规劝,晓以俭朴刻苦之意义,而养成其对物质生活勿存享乐之想念,俾将来不至因收入之低微而感苦闷,反可因其已有俭朴刻苦之习性,为社会浪费生活作一有力之针砭也。况当兹抗战建国之艰巨工作齐头并进之秋,吾人对此未来之中坚分子,尤须从其物质生活方面,加以严格之管理或限制,节衣缩食以努力于抗建大业之完成也"。

七、职业学校的军训和课外活动

(一)军训的组织和实施

学校为便利管理训练,在纵的方面,设军事训练团。将全校高初级男女生混编三中队,一直属分队;中队之下辖三区队;区队之下辖三分队。训练团设团长一人,由校长兼任,下设团附六人,由各课各科主任及教官兼任。至于中区分队之正副队长,由校遴选优良学生充任。并组织团部,聘各教师为各科教官。又设指导员,聘青年团组织指导员及课外活动指导员担任。军需由事务课派员担任,军医由医分院医士担任,教育副官由办事员兼任,尚有号兵勤务等,均由校指派工役充当。在横的方面,各组设正副组长各一人,由学生自行选任,各室设室长一人,由学校指派学生充任。

军训课程及其进度,按照学校实情,遵照部颁实施原则,从事编配。教育时数,学科占40%,术科占60%。平时利用山地,授以各种作战时必需的技能,而于形式之教练,极力设法减少,总求所学能够活用,提高军事训练效率。女生则因人数偏少,奉准暂时停止看护训练,使参加各该年级受军训。

至于军事管理,根据部颁管理办法,以极严格之军队生活方式,来促进全校员生举动军事化。服装一体遵照规定,无论出校在校,均应穿着,务期仪容端庄,礼节周到。平时学生请假应照手续办理,经有关系方面证明准许,方得离校。寝室教室以及膳堂,订有规则,以不得违背新生活标准为原则,均应遵守。在操场野外,须严肃迅速而确实。风纪士兵及值日勤务,应负责维持风纪,执行任务,例如警诫纠正等。上举各项训练,均订有详细规章及办法。

关于战时后方工作之训练,亦有具体计划实施之。利用原有军训团组织,以区队为工作单位,根据高中以上学校学生战时后方服务组织与训练办法,划定时间,聘请技术专家,分班予以宣传、警备、纠察、交通、救护、防空、消防、募集、慰劳等训练,以期发挥国防教育之精神,协助政府实施后方工作。

关于思想训练,参照各校政治训练大纲,利用各种方式,调查考核与指导之。务期各生有坚强之中心思想,拥护国民政府,努力抗建工作,而有抗战必胜、建国必成之信念。

关于生活训练,根据各校政训计划大纲,订定作息时间表,平时着重于知识能力思想及行动实践之联系,又欲调节生活,即有剧团、音乐队、球队之组织。以革命之精神,发挥集团之朝气;求生活军事化、职业化、生产化,而能耐苦与有毅力。

学校对军训实施,采取教、训、军之联系,以相互负责、相互讨论为原则,并辅以导师制,更以校长兼团长,为领导中心。故实施之后,历时虽短,各项设施未臻完善,但颇顺利推行,全校员生个个充满革命朝气和青年活力,深得各界好评,此即军训团同仁引以欣慰,更应加以勉励者也。

(二)课外活动概况

1. 各种活动团体组织

学校的各种课外活动团体,已成立组织者,有下列各会团:

(1)剧团——本校剧团之组织,系应当时迫切之需要,同时欲增加学生对戏剧艺术之兴趣,发展其技能。招收团员以公开征求、入团自由为原则,全校师生均可参加。每学期内公演两次,每月举行若干次座谈会。

(2)体育干部——本校学生除全体须参加每周课外运动外,再于学生中挑选优秀运动人才,组织学校篮球、排球代表队。田径各项运动,由一部分较有兴趣同学组织一田径队,于规定时间内,施以特殊训练。此外,对于各组课外运动之负责,另选较有体育学识及技能良好之学生为体育干部,分配各组任指导。

(3)歌咏队——本校向有歌咏队之组织,该队设队长一人,干事一人,主持队中一切事务,并定每星期练习时间。本校口琴队队史甚久,嗣以迁入大田,交通不便,乐器难以购到,无法扩充,现已设法订购各种乐器及曲谱,着手招收新队员,规定时间练习,俾本队队员在指导员辅导之下,尽量发展其音乐天才与技术。

(4)力行学术研究会——主要任务为统制校中各种壁报或另办力行壁报,定期召开抗建辩论会,指导学生读物,会员行动思想考核,开各科学术座谈会,时事讨论会。

2. 各种临时活动

(1)戏剧运动。学校迁入大田,为激增当地民众抗战情绪,对宣传一事十分注意,尤以戏剧运动推进最力。公演次数达十次以上,演出之剧有《号角》、《理发店》、《小英雄》、《父子兄弟》、《死里求生》、《菱姑》、《夜之歌》、《流浪的孩子们》、《炸药》、《三叉口》、《生命之花》、《张家店》、《荣归》、《秋阳》、《过关》、《反正》、《战》、《鱼税》等。

(2)体育活动。学校于每学期中举行各种球类循环赛,尽量征求同学参加,然后按

其技术高低,分组定期比赛。此种办法实可增加同学无穷兴趣,提倡普及运动。于校内自己举行比赛外,并常请外界团体,作种种球类友谊赛,藉资观摩。大田县的各项公开比赛,学校亦均遴派选手参加。1939 年春,一部分留校学生利用假期,组织篮球远征队,南下安溪、南安、永春、德化等县,与各学校各机关作友谊赛,计赛 11 场,幸均获胜。此次远征,各地人士印象甚佳,而各运动员对球艺亦增益不少。

(3)其他活动。学校于每学期中,均有各种临时活动之举行,如植树运动、劳动服务、爬山比赛、国语演说竞赛、月会示范、抗敌论文比赛、春季远足、模范生选举、时事测验、化装宣传义卖、书法比赛、辩论会、消寒会、防空演习、鱼塘调查、产品调查、制造堆肥运动、改良秧田宣传等,项目繁多。

八、同仇敌忾 抗日救亡

1937 年 9 月,国共两党实现合作。国共合作的建立,使抗日力量的阶级组成和群众动员更加广泛,从而推进了抗日救国的伟大事业。为了挽救民族危亡,一切爱国有识之士、社会各阶层、团体、党派,都捐弃前嫌,团结在中国共产党倡导的抗日民族统一战线的旗帜下,同仇敌忾,共赴国难。南洋华侨是支援祖国抗战的一支重要力量,他们在陈嘉庚的领导下,以巨大的物力、财力和人力,为祖国抗日战争的胜利,作出了重要贡献。陈嘉庚是南洋华侨支援祖国抗战的杰出领袖,是抗日民族统一战线的一面光辉旗帜。在这种时代背景的推动下,集美学校的广大师生壮怀激烈,许国心丹,复仇血热,不屈不挠地投入抗日救亡的斗争中,在反帝爱国学生运动史册中,写下了光辉的篇章。在抗战的八年中,集美师生主要开展了以下抗日救国活动:

(一)组织"抗敌后援会"和"战时青年后方服务团"

1. 组织抗敌后援会

抗日战争全面爆发之后,集美学校所属各校即联合组织了"抗敌后援会",拟定救国工作:(1)募集救国金。(2)草印宣传大纲,分发暑期回籍学生扩大抗敌宣传。(3)电请国民政府迅派大军收复失地:"敌陷平津,神州岌岌,恳迅派大军,灭此朝食。"抗敌后援会开展积粮、防空演习、抵制仇货、消防训练等活动。同学们到各商店通知,限期把日货售清,逾期即予没收。1937 年"九•一八"晚间,师生们和当地群众联合举行了"鼓舞敌忾大会",群情激愤,广大师生和群众决心抗战到底。《集美周刊》代表全校师生发出了战斗的吼声:"伟大的民族自救的决心,是任何强力的压迫都不能把它摧毁的,甚至到我们只剩一寸土地,一个人民!"

2. 组成战时青年后方服务团

集美各中等学校从 1937 年 10 月开始先后播迁安溪等地后,就组织了"集美学校战时青年后方服务团"。该团的宗旨是:"为谋切合非常时期之需要,养成青年牺牲奋斗之精神,迅速确实之行动,应付紧急事变之智能,期能各尽所长,服务后方,以增加抗

战力量。"全体学生都参加了"集美学校战时青年后方服务团"。团长由校长担任,下设军事训练队和特种工作队。军事训练队(全体学生参加)下设军训队(高中生)和童军队(初中生),特种工作队由受特种训练的学生参加,下设特务队、宣传队、交通队、救护队和防空队。各队又下分若干中队和区队。各队都规定了具体任务,例如,特务队的任务是:"刺探敌情,侦察敌方间谍及反动分子的活动。"交通队的任务是:"维持交通,补助通讯,保护或修理道路、桥梁、电线。"为了完成各种战时服务任务,服务团对学生进行了战时的特种训练。训练分"精神训练"与"业务训练"两种。精神训练的主要内容是:激扬爱国精神、巩固团结精神、振发牺牲精神、加强民族意识、认识国防要义、确立必胜信念、养成坚毅能力。业务训练包括学科与术科两种。例如,特务队训练项目学科是:侦探谍报摘要、秘密通讯法、电信窃取法、报告时应注意的事项、战时国际公法摘要、敌国官阶兵种兵力的识别;术科是:手枪、骑术、结绳术、摄影术、化妆术、自行车及机器脚踏车驾驶术、游泳术、器械术。救护队的训练项目学科是:看护学、止血法、消毒法;术科是:绷带术、人工呼吸术、担架术。

3.《战时后方服务组织与训练实施办法》

为做好战时后方服务组织与训练工作,学校制定了《战时后方服务组织与训练实施办法》,内容如下:

第一条　本校为加紧特殊训练从事后方服务,以协助军事推进,发挥国防教育起见,特依照高中以上学校战时后方服务团组织与训练大纲,订定本办法实施之。

第二条　本校每周减少普通学科一二小时,实施特殊学科之教学,并就各科中与战时有关之科目,加紧训练之,更利于假日增训之。

第三条　本团之组织,依据军训团之编制,定为福建省私立集美职业学校战时后方服务团,下设宣传、警卫、纠察、交通、救护、救济、防空、消防、募集、慰劳等十训练班,以区队及直属分队为单位而分任之。

第四条　各班任务及教育纲要如下:

(一)宣传:采探情报、辟除谣言、鼓舞民族精神,抗敌自卫,以及宣传战时常识、国民责任与有关战时之重要法令。

(二)警卫:警卫学校及邻近乡村之安宁,并协助警卫维持地方之治安与秩序。

(三)纠察:清查户口,侦查间谍,检举汉奸及不良分子,保护外侨,排斥敌货,刺探敌情等项。

(四)交通:维持交通秩序,检查邮电及车轮船只,牲口之调查征集,及通讯运输等项。

(五)救护:防毒、消毒、解毒、急救、看护、担架、公共卫生等项。

(六)救济:救济战区流亡妇孺难民等。

(七)防空:信号、警报、灯火管制、交通管制、避难统制等项。

(八)消防:救火器械之运用、截拆房屋、扑灭火源、抢救人命牲口及财产等项。

(九)募集:募集与前方及军事有关之需要物品及救国建国公债等。

（十）慰劳：书写信札，赠送礼品，慰问征属，以及现款慰劳前方等。

第五条　本校更于各科有关战时学科如驾驶、化学、战时农业统制，以及经济、财政、生产等技术，分别酌量加重训练。

第六条　各种特殊学科及专门技能训练之教官，由本校各科教师中聘充之。

第七条　本团组织编制人员依照军训团设置之，但各中队长中队附得分任团内学术研究组、社会服务组、课外活动组之正副组长。所有员生均须参加，不得藉故规避。

第八条　本团服务区域，以本校所在邻近区域为主。

第九条　本团各种训练班之器材，得函请层峰及所在地有关各机关团体借用或拨发。

第十条　本团训练所需经费，得请本校于经费预算项下拨发作正式开支。

第十一条　本办法自呈准日起实行之。

（二）抗日救国宣传

到民众中去宣传鼓动抗日，是师生们开展抗日的重要活动方式。集美学校的师生认识到："这次抗战，关系国家的存亡。要拯救这垂危的国家，非唤醒全国群众，大家站在同一条战线上，不顾任何牺牲，一致抗战到底，不能获得最后的胜利。"他们以高度的爱国责任感，不遗余力地进行普及抗日救国宣传，每一次之宣传，必事先准备，妥为分配工作，经常以各科组为单位，由校长聘请教职员一人为指导员，就预定地点按期出发工作。远者60里、50里不等，近者亦在20里左右以及本校附近各乡村。每次出发工作，由校备妥墨汁、标语、传单等，由学生携往乡村散发，并在扼要冲道，就墙壁上写大字标语，藉以恒久警醒民众。此外，还采取了如下多种形式：

1. 组织演讲队

各校都组织演讲队分散各地对群众演讲抗日的形势、任务等。例如：集美小学曾组织"小先生团"，每组学生为一团，一团分为两队，每个小先生至少找两位群众做学生，负责对他们宣传。每团设导师一人，由教师担任。各团导师及校长、教导主任组成一个"视导委员会"，以校长为主席，委员会的主要任务是视导小先生宣传工作，访问小先生的学生，评定小先生宣传的成绩。小先生的宣传，先从家人做起，后渐及邻居。小先生的宣传材料，由导师供给，每宣传一次，即填表报告，宣传成绩由导师随时检验考查。小先生的宣传成绩，作为国语科成绩的一部分，宣传成绩不及格者，不得升级或毕业。

2. 组织歌咏队

各校都组织歌咏团，藉歌咏的力量，激发民众壮烈的爱国情绪。当时宣传的进步歌曲有《义勇军进行曲》、《民族解放进行曲》、《救中国》、《打回老家去》、《最后胜利》等等。师生们还印发通俗的民众救亡歌曲，分送附近民众，并深入到群众中去教唱救亡歌。

3. 组织演剧队

为了发挥形象的宣传作用,集美学校师生组织了演剧队,为群众举行抗日戏剧公演。例如。1943年6月5、6两日晚上,集美农林学校在大田县玉田乡公演五幕抗战名剧《古城怒吼》,群众冒雨观看,深受教育。师生们演出的多幕话剧有《原野》、《魔窟》等;独幕话剧有《东北的一角》、《人约黄昏》、《秋阳》、《夜店》、《烙痕》、《拜旗》;歌剧有《义勇军进行曲》、《流亡三部曲》、《到敌人后方去》;街头剧有《放下你的鞭子》和傀儡戏《冀东汉奸殷汝耕》等等。

4. 出版各种报刊

各校出版的各种抗日报刊如雨后春笋,最出名的是"战时青年后方服务团宣传队文艺股"出版的《血花日报》。负责出版该报的同学每晚分派四人,管理收音事项,工作常至凌晨两点,早晨由一人整理稿件,一人刻写付印,八时即可出版。出版后即分发给师生们和县政府各机关。在消息不大灵通的安溪县,《血花日报》起到了重要的宣传作用。

集美学校《血花日报》全体理事及员工(1938年)

5. 开办战时民众夜校

为了使抗日宣传工作得以持久地进行,并对群众进行有组织的训练,集美学校还开办了民众夜校。除教文化外,还注重军事、特务、交通等常识的讲授。

6. 组织"晨呼队"

1939年4月,集美职业学校在大田时,为了劝导民众早起,加紧战时后方生产,特地组织"晨呼队"。全校师生轮流,由值日教师带队,清早就前往民众住宅区唤醒民众。除口头劝导外,并高呼口号,唱抗敌歌,使民众得于梦中醒觉。经过"晨呼队"的宣传,当地民众比往时早起两、三个小时。

（三）积极劝募发动民众

在八年抗战的艰苦岁月里，集美学校颠沛流离到内地，战时侨汇中断，学校经费相当困难，师生们过着艰难困苦的生活。但是，学校仍致力于宣传发动，积极劝捐。师生们以民族利益为重，克己为国，本着有钱出钱的宗旨，竭诚应募。他们节衣缩食，把节省的一分一厘都无私地捐献给祖国的抗战事业。有的教师连结婚用的金戒指都捐献出来，小学生也自觉地节省零食钱，储金救国。师生们还积极开展各种劝募活动。自1937年10月至1942年3月，集美学校师生共捐献救国金十三起，计18334元。1944年全校又献购机款国币60万元。

学校还广泛开展慰问工作。他们提出："欲求前线将士之勇于杀敌，首当令其无后顾思家之念。"故多次发动慰问征人家属工作，由学校负责慰品及一切所需费用。其工作方式为面致慰品（分现金与食盐两种），并备便贴足邮票之信封及信纸，代写家信，且为之贴妥写就之春联。

为了明悉当地民情风俗及工作对象，学校积极推进调查工作，如曾就所在地的玉田乡，划分为14甲，编学生为14队，每队携带调查表，按户调查，于各户人口状况、家庭经济情形之外，尤着重于人民抗战情绪之高低，与征人家属及兵役舞弊之调查。后又扩大调查范围，凡五六十里外乡村，为本校宣传队足迹所经者，必注意调查工作，惟因种种关系，此次重点调查及役年龄的壮丁。

抗战全面爆发后不久，当时省里曾成立民训总队，集中高年级学生，施以短期训练，从事发动民众工作。集美学校部分高年级同学也赴省参加民训工作。1938年5月，厦门陷敌，集美成为前线。一些贩卖日货的商人和受日本侵略者豢养的汉奸，到处散布亡国论调，恐吓民众。针对这种情况，集美小学就发动学生开展小侦探活动；随时侦查形迹可疑的行人，密告抗敌后援会侦查队，严防汉奸的破坏活动。

九、校主视察 殷殷期勉

1939年底，抗战进入相持阶段。沿海重要城市和港口大都失守，华侨回国非常困难，对于战争状况和国内民众生活多不详知。南侨总会虽逐月输汇义捐，及派遣机工回国服务，但陈嘉庚感到"未尝举派代表回国慰劳忠勇抗战之将士及遭受痛苦之民众，海外华侨于义实有未尽"。故发起组织回国慰劳视察团，简称"慰劳团"。其目的一方面在于鼓舞祖国同胞抗战志气；另一方面又以祖国抗战民气激励侨胞多献义捐，多寄家费。

1940年2月，慰劳团正式成立，团员共52名。3月6日，慰劳团由团长潘国渠带领出发，从新加坡乘丰庆轮到仰光，准备转滇缅公路坐货车去重庆。陈嘉庚于3月15日与庄西言和南侨总会秘书李铁民搭英国邮船离开新加坡，16日抵槟城，19日抵仰光，3月26日由仰光乘康定号飞机到达重庆，受到重庆各界代表和广大群众的热烈欢

迎。在重庆，陈嘉庚心忧国家前途，利用各种欢迎会、个别交谈、参观访问等机会，报告华侨支持抗战的情况，表达海外华侨对祖国军民慰问之情，视察国内实施抗战状况，劝说国共两党要团结抗战，不要分裂，不要让华侨失望。

陈嘉庚在重庆考察一个多月，耳闻目睹国统区政治腐败及种种劣行，深感失望，更增强了他必须到延安访问的决心。5月31日下午陈嘉庚一行抵达延安，受到延安各界五千多人的热情欢迎。在延安期间，边慰劳考察，边与各界人士交谈，还多次与毛泽东、朱德促膝谈心。他通过对重庆和延安两地的深入考察对比，终于弄清了涉及抗战前途与祖国命运的两大关键问题：一是中国的希望究竟在哪里，二是国共两党摩擦真相究竟何在。看到延安军民同仇敌忾，处处团结抗战，陈嘉庚"喜慰莫可言喻，如拨云雾见青天"。"知将来必能振兴中国，了无疑义，自是一心仰服，矢志不移。"延安之行，使陈嘉庚改变了对中国共产党的模糊认识，看到了振兴中华的希望所在，指出"中国未来的希望在延安"。这是他一生中最重要的一次思想转变，也是他政治生活的一次重大转折。

6月8日，陈嘉庚惜别延安，前往山西、河南战区继续考察。7月17日回到重庆。7月30日，陈嘉庚登报声明南侨慰劳团任务已毕，工作结束。并于当日早上乘飞机到昆明，了解华侨机工服务及待遇改善情况，并到滇缅公路沿线视察。8月14日，陈嘉庚到达贵阳，21日抵达广西桂林，29日，乘火车经衡阳至长沙，9月2日抵广东，6日到江西赣州，8日抵泰和，19日抵上饶，21日到浙江金华，9月23日下午，陈嘉庚乘福建省政府所备车子到浦城。24日，由浦城经建阳、建瓯到南平，先后视察了建阳、崇安（今武夷山）、建瓯、古田、福州、长乐、福清、莆田、仙游、惠安、泉州、永春、安溪、大田、漳州、南靖、连城、永安、长汀等地。

10月25日，陈嘉庚经南安、永春到达安溪。陈村牧、戴世龙、王瑞璧等带领集美学校在安溪的师生及安溪县各界代表到祥云渡欢迎校主。沿途民众悬旗鸣炮，气氛至为热烈。陈嘉庚自1922年第六次出洋至这次回国，相隔近19年。19年来，他"日夜无不想念着能够回来，看看学校"，这次和集美师生相见，看到集美学校在战火中弦歌不辍，他"觉得非常欣慰"。师生们得以目睹校主的风采，更是欢喜若狂。26日早晨，陈嘉庚视察中学及图书馆、校董办公室。八时出席安溪各界欢迎大会，演说达两小时。晚间出席安溪县城各界的欢迎公宴。

27日早上六时半，安溪校舍全体员生既厦大集美两校校友会安溪分会校友在文庙校舍大埕举行欢迎校主大会。陈村牧主持，致辞毕即请校主训话。陈嘉庚在讲话中回顾了集美学校创办的经过和困难，报告了南洋华侨对祖国抗战的关心和回国访问的观感，分析了抗战的形势及必胜的信心。他充满信心地说："抗战胜利属于我，这是一万分之一万的肯定"，"我相信，在不久的将来，我们就要得到胜利！我们一定可以回到我们的集美去"！他希望大家要把救国的责任担负在自己的肩膀上。他指出"现在最幸福的就是你们这辈青年学生，能在这个艰难的时期读书，机会实在难得，你们现在才十几岁，再努力深造，到大学毕业，也不过二十多岁，年富力强为国家社会服务的时间方长，而且你们正要服务的年龄，就是国家一切建设大发展的时候，样样需要人才，所

以说是青年前途大发展的时候"。他勉励同学们在这个艰苦的时期一定要"抱着大公无私的精神,凭着'诚毅'二字校训,努力苦干"。他说:"我们集美学校创办的动机和目的跟普通学校不同,希望诸位深深来体会。"陈嘉庚的讲话极大地鼓舞了全校师生。八时半,教职员在图书馆开茶会欢迎,校主即席详细分析抗战大势。

27日晚,学校举行"欢迎校主歌咏会",由本校教员包树棠撰词,曾雨音作曲的《欢迎校主歌》是歌咏会的主题歌。歌词是:"十八载重溟,故国心悬悬,归鹅指云天。存问神州,河山行色壮烽烟。梓桑旧东越,有广厦千万间。树木树人,志虑最贞坚。迓尘劳,艰难播迁,诚毅永永服毋谖!"

28日,陈嘉庚离开安溪赴同安,31日晨赴集美查勘校舍被毁情形,看到美丽的校园几度遭到日本侵略者的军舰炮击、飞机轰炸后仅剩的残垣断壁,心情无比沉重与愤慨!下午在祠堂与乡人见面。11月1日,陈嘉庚偕同安县县长及陈延庭等一行三人视察小学,对校中一切设施深为满意。400多师生在大礼堂开会欢迎校主。校长叶文佑和学生代表分别致欢迎词后,校主训话。题目为《抗战最后胜利决属于我》,校主对敌国之必败与我国之必胜,作了多方面的探讨和分析,增强了全校师生对抗战必胜的信念。校主又以"诚毅"校训勉励师生。最后谈及抗战胜利后如何复兴集美学校。陈嘉庚认为小学内迁,致集美学村附近儿童上学不便,有的甚至失学,决定将小学迁回集美,但仍在崙上、珩山、孙厝设分校。

陈嘉庚于11月1日中午离开集美,经漳州、南靖、龙岩、永安,于11月13日到达大田玉田村,视察集美职业学校。大田集美职业学校的师生闻讯欢欣鼓舞,全体师生列队校门前恭候。校主一下车,就在鼓号齐鸣中检阅了着装整齐、队列严整的职业学校师生,接着又和大家亲切握手、热烈交谈,尔后又和师生在玉田集美学村办公楼前合影留念。稍事休息后即前往各科及农场巡视。晚间全体教职员开茶话会欢迎校主。14日晨七时,全体师生开欢迎会,由陈村牧致欢迎词,接着请校主训话。陈嘉庚指出,教育救国为其毕生任务,虽至如何艰难困顿,亦必竭力以赴,务望各同学遵循教师之训诲,为时代之中坚人物。欢迎会在《欢迎校主歌》及《集美学校校歌》歌声中结束。接着,陈嘉庚立即赶赴在大田中山纪念堂举行的各界欢迎会。在会上,他慷慨激昂、不畏强权地发表演说。他用闽南话演讲,当地民众虽然言语不通,但会场内外仍挤满人群,许多人怀着无比崇敬和爱戴的深情,慕名前来仰望这位著名的爱国侨领。会后,陈嘉庚谢绝大田各界的宴请,返回集美职业学校就午餐。学校领导拟弄几个菜给校主吃,但他认为抗战期间一切要节俭,只吃了地瓜稀饭。午饭后,他又匆匆与师生们握别,奔赴当时的省会永安。

陈嘉庚此次回国慰劳,用他的话来说是,"并未携有物质返国,而仅带来了千百万侨胞爱国的赤心"。同样的,他回到了自己创办的集美学校,虽然没有带来一笔经费,但却带来了爱国老人一颗火热的赤心。他的心与全校师生的心紧紧地连在一起,他的殷殷期勉,深深地鼓舞着师生奋勇向前。

抗战时期陈嘉庚向安溪集美学校师生讲话（1940 年 10 月）

陈嘉庚与内迁大田的集美职业学校学生合影（1940 年 11 月）

陈嘉庚与内迁安溪的集美学校教职员合影(1940 年 10 月)

陈嘉庚与内迁安溪的集美中学初高中毕业生合影(1940 年 10 月 27 日)

集美中学音乐研究会欢迎陈校主(1940 年)

第五章

复员

　　自 1945 年 6 月至 1949 年 9 月,为集美学校的复员时期。这一时期,各校陆续迁回集美,积极医治战争创伤,从战时状态转入和平状态。陈嘉庚为筹款修复校舍而煞费苦心,并坚决拒绝以美国救济物资来补助修葺校舍。燹灰既除,渐复旧观,学校各项工作力争改进提高。然而,内战又起,阴霾密布。陈嘉庚意识到学校根本不可能有什么发展,只想巩固维持,把集美学校的发展,寄望于将来有好政府的支持。因此,这个时期,集美学校处于维持状态。这个时期集美学校包括水产航海、商业、农林(1947 年停办)、高中、初中、小学和幼儿园七所学校。

一、日寇对集美学校犯下的罪行

1937 年前，集美学校原有楼房 20 多座，平屋几十座，历年来所用的建筑费达 300 多万元。自从厦门沦陷日寇之手，集美美丽的校舍就经常受到敌机、敌炮的轰击。据不完全的统计，八年来集美这个小小的地方，被敌机轰炸的次数共达四十多次。每次敌机少则一架，多则八架，所投炸弹，每次至少三枚，多至二十多枚。至于对面高崎敌人的炮位及机关枪阵地，则简直把集美校舍当作练习实弹射击的靶子。根据历次报纸所载的消息，统计起来，轰击集美学校的炮弹至少有两千发，机关枪的扫射更是家常便饭。在敌人的狂轰滥炸下，集美学校全部校舍都遭到破坏，有的被燃烧弹烧成一座空壳，有的被炸弹大炮轰成一片瓦砾，即使没有倒塌的，也被炸弹枪弹打得百孔千疮。到抗战结束时，从前巍峨壮丽的成片校舍，已经找不到一座完整的房子了。

校舍毁损最严重的，是中学的教室宿舍和大礼堂、小学校舍、校主住宅、教职员住宅等。中学教室的尚勇楼及校主住宅中燃烧弹，烧得只剩几堵危墙。中学的大礼堂及立功楼、立德楼、立言楼、小学的延平楼、教职员住宅的肃雍楼被炸得全部倒塌，变成一片瓦砾。图书馆及前幼师校舍的葆真堂、水产航海的明良楼、商业学校的崇俭楼、女中的文学楼，有的炸去了一层，有的炸去了半边。

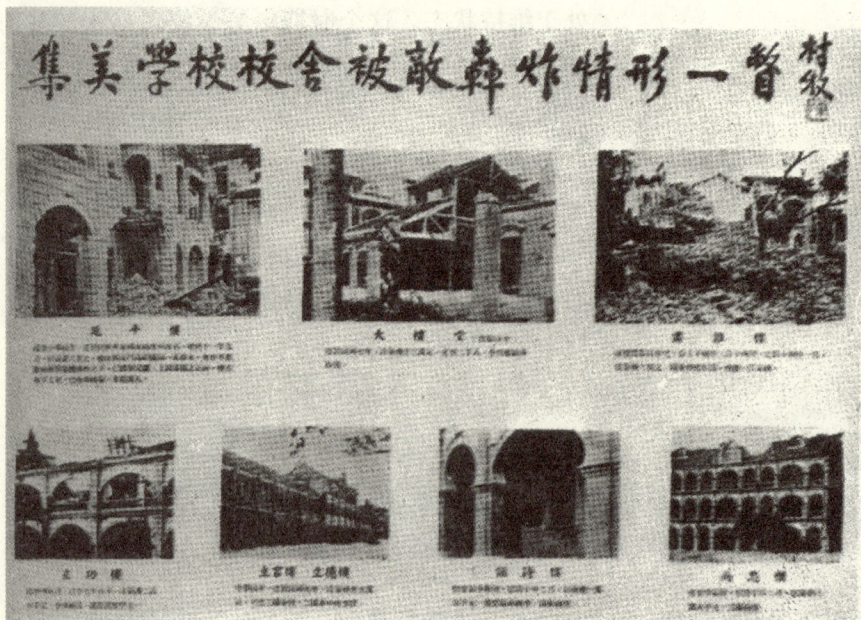

抗战期间集美学校校舍被日军轰炸的情形

日寇在集美的罪证

日寇炮火下的废墟

除校舍外,设备方面也遭受严重的损失。贵重的图书仪器虽然大部分都随学校迁入了内地,但粗笨的校具及许多无法迁移的设备却散失的散失,毁坏的毁坏。比较主要的如集美码头被炸毁了,第二号渔轮被填沉了,集美第一号、第三号实习轮也被毁坏了,两艘端艇停放在码头,连端艇室一起被炸得尸骨无存,电灯厂的机器及一切器材、榨糖厂的机器等都被炸烂了,蒸汽救火车被大炮打坏了。尤其可惜的是图书馆所藏的二十多年来京沪各大报的合订本,也被炸光了。至于桌椅床铺被炸毁及损失的,数以万件,根本无法统计。

集美学校二十多年中辛苦经营的校舍,就这样毁于灭绝人性的日寇之手!

更为可恶的是,1939 年 9 月 20 日,日寇竟派六架飞机,飞往大田县轰炸集美职业学校的校舍。

日本侵略者为什么如此仇视集美学校呢? 陈嘉庚在《南侨回忆录》中回答了这个问题。他说:"余在南洋自抗战后领导华侨募捐,故时常发表敌人野心罪恶,前后何只数十次。新加坡前为中立地,敌人侨居不少,知之最稔。故对余故乡虽无设防之住宅,及教育机关亦以其凶恶之海陆空强烈炮火加以破坏。"

《集美周刊》曾发表一篇文章——《集美的精神》,文中精辟地剖析了日寇的报复心理:"日本鬼子认为集美学村是中国一个最大的兵工厂,在这个厂里,每年造出无数的炸弹。这炸弹是有生命的,这无数的炸弹一离开工厂之后,自己又会产生无穷数的炸弹。这无穷数的炸弹,都是准备向东京丢下去的。于是日本鬼子大起恐慌了,便处心积虑要破坏集美学校。"是的,日本侵略者破坏集美学校越疯狂,越说明陈嘉庚和集美师生具有强烈的爱国主义精神。校舍被炸毁了,但集美的精神在神圣的抗战事业中更加发扬光大。

二、学校迁回集美原址

1945 年初,世界人民反法西斯战争取得决定性胜利,中国人民艰苦卓绝的八年抗

战也即将迎来最后的胜利。集美学校也迎来了复员的曙光。

为准备战后复员，复兴集美学校，校董会拟定了复员计划。按照《集美学校复兴计划》，一共分为三个复兴期。第一期：修复水产航海、商业、农林各校校舍，并将上述各校迁回集美；修理添置全校各部校具；修理学校码头，并恢复厦集汽船交通。第二期：修复高中、初中及小学校舍，并迁回集美；修复科学馆、医院及电灯厂，整理并添置图书仪器。第三期：重新建筑图书馆、大礼堂及小学校舍，造置航海实习船，安装自来水；建设水产航海专科学校校舍，并筹设商业专科及职工学校。

水产航海及农业两校校舍因塌坏较轻，修葺较易，计划1945年下学期迁返原址开学；商业及高中、初中各校则须等1946年春季校舍修缮后陆续迁回。预计全部修缮费及搬移费须在国币7000万元以上。

1945年4月校董会作出五项决定：在安溪县城的高级水产航海学校及初级中学两校暂不迁移；原设立在诗山的高级中学，迁安溪县城，拨出初级中学校舍一部分供高级中学应用；远在大田县的高级商业学校迁南安县诗山原高级中学校舍；在大田县的高级农业学校迁回天马山麓原址；集美小学暑假后集中在集美村办理，崙上校舍不再分设。

复员工作按计划分批进行，先修理校舍，然后再迁回。其中集美小学已于1941年2月部分迁回集美。因校舍延平楼已被毁坏殆尽，先借用原幼稚园的葆真楼和养正楼。抗战胜利后，孙厝和崙上分校也迁回。1945年6月，集美高级农业职业学校迁回天马山原址。

8月12日，校董会召开"校务联席会议"，着重研究了三个问题：各校迁回集美原址的程序；迁返集美后，各校校舍临时分配方案；提高教职员待遇问题。会议决定：（1）水产航海学校、集美小学，秋季在集美原址开学。（2）高级中学和初级中学明春（1946年春）全部迁回集美上课。（3）1945年秋季，高级中学先由南安县诗山镇迁安溪县城；商业学校先由大田县玉田村迁南安诗山镇（后因日本侵略者已投降，改迁安溪县城），下学期（1946年春）迁回集美。（4）改聘游学诗为集美高级商业职业学校校长，杜煌为集美高级中学兼初级中学校长。这样，1945年下半年，水产航海学校、农业学校、集美小学在集美原址上课；高中、初中、商业学校在安溪县城上课。11月1日，校董会也迁回集美，暂在美术馆办公。

1946年1月，高中、初中、商业学校全部迁返集美。春季，科学馆修复后，分散在各地的设备运回集美，集中整理后开放，教室、实验室、陈列室、暗室、X光室等均恢复原样。同时，重整气象台，增设播音室，各校还装设收音机，以充实电化教育。夏季，图书馆修复后，全部图书集中整理。

2月，改聘俞文农为高级水产航海职业学校校长。初级中学在同安县马巷设立分校，由陈延庭兼任分校主任。4月，聘平福增为高级农业职业学校校长；8月，又改聘李良韬为高级农业职业学校校长。12月，增设民众夜校，聘本村陈惠政任校长，民众夜校所需经费全部由集美学校负担。

1947年2月，高级农林职业学校毕业班结束，因生源、经费等问题，停办农校，专办

农场,由李良韬为农场主任。初级中学马巷分校由当地人士接办,改为舫山初级中学。

1948年7月,改聘黄宗翔为高级中学校长,吴玉液为初级中学校长,刘崇基为高级水产航海职业学校校长。

1949年4月,商得陈嘉庚同意,筹设航海专科学校,并报请教育厅转教育部立案。同月,陈嘉庚函示绘制集美学校扩大计划蓝图。

抗日战争期间,集美学校内迁安溪县八年又三个月,职业学校内迁大田县七年半。在这艰难困苦的岁月里,安溪、大田等地人民给了集美学校无私的支持和帮助,可以说对集美学校恩重如山。而集美学校也对当地经济社会产生了深远的影响。集美学校不但为安溪、大田等地培养了大批人才,而且大大促进了文化教育事业发展,为改变当地的经济、文化落后面貌做出了积极贡献。集美学校内迁,不仅在当地传播了科学文化,也引导无数热血青年建树了"天下兴亡,匹夫有责"、"宁死不当亡国奴"和"读书报国"、"为国家独立奋斗,为人民解放献身"的人生志向。

为了帮助发展内地文化教育事业,集美学校在复员时,将内迁时原职业学校在大田县玉田村修建的办公室、教室及校具,全部赠与当地政府及学校接受。高级中学在南安诗山修建的集贤斋校舍及校具移赠省立南安师范。

三、复员后的学校组织系统

集美学校创办之初,设师范中学实业小学各部,由校主聘校长一人主持之。至1927年,各部分别扩展为校,行政独立,乃由校主聘请校董一人,代表校主综理全校校政。至1933年,始遵章成立校董会,聘校董五人组织之,以一人为校董会主席。1941年,校董会校董增为七人,校董会主席改为董事长。1944年后,校董增至十一人。

据1947年出版的《集美学校要览》记载,学校的组织系统如下:

校董会之下,分设秘书、会计、总务三处,各处职掌如下:

1. 秘书处

分设文书、编纂、注册、辅导四股。文书股掌函牍之拟缮、收发、归档,章则之拟定及公布,会议记录之整理公布,印信之保管钤用等事项。编纂股掌周刊、学校概况及其他各项出版物之编印发行,学校消息之发布,学校文献之搜集整理保管,学历之编制等事项。注册股掌教职员之聘任,教职员年资及履历之登记,教职员及毕业生名册之编制,毕业证书及证明书之填发及补发等事项。辅导股掌协助各校教务训导之进行,学生作业之调阅,教职员进修之辅助,毕业生升学指导及职业介绍,校友之联络,校友事业之辅导等事项。

2. 会计处

本校经费由学校会计处统收统支。会计处业务分设会计、稽核、出纳三股掌之。会计股掌经临费收支预算之编制,传票之编制,账目之登记及整理,旬报月报及学期决

算之编制,各项记账凭证簿籍表报之保管等事项。稽核股掌各项建筑修缮购置等之事前审核,各项经临费报销之事后审核,教职工薪俸表之编制,预算决算表之审核等事项。出纳股掌现金之收付保管,各项有价证券契据及其他贵重财物之保管,经费之调拨等事项。

3. 总务处

分设庶务、校产、建筑三股,并辖救火队、铜乐队、电灯厂、校警所。庶务股掌物品之采办保管,校具之登记管理,全校之卫生清洁等事项。校产股掌校产之登记保管事项。建筑股掌全校校舍之建筑修理,场地道路之铺修,校景之布置等事项。

救火队:现有人力帮浦(泵)车二辆,进水胶带三十英尺,出水布带六百余英尺,单出水、双出水龙头大小八个,积水桶三个容积约二百加仑,节梯五十英尺,跳布九方英尺一块,救命绳六条,担架四件,拆屋斧二支,铜帽二十顶,其他零件百余件,组有工友救火队一队,经常训练。

铜乐队:现有乐器四十余件,组有军乐队一队,由学生自由参加。

电灯厂:现有五十四匹马力卧式油发动机及交流发电机各一架,十一匹马力立式柴油发动机及直流发电机各一架,全校电灯约千余盏,光线充足,厂中电力除供电灯外,并供抽水及碾米之用。又本校范围辽阔,各单位均安设电话,现有电话机十架,电话总机亦设在电灯厂内。

校警所:设有请愿警十名,驻守本校及天马山下农场,由警长一人统率之,负全校警卫之责。

集美学校组织系统图(1947年)如下:

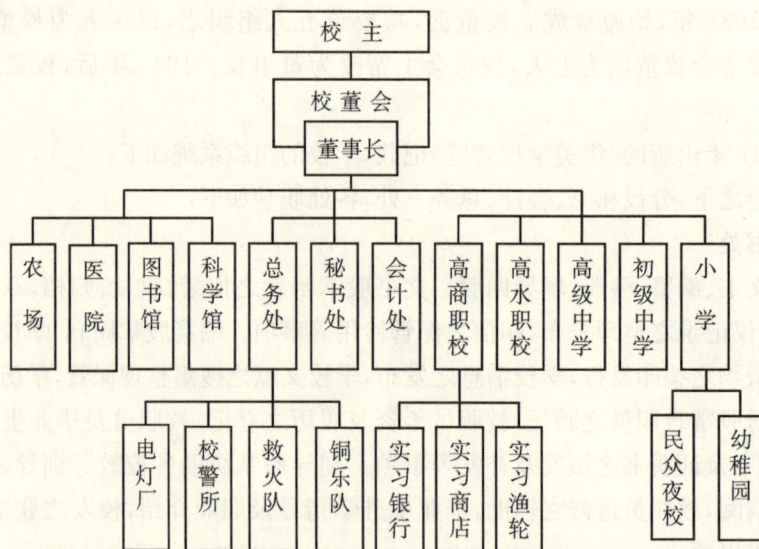

注:高商职校为高级商业职业学校,高水职校为高级水产航海职业学校。

144

四、修复战时损毁校舍

集美学校校舍,在抗战期间遭日寇飞机大炮狂轰滥炸,数十座楼宇无一完好,加以多年荒废,损坏不堪。因此,修复校舍的工程是巨大的。

日本投降后,陈嘉庚方从印尼避难回到新加坡,实业尚未开展,以当时的经济情况,要筹措集美学校修建校舍这笔巨款,是很困难的,他为此焦灼万分。1945年11月18日,他在给陈村牧的信中谈到:"本校此三年余,如何维持,费计开若干,每年生额多少,谁人补助费?……至集美校舍比较余前年往看如何?"1946年2月1日,他在给陈村牧的信中写道:"消息断绝四年余,今日始获手书,至前所有付来诸函均未接受,故校中状况及闽南乡情完全不知。盖盼望虽殷,而未有人报告也。兹欲言各事如下:一、校舍修理,以备迁回,此系奢望,余完全不敢望。盖自度乏力,维持校费尚不能,奚敢计及此巨费也。二、在爪哇时拟如有良政府,将校舍全部假其创办师范校,收中外初高毕业或未等贫生,格外优待,则一年后可陆续卒业,以应中外及台湾等教员荒需要,而集美各校仍旧暂勿移回。无如完全失望,故未有函电表示耳。"他在信中详细列举了公司收盘后所余产业的经营及获利情况、新加坡沦陷后所受损失、战后经陆续复业及可能收入情形,认为"若逐月要支取数千元或近万元以供校费,自问颇难耳"。"校费已无财地,何能计及修理校舍耶?""由下学期之打算,经费既无着,必极力裁减班额,或多收学费。如学生家景好者、次者,应尽量加收。若校舍则暂缓修,舍此而外,别无良法也。""国内战争,决不能避免,此乃绝无可疑之事。余自回国后与诸领袖接触,已知详细,万万不能免。而滥用滥发纸币,将来非同'马克'(德国货币)不可。若内战不能速决,……再后一二年,纸币不知再增若干万万元,或者每一万元,不值星币十余元,实意中事。兹本校如出于不得已,可尽力就本省内借用是也——若利息高,亦不可"。"来书告如交通便利要南来募捐,云云。此事余绝端不同意。集美学校余屡发表,不欲向外人捐助,若校友而外,实无颜面向人征求,虽裁去大半学生亦当如此办法,至切为荷。况南洋捐款非易,在不知者往往误为易如反掌,非如国内战时所获不该之利,然无论如何余决不愿以集美校名义向人摇尾。"

3月13日,陈嘉庚在给陈村牧的信中重申"南来募捐,不但困难,且绝非所愿",对于补助校费,"则请陈文确兄弟由其时起,逐月补助三千元。……余按如目的未达,向义成公司支取垫足是也"。至于"集美胶园,自年底筹备迄今,垫去万余元,尚未恢复。大约须由五月起,每月可长利少者三千元,极多五千元,现未确知"。当时陈共存建议配枋柴五百吨,在厦转换他料,将得利捐建礼堂,陈嘉庚认为行不通。他在3月18日致陈村牧的信中强调:"集校事,余非置之度外,唯时机未到,切从余之计划而行。"

4月7日,陈嘉庚又致函陈村牧,再就他在新加坡的情况作说明,他说:"余自民廿二年公司收盘后,已消极谋利事,所不了者,厦、集两校如何维持,不致目睹关门。然数年间,所有盈余每年入息仅数万元,不得不将厦大卸与政府甫毕,而战事发生,真我闽

145

青年之大不幸。及至民卅年，获利近卅万元，胜过前数倍，以为恢复集校。不意敌寇南侵，损失百廿万元。其中六使君之额，五十余万，伙计廿余万，余之额约四十万元。现资完全丧尽矣。回星后，义成公司数厂，幸机具无损，其他蔴坡厂及与南益公司在峇株及巴双机具大半损坏。现虽复业修理，但资本概系借来。如顺利亦须加一年后抵还前欠及现借，方略可清还。……六使君战时无损失，及数月来又或大利，……如有意肯捐坡币五、七万元，以完成全校修理，甚幸。否则，当暂迟一步。……余按下半年如义成公司及南益所份之厂，若顺利者，至冬间或年尾，向支数万元，以抵修费是也。……余已汇去（国币，下同）540万元，本月又告香港代收汇约可500万元，两条申叻银一万五千元。再后三个月当力筹叻银二万五千元汇进。……集友银行存户如果大加者，可看势打算向借三几千万，修理必要诸校舍……"

　　6月12日，陈嘉庚在给陈村牧的信中谈到如何度过经济、政治的困难时期，他在信中写道："所询农校留否及米贵致各工料跟贵，校费与前所按增加不少。而侵银行利息至四分之多，此间何能应付。故即发去电文，交集友转，云'农校停。省行利重，勿侵。非至要，勿修'。来书本学期除汇去1100万外，尚欠3500万元。虽米利可700万元，再欠2800万元，申叻银须四万左右，余实办不到。按本月尾可汇1000万元，七月尾至多再汇1000万元，尚无十分把握耳。修理事如一号船至1000万元之多，该船非必需物，设交通未便，无关教育要事，故不宜在此极困难时而费款也。又按玻璃须费至1000余万元，此条亦不可，应以纸代之。据卫生家言，太阳之照临，有益于人生者，白纸胜过玻璃。况现下奇贵，财款无地，更宜从省俭替代，且又有益也。至礼堂及立德楼，如真出于不得已必需者，则勉强略侵银为之。……在此坏政之际，集校只可维持免停顿已足。生额宜少不宜加。下期收生切切抱定此宗旨，万万不可扩大。待将来时机如到，许时要如何进展，未为晚也。本校现下与初办时大大不同，当时如新开生芭地，不得不拼命以倡导，若现下已无须，况虎狼当道乎？本学期中等生1700名，下学期可减不可加，至切！"他在6月27日、8月19日给陈村牧的信中再次谈到，"在此国政纷乱时代，恶势力布满血土。余虽如何萦恋桑梓，惟有望洋兴叹。至当局之不满余者，唯独余知之。《南侨回忆录》中虽略有道及，只表面而已。为此之故，对集校只有维持现状为至高，不致关门就是，以待幸运之来。那时自有相当之发展。先生如表同情，必忍耐以俟，为荷"。"在此恶时代，只抱定维持现状而已。必待有新政府，那时就有办法，不但尽行修旧，且尚要扩大新建，注重师资也。"

　　11月2日，陈嘉庚在《中南日报》发表《谢却校友募捐复兴基金函》，全文为："昨天贵报载新加坡集美校友会，在同安会馆开复选会，'并订于日间组成五队向诸校友劝募复兴母校基金'。按集美校舍被敌寇炮轰毁损失颇重，在余未回星之前，董事长等已在国内募捐国币2000余万元，以为修葺经费。敌寇甫投降，立即鸠工并收拾倒塌中器材，从较易修补诸屋即行赶修。其时工料犹算廉宜，至本年2月即有一部分修葺完竣，可容中等学校学生1700余名复员回校。此后逐月经费约需叻币9000元，修理校舍及添置亦月按4000元，均为余一力供应，至现下尚未修理之校舍，其中或以全座烧毁或为大半倒塌，加以工料奇贵，若要全部修竣，至少须叻币20万元，诸校友热诚关怀母

校，余甚感谢，若资力雄厚之校友，肯大量牺牲帮助者，当然无任欢迎。第念此际商业不振，生活困难，余雅不欲普及烦扰，致生不便，况国内内战未息，民众惨苦，余对集美学校，只求维持现状，无意于急速修竣恢复旧观，为恐他埠校友或相仿行，谨为文投诸报端，希诸校友原谅。"

除了接受南洋各地集美校友主动捐款以及少数亲友的帮助外，陈嘉庚"深耻外助"。当时，"行政院善后救济总署厦门办事处"拟用工赈办法，帮助国币8500万元修葺部分校舍。为此，陈村牧修函向陈嘉庚汇报，并请示可否接受。陈嘉庚坚决拒绝所谓"赈济"。他指出："国家不幸，遭抗战之损失，战事告终后，不能奋志自主，以图强盛，反而依靠外国救济，政府如是，社会如是，华侨机工复员亦如是，甚至教育机关亦如是，其可耻可悲，可羞可痛，为何如是耶！号称胜利国五强之一，人民之众，居世界第一位，列强中谁如此卑劣？素称'礼义廉'者，果如是乎？可哀也已！"遵照陈嘉庚的意见，集美学校校董会立即致函救济总署厦门分处，拒绝接受工赈。

在复员时期，学校接受的补助和捐赠主要有：1945年4月，省府贷米3000市担补助本校经费。11月，行政院拨助本校经费500万元。1946年9月，行政院善后救济总署厦门办事处赠送本校医院药品及器械一批，另牛奶粉汤粉等数百磅，供留诊患者领用；1947年1月续赠医药品器材一批。1947年12月，教育部拨助职校设备专款，高级水产航海学校得185万元，高级商业学校得85万元。1945年6月18日，永安校友会发动向全体校友募捐母校复兴基金，至1947年10月活动结束，先后收到捐款计国币4009万元。校董会为此特编印徵信录分发，并列具捐款50万元以上者之名册，呈报教育部请奖。高级水产航海学校校友会1946年秋发动募捐母校水产航海专科教职员福利基金，至1947年9月结束，计募得国币2500万元，并存沪生息，按月汇校。1948年2月，华侨叶玉堆以前参加南洋企业股份有限公司股份749万元，计74900股，捐赠本校。

校舍的修复从1945年4月开始，同年先后修复务本楼、允恭楼、校董会住宅、医院、美术馆、约礼楼、瀹智楼。1946年，先后修复教员住宅、尚忠楼、诵诗楼、文学楼、敦书楼、居仁楼、博文楼，立言楼、科学馆、电灯厂、音乐室、浴室、立德楼、崇俭楼、葆真堂、养正楼等等。到1946年秋，复员计划的前两期工作业已完成，共修复大小楼房计30几座。修理和添置校具3000多件，耗费8000余万元。当时通货膨胀，国币贬值，物价飞涨，工料昂贵，要完全修复全部校舍，非数十亿元不可。延平楼及其他数座倒塌更甚，几乎需要重建，仅此项即需用费三、四亿元。当时无能力重建，拖到新中国成立后才进行。

陈嘉庚为早日修复集美校舍而煞费苦心，而对于自己被炸坏的住宅却迟迟不让修复。1949年4月29日，在新加坡福建会馆和怡和轩欢送陈嘉庚回国的会上，他作了《明是非、辨真伪》的演讲，在谈到修复集美校舍时说："余住宅被日寇焚炸，仅存颓垣残壁而已。集美校舍被炮击轰炸，损失惨重。复员于今三年余，费款于集美学校共三十余万（叻币），修理与学费各半，至倒塌数座校舍尚乏力重建。若重建住宅，所需不过二万余元，虽可办到，第念校舍未复，若先建住宅，难免违背先忧后乐之训耳。"一直到

1955 年，在集美学校校舍全部修葺后，他才着手修复自己的住宅。

　　1947 年出版的《集美学校要览》对校舍损失及复员修葺情形有详细记载，兹列表如下：

战时校舍损失及复员修葺情形

序号	名　　称	损失情形	修葺情形	备注
1	敬贤堂	全部被敌弹炸毁	颓垣残瓦已清除，拟本年内修建	
2	延平楼	该楼与厦门高崎一衣带水，自 1938 年起，无日不在敌炮轰击、敌机轰炸之下，已全部倒塌，附近厨房水房膳厅亦均被炸毁。		
3	校主住宅	先后中燃烧弹 3 枚，全部被毁，仅余空壳。		
4	肃雍楼	大部被炸毁	东半部已修葺竣工，西半部依旧建筑围墙。	
5	科学馆	前面正中自四楼塌至楼下，二三楼弹痕累累，附近供实验之自来水设备亦毁损。	1946 年 4 月 17 日修葺竣工	
6	图书馆	楼顶中弹三楼全毁，二楼亦被洞穿	1946 年 4 月 17 日修葺竣工	
7	尚勇楼	全部被燃烧弹炸毁	颓垣残瓦已清除	
8	立德楼	大部炸毁	1946 年 10 月 22 日修葺竣工	
9	立言楼	大部炸毁	1946 年 4 月 10 日修葺竣工	
10	立功楼	全部被毁仅余空壳	颓垣残瓦已清除	
11	尚忠楼	三楼全毁，二楼亦破碎不堪	1946 年 2 月 8 日修葺竣工	
12	诵诗楼	饱受敌炮轰击屋顶破碎不堪	1946 年 5 月 8 日修葺竣工	
13	居仁楼	中弹多发，屋顶被毁	1946 年 3 月 10 日修葺竣工	
14	文学楼	中四弹前面被炸毁	1946 年 5 月 8 日修葺竣工	
15	明良楼	右端楼屋被炸毁	尚未修复	
16	崇俭楼	饱受敌机轰炸右端被炸倒塌	1946 年 11 月 21 日修葺竣工	
17	养正楼	正前面及东侧楼房全部被炸毁	1946 年 12 月 8 日修葺竣工	
18	植物园	遭敌机炸坏贵重植物摧折殆尽	1947 年春雇佣花匠经常管理	
19	允恭楼	连中敌弹多枚	1945 年 9 月 3 日修葺竣工	
20	即温楼	大部震坏		
21	务本楼	遭敌舰炮轰中弹甚多损失甚巨	1945 年 5 月 10 日修葺竣工	

序号	名　称	损失情形	修葺情形	备注
22	农场后山炮楼	中二弹全部被毁		
23	牛舍	中弹倒塌一部		
24	工艺室	全部被炸毁其中车床等设备亦损毁		
25	救火队	炸毁	1945 年 10 月 23 日修葺竣工	改为中学娱乐室
26	灯泡厂	炸毁	1946 年 4 月 17 日修葺竣工	
27	食品部	炸毁	1946 年 5 月 8 日修葺竣工	
28	消费公社及俱乐部	炸毁	1946 年 3 月 18 日修葺竣工	
29	大膳厅	炸毁	1946 年 3 月 18 日修葺竣工	
30	雨操场	炸毁	全部拆平	
31	端艇室	炸毁	1946 年 12 月 16 日修葺竣工	
32	储藏室	炸毁	1948 年 4 月修葺竣工	
33	军乐亭	炸毁	1946 年 9 月修葺竣工	
34	前水产膳厅水房及厨房	炸毁	1946 年 10 月修葺竣工	
35	中学浴室	炸毁	1946 年 11 月修葺竣工	
36	校主花园	炸毁		
37	码头	炸毁	桥面全部拆平	

除上表所列外,据有关资料记载,校董住宅于 1945 年 9 月 26 日修葺竣工,医院及美术馆于 1945 年 11 月 5 日修葺竣工,中学约礼楼于 1945 年 11 月 10 日修葺竣工,中学渝智楼于 1945 年 12 月 7 日修葺竣工,教员住宅于 1946 年 1 月 12 日修葺竣工,敦书楼于 1946 年 2 月 1 日修葺竣工,音乐室于 1946 年 4 月 20 日修葺竣工,校警所于 1946 年 12 月 27 日修葺竣工,水产航海学校国春渔轮于 1947 年 8 月 6 日修理竣工,改名"集鲸"号。

五、改进管理励精图治

在复员期间,集美学校一边加紧修葺校舍,努力恢复旧观;一边加强校务管理,重视教学质量。所属各校因时制宜,励精图治,在极为困难的情况下,保证了办学质量。

（一）小学注重国民教育

1. 行政方针

集美小学复员集美后的行政方针为：(1)依据国民学校法第一条之规定并斟酌学校当地之社会情境，故教育之设施特注重国民道德之培养，身心健康之训练，以及生活必需之基本知识技能之授予，以造就健全国民。(2)一切教育活动一方以儿童为中心，另一方更求适应社会之需要。(3)教育活动力谋与地方自治机构配合以及广大社会之联系，使教育成为地方自治之动力，学校成为社会教化之中心。(4)应用科学方法使教育活动在有目的、有计划之中进行，以增进教育效率。(5)利用固有的良好基础，力求充实与健全。(6)发扬固有优良作风，加强研究实验，以树立教育示范楷模。(7)加强生活训练，树立"诚毅"校风。

集美小学的行政组织大纲也作了修订，进一步明确了总务、教务、生活指导、研究四课的职责和校务会议的规程。每学期除将全学期例行工作编订周历按期施行外，还制定"行政大纲"，内容包括行政、修建、设备、教学、训导、研究、社会教育等方面的重要工作，作为该学期施政的中心目标。

2. 教务方针

在教务方面，提出的教务方针为：(1)依据本校行政方针教学设施，力求智德体三育均衡并进，并力谋学生程度之提高。(2)教学内容除采用国定教本外，并依据儿童生活及社会需要随时加以调整和补充。(3)教学活动以儿童为中心，运用自学辅导制，并积极培养互教共学精神以及自动学习兴趣与习惯。(4)运用科学方法与探险精神，从事于教育方法之研究实验，以增进教学效率。(5)多举行示范教学，以提高教师研究精神。(6)多举行成绩展览及各种参观旅行。

3. 制定《儿童手册》

学校为谋与儿童家庭联络，以增进教育效能起见，制定了《儿童手册》，内容包括儿童的基本情况、学业、操行、勤惰、健康、惩奖、请假须知、学校与儿童家长通讯、儿童家长与学校通讯等表格，还附有《我们的规约》以及学校关于开、闭学日期的《通告》和《课程表》。

据1948年学校编写的《集美学校编年小史》记载，当时集美小学《我们的规约》对学生在礼堂、课室、自修室、寝室、膳厅、图书馆、俱乐部、运动场的言行举止都作了规定。兹辑录如下：

(1)礼堂规约：①闻钟声即整队入礼堂，依次就座。②开会要肃静，不得交头接耳，亦不得俯首假眠。③唱国歌及校歌时，须起立循琴吟唱。④开会时不得阅览书籍，或提前退席。

(2)课室规约：①上下课时须依序号，迟到早退须向教师陈述理由，得其允许。②上课时，学生应先教师而入，下课时应后教师而出。③上下课时学生应一律起立敬礼。④上下午第一节上课组长应向教师报告学生出缺席人数。⑤座位须依编订号数，不得自由变更。⑥上课时，不得私自阅看课外书籍，不得随便谈话。⑦发问应答，均须起

立,发问须待时机,不得抢问。

(3)自修室规约:①自修时间,须在室内研究功课,不得阅看小说或任意外出。②在自修时间内,不得零食、喧哗唱歌及玩弄乐器或玩具。③自修时间,不得先行早睡,其因事或病,须向监护导师请假。

(4)寝室规约:①室内床铺桌椅等物,须照规定之方式布置,不得任意移动。②平时不得无故在校外寄宿。③起卧须照本校规定时间,不妨碍他人安睡。④每次熄灯后,不得喧扰,不得燃烛。⑤起身后须将被褥蚊帐摺叠整齐。

(5)膳厅规约:①膳厅座位,须依照本校排定之席次入席,不得乱坐。②每餐入座,须照钟声,不得提早或过迟。③用餐时,不准谈话,亦不准妨碍他人饮食卫生之举动。④膳厅中所有的用具,应共同保护,不得毁坏。

(6)图书馆规约:①所有报纸书籍应一致保护,不得私自携走。②不得高声朗读,妨碍他人阅读。③借书须依照图书馆规程办理。

(7)俱乐部规约:①所有娱乐用具,应一致保护,不使损坏。②照规定时间入部娱乐。③娱乐用具使用后,须安放原处,不得携出部外。

(8)运动场规约:①所有一切运动器具,应一致保护,不使损坏。②使用运动器具时,不得争噪。③须服从裁判员之判断。④早操须依照规定行数号数站立。

4. 生活指导

在生活指导方面,提出要"培植儿童身心正常发展,陶冶儿童之良好德性,以养成儿童爱国爱群观念,并建立'诚毅'校风,以发扬争取义务、服务人群的大集美传统精神"。学校除开设生活辅导课负责生活指导之外,另设级任制,承担主要科目教学和负担训导上的责任,指导课外阅读、周会表演及日常生活。训导的原则是:生活家庭化,打破师生界限,实行共同生活,以造成融乐的家庭化的学校生活;力谋训教的联系以求保证教学的效果;个别指导与团体训练分头并进,以增训导效果;注重教师以身作则,实行人格感化,以积极诱导代替消极制裁;一切生活指导以及各种训育活动,均以儿童生活为基点,并在快乐活泼中进行;运用科学方法,避免主观武断,切实取得家庭联系,以增训导功效。学校认为,儿童的家庭状况与学校教育有密切关系,因此认为对儿童家庭状况的调查是训导上的必要工作;而对于儿童的品性调查也十分重视,一向是通过教师的调查之后,归纳得失,分别加以鼓励和矫正。训导上的另一个特点就是实施"公民中心训练周",中心训练项目每一周或两周施行一项,供全校教师共同负责推行。

5. 公民中心训练周

集美小学的《公民中心训练周》的中心项目设计及训练内容颇具特色,按学月、周次设定不同的训练内容和具体要求,很有针对性。现辑录如下:

集美小学《公民中心训练周历》(1948 年)

学月	周次	中心项目	内 容 条 文
第一学月	1	始业周训练	以本校儿童手册《我们的规约》为训练条文
	2	忠勇周	1.我尊重党旗国旗。 2.唱国歌的时候一定脱帽立正。 3.我尊敬我国的元首。 4.我愿意牺牲自己保卫国家和民族。 5.我爱护我的学校，并愿发扬服务人民的"集美精神"。 6.我爱用本国货。
	3	（继续）忠勇周	1.我立志发扬国家民族的光荣。 2.我有了过失，一定悔悟改正。 3.别人有危险，我立刻去救护他。 4.我替别人做事一定会尽力做好。 5.我在黑暗的地方不害怕。 6.我身体受了小的伤也不哭也不吵。
	4	孝顺周	1.我敦品力学锻炼身体使父母欢喜。 2.父母和尊长有疾病的时候我尽力服侍。 3.我尽力帮助父母和尊长料理家事。 4.我相信孝顺是齐家的基本。 5.我听从父母师长的教训。 6.我外出和回家一定告诉父母。
	5	学月反省周	检讨本学月中心训练细目自己是否切实做到。
第二学月	6	仁爱周	1.我在拥挤的地方，让年老年幼的先走先坐。 2.我尽力扶助有疾病的人。 3.我保护有益于人类的动物。 4.我爱护公共的花木和图书。 5.我对待亲戚朋友都亲爱和睦。 6.我周济穷困的人。
	7	信义周	1.我和别人约会一定准时践约。 2.邻里有急难我尽力救助。 3.我应当做的事，一定去做并且要做得好。 4.我不隐瞒自己的过失。 5.我拾到了别人的东西一定想法送还他。 6.我不说谎话不欺骗人。
	8	（继续）信义周	1.我帮助了别人不受酬谢也不夸说自己的功劳。 2.我反对大欺小强欺弱。 3.我不愿意做的事决不叫别人做。 4.我相信义为立业的基本。 5.我答应做的事一定做到。 6.我损坏别人或公共的东西，一定自己承认。
	9	和平周	1.我原谅别人无心的过失。 2.我以平等的精神、和悦的态度对待外国人。 3.我得罪了人一定向他道歉。 4.我和人谈话诚恳而且和气。 5.我不打人骂人。 6.我对人和颜悦色。
	10	学月反省周	检讨本学月中心训练细目自己是否切实做到。

学月	周次	中心项目	内 容 条 文
第三学月	11	礼节周	1. 我不私自开看别人的信札包裹或抽屉。 2. 我受荣誉不骄傲。 3. 我在开会时一定很安静。 4. 我依次出入教室或会场不争先不落后。 5. 我遇见老师或尊长一定行礼。 6. 我在屋子里走路脚步很轻。
	12	服从周	1. 我离开老师或家长也要遵守秩序。 2. 我乐意接受别人的劝告。 3. 我服从政府的命令。 4. 我听从维持秩序人的指导。 5. 我准时到校准时回家。 6. 我排队很敏捷很安静很整齐。
	13	勤俭周	1. 我利用废物修整损坏的用具。 2. 我不取非分的钱财。 3. 我尽力做学校里轮值的事。 4. 我不浪费或污损公共的东西。 5. 我每日早起。 6. 我能定期储蓄。
	14	每月反省周	检讨本学月中心训练细目自己是否切实做到。
第四学月	15	整洁周	1. 我看书写字的时候常常留意眼睛和书本的距离。 2. 我每天一定的时间运动。 3. 我留心保持公共与地方的清洁。 4. 我睡觉的时候头露被窝外面。 5. 我每天早晚一定洗脸刷牙。 6. 我的衣服常常保持清洁。
	16	（继续）整洁周	1. 我尽力扑减蚊虫苍蝇蚤虱。 2. 我相信整洁是强身的基本。 3. 我在光线充足的地方看书。 4. 我不随地乱丢纸屑果壳。 5. 我不随地大小便。 6. 我常常修剪指甲。
	17	助人周	1. 我高兴帮助别人做事，使他成功。 2. 我尽力帮助老弱残废的人。 3. 我看到别人有不正当的举动立刻劝止他。 4. 随时随地为社会谋利益。 5. 我常常快乐，还愿意和别人一同快乐。 6. 我相信助人是快乐的基本。
	18	学问周	1. 我求学的时候，一定很专心不荒嬉。 2. 我相信随时随地都有知识，都应该学应该问。 3. 功课不好我一定努力用功。 4. 有疑难的问题，时时请教老师、父母或同学。 5. 我每天上课一定携带需用的课业用品。 6. 我把预定的功课赶快做好。
	19	有恒周	1. 我做事有决定心、有毅力，不怕困难，也不怕失败。 2. 我相信有恒心是成功的基本。 3. 艰难的功课我天天学习到完全了解方止。 4. 我做事一定要求得结果。 5. 不怕大风大雨，每天一定要去上课。 6. 我每天用心学习规定的功课。
	20	学期反省周	检讨本学月中心训练细目自己是否切实做到。

6. 教育研究

在研究方面，学校提出："儿童之人生基础，乃开始便建筑在小学教师身上，因此我等咸兢兢自励与儿童共同生活，随时体验研究，俾对困难问题获得解决方法，为儿童开拓光明途径，使儿童生命之花能灿烂地欣欣向荣，日进无疆。"教育研究的目标确定为：(1)关于儿童教育特殊问题。(2)儿童教育新方法或新制度的创造与实验。(3)教学训导等一切困难问题。(4)学校行政之实施与改进。

学校成立教育研究会，全校教师为会员，每月开研究会一次。另组教育检讨会，每两周开会一次，讨论各科教学、儿童训导、教材及教具等。至教师进修研究方面，要求每学期教师至少参与一项以上有系统的研究工作，并于学期终结前拟具研究报告，以备查考。学校每学期各科均经常定期举行示范教学，以资观摩，对提高教师研究精神与改进教学颇著成效。

7. 附办民众学校

学校还附办民众学校，其宗旨是：(1)使失学之大众与儿童得受教育之机会，并藉此以养成其"亲爱"、"互助"、"守法"、"温良"之美德。(2)复兴民族意识，培养国家观念，以为复兴民族之主动力，与建设乡村之工具。民众学校分甲乙丙三班，其中高级一班，初级两班，学员计 135 人。所学课目为国语、常识、公民、算术、音乐、职业常识等。授课时间为：每夜间授课两小时，分作三节，每节 30 分钟，余为休息时间。

(二)初中注重发展青年身心

1941 年 8 月，播迁安溪的集美中学校离而为二，高级中学校与初级中学校分设。1946 年 1 月，初、高级中学校复员迁回原址，积极扩充办理。初级中学校与高级中学校为姊妹校，关系最为密切，虽各自独立，但校长为一人兼任，校舍毗连，息息相关。其宗旨均为：遵照国家教育宗旨及实施方针，以发展青年身心、培养健全国民、研究高深学术、及从事各种职业之预备为宗旨。为严格训练青年身心，适应国家需要，依照教育宗旨，实施下列教育标准：锻炼健全体格、陶融公民道德、培育民族文化、充实生活智能、培植科学基础、养成劳动习惯、启发艺术兴趣。

初级中学复员集美后，对于校务的处理，一本过去分工合作的精神，实事求是，教务、训导、事务、体育、童军等方面工作皆悉力以赴。

1. 教务方面

明确教务方针为：(1)遵照部颁"中学教育目标"，与各有关部门密切合作，力求德智体三育并进。(2)为求任务之单纯化，教育设施仍以文化陶冶为主。(3)在不忤各科平均发展之原则下，特加强本学科之教学。(4)在行政活动上力求教训之合一。在教务方面的规定和采取的措施有：学级编制办法、课程编配与教材选择办法、特别课室之设置规定、学科会议与各教学座谈会规程、推行教学计划并严密执行教学进度、加强教学推行补课制、编印学生课外阅读书目、注重日常考查严格执行考试、抽阅学生作业、举行各主要学科测试比赛、举行华侨学生学习生活座谈会及个别辅导、建立自修督导制、严格统计学生出缺席并纠正任意旷课观念、公免费生之设立及学业成绩之奖励、假

期作业之实行及考查等。

2. 体育方面

提出的训练目标是：除以切实锻炼学生强健体魄为最高目的外，并以同时达成下列各项训练为目标。一是培养诚实公正守规则的习惯，二是陶铸不畏艰难努力不懈之精神，三是养成合作互助勇敢牺牲与服务之美德，四是锻炼有敏捷之思想与行动，五是培育高尚生活之态度，六是尊崇正当胜利之观念。

体育训练的原则为：(1)运动机会均等。(2)实行强迫运动，以普遍提高体育运动兴趣。(3)技能训练与道德陶冶并重。学生体育成绩的考查标准根据各种活动的结果，经测验及教师平时观察厘定之。其中运动技能——田径(根据部颁标准计分)、球类(平时测验或观察)占40%，运动道德——(在运动场上竞技精神之表现)占30%，体格——(经体格测验及医生检查而定)占20%，勤惰——(对运动是否发生兴趣、练习勤否)占10%。学校认为，体育一科与其他学科迥异，教授时须按学习者之生理状态、年龄性别和运动技术之程度而酌为分配。班级教授：柔软操、器械操、田径赛、各种球类运动，每班依技术优劣程度而分队训练。课外运动：选拔技能优良之学生为干部，组织干部训练班，施以各种运动技术规则及体育理论，于每日早晨时间练习课外运动，实施时分配干部为各队队长。体育教学的方法则包括准备运动、示范、练习和错误纠正等。

3. 事务方面

加强学校环境之整理，组织师生清除瓦砾，铲除杂草，疏通沟渠，打扫校舍，管理花木。加强校具的添置保管，特别是添置劳美二科的工具，劳作、美术二科为技术科目，"工欲善其事，必先利其器"，因原有劳美工具散失殆尽，所以大力加以充实。此外，还大量添置各类运动器具。学校重新修订了"童子军组织大纲"，规定童子军团以忠孝仁爱信义和平为训练之最高准则，实施严格的训练和管理。

(三)高中倡导自治自觉自动

1. 行政原则

高级中学复员集美后，修改了"组织大纲"，提出学校行政原则为：(1)以科学精神与方法，力求教学效率之提高，工作能力之增强，并能以最经济之时间，获最大之成就。(2)以民主精神力求师生合作精神之高度发扬，以及学生自治自觉自动能力之切实培养。实施的方针是：(1)经济绝对公开，事权力求一致。(2)加强教训联系，发扬合作精神。(3)力求教材适合标准。(4)注重人格感化。(5)鼓励普遍运动。(6)充实各种设备，提高工作效率。实施计划包括确定实施纲要、重订各项章则、注重教学实施、养成读书风气、鼓励课外活动、提倡问题研究、举行各种竞赛等项。

2. 教务规则

在教务方面，努力提高学生程度，严格执行学业成绩考查，执行教学进度预计，鼓励自动学习。针对复员以来华侨子弟及收复区学生纷纷向学且程度参差的情况，学校不得不放宽录取尺度，宽收侨生，入学后施以特殊之教授，个别之补习，加以培育造就。学校制定的教务规则包括：教务处规程、教务会议规程、学科会议章程、学生学业成绩

考查规程、教室规则、自修室规则、试场规则、督导学生自修办法、暑期作业办法等。

3. 训导工作

复员迁回原址之初，训导工作着重于学校秩序的恢复与学生生活之安定。1946年秋，鉴于学生众多及新旧生的教育基础不一，为便于实施管训起见，分为三个训导区，高三上下期学生为第一区，高二上下期学生为第二区，高一上下期学生（迁返后招生者）为第三区，女生宿舍则另为一区。各区设主任一人，女生宿舍设女生指导员分负管训之责。分区制实施后颇收成效，学生志趣渐趋统一，学习精神日见良好。1947年春，为更求训导工作的积极进展和课外活动的普遍举行，三个训导区合并设立训导处，以专责成。训导方针不采取消极的制裁，而注重积极的启导。训导措施对团体活动多给予便利和指导，以启迪学生乐群的心理及活动能力；对个人行动则随时检察，遇有过错立予纠正，并加以劝导，以助长学生的身心修养，俾其心志体力能获得良好的进展。学校采取导师制，每组设导师一人，分负训导各组学生之责。训导方式除进行个别谈话、小组讨论外，特别重视组会活动。学校对组会活动提出四项目标：一是训练学生运用四权，以养成自治能力；二是指导学生作课外阅读竞赛，以养成自学兴趣；三是鼓励集体活动，以培植学生的乐群心理；四是提高正当游乐，以陶冶学生优美情操。全校学生除有特殊情形经校长特准者外，一律寄宿，实施军事管理，为求职权专一，内务及集队由军训团规划主持，请假考勤则由训导处直接办理。管理办法订有各项规则，如训导处规程、训导会议规程、训导实施办法、导师服务规程、学生操行成绩考查规程、学生生活周记考绩办法、学生通则、奖励暂行规则、惩戒暂行规则、礼节暂行规定办法、宿舍内务暂行规定办法、服装暂行规定办法、寝室规则、操场（作业场）规则、膳厅规则、储藏室规则、集会结社规则、请假规则、组长服务规则、室长服务规则、军训队队长服务规则、值日生服务规则、兼办社会教育实施计划、音乐研究会章程、暑期读书简则、时事研究会章程、学术研究会规程、学生自治会章程、女生同学会简章、级会章程等。

4. 体育工作

在体育方面，复员后即着手修复受损的操场，不遗余力地添筑球架，整理场地，逐渐恢复到战前的水平，各项运动场所和康乐设备足供300人以上同时运动。学校提出普通体育的目的为：使学生明了健康与学业的关系；养成自动精神；学会各种队形和方向的识别；学会普通军事操并明了部位；使学生了解人体各部分构造大意；养成君子精神；力求纪律化团体化；免除恶劣嗜好，注意人格训练；学得各种球戏技能及规律。提出早操的目的是：注意呼吸运动，强健肺器官；养成团体精神；养成守时守规律及服从等习惯；学得团体表演技能。体育方面的规程有：体育处规程、体育会议规程、早操规程、普通体育规程、借用运动器具规程、对外比赛规程等。

5. 事务规定

在事务方面，学校对经费、修建事项、设备事项、日常处理事项和其他事项等，都作了明确规定。其中经费以"款不虚用、用必得当"为原则，每学期开始前由事务干事编造预算送校董会审核后依据预算开支。在日常处理事项中，还特别对校役的管理作了规定，包括校役支配、校役工资规定、校役进退、校役请假、校役训练等内容。

6. 军事训练

在军事训练方面,高级中学成立军事训练团,由校长兼任团长,军事教官和训育主任兼团附,另设干事一人,负责团部内一切公文缮写及保管等事项。团以下为大队,大队下辖三中队,每中队下辖三区队,每区队下辖三分队,女生编为一独立区队。各级队长由团长指派,已受干训的学生或平时军事成绩优良者充任,负传达、报告及辅助管理之责。每学期前遵照部颁学科、术科基准表,并斟酌实际情形,在求学术联系、教练协调、使理论不致空泛、动作不致枯燥、身心活泼、兴趣增加的原则下,制订训练计划。每学期训练时数学科 18 小时,术科 36 小时。另每学期夜间演习 2 次,行军演习 1 次,防空演习 2 次,均在课外时间进行,未列入正规教育时间内。军训管理遵照部颁管理办法,以健全的组织和严格的军队生活,锻炼其体魄,陶冶其性情,改良其习惯,振作其精神,达到思想纯正,行动积极,礼节周到,生活简朴,而成为人格高尚、常识丰富的优秀国民。军训实施的办法,在积极方面,军训人员以身作则,循循善诱,使学生潜移默化,发挥三自精神;在消极方面,订定规章,实行奖惩,而收管理之实效。

(四)商业学校以提高学生素质为首务

抗战胜利后,因集美原址校舍遭敌机轰毁,修复尚需时日,高级商业职业学校暂迁至安溪城内原水产航海学校校舍复课,至 1946 年 1 月迁回集美。复员以后,学校对于环境的整理,设备的补充,均竭尽心力,以图恢复战前旧观。在设备方面,校董会已另设图书馆、科学馆、医院等独立机构,以供各校应用。学生课业方面,因战时学校内迁缘故,设备简陋,课本采购困难,加以生活未能安定,致学业水平普遍降低,这种不良情况已不复存在。学校把学生素质的提高作为首要任务,在课程调整、教材选择、加紧课业进度等方面无不积极进行。其他如考试制度的改善、录取新生采取宁缺毋滥的主张等,都务使学生程度能达到理想的目标。至于课外活动,学校也多方策动,以求学生身心高度发展。

在教学方面,学校希望教师有"诲人不倦"之真诚,学生有"学而不厌"之毅力;进而谋"教之有方"、"学之得法";更进而求所教所学均能适应时代环境之需要。学校采取调查教学实情、研究教学问题、督促各科作业、改善考试制度、举行学科竞赛、布置教室环境、营造研究风气、规定假期作业等措施,促进教学工作。

在训育方面,依照学校的组织规程,训育在行政系统上与教务、事务并立为三大系,下设各股,分掌训育事宜,外辅各级导师及训育员,襄理其事。学校认为,教育不单知识的传授,而须予以思想之训练及行为之改正,以达训育之目标。学生的一般行为习惯与态度,应从实际生活中予以正确的启示,培育其合理行为,并施以思想训练,以确定其行为路线。学校实施的训导事项包括精神训练、个别谈话、小组讨论、各种竞赛、举行远足、劳动服务、生活周记、监督用款、休闲娱乐、自治指导等。训育工作的实施包括:(1)生活规范——品格之优劣,恒视行为之表现,而行为之善恶,尤在于习惯之养成。若品行不端,虽学优体健,适助长其为恶,非健全之国民也。学校有鉴于此,故颁行《训导通则》,俾学生有所遵循,行动不至于越轨,而培养优良之校风。《训导通则》

共 13 章 74 条。(2)导师制之推行——学校为一大家庭,师生互相亲爱,过共同生活,是最有效的教育。学校颁布导师实施办法,凡本校专任教员均为导师,负责指导课内外作业及其他各种训练。(3)施行军事管理——促进全校学生行动军事化。(4)新生入学训练——授以政治常识、道德修养、读书指导、生活规范、礼仪要点及本校史略等,由校长和各处主任及教官担任演讲训诲,为其入学始基。学校对学生操行成绩的考查,以一学期为准,根据各处主任、各组导师所评定的分数,并参照生活周记簿、内务整洁检查簿、奖惩登记簿,以及各种集会上课缺席统计等评定,各生全学期的操行总成绩,藉求各方普遍,纯以客观标准,而得公正的评判。操行考查分为:礼仪、思想、纪律、整洁、勤惰、服务、志愿、其他,共八目,逐目以百分比记分,定为甲、乙、丙、丁、戊五等,丁等以下为不及格,凡不及格者,学校得令其退学。

商业学校创办的初衷,原为造就大批商业专门人才,使其出校后能负起振兴我国幼稚工商业之重任。故在校中之施教方针,不但注重商业学识之研究,对于实际应用技术之训练,仍不弛松。为使学生有实际练习的机会,除了到外单位联系实习外,还自己开设实习银行、实习商店等。1947 年,学校商请集友银行拨助开办费数百万元,在校内设立一所实习银行,除经理、出纳二职由学校请职员兼任外,其余营业、会计概由应届毕业生的高 15 组同学轮流担任。1948 年,高 17 组学生自己集资开办了一个实习商店。

(五)水产航海学校强调实践训练

高级水产航海职业学校于 1945 年秋迁回集美原址,修葺原有之允恭楼及崇俭楼等为校舍。复员之后,学校注意改进校务,精简行政机构,增进工作效率。校长综理全校校务,在校长之下设教导主任一人(1947 年秋季又分为教务主任和训导主任各一人),秉承校长掌理全校教务及训育事宜;设实习主任一人,襄助教导主任办理学生渔航实习及渔业调查事宜;设体育指导员一人,襄助教导主任办理有关体育事宜;设干事若干人,秉承校长及教导主任,分别办理教导、事务、文书收发、缮写等事宜。

1. 强调实践训练

学校在行政管理上采取会议制,分别设有"校务会议"、"教导会议"、"事务会议"、"各科科务会议"等。各种会议与以前相类似,只有教导会议是新设的。其主要的任务是:审议教学与训导方针,审议各科课程和教材用书,讨论教学方法的改进及各科教学的联络,整饬学校风纪,指导学生生活,审议学生操行成绩的考查事项,审议教员请假办法等。

在复员时期,学校很重视抓教学,强调提高各学科的教学质量,在课程安排上,比以前也有改进。在教学上,进一步发扬办学特色,强调实践环节的训练,并增定一个《调查规则》。为使学生明了沿海各县渔村状况,学校特地组织渔村调查访问团。调查访问时间于假期举行,二年级下期学生,全体均须参加。由校长聘请专科教师一人为指导员,随同出发指导一切要调查事宜。调查范围包括渔村的社会组织、经济状况、渔村的教育及生活状况、渔船渔捞的方法、渔具的使用及改进、渔获物的运销等。团员须逐日将调查及访问心得填载于调查日记及报告书,返校时呈交教导处,以凭考核。调查成绩由调查团指导员的成绩考核表、团员的调查日记及报告书综合评定。

1947年9月,高级水产航海职业学校分设航海、渔捞两科,打破了沿用27年的渔航混合设置,在专业设置上是一大改革。以前,在校学生渔航知识兼学,学制为三年,实际修业时间为二年半,至第三学年下学期即派往渔轮或商船实习。两科分设以后,渔捞科在校修业时间,仍定为二年半,三年不派往渔船实习;航海科在校修业时间,则要修足三年,再行派外实习。1947年秋季,招收航海科新生43名,渔捞科新生30名,分别编为高21组航海、高21组渔捞。渔捞科只招一届学生就停办了,为主办航海科,至1951年春季再复办渔捞科。

2. 多用积极指导

在对学生进行训导和管理方面,主要是从积极的方面入手。这一时期提出的训导方法是:多用积极指导,避免消极惩罚;注意潜移默化,崇尚力行;改善生活环境,隔离不良习染;因时施训,因势利导;随时纠正学生错误,必须使其切实悔悟;利用校内外各种集会,及学生团体的种种组织,实施团体训练,养成健全的公民,忠实的海员;依据学生的个性及环境,施予个别训导,注意其平时言行,鼓励其所长,纠正其所短,以养成其高尚品格。

在训育上仍然采取导师制,但一个较大的改革是,导师的人选不是像以前那样由校长选聘,而是由学生认选,导师又分为单个学生的导师和各组学生的导师。为使导师工作规范化,学校专门制定了《导师制纲要》。主要内容是:(1)学生于学期开始时,得就专任教师中认选一人为该生导师。认选事宜,由教导处主持。(2)教师被选后不拘导生人数多寡,概由校长发函聘请为导师,并由教导处列选导生名单。(3)导师每月应填具训导报告表一份,送交教导处。(4)导师每学期对导生至少举行一次个别谈话。(5)导师对于导生的思想、行为、学业及摄卫,均应体察个性,依据训育方针,施以严密的训导,使得正常发展,以养成健全人格。(6)训育方式不拘种类及次数,除个别训导外,导师应充分利用课余或例假时间,召集导生,举行谈话会、远足会,以及其他团体性活动。(7)导师对于学生的心性、行为、思想、学业、身体各状况,均应详细记载训导报告表内,并应针对学生缺点提出改进意见,填入报告表备注栏内。(8)导师对导生如认为应予退训者,得通知教导处,并由教导处通知该生另选新导师。(9)导师会议每学期至少两次,以校长为主席,校长因故不能参加,由教导处主持。

3. 培养自治能力

在日常管理方面,学校在指导思想上也有明显的改变。学校在制定管理制度时首先指出:"青年学生大多思想纯正,情绪热烈,理解性强,富有浓厚情感,倘管理手段,专采部队方式,不仅学生咸感呆板乏味,收效甚微,且可引起一般不良反响。本校有鉴于此,乃以'自治代管理,身教代言教'为原则,多与学生接近,打破师生间隔膜,养成敏捷、纯正、认真、勇敢、勤劳、守时、坦白等良好习气。"

在培养学生的自治能力方面,学生自治会发挥了重要作用。当时学生自治会是由学生团体竞选产生的。如1948年秋季,水产航海学校学生自治会改组,是通过举行竞选演讲大会产生的。竞选的团体分为"居正团"与"民主团",双方各发表演说,提出工作方针及内容,然后由学生投票。获选后由该主席团组阁,成立理事会。又按每十人一代表的比例,组成全体代表大会,为学生自治会的民意机关,理事会则为执行机关,

受代表会的监督。

学生自治会还设有膳委会,膳委会的成员是由各组学生选出代表参加竞选,校长和教导主任也列席膳委会代表大会。当时学校没有炊事员的编制,伙食是由社会个体承包,由膳委会进行监督。监厨是很具体的,每天派二人到厨房监督全过程,称米称菜,逐项核算。

为了实行民主理财,学校还成立了一个"经济稽查委员会",由校长、训导、事务及各组学生代表各一人组成。该委员会的任务是稽查学校为学生代办代收款项的支配情况,使学生明了各项收支的实际情形。

虽然,在这个时期注意"以自治代管理",但是,在内务管理上仍然像以前那样,采取军事化的严格管理。为了融洽新旧学生的感情,1947年,学校在安排寝室床位时,将新旧学生混合编配,自实行后,不仅感情融洽无间,而且内务整齐划一,远胜以前。

学校把军训纳入教学计划,每学期军训时间为36小时,三年共216小时。军训的学科有:步兵操典、射击教范、作战纲要、陆军礼节、内务规则、夜间教育、防空防毒、战车常识、军制讲话、筑城讲话、地形讲话、通讯讲话、动员法、兵役法等。术科有:基本教练、持枪教练、战斗教练、射击教育、阵中勤务、筑城作业、夜间教育、简易通讯等。

全校组成一个军训团,由校长兼团长,军训教官兼团附。团部下区分为横纵两种组织,横的方面:设管理、风纪、文书、事务四股,每股设股长一人,股员二人,由学生中选举优秀者担任;纵的方面:全校学生编成一个中队,三个区队,九个分队,各队设队长一人,由品学兼优的学生担任。

4. 完善管理规定

在这一时期,水产航海学校制定了一系列学生管理规定,并汇编成《学生须知》,使管理有章可循,使学生知所趋避。其中《学生通则》规定:学生在校对于功课应潜心研究,对于校规应切实遵守。学生应尊重自己人格,爱惜本校名声。学生应服从师长命令,并虚心接受关于言行上之劝导。同学宜互相亲爱,有善相勉,有过相规,对人应诚实稳重和平有礼貌。早晚国旗升降典礼,及其他公共集会,均须热忱参加。受学校指派或同学推选之一切任务,应热心从事不得规避。应禁绝烟酒等不良嗜好。零用应力求节省,毋得浪费,存款额多时,应寄存会计处,以免遗失。学生在校不得携带或留存贵重及违禁物品。应爱惜公私物品,如有损坏公物,应亲向学校声明,照价赔偿。拾得他人物品,须即交教导处保管,俟失主认领。应随时留意公告,凡经学校颁布之一切规章均须遵行。《奖惩规则》规定:学生对于学校指派或同学所公举之任务著有勤劳者,或者操行有特殊优点,足为同学之模范者,学校将予以奖励。违反规程者按情节轻重予以惩戒。规定本校教职员遇有学生言行不正,均得直接训诫或警告。此外还有《请假规则》、《组长及值日生服务规则》、《教室规则》、《寝室规则》、《膳厅规则》、《考场规则》、《礼节大纲》、《早操规则》、《自修规则》、《假期留校校生规则》等。

5. 加强游泳训练

学校根据水产航海学生毕业后从事职业的特殊性,对游泳特别重视。为使学生实习游泳,锻炼体魄,增进健康起见,学校订定了《游泳规则》。规定:(1)游泳实习,每组

每周两小时,视为正课,每日一组,次序由教导处编订,列入课程。(2)设导师一人,负责指导学生游泳,并置场工一人,负保管游泳场所及器具之责。(3)游泳场所地点及范围:游泳场设于集美码头左边海面,长 60 米,宽 20 米,在海中之两隅,以浮筒为标志,在沙滩上之两隅,立木桩为界,每次上游泳课前,以缚有竹浮筒之粗绳三条,联系于浮筒之间,及浮筒与沙滩之间,以作场所之范围。(4)各生须在范围内练习游泳,不得擅出范围。(5)范围粗绳上竹浮筒,供游泳疲乏者扶靠休息之用,各生不得任意拉曳或破坏。(6)游泳场范围粗绳之系解,于每次上课之前后,由场工司之,学生非经许可不得强令场工系解,或擅自搬取系解。(7)上游泳课须在本校升旗台前,集队由游泳导师点名后,带往游泳场,下课后需在游泳场旁之沙滩上,集队点检人数。(8)各生于规定之游泳课外其他时间不许前往海滩游泳,但遇有任何一组上游泳课时,均得参加前往练习,唯事先应向游泳导师报名登记,参加集队,同时前往游泳场。(9)星期日或假日欲往游泳场游泳者,须组织 20 人以上,列名向教导处登记,请派导师带往游泳场,否则不许前往。(10)上游泳课时,应着黑色、蓝色或深灰色之游泳衣或短裤,随带浴巾、面巾及换用衣裤,勿着白色或淡青色之短裤,并不得赤露上身,以肃观瞻。(11)游泳毕,概须入更衣室更衣。(12)须绝对服从游泳导师指导,不得擅自行动。

6. 优待清寒学生

为优待家境清寒的学生和教职员子弟,学校制定了《公免费生审查办法》。该《办法》规定:"凡家境确系清寒,有乡镇长或保甲长证明书,且具有下列条件之一者,得享受公费待遇:(1)操行学业体育成绩均列甲等者;(2)操行成绩列甲等,学业体育一列甲等,一列乙等,而全学期未曾缺席者。"公费生除免除学杂费外还补贴膳费。"凡具有下列条件之一者,得享受免费生之待遇:(1)现任集美学校教职员之子弟;(2)家境确实清寒,有乡镇保甲长证明书,而操行列乙等以上,且学业各科皆能及格者。"免费生按照校董会的规定豁免学杂费。凡具有享受合格免费生待遇条例,而在本学期曾经学校指定为服务生,其服务努力成绩优良者,得享受半公费之待遇。凡本学期曾受记过处分者,得取消其公免费待遇。

学校还在《集美高级水产航海职业学校学则》附则中规定:(1)本校学生依各国渔航界之惯例,以能敬受训诲,绝对服从者为合格,宗旨不同者幸勿来校。(2)本校为提倡渔航企业起见,凡渔业界及航海界子弟来校者,尤所欢迎。(3)本校为培育专门人才而设,如志愿未坚,拟半途辍学者,幸勿来校。

(六)举办 35 周年校庆

1947 年 10 月 24 日,学校召开校务联席会议,研究筹备庆祝三十五周年校庆事宜,选出了陈村牧等 22 人为筹备委员。11 月 2 日,举行第一次筹备会议。11 月 8 日,举行第二次筹备会,落实经费的来源及经费安排。1948 年 3 月 3 日,又举行校务联席会议,把原定 3 月 11 日举行庆祝大会改为 5 月 5 日。接着又于 3 月 22 日和 4 月 23 日举行第三次和第四次校庆筹备会。校庆大会定名为"集美学校成立三十五周年庆祝大会",大会分为展览会、运动会和游艺会三大部分。展览馆分水产航海 10 个陈列室,

中学 6 个陈列室，商业学校 6 个陈列室，小学 4 个陈列室。运动会为第十八届全校运动会。游艺会决定演出四幕教育剧《桃李春风》。

集美学校举行三十五周年校庆暨第十八届运动会（1948 年）

校庆展览馆旨在反映教学成果，主要陈列室如下：

1. 水产航海 10 个陈列室

水禽及水产植物与贝壳陈列室：陈列水禽 30 种，水产 37 种，水植物 103 种，贝壳 95 种计 36 盒，捕鲸照片 48 幅。

水产动物陈列室：陈列爬虫 6 种，干制鱼类 38 种，棘皮类（浸制）3 种，浸制鱼类 104 种，干制甲壳类 21 件，软体类（浸制）14 件，计 186 件。

渔场网具陈列室：陈列渔具 4 件，学生作业 53 种，渔捞挂图 49 种，网具模型 15 件，网线标本 72 种，副渔具 30 件。

钓具索具陈列室：陈列钓具 45 件，索具 132 件，挂图 63 幅。

船舶模型陈列室：陈列船舶模型 20 件，挂图 26 幅。

航用仪器及救生陈列室：陈列航用仪器及模型 46 件，挂图 20 幅。

灯塔及航路标识陈列室：陈列灯塔说明和航路标识说明。

气象陈列室：陈列气象仪器 16 件，模型两套，挂图若干。

学生作业陈列室：陈列图 40 幅，作业簿计 292 件。

教学用具陈列室：陈列教学用具 54 件。

2. 中学 6 个陈列室

初、高中人文学科陈列室，初、高中自然学科陈列室各一个，美术室陈列馆和劳作陈列馆各一个，各陈列室都吸引了较多观众。美术陈列馆有水彩画 38 件，色彩画 26 件，木炭画 24 件，图案画 45 件，钢笔画 22 件，铅笔画 18 件，喷画 16 件，图画 63 件。劳作陈列馆有藤工、竹工、面粉工、金工、石膏工、腊工、编织工、纸工、糊工、刺绣工、粘工、校舍模型、印刷及漆工等 14 类。

3. 商校 6 个陈列室

英文打字陈列室，广告商标陈列室，商标商品陈列室，专科作业陈列室，普通科作

业陈列室及货币陈列室。其中货币陈列室最为丰富,有本国纸币 600 件,硬币 350 种,外国纸币 200 种,硬币 200 种,伪币 150 种。

4. 小学 4 个陈列馆

自然科成绩室,展品 477 件;社会科成绩室,展品 190 件;美术科展览室,有各种画 180 件;劳作展览室,有 246 件作品。

校庆活动期间,学校在科学馆成立了"集美学校科学研究会"。选举杨元侠为主席,林庭础为干事,邓远帆为理化组长,李复春为生物组长,林警民为数学组长,陈维风为天文气象组长,李良韬为农艺组长,韩廷杰为海事组长。并公布《集美学校科学研究会章程》。同时,为鼓励学生好学上进和纪念"二校主"陈敬贤,学校还设立了"敬贤校主奖学金"。

六、陈嘉庚谈集美学校前途

1947 年 4 月至 1950 年 3 月,陈嘉庚多次致函陈村牧,谈集美学校的前途问题,对当时学校面临的形势作了透彻的分析,对集美学校在新中国成立后的发展充满期待。

他在 1947 年 4 月 1 日致陈村牧函中指出:"希望民主政治能实现,集美或可与政府合作,大规模之发展,非只克复旧观而已。"在 1948 年 3 月 4 日致陈村牧函中指出:"余所希望扩充集美有两件事……恶势力寿命不久,新民主实现后,必首重教育,不患无机会扩大。许时对于集校总计划,须包括至内头社,概属范围。将范围内全盘统计,大礼堂要建适中何处?可容数千人,其他各科部分以及工场、道路、花园、运动场等等,不出两三年,可以实现。……南洋招生,切勿再行。因现下与十余年前,大大不同,必待新民主实现后,以集美重要之地位,许时质与量积极并进,南洋学生,必将源源拥至,庶亦可收纳而无负其所期耳。"4 月 26 日,他在致陈村牧函中指出:"蒋政府倒台不远,余按春末夏初,可以回国。不得已时集校送交政府办理,且可扩大规模……余相信新政府对教育方面必极注意。""内战大势,秋后定大变动,纸币必败至无价值。切商集友(银行)极力应校支需,勿留款存厦至要。建礼堂兹切迟一步,先将款支持校费三数月,既暂分此间之困乏,又可免了(损失)汇水,待秋后行之未晚也。"

1949 年 2 月 10 日,他在致陈村牧函中指出:"我国革命大功不日告成,此后兴利除弊,福国利民,确可料到。教育方面,对中级以上学生,势必完全由政府负担,盖不如是不能普及贫寒之子弟。此种办法,所有私立学校,当然概归政府接收。唯我闽省能否多延日子,方有才干之人可来负责,尚未敢知。"

2 月 16 日,他在致陈村牧函中指出:"中共政府对教育之注意,在贫地之西北经下了决心,余《南侨回忆录》已有详载。新政府成立后,必更积极,毋须疑虑。本校地点,为南洋侨生回国求学最适宜之区域,不但交通便利,离开市场,而气候寒暑,不至严酷。且现下有此规模,故拟请新政府大量扩充,一方面如何增设何科,以适合南洋之需要,一方面如何发展职业校之造就。又自马共动乱以来,此间政府对华侨甚形特加注意,

下学期决将各中校管理收办,教师约裁减三分之一,薪水亦减三分之一。其计划当然裁去非殖民地所需之教育。如此先生可以明白一切矣。

"为上言之故,南侨子弟之遣回国求学,不但费用省,而为时势所驱,亦不得不归。其他各属地亦有类似者。若新政府能积极设备容纳,每年南洋生须回国升学者,当有数千之众。此种情况,余不得不面商教育部,如何筹备及将本校如何积极扩大。若政府有同情,每年建设费非叻银数十万元至百万元不可。

"就目下打算,拟由本校礼堂后起,至内头社北止;东由女校后大路西起至孤山头西海边止,所有东西南北空地、墓地、田塘一切概划入校址。某处作大礼堂(除公路外)及操场、花园,某处作教室及寄宿舍,妥为绘图设计。本校教师如能办到固好,否则,可向外间聘来。能于四月尾或五月首,交余带来与教育机关斟酌。

"至内头社向东海之许厝社,闻居民已空,亦可划入。许厝社北有一大段低田,近海边有一片坟墓,而该低田之西南,为数十尺高地。将来需用时,低田可作大运动场,如兼绘在校址图内亦佳。现日子无多,若须测景师详细测量,恐延迟不及,如约略草拟亦可,惟图案须彩色美观些。"

1950年3月21日,他再次致函陈村牧,提出:"集校归政府接办事,兹再详之。今日人民政府成立,国民人人有责,如一家,如一村,如一族,痛痒相关,密切联系。就本省而言,吾人作官,既非我愿,亦非所长。如教育方面,我有些钱,我当尽瘁终身。先生有廉洁忠诚,服务教育道德,亦当一生固定立场,了解本省人办本省事。本省人才缺乏,如教育机关要人,多为厦集校友,虽广州南方大学校长,亦为校友罗明先生。……先生尚年青,有数十年可见新中国发展,真无限幸福。……集校虽有上言入息可靠,然只系补助政府预规校费之外,如建设集美海口,建设工科铁工厂、职业校、自来水池,添置仪器图书,游泳池,抽水厕及其他,使之完备,只恨无钱,不怕无事作。……。上言等项,系指政府对集校接收后,在此数年预算之外。故集校必须政府接办,现倒校舍方能恢复,优待学生乃能办到,新科学乃能扩大。若政府不接收,则我上言建设各项,绝无办法,仅有不生不死之现状而已,于本省教育进展,无可推进之模范。先生以为何如?倘有同情,可再函催政府勿迟接办,并详告我。非卸后就放弃责任,第要如上言,于政府支持外,另助校中所需,俾完备也。"

"集美海口工程,如建设完成,可增加许多声誉,政府社会势必更形注意,将来成为相当学村,影响南侨不少,师生万人,实意中事。我非好虚务外,第要放大眼光,及知新中国必能发展,集校亦必共同推进之原因也。"

七、复员时期师生的革命活动

解放战争时期,陈嘉庚在新加坡创办的《南侨日报》成为南洋华侨爱国、反独裁、支持民主、支持中共主张的喉舌。这一时期,集美学校存在中共闽浙赣(闽中)和闽粤赣(闽西南)两个地下党组织,他们密切配合,协同作战,开展了一个又一个反美、反蒋的

学生爱国运动,锤炼了数以百计的爱国革命青年。1945年9月,集美高水和附设在集美高水的省立水产学校组建一个党支部。1946年2月,集美高中、初中、高商师生从安溪回到集美,根据上级党组织的指示,成立了闽中集美学校工委会。同时,在中等各校发展了一批党员,分别建立了集美高水党支部,省水党支部,后发展为南(安)同(安)县工委;集美中学(男生)党支部和集美女生党支部。集美学校工委会隶属中共泉州中心县委。1946年4月以后划归中共厦门市工委。1948年,工委会设立地下交通站。闽中地下党三年中先后发展党员近百名,发展团员一大批。

1948年3月和8月,安(溪)南(安)同(安)边区(闽西南白区党组织)和中共厦门临时工作委员会先后派遣中共党员来集美学校建立党小组,分别秘密地开展工作,团结了一大批思想进步、要求革命、在群众中有一定影响的教师和同学,组织他们学习马列主义书籍、党章,为扩大党的组织,壮大革命队伍奠定了基础。1949年2月中共集美学校支部成立,党支部成立后,先后发展党员20余人。

1948年,闽中地下党员刘崇基被聘任为集美高水校长。为了敦聘进步教师办好学校,他请上海海关地下党员王兆勋协助代聘教师。王兆勋秘密向党组织汇报后,经过多方联系,聘请了一批教员到集美高水,其中有党员4人,成立了一个党小组。该党小组教师利用合法渠道在集美高水宣传进步思想,支持、参与学生进步活动,支持校长民主办学,作出了积极贡献。上海解放后他们返回上海。

在解放战争时期,集美学校地下党组织还以各种形式组织党团员和进步学生学习马列主义、毛泽东著作及革命书刊,团结更多的青年学生,结成了最广泛的统一战线,开辟第二战场与帝国主义和国民党反动派坚决斗争。集美学校党组织还根据上级指示:要将培养与输送政治素质好、业务技术强的海员,作为一项政治任务完成。从1946年春开始,党组织就致力于在实践中考察、锻炼、培养优秀的高水学生入党。1948年10月,原高水教师、厦门工委书记刘双恩奉调前往香港华润公司,参与筹建华夏公司和船队,购买"东方轮"。集美高水校长刘崇基和一批集美高水毕业的党员共17人也从各地调往华夏公司"东方轮"工作,为打破美蒋的军事封锁和经济禁运,把急需的物资运往解放区,把在香港的民主人士秘密送往北京参加新政协会议,作出了重大贡献。在新中国成立前夕,刘双恩在华润党组织的领导下,策划了国民党招商局远洋客货轮"海辽"号船长方枕流率轮起义,在政治上产生了很大的影响。

1949年初开始,集美学校党组织先后陆续秘密输送了数百名学生党团员、进步青年,分赴闽南各县游击区,扩大游击队伍,支持农村游击战争,配合人民解放军解放闽南各地。

八、集美解放和"双十一"惨案

1949年4月22日,毛泽东主席和朱德总司令发布了《向全国进军的命令》。中国人民解放军挥师南下,集美学校迎来解放的曙光。

（一）校舍被占 几成军营

5月27日，上海解放。国民党厦门警备司令部害怕各地学生响应人民解放军号召，即下令各中等学校提前放假。集美学校被迫于5月28日提前放假。31日，国民党伞兵第一团即进驻校舍。6月中下旬，国民党交通警察大队官兵500多人亦驻扎集美各校舍。7月9日，伞兵奉调全部离开集美。继由陆军第五军进驻学村，除医院、科学馆、图书馆以外，所有教室、办公室、寝室都被占驻。集美学校成为一个大兵营，到处皆兵，气氛十分紧张。

8月中旬，经学校再三交涉，国民党军队方退出学校。学校便一面整理校舍、修葺校具，一面招考新生，准备9月1日按时开学。不料，国民党厦门警备司令部因福州已解放，形势告急，怕广大师生接应解放军，又下令厦门集美各中学校停止开学。因此，集美各中等学校在暴力压迫之下，又无法如期开学。8月中旬，学校紧急召开校务联系会议，研究《应变方案》及《紧缩暂行办法》。考虑到集美地处同厦要冲，战火必定波及，便于8月下旬抓紧将图书仪器标本及重要文件，移转石浔乡及天马山本校农场，后又将留校学生及员工眷属疏散至莲花山、石浔等处。

9月4日，汤恩伯集团刘汝明八兵团第55军74师220团进驻集美学校，加紧构筑防御工事，在集美学村以北直至周边村庄，部署了三道防线，企图负隅顽抗。刘部纪律败坏，官兵凶悍蛮横，不可理喻。视集美学校为共产学校，稍不如意，即对员工横加辱骂。住校二十多天，校具及木料被夺取殆尽，损毁近半。

（二）周恩来指示保护集美学校

9月19日，同安解放，战火逼近集美。20日，集美学校派代表到同安城走访解放军，报告本校情况。部队首长对集美学校的工作慰勉有加。9月21日，中国人民解放军29军85师253团打响了解放集美的第一枪。很快就扫清了从同安至集美公路两侧的国民党军，突破第一道防线，兵临孙厝村。22日占领孙厝，包围印斗山。解放军若以重炮摧毁敌碉堡，集美唾手可得。在这个决定集美学校命运的关键时刻，85师师部接到中共中央军委副主席周恩来的指示："集美学校是爱国华侨陈嘉庚先生创办的，一定要保护好。"为了贯彻周恩来的指示，人民解放军决定不组织炮兵火力毁击国民党军碉堡和炮兵阵地，全部使用轻型武器。23日下午5时许集美解放了。师生和村民无一伤亡，集美学校校舍和村民民宅得到了有效的保护。但253团指战员在解放集美的战斗中却付出了惨重的代价，伤亡200余人，其中牺牲80多人。

集美解放之后，国民党军队退守高崎，即以集美学校为攻击目标，初中校舍立言楼、立德楼及膳厅，高中居仁楼，高商尚忠楼，高水即温楼、膳厅、校董住宅等均中弹。毁损最严重的是立德楼和立言楼，屋顶及内部大半被摧毁。其次是居仁楼和尚忠楼，居仁楼东北角屋顶被毁，尚忠楼走廊及墙壁毁损一部。其他校舍及教职员住宅虽未中弹，但门扇窗扇多被拆去。校内道路沟渠被军车炮车碾压，也严重受损。

10月，85师进驻集美民房，司令部政治部立即贴出布告，要求所属"各部人员尽量

不必进驻该校，并坚决予以保护。严禁搬损该校一切教育用具及房屋、树木"。10月17日，厦门解放。集美驻军一边加紧备战，一边协助集美各校进行复员工作，各校相继复课。

厦门解放后，集美学校即积极推进复员工作，一面定期开课，并在厦门举行第二次新生入学考试；一面整理环境，修理校舍校具。经全体员工日夜努力，在前后十余日中，完成了下列工作：从国民党军在学校附近所筑防御工事中掘出本校杉木、木板、床板、门板、窗扇、大小桌面等约2000件，运回学校；从附近各乡村收回桌椅床架及炊具数百件；清理全部校舍及周围环境（校舍驻军前后四个月，垃圾及人便马粪到处堆积）；修缮尚忠楼及居仁楼，修复各校的校舍与教员住宅之门窗，以及各校校具；运回疏散石浔、农林等处之图书、仪器、标本、医药器材、重要文件等共数百大箱；接回各疏散区之学生及员工眷属；修理电灯机器及各路电线；整理图书馆、科学馆及医院。上述工作在11月上旬全部告竣，各校员工也先后到校，并正式开学。

（三）"双十一"惨案

正当集美学校师生喜气洋洋地开始新时代的学校生活时，1949年11月11日下午2时许，国民党军队巨型轰炸机八架次轮番轰炸集美学校，投下重磅炸弹32枚。其中学校范围中弹9枚，高中校长黄宗翔，事务员廖瑛，学生王延安、许泗海、王石成、谢木兰、陈凤鸣和高水学生陈述等8人遇难；居仁楼被炸毁，尚勇楼、即温楼等部分被毁。大社中弹23枚，村民死亡21人，其中有一家三代5人同时遇难。民房毁损百余座，几占全社一半，许多居民无家可归。这是集美空前大浩劫，史称"双十一"惨案。

集美学校遭蒋军飞机轰炸（1949年11月11日）

学校遭此惨变，不得已宣布暂时停课，并令学生暂时疏散回籍。学校一面清理被炸校舍，处理罹难员生善后事宜；一面派员分赴各地选择临时校舍，准备迁址复课。择

定同安后溪乡霞店墟前仁德小学及附近陈氏宗祠为高级水产航海学校临时校舍，珩山乡珩山小学及王氏祖祠为初中临时校舍；高中和高级商业学校则暂移本校前农林学校校舍。各校临时校舍均经修葺整理，校具也先后运抵。图书馆、科学馆及医院还各自在各临时校舍设立了图书室、仪器室及医务所。高中另设有理化生物实验室。校董会及所属各处人员及图书馆、科学馆部分人员则仍在集美校舍办公。中等各校定于11月25日开始办理学生报到手续，28日复课，并决定不放寒假。小学因学生均随家长疏散附近各乡，定于12月5日假内头社民房复课。

当时，陈嘉庚正在新解放区汉口等地视察访问。他于11月21日专门发表书面谈话，斥责国民党军队飞机滥炸集美学校的暴行。12月27日晚，他回到了阔别9年的集美。第二天一早，他就到学校各处和乡村各个角落巡视。看到久别的故乡，他感到亲切；见到学校被炸的情景，他无比愤怒，但"并不悲伤"。他说："这是最后一次的轰炸，以后我们就可以努力加强建设了，我们应该为集美的新生而欢呼。"

"双十一"惨案发生后，解放军立即在集美周边地区部署了防空部队，全天候还击敢于来犯之敌机。各校在1950年8月底前全部迁回原址。从此，集美各校结束了多次搬迁的颠沛生活，集美学村始得安宁。

168

第
六
章

新生

　　新中国成立,集美学校迎来了新生。从 1949 年 10 月到 1966 年 5 月,集美学校的组织机构和管理体制发生了很大的变化,办学规模不断扩大,教育质量有了新的提高,一批富有嘉庚建筑特色的校舍拔地而起,集美学村以其独特的魅力展现在世人面前,成为著名的风景名胜区。

　　在这个时期,陈嘉庚回到祖国,定居集美,精心谋划集美学校的发展蓝图,多方筹措校舍建设经费,为开创集美学校的新局面而呕心沥血、鞠躬尽瘁。

　　在这个时期,人民政府贯彻执行鼓励华侨在祖国办学和"维持原有学校,逐步改善"的政策,除在教学上负责指导外,对集美学校的经常费、仪器设备费和建筑费等,均给予大力支持和补助,并逐步过渡到对集美各校全面负责,实现了陈嘉庚将集美学校交由政府办理并发展扩大的心愿。

一、拟请政府接办改为省立

新中国成立初期，陈嘉庚即通过陈村牧充分表达了将集美学校无条件献给政府办理的意愿，认为学校由政府接办，方能发展扩大，即使各项设备未可一蹴而就，但优待贫寒学生定可做到。而他自己则尽力向南洋方面筹措经费，充实设备，以补足政府之所不及。并表示自己"有些钱当尽瘁终身……绝非放弃责任"。

（一）拟请政府接办

1950 年 2 月 1 日，陈村牧董事长赴省"申述本校目前遭遇之困难，及今后依照校主意旨拟请献与政府办理，以期发展等情"。省政府以本校为校主"苦心创办，规模宏大，设备周全，决当极力予以支持，至于应否由政府接收办理，尚待请命中枢裁定"。2 月 5 日，学校正式具文报告省政府，请予接办，并签呈教育厅请准予本校高级水产航海及高级商业学校学生援例发给公费或救济金；又签呈准就同安或厦门赋款项下以平价拨售本校白米 3000 市担。省教育厅口头答复：关于接收一节，在未得中央指示以前，暂由省府一次拨给食米 1000 市担，以资补助。3 月 25 日，学校收到"福建省教育厅教高 003299 号指令"，原文如下：

> 报告及签呈两件均悉。兹分别列示如下：
>
> 该校所请改为省立一节，准予转呈华东军政委员会批示核办。于未奉批示以前，望仍维持现状。
>
> 确定由本府拨发该校食米 8 万市斤，作为 1950 年上学期补助之用，希即派员前来本府教育厅洽商领取。
>
> 高水、高商两校学生发给公费或救济金一节，因私立职业学校学生公费制度，目前未奉有规定，未便照准。
>
> 以上三点，仰即遵照！此令。
>
> 主席张鼎丞、副主席叶飞、方毅
> 1950 年 3 月 20 日

学校领到补助的大米后，当学期教职员及工友的薪水及津贴即改发大米。薪津基数为大米 150 市斤。原工资 200 元以内者，每 10 元加发大米 8 市斤；原工资 200 元至 300 元者，除基数 150 市斤外，200 元以内部分每 10 元发大米 8 斤，201 元至 300 元部分每 10 元发 5 斤大米。300 元以上部分，每 10 元发 2 斤大米。兼课每周每小时一律月津贴 16 市斤大米，每学期以 4 个月计算。

当时省政府拟将海疆学校、省立水产学校、南安师范学校等三校停办并入集美学

校,陈嘉庚认为"水校合并本校,乃正当之举。……本校科学设备及图书为各校所无,教厅主张并入本校,乃实事求是"。至于师范学校,他当面提请福建省主席张鼎丞"应从速设法增扩"。他还函示陈村牧:"各校舍被炸坏之多,非政府才力不能恢复,不但促其恢复,尚要冀其扩大,年年增建新校舍。盖教育无止境,俾遂我初志。""先生今日对本省教育,当认为一家,万万不可存客气,谦逊不言,盖真爱国应不客气也。"指出"若政府不能完全接办,如每月能供出一千担白米,则虽延后接受亦可。所差者校舍不能重建,各校不能扩充为憾。"

1950年4月,陈嘉庚又致函张鼎丞,谈到"集校被炸要复员约美钞20万元,及集校与南洋华侨有重要关系,人民政府应格外扩充,余乏力办到,愿无条件交政府接办。余亦非从此袖手卸担,凡余私人入息及集友银行入息,亦必尽量补给政府预算之外"。5月初,接到张鼎丞主席来电表示赞同,但须请命中央。陈嘉庚致函陈村牧,信中分析:"余意在近年间中央政府未必许可,从兹打算下学期瞬届,省府未必接办。前先生来函告省府要将海疆等校移来集校,果尔则集校免多招生,免垫多费。省府如将海疆等费移补,则虽不接收亦可。现可从此条打算,政府如不完全接收者,则每月至少应补白米四、五百担,比较支持海疆等费,谅差无多。此间上半年所份营业均乏利,下半年想亦有限,而建造集美海口,余决意进行。希早向省府酌妥。至切,至切!"

(二)清理学校资产

1950年4月,集美学校的财务开始清理。颁布了《福建省私立集美学校财务审查研究委员会组织章程》,章程规定:该委员会为集美学校财务审查研究机构,在各校校务联席会议的指导下,协助校董会实现经费开支上及财务措施上的合理与节约。委员会设审查、研究两组,审查组负责审查本校经常费、临时费之收支、预算、决算,及审议本校之财务报告;研究组负责研究学校一切特殊开支,财务措施之是否合理与节约,并建议改进之。委员会对审查、研究报告进行讨论通过后,提请各校校务联席会议采纳施行。

抗日战争以后几度搬迁的集美各校,财产损失无数,非常有必要彻底清理。1950年4月27日开始对非消耗品、不动产证券、契据等进行清理登记。学校规定:财产分类细目(分木器、藤竹、五金、陶瓷、机械、被服、办公用具、教学用具、体育用具、杂器等十类)由总务处送交各单位参考。破烂不堪或可加修理之器具,暂免登记,汇送总务处修理后补行登记分发保管。财产登记时,应于登记表注明数量、特征,按类统计,登入物财详表,汇送总务处,会同会计处估价登账后分送各单位保存。各单位财产应尽可能粘贴标签并编号志别。各单位特有之财产,如科学馆之仪器,图书馆之图书,医院之医用器材,水产学校之航海仪器,农场之农具等等,均由各单位自行登记,填具器材详表三份,送校董会核转会计处登账。校外借用器材应予收回登记或补填借用手续存查。登记时间自5月份开始,限6月底全部完成。

（三）维持私立名义由国家补助

6月10日，陈嘉庚到北京参加全国政协一届二次全会，会议期间曾致函教育部长马叙伦，告以集美学校收改省立三项事宜："一、前后被炸倒校舍重建约美金十四、五万元。如改省立请预备建费。二、如因经济关系，倒者未能筹建，而其他震动损坏修理者，约美金一万余元，及补助水校经费，政府供给此款，余者仍由我负责，则免改为省立。三、如再因经济事，现下未暇计及，须等后来打算，亦希于近日内回复。"在马叙伦未回复之前，陈嘉庚与在京参加首届高等教育会议的马寅初及厦大校长王亚南会见，获知"政府因经济关系，对全国高等学校，仅许维持前状，不得加聘一人，加支经费。只有厦大因特殊情况，如未解放前之教授，比较现下多二十余人，可仍补足。"他由此判断："则我前要求集校收为省立，俾可建修一切倒坏校舍，教部定难接受。"

6月18日，陈嘉庚函示陈村牧："集校之工作，除海口筑堤外，修建一切校舍，所需巨款，作两条打算：一向六使、光前二位求捐。余自来无论遭遇如何困难，未尝向他人告取一文钱，兹为新政府未能顾及，故不得不向他开口。其次则向集友银行侵支，待有利时为其扣抵。然须先征六使、光前同意，逢集友意外急需款时，他须助力借出维持之。"

陈嘉庚多次函催人民政府接办，按照计划逐步发展，情词非常恳切。人民政府考虑到集美学校的悠久历史和在海内外的声誉，希望陈嘉庚维持私立名义，学校的经费，由国家补助，学校的教学工作，由政府各主管部门负责指导，中专各校毕业生，由国家负责分配。陈嘉庚为减轻国家的教育经费负担，慨然接受，奋其风烛余生，为集美学校殚竭心力。

新中国成立初期，各校领导体制有新的改变，学校设有校务委员会、生活指导委员会和经济委员会等三大机构。校务委员会一般有委员7人，即校长1人，教员4人，学生2人。生活指导委员会委员人数根据学生多少而定，教员不超过三分之一。经济委员会设委员9人，即学生6人，职员2人，工友1人，体现了师生共同管理学校。这时，学校的组织系统仍保持复员时期的状态，校董会董事长陈村牧，校董黄毓熙（因公留香港），秘书处主任施宗灏，总务主任叶祖彬，会计主任陈水萍，图书馆主任许玛琳，科学馆主任杨元侠，医院主任翁长福。高中、高商校长游学诗，教务主任萨兆钤，校务委员会主任兼生活指导委员会主任潘达夫，经济委员会主任林盛俭。高水校长陈维风，教务主任邓远帆，生活指导委员会主任何其昌，经济委员会主任叶步云。初中校长吴玉液，教务主任陈瑞熙，生活指导委员会主任陈乃宽，经济委员会主任杨萱德。小学校长叶文佑，教务主任陈英元。幼稚园主任李敏意。

二、各校的演变和发展

从1950年至1966年5月，集美学校除小学和幼儿园外，其他各校合、分、增、易较为频繁，现分述如下。

(一)高级中学与初级中学合并

1950年秋季开学时,集美高级中学与初级中学合并,定名为集美中学,由吴玉液任校长,次年改由潘达夫任校长。解放后集美中学迅速扩展,成为全国规模较大的一所完全中学,陈嘉庚认为应调一个可胜任的校长,便于1953年向福建省委宣传部长陈辛仁提出调在福州师范学校任校长的叶振汉任集美中学校长。省委同意了他的要求。当时中侨委已内定叶振汉为委员,陈嘉庚认为校长应专事校务,不宜兼职,建议不要让叶振汉兼中侨委委员,中侨委也采纳了他的意见。

合并后的集美中学学生数逐年大量增加,初中招生不限厦门地区,扩大到同安和其他县。至1955年秋季,有高中15个班,初中25个班,共有学生2094名。1956年秋季增至3944名。由于集美中学的办学条件优越,成为海外侨生向往的一所学校,归国侨生的数量很大,占全校学生数的一半左右。由于学生人数多,因此采取分部管理办法。

1956年人民政府将集美中学定为福建省重点中学,省政府对学校的经费实行全面负责,同时为集美中学增拨经费和先进设备,并分配经验丰富的教师来校工作。

(二)增办水产商船专科学校

早在1944年3月,集美学校为了培养高级水产航海专才,以适应战后振兴航海事业的需要,就拟在集美高级水产航海学校的基础上增设水产商船专科学校。1949年4月,根据陈嘉庚的意见,集美学校又筹设航海专科学校,并报请省教育厅呈教育部立案。新中国成立后,百业待兴,发展中的水产航海事业急需高级水产航海专才。陈嘉庚在第一届全国政协会上提出七项提案,其中第二项就是"在沿海各重要地区设立水产航海学校案"。他原计划把现有的集美高级水产航海职业学校扩展为高等航海学校,后来经过反复研究,决定增办一所水产商船专科学校。校董会先征求省人民政府及文教厅的意见,张鼎丞主席和陈辛仁厅长表示赞成。于是,一面呈报华东教育部转请国家教育部核准,一面由水产航海学校校长陈维风负责积极筹备。

1951年1月16日,教育部电准试办集美水产商船专科学校(简称"水专"),2月开始招生,招收驾驶科一班30人,修业年限三年,3月开学。因该校新办,各方面条件不具备,便由集美高级水产航海职业学校负责办理,两个牌子一套人马,由陈维风兼任水专校长,教职员也由集美高水原有人员兼任。

1951年8月,水专与高水分开,独立为校,借聘山东大学水产系主任沈汉祥(集美高水1931年毕业,第6组的校友)任水专校长。高水校长由俞文农继任。水专独立后,校董会另拨瀹智楼、尚勇楼与约礼楼为其校舍。学校新聘教职员,并向高水借聘4名专科教师。当时,集美水专有教职员工30多人,其中教师15人,有教授5人,副教授2人,讲师3人。水专在业务上由华东教育部直接领导,但仍属私立性质,经费由集美学校校董会负责。学校行政采取校长责任制,并设立校务委员会及各种专门委员会。水专原计划设立驾驶、轮机、造船、航务管理、渔捞、加工养殖六科。但因条件限

制,当时只开设驾驶科,1951年秋季增招新生两班,1952年春季再招一班新生。

(三)国立福建航专的组建和调整

水专在办学过程中,在校长人选、师资队伍和教学设备等方面都遇到许多困难。当时,厦门大学有一个航务专修科,其前身是成立于1946年的厦大海洋系,1947年于海洋系内设立航海组,招收本科生,1950年改航海组为航务专修科,招三年学制的专科生。在办学条件上,厦大航务专修科比集美水专更为困难。正当两校均感困难之际,恰逢中央决定对全国高等工科院系进行调整。教育部拟将厦大航务专修科合并入集美水专,并于1951年冬函商两校。12月,厦门大学校长王亚南特地来集美洽谈此事,并提出厦大系国立大学,而集美水专属私立,若以厦大航务专修科并入集美水专,恐厦大师生会有意见。后来,经两校商定,分别致函教育部,建议合并后扩充为国立航务学院,地点设在集美,校舍建筑费及校具设备费由陈嘉庚负责。陈嘉庚也亲自致函教育部长马叙伦,对两校合并一事提出具体意见。教育部同意他的意见。为了加强对并校工作的领导,经征得福建省委和陈嘉庚同意,组织了并校筹备委员会。筹委会主任由厦大理学院院长卢嘉锡教授担任,副主任由集美学校董事长陈村牧担任,厦大航务专修科主任刘荣霖教授为办公室主任,林鹤龄为秘书主任兼教学组主任。

1952年9月,经教育部批准,集美水专与厦大航务专修科合并,正式成立"国立福建航海专科学校"(简称"福建航专"),校址设在集美,由刘荣霖任校长,陈维风任教务主任。该校在行政机构上设立校长办公室、教务处、总务处、政治辅导处,并设立校务委员会以及各种常设委员会和各种临时委员会。

福建航专刚成立时,假原集美水专的校舍开学,教职员有70多人,开学时招收新生30人,加上原集美水专学生108人,原厦大航务专修科学生48人,全校共有学生186人,均为航海科。

福建航专成立之初,经各方面协商,同意将原集美水专的校舍全部归还集美学校,由陈嘉庚负责另择地址(原计划在现华文学院校舍处)建筑福建航专新校舍。

为了适应国民经济建设的需要,从1952年下半年开始,全国进行了以华北、东北、华东为重点的大规模的高等院校院系调整。上海航务学院和东北航海学院于1953年3月20日正式合并,成立大连海运学院。1953年7月15日至8月3日,高教部在北京召开了全国高等工业学校行政会议,继续对全国高等工业学校进行院系调整。经征得陈嘉庚同意,高教部决定将福建航专并入大连海运学院。

1953年11月6日,福建航专教职工及家属近百人,学生近两百人,离开集美开始迁往大连,于11月16日到达大连。当时并入大连海运学院的福建航专教职员共27人,其中教授6人,副教授3人,讲师3人,教员1人,助教1人,技术员1人等。福建航专另外的43名教职员分别调整到厦门大学、武汉河运学校、集美侨校等单位。

(四)省立水产学校和"高航"的航海科并入

1944年2月,省立高级水产职业学校曾委托播迁安溪的集美高级水产航海职业

学校代管。1946 年 3 月,省水迁到莆田县,1949 年秋季,迁到沿海的惠安县崇武渔村。1951 年夏,为集中力量办好学校,提高教学质量,经省文教厅批准,晋江专署决定将省水并入集美高水。省水的图书、仪器、床板等设备于 7 月 18 日、29 日和 8 月 1 日分三批用汽车运往集美高水。1951 年秋季,两校合并,正式开学。省水原有的教职员一部分由晋江专署分配工作,并入集美高水的教职员共 12 名,由高水和水专分别聘用。省水并入集美高水的学生共 6 个班,128 人,全部为渔捞科。

福建省高级航海机械商船职业学校(简称"高航")设在福州马尾,其前身是于 1946 年成立的福建省立林森商船学校,设有驾驶(后改为航海科)、轮机、造船、航空机械四科。1952 年 8 月,省文教厅决定将该校的四个科分别调整到其他几个同类学校,其航海科并入集美高级水产航海职业学校。9 月,"高航"航海科并入集美高水,并入的教职员 6 名,学生 105 名,均为驾驶专业。并校后集美高水 1952 年秋季学生达 524 人。

(五)水产航海学校的发展和分立

1. 隶属关系调整

解放初期,集美高级水产航海职业学校仍保持私立,但接受人民政府有关部门直接领导。在 1950 年代,高水的隶属关系作了多次调整。

1952 年 4 月以前,集美高水归属晋江专署领导。1952 年 4 月起,转归厦门市人民政府领导。

1952 年 12 月 15 日,校名由"福建省同安私立集美高级水产航海职业学校"改为"福建省同安私立集美水产航海学校"。1955 年 6 月 30 日,经福建省教育厅批准,校名又改为"福建省厦门市私立集美水产航海学校"。

1955 年 2 月 22 日,中央人民政府农业部、高教部、交通部联合下文,主送福建省教育厅,函复关于集美水产航海学校领导关系等问题。文中指出:集美水产航海学校仍然维持私立,领导关系不变。但在业务上,水产方面的渔捞、养殖、轮机三个专业由农业部负责指导;航海专业由交通部负责指导。水产方面的毕业生由农业部负责分配工作,航海方面的毕业生由交通部负责分配工作。1957 年 1 月,集美高水划归水产部、交通部领导。

2. 水产与航海分立

1958 年 1 月 2 日,集美学校根据陈嘉庚的意见,向水产部、交通部以及福建省人民政府呈送报告,要求把集美水产航海学校分为两个学校,报告中提出:"集美水产航海学校多年来系以水产科与航海科两个性质不同的专业同时兼办。由于行政领导不统一,对于教学计划之进行及基本建设之发展参差牵制,人事管理也有妨碍,在此社会主义事业突飞猛进中,恐未能适应时代的需要。现在,该两科专业教师和教学设备业已达到可以分头发展的阶段。本校创办人陈嘉庚拟自 1958 年上半年起,将该校分立为集美水产和集美航海两个中等专业学校,以便今后分别在水产部、交通部直接领导下,与其他专业学校并驾齐驱,以利发展和教学领导。"

征得上级有关部门同意,集美学校于 1958 年 3 月 14 日下文给集美水产航海学校,决定"将水产航海学校分为水产、航海两校,自本学期起实行,希即着手办理分校准备"。据此,水产、航海于 3 月 18 日分开建校,分别定名为"福建省厦门市私立集美水产学校"、"福建省厦门市私立集美航海学校"。3 月 22 日起,各自启用新印章。分校后的水产学校归水产部领导,由省水产研究所所长黄文沣校友兼任校长;原水产航海学校党支部书记兼副校长刘惠生分到水产学校,任党支部书记。航海学校归交通部领导,由省交通厅副厅长赖德明兼任校长,学校工作由副校长卓杰华主持。水产与航海两校名义上是从 3 月份开始分开,但实际上是从 1958 年秋季才真正分开。航海学校校舍仍在原址,水产学校迁入新校舍"福东楼"等。

1958 年 6 月,交通部决定将航海学校下放给福建省领导。省人民委员会又下文通知省交通厅负责接收工作。遵照交通部和省人民委员会的要求,赖德明、卓杰华等到北京与交通部教育司商洽接办事宜,随后由交通厅组织人事、财务等有关人员于 7 月 16 日到集美进行交接工作。因当时水产航海两校还没有真正分开,故分校与转交同时并举。专业性教学设备的财产按专业教学需要随同转交,至于一般公用财产的划分,教职员工的分配以及经费的分摊等,均根据专业性质的开支以及教职员工和学生实有人数等情况,分别按比例分配。至 8 月 6 日,移交和分校工作完成。交通厅接收以后,校名改为"厦门集美航海学校"。

3. 分校后的水产学校

水产航海分校时,原有的轮机(属于渔船方面的)、渔捞、养殖三个专业都归水产学校,共 19 个班级,795 名学生。1959 年水产学校增设水产品加工专业,1960 年 4 月改称福建省集美水产学校,由刘惠生任校长。当年增设渔业电讯专业。自此,学校设有渔捞、轮机、养殖、水产品加工、渔业电讯等五个专业,成为当时全国专业最多的中等水产学校。为适应福建水产事业发展的需要,1958 年 5 月福建省政府决定依托水产学校创办"集美水产专科学校"(简称"集美水专"),由省水产局长陈砚田兼任校长,刘惠生为书记兼副校长,主持日常工作。集美水专与水校的领导机构,采用两块牌子一套人马合并办理。集美水专属于高等教育的范畴,其办学宗旨是"以教学为中心,结合专业,积极开展科学研究,面向生产,面向海洋,为水产事业培养高级水产科技人才"。按照我国大专院校的规格,工科的分工业捕鱼、渔业机械二个专业,均为三年制,农科的水产养殖专业为两年半或三年制,由国家统一考试招生,首批从高中毕业生中招收养殖专业的学生 44 名,一年后又增办造船训练班和水产品加工专业。1958 年至 1966 年集美水专共招"水产养殖"、"工业捕鱼"、"渔业机械"三个专业 10 个班 396 人,正式毕业大专生 369 名,1970 年集美水专停办。

4. 分校后的航海学校

分校时航海学校仅有一个海船驾驶专业,共 8 个班,学生数为 363 人。1958 年秋季,除原有驾驶专业继续招收新生外,又增办了轮机管理(属于海船方面的)、汽车技术使用与修理、公路与桥梁三个新专业。轮机专业招收一班新生 40 名,汽车专业招收一班新生 43 名,公路专业招收两班新生 75 名。四个专业均招收初中毕业生,修业年限

都为四年。当时,全校四个专业共有 13 个班级,学生数为 539 人,教职工为 74 人。1960 年秋季,航海学校又增办"船舶修造"和"海上水工建筑"两个新专业,修业年限为四年,各招一班新生,船舶修造班 37 人,水工建筑班 35 人,新生中有女生。同年 7 月,招收第一期轮机训练班,学员 77 人,为期五个月,主要培训机帆船及小轮的轮机人员。1961 年 10 月,学校将"海上水工建筑"专业改为"船机修造"专业。10 月 27 日,校名由"厦门集美航海学校"改为"福建集美航海学校"。11 月 22 日,福建省交通厅决定,集美航海学校校长职务不再由厅长兼任,提任卓杰华为校长。12 月 5 日启用新印章。

1962 年秋季,学校对现有的专业作了调整,保留驾驶、轮机、汽车、公路 4 个专业,共 15 个班,学生 565 人,该学期各专业暂停招生。在调整的过程中,对教职工也作了较大的精简。精简工作于 1963 年 8 月由厦门市委精简办公室作了验收。1963 年秋季,全校教职工为 87 人,比上学期减少 54 人。1963 年秋季海船驾驶和轮机管理两个专业恢复招收新生,公路专业和汽车专业至 1965 年 7 月最后一届学生毕业后停办。

1963 年 8 月,经征得福建省委同意,交通部决定把航海学校收归交通部领导。对航海学校的专业设置和发展规模,交通部决定设航海驾驶、轮机管理两个专业,十年发展规模为 960 人,为福建省和其他临省以及交通部直属企业培养中等专门人才。归属交通部领导后,校名于 1964 年 1 月由"福建集美航海学校"改为"集美航海学校",一直沿用到 1978 年 12 月改为大专为止。1965 年 6 月,交通部又决定将集美航海学校交由广州海运局领导。学校下放给广州海运局领导以后,广州海校两个班(86 名学生)自 1965 年秋季起在集美航海学校附读。

(六)代为筹办福建交通专科学校

为适应交通事业发展的需要,1960 年春,经福建省委正式批准,省交通厅决定在集美航海学校的基础上,筹建"福建交通专科学校"(简称"福建交专")。原计划交专主要培养对象是大中专各专业人才,并另开设大专工干班和中专工干班,以培养新提拔的工干部达到大中专文化水平。大专班计划逐年增办航海专科、轮机管理、公路与桥梁、汽车制造、河港建筑、运输管理、筑路机械、航空机械等 8 个专业,至 1967 年在校大专生达 1700 人,中专班拟开设海船驾驶、轮机管理、公路桥梁、汽车技术使用与修理、船舶制造、水工与港口建筑、运输管理、筑路机械等 8 个专业,至 1963 年在校中专生达到 3000 人,大专工干部学生达 120 人,中专工干班学生达 400 人。按这个规划,在校学生要达到五千多人,但因种种原因未能实现。

1960 年春由航海学校代为筹办的交专招收"汽车技术使用与修理"、"公路与桥梁"两个专业大专班各一班,学生共 48 名,招收高中毕业生,修业年限定为二年。鉴于航海学校兼有海运和陆运这两类不同性质的专业,不利于教学,1960 年 6 月,省交通厅又决定交专独立办理,并将集美航海学校 1958 年增办的汽车技术使用与修理、公路与桥梁两个专业也划给交专。8 月 5 日,交专迁往闽侯枕峰,利用省交通厅运输局所属的枕峰汽车保修厂作校舍,边上课边建校。

1962 年 2 月,省交通厅决定停办福建交通专科学校的大专部分,把该校的中专部

分并入集美航海学校。由于认真做好思想工作，并校工作进行得较顺利，交专并入的52名人员都得到妥善安排，出现了积极向上的新气象。

（七）商业学校的演变

1. 改名"集美财经学校"

1952年12月，集美高级商业职业学校改名为"福建私立集美财经学校"，修业年限为两年半。至1955年秋季共有学生540人，该校1950年9月由萨兆钤继任校长。

1956年2月，集美财经学校财经专业学生全部毕业。秋季，该校改归福建省轻工业厅领导，并将学习初中课程的九个班级划归集美中学办理。根据福建省轻工业发展的需要，新设置了工业企业管理类专业，招收工业企业会计核算专业5个班251人，机器制造工业企业计划专业4个班204人，工业企业统计专业3个班153人，合计12个班608人，并重新招收财经专业班学生。1957年秋季，增设商业财务会计、商业计划统计两个专业。至1958年秋季，有学生957人，教职员110人。

2. 改称"集美轻工业学校"

1958年，在大跃进的形势下，福建省除了"集美财经学校"办有工业企业管理类专业外，工业类的学校还有"厦门纺织工业学校"、"泉州食品工业学校"和"福建造纸工业学校"。其中，厦门纺织工业学校创办于1958年春季，是一所全日制的中等专业学校，隶属福建省轻工业厅领导。建校初期附设于厦门市女子中学，从女子高中二年级挑选两个班学生，学习两年基础技术课和专业课，毕业时承认他们四年制学籍。1958年秋季，开始对外招收初中毕业生，学制四年，设棉纺工艺、棉织工艺、丝绸工艺、纺织机械等四个专业，由厦门女中校长陈碧玉兼任校长，原上海纺织工业局高级工程师、早年留学美国的喻荫椿任副校长。泉州食品工业学校创办于1958年初，也是一所全日制中等专业学校，隶属福建省轻工业厅领导。建校初期，上课教室借用泉州机关干部学校，用膳在南街礼拜堂，住宿在东关戏台。学校设有制糖机械、制糖工艺、酿造工艺等三个专业，招收初中毕业生入学，学制四年。第一批两个班级学生从泉州二中高中二年级挑选，学习两年基础技术课和专业课，毕业时承认他们四年制学籍。1958年秋，该校对外招收初中毕业生。由王文祥任副校长，翁仙任党支部书记。1959年3月11日，省轻工业厅决定将泉州食品工业学校、厦门纺织工业学校并入集美财经学校，并将集美财经学校改称为"福建省集美轻工业学校"，业务上归福建省轻工业厅领导。由萨兆钤任校长。学校设有工业企业会计、工业企业计划、工业企业统计、棉织工艺、棉纺工艺、纺织机械、丝绸工艺、制糖机械、制糖工艺、酿造工艺等十个专业，在校学生1634人，教职员176人，其中教师108人，教师中90％为大学本科毕业生。领导班子成员都是教育行政管理经验丰富的行家；教师队伍中又有一批业务能力较强、积极性较高的带头人，几年间集体编写成29部教材和34门专业课的教学大纲。

3. 增办大学部，改称"集美轻工业学院"

1960年9月，轻工业学校增办大学部，学校改称为"福建集美轻工业学院"。大学部设轻工机械、食品工学、发酵工学等三个专业，学制四年，招收高中毕业生入学。

1961 年大学部停止招生。1962 年 3 月，福建省政府决定，轻工业学院大专部分下马停办，恢复"福建集美轻工业学校"旧称。至 1963 年春季，学校专业调整为工业企业财务会计、工业企业计划统计、制糖工艺、酿造工艺、分析化学、硅酸工艺等，并创办了实习工厂、盐场、农场等。

4. 分为"轻工"、"财经"两校

1964 年秋季，福建省人民政府决定将集美轻工业学校中的财经类 3 个专业分出来，另成立财经学校，归福建省财政厅领导。1965 年春，学校正式分为"轻工"、"财经"两校。师资、设备、图书资料等根据省轻工业厅和省财政厅商定的原则划分。分校后，财经学校定名为"福建财经学校"，留在集美，由董益三任总支书记，王文祥任副校长。轻工业学校原先决定 1965 年新学期开学后，搬到杏林工业区原厦门华侨技工学校旧址办学，后因厅属的厦门纺织厂扩建，住房紧缺，省轻工业厅又临时改变决定，将房产权属于轻工业学校的原华侨技工学校校舍无偿地调给厦门纺织厂作职工宿舍和半工半读学校，轻工业学校迁往南平，与南平造纸学校合并，定名为"福建轻工业学校"，由萨兆钤任校长，于学乾任党总支书记。

5. 轻工学校迁往南平

当时，省轻工业厅决定把学校迁至南平，在师生员工中引起一阵波动，特别是家庭或亲属在厦门工作的教职工，确实存在不少具体困难。但是，他们能顾全大局，服从上级决定，师生员工于 3 月 8 日乘火车前往南平。学校在搬迁南平的过程中，得到原造纸工业学校师生的大力协作。他们不辞劳苦地从南平火车站搬运教学仪器、设备和图书资料，腾出宿舍给师生居住，列队到火车站迎候。两校师生初次见面，就亲如一家。轻工业学校迁到南平后，设有分析、纸机、纸艺、轻机、人造纤维五个专业，在校生 770 人，教职工 124 人。

由于学校地处南平郊区，交通不便。两校合并后，师生员工增加一倍以上，校舍面积明显不足，给教学、生活带来不少困难。广大师生员工发扬艰苦创业精神，积极参加建校劳动，劈山开路，修建田径运动场、球场及其他活动场所。合并后的轻工业学校非常重视教育教学质量，狠抓"双基"，要求学生学得扎实些、基础打得牢固些、动手能力强一些；重视提高教师的业务能力和教学水平，坚持教研活动。学校领导经常深入教学第一线，总结教学经验，编印《教学经验》专辑，在同行交流推广。学校坚持德、智、体全面发展的教育方针，加强德育，狠抓智育，重视体育，经常开展文体活动，丰富师生课余生活。

(八)华侨补校和侨属子女补习学校的创办

1953 年，陈嘉庚考虑到南洋各地华侨教育因受种种限制，回国求学的侨生将会日益增多，为方便广大华侨学生回国就学，便向中央人民政府建议在集美创办归国华侨学生中等补习学校，专收归国侨生，进行补习教育。人民政府很快采纳了他的建议，并拨专款委托他负责筹建新校舍。

11 月，在福建省侨委、省教育厅、厦门市文教局的领导下，成立"集美华侨学生补

习学校筹备委员会"，进行建校的筹备工作，接收以前"福建航专"移交的校舍、家具等。12月，集美华侨学生补习学校开始接待第一批归国侨生，12月下旬开始上课。

1954年1月4日，补行开学典礼，宣布正式开校。该校由福建省侨委办公室主任陈曲水兼任校长，曾仲霖为副校长兼教导主任。学校由中侨委及地方政府双重领导，以中侨委为主。在开学典礼上，陈嘉庚发表讲话，谈了寄宿、收录、补助等三个问题。说明政府为招收侨生，在建筑设备方面比招收国内学生要增加数倍的经费。侨生入学不论程度高低，一律收录，又特别设校容纳，没有任何限制，这一点和国内学生完全不同，是很特殊的。国内学生虽有人民助学金的设置，但比额有限，请求者不一定都能得到。至于侨生凡属经济困难的，都可以得到政府的照顾补助。他还特别谈到学习环境的问题，认为不宜片面强调地点问题，最重要的还是要有良好的学风。良好的学风，要靠纪律来维持。希望侨生遵守纪律，培养优良品德，认真学习，发扬爱国主义与集体主义的精神。

华侨学生补习学校的主要任务，是根据政府关于长期收纳侨生的方针政策，收纳逾考期回国，文化程度较低，考不上国内学校，或由于其他原因入正规中学或大专院校有困难的新近回国的华侨学生。学生可以随时入学，经补习后报考正规中等或高等学校。学校的性质类似完全中学，但与一般中学又有所不同。课程方面一般按照中学的课程标准加以适当的精简，以适应突击性的学习。同时采用课堂教学与课外辅导密切结合的方法，加强辅导工作。由于归侨学生在海外所受教育与国内不同，特别是语文、政治、生物、史地等科差异更大，在政治思想教育内容方面缺漏很多，必须有一段时间对他们进行政治文化补习，帮助他们尽快地赶上国内学生同年级的水平，顺利地考上正规学校。因此，在编班时，必须掌握原级补习的原则。凡具有海外高中毕业水平的编在"大专先修班"的理工、医农、文科三种不同类型班级学习，初中毕业的编在高中预备班或中专班学习。

学校的经费全部由国家拨给，标准比一般中学高，对贫侨学生还发给助学金。学校的建筑除接收原"福建航专"移交的校舍和家具外，还分期拨款共350多万元，由陈嘉庚亲自主持南侨群楼的建设，南侨第一到南侨十六，四座一排，逐排层层加高，层峦叠嶂一般，甚为壮观。至1959年，侨校共建成楼房26幢，建筑面积达4.7万平方米。

据统计，自1954年至1966年，侨校共招收侨生1.8万余名，其中考上大专院校的计1.3万多名。这些侨生来自10多个国家。

1957年8月，陈嘉庚鉴于侨属子女初、高中学生中途失学者颇多，认为华侨子女"父兄远在海外，家在乡村者既非从事农业，家在城市者亦少经营工商业，唯赖侨汇维持生活，对于彼等不能置之不顾，因此补习学校广事招收彼等入学，俾使勿灰心学业，实有必要"。他征得中侨委的同意和支持，倡办"侨属子女补习学校"，委托"集美华侨学生补习学校"负责兼办，指定陈村牧兼任校长，全校经费全部由学杂费收入维持。学生按程度分初中预备班、初中一年级、高中预备班、高中一年级及大学先修班等五种班级。学生入学年龄，初中限在18岁以下，高中限在22岁以下，大学先修班限在25岁以下。要求考生身体健康，品行端正，具有初、高中修业或毕业证件。第一学期招生，

参加入学考试的考生有 745 名,录取 727 名,分五种程度补习。人数不足成班的与"华侨学生补习学校"的侨生班学生合并上课。

三、成立集美学校委员会

1955 年 8 月初至 11 月底,陈嘉庚赴东北、西北、西南、中南等地主要城市参观考察,行程 12500 多公里,亲历 16 个省(市、区)55 个城镇及其工厂企业,重点了解国家第一个五年计划执行情况,于 11 月 30 日返回集美。

陈嘉庚返回集美后,第二天一早就到工地巡视检查,下午约有关人员交谈,了解近半年来的学校情况和基建进展,对有些建筑项目进展缓慢提出了批评并采取了补救措施,同时还决定增加一些新的项目。当他了解到秋季招生未按他所交代的、从集美侨校输送 300 名侨生进集美中学时,非常生气。因为这打乱了他的计划,不仅造成校舍空置的极大浪费,更重要的是中央华侨事务委员会已按他扩招 300 名侨生的计划增拨了经费,使他无法交代。为此,他当即追查原因,认为责任全在校董会和集美侨校领导人身上,并认为校董会机构已不适应目前学校发展的需要。他经过几天几夜的反复考虑,决定改组自 1941 年 1 月组建以来的第二届校董会。

经过几天的酝酿,他亲自物色人选,找人谈话,到 12 月中旬,便拟定改组方案,将集美学校领导机构从个人负责制改变为集体领导的委员会制,即撤销校董会,成立集美学校委员会。聘请原校董会秘书主任陈朱明为主任,陈嘉庚的秘书张其华兼任副主任,协助陈朱明。委员包括集美各校校长、原董事长、集美镇镇长、集友银行协理等 17 人。集美学校委员会于 1956 年元月 1 日正式成立。陈嘉庚亲自主持第一次会议,亲自说明改组的原因,要求学校委员会要发挥集体智慧,共商学校大事,并规定常务委员会及全体委员会会议制度。同时还提出学校发展的远景规划、经费安排以及当前应做的事项。事后他还亲自向新加坡、香港等亲友发函通知和更换香港、厦门、上海集友银行股东名称和印鉴。当日还在厦门日报刊登集美学校委员会成立启事。启事全文为:

本委员会由集美学校创办人陈嘉庚先生聘请陈朱明、张其华、吴藻青、陈村牧、林承志、叶振汉、俞文农、萨兆铃、叶文佑、叶祖彬、陈顺言、陈天送、陈仁杰、陈水萍、张金兰、陈浴沂、陈礼义为委员;并指定陈朱明为主任委员,张其华为副主任委员,吴藻青为秘书。陈朱明、张其华、吴藻青、叶祖彬、陈水萍为常务委员。经于 1956 年 1 月 1 日组织成立。除通知各机关外,特此披露。

福建省厦门市私立集美学校委员会
1956 年 1 月 1 日

校委会下设办公厅，秘书、总务、会计三处，学习、体育两委员会及建筑部。校委会负责主持有关各校机构设置、办学规模、经费分配、基本建设及公共活动的联系等事宜，它与中学、财经、水产航海等三校平行联系，小学、幼儿园及公共机关属校委会领导。当时公共机关有：科学馆、图书馆、医院、建筑部（1960年9月1日改为修建处）、电灯厂、电影俱乐部、业余夜校、托儿所等单位，以后又有自来水厂、印刷厂、烧灰厂、砖瓦厂、水泥制品厂、木作厂、油漆加工厂、独轮车厂和藤器厂等单位。

1956年1月，陈嘉庚将集美学校校董会改组成集美学校委员会，1958年迁入校主住宅（今陈嘉庚先生故居）

1961年陈嘉庚逝世后，校委会的职能调整为遵承陈嘉庚先生遗愿，继承、管理和拓展陈嘉庚遗业及其创办的文化教育等公益事业。主要任务是：

弘扬陈嘉庚先生爱国爱乡、倾资兴学、热心公益、无私奉献的崇高精神，负责陈嘉庚先生在海内外的亲属及集美校友的联系工作，加强海外集美乡亲和台、港、澳、侨胞还有相关友好社团的联系——为爱国统一战线工作服务。

履行在香港集友银行的股权，管理股息和红利，支持陈嘉庚先生创办的集美各院校等文教公益事业的建设与发展——为集美学校教育发展服务。

支持集美校友总会、集美社公业基金会等开展工作，支持集美学村社区公益事业，做好利民惠民工程建设——为集美学村社区的建设与发展服务。

集美学校委员会
（1957年陈嘉庚在校委会前与集美高考生合影）

管理范围包括鳌园、体育馆、福南堂、图书馆、园林、游泳池、龙舟池等建筑物及所辖土地和房产，总计占地面积约40万平方米，建筑面积9万多平方米。接待到集美参观游览的海内外客人，协调或组织集美学村重大庆典和大型文体活动——为做大做强嘉庚事业服务。

四、大规模的校舍建设

新中国成立后,陈嘉庚受到极大的鼓舞。他回到集美定居,在党和人民政府的关怀和支持下,着手筹划修复、扩大集美学校,喜绘新学村的宏伟蓝图,实现他依靠好政府发展集美学校的愿望。

这一时期,人民政府贯彻执行鼓励华侨在祖国办学和"维持原有学校,逐步发展"的政策。陈嘉庚对新中国的一系列教育方针政策衷心拥护。尽管他已届高龄,又担任许多重要职务,但他把大部分时间和精力都用在修复、扩建、发展集美学校和厦门大学上。

1. 1950 年代的校舍建设

从 1950 年至 1959 年,陈嘉庚主持集美学村建设,除修复被战争毁坏的校舍外,还进行了大规模的建设,扩建校舍面积达 16 万平方米,相当于解放前校舍面积 4.5 万平方米的 3 倍多。建设费用计达 1025 万元,包括新建校舍 400 万元,修理校舍及民房(包括风灾损失)150 万元,学校教育费及医院经常费 100 万元,公共机关建设费 140 万元(包括大礼堂、医院、电厂、自来水、科学馆、图书馆、体育馆、游泳池及道路等),养殖池 3 个 300 亩(包括亭阁等)30 万元,海潮发电厂 90 万元,解放纪念碑 60 万元,命世亭 15 万元,校具 40 万元。经费来源,其中政府拨给 706 万元,陈嘉庚筹措 575 万元,建设所余仍归集美学校委员会管理。高耸碧空的"南薰楼"、雄伟瑰丽的"道南楼"、高大壮观的"海通楼"以及可容纳 3000 人集会的"福南堂"等都是在这一时期拔地而起的。

如今成为厦门四大风景旅游景区之一的鳌园,也是在这一时期建设的。陈嘉庚为了纪念故乡集美和祖国大陆同胞获得解放,并受济南广智院的启发,决定在集美建设一座纪念碑,并请毛泽东题写碑名。纪念碑是鳌园的主体,碑的四周及围墙建成一座博物馆,以供游览。鳌园于 1951 年 9 月 8 日动工,1957 年基本完工,到 1961 年陈嘉庚先生安葬,墓表覆盖完成,历经 10 年时间。陈嘉庚既是鳌园建设的总设计师,也是总工程师,鳌园的设计图就装在他的脑子里,他手中的拐杖就是工程的指挥棒。鳌园的建设不仅寓意深刻、包罗万象,其美轮美奂的石雕艺术堪称国之瑰宝,名人题刻也可谓艺术奇葩,令人叹为观止。

这一时期,陈嘉庚庆幸厦大获得新生,他认为厦门大学迎来了发展的大好时机。虽然这时厦大已为国立,但他不仅没有放弃为实现自己办学初衷的努力,而是加倍关心厦大的恢复和建设。他同意把集美学校的 400 多亩农场拨与厦大,作为未来农学院的实习场地。继续筹集巨资扩建校舍,从 1951 年到 1954 年,由他筹款监督主要由其女婿李光前捐巨资建成的校舍 24 幢,计 6 万多平方米,建筑面积超过新中国成立前 28 年建筑面积的总和。

陈嘉庚对扩建集美学校和厦门大学十分认真,不论规划、设计,还是备料、施工,以

及经费开支、工人生活等，都亲自过问，既注意质量，又力求节约。他常说："应该用的钱，千百万也不要吝惜，不应该用的钱，一分钱也不要浪费。"数年间，他每天不辞劳苦，持杖步行数华里，巡视各处工地。每周坐班轮到厦大工地视察一次，每次3小时以上。他在北京治病期间，还通过书信、电话等指导工程的进行。在建设新集美的过程中，他还注意不断改善办学条件，发展公用事业，以便利师生的教学、科研与生活。

1950年代校舍建设概况

序号	名称	建筑概况	备注
1	南薰楼	1959年落成，为当时福建省最高大楼，系陈嘉庚亲自主持兴建。主楼高15层54米，楼顶为一座四角亭。两翼护楼高7层，形似鸟翼，翼端平台分别建有一座双层八角亭，与顶部四角亭遥相呼应，呈"山"字形架构，整座楼宛如战机凌空欲起，威武挺拔。立面以白色细纹花岗岩和红砖构建，绿瓦飞檐，装饰考究，融合了中西建筑的特色和优点，被誉为集美学村标志性建筑之一。	现为集美中学教学楼。
2	道南楼	1962年春落成。全长174米，分九段一字排列，即由四座红瓦屋盖、红砖立面、形式相同的五层教学楼，连接着绿色琉璃瓦屋盖、白石立面的中央宫殿式七层办公楼、中段六层梯楼和两端六层角楼。所有墙柱、角柱、廊柱、线条均由绿色青石、白色花岗岩和红色釉面砖叠砌的方形、菱形、圆形平面图案及立体雕刻装饰而成，走廊外墙用优质釉面砖拼饰组成各种精巧美丽的图案，充分展示了陈嘉庚建筑的细节之美。加上清一色的天蓝门窗，色彩调和，风格新颖，雄伟绮丽，被誉为陈嘉庚建筑的代表作，是陈嘉庚建筑思想、建筑风格的最高表现。	现为集美中学教学楼。
3	黎明楼	位于南薰楼西北侧，共74间，约3000平方米，1957年6月落成。楼体依山坡地势而建，东边四层，西边五层，中段六层（局部四至五层）。	现为集美中学教学楼。
4	道南宿舍（团结楼）	道南宿舍又名团结楼，原址在道南楼北面约40米处，1962年落成。楼长100米，高四层，共115间。木石混砖结构，红瓦屋顶，南面圆形外廊，白灰砂浆黄色墙面，条石围墙。1964年前后分别为集美财经、中学宿舍楼。	1998年拆除，改建集美中学科技楼。
5	克让楼	位于崇俭楼西南侧。1952落成，共三层39间，面积1749平方米，与1921年建成的即温楼、明良楼，1923年建成的允恭楼，1926年建成的崇俭楼大致呈一字形排列，各楼以楼名第二字顺序组合连成儒家所倡导的伦理道德"温、良、恭、俭、让"，表现出建筑者对中华民族传统文化的尊崇，亦说明克让楼乃五座楼的殿后之作。	现为航海学院宿舍楼。
6	海通楼	位于集美学村大门的东北侧（航海学院内），层高为西边六层东边五层，建筑面积5197平方米，1958年建至四层（西边五层）后停工，1959年"八·二三"风灾后投入使用，1964年交通部拨款修竣。顶层中部两侧为80年代扩建。	现为航海学院教学楼。

184

序号	名　称	建筑概况	备注
7	福东楼	位于福南大会堂东南角,共四层,1958年初落成。1950年代末水产、航海分设后为水校校舍,厦门水产学院存续期间为水院校舍。	现为集美大学机械与能源工程学院教学楼。
8	跃进楼	原名福东宿舍,位于福东楼北侧,共四层96间,1958年落成。	现已拆除
9	南侨建筑群	南侨建筑群位于集美龙舟池西面以北,系陈嘉庚受中侨委委托于1953—1959年主持兴建。主建筑群共四排16座,命名为南侨第一至南侨十六。楼体坐北朝南,顺池畔坡地而筑,由低至高。首排平屋,末排四层,逐排加层拔高。南北楼距16—18米,东西楼距4—8米,中间教室,两旁宿舍。道路纵横其间,横向四条,纵向五条,路中铺白石,两侧铺红砖,镶以白石边。纵向居中主干道宽度8米。环境幽雅,楼宇壮观,美轮美奂。	原为集美归国华侨学生补习学校校舍,现为华侨大学华文学院校舍。
10	福南大会堂	位于允恭楼南面操场外,是集美学校集会、演出的重要场所。1954年10月落成,面积3490平方米,可容观众4000余人。由陈嘉庚亲自主持兴建,屋顶设计跨度24米,中间没有柱子,采用木架作横梁,堪称一奇。	2002年集美学校委员会斥资翻建,于2003年校庆前夕完工。
11	航海俱乐部大楼	位于今集美大学体育学院内,1959年底完工,系陈嘉庚受福建省的委托主持兴建。同时还建有游泳池和10米跳台以及码头、宿舍等,陈嘉庚资助工程款6万元。	现为体育学院办公楼
12	图书馆新馆(工字型图书馆)	"工字型"图书馆位于科学馆西侧,1954年10月落成,是陈嘉庚亲自选址督建的一幢双座双层、中部连接,外观呈"工"字形的建筑物,面积1644平方米,可容三四百人同时阅览。	
13	集美体育馆	位于科学馆东侧,始建于1953年9月,1955年初落成。馆舍高三至四层,土木结构,可容3000观众。后于1959年"八·二三"特大台风中倒塌。1963年2月,集美学校委员会斥资在原址重建,改成二至四层,混合结构,面积4535平方米。至1987年12月,又斥资92万元整修场地,更新设备,使之面貌一新。	
14	科学馆教室	又名科学馆前楼,位于科学馆南侧,共三层15间,建筑面积1284平方米,1956年1月落成。	
15	延平游泳池	1952年,陈嘉庚亲自主持延平楼重建工程,并将楼前的海边滩涂改造成游泳池。游泳池北侧三层24级的石砌看台原为延平楼前荆棘丛生的山坡坟地。	
16	延平礼堂	位于延平楼底层后侧正中,1953年3月落成,面积269平方米,为重建延平楼时加建。1959年8月23日在强台风中倒塌,1960年重修并加高一层,改斜屋面为平屋面。	2002年延平楼修缮时拆除。

续表

序号	名　称	建筑概况	备注
17	东岑楼、西岑楼	又名岑楼东座、岑楼西座、教员厝。东岑楼位于集美学校植物园北侧,其西侧为西岑楼,均是1953年建成的教职员住宅楼。两楼位置并排,对称布置,平立面相同,建筑面积各2346平方米,均为两层40户(套)。	
18	集美华侨补校牌楼门和"天南"门楼	位于今华文学院运动场北侧正中,面向龙舟池,1959年竣工。牌楼门为四柱三进,覆以琉璃瓦飞檐屋顶。南面正门门楣上镌有"集美华侨补校"六个白底红色大字。"天南"门楼位于集美龙舟池西北侧的石鼓路起点处,1953年落成,砖石木结构,建筑面积119.23平方米。中部上下两层,各有一门,上层门楣书有"天南"二字,下层门楣书有"集美侨校"四字,两侧为厢房,高一层半。	
19	集美学校西门	集美学校西门位于今航海学院西北角的围墙下,面向集美区岑西路,系陈嘉庚于新中国成立后,为纪念集美学校的新生而建造。	
20	其他建筑	鳌园、龙舟池、道路、亭阁等	

道南楼

南薰楼和黎明楼夜景

海通楼

福东楼

福建航海俱乐部

福南堂

2. 嘉庚建筑

陈嘉庚在家乡创立并亲自规划建设的集美学村和厦门大学,建成了一批具有独特风格的中西合璧的建筑,被称为"嘉庚建筑"。陈嘉庚不是专业的建筑师,但是他设计建造的建筑物美观、坚固、大方、经济,具有浓郁的民族和地方特色,彰显着独特的个性风格,成为厦门城市建筑风格、城市文化不可或缺的一部分,在中国城市规划建设史上占有非常重要的地位,这些建筑在 2006 年被批准为第六批全国重点文物保护单位。集美学村和厦门大学后来兴建的建筑以及集美新城的建设也充分尊重和延续嘉庚风格。

"嘉庚建筑"体现了中西建筑文化的融合,具有独特的建筑形态和空间特征。其建筑呈现出闽南式屋顶,西洋式屋身,南洋建筑的拼花、细作、线脚等;其空间结构上注重与环境的协调;在选材用工上"凡本地可取之物料,宜尽先取本地生产之物为至要"。集美学校允恭楼群、厦大群贤楼群、建南楼群均为"一主四从"的组团结构,即以主楼为中心,其他四幢从楼沿两侧对称"一字"排开,主楼以中式风格为主,从楼以西式风格为主。陈嘉庚深受中华传统儒家文化和多年南洋侨居生活的影响,汲取了中西文化不同的审美观,既注重中西交融又突出地方特色。

"嘉庚建筑"大都"依山傍海,就势而筑",有的利用原有的地形地貌加以改造,有的配以楼台亭阁点缀自然景观,有的将雕刻、绘画、园林艺术融入其间,较好地处理了建筑与环境的关系,使人工美和自然美、整体美与局部美交相辉映,和谐统一。在细部的处理上,充分利用闽南地区盛产各色花岗岩和釉面红砖的优势,充分发挥闽南能工巧匠的创造性,以镶嵌、叠砌的高超技艺,在柱头梁底、门楣窗楣、墙面转角、外廊立柱上拼饰图案,配搭色彩,进一步提升了校舍建筑的整体美感,展示了嘉庚建筑的细节之美。为了适应闽南地区气候湿热的特点,"嘉庚建筑"不仅窗大门阔,明亮通风,而且各楼的南面甚至南北两面均辟有雨盖走廊,可以遮风挡雨,避免日晒。大多数建筑物周围都留有足够的运动空间,形成所谓"有楼就有场"的结构布局,这种建筑设计更加适合师生学习运动和居住生活。校舍建筑还大量运用白色花岗岩、釉面红砖、橙色大瓦片和海砺壳砂浆等闽南特有建筑材料,并创造性地改良仰合平板瓦为"嘉庚瓦",革新

双曲燕尾脊为三曲、六曲燕尾脊，总结优化传统的彩色出砖入石建筑技艺，以及尝试西洋式、南洋式、中国式、闽南式多元建筑风格的互相融合，体现了陈嘉庚善于博采众长、敢于突破传统、勇于创新求变的可贵精神和高瞻远瞩的发展观。"嘉庚建筑"以"穿西装、戴斗笠"的形式实现民族风格与现代功能性结构的结合，集中体现了陈嘉庚爱国爱乡的赤子之情。

陈嘉庚曾说，他苦心经营家乡建设是要把集美学村建成一座花园，"凡有诚意公益者，必先由近而及远"，"我前后曾游历20余省，所见各处名胜市镇山川，少有如本乡之雅妙，兹又加建厦集两海堤，如锦上添花，我家乡有此美好之山水，又属文化区域，故我对各校舍不得不加以注意，并希望此后四五年，每年费二三十万元，整修全校界内如花园"。

3.《归来堂记》

陈嘉庚一生倾资兴学，兴建了许许多多的校舍，然而，早在1950年就计划建一座"归来堂"的想法却迟迟未能实现，直至他逝世后，才在周恩来总理的直接关心下动工兴建，1962年8月落成。1957年10月4日，陈嘉庚复信给其弟媳王碧莲女士，谈到他早先打算建一座小祠堂，定名为"归来堂"，好让"子孙回乡时有个寄宿之所，兼祭祀祖先"，只是因为集美学村建设计划未完成，"不能先私后公"而已。1960年9月，陈培锟先生（晚清进士、翰林院编修、曾任厦门道尹等）应陈嘉庚之托，写下了《归来堂记》：

> 宗兄嘉庚，予四十年前交也，生于集美，少随其尊甫经商新加坡，继承父业而光大之，今与予俱年逾八十矣。宗兄有志济世，以橡胶航运起家。于国家建设乡里教育事业，不惜瘁其心力以赴。早岁旅外，中年尽室南渡，舍宅为校，晚勤国事，身居校舍，席不暇暖。拟别建归来堂，以承先祀定栖止焉。贻书告予，嘱为之记。予心私淑久矣，识其平生行义，与孟子所云："分人以财谓之惠，教人以善谓之忠，为天下得人者谓之仁"实相符合。题其堂曰归来，非求隐也。隐者，独善其身，宗兄无取于是。盖其志在事业，而不务名利；功在教育，而不恤身家。辛亥革命，闽省光复，募款数十万元，协助救济。抗日军兴，组织八十余埠华侨，筹赈助战，此所谓分财之惠也。兴学集美四十余年，由小学而中等专科各校，解放初期，树胶获利，复罄其所得，扩建校舍，至于近日生数盈万，有助于地方文化之提高，此所谓教人之忠也。1918年欧战告终，筹办厦门大学，时予守尹鹭江，曾共商榷以赞成之，宗兄自是殚精缔造，历16年捐资400万金，1937年以独力难支，始归国立。解放后犹为募款扩建，其造就宏才，不愧为闽省最高学府，此所谓天下得人之仁也。夫捐资树德，不忘其本，宗兄仁惠忠诚，凤负侨望。老归祖国，任重而愿小休，致远而思返本，此斯堂之所由建欤，然宗兄之意，尚不在乎为自身娱老及子孙居室计也。宗兄一家数十口，侨寓数十年，以言娱老，则骨肉犹隔重洋；以遗子孙，则堂奥难容生聚；故斯堂规模，来书仅谓若小宗祠然，盖着重于承先启后，而示以海外后人，惟父母之邦当数典勿忘耳。予于集美，既爱其景因人胜，地以人名，而于建堂之义，复嘉其敦本贻谋，名实相称，信有可传者在。用记概要，以告后人知世守云。

归来堂记（陈培锟撰　罗丹书）

五、探索教育教学新路

新中国成立后，集美学校大力推进校务革新，探索教育教学新路，认真总结办学实践过程中的经验教训，不断适应新社会的新要求。

（一）革新校务

根据厦门军管会的有关规定，集美学校各校于 1949 年 12 月建立了"校务委员会"、"生活指导委员会"和"经济委员会"。其中校务委员会为学校最高决策机关，由校长、教职员代表和学生代表组成，代表以民主选举产生。校务委员任期一学期，连选得连任。校务委员会设主任一人，或正副主任委员各一人，由校长兼任或民主方式推举。生活指导委员会是在撤销新中国成立前的训导制后成立的。它的主要任务是制定学校的生活管理规则，负责对学生进行管理指导。该会由教职员和学生选出代表组成，设主任、副主任各一人，下设生活管理组、社会活动组和课外阅读组。经济委员会由全校师生工友推选代表组成，为一种群众性的实现经济民主的管理机构。其任务是协助学校管理经济，审查与决定学校各项主要开支，推行学校生产节约运动，使学校达到经济公开，开支合理，杜绝贪污浪费，改进生活设备的目的。该委员会的委员，校方不参加，一般学生应占委员数的 2/3，教职员工占 1/3。该委员会分设下列各组：检查组——负责检查学校的开支账目，督促学校按期公布开支清单，并得随时或定期向委员会报告检查的情况；研究组——负责考虑学校一切特殊开支是否合理与节约，研究

应如何开支的具体方案；生产组——负责学校的生产建设事宜，如动员修理校舍，推行课外生产活动，节约计划等。三个委员会都热情高涨、认真负责地开展工作，并定期检讨工作得失，提出改进意见。在除旧布新的时期，这种管理机构与形式起了很大作用的，在民主管理学校方面，前进了一大步。

（二）师生关系的新变化

根据上级有关部门的要求，为提高从旧社会过来的教职员的思想觉悟和政治水平，引导他们树立正确的人生观、世界观、教育观，学校分批派送教师参加各种研究班、学习会，还自己组织政治学习小组，开始是师生混合编组，后来教职员除参加师生学习小组外，又另外成立教职员两个学习小组。学习内容主要是毛泽东的《新民主主义论》和《中国革命和中国共产党》等。学生会还成立"课外阅读小组"，主要学习马列主义、毛主席的著作。凡各种新书，由各人自由选读一本，每星期举行一次小组会，交流学习体会。学校图书馆也大量购置有关马列主义和新民主主义一类的读物，为师生们提供了很好的精神食粮。

与此同时，根据文教部的规定，将学生的群众团体——学生自治会改为学生会。学生会的正副主席（兼出席校务委员会的学生代表），是先由各组选出候选人后再经普选产生的。学生会里设秘书处和学艺、文娱、体育、联络、社会服务、生活福利等六个部。学生会还有一个执行委员会，对会员大会负责一切决议的执行与监督学生会各部的执行，设正副主席各一人，由学生会正副主席兼任。团支部也建立起来了，一开始水产航海学校与中学联合成立一个"新民主主义青年团水初联合支部"，后来团员增多，为便利开展工作，便分设两个支部。学生会和团支部成立后，组织学生和团员开展各种生动活泼的活动，发挥了积极作用。

当时，师生们经常召开生活检讨会，大家都严肃诚恳地开展批评与自我批评，互相帮助、互相关心，道德风尚是健康向上的。对学生的生活鉴定也很严格，共分为六步骤：自评、小组互评、班级互评、生活指导委员会初步鉴定、大家互评、生活指导委员会最后鉴定。在鉴定过程中，同学们的态度都十分认真，有的要求同学指出他的具体缺点。一次又一次的互评和深刻的检讨，对每个同学都有很大的触动。对教职工的思想和工作情况也进行严格的考核。校务委员会印制了调查表，分等第、优缺点等栏，等第分优、中、劣三等，优缺点包括思想作风、工作表现、教学情况等，由师生员工填写，校务委员会汇集评定。

这一时期，师生之间的关系也有了新的变化。1950年3月13日出版的《集美周刊》上发表的《建立新的师生关系观》一文指出："在原则上，我们必须把师生之间的旧观念革除干净，而建立起新的师生关系观。为师的必须把几千年来的'师统'思想和'天地君亲师'的宗法意识革除；认师生之间是一种人与人的社会关系，是一种传达知识的桥梁作用，是一种为人民服务的工作，是尽了个人在社会上的本位来做'传道、授业、解惑'的工作。……在教的方面，我们宜采取客观的、辅导的、讨论的、共同探求真理的方式，而舍弃那旧的、纯口授笔授的主观主义，和教师总是对的、学生总是不对的

经验主义,以及代办和包办的命令主义的方式。"新型师生关系的一个主要特征是"尊师爱生",老师们把爱生当作自己最起码的职业道德,把自己的学生看作是祖国的未来,把培养他们成材看作是自己不可推卸的责任和神圣的天职。他们除了从思想上引导、知识上教授外,还从各个方面无微不至地关心爱护学生,把爱的春风雨露撒播在每个学生的身上。另一方面,同学们对自己的师长都很尊敬,逢年过节,都以各种形式慰问老师,如举行劳师联欢会等,表达自己尊师的一片心意。当老师遇到困难时,同学们更是热情似火地帮助他们。

1950年7月,《集美周刊》又一次开展了关于人生观的讨论,师生们普遍认识到,只有树立全心全意为人民服务的人生观,才是正确的人生观,而人生也才有真正的意义和价值。学校还重视培养学生的劳动观念,组织学生参加适当的劳动。当时除了整理校舍、清除环境全部由同学们负责外,学校还成立了一个生产委员会,组织师生们开垦荒地,种植蔬菜瓜果。以小组为单位,每日两个小组轮流劳动,校长和教职员也参加生产劳动。1950年7月,学校还抽调部分学生组织了一个"集美学校劳建队"。他们放弃暑假的休息时间,奔赴同安马巷参加建造飞机场的艰苦劳动。同学们打着赤足,穿着内衫短裤,冒着烈日,挖的挖,挑的挑,干得热火朝天。开初几天,许多人手掌起泡,肩膀红肿,身上晒脱了皮,但是,大家以吃大苦,耐大劳的精神,顽强地坚持着。苦战了三十八天后,在劳动评比时集美学校劳建队的成绩,比同安民工的成绩还高一倍,同安县人民政府给集美学校劳建队颁发了奖状。

(三)全面进行教学改革

在教学工作方面,也陆续进行改革。1950年春,集美各校学习贯彻了省教育厅颁布的关于中等以上学校校规的暂行规定,初步稳定了新的教学秩序。1952年以后,根据人民政府关于学校教育进行整顿、巩固的指示,各校逐渐加强对教学的领导,颁布了教学和民主管理的规章制度,进一步建立起正常的教学秩序。各校在校长之下设立教务处主管教学工作,各科都成立了教学研究组,认真开展集体备课、互相听课、观摩教学等活动。

1. 学习苏联经验

学校第一次大规模的教学改革,是从1953年秋季开始的,重点是学习苏联的经验。1954年6月,教育部在北京召开了全国中等教育行政会议。接着政务院发出了《关于改进中等专业教育的决定》,明确提出:中等专业教育要加强领导,努力学习苏联先进经验,积极进行教学改革,重视生产教学,提高教学质量。根据以上精神,从1954年秋季开始,学校开始全面进行教学改革,成立了"教学改革推动委员会",提出了"边学边做边改进的方针"。以水产航海学校为例,当时主要从四个方面进行改革:(1)确定专业培养目标,制订教学计划和教学大纲。针对渔航兼修,所开课程不少与实际需要脱节,各科也没有完整的教学计划和教学大纲,专业课都是用讲义,甚至单凭老师讲授、学生记笔记等弊端,首先确定各专业的培养目标,明确航海专业是培养海上船舶驾驶员,渔捞专业是培养渔捞技术员,养殖专业是培养初级养殖学家,轮机专业是培养渔

业轮机技术员。根据培养目标来确定教学计划,在课程设置上,开始分普通课、专业基础课、专业技术课三大类。教学大纲是各门课程的纲目,它反映了学生必须掌握知识的广度和深度。在教改中,学校把制订、钻研教学大纲作为一个重点来抓。通过教学大纲的制订,对提高教学质量起到了良好作用。(2)强调理论与实践相结合。为了使理论与实践相结合,达到学用一致的目的,各专业每年都有1~2次的教学或生产实习。航海专业除平常的帆船驾驶、端艇操练及海上生活锻炼的教学实习外,还有领航船舶驾驶等生产实习或专业实习,四年期间共有46个周。轮机专业除在金属工艺等教学实习6周中,进行车钳焊等练习及木模电解等项目的实习外,还有内燃机航行实习16周,工厂生产实习6周。渔捞专业亦有金属工艺学教学实习4周,海上生活锻炼2周,群众渔业实习6周,轮机渔业实习4周,海洋捕鱼实习8周,互助合作实习4周,共为28周。通过一系列的实习锻炼,同学们不但掌握了实际操作技能,而且也培养了艰苦奋斗、热爱劳动的观念,还普遍增强了体质。1956年秋季,学校组织航海科工人子弟速成班首次到广州南海船上进行为期四个月的实习,开创了驾驶专业生产实习的新阶段。(3)改变考试与评分办法。考试方式由以前的单纯笔试,改为笔试与课堂提问及期考口试相结合,考试与考查相结合。口试的方式是:由教师事先准备了二三十道试题,学生进来后,按规定自己抽出几道题目,准备15分钟后,然后向主考的两三个教师面答。教师可以当场提出问题要求学生回答。评分的办法从百分制改为五级记分制。(4)严格教学管理。学校按照高教部规定的15种教学表格,建立各种教学管理制度,如教室日志制度,由任课教师逐日填写;教师办公和值日制度,班主任职责;学生卡片制度等等。各学科教师经常交流教学经验,共同研究教学方法。学校领导也深入课堂听课。广大教师和学生教与学的积极性都充分调动起来。

2. 废除"6 节一贯制"

1951年秋季,集美水产航海学校在作息制度上,学习苏联的"6节一贯制",即在早、午两餐之间连续上6节课,拖到下午一两点才吃午饭,下午不上课。苏联高校学生一般是走读生,午餐的时间习惯是下午两点,因此苏联有些高校实行6节集中排课是有其原因的。但由于国情不同,照搬实行"6节一贯制",显然是不合适的,结果一度使师生们叫苦不迭。又如1955级的学生的外语课只设俄语,不开英语。搞航海的人要航行世界各地,不学习世界通用的英语,而学习俄语,也是不适用的。另外苏联的学制比我国的多一年,而我们的一些教学计划照搬苏联的模式,课程门数过多,要求过高过宽,有的不合实际需要,总学时数过高,每周上课36小时以上,结果师生的负担都过重。1954年10月21日,高教部发出了《关于停止实行所谓"6节一贯制"问题的通知》。1955年3月4日高教部又发出《关于研究和解决高等工业学校学生负担过重问题的指示》,强调"学习苏联必须与中国实际相结合,稳步提高教学质量",提出要"贯彻全面发展的方针,贯彻'学少一点,学好一点'的原则。"根据中央的指示,学校也认真总结了向苏联学习中的经验教训,并及时作了调整,学生上课周时数压到32小时,废除"6节一贯制",把学俄语改为学英语。

3. 推行"劳卫制"

这一时期，学校对体育工作十分重视。1951年，根据毛泽东主席提出的"健康第一，学习第二"的方针和国家教育部关于学生健康问题的指示，学校从加强学生的课外体育锻炼入手来促进健康，增加课外体育活动时间，每天至少1小时以上。1953年秋季开始，为了贯彻毛泽东主席提出的"身体好、学习好、工作好"的指示，学校推行了"劳卫制"预备级和体育锻炼标准，并成立了各项运动的中心小组，有计划有领导地组织师生开展体育锻炼。至1955年9月，达到了"劳卫制"预备级和体育锻炼标准，经厦门市体委批准，开始推行"劳卫制"一级锻炼。

4. "集美学校跃进措施启事"

1957年以后，和全国各地一样，集美学校经历了反右派等一系列政治运动。反右派斗争的严重扩大化，给学校工作带来不小的损失。从1958年5月开始，根据"鼓足干劲，力争上游，多快好省地建设社会主义"总路线的基本观点，全国进入大跃进时代，教育界也开展以群众运动为形式的教育大革命。这次运动是在"解放思想，破除迷信"和实现学校工作"大跃进"的思想指导下进行的，其目的是为了全面贯彻党的"教育必须为无产阶级政治服务，必须同生产劳动相结合"的教育方针。集美学校师生热情高涨地投入了这个运动。如航海学校于1958年5月提出《大跃进规划二十条》。规划中提出：贯彻勤工俭学的社会主义办学方针，做到面向海洋，面向生产，结合专业，全面开花，争取生产、学习、思想三大丰收。各级领导三抓五深入：一抓教学，二抓思想，三抓生产；一深入课堂，二深入学科，三深入学生，四深入教师，五深入生产。全校教师做到二教、二钻、三包、三清：一教好书，二教好人；一钻深大纲，二钻透教材；一包懂，二包会，三包能；一课课清，二段段清，三个个清。全校职工做到三勤三无：一勤手，二勤腿，三勤钻；一无拖拉，二无厌烦，三无差错。全校学生做到三不、三勤、三清楚：一不抄袭，二不开小差，三不偏废；一勤复习，二勤钻研，三勤作业；一章章清楚，二节节清楚，三题题清楚。全校师生员工反对六气：反对官气、骄气、娇气、暮气、邪气、阔气。提倡二气：发扬朝气、正气。做到教工红，学生红，学校满堂红。这些内容可以从一个侧面反映出当时师生的精神面貌。

陈嘉庚对集美各校许多大跃进措施不以为然，认为缺乏"求实精神"，他在1958年4月16日给集美学校委员会的电文中指出："本校不要发动员生捐献款项办工厂和其他事业等等，已进行者应即停止，款已收者切要退回"。8月2日，他嘱秘书起草《集美学校对整风运动实事求是启事》交《厦门日报》刊登三天。《厦门日报》经修改后以《陈嘉庚先生为集美学校跃进措施启事》为题予以刊登。全文如下：在社会主义建设总路线的光辉照耀下，全国文化教育事业都突飞猛进，集美学校也应鼓足干劲，力争上游实现大跃进，我采取如下实事求是的跃进措施。一、社会主义教育，应德、智、体并重。师生健康要充分注意。集校篮球场原有34个，多数为土场，现拟扩充至50个，一律以水泥铺底，又在福南大会堂前建一新式标准体育运动场，座位可容观众2万人；足球场原有4个，海水游泳池原有3个，拟再增淡水游泳池2个及羽毛球场等。二、补充足够图书仪器及一切教学实习设备。以上两项费用拟40万元左右。三、聘请质量优良的教

师，积极提高教学质量。

5. 强调理论联系实际

学校强调理论联系实际，提出中等职业学校的教学要与生产实际、企业管理实际、社会实际相结合，并对教育计划、教学大纲、教材教法、规章制度重新进行审查和改革，改变了建国初期一切学习苏联的状态。各校组织教师集体编写教学大纲、教材、教学参考资料。从 1958 年 11 月开始，航海学校分批组织驾驶科一、二、三年级和轮机科一年级的学生，到一艘停泊待修的三千多吨货轮上进行现场教学和参加船舶保养劳动。具体的做法是：（1）学习与劳动相结合。每天 4 小时学习，4 小时劳动，一个班级分为两组，轮流交替进行教学与劳动。劳动的项目有结合专业的劳动，也有一般性的体力劳动，如敲铁锈、油漆等。（2）试行教学、讨论和讲课相结合的群众路线的教学方法，并采取教师、学生、船员三结合的办法，在学生中开展互助活动，进行自学和讨论，并聘请有经验的船员与专业教师共同授课。（3）采用边看边讲、边作边讲、先讲后作、先讲后看等多种多样的教学法。船头船尾、驾驶台、机舱、货舱等地方都可作为教室，都用来作为教具。教师带领学生面对实物，给学生讲解结构原理和操作方法，接着让学生自己进行讨论、研究和操作。这种现场教学，虽然还存在一些缺陷，但形象具体，易教易学，有利于理论联系实际，培养动手能力和劳动观点，对应用专业来说还是一种有效的教学方法，同学们普遍认为收获较大。

6. 提倡勤工俭学活动

遵照中央关于勤工俭学的号召，从 1958 年春季开始，各校就开展了轰轰烈烈的各种形式的勤工俭学活动。学校成立了勤工俭学委员会，由党、政、工、团负责人及各专业科主任等组成，下设办公室，具体负责勤工俭学的领导工作。各班在班主任领导下，也相应成立勤工俭学领导小组，并成立劳动中队。1958 年上半年，集美中学发动师生开荒 150 亩，养猪 105 头，办教具工厂，生产各种教具 80 多套；各班成立结绳、做笠、编织、刻印、火补、洗衣、理发等活动小组 133 个。水产学校由师生自己动手修建 20 亩的养鱼池，挖掘 10 口鱼苗池。航海学校提出的口号是"全面开花，生产为主，面向海洋，结合专业"，全校各班建立了 111 个小组分为 49 种类，其中生产性的 27 种类，服务性的 22 种类。为了响应"全民炼钢铁"的热潮，全体师生还热火朝天地投入了"为 1070 万吨钢而战"的运动，学校成立了"炼钢办公室"，下设技术组、宣传秘书组、工具制造组、运输调配组、保管组，并创办了《炼钢快报》。学校建起了各种土高炉，师生们夜以继日，苦战不息，几个月中炼出了 6 吨多"钢"。9 月份，航海学校还与其他五个单位合办了"集美钢铁厂"，但不久就下马了。所谓的"大炼钢"，实际上是得不偿失。轰轰烈烈的勤工俭学活动，在一定程度上冲击了正常的教学秩序。

7. 掀起技术革新高潮

在党中央的号召下，集美学校师生"发扬敢想敢做的创造精神"，于 1959 年春季，掀起了科学研究、技术革新的高潮。学校成立了"技术革新、技术革命运动领导小组"。在这场运动中，不但教师们积极参加，出谋献策，同学们也解放思想，跃跃欲试，在几天内就订出一批技术革新项目。后来，完成计划和制造成功的有生产上用的磁罗经自差

测定仪、航行熄灭灯警报器、船用自动报时机、现代化教具的活动绘图架等等。师生们深入到船队、码头、工厂进行调查研究,向船员和工人学习,增长了不少实践知识,也写出了一些有价值的调查报告。技术革新运动延续到 1960 年春季,在这场运动中,师生们贡献了自己的智慧和力量,也取得了一些成绩。但也应该看到,用群众运动的方式搞科学研究和技术革新是不符合科研工作的客观规律的,当时对技术革新成果的宣传,也带有浮夸的成分。

8. 总结教学改革的经验教训

这场"教育革命",交织着成功与失误,经验与教训,广大师生积极响应中央的号召,力图探索出我国社会主义教育事业发展的新途径,走自己的道路,这种创新精神和革命热情,是可贵的,在促进脑力劳动和体力劳动相结合、理论同实践相结合,以及科学研究等方面,都取得了一定的成绩。但是,这场教育革命是在反右斗争扩大化之后进行的,是在"左"的思想指导下发动的,当作政治运动来搞,急于求成,有很大的盲目性,出现了以劳动冲击教学等违背教育规律的现象,给学校造成了严重的不良后果。1959 年 2 月,中共中央召开教育工作会议,总结了"教育革命"的经验教训,提出了"全日制学校应该贯彻教学为主的原则",开始对教育革命中的"左"的倾向进行纠正。在后来的几年里,学校注意坚持以教学为主,学生以学习为主,教学活动以课程教学活动为主,教学工作又逐步走上了正常的轨道。

1960 年 12 月至 1961 年春季,在国民经济困难的时期,根据中央关于执行劳逸结合的指示精神,学校从教学进度、作息时间、食堂管理、医疗卫生等方面作了调整,以保证师生在困难时期的身体健康。学生学习时间(包括上课、自修)每天不超过 7 小时,睡眠保证 9 小时,减少课时,次要课程让路,期末以巩固知识为主,降低考试要求。学校党政领导亲自抓食堂工作,并下放几个教师当炊事员。在物质条件相当困难的情况下,尽最大努力改善师生的生活。1963 年秋季开始,学校认真贯彻"少而精"的教学原则:(1)精选教学内容。开展专业教材的评书工作,着重研究在教材中如何贯彻"少而精"的原则,进行双基划线,削枝强干,保证双基,突出重点,对次要内容略讲,保证主要课程有足够的时数,一般课程安排得当。(2)对语文、数学、物理、制图和航海学五门课程进行典型试验,摸索和积累贯彻"少而精"的经验。(3)努力提高课堂教学的质量,以综合教学法组织教学,力求做到系统讲解,重点突出,并注意采用启发式授课,讲练结合,某些与课程的有关内容,也适当地进行现场教学。(4)切实调查学生的学习情况,抓住关键的重点和难点,考虑最有效的教学方法和指导学生的学习方法。(5)教师充分发挥主导作用,做到"六认真":认真备课、认真上课、认真布置作业与批改作业、认真指导试验实习、认真辅导、认真考试考查。(6)加强教学检查,着重检查学生的学习负担和"学到手"的情况。领导深入到教学第一线,有的深入到一个教学组蹲点,具体帮助改进教学方法,及时总结推广好的经验与方法。

1964 年春节,毛泽东主席在教育工作座谈会上尖锐批评了我国的教育工作,发出了使学生在德智体诸方面生动活泼地主动地得到发展和必须进行学制、课程、教学方法、考试制度等四个改革的指示。1965 年春,学校组织师生认真学习这一指示,又开

展了一次教改活动,从三个方面进行改革:(1)精选教学内容,继续贯彻"少而精"的原则,进一步研究双基划线内容,并补充一些当前生产实际中新的发明创造内容。(2)改进教学方法,大破注入式,更好地掌握启发式的教学法,要求教师应明确把精力集中在培养训练学生分析问题和解决问题的能力上,使学生学得生动、学得主动。(3)改进考试方法,使学生认真把知识学到手,不做分数的奴隶。1964 年至 1965 年的这场教学改革,有些是应当肯定的,取得了一定的成绩。但是,当时在"左"倾错误思潮的干扰下,改革未能真正按照科学和民主的精神健康地进行下去,不利于调动教师的积极性。

六、"八·二三"风灾与校舍抢修

　　1959 年 8 月 23 日,厦门遭受特大台风正面袭击。台风从凌晨 2 时刮起,持续至 5 时许,狂风、暴雨、海潮、洪水四害并作,大树被连根拔起,房屋倒塌。大水浸泡着集美的部分地区。这是 1917 年以来最凶猛的一次强台风。

　　由于台风警报发得较迟,集美各校接到通知时强台风已经来临,因此事前没有准备。但各校领导临危不惧,连夜迅速采取相应措施,组织纠察队指挥师生们转移到安全地方。台风过后校园一片狼藉,被刮倒的树木、电杆横七竖八,被冲垮的路基崎岖不平,瓦砖、电线、碎玻璃遍地皆是;小船被刮到校区游泳池里和水产学校的操场上。校舍 70% 受到不同程度的破坏。倒塌的有航海学校的即温楼、中学的西膳厅、第一膳厅、体育馆、小学延平礼堂、科学馆职工住的平屋宿舍、军乐亭、自来水塔、水产学校渔具厂等处;未倒塌的校舍,屋顶的瓦片大半也被刮走,有的片瓦不留;道路、园林、游泳池、龙舟池及辅助设施损失也很大;集美全镇居民住宅倒塌 27 座;死亡 58 人,其中外地船员 47 人,集美中学学生 2 人,水产学校船员 2 人,集美镇居民 7 人。东海岸海水浸入居民点,一位妇女抱着小孩,门一打开即被卷走;一位赶往抢救物资的职工,在路上即被刮走;科学馆一位工作几十年的老职工被压成重伤,救治无效死亡。

　　天亮以后,风力逐渐减弱,学校立即组织抗灾指挥部。全体师生同心协力地投入紧张艰难的抢险战斗。他们发扬"急公好义"的固有传统,顾不上整理个人的东西和倒塌的校舍,首先想到的是抢救群众生命和国家财产。水产、航海和侨校的许多同学冒着风雨,奔赴海边抢救遇险的渔民。同学们不顾个人安危,纷纷跃入海中,在汹涌的波涛中寻找落水的渔民。他们与解放军战士互相配合,救活了几个垂危的渔民,打捞了遇难渔民的尸体和船只。中学的师生组织了一支抢救伤员的担架队,到海边及渔民区去抢救伤员。中学和轻工业学校还组织了 500 多名学生支援地方粮店抢运了十几万斤面粉、花生和豆饼。

　　"八·二三"风灾,给集美学校带来非常严重的损失,当时住在集美的陈嘉庚伤透了心,但他并没有被灾害和困难所吓倒。23 日上午,他召集各校负责人开会,共商抗灾工作。会上决定,倒下的树木、瓦砾,由建筑部组织突击队清理;损坏的电杆和电线,由电厂抢修,更换,力求迅速恢复通话和照明;冲坏的学村道路由建筑部负责抢修;村

镇道路由镇政府负责,同步进行;受损坏的教学楼、师生宿舍、膳厅,列为重点,首先抢修;损坏较轻的由各校各单位自行解决,必要时再请建筑部协助。将正在兴建的道南楼等工程放缓一步,人力物力先保证抢修任务的需要;决定延长暑假,推迟上课,妥善处理死伤人员的善后事宜。同时还用电报向周恩来总理、中侨委和省政府报告灾情。

中央和省政府对集美学校遭受风灾十分重视和关心,周总理发来慰问电报,并通知福建省人民政府紧急拨款支持。福建省江一真省长也发来电报慰问,称"此次强台风袭击厦门一带,集美亦遭受很大损失,至为关怀。为了迅速恢复生产,安排居民和修葺校舍,经研究,决定由省财政厅拨给台风救济款捌拾万元,请查收掌握使用"。财政厅迅即拨出台风救济款 80 万元。

在人民政府的关怀和人民解放军的支援下,师生们艰苦奋斗,团结奋战,抓紧时间抢修校舍,整理环境。在短短的十几天内,校园就改变了疮痍满目的风灾景象。9 月14 日,学校正式上课,恢复了正常教学秩序,教学未受到太大影响,航海学校由于教室尚未全部修复,暂借侨校部分教室和利用未竣工的海通楼底层上课。一些班级暂时合班上课,膳厅则暂时向水产学校借用。少数需要重建的教学楼,也抢在 1960 年内基本完工。同时还拨款、拨材料帮助集美镇居民恢复生产,抚恤死难者家属和灾民,帮助贫苦居民改建、重建历年倒塌、破坏而无力修复的民房。

七、各校校舍的调整

集美各校的校舍经过五十年的不断新建、改建、修建、布置,形成了几个各具风格的楼群。包括以"南侨"命名及"福东楼"为主体的楼群、以"道南楼"和"南薰楼"为主体的楼群、以"葆真楼"为主体的楼群、以"尚忠楼"为主体的楼群、以"三立楼"为主体的楼群和以"允恭楼"为主体的楼群。还有电厂、水厂、科学馆、图书馆、体育馆、礼堂、归来堂、陈嘉庚故居等分布于各校之间。

由于五十年来校舍是分期分批建筑,各校没有作完整明确的定位、规划,多年来各学校的发展不平衡,以致有的学校有的时期要跨二三个不同楼群去上课、住宿、用餐,对学习和管理有诸多不便。因此,校舍很有必要作适当调整,但对各校校舍的调整意见,经集美学校委员会和厦门市人民政府多次与各校协商,均未取得结果。

1964 年,根据中侨委副主任方方的指示,中侨委委托福建省委主持办理集美各校校舍大调整。1965 年 1 月,由原福建省副省长许亚主持组成"集美中学及福建财经学校校舍调整领导小组"并召开会议讨论、办理校舍调整诸问题。会议于 1 月 16 日在福州召开,出席会议的有许亚、黄德全(集美中学代表)、董益三(福建财经学校代表)、卓杰华(集美航海学校代表)、陈朱明(集美学校委员会代表),经过四天的讨论、协商,会议最后作出四项决定:

第一,校舍调整。集美中学搬进福建财经学校,包括:道南楼、道南宿舍、膳厅、厨房、黎明楼、南薰楼、延平楼、晒衣场、厕所、校委会旧电厂等。

福建财经学校搬进集美中学,包括:尚忠楼及后面家属住的几幢平房、诵诗楼、敦书楼、膳厅、厨房、文学楼、东膳厅、西膳厅、医院门诊室、药房、厕所。西边大操场按传统习惯使用。

集美小学搬进集美中学初中部,包括:立功楼、立言楼、立德楼、敬贤堂、尚勇楼、瀹智楼。

约礼楼给校委会,博文楼给疗养所,水产学校的仓库(实习工厂)待以后再研究决定。

第二,杏林侨校的侨生疗养院于1965年春节搬出,集美轻工业学校于春节后搬进,产权归轻工业学校。

第三,宿舍调整。以校委会新建的岑东楼的二分之一,即楼房的第三层和第二层的一半(东边或西边由财经学校选定)给财经学校作宿舍,产权归校委会,由校委会收租、维修,使用权归财经学校。

上述宿舍不足部分,由财经学校将居仁楼修改为宿舍,修建计划报省,由省拨款解决,产权及使用权均归财经学校。

第四,注意事项。集美中学、福建财经学校都应从全局出发,本着团结精神,抓好政治思想工作,保证这一调整方案的贯彻执行。加强对教职工及学生的思想教育,提高觉悟,愉快地服从调整,不讲不利于团结的话,不做不利于团结的事,充分做好准备,于1965年暑假中调整。

搬家前两校必须保证维持校舍的原状,不拆、改、损坏,所有附属设备,包括电线、灯头、自来水管、水龙头、门锁、锅炉等一律不准拆毁。

在暑假前,以一段时间做好思想教育等调整的酝酿工作,保证教职工及学生愉愉快快地搬家,防止和避免调整时出现任何事故。

校舍调整分三批进行。第一批在1965年7月10日,集美中学与集美小学互调校舍;第二批在7月15日和16日,道南楼东侧搬迁完毕;第三批于7月18、19、20日,集美中学与福建财经学校校舍调整完毕。

移接单位集美学校委员会、集美中学、集美小学、福建财经学校、福建轻工业学校、集美侨校(杏林侨生疗养院)等六单位分别办了移接手续,并于1965年12月7日移接完毕。

八、1950年代陈嘉庚的谆谆教诲

在1950年代,陈嘉庚有过几次重要讲话,有的是对集美学校师生讲的,有的是对集美社乡亲讲的,也有的是在全国人大会议上讲的。这些讲话集中反映了他晚年对教育问题的看法,对学校的教育工作有重要的启示。

（一）嘱劝告乡人除去陋俗

1950年10月1日,他在集美学校国庆纪念会上演讲,深情回忆1949年他回国参加新政协和开国大典的盛况,对即将下乡宣传的同学们说:"余意宣传材料,除阐明庆祝意义外,必须劝告乡人除去旧社会三种陋俗:(一)村中多设露天厕所,致蚊蝇害烈,常碍卫生,当先晓以利害,劝令农会逐渐予以废除或减少,为地方政府设法之先声。(二)迷信鬼神,不但祭仪多费,且祭余食品,暴露多时,易蒙不洁。用物愈丰,延期愈久,无论自食,或以馈人,对于卫生,妨碍不少。(三)婚姻礼节筵席,两方竞费多金,甚至借债破产,其愚诚不可及。现政府已有规定,男女婚事,两方同意,谨须向政府声请登记,取得证书,便成配偶。其他繁费,可以一笔勾销。以上三点与清洁节约有关,为现代化人民首须变革之风气。附带宣传,殊有裨益。"

（二）劝告社亲栽培子女妥筹善后

1952年7月8日,他发表《劝告集岑郭社亲栽培子女妥筹善后书》,其中谈到:"为了教育本社青年,解决失业问题,和改善下一代生活计,我手订资助本乡贫苦学生办法,切望大家尽量送子女入学,并须彻底栽培成功,不要中辍。"他深入分析了集美集岑郭各社的人口、收入、就业等情况,指出"目前虽有建筑校舍海堤等工作,可以维持数百家生活,但这是暂时的救济,并非根本善后计划。根本办法在哪里?那就是从教育方面着手培养我们下一代,以巩固将来的生命线"。认为"此后全国人民安居乐业,达到富强境界,当然要靠无数的后起青年"。"况我新造国家,今后需才众多,更可想见。"他说:"过去你们视学校教育无关轻重,子弟入学等于车站等车,车来就走,往往中途失学,误了终身。做子弟的因此志气薄弱,缺乏国家、人民观念,皆被父兄影响的错误。这对反动政府腐败的教育,无怪其然。但对今日新民主主义的教育就不应如此看法。"他强调:"现在是科学昌明时代,教育方法也要符合科学。天资聪明的,稍运心思,便能领会。天资迟钝的,就要加倍用功,才能赶上。至毕业时,大家程度相差不多。古语有说'学而知之,困而知之,及其知则一',就是如此说法。故全班数十人,同时都能毕业。这和科举制度大不相同。至于毕业后分配工作,尚须学习与实验。有的认真,有的敷衍,但最根本的要以道德为依据。我在南洋见过林文庆、阮添筹二人,同是英国留学出身,林学医科,阮学法律。阮君人极聪敏。所学过目不忘,普通法科,应费四年工夫,他只要二年就能毕业。在新加坡执行律师业务。但他有才无德,身犯重罪,结果革职,在公堂裰下律师公服,入狱多年。林君天资虽逊,但做事忠实,勤于职务,所以代表华侨为议政局局员多年,能得群众信仰。切望你们相信勤能补拙,注意道德观点,不要低估子弟才质,而不予栽培。"他还反对早婚早育,指出:"封建时代,崇尚虚荣。要百子千孙,提早生殖。甚至强无子为有子,盛行螟蛉制度。闽南以'三十六岁牵孙过桥'为人生幸运,大家竞尚早婚。不知这是违反生理、不合卫生的陋习。现在政府规定男女要满20岁方得结婚。苏联暨诸先进国青年不敢早婚,怕婚后人口增殖,负担加重,必待职业安定,生活有着,及女方有自给能力,才敢结婚。此后我国青年,必须仿效。虽属

殷实之家,在未毕业时候,切不可婚娶,致妨碍学业,违反国家培育人才的用意,断绝自己上进的前途。这是我所厚望的。"

(三)勉励青年学生要努力学习

1953年3月10日,学校举办"集美学校创办40周年庆祝活动"。3月10日上午8时,全校师生3000余人隆重集会庆祝。会上,首先由集美学校董事长陈村牧讲话,他回顾了学校创办40周年来的简况,着重讲述1949年之后集美学校的恢复和大发展,用具体的在校学生数和学村建设的事实说明学校的巨大变化。之后,由校主陈嘉庚作报告。在报告中,详细介绍他创办学校四十年来的经历,并向全体师生传达了全国政协一届四次会议和中央人民政府第22、23次会议的决议和精神,勉励青年学生要珍惜美好时光,努力学习,报效国家。

(四)谈"做人最要紧是有是非"

1953年11月21日,他对集美学校侨生发表讲话,首先讲南洋华侨和学生情况以及侨生回国不断增加的原因。继而谈到国内的一些有关问题,特别是政府对侨生回国念书的特别优待。再谈到有关做人问题。他认为:"做人最要紧是有是非。""分别是非,不但对国家如此,就是个人也是一样。无是非就不算是人。辨别是非,是做人的基本条件。侨生也不能例外。侨生回国,政府有特别优待,但是非仍要分清,不能因为他在国内没有亲戚,就可随便容许胡为乱作,就可以宽恕,就可以不讲是非。当然,如果是一二次错误,还可以原谅。但是有些不良分子的行为,是一贯的、故意的、不是偶然的,那一定要从严办理,立即制止他的破坏活动。所以同学中如有这样的人,我们应该争取去帮助他,教育他,并在小组会上批评他,绝不能袖手旁观不分是非,否则对我们大家都不好。"

(五)谈"艰苦奋斗,增产节约"

1954年2月23日,他在集美华侨学生补习学校对侨生发表讲话,强调在国家困难和努力建设的时期要艰苦奋斗、增产节约。他说:"毛主席早就号召大家这样做。我们现在正和苏联十月革命成功后初期的困难一样。我记得上次讲话曾提到苏联人民当时吃黑面包、穿破棉袄,但建设方面,该用就用,一个钱都省不得。这样集中力量,建设重工业。我们应该体会这个节约的精神,上次我到北京开政协常务委员会时,毛主席也出席,会场布置了几瓶鲜花,天色未黑,电灯就开亮。毛主席当时就指出这些也是浪费。所以我们应尽量节约,只要对健康对工作对生产没有妨碍,能省得来的,就得省下。"他指出,"学校不是生产的机关,不能增产只有节约"。关于华侨补习学校的建筑设备费用,他说:"如果我们多预算一些,中央也一样会照拨的。我们不能这样做。但也不是随便节省,马马虎虎,把建筑材料的质量减低。如果把我们的校舍和别人家对比一下,凡是有建筑常识的人都会明白:我们的校舍对于坚固、安全、卫生各方面,都有兼顾到的。比如说,我们宿舍都有走廊,这是旁的学校所少有的,也是由于我一向主持

建筑的经验。我认为多了走廊,可以给学生生活更加舒适。因为多了室外散步的场所,屋内人多,可以时常出来乘凉,换取新鲜空气。但因为多建走廊,建筑费就要增多四分之一。诸位回国,都有经过广州或其他地方,那边校舍建筑情形怎样? 若是看过的,和这边比较,就可明了。我们侨校校舍虽然没有专设礼堂,但集美学校有公用的福南楼,与侨校最为接近,可以通用,不啻专为侨校而设立,所以无须另建,这也是为着节约。因为要建一座可容三、四千人的礼堂,是很不容易的,何况无此必要。现正进行东西两膳厅建筑,西膳厅即将完成,将来遇有集会,如无须借用福南楼,也可利用膳厅,一样地可以容纳三、四千人。”“关于体育设备方面,像新加坡英政府规定,每个小学生平均要有 36 方尺面积的体育场所,中学生就要 40 余方尺。集美学校运动场所,小学不计,有 40 万方尺。现在中等学生人数 2500 人,平均每人有 100 余方尺,如将来学生数增多到 4000 人,每人也有 100 方尺。过去航专在这里,曾提起没有运动场,侨校现在也同样地提这意见。其实现有南侨楼第一排与第二排校舍之间,以及附近旷地所辟的运动场,虽然比不上集美学校运动场占地之多,但平均算来,每个学生也有 50 方尺上下。当然因为建筑工程尚未结束,还占用了多少空地。但终究一定会多出来。我打算在前面临海和膳厅西边田地,再开辟为运动场,惟现在还用不着。还有乡民在那里种地,要慢一点搞,等到人数达到了相当程度时,再来扩充。这样计算,将来每个学生所占面积,可能增加到 70 余方尺了。”“关于宿舍内部布置:现在同学们住的房子,有一部分是双层床,集美各校也是这样,这也是节约的做法。不但学生如此,就是教师也必须节约。如过去教师每人住一间房子,现在我们要尽量腾出。一间房子要住 2、3 人。这样就可以让出三分之二的间数以应其他需用,可较原来经济得多。”“关于学习环境方面:在城市的学校,固然眼界可以增广,但环境热闹,容易影响专心求学的情绪;在乡村的学校,固然接触的事物不多,但风景清幽,没有闲杂人事的纷扰,可以安静地学习;两下各有长短。⋯⋯一般侨生心理,都喜欢到北京去。当然北京是我们的首都。繁荣热闹,风景好,名胜多,一年中又有几次热闹的节日,如国庆及劳动节等,又经常举行各种展览会,固然是很好的地方。但是一个学校哪能够容纳这么多的侨生? 而且天气寒冷,大陆性气候变得厉害,一天之中相差 20 度,冷的时候经常在零下若干度,狂风一起尘土满天,那像南方的寒暑得中气候温和。还有住京费用很大,比南方要贵到三分之一。现在学生毕业后,均由政府统一分配工作,工作地点不一定都在大城市。越是边远落后的地方就越有事业可做,就越需要派人前往工作。现在并不像旧社会那样,大家都集中到大城市做事,才会露头角,我们求学的时代,更不容许存在这样思想。现在读书先想要到大城市,将来怎能够为人民服务、刻苦耐劳呢?”

(六)谈“养成良好品格,认识做人道理”

1954 年 7 月 30 日,他就《本社学生助学金补充办法》发表通告,指出:“我自去年起逐月拨给本社贫家在学子女的助学金,其用意不但希望他们读书识字而已,特别注重的,是要他们养成良好品格,认识做人道理,勤学俭朴,将来得以安居乐业,成为国家善良的人民。现在听说有些学生品行不端,习惯恶劣,违背校规,屡戒不悛,由甲降乙,

由乙降丙，甚至由丙降丁的，人数已很不少。学校教师虽已尽了教导的力量，但父兄家长一切放松，没有好好地配合督促。致学习成效毫无，日趋堕落。结果将使助学金的拨助，成为浪费。现在为整饬学习态度起见，将助学金办法补充三条如下：一、自本年8月1日起，小学以上学生凡上学期品行列丁等者，一律停给助学金。（7月份未领者须由家长代领，该生本人不得领取。）二、自本年9月1日起，逐月品行列丙等者，助学金仅准发给半数。三、丁丙等学生，在秋季续学期中，一切表现，应各争取自新，做到符合三好条件。逐月评定操行等第，如能提高，才好恢复其原有待遇。以上三条希各家长对该生等应予痛切训戒，要他们变好。以后并须经常注意教督，为要。"

（七）谈"办教育与克服官僚主义"

1957年7月2日，他在第一届全国人民代表大会第四次会议上作了长篇发言，谈到办教育与克服官僚主义的问题。他指出："官僚主义系中国数千年的积习，病国蠹民莫不由此。人民政府成立后，早经宣示要予革除，如在会议上指摘，在文书上传达，不啻三令五申，无年不有。但效果甚微，甚或变本加厉，而领导传达之人，似负传达责任而已，自身未加检讨，故很难促使听者感化，因此官僚主义作风，旧者难改，新者又来，随时随地皆有发现。这种积重难返之势，非徒用口舌宣传所能奏效，要认真革除，应从治标治本两方面办法入手。治标办法，除宣传告诫外，各省应设查访机关，犯此风者即应免职，送往特设训练所或学校学习改造，结训后方得试用。至治本办法，须从正规学校教育做起。我国学校教育，系在半世纪以前仿效外国而设。但执教者都从旧社会出身，积习相沿无所改变，这即官僚主义孽长的来源。以我数十年接触所见，中国教师与外国教师作风绝不相类，乃知习俗害人，牢不易破，过去不正，贻误将来，欲图改革，必由增新教育始，此非一朝一夕之故，官僚主义病源在于惰慢性成，自亦不知其弊者。""教师学生或干部，下乡协助农民工作，如在农忙紧张时节诚是美举。若在平时无关紧要，便往参加未免崇尚形式，追求虚名，以掩其放松本职，绝非实事求是之意。解放后学校功课改革，教法改良，各科教材结合政治与实际，教师备课工作紧张，各情况较解放前有大大进步。惟校内劳动工作，以养成将来习惯，则甚付缺如，课余或休假时候，都是学生自力活动最适当机会。此时教师认为任务终了，分头四散，领导无人，教育缺点莫逾于是，盖培养将来一个有用才干，国家费去无数金钱与期望，而结果造成官僚主义者。我国自来学校教学只在书本上用工而已，故在治本方面不可不特别注意。""我国教育不振，根源由于师范学校之腐败，师资不得其人，则一切学校出身者底子已不端正，自然不能很好地为人民服务。犹幸有中国共产党起来革命，正确地运用马列主义，教导全国人民努力学习，提高政治觉悟，乃有今日排除腐朽反动，树立人民政权之成果。这次整风运动，自上而下地号召，自下而上地响应，长期激荡全面扫除，自能一变陋习革新风气。惟症结所在，就是所谓官僚主义，欲加根绝，非一年两年口舌宣传所能奏效，必须从整肃学校教育做起。学校之中尤以师范学校为主要。师范学校为人民教师所自出，一个良好教师可以影响千百个学生，转移社会风气的潜力完全在此。中小学校亦系基础的教育，其重要亦不亚于师范。要打破官僚主义作风，必先树立劳动观

点。课外劳动必须有教师领导,才有计划性,才能经常化。但一般教师要他们于正课之外,兼负指导活动之责,恐难办到,如聘专人充任,或减少正课,使其兼担则有可能。劳作项目,包括校内一切,上至窗户墙壁楼板,下则全校界地面,床橱桌椅校具花木水沟便所及其他一切,每星期至少一两次,挑水清洗扫拭,不避劳动不怕污秽,且须守恒不断,乃能收实效。此种劳作可养成卫生清洁,作事勤慎认真及锻炼体力习惯,将来出校任事庶不失其本性。通学学生,亦当令其参加家庭等样劳动,并召集其家长,告以整风之利益,家庭与学校须互相联系,方易收效,不可单靠学校云云,又三数月由学校组织视察队,巡视各生家庭一次,评比甲乙,公开表示。中小学校这样整风,不但为官僚主义的治本,亦可使旧习惯等觉今是昨非,影响社会,普及全国,纠正颓风,定可早收宏

陈嘉庚与集美华侨学生补习学校的
学生在一起

1955 年 12 月 25 日陈嘉庚与集美财经学校
毕业班侨生合摄于敬贤堂前

1951 年陈嘉庚与水产航海学校师生合影

1954 年元旦陈嘉庚与集美中学的学生在一起

伟的效果。""根本改造故须以学校教育为基础,使有实际劳动正常工作,恒务恒心,借卫生清洁不厌不倦,不致有一曝十寒。若昔日留法勤工俭学,系法国人少,到处需人协助,工资有计时计日,虽家庭亦需用。我国绝不同样,家庭甚少雇佣,农业合作化后劳力过剩,工业厂须有技艺,无半工半读机会。准此而言,学生要在校外工作到处碰壁,只有从校内勤劳,教师领导养成自身习惯,且可影响家庭社会,实事求是,作根本改革之办法。"

九、陈嘉庚的遗愿

从 1955 年初至 1961 年 6 月,陈嘉庚先后留有 3 次遗嘱,对有关问题作了详尽的交代,其中关于集美学校的部分,对学校的发展产生了重要的影响。

(一)第一次遗嘱

1955 年初,陈嘉庚突然为自己安排了后事,引起了大家的惊异和紧张。虽然在兴建鳌园时,已预留自己的墓穴,也用 1952 年在厦门大学海滩发现的沉木预制了棺木,但在 1955 年 1 月至 3 月,他仍有一种不祥的预感。他对其所办的事业,从学校的教育经费到乡亲的公益事业,从全年的经费预算到远景规划,从国内银行的存款到境外的产业,从事业到家庭,都作出书面的和口头的详尽交代,并写了第一份遗嘱。还为自己准备了一套平时会客常用的西服、帽子、手套放在一个皮箱里,和鞋子、手杖置于一处,写明去世时穿用。

第一次遗嘱主要包括以下内容:(1)委任包括集美镇长在内的五位陈氏宗亲,组成"集美社公业基金管理理事会",负责集美乡亲的公益福利事业,以接替他本人。(2)对集美学校的收支预算,包括银行的存款,各项收入,在建工程的支出,近期的计划和远景设想等等,都对校董会主要人员和相关人员作了明确的交代。他写道:"我自 1911 年辛亥革命,越年秋回梓筹办集美小学校,立志将一生所获财利,概办教育为社会服务,虽屡经困难,未尝一日忘怀,近年以来,集美各校经费,我须支出贰亿左右元(第一套人民币,下同),在洋乏利可入,前途又非乐观,此间存款无多,兹决商请政府资助维持列下:一、水产航海学校由本年元月起,各由政府负担,中学、财经两校(除侨生津贴外)由本年七月起,如要再招新生,经费亦由政府负担,否则停止招生。二、如各中等学校政府要全部接办我甚欢迎,其他小学、幼儿园、托儿所、夜校、医院等经费我仍负担,每月至多勿过伍千万元,如中等学校仍旧非归政府接办,集美校董会仍须留存,经费由我负担……"预算还详细开列厦门和香港各类存款和利息累计有 129 亿 7165 万元,以及全年的逐项预算开支和余额,对学校现有的存款,逐月开支以及今后经费的负担,都作了详尽的交代。(3)交代集美学校在香港的基金:"香港集友银行股本贰佰万元(港币),其中义捐股本一百七十万元,指明为集美学校基金。"遗嘱也交代集美学校在新加坡、马来西亚的校产:"在新加坡与南益公司李光前合营树胶厂,在麻坡、苔株巴辖、巴

双三处的树胶厂、厂屋及机器,我得三分之一……皆用他名,未有与立何字据,只凭信义而已,该事李光前诸子均知之,而厥福、厥祥、国庆亦知之。三处我所分得利,指明为集美学校经费,我诸子未有取一文钱。""新加坡有一丘树胶园四百英亩,名集美有限公司,股东借名陈文确、陈济民(即厥福)、陈厥祥、陈国庆。"

(二)第二次遗嘱

1958年,陈嘉庚已自感病情严重,需作后事的交代。虽然在1955年2月写下了遗嘱,但近几年有所变化,需作补充。他从1958年6月28日上午九时开始,约其八子陈国怀、叶祖彬和张其华三人在他床边,口述遗嘱,由张其华记录,再念给他修改。有时病痛,整天无法口述,断断续续,前后经三四天才完成,但他已无法起床签字,由陈国怀父子、叶祖彬和张其华签字作证。此份遗嘱与他亲写的第一次遗嘱一样,仍交给张其华保管。

第二次遗嘱主要内容为:(1)银行存款情况;(2)1958年、1959年两年学校和基建项目收支相抵后余额约65万元,指明作为学校的基金;(3)规定住在国内、新加坡和香港亲属的生活安排和费用限额,并规定新加坡家费由与南益公司合股的工厂支取,再有盈余,须寄交集美学校委员会收用;(4)交代每年给予叶祖彬、陈天送、陈坑生、陈永定的生活补贴;(5)交代华侨博物院应为捐款人刻石纪念;(6)交代集美乡亲子女入学补助今后须详细调查,确系贫困才给予补助;(7)为让国外子孙常回来省亲,交代在旧楼前的石路南面厝地建一"归来堂",面积应比祠堂小些,力求节约,建筑费不得超过3万元;(8)交代集美所建校舍,尚可容纳2500名学生,这部分校舍将来主管部门按生员定额拨下的基建费,可补充作为集美公园、医院、卫生、美观、道路、小学及其他费用的基金;九、交代集美解放纪念碑必须保持清洁卫生,须修补的地方要及时修补。

第一次遗嘱,已把集美学校在香港、新加坡、马来西亚的基金业产交代清楚,但当时陈嘉庚正向周恩来总理申请将厦门和上海两间集友银行交由国家接办,故未将该两行列入校产。第一次遗嘱写后的第二个月,就接到周总理复信,仍要他继续将厦、沪两银行办下去,故第二次遗嘱已将此两行列为校产,遗嘱在两年的收入预算中,已写明"沪厦集友银行盈利二年(1958年—1959年)约四万元"。第一次遗嘱,集美学校领导机构是校董会,但1956年1月,他亲自将校董会改组为集美学校委员会,因此第二次遗嘱就明确交代,境外的汇款,"须寄交集美学校委员会收用"。

(三)第三次遗嘱

陈嘉庚1961年2月12日致陈厥祥亲笔信和1961年6月19日下午的临终遗嘱,是继1955年及1958年两次遗嘱之后的第三次遗嘱。2月12日,他在给陈厥祥的亲笔签名的信中写着:"一、集美学校委员会现存银行定期340万元,中侨委尚需交来建筑费81万元,除扣代建楼屋五处尚须拨工料费约61万元,实存360万元。二、从今年起,我按五年,每年开支30万元,用于学校及乡社建设,此30万元按每年收利息及其他可应付,无需动用存款。三、如我不在世,所存款项如何开支,由学校委员会决定。

四、我按家费如下：甲、我亲血脉子孙如回家无职业，男子老幼每人每月供给生活费20元，如有职业不得支取；乙、女子每人每月供给生活费15元，如有职业或出嫁不得支取；丙、我所指亲血脉就是指我亲生后裔；丁、现时归家只有国怀、联辉二人，我按南洋方面，如有回家定必生活困难，但预料必无多。戊、每人如逢结婚或丧事，各给费用200元。"6月19日下午2点30分，陈嘉庚叫叶祖彬执笔，其子陈国怀在场，交代五条："一、万一不幸，子孙不要穿麻衣，穿乌布衫裤；二、不火葬，棺运回厦门，墓地在集美；三、丧事要简单，一星期内归土；四、集美学校继续办下去，由集美学校委员会管理；五、有遗嘱在其华处，电其华带来，（要补充）。"讲完五条后，又休息半个小时，再约庄明理、张楚琨等谈及"应尽早解放台湾，台湾必须归还中国"和在北京建华侨历史博物馆一事。

6月23日，陈嘉庚因脑出血而昏迷不醒。周恩来总理和彭真副委员长得知陈嘉庚病况突变，先后赶来探视，并关切地询问：嘉庚老人病变前有什么交代？庄明理等人即将陈嘉庚交代的后事处理、台湾问题和集美学校三件事向总理汇报。周总理指示："第一，应按嘉老的意愿办理。第二，解放台湾是全国人民包括台湾同胞、爱国侨胞的共同愿望。嘉老关心台湾回归祖国，他的爱国精神给广大华侨树立良好榜样。他的愿望一定会实现。嘉老如醒过来，请告诉他，台湾回归祖国一定要实现，请他放心。第三，集美学校一定照嘉老的意见继续办下去，一定要把它办得更好，请他放心。"

（四）陈嘉庚遗愿的落实

1961年8月12日零时15分，陈嘉庚在北京医院逝世，享年87岁。当天，北京各大报纸登出了陈嘉庚逝世消息和治丧委员会的讣告，治丧委员会以周恩来为主任委员。8月14日，遗体入殓。接着，首都各界人士3000多人前往吊唁。8月15日上午，首都各界举行公祭陈嘉庚大会，有2000多人出席。主祭人周恩来总理，陪祭人有朱德委员长、陈毅副总理等13人。华侨事务委员会主任廖承志致悼词。公祭结束后起灵，由周恩来总理、朱德委员长领先执绋，在哀乐声中护送灵柩上灵车，然后用专列载往厦门。8月20日下午，运载灵柩的专列抵达集美，由中共福建省委书记林一心、副省长梁灵光及从北京护送灵柩南来的侨务委员会副主任庄希泉等领头执绋，将灵柩送到鳌园墓地，六时举行下葬仪式。集美师生和各界人士近万人，怀着悲痛的心情与这位爱国老人告别。陈嘉庚逝世之后，除福建省各地外，北京、上海、广州、南宁、武汉、长沙、开封、西安、保定、无锡、旅大、潮安、普宁、海口等许多城市的归侨、侨眷和各界代表，也分别集会追悼。在海外，新加坡、印尼、缅甸等地，也都举行追悼大会。新加坡中华总商会联合各界于9月10日举行隆重大会，追悼这位不平凡的老人，参加者近万人。

周总理非常重视陈嘉庚的遗言。为实现他的遗愿，落实"把集美学校继续办下去"，"办得更好"的目标，周总理委托华侨事务委员会主任廖承志、副主任方方召集集美学校有关人员于1961年9月17日至18日在北京开会，参加会议的有福建省教育厅副厅长萧枫，厦门市副市长张楚琨，厦门市委宣传部部长杨云，厦门市委统战部副部长张其华，集美学校委员会主任陈朱明，集美中学、集美水校、集美航校、集美轻工业学

校、集美侨校等五位校长，集美学校建筑部主任、工程技术人员和陈嘉庚的第八公子陈国怀等共14人。中侨委、全国侨联领导庄希泉、庄明理等参加了会议。会议研究了陈嘉庚去世后有关集美学校管理体制、基建项目、资金安排、审批制度等问题，并作出如下决定：

1. 关于陈嘉庚遗留334万元存款的安排

遵照陈嘉庚生前倡议创办北京华侨历史博物馆捐献首期建筑费的遗愿，支出50万元，作为该馆的基建费，交由全国侨联筹办。根据他生前组织的《集美公业基金管理理事会》所承担的赞助，一次性拨款50万元作为基金，每年提取利息使用。余下234万元，也遵照他生前遗愿："所存款项如何开支，由集美学校委员会决定"，交由集美学校委员会管理。

2. 关于集美学村基建费的安排

在建未完成的校舍和其他工程均按陈嘉庚生前要求的时间内竣工；未建项目，也按他原来的设想，由集美学校委员会负责，作出全面规划，分五年内完成。项目中除归来堂一项将他原计划3万元改为10万元（实际结算16万元），和扩大体育馆工程外，其余项目均遵照其生前所定的规模办理。经工程技术人员当场估算，总投资需350万元以上，按其遗留的234万元存款，尚不敷100余万元。会议决定，此款由中侨委向国务院申请拨款，汇交集美学校委员会统一管理。

3. 关于今后学校经费来源问题

（1）集美中学、水产、航海、轻工等校，每学期的经费照旧由各主管部门按季度拨给，集美学校委员会不再给予补助。

（2）集美学校委员会所属企事业，包括小学、幼儿园、科学馆、图书馆、体育馆、大礼堂、集美解放纪念碑、龙舟池、游泳池、园林、道路、环境卫生、电厂、自来水厂，还包括将要建成的归来堂等，每年经费约17万元，暂由中侨委按年全部拨给。

（3）校舍建筑全部完成后，将来各校如需扩建，由各主管部门负责拨款，每年所需维修费也由他们负责。但属于公用事业即上一条所列出的集美学校委员会所属企事业单位，每年维修费用目前仍由集美学校委员会负责。厦门、上海、香港的集友银行，按原来规定继续给集美学校委员会支持、补助外，不足部分再争取其他方面的收入。

4. 凡陈嘉庚生前所规定的事项，未经中共福建省委和中侨委批准，不得任意改变。

5. 今后中侨委及省市和各主管部门，将会加强对集美学校的关心和支持。

这次会议为"集美学校继续办下来，由集美学校委员会管理"和"办得更好"奠定了基础。

第七章 磨难

1966 年 6 月开始的"文化大革命"堪称"浩劫"，新中国成立后蓬勃发展的集美学校遭到极为严重的挫折和损失，历经了一场磨难。"文革"初期，集美各校相继停课。接着，有的被迫停办或解散，有的被撤并，为集美各校服务的公共设施也分崩离析，集美学校"校将不校"。1972 年之后，上海水产学院南迁集美，改名厦门水产学院，随后航海、财经、水产、轻工和体育等校陆续复办，集美学校才逐步恢复生机。1976 年之后，经过两年多时间的拨乱反正，学校才走上正轨。

一、"文化大革命"的冲击

1966年5月16日,中共中央政治局扩大会议通过了《五·一六通知》,同年8月,党的八届十一中全会通过了《关于无产阶级文化大革命的决定》。从此,"文化大革命"全面发动起来了。

(一)学校陷入瘫痪状态

6月1日,《人民日报》发表了《横扫一切牛鬼蛇神》的社论。当晚,中央人民广播电台播发了北京大学聂元梓等人写的大字报。6月2日,全国各大报纸都刊登了这张大字报。这些信息引起集美学校师生员工的极大震动,大家已经不能安心在教室上课了。6月5日,学校出现了第一张大字报。至6月8日,全校贴出了一大批大字报,主要矛头对准一些所谓有历史问题的教工。

1. 学校被迫停课

集美幼儿园、小学、中学、侨校、航海、水专、水校及水产研究所、财经等学校主要负责人和一些干部受到了冲击和批斗,被扣上种种莫须有的"罪名"。学校正常的教学秩序遭到破坏,群众组织纷纷成立,许多师生投入"造反"的洪流,学校随之被迫停课,处于瘫痪状态。

6月12日后,厦门市委和部队先后向航海学校、中学等派出工作组。以厦门边防检查站政委齐磊为队长的工作队进驻航海学校。当时航海学校师生形成两种不同的观点,即支持和批判校长卓杰华及团委书记陈聪贵的两派意见。工作队进校后,师生中的两种观点继续激化,并要工作队表态。工作队经请示市委后,作出了继续揭发卓、陈,他们有问题等后期处理的意见。部分师生对这个意见很不满意,开始贴大字报攻击工作队,对此,驻校工作队及市委认为航海学校运动不正常,有坏人煽动。6月18日,市委召开集美地区各校工作队队长会议,市委主要领导同意组织其他学校师生去声援驻航海学校工作队。当天,中学、财经、小学等校部分师生来航海学校游行声援。驻校工作队又决定第二天召开声援大会。

2. 航海学校成为"重灾区"

6月19日上午8时左右,在航海学校允恭楼前广场上召开了声援大会。参加声援的有侨校500多名师生和水产学校的200多名师生,航海学校的全体师生也列队参加。在声援会上,侨校和航海学校的一些学生互相争吵、揪打,各伤七、八人,酿成"6·19事件"。这是福建省较早发生的群众斗群众的流血事件。6月21日,福建省委作出了处理集美航海学校"6·19事件"三项决定:(1)驻航校工作队是反革命工作队,立即撤离学校;(2)撤销卓杰华、陈聪贵的一切职务;(3)航校的运动由省委、广州海运局党委派出的工作队领导。

6月22日,福建省委派来了以福州军区后勤部副政委孟宪章为首的5人工作队;

广州海运局也派来了以该局党委第二书记梁平为首的5人工作队；厦门市委又派出22名工作队员，组成一个32人的航校"文革"工作队。航海学校成了"文革"的"重灾区"。

3. 大部分学生参加"串连"

7月28日，经过改选，航海学校成立临时党支部委员会，由工作队成员、广州海运局干部骆桂山任书记。8月2日，成立航海学校"文化革命委员会"。8月25日，"文化革命委员会"按照学生大字报点的名单，把32名干部和教职员分级监督劳动。部分师生仿效北京学校的做法，成立"红卫兵"组织，9月中旬开始，集美中等以上学校和小学高年级大部分学生参加大串连，而且都有"不到北京非好汉"之势。他们乘火车不花钱，吃饭、住宿、穿棉衣都有各地"红卫兵接待站"招待，到处交流斗争经验，有一些别有用心的人，为他们提供或制造历史材料，并对地、富、反、坏、右、叛徒、特务、走资派及所谓资产阶级知识分子等进行揪斗，戴高帽游街。学生外出串连后，集美各校"人去校空"。

4. "文攻武斗打派仗"

1967年1月16日，驻航海学校工作队撤回原单位，学校陷入无政府的混乱状态。此时航海学校内共形成了13个群众组织，这些组织的观点，大部分分别倾向于当时厦门两大派（"促联"和"革联"）的观点。群众组织互相攻击，形成了"文攻武斗打派仗"的混乱局面。

1月23日，中国人民解放军根据党中央的决定，介入地方"文化大革命"，实行"三支两军"（即支持当时被称为左派群众的人们、支持工业、支持农业；对一些地区或部门或单位实行军事管制，对学生进行军事训练）。"三支两军"的解放军，对稳定当时局势起了积极作用，但也带来一些消极后果。来集美各校"支左"的主要是海军部队。

5. 暂时封存鳌园建筑物

6月6日，中共中央、国务院、中央军委、中央文革小组发出七条通令，要求"纠正最近出现的打、砸、抢、抄、抓的歪风"。"打、砸、抢、抄、抓"歪风在集美学校也有出现，一些"造反派"以"破四旧"为名毁坏了"集美解放纪念碑"周围的一些石雕、泥雕，并计划破坏鳌园建筑物。集美陈氏族亲获悉后誓死保卫鳌园，与"造反派"对峙，几乎酿成武斗。厦门市委主要负责人认为事关重大，立即向国务院值班室详细汇报，几小时后，总理办公室电话答复：周恩来总理指示，"要说服造反派，暂时封存鳌园建筑物，等运动后期处理"。厦门市市长李文陵即亲自来集美向"造反派"说明周总理的指示。这样，鳌园才得以保存下来。

（二）"没有上课的复课闹革命"

10月14日，中共中央、国务院、中央军委、中央文革小组发布《关于大、中、小学复课闹革命的通知》。但由于从1966年下半年开始，集美各校都没有上课，学校虽然成立了"复课闹革命筹备小组"，做了一些准备工作，却无法实现真正地"复课"，成为"没有上课的复课闹革命"。学校里过去那种"学生敬老师，老师爱学生"的正常的良好关

系起了变化,学生动不动就骂老师、批斗老师。1969 年 2 月,集美中学初中部开始招生复课。

1."清理阶级队伍"

1968 年 5 月 25 日,中共中央转发《北京新华印刷厂军管会发动群众开展对敌斗争的经验》,要求全国各地区、各单位"有步骤地有领导地把清理阶级队伍这项工作做好"。在"清理阶级队伍"中,集美各校和全国其他地区一样,整错了一大批人,一些人被开除,一些人被送到"黑帮室"去劳动审查。以航海学校为例,"清理阶级队伍"的工作,自 1968 年 11 月开始一直延续到 1970 年 6 月,一年半中,被收审的教职工有 35 人,占全校 139 名教职工的 1/4,其中 13 人被立案审查。原校长、副校长均被立案审查,一批无辜的教职工也被迫害。

2.各校成立"革委会"

8 月 25 日,中共中央、国务院、中央军委、中央文革小组发出《关于派工人宣传队进驻学校的通知》。集美各校都有了工宣队。中学的工宣队由杏林的厦门糖厂派来;航海学校的工宣队由厦门莲坂电厂派来;水产学校工宣队由厦门橡胶厂派来。工宣队和各校的"造反派"及各校工友一起负责具体领导各校的工作。学校中原来"教、职、工"及"学生"的关系起了变化。通过军、工宣队做工作,各对立的群众组织开始实行"大联合"。8 月,集美侨校两派大联合,成立革委会。9 月,集美中学成立"大联合委员会"。11 月 8 日,成立"集美中学革命委员会"。11 月 27 日,航海学校成立"革命委员会"。革委会与文革初期的市委工作组,及稍后的海军支左部队或工宣队的组织略有不同,组成人员有所扩大,除了"地、富、反、坏、右、叛徒、特务、走资派及资产阶级知识分子"九种人以外,容纳了各"革命派"的代表人物。

3."干部下放劳动"

10 月 5 日,《人民日报》在一篇文章的《编者按》中传达了毛泽东关于"广大干部下放劳动"的新指示。由此,各地普遍开办"五·七干校"。集美学校委员会及各公共机关的"下放干部"先集中在"集美学校委员会园林管理处"劳动、学习,以后再下放到各地区。集美各校的"下放干部"先到各校的农场、工厂劳动或学习,以后再下放到闽西、闽北各地。

4.学生"上山下乡"

12 月 21 日,《人民日报》在发表甘肃省会宁县部分城镇居民到农村安家落户的报道中,附加《编者按》,传达毛泽东关于知识青年到农村去的号召。从此,全国开展了知识青年"上山下乡"活动。经过两年半的"文化大革命",集美各校家在农村的学生早已回乡,只有城镇户口的学生及许多侨生留校,学校革命委员会根据毛泽东的指示开始动员,1969 年开始"上山下乡"。

1969 年 2 月 5 日至 10 月 25 日,集美中学学生计 1781 人分期分批"上山下乡"安家落户。其中:1966 届、1967 届和 1968 届毕业生计 1522 人,1966 年至 1968 年新归国的侨生 259 人。

二、各校被迫撤并和停办

1966 年"文化大革命"开始时,集美学校包括幼儿园、小学、中学、侨校、航海学校、水产专科学校、水产学校(1968 年初改称"福建水产学校")、财经学校等 8 所学校。1970 年之后,除小学和中学外,其他各校纷纷撤并和停办。

(一)航海学校被撤销并入厦门大学

1969 年 10 月 26 日,中共中央发出了《关于高等院校下放问题的通知》。《通知》决定,国务院各部门所属的高等院校,设在北京市的,仍归各有关部门领导;设在其他地方的,交由当地省、市、自治区革委会领导。下放给地方的高等院校的撤销、合并、搬迁以及专业调整等问题,由有关省、市、自治区革委会同中央主管部门军管会共同研究。

据此精神,1970 年春,交通部将集美航海学校下放给福建省革委会领导,省革委会又将航海学校交厦门市革委会具体领导。5 月 20 日,福建省革委会发文给厦门市革委会和厦门大学革委会,通知撤销集美航海学校。该文是用毛笔写的一张便函,连文号也没编,也没有发给集美航海学校。6 月,集美航海学校被撤销,并入厦门大学。原航海学校的 139 名教职工全部集中到厦门大学参加"整党"。搞"斗私批修",人人过关。8 月,整党结束。原航海学校的教职工,除 34 名留在厦门大学海洋系及其他各系、机关、工厂、农场以外,其余一百多人都下放到市区和外地一些中小学及企事业单位,有的还下放到龙岩煤矿工厂。

厦门大学海洋系筹办于 1970 年 1 月,当时厦门大学革委会曾向福建省革委会提出增办海洋系的报告,原计划只设航海专业和海洋生物专业。省革委会批复,要求待集美航海学校并入厦大后,应与化学系、生物系、物理系的有关海洋专业成立一个海洋系。经过几个月的筹办,厦门大学海洋系于 1970 年 8 月正式成立。原集美航海学校的教职员有 15 人并入海洋系,另设置航海专业,由陈泰灿担任专业组长,下分驾驶、轮机两个小组。

1971 年秋,周恩来总理主持中央日常工作,为了挽救教育危机,采取了一系列措施对教育战线进行整顿,提倡"为革命学业务、文化和技术"。教育战线一度有了好的转机。在这种形势下,1972 年初,厦门大学海洋系航海专业撤回原集美航海学校校址,开展教育革命工作,当时,原集美航校校舍已被几个单位瓜分占用。海通楼被围垦指挥部占用,克让楼被厦门市革委会用来看管未"解放"的干部(当时称之为"专政队"),允恭楼、明良楼、即温楼被厦大农场占用,校办工厂被公安教养所占用。家具都被搬光了,大操场因扩宽海堤需要取土,被挖下几米深。

航海专业的教职工(原集美航海学校的人员)回到了以前自己工作的学校,倍感亲切;看到学校被破坏成这个样子,又感慨万千。为了挽救航海教育事业,他们发扬自力

更生、艰苦奋斗精神，自己动手修建了必要的教学场所，修旧利废，改造和建设实验室、动力室，加班加点编写教材，为培训远洋船员积极进行准备。

1972年3月，航海专业派出10位教员成立"教育革命小分队"，由军代表带领，到上海远洋公司等单位进行教育革命实践。他们认真进行调查研究，了解和索取了有关远洋船舶运输的第一手资料，审查和修改了教材。上海远洋公司委托厦大海洋系航海专业为该公司培训远洋船员。"教育革命小分队"回校后，即向厦门大学党委常委作了汇报。校党委指示要立即组织准备，千方百计迅速落实教员，落实教学计划，落实教材，落实器材设备；在教学计划安排上，应根据短期突击训练特点，以较多的时间，集中抓好专业训练。根据校党委的指示，航海专业为开办培训班进行了紧张的准备。6月，在原集美航海学校校址，开办第一期短训班。60名学员由上海远洋公司从船员中选派，分为"远洋船舶驾驶专业短训班"和"远洋船舶轮机专业短训班"，每班各30名学生。培训时间为半年，每周42课时（即每天7课时），总共为1092课时。教师们把办好培训班，为工农兵学员上好课，当成是忠诚党的教育事业的实际行动，教学的积极性很高。在抓好教学的同时，教师们又抓紧时间编写教材。在原有编写教材的基础上，1972年又编写出《驾驶英语》及其选读教材、《轮机英语》、适用远洋船舶用的《船舶柴油机》、《数学基础》等四门课的教材，共60几万字，还对《航海教程》、《装货》、《电工无线电》、《机械制图》等教材进行修改。

1971年至1975年，是发展国民经济的第四个五年计划时期。在周总理的主持下，国务院采取了一系列有力措施，对国民经济进行调整。当时计划在第四个五年计划的后三年，远洋船舶的吨位要增加3.2倍，每年要增加百余艘万吨船。为了适应远洋运输事业发展的新形势，迫切需要培养远洋船员。为此，1972年7月，交通部专门派出负责同志来福建，与福建省委和厦门大学共同研究航海院校的开设问题，拟在厦门大学开办航海系。1973年2月13日，国务院科教组发出(73)科教计字027号文，同意厦门大学设置航海系。厦门大学航海系一边筹办，一边为上海远洋公司举办第二期短训班。为了办好航海系，省、市各有关部门都支持把原集美航海学校的教职员从各单位调回航海系。4月16日，福建省革委会政治部组织组专门发了一个文件，把原集美航海学校的25名干部教师从厦门各单位调回厦门大学航海系。

（二）财经、水产、轻工、侨校和幼儿园停办

1969年秋，福建省革命委员会把福建财经学校下放给"厦门市教革组"代管。1970年秋，该校被迫停办，教职工除留少数人护校外，其余的下放各地。

1970年10月集美水产专科学校及福建水产学校被迫停办，这两所学校长期以来是"两块校牌，一套人马"，1966年至1968年三届毕业生于1969年已全部离校，学校已四年没有招生，只剩下教职工152人。除"厦门橡胶厂"驻校工宣队组成"留守小组"，留校处理善后事宜外，教师有的安排到厦门市的学校或企事业单位工作，有的下放到闽西、闽北劳动。教学设施被"厦门三清办"接收，全部校舍被移作他用，实习工厂的财物、仪器设备、图书资料全部散失。

1970年1月，集美幼儿园也被迫停办，幼儿年纪较大的，可直接升小学，幼儿教师有的下放劳动，有的失业回家，有的到小学任教。

集美轻工业学校于1965年3月搬到南平与福建造纸工业学校合并为"福建省轻工业学校"，"文革"开始后，教师受到冲击，学生停课闹革命，学校被迫停止招生。1970年初，在校的66级至70级的学生，按中专毕业生待遇，全部分配了工作，离开学校。1970年6月，学校被迫停办，校舍（包括教学大楼、实验楼、办公楼、教工和学生宿舍楼、膳厅等）被"福建轻工机械厂"占用，价值数百万元的教学仪器设备和15万余册的图书资料散失殆尽，125名教职员工除了少数调到企事业单位外，大多数教职工被下放到闽北、闽西边远山村劳动，原来雄厚的师资队伍离散于八闽大地。

集美华侨学生补习学校和集美其他各校一样，先是"造反派"夺权，紧接着工作组进校，支左部队驻校，最后是工宣队长期驻校。1971年底，学校也被迫停办。学校的"设备分完，教工调光，校舍被占"。

集美小学和集美中学虽然幸存下来，但也难逃混乱的厄运，根本无法正常上课。1969年9月，中学初中部重新招生复课。学制初定为二年，经一年学习后，又按程度编班，学制分别为两年或三年。至1971年2月，"文革"后第一次招收的初中学生已届毕业，学校才开始在初中毕业生中"有可选择"的基础上招收高中新生，学制仍为二年。但教学秩序仍然混乱，教学质量低下，不少满脸稚气的学生受"读书无用论"和"造反有理"的影响，也盲目地跟着扯起"造反"的旗帜，白白耽误了青春年华。集美校委会也处于瘫痪状态，难于开展正常的工作。一直为集美各校服务的公用设施，如科学馆、图书馆、体育馆、福南大礼堂、医院、印刷厂等等也陆续划归别的单位使用。集美各校经过几番折腾，遭到极大的摧残。

三、上海水产学院南迁

1971年9月，国务院和中央军委作出决定，把已有近60年校史、曾被誉为"世界四大渔业学院"的上海水产学院搬迁到厦门集美。集美学村迎来了一所全国知名的院校，给备受"文革"冲击的集美学校带来了新的气息。

上海水产学院迁校，是"文化大革命"特殊年代的产物。"文革"期间，毛泽东主席曾提出农业院校不能办在城市。1971年，"四人帮"炮制出《全国教育会议纪要》，要求高等农业院校"统统搬到农村去"。9月22日，国务院和中央军委下达了《关于六所高等院校的体制调整和领导关系问题的通知》。10月19日，福建省革委会发出《关于上海水产学院迁往厦门的通知》，明确上海水产学院迁址到厦门集美办学。

上海水产学院南迁，福建和厦门方面的态度十分积极，因为他们看到，这是福建水产事业发展的最好契机。厦门市把原"集美水产专科学校"和"福建水产学校"的校舍以及华侨补习学校的部分校舍移交给上海水产学院，占地147亩，校舍建筑面积55678平方米，给学校提供了良好的办学条件。

1972年1月25日，上海水产学院南迁先遣队一行50人到达集美，开始迁校工作。当时上海水产学院全院教职工574人，除自然减员和照顾留沪102人外，迁往厦门的共472人。搬迁的财产、仪器、设备、图书、标本、家具、机器等物资，总重1030吨，总体积达11440立方米，装运了100余节火车车皮，搬迁费耗资76万元，是一次规模浩大的搬迁。

1972年5月完成搬迁工作，学校易名为"厦门水产学院"。9月29日，中共福建省委通知，厦门水产学院党的核心小组由刘忠、吴健、孙泽夫、郭子郁、葛策组成，刘忠任组长，吴健任副组长。接着又任命刘忠为厦门水产学院革命委员会第一副主任，我国著名的鱼类分类学专家朱元鼎和党的核心小组其他成员为副主任。学院直属福建省领导。当年招收新生100名，并于11月1日举行隆重的开学典礼。

1973年1月26日，农林部副部长肖鹏主持召集有关部门研究厦门水产学院的建设规划，对学院的基建、设备、专业设置、师资配备等都做了专题研究，除原有的水产养殖系、海洋渔业系、水产品加工系外，增设了渔业机械系、渔船修造系以及渔业电子仪器专业。为加强基础课教学，还设立了基础课部。为了加强师资，从全国各地著名的大专院校、科研部门调进了一批骨干教师，并吸收了原集美水产专科学校的部分专业教师，充实了师资队伍。从1972年到1976年先后建起了与所设科系、专业相配套的渔业机械厂、水产冷冻厂、电子仪器厂、海水养殖试验场、淡水养殖场等教学实习厂（场）和为教学服务的印刷厂，并新造了"闽渔451"、"闽渔452"钢质实习渔轮。

水产学院南迁厦门后，得到了稳步发展。福建沿海水产资源丰富，群众渔业、养殖业发达，是渔业大省之一，为厦门水产学院的教学和科研提供了有利条件。学院重视教学与生产实践相结合，师生经常深入福建及江浙一带渔区从事社会调查和生产实习，建立了石码渔业大队、无锡河埒公社、新安江垦殖公司等一批校外实践基地，为了直接为渔区培养技术人才，学校还举办了学生由渔区选送来校，毕业后直接回渔区去的"社来社去"班。这批学生后来多成为渔区勤劳致富的带头人，成为发展创汇渔业的骨干力量。

为了加强厦门水产学院党的领导，中共福建省委于1974年11月2日和1975年8月6日先后任命肖苏、张渝民为中共厦门水产学院核心小组副组长。

从1972年至1976年，学院连续招收三年制学生894人、两年制"社来社去"学生106人。1977年全国恢复高等院校统一招生制度后，学院恢复本科四年制，当年教职工总数达到1014人，其中专业教师446人，行政干部260人，工人308人。

1978年1月，厦门水产学院归属国家水产总局和福建省双重领导，以国家水产总局为主。农牧渔业部（现为农业部）成立后，厦门水产学院为部属十六所高等农业院校之一。

党的十一届三中全会以后，从上海南迁厦门的广大教职工呼吁迁回上海原址办学。国家教育部、国家水产总局联名向国务院请示恢复上海水产学院，于1979年3月27日获国务院批准，明确：(1)恢复上海水产学院，在军工路原址办校，面向全国招生，学制四年，由国家水产总局和上海市双重领导，以国家水产总局为主。(2)厦门水产学

院在厦门继续办学,领导体制不变,两校的专业设置、学校规模由总局分别与上海、福建商定。(3)尽速组成上海水产学院复校领导小组,下设复校筹备处,负责办理具体事宜,1981 年完成复校工作。(4)学校的财产,包括教学仪器设备、图书资料、标本、家具要照顾两所学院的教学、科研需要,按照保证重点、照顾一般的原则具体协商。

1979 年 5 月 17 日,教育部和国家水产总局通知:恢复上海水产学院,厦门水产学院在厦门继续办学。经协商决定渔业机械、渔船动力机械、渔业电子仪器、渔船船体设计与制造等四个专业留厦门。7 月 14 日,根据中共福建省委通知,厦门水产学院党的核心小组改为中共厦门水产学院委员会,由张渝民代理党委书记。

厦门水产学院(1972 年)

四、复办福建体育学院

1974 年,福建省体委决定在集美创办"福建体育学校",主要任务是培养中等学校的体育教师。学制二年,慕香亭为学校的党、政总负责人,王殿玉为副书记,林兴国、尚智勋为副校长级的领导。学校归省体委领导,学校地址选在集美原"福建航海俱乐部"。

福建体育学校的前身福建体育专科学校,1958 年 7 月 30 日经福建省人民委员会批准设立,校址在福州市白塔寺,由福建省体委副主任李威兼任副校长。1959 年 1 月 28 日,福建省体委向国家体委呈送报告,拟成立福建体育学院。5 月 21 日,福建省体委向省政府提出成立福建体育学院筹备处。6 月 10 日,省政府批复"同意成立体育学院筹备处。由李威同志任筹备处主任,高化同志任副主任"。7 月,在福建体育专科学校和省体育训练大队的基础上正式成立福建体育学院,地址设在福州市北门灰炉头,由李威任党委书记兼院长,严检行任副书记。1962 年 3 月下旬,福建省委根据中央"精兵简政"的精神,决定撤销福建体育学院。当时在校学生 351 人,教职工 118 人,由省教育厅另行安排。

福建航海俱乐部是在陈嘉庚建议和推动下兴建的。1956 年秋天,陈嘉庚视察青岛航海俱乐部,该俱乐部主任向他作了详细的汇报。他听了很高兴地说:"开展这个活动很好,既培养了人才,也进行了爱国主义教育,我要在厦门建一个更大一些的航海俱乐部,请你们派人帮助。"当时第一届全国航海运动会刚在青岛汇泉湾举行,来自北京、上海、广州、南京、杭州、大连、青岛等地的 11 个代表队共 221 人参加了大会,福建没有派队参加。而 1958 年 8 月又将举行第二届全国航海运动会,而且将于 1959 年 9 月举行的第一届全国运动会也将设立航海运动项目。陈嘉庚认为作为沿海省份的福建不

应该缺席航海运动，回省后积极向省里建议组建航海运动俱乐部，选拔运动员，开展航海运动训练。

根据陈嘉庚的建议，福建省政府同意在集美建立福建航海俱乐部，并委托陈嘉庚选址、规划和建设。陈嘉庚亲自选定杏林湾畔的义顶山作为俱乐部的地址，亲自协调建设用地，亲自指导俱乐部大楼和码头的规划设计，并指定集美学校建筑队负责施工，还补助 6 万元建设经费。福建航海俱乐部大楼建成后东面正对陈嘉庚故里，西邻美丽的杏林湾，北靠天马山。整个建筑群如"舰船形"，层层上升，最高部位如"船长室"居高临下，俯瞰高集海峡。码头就在不远处，训练十分方便。后来因杏林湾围海造地，水域情况发生变化，航海运动俱乐部迁往别处，俱乐部大楼委托当地驻军某部管理。福建航海运动俱乐部后改名为福建省第二体育工作大队（水上运动中心），其主要任务是选拔、培养、训练和向国家队输送帆船、帆板、赛艇、皮划艇、皮划艇激流回旋等水上项目的高水平运动人才。

1978 年 12 月，在福建体育学校的基础上复办了福建体育学院。福建体育学院由省文教办及省教育局负责统管，归省体委分管，经费由"省财政局和省教育局共同研究，从高等教育事业费中安排，划给有关分管部门掌握开支"。

福建体育学院复办时，由单斐任党委书记兼院长，冯德明、张亚良任副院长，由单斐、冯德明、毛淑芳、林兴国等四人组成党委会。复办初期，教学条件非常简陋，师资比较缺乏，共有教职工 93 人，其中教师 43 人（讲师 5 人，助教 1 人，教员 37 人）。教师主要来自三个方面：一是原任福建体育学校的教师留用，二是老体院下马分散到全省各地的教师调回归队，三是从兄弟院校引进教师。学院本着艰苦创业、勤俭办学的精神，采取"自培与引进相结合"、"派出与请进相结合"的办法，师资队伍不断得到充实和加强。

五、恢复集美航海学校

为了适应远洋运输事业发展的需要，国务院教科组于 1973 年 7 月 17 日以科教计字［1973］192 号文，批复同意厦门大学航海系改办中专，恢复原来的名称，即集美航海学校。8 月 1 日，福建省革命委员会政治部、生产指挥部联合发出《同意厦门大学航海系改办集美航海学校的通知》。通知指出：厦门大学航海系改办集美航海学校，今后由交通部远洋运输总公司领导，党的工作及政治工作由中共厦门市委领导。

8 月 25 日，交通部远洋运输总公司政治部副主任许文泮等 6 人到厦门大学办理交接工作，厦门大学指定革委会副主任赵源负责办理移交工作。经过协商，达成如下协议：

（1）厦门大学航海系现有人员原则上归集美航海学校。少数人员经双方同意可相互适当调整；其中有的人员因工作需要，一时调出有困难的，可先将编制调回，人员缓调一段时间。

（2）厦门大学航海系原有房屋、设备、财产均移交给集美航海学校。根据集美航海学校的急需,厦门大学将接收的原航海学校的物资、设备拨出一部分给集美航海学校。

（3）现由厦门大学代管的"文革"前原集美航海学校的档案教材,一律移交给集美航海学校。

（4）9月30日以前,集美航海学校的人员经费及日常办公费仍由厦门大学拨给。10月1日起,由集美航海学校单独立户,与厦门大学经费上完全脱钩。1973年航海学校新招生的120名学生,其经费由远洋运输总公司负责拨给。交通部原拨给厦门大学航海系的基建费18万元,厦门大学悉数交给集美航海学校。

当时,厦门大学航海系划归集美航海学校的教职工共76名,后来有少数人因工作需要等原因,仍留在厦大。

有关交接工作办理完毕后,集美航海学校于9月7日开始正式办公,因新印章尚未颁发,暂仍以厦门大学航海系印章代用。12月17日,启用中国远洋运输总公司颁发的"集美航海学校"印章,原代用的厦门大学航海系印章停止使用。

复办后,学校设立党的领导小组,由尹一民任组长,主持学校工作。在党的领导小组领导下,学校成立了一个"三结合教育革命领导小组",由校领导、教师和学生代表组成。

1973年秋季,复办后的集美航海学校第一次进行招生,共招收普通班工农兵学员120名,分驾驶、轮机两个专业,驾驶专业79名,轮机专业41名。这些学员来自福建、广东两省。当时招生是按照中央(73)39号文件提出的"本人报名、群众推荐、领导批准、学校复审"的十六字招生办法录取的。此外,又为上海远洋公司举办第三期短训班,时间为半年,招生学员90名。

1974年4月2日,中国远洋运输总公司对集美航海学校的机构设置作了批复,同意学校设置:政治处、办公室、教务科和总务科。7月9日,根据厦门市委的决定,由厦门综合玻璃厂派出的工宣队进驻集美航海学校。工宣队成员共七人,队长参加学校党的领导小组,另外6名队员分别参加政治处、教务科、总务科、驾驶科、轮机科和校办工厂的工作。

1974年秋季,集美航校又招收复办后的第二届新生318名(上海市119人,江苏10人,福建省120人,广东省69人),其中驾驶专业169人,轮机专业130人,英语师资班19人。三个专业的学制均为二年。原先,交通部下达的招生计划是不招女生,学校的招生宣传介绍材料也讲不招女生。但后来省招生办提出国务院61号文件要求"各专业都要十分重视招收女生",如不招女生就不让发录取通知书,还要追查责任。因此,省里临时协商调换4名女生(驾驶专业、轮机专业各2名)。这是航海学校复办以后唯一一次招收女生。在318名新生中,党员87人,团员194人,复退军人77人。

为了加强学校领导班子的建设,1975年7月,福建省委和厦门市委调王彬、叶振汉、王昕到集美航海学校工作。7月9日,中共厦门市委决定,成立中国共产党集美航海学校委员会,王彬任书记,叶振汉、尹一民任副书记。

1975 年秋季，航海学校在福建、广东两省招收驾驶、轮机、船电新生 340 名，三个专业学制仍为二年，其中船电专业 40 名为建校以来第一次招生。

为了解决集美航校学员开门办学和上船实习问题，1976 年 5 月，交通部远洋局拨给集美航海学校 6000 吨级的"泰山"号轮船一艘。5 月 20 日，王彬代表学校与福建省航运管理局签订了《关于"泰山"号轮船交给福建省航运管理局使用的协议》，其中规定：集美航海学校从 1976 年 6 月起，将"泰山"号轮交福建省航运管理局使用，产权仍归集美航海学校所有。航管局负责安排航海学校师生到所属的生产船舶上实习，每年四期（每期三个月）或六期（每期两个月），每期 100 人。实习计划、要求、时间由航海学校提出送航管局具体安排。为了不断提高学生生产实习质量，促进教学改革，双方派员定期开会（一般一年一次），研究实习情况，交换意见，总结经验。

航海学校复办后的一项重要工作是继续举办短训班。1973 年 10 月至 1976 年 7 月，先后为上海远洋公司和广州远洋公司举办远洋船员培训班，学员 1332 人，其中 1976 年 4 月至 7 月为广远举办的第七期远洋船员培训班学员多达 801 人，全部为海军复员战士。当时校舍容纳不了，借用集美中学的"南薰楼"举办。

在学校复苏过程中，百废待兴，工作是很艰巨的。在交通部远洋局、厦门市委和有关单位的支持与帮助下，航海学校陆续调回本校 1970 年撤销后安排到各单位的教职工，收回被外单位占用的房屋，并平整大操场，建筑挡土墙、校园围墙，建造了两幢教工宿舍，一幢学生宿舍。至 1975 年 7 月成立党委时，一个较完整的中等专业学校已基本复苏起来。但在"批林批孔"运动和批判所谓"右倾回潮"的大背景下，学校的各项工作阻力重重。甚至连原来的五幢校舍的名称，因有"温良恭俭让"之意，也被认为是封建主义的。1974 年 8 月 23 日，中国远洋运输总公司给学校发来了一个公函，提出这五幢楼的名称要"在批林批孔运动中，另行命名"。校领导只好改为按号码编列楼名，取代"即温楼"、"明良楼"、"允恭楼"、"崇俭楼"、"克让楼"。

1975 年 1 月，邓小平主持中央日常工作，再次对教育战线进行了整顿。在这种有利的形势下，航海学校也从各方面进行了整顿，建立学校管理制度，制定了《学习纪律制度》、《生活管理制度》、《成绩考核制度》、《评教评学制度》，学校的各项工作开始有章可循。但好景不长，在"批邓、反击右倾翻案风"的逆流中，学校的正常教学秩序又受到破坏，整顿工作往后退。

在粉碎"四人帮"后的一段时间里，"左"的影响仍然存在。1976 年秋季的招生工作，仍然按照上级文件规定实行"社来社去，厂来厂去，哪里来哪里去"。为了做到"哪来哪去"，远洋公司只好采取先招工、后上学的变相做法。1977 年春，学校从青岛远洋公司和中波公司招收新招工的学员 341 名，学制均为一年半，至 1978 年 8 月毕业。另外，又举办第 8 期远洋船员培训班，学制一年，招收学员 142 人。1978 年春季开始，学校才按照国务院批转教育部《关于 1977 年高等学校招生工作的意见》招生。

1977 年 9 月，经交通部领导批准，远洋局拨给集美航海学校一艘 6000 吨远洋退役货轮"海智"号（学校接收后改为"育志"号），作为教学实习用。"育志"轮于 10 月 29 日驶入厦门至集美之间的石湖山锚泊；做了必要的准备之后，又于 1978 年 4 月 21 日

移泊集美锚地,作为直观教学基地使用。为了加强实习船的管理,学校成立了船队机构,统一领导和管理"育志"轮、"实践号"、救生艇和水上站。

学校的基建、后勤工作也取得了明显的成绩,新建了轮机教学大楼,校园修整基本完成。至 1978 年 11 月,全校共有教职工 278 人,其中专任教师 121 人,行政人员 67 人,工勤人员 47 人,校办工厂 43 人。在校学生数 890 人,其中普通班 722 人,培训班 168 人。经过两年的整顿,集美航海学校各个方面都有了生机,呈现出一派新面貌。1978 年 9 月 1 日,《光明日报》以较大的篇幅报道了《集美航海学校新貌》。

1978 年 12 月 28 日,教育部发出《关于同意恢复和增设一批普通高等学校的通知》。《通知》中说:"经国务院批准,同意恢复和增设普通高等学校 169 所",其中包括集美航海学校升格为集美航海专科学校,并规定集美航海专科学校的规模为在校生 1600 名,设置驾驶、轮机、电工、无线电通讯等四个专业,领导体制由交通部与福建省双重领导,以交通部为主。航海学校从此进入了航海高等教育的新时期。

六、财经、轻工、水产、侨校和幼儿园相继复办

(一)复办"福建省财经学校"

1973 年,根据福建省(闽字[1973]综 09 号)文件的精神,福建省财政厅收回原在集美的"福建财经学校"的校舍,复办"福建省财经学校"。学校设银行、财会两个专业,招收工农兵学员 155 人,另有培训班学员 170 人,根据"学制要缩短"的指示,各专业学制均为二年。同年,厦门市革命委员会政治处批复"成立中共福建省财经学校临时支部"。姚颂先为党的核心组副组长,潘鸣贵为党的核心组副组长兼学校领导小组成员。参加学校领导小组的还有教师和学生代表。

1974 年,福建财经学校招收银行、企业财务、财政预算三个专业的学生计 300 名,又招收农业会计培训班 51 人。这批学员大多数有一些实践经验,学习了两年的专业知识后,回到各县都成为财政局、银行或企业界的骨干。1976 年增设财政专业,每年招生 300 名。1978 年秋季,又增设基建财务与信用和税务两个专业,招生扩大到 500 名,在校学生达 1100 名,当时全校教职工只有 108 名,其中教师 55 名。为了适应更多地培养财经人才的需要,1978 年 7 月经省计委批准安排,省财政局自筹资金 50 万元,新建五层的教学楼一幢、教工宿舍两幢。

1978 年 6 月,潘鸣贵、杨子亨任副校长。1979 年 1 月,省财政局任命施金权、熊家华为副校长。1979 年 11 月,省财政局任命郑海生为校长;1980 年 10 月,郑海生兼任党总支书记。1980 年 11 月 5 日,教育部确定福建省财经学校为全国重点中专。1983 年 1 月 25 日,经福建省人民政府同意将福建省财经学校改名为集美财经学校。

（二）复办"福建轻工业学校"

1974 年 1 月，福建省轻工业局党组任命原"福建轻工业学校"校长萨兆钤为"福建轻工业学校临时党支部书记"，负责学校复办事宜。名为复办，实为重新筹办。

为解决校舍问题，省轻工业局拨专款 65 万元买下了原"厦门纺织厂半工半读学校"的旧校舍，总建筑面积 8024 平方米，并征购了周围一部分土地。但校舍仍被厦门纺织厂的工人和家属占用，经多次协商，仅退出教学和办公用房 1002 平方米及学生宿舍 77 平方米。刚复办的轻工业学校，教学、办公、用膳、住宿、实习场所都异常简陋。复办时，只设轻工机械和化学纤维两个专业，教职工计 26 人。1974 年秋季招收工农兵学员计 100 名，轻工机械专业 50 名，化学纤维专业 50 名。这批学生大部分是"上山下乡"多年的知识青年，年龄较大，文化程度参差不齐，但社会经验比较丰富，有的还担任过农村的党支部书记和解放军排长等，他们共同的特点是："求知欲较强，各方面比较自觉，能够体谅学校的困难。"

1976 年秋季，学校继续招生，当年招生的专业是分析化学专业 30 人，造纸机械专业 40 人，造纸工艺专业 30 人，轻工机械专业 40 人，共四个专业 140 名。教职员工计 57 人，其中教师 28 人，行政人员 22 人，工勤人员 7 人。学校规模虽小，但为粉碎"四人帮"以后的发展打下了基础。

复办后轻工业学校是一所全日制工科中等专业学校，隶属福建省轻工业局主管，学校经费主要由福建省财政厅拨款。学校坚持"学以致用"的教学方针，注重理论联系实际，讲求社会效益，针对企业需要，培养应用型中级技术人才，为省内外输送各类轻工业系统的管理和技术人才。

1985 年 6 月 18 日，为了扩大影响，有利于国内外校友的联系和教育事业的发展，经省政府研究，同意福建轻工业学校恢复原集美轻工业学校校名。

（三）复办"福建水产学校"

1974 年 1 月，福建省水产局为适应福建省水产事业发展的需要，向省革委会报告，要求恢复"福建水产学校"培养水产人才，报告称"我省在 1970 年前有省属集美水产专科学校和集美水产学校各一所，校址都设在厦门集美镇，校舍面积共有一万多平方米，教职员工 168 人。水产专科学校设工业捕鱼、渔业机械、水产养殖三个专业，在校学生 150 至 200 人。水产学校设渔捞、轮机、养殖、加工和电讯五个专业，在校学生 500 至 700 人。学制均为三年。两校于 1970 年下放撤销，人员和校产都由厦门市革委会接收处理。原有校舍于 1972 年移交厦门水产学院"。6 月 9 日，省革委会同意福建水产学校筹建，由秦嗣照负责筹备复办事宜。7 月 13 日，省计委通知："将福建林业学校 1974 年暂不招生的 100 个名额，调整给福建水产学校招生"。由于原集美校舍已被移作他用，学校暂借福州树兜的《福建日报》社两个仓库办学，既当宿舍又当教室。9 月 23 日复办后首批招收"海洋捕捞"、"轮机管理"两个专业的工农兵学员 100 人，实际报到的只有 99 人，学制二年。

1974 年底，在有关方面的支持下，学校在厦门东渡渔港暂借到一幢四层楼房为校舍，1975 年 3 月，水产学校师生员工搬迁到厦门东渡继续上课。当时以"竹棚为课堂，平地当会场，露天办食堂，马路作操场"。1975 年 9 月，除"捕捞"、"轮机"两专业外，复招"水产加工专业"，共招 100 名学生。1976 年 9 月，增办"海水养殖"及"淡水渔业"两专业。1977 年 9 月，增办"水产制冷专业"。1977 年恢复统一考试以后，招收高中毕业生，学制三年。1979 年 2 月，曾扩招轮机修造大专班，招收高中毕业生入学，学制二年。

在东渡艰苦办学过程中，学校取得厦门市政府的支持，在厦门仙岳山下筹建新校舍。1977 年建成一幢教学大楼，一幢学生宿舍楼和膳厅及其他设施，全校拥地 58800 平方米，为集美原校址面积的 4.5 倍。1978 年 2 月，学校乔迁新校址，当时仍以秦嗣照为校长兼党总支书记。8 月，秦嗣照任福建省水产学校校长兼党总支书记，邓远帆任副校长。1979 年 12 月，沈志雄、赵志成任副校长。

党的十一届三中全会以后，在改革开放的新形势下，学校得到进一步发展。1980 年 6 月 18 日，福建省人民政府同意将福建水产学校的校名恢复为"福建省集美水产学校"，从此，水产学校开始了一个新的历史阶段。

(四)复办"集美华侨学生补习学校"

集美华侨学生补习学校于 1953 年 11 月筹办，1954 年 1 月正式开学，直至 1971 年 11 月被迫停办。十几年间先后办了 354 个班，总计培养侨生 19432 人，成绩显著，受到社会各界和侨居在世界各地的华侨和侨属的称赞。

粉碎"四人帮"以后，中共中央重申党的侨务政策，国务院决定复办暨南大学、华侨大学和广州、集美两所华侨学生补习学校。

1978 年 6 月，福建省教育局、福建省侨办召开集美华侨学生补习学校复办工作会议，省侨办主任王汉杰和省教育局局长孟津联合主持会议，省委书记林一心也亲自参加会议。会议决定"集美华侨学生补习学校由省教育局直接领导，省侨办协助"，并"由省教育局、省侨办、厦门市委宣传部、统战部、市教育局、集美中学等单位负责同志和集美华侨补校杨新容、庄恭武同志组成筹备领导小组，由厦门市革命委员会负责同志兼任组长，招生规模暂定 3000 名……校舍未解决时，暂由集美中学拨出部分房屋"。

厦门市革命委员会根据上述会议精神，于 9 月 6 日决定由张德贞、魏绍文、张克辉、陈文遂、庄云潮、周乔林、刘惠生、杨新容、庄恭武等同志组成华侨补校复办筹备领导小组，张德贞任组长，下设办公室，庄恭武任办公室主任。复办筹备领导小组随即讨论通过"筹办工作计划"和"调配人员的人事方案"。同时决定办公室负责行使学校行政职权，并根据工作需要分设政治、教导、总务三处，后又增设培训处。复办后，厦门市教育局党委批准成立"集美侨校临时党支部"，庄恭武为负责人，学校工作逐步走上正轨。

学校为收回原侨校校舍，先后五次写了书面报告呈中央、省、市有关领导，之后，国务院侨办、国家水产总局及厦门水产学院、集美侨校四方代表在北京开会，经反复多次协商，1981 年 8 月，国务院侨办及国家水产总局联合发出通知："原侨校校舍原则上要退还，考虑到厦门水产学院目前办学还有困难，在退还步骤上可以分期分批，1989 年

前，先将中路以西校舍和校区外教工家属宿舍退还侨校使用。"

1981年12月，集美华侨补校由借用的集美中学南薰楼搬回原校址办学。国务院侨办从1983年起每年有计划地分期分批拨款维修和改造已收回的约2万多平方米的旧校舍，并兴建一幢具有民族特色的现代化生活设施——外籍生接待楼（一次可接待200多人）。在校区又新建一幢6层共36套的教工家属宿舍楼，还建立了理化生物实验室、电教馆（含语音室）、图书馆、体育室、医务室和电控室等，保证了教学活动的顺利进行。

复办时根据省政府规定的有关调配人员原则，先后调回两批原侨校教职工共45名，高校毕业生分配来校8名，外地调入40人，共93名。教学和行政领导骨干约占50%。为了贯彻边筹备边办学的原则，从1978年12月起，开始招收越南、缅甸等国华侨学生及港、澳青年和内地归侨子女入学。

1978年侨校复办之初，由省教育局直接领导，省侨办协助领导。1980年12月，集美华侨补校改由福建省侨办直接领导，省教育厅协助领导。1983年1月，经国务院批准，集美华侨补校恢复"文革"前的领导体制，由国务院侨办和福建省人民政府双重领导，以国务院侨办为主。

（五）复办"集美幼儿园"

1979年，在"全国托幼工作会议"上，中央有关同志指示要限期复办集美幼儿园。参加会议的厦门市委常委王云晓同志返厦后传达了托幼会议的精神和要求，并召集有关部门领导干部进行研究，决定以教育局为主，负责筹备复办工作。

1979年9月，厦门市委责成文教办副主任王毅林同志来集美召开有关单位负责同志会议，着重解决园舍及复办经费问题。1980年2月，住在幼儿园的部分居民搬出园舍，腾出了养正楼一幢和葆真楼的部分房间。经费方面，从集美学校委员会的经费中拨出3万元，省幼教经费抽出3.5万元，市财政局拨给3万元，计9.5万元，用以维修园舍及添置校具、教具。成立了谢韩英、陈秀珠、王瑶琼、刘玉蓉、杨瑞卿等5人为筹备复办集美幼儿园的筹备小组成员。

1980年9月10日，幼儿园正式开学，共招收239名幼儿，按年龄分为大、中、小三个年段，每段各两个班。9月25日，举行隆重的复办典礼。集美幼儿园复办后，成为厦门市属幼儿园，行政和业务由市教育局直接领导，经费也由市教育局拨款。集美校委会及集美公业理事会也给予关怀和支持。

七、师范教育回归集美

集美学校的师范教育缘起于1918年3月陈嘉庚创办的集美师范，几经发展与变迁，1936年6月福建省政府以"统制"为名，通令全省私立师范学校停办，集美师范学校也被迫停止招生，1940年最后一届师范生毕业后停办。

师范教育是整个教育事业中的重要组成部分,社会需要师范教育。新中国成立之后,福建省和厦门市政府重视师范教育,在原有的集美师范学校与陈嘉庚在抗战时期倡办的"国立第一侨民师范学校"的历史传承下,成立了厦门师范学校。

1958年,为了及时解决福建省由于初级中学大发展而引起的师资不足的问题,省政府决定创办厦门师范专科学校,校址设于厦门市鼓浪屿田尾路。同年秋季开始招生,设中文、数学、物理、化学、历史、地理等六个专业,招收学生259名,学制一年。1960年改名为厦门师范学院,开设政教、英语、物理、化学四个两年制专业;增设中文、英语、数学三个四年制专业及三年制的体育专修科(初中入学),在校生711名,教职员工115名。

1963年秋季,按照国务院[63]国文办字513号文批复:福建省南平师范学院与厦门、漳州、泉州的三所师范学院合并成立"福建第二师范学院",校址设在漳州,厦门师范学院也就完成了—这时期的历史使命。

1971年厦门市革委会决定复办厦门师范,学校办在鼓浪屿原省工艺美术学校校址。1972年夏季,学校招收195名学生,生源来自厦门前往龙岩、上杭、永定上山下乡的"老三届"和厦门郊区部分回乡的学生,同时为厦门市培训在职小学教师52名,师范学制两年。1973年夏季,学校又在以上地区招收100名学生,同时为福州军区福建生产建设兵团培训52名学员。1974年和1975年的夏季,学校接受福建省教育主管部门指令,连续两届面向全省招收各50名"音美班"的学生,同时继续招收普师班学生("七五级"的学生后来随学校搬迁到集美)。

1975年,厦门市革委会决定将厦门师范学校使用的校舍归还省轻工业厅,作为复办的省工艺美术学校校址。厦门市教育主管部门的领导与集美校委会协商,决定于当年暑期,将厦门师范学校从鼓浪屿搬迁到集美,这就为延续集美的师范教育带来了契机。

1975年秋季,为满足福建省、厦门市初中教育的需要,根据省教育厅的指示,迁至集美的厦门师范学校增办了"理化大专班",招收20名工农兵学员,学制三年。原学校书记徐斌调回福建工艺美术学校任书记,上级改派卓杰华、张定安主持学校党政日常工作。

1977年恢复全国统一高考后,学校设置中文、数学、物理、化学等四个大专专业,招收了"文革"后第一届参加高考的170名大专生,于1978年4月入学(77级)。1978年9月又招收中文、数学、物理、地理等专业的157名大专生(78级)。

1979年4月,福建省教育厅根据国务院[78]教计字1427号文《关于同意恢复和增办一批普通高等学校的通知》,下发了闽革[1979]综216号文《关于恢复和增办八所高等学校的通知》,在厦门师范学校大专班的基础上,成立了"厦门师范专科学校",成为"文革"结束恢复高考后的全国第一批高等师范专科学校。根据文件精神,厦门市成立了筹备组,由长期担任厦门市教育局领导工作的谢高明同志具体负责筹办"厦门师范专科学校"。同年秋季,中文、英语、物理、化学等四个专业继续安排招生(79级)。1980年8月增办美术专业,1981年增办音乐专业。

在这一调整变化过程中，原有厦门师范的教职员工除了个别调离以外，大部分继续留校任职。1980年3月22日，厦门市委正式任命谢高明为校长，张克莱、白枚为副校长，开始筹备复办集美师范专科学校。3月31日，厦门市委又正式任命谢高明、康大岩、张克莱、白枚、周洵等5人组成中共厦门师范专科学校委员会，谢高明为书记，康大岩为副书记。为了发扬陈嘉庚爱国兴学、重视师范教育的精神，8月，经福建省人民政府批准，厦门师范专科学校改名为"集美师范专科学校"。至此，师范教育终于回归到集美学校的大家庭，接续了当年中断的血脉。

集美师范专科学校（1980年）

集美师专复办时，校舍条件很差，特别是教学和学生生活用房，一直处于十分紧张的状况，其紧张的程度可以用三个字来概括："租、借、暂"。学校向集美校委会借用科学馆，作为学校办公室和一部分实验室；另借一幢三层楼作为女生宿舍和校办工厂用房；暂用集美小学的三立楼西边一侧为男生宿舍，暂用集美小学的伙房为厨房；租用体育馆为美术、音乐科学生的宿舍。教学楼是原厦门师范在1978年建成的，建筑面积只有3025平方米，图书馆、学科办公室、教师阅览室、工会、团委、电教室等部门和所有的教学班教室，都挤在这幢教学楼里。真正自己所有的建筑物只有教工宿舍两幢，面积3997平方米。1982年6月，中共福建省委第一书记项南在视察集美师专时，明确指出："科学馆物归原主……集美师专另辟新址建校"。据此，厦门市委于1983年决定在福建体育学院对面征用孙厝村的土地57亩，并由省政府拨款建筑新校舍。在短短的一年间，建成了四幢大楼，计10970平方米。

八、集美中学的复苏

　　1969年2月,集美中学初中两年制招生后,1971年2月高中两年制也恢复招生,至1973年2月,高中、初中都有毕业生。1974年以后又恢复过去的秋季招生,而且教学秩序逐步恢复正常,学校的局面开始扭转。

　　1973年春天,厦门市革命委员会派在抗日战争时期集美中学高中部内迁南安县诗山时的地下党支部书记王毅林来集美中学负责校务并兼任党支部书记。王毅林主持校务以后,努力恢复集美中学的优良传统。一是在礼堂、会客室重新悬挂校主陈嘉庚的遗像,这除了有见识外,还需要有勇气。二是30年代至50年代的老校长、老董事长陈村牧先生当时在学校受到不公正的待遇,王毅林与校中各方人物商议,帮助陈村牧老先生解脱出来。三是1973年至1974年在集美中学及集美华侨学生补习学校工作的教职工"上山下乡、下放劳动"后,一批一批获准回到学校,为解决他们的食宿、工作问题,学校即拨出延平楼、黎明楼和其他一些地方安置,以解决他们的生活困难。四是当时学校有57名侨生,已经毕业但一时找不到工作,侨汇又中断,各方面都非常困难,他们感叹"我爱祖国,祖国爱我吗"? 王毅林与厦门市革委会外事处、集美学校委员会等单位多方联系,尽量想办法解决他们的生活和工作问题。

　　这时,学校恢复了教研组的备课、听课和观摩教学活动;学生又开始早读和晚自修;在"知识无用论"的当时,能这样做,也是非常不容易的。学校重新修整了操场和游泳池,文艺、体育活动开始恢复正常。在老师的指导下,学生还组织了地震研究小组、微生物兴趣小组和歌咏队等,吸引了不少同学参加。学校还重视工厂、农场的劳动,广泛开展"学工、学农、学军"活动。

　　1975年秋季,集美中学在杏林设立分校,方便杏林地区工人、农民、居民及驻军的子女就近入学。为筹办集美中学杏林分校,新调任集美中学革委会副主任的刘惠生、党支部委员汤懋椿及集美中学教务主任黄德全等多次前往杏林解决校舍、教学设备和生活设施等问题,并在短期内完成调派教师及招收学生等工作,分校领导工作由汤懋椿具体负责。分校校址设在厦门纺织厂的旧浴室及高浦大队驻军营地两处,后又借用新华玻璃厂的一个大走廊。分校招收初一年级新生五个班,计230人。集美中学党支部及厦门纺织厂、厦门糖厂、第二化纤厂、高浦大队等五个单位组成领导小组解决一些办校的具体问题(包括经费和设备)。分校属正规学校性质,学制与中学一样,办学初期一切比较简陋,学校因地制宜,暂时每天上午上课,下午劳动或政治学习。随着环境的改善,教学活动时间随时加以调整。分校是在比较困难的客观条件下创办的,但是得到杏林地区广大干部和群众的欢迎和支持。1978年1月分校改名厦门十中。

　　"文革"结束后至党的十一届三中全会的召开,经过了拨乱反正,一度在学校中掌握一切权力的"工宣队"撤出学校,"革委会"取消,由上级指派学校负责人的过渡阶段也宣告结束。1978年12月27日,厦门市委任命刘惠生同志任厦门市集美中学校长,

黄德全任厦门市集美中学副校长。他们着手致力于平反冤假错案。1980年初,刘惠生调往厦门水产学院任职。3月22日,厦门市委任命柯栋梁同志任中共厦门市集美中学支部委员会书记、厦门市集美中学校长。柯校长与黄德全副校长一起强调恢复侨办学校的特色,重视落实党对知识分子的政策。

1978年4月,集美中学恢复为全省重点中学。

九、集美学校委员会恢复运作

"文化大革命"开始后,集美学校委员会处于瘫痪状态,难于开展正常工作。集美学校委员会的成员有的"靠边站",有的被批斗,还有的被关进"黑帮室"。

1975年4月9日,厦门市革命委员会政治部《厦革政干(1975)24号批复》任命杨新容为集美学校委员会主任。杨新容(原名杨欣荣)于1956年4月由北京调到集美华侨学生补习学校任校长。这位20年代的校友、50年代的校长,主持"文化大革命"后期的集美学校委员会,只能"做一些侨生的安置工作"。但无论如何也说明了"文化大革命"中瘫痪了的集美学校委员会又开始工作了。

1980年5月,集美学校委员会重新开展正常的工作。8月28日,国务院侨务办公室专门召开了关于集美学校委员会和集美社公业理事会若干问题的座谈会,对集美校委会的工作任务等问题,提出了明确的意见。时任集美校委会主任张其华、副主任陈朱明参加了这次座谈会。

座谈会上,大家一致认为,陈嘉庚先生生前爱国、爱乡,是爱国华侨的旗帜。对陈嘉庚先生生前在集美镇兴办的文化教育和其他福利事业应根据党的侨务政策和尊重陈嘉庚先生遗愿,予以恢复并继续办好。要尽快地改变现状,建设好集美风景区,以扩大对外影响。

座谈会强调指出,必须认真落实党的侨务政策。建议陈嘉庚先生生前创建的集美图书馆、科学馆、体育馆、福南大会堂、园林、游泳池以及工人俱乐部,逐步退还校委会,由该会管理。

1982年11月,集美学校委员会的成员作了调整。调整后的集美学校委员会由十三位同志组成,陈村牧任顾问,张其华任主任。12月1日,调整后的集美学校委员会举行第一次会议,研究了新形势下校委会的几项主要工作,进一步明确校委会的主要任务是:

(1)管理陈嘉庚先生故居及陈列室、纪念碑、归来堂、亭阁、池塘等建筑物和华侨博物院;管理和维护集美风景区的绿化、卫生和道路。

(2)履行在香港集友银行的股权,管好、用好每年的股息及红利。股息、红利应首先用于上述各项任务以及落实政策后将要收回的体育馆、图书馆、科学馆、福南大会堂、游泳池等单位。如有余款,对小学、幼儿园予以适当补助,对其他有关学校的教学设备也可酌情添置。管理陈嘉庚先生生前在国内的存款,按"文革"前规定,将50万元

（人民币）基金的利息拨给集美社公业理事会，用于集美公益事业。

（3）接待到集美参观游览的客人，发展旅游事业，可经营旅社、饮食店、游艇等，逐步把旅游事业企业化。

（4）负责与陈嘉庚先生在海外的亲属及集美校友的联系工作，等等。

与此同时，集美学校校友会也恢复活动。集美学校校友会成立于1920年5月22日，1952年停止活动。"文革"结束后，为了加强海内外校友同母校的联系，发扬陈嘉庚先生爱国兴学的精神，进一步办好集美学校，停了28年之久的集美学校校友会又于1980年恢复活动，会址设于集美中学道南楼，由陈村牧任理事长。

1980年10月5日，集美学校校友会在归来堂召开恢复活动后的第一次理事会，修订了《集美学校校友会章程》，讨论了今后的工作计划。同日，集美学校校友会发表了《致海外校友书》和《告台湾校友书》。12月25日，恢复出版《集美校友》会刊（该刊于1942年2月创刊，1947年停刊）。

粉碎"四人帮"之后，集美学校广大干部、教师扬眉吐气，心情舒畅。师生们解放思想，正本清源。各校在拨乱反正中，从各方面进行了调整和整顿，逐步消除十年内乱所造成的消极后果。党的十一届三中全会之后，各校百废俱兴，面貌焕然一新，出现了安定团结、蒸蒸日上的新局面，集美学校进入了一个新的振兴时期。

在这个时期，集美学校包括厦门水产学院、福建体育学院，集美航海专科学校、集美师范专科学校、集美水产学校、集美财经学校、集美华侨学生补习学校（附设集美中国语言文化学校）、集美中学、集美小学和集美幼儿园等十所院校。集美学校已成为规模宏大的包括高等教育、中等教育、初等教育和学前教育的新学村。

第八章

振兴

　　1979 年至 1993 年是集美学校的振兴时期。这一时期，集美各校在拨乱反正之后，乘着改革开放的东风，实现了快速发展，办学规模、层次和质量都迈上了新台阶，社会影响日益扩大，陈嘉庚精神得到了进一步弘扬，集美学村名闻遐迩。

一、航海教育提升层次

1978 年 12 月，具有 58 年办学历史的集美航海学校改办为集美航海专科学校，跻身高等教育行列，开始培养高级航海专门人才，并成为国内培养航海人才的三大基地之一，被誉为"航海家的摇篮"。

（一）充实班子，完善机构

1979 年 2 月 16 日，交通部发文决定集美航海专科学校暂由交通部远洋局管理。10 月，改由交通部直接领导，学校工作由原集美航海学校的班子主持。1980 年 3 月 25 日，交通部党组研究决定，集美航海专科学校党委工作暂由党委副书记叶振汉主持，原集美航海学校党委书记王彬调任省农科院副院长。学校党的关系从隶属厦门市委改为隶属福建省委。8 月 14 日，交通部党组决定：卓杰华任党委副书记、副校长，尹一民任党委副书记，卢振乾、王昕任副校长。10 月 20 日，经中共中央组织部同意，交通部党组任命叶振汉为集美航海专科学校校长兼任党委副书记，主持学校的党政工作。1981 年 3 月 2 日，经学校全体党员大会选举并报福建省委批准，由叶振汉、卓杰华、尹一民、王昕、吕和俭等 5 位同志组成的第一届党委会成立，叶振汉、卓杰华、尹一民为副书记，书记暂缺。12 月 20 日，王昕调任他处。1982 年 7 月 26 日，经交通部党组同意，交通部政治部决定：调大连海运学院轮机系主任陈心铭任集美航海专科学校副校长。1983 年 4 月 25 日，经征得福建省委同意，交通部党组决定：叶振汉任集美航海专科学校党委书记，免去党委副书记、校长职务。调大连海运学院党委委员、副教务长吴景宁任集美航海专科学校校长、党委副书记。6 月 30 日，交通部政治部同意成立中共集美航海专科学校纪律检查委员会，由杨习之任书记。增补任镜波、杨习之、曾讲来等 3 人为校党委委员。1983 年 12 月 30 日，经征得福建省委同意，交通部党组对集美航海专科学校的党政领导班子作了调整：叶振汉任顾问，吴景宁任党委书记，陈心铭任校长，曾讲来任党委副书记，吴炳煌、陈泰灿任副校长。卓杰华、尹一民、卢振乾 3 位同志离职休养。校党委由吴景宁、曾讲来、杨习之、吕和俭、任镜波、吴炳煌、陈泰灿等 7 位同志组成。1984 年 12 月 29 日至 30 日，学校第二次党代会选举产生了第二届党委会和纪委会。经交通部政治部同意，第二届党委会由吴景宁、曾讲来、杨习之、吴炳煌、陈泰灿、任镜波、符致丰等 7 人组成，吴景宁任书记，曾讲来任副书记，杨习之任纪委书记。1988 年 5 月 21 日至 23 日，学校第三次党代会选举吴景宁、曾讲来、陈泰灿、邱奕福、陈厚进等 5 位同志为第三届党委委员，吴景宁任书记，曾讲来任副书记，洪志生任纪委书记。

随着校级班子的调整，学校的内设机构和中层干部也进行了调整充实。1981 年 1 月，学校党的机构设党委办公室、组织部、宣传部；行政机构设校长办公室、教务处、人事处、总务处；教学机构设驾驶科、轮机科、基础部。校党委任命了第一批中层干部共

17人。1983年8月29日,驾驶科改为驾驶系,轮机科改为轮机系。1984年3月,学校对中层干部进行了全面调整。1985年1月,学校成立统战部、对外联络处和科研生产开发处。1986年8月30日,成立船舶电气工程系。1986年9月,成立学生半军事化管理总队办公室。

为了推动学校的民主管理,1984年10月27日至29日,召开了集美航专首届教代会,在全省高校中第二家成立教代会。首届教代会于1986年4月12日至14日举行了第二次会议,通过了《集美航海专科学校教职工代表大会实施细则》,规定教代会在本校权限范围内行使下列职权:(1)听取和讨论校长的工作报告、学校发展规划、机构设置、定编原则、改革方案、财务预决算、教职工队伍建设以及其他重大问题,并提出意见和建议。(2)讨论通过岗位责任制方案,教职工奖惩办法,以及其他与教职工有关的基本规章制度,如教职工考勤制度、教师工作量制度等,由校长颁布施行。(3)讨论决定教职工的住房分配、福利费管理使用的原则和办法,以及其他有关教职工的集体福利事项。(4)监督学校各级领导干部,可以进行评议、推荐、表扬、批评、询问,必要时可以建议上级机关予以嘉奖、晋升,或予以处分、免职。每次教代会召开以前,都广泛地征集提案。会议期间,都要听取和讨论校长的工作报告,并对学校的重大决策提出意见和建议。实践证明,教代会是教职工群众行使民主权利、民主管理学校的一种重要形式,是学校管理制度的一个重要组成部分。作为教代会的工作机构,学校工会在推进学校的民主管理方面,也做了许多工作,多次被省、市工会评为先进单位。1988年10月被全国总工会授予"模范职工之家"的光荣称号。

(二)隆重举办60周年校庆

1980年11月1日至3日,集美航海专科学校隆重举行建校60周年庆祝活动。这是经过十年动乱之后,集美航专第一次举行校庆活动。它不仅是集美航专一校的校庆活动,而且牵动了集美各校。这次活动,还对集美校委会和校友会恢复正常工作起了促进作用。

交通部和福建省委、厦门市委对"庆祝陈嘉庚先生创办集美航海专科学校六十周年"活动很重视,专门成立了一个领导小组,由厦门市委书记、市长吴星峰任组长,福建省委统战部副部长王汉杰、厦门市委统战部部长施耀、厦门市政协副主席肖枫、交通部教育局副局长李承烈、香港招商局副总经理郭玉骏、集美航专校长叶振汉为副组长。中共中央政治局委员、国务院副总理方毅,全国人大常委会副委员长廖承志,全国政协副主席、侨联主席庄希泉,交通部部长曾生和全国台盟主席蔡啸赠送了题词。方毅的题词是:"为祖国海运事业而奋斗"。廖承志的题词是:"乘风破浪"。中共中央统战部、中华人民共和国交通部等许多单位分别发来贺电和贺信。中央统战部的贺电内容是:"爱国侨领陈嘉庚先生创办的集美航海专科学校,六十年来为祖国培养了许多航海专业人才,对祖国的建设事业做出了不少贡献。在你校建校六十周年、海内外校友欢聚一堂之际,向你们致以热烈祝贺,祝你校在实现祖国的四个现代化建设和促成祖国统一大业方面做出新的贡献。"11月1日上午,学校在福南堂隆重举行庆祝大会。交通

部及省、市有关领导同志，来自全国各地和港澳的校友代表、来宾和来自日本的岩井代表团等共 200 多人，同 1000 多名穿着整齐校服的师生员工一起参加了庆祝大会。校庆期间，还举行了各种座谈会、报告会。11 月 3 日上午，集美学校委员会、集美学校校友会特地在敬贤堂为应邀返校参加校庆活动的海内外校友联合举行茶话会。数十年没见面的老校友、老同学促膝畅谈，抚今追昔，令人心醉神驰。校庆活动之前，学校特地发出了《寄台湾校友书》，书中满怀深情地说："我们既是航海同仁，又是校友宗亲，应该借此校庆佳节，做团结的楷模，打破长期隔绝的不幸局面，迈出互相往来的第一步。我们热诚地欢迎台湾校友返校参加校庆，同时，一起去瞻仰陈嘉庚先生的陵园。参观刚开放的《陈嘉庚先生故居》遗物陈列室，并题观感留言。庆祝母校六十周年大庆，纪念校主陈嘉庚先生的最好办法，就是要记住陈嘉庚先生的遗教，'饮水思源，不可忘本'。让我们继承陈嘉庚的爱国精神，发扬母校光荣的爱国传统，顺乎历史的潮流，并肩携手，共同努力，促进台湾和祖国大陆通邮、通商、通航，在二十世纪八十年代，为祖国统一大业作出应有的贡献。"

集美航专庆祝建校 60 周年（1980 年）

乘风破浪（廖承志题词，1980 年）

（三）推进教育教学改革

党的十一届三中全会以后，学校逐步把工作重点转移到以教学为中心上来。1979 年 1 月，学校第一次在福建省参加高等学校扩大招生，招收第一届大专班新生 120 名，均为高中毕业生。其中驾驶专业 57 人，轮机专业 33 名，船电专业 30 名，学制为三年。同年 7 月，学校参加全国高等学校统一招生，招收三个专业新生 288 人。随后，每年秋季均继续招收三个专业新生。从 1984 年秋季开始，学校增办招收初中毕业生的五年制专科班。1987 年秋季，增设"海洋船舶通讯与导航"的新专业。

1985 年 5 月 27 日，中共中央作出了《关于教育体制改革的决定》。根据《决定》精神，学校在前几年调整、恢复和发展的基础上，积极稳步地开展教育教学改革工作。1986 年 4 月，校长陈心铭在教代会上的工作报告中提出：教学改革必须从海运事业发展对人才的需要出发，探索符合我校具体情况的教改方案。一要制定符合专业要求的培养目标和培养规格；二要改革教学制度；三要改革教学内容和教学方法；四要培养良好的学风和校风。

学校把加强师资队伍的建设,当作提高教学质量的一项战略任务。学校成立了师资科,制订了《1986—1990年师资队伍建设规划》,采取了八条措施:一是调入一批紧缺的专业骨干教师,如英语、航海、船电及导航方面的中年骨干教师,从而缓和了这些专业教师的紧缺情况。二是举办多语种的外语进修班和电子计算机学习班,提高教师的外语水平,掌握和应用新学科技术。三是选派一批青年教师到兄弟院校进修,安排一批中青年教师到远洋船队从事教学实践环节锻炼,换取船长、轮机长等各种船员证书。四是组织青年教师参加考试和推荐报考出国留学。五是开设研究生班课程。六是组织教师参加科研和各种学术活动,提高业务水平。七是重视教研室的业务研究,由老教师对青年教师进行传帮带。八是加强对青年教师思想素质的培养,组织新分配来校的青年教师到山区农村扶贫和下部队当兵,让他们接触社会和人民群众,以提高思想觉悟。经过多年的努力,学校建设了一支有一定数量和质量的师资队伍,较好地适应了教育教学的要求。

为了了解用人单位对人才培养的要求和毕业生对工作的适应情况,为进一步深化教学改革提供反馈信息,1987年4月,校党委书记吴景宁带队到广州进行毕业生质量调查。调查组走访了广州远洋公司、广州海运局等几十个单位,召开了多场座谈会。用人单位对学校的发展规划、专业设置、招生、政治思想教育和教学各个环节提出了许多建设性的意见。这些意见对学校调整人才培养方案,深化教育教学改革有重要的启示。

学校注意从各个方面提高教学质量,针对专业特点,着重加强实践教学和英语教学,严格考试制度。根据海上专业应用性强的特点,学校修订了三年制和五年制的教学大纲,解决了原教学计划中存在的理论教学时数偏多的问题,压缩了总时数与周时数,坚持理论教学与实践教学并重的原则,加强实践环节的训练,重视培养学生的动手能力。学校还聘请外籍教师来校上英语口语课,并开办了教师业余英语进修班。从1984年起,学校实行任课教师不参加命题的统一考试办法,严把命题、监考、评分和总结四个关,并且恢复了平时考试制度,制定了《考场规则》,整顿考场纪律,及时严肃处理违反考场纪律的现象,使考场纪律有了较大的好转,进一步端正了学风。

学校从1985年起实行毕业生预分配制度。1986年又对预分配实习进行较大的改革,把学生的实习期与见习期结合起来,安排实习生到毕业后拟分配的单位实习,实习期满不再返校。这项改革,经过几轮的实践,取得良好的效果,一举多得。第一,学生提前分配,由用人单位安排实习,使实习和用人统一起来。既调动了用人单位关心支持学校培养适用人才的积极性,学校也解决了实习场所等困难。第二,学校和用人单位有共同的目标,能密切配合和主动安排学生,按教学要求完成实习任务,有利于提高教学质量。学生克服实习的临时观点,也能更快地适应本职工作。第三,学生实习和见习结合,缩短了人才培养周期,提高了教育的效益;用人单位承担了学生实习期间的一些费用,可缓解教育经费紧缺的困难;学生提前培养达到使用要求,可满足用人单位对人才的急需。第四,预分配与预分实习为带队教师随船指导实习、深入接触航海实际创造了条件,也为企业的船员提高理论水平提供了机会。预分配和预分实习办法获得1989年福建省高校优秀教学成果一等奖,并得到国家教委的肯定,要求有关院校

推广试行。与预分配制度相辅相成的是积分分配办法,该办法贯彻优学优用、量才分配的原则,有效地克服毕业分配工作中的不正之风,使毕业生分配工作顺利进行、师生满意。

(四)挖掘潜力多层次办学

1984年3月31日,交通部决定在集美航海专科学校试办招收初中毕业生的五年制专科班,作为交通部航海高等教育改革的试点工作之一。1984年秋季,学校开始在福建省招收五年制学生,1988年后扩大到广东、浙江两省。五年制的课程结构,经历了两个时期:1984年9月至1986年4月,课程结构采取"融为一体"的方法。即根据航海专科教育的特点,把中等教育和高等教育有机地结合在一起,通盘安排五年教育;把高中教材与大专教材融为一体,使原来高中教育中与航海专业相关性强的课程和内容得到加强,相关性小的适当精简,数理基础、政治理论等课程实行"一条龙"教学,避免脱节与重复。这样设置课程,旨在既保证具有与高中相同的文化水平,又使得课程内容更体现专科教育针对性、应用性强的特色。1986年5月开始,课程结构采取"二程式浓缩"的方法。即将五年制的教学计划分成两个阶段安排。第一阶段为两年,主要是打基础,课程设置采取"浓缩"的方法,把三年制的高中课程"浓缩"为两年进行教学,安排中学部分的基础理论知识和实验等14门基础课,外加三门:电子计算机、美学、军事常识课。此外比三年制多安排了4周的海上认识实习。这一阶段基本达到现有高中文化水平。第二阶段为后三年,与三年制专科的教学计划基本相同。经过几年的试办实践,五年制专科逐步形成了独有的优势和特点,但也存在一些问题。随着学校升为本科和五年制生源质量下降,1994年之后,学校不再招收五年制专科学生。

学校根据社会需要,充分挖掘潜力和优势,采取多种形式办学,除了着重办好普通班外,还采取如下五种形式办学:

1. 举办短期培训班

1985年9月,交通部港监局率广州、上海、大连等七大港监来学校对"海上求生"、"救生艇筏操纵"、"船舶消防"、"海上急救"等四小证以及"雷达观测"、"无线电话通讯"、"雷达模拟器和自动化雷达标绘仪"等三小证训练能力进行逐项验收。通过验收合格,学校成为全国第二个具有七证训练能力的单位。

2. 开办夜大学

经国家教委批准,学校于1986年7月成立了夜大学,并参加了当年全国成人高校招生。

3. 举办单科函授

从1987年9月开始,学校在福州、漳州和厦门设立三个函授站;1988年又在香港增设一个函授站,开设《远洋运输业务与海商法》、《船员应用英语》、《柴油机动力装置与管理》和《修船学基础》等四门单科函授课程,学制均为一年半。

4. 向海外招生

香港集美校友会于1983年12月20日写信给国家主席李先念,恳切要求政府批

准集美航专在海外招生。他们在信中说:"当年校主陈嘉庚出于强烈的爱国思想,极力提倡华侨子弟回国念书。在陈校主的倡导下,我们母校的一个办学特色就是面向海外,广纳侨生,并从各方面给予优待。数十年中,母校一直与海外保持着密切的联系,一批又一批的侨生不远万里来到集美就学。我们其中的许多人就是当年从国外到集美就学的侨生。如今我们均年事已高,特别是旅居海外从事国际航运工作的集美航海学校校友在海外面临着后继无人的局面。为了继承陈嘉庚先生的遗志,发扬陈嘉庚先生爱国、爱乡的精神和母校的光荣传统,增强海外侨胞的祖国观念,我们恳切请求批准让我们母校集美航专能在海外招生,接受海外华侨、港澳同胞的子弟回来就学。"这封信同时抄送国务院、全国人大常委会、国务院侨办、教育部、交通部和福建省委等部门和领导同志。这封信获得政府有关部门的支持,交通部批准集美航专从 1984 年秋季开始向海外招生,当年先从香港招生。

5. 接受用人部门委托代培

从 1984 年开始,学校接受救捞总公司、广州远洋公司等 14 个企业单位委托代培学生。1988 年秋季开始,还在福建省首次试招自费生。

(五)科研工作开始起步

学校改为大专以后,开始把科研工作当作学校的一项重要任务,建立了科研机构,明确了学校科研工作的指导思想,鼓励教师在完成教学任务的前提下,积极参加科学研究和科技开发工作。科研工作沿着健康的轨道不断进展,取得了一定成绩。1981年底,成立科技情报室,隶属于教务处,从事科技情报和图书情报的搜集和研究,提供国内外学术信息,组织学术会议论文,出版《航海》参考资料和专题的教学、科研资料。1982 年 4 月 29 日,学校决定成立《集美航海专科学校学报》编委会,1983 年开始编辑出版《集美航海专科学校学报》。1984 年 1 月,成立"高等教育研究室"(简称"高教室"),编辑出版《航海高教研究》。高教室开始隶属于教务处,1987 年 12 月改为直属校长领导,学校组织了一批专兼职高教研究人员。高教研究室把课题研究当作中心工作来抓,一方面积极承担交通部交给的研究任务,为部领导的决策提供研究意见;另一方面及时组织力量研究、解决学校各种亟须解决的实际问题,使高教研究直接服务于学校的教学、科研和管理。先后研究完成了航海教育的层次结构、福建省海运人才和运输船舶的调查预测、五年制航海专科教育、预分实习改革、驾驶专业人才培养规格、考试管理改革、学生管理工作组织机构改革、教务管理各项规章制度、《高等数学》和《普通物理》教学质量评估、学校行政管理机构改革、半军事化管理、学风校风建设、历届毕业生教学质量调查、实验课程单设、航海院校办学能力的研究、航海教育结构研究、五年制航海专科班教育质量跟踪调查、中日航海教育比较研究等课题。在课题的选择上遵循"以航海教育为重点旁及其他,提倡宏观研究与微观研究相结合,理论研究与应用研究相结合,重点与普及相结合"的方针。课题分部、校下达和个人自定三个层次。每个课题的研究均实行"双定":一定课题负责人和参加者,二定课题完成期限。为及时发表研究人员的研究成果,学校出版了由高教室主办的内部准印刊物《航海高

教研究》。学校还建立了高教研究资料室,负责情报资料的收集、交流,以使研究人员能及时了解国内外高教研究的最新动态和最新成果。为了方便检索和查询,资料室建立了现代的微机管理系统。1984 年 4 月,成立航海史研究室,挂靠在科技情报室;同年 9 月,科技情报室划归学校图书馆领导。

1984 年 12 月,经交通部和厦门市批准,学校成立"厦门航海科技服务公司"。1985 年 1 月,成立科研生产开发处,下辖科研科、航海史研究室、计算机教研室、计算机应用研究室和航海科技服务公司。1986 年 9 月,科研科、航海史研究室、计算机应用研究室、计算机教研室、计算机应用研究室从科研生产开发处划出,归教务处领导。1987 年 9 月,计算机教研室、计算机房从教务处划归基础部领导。

学校鼓励教师参加各类专业学会,截至 1989 年 9 月,全校共有 200 多人分别参加中国航海学会、中国造船学会、中国机械工程学会等 16 个全国性学术团体;参加福建省航海学会、福建海洋学会等 15 个省级学会;参加厦门市航海学会、市造船工程学会、市科技情报学会等 12 个市级学会。其中有 20 多人任理事以上的职务,有 1 人任中国航海学会常务理事。

(六)扎实开展思想政治教育

学校党委从坚持社会主义办学方向,培养有理想、有道德、有文化、有纪律的社会主义事业建设人才的高度,认识思想政治教育的重要意义和作用,指出:在面临改革和对外开放的新形势下,思想政治工作比任何时候都重要,只能加强,不能削弱。为加强思想政治工作,学校主要抓了以下四个方面的工作:

1. 建设一支专、兼职相结合的政工队伍

1982 年 11 月 17 日,学校制定了《政治辅导员兼职暂行条例》和《班主任职责暂行条例》。条例中规定政治辅导员除了认真抓好学生的思想政治工作和日常管理外,还应坚持跟班听马列主义理论课,了解教学情况和学生的思想动态,配合马列室教师搞好教学工作;要选听业务课,了解教学情况,配合班主任和任课教师进行学习目的、学习态度的教育;要做好学生的品德评定工作,认真负责地写好品德评语。学校对专、兼职政工人员有三个培养方向,即作为学校各级党政领导干部的后备力量、成为德育教师和转为业务教师。对专职从事思想政治工作的人员,实行"能力资格考核制度"和"评定职级制度"。工作三年以上,经过考察确认其能胜任,具有一定成绩者,一般定为副科级,其中优秀者,定为正科级。从 1985 年秋季开始,学校试行了从高年级学生中选拔半脱产学生政工队伍的制度。半脱产学生政工干部的选拔对象必须是政治素质好,拥护党的路线、方针、政策,愿意从事学生政治思想工作,专业思想巩固,学习成绩优良,身体健康,有一定学生工作经验,品学兼优的高年级学生。半脱产期限为两年,在此期间,每学期课时减少一半,在同届毕业后一年内补修完所缺课程。学校每月发给半脱产学生政工干部适当的工作津贴。半脱产干部可担任正副指导员和正副中队长以及共青团系统的各级干部,主要任务是从事学生的政治思想工作。这项制度对加强政工队伍的力量,起到了一定的作用。

2. 齐抓共管，综合培育，建立思想政治工作网络

学校结合自己的实际情况，认真学习了第四军医大学的经验，把学生思想政治工作当作全校的任务来抓。除了学生工作的主管部门以外，全校各个部门都注意从不同的角度来加强对学生的思想政治教育。学校开展了"三育人"活动，即教师要做到"教书育人"，各级干部要做到"管理育人"，后勤人员要做到"服务育人"。1988 年 1 月 3 日，学校第二届教代会通过了《集美航专教师"教书育人"工作暂行条例》。《条例》中指出，教师是办好学校的依靠力量。培养德智体全面发展的学生，教师起着决定性的作用。教师是学生思想政治工作的主力军，教书必须育人。《条例》还提出"教书育人"的考核奖惩办法。

3. 成立马列室、德育室和思想政治研究室，多层次地加强思想政治教育

1980 年 6 月 10 日，学校把原政治课教研组改为马列主义教研室，由校党委直接领导。根据中央和国家教委的有关通知精神，并结合学校的实际情况，马列室对课程设置、教学内容、教学方法进行一系列的改革。马列室教师在教学过程中，努力克服"三脱离"的现象，坚持理论联系实际的原则，注意从理论和实践的结合上回答同学们思想认识上的种种问题。他们努力改进教学方法，增强理论课的说服力、吸引力，改变传统的简单灌输式教师讲、学生听的教学方法，实行师生平等的、双向讨论式的教学方法。1983 年 1 月 25 日，成立"共产主义品德教育教研室"（简称德育室），直属党委宣传部领导。德育室的课程根据航海专业的特点，分三个年级开设三门课程：一年级开设《航海史》，结合对学生进行热爱海运的专业思想教育；二年级开设《共产主义思想品德》；三年级开设《国际关系与对外政策》，结合对学生进行涉外纪律教育。根据国家教委《关于高等学校思想教育课程建设的意见》，学校于 1987 年 12 月成立了思想政治教育研究室，开设《形势与政策》和《法律基础》两门课程，并正式纳入教学计划。此外，学校还利用各种形式，对青年学生进行思想教育。其中一个重要形式和内容是利用英模典型，开展理想纪律和道德品质教育。学校先后邀请对越自卫反击战解放军英雄，建设青藏公路英模，参加南极考察的立功人员，长江科学考察漂流探险队队长王岩校友和全国劳动模范杨怀远等来校作报告，在广大师生中引起强烈的反响。师生们普遍反映这种教育形式很有说服力。

4. 努力探索新时期思想政治工作的规律和方法

学校各有关部门在开展思想政治工作的过程中，注意研究八十年代青年学生的思想特点，不断了解新情况，分析新问题，总结新经验，努力改进思想教育的方法。学校坚持正面教育和疏导的方针，对学生从关心爱护出发，平等待人，善于接近他们，以理服人，以情动人，把思想政治工作做到学生的心坎上。建立座谈制度，就师生关心的热点问题，校、系领导与师生们进行对话，做到下情上达，上情下达，彼此沟通，互相理解，及时恰当地处理或缓解内部矛盾，共商改进工作，推进学校的民主管理。组织学生参加社会实践或观看有教育意义的录像片等，寓思想教育于活动之中，让青年学生在丰富多彩的活动中受到陶冶，促进自我教育。开展各种形式的群众活动、"第二课堂"活动，寓教于乐，催人上进，激人奋发。把加强思想教育同关心和改善学生的学习、生活条件结合起来，重视解决各种实际问题，避免矛盾的激化，创造思想教育的良好外部环境。在加强和改善学生思想教育的同时，学校逐步建立了一套严格的学生管理制度。

（七）实行半军事化管理

1984年秋季，学校决定从84级学生开始试行半军事化管理，并成立军教部，作为半军事化管理的统一指挥机构。驻厦守备四师对学校试行半军事化管理给予大力支持，派出15名干部、战士驻校帮助开展半军事化管理工作。从1985年秋季开始，学校对全体学生实行半军事化管理，在机构上采用军校建制。在校部成立学生半军事化管理总队，由学校党政负责同志兼任总队正副政委、正副总队长。建立总队管理委员会，由宣传部、军教部（武装部）、校办、人事处、教务处、总务处、航海系、轮机系、团委、学生会各有关负责同志担任总队委员会委员，配正副参谋长。为了使校系两级机构互相配合，在航海、轮机两系分别成立系学生大队，由系党政负责同志兼任大队正副教导员、正副大队长。为了加强基层学生思想政治工作和半军事化管理工作，在年级成立中队，中队配正副指导员和正副中队长，把班级改为区队，区队设正副区队长。在学生思想政治工作和半军事化管理工作的权限问题上，实行总队和大队两级分级管理，以大队为主，通过中队积极开展工作的管理体制。

半军事化管理在生活制度、内务制度方面基本上按军队的管理方法，严格要求、严格管理，进行经常性的思想教育工作。按照军事化的性质和管理原则，运用管理职能，对学生进行基本的军事训练和严格的日常管理，抓好作风纪律、生活秩序的正规养成教育。学校参照部队的条令条例和管理规则，结合本校实际，制定和完善了军事训练、一日生活、宿舍管理、内务卫生、着装仪表、评比考核、积分考评、奖惩、实习、值班、会议等一系列规章制度，编印成册。1986年起实行被服统一制度，全体学生的床上用品和服装，都由学校购置，既达到整齐统一便于管理的目的，又起到约束行为、培养纪律的作用。1989年又建立了校（总队）、系（大队）、年段（中队）的三级值班制度。校、系领导、有关部门领导和干部，以及中队长、指导员、班主任都参加值班。从早操、上课、就餐、自习、就寝、熄灯等情况到校风校纪、教学、工作、生活秩序，全面进行检查和督促。从1989年秋季开始，还规定在新生中统一着装。

1986年，学校被国家教委指定为全国进行军训试点的69所院校之一。学校把军训试点同半军事化管理有机地结合起来，以军事训练作为搞好半军事化管理的前提和基础，把半军事化管理当作军训的继续和巩固军训成果的有效手段，把半军事化管理提高到一个新水平。《中国教育报》、《解放军报》、《厦门日报》等报刊先后对集美航专的半军事化管理工作作了报道，介绍了经验。

在实行半军事化管理的过程中，学校同厦门警备区、厦门水警区开展军民共建活动。学校学习解放军政治工作优良传统和训练、管理工作的有效经验，同时也积极发挥知识优势，为驻校官兵和部队机关干部举办微机、英语、金工、家电、水手等专业知识和文化学习班，培养军地两用人才。部队的领导和机关，把搞好学生军训，培养合格人才当作分内事，给予热情关怀和支持。厦门警备区除承担集中训练任务外，还根据学校的需要，选派军政素质好的官兵，驻校担任部分中队长和区队长职务；厦门水警区选派四名有教学经验的优秀军官和少数士兵，担任军事理论教员，并指导部分课目训练。

他们传军队的优良作风、先进思想、军事知识技能和训练管理经验；帮各级做好学生的思想政治工作和行政管理工作；带学生努力完成军训和各项任务。在整个军训和管理中，部队官兵发挥了示范作用，不仅充实和加强了骨干力量，而且使各级学生管理干部通过与解放军教员的接触与配合工作，加强对军人的了解和理解，从解放军同志身上学到了许多高尚的品德和优良的作风以及科学的训练管理方法。经过几年的实践，学校已摸索出一条行之有效的学生半军事化管理的新路子，使校风和学风有了明显的好转。

(八)体育注重适应海上工作需要

学校认真贯彻执行 1979 年 10 月 5 日教育部、国家体委联合发出的《高等学校体育工作暂行规定》，把体育当作学校教育的重要组成部分，建立健全了体育工作机构，充实了体育设施，根据海上专业的特点，努力进行体育教学改革，并积极开展群众性的体育活动。1981 年 2 月 20 日，学校成立新的体育委员会，原来的体育教研组改建为体育教研室。学校加大投入，修建了一个面积 24000 平方米的大运动场，场上有 1500 个座位的看台，有 400 米标准跑道的田径场，有一个标准的足球场，3 个篮球场，3 个排球场(均为水泥地板)，安装了一个单杠区，2 个双杠区，配备了滚圈、旋梯、浪桥、爬绳等专业体育器材。体育教研室购置了一整套体育教学用具，包括田径运动所需的器材、体操器材、游泳教学辅助器材，以及日常学生健身器材，并建立了健身房。

体育教研室教师针对学校是培养海洋船舶干部船员，毕业生要能适应海上工作的特点，对船员身体素质的要求开展研讨，提出远洋船员需要有健康强壮的体质，较强的适应能力，顽强的意志和良好的心理素质；要有一定的力量、耐久力、灵敏素质，有较好的平衡能力和防身的基本技能；要熟练掌握游泳、跳水、攀登、自救和救护基本技能。为了使毕业生适应海上工作的要求，学校在制定各专业教学计划时，都把体育课排在重要地位，比一般的院校安排更多的课时。学校执行的《航海类学生毕业体育合格标准》，既有按《国家体育锻炼标准》全面发展身体的要求，又有专业所必须掌握的海上作业对身体的特殊要求，如长距离游泳、潜水、跳水及上肢力量等。

学校还十分重视开展群众性课外体育活动，坚持把两操(早操、课间操)作为培养良好作风、增强学生体质的一项措施。实行半军事化管理后，早操内容既有军事训练，又有体育锻炼，坚持严格考勤，严格要求。课外活动以学生自选锻炼项目为主，辅以各种运动队训练和比赛，进行定期的"达标"测验和季节性体育项目活动，形成一个多项目、多形式、全年不断的群体活动格局。每个学年度的群体活动项目，一般情况是，第一学期：9、10 月份以游泳为主；11 月下旬举行全校田径运动会；12 月举行传统的"12·9"万米长跑团体赛；元旦参加市、区级的越野跑活动，各系(部)举行迎新的各种球类比赛。第二学期：5 月份举行"五·四"火炬接力团体赛，达标"十佳"团体赛，达标测验活动月，地区性的龙舟比赛；6 月份举行横渡高集海峡的长距离海上游泳活动等。

学校体育工作坚持面向全体学生，重点抓好普及。在抓好普及的基础上，学校又组织各种运动队，努力提高运动技术水平，培养了一批优秀的业余运动员。他们代表学校参加各种比赛，取得了较好的成绩。

（九）办学条件得到较大改善

高校的图书馆是学校图书资料情报中心，是知识的宝库；实验室是培养现代科技人才实验能力的场所，是开展科研的基地。学校重视抓好图书馆和实验室的建设，这两方面都有了长足的发展，大大改善了办学条件。

1982年4月，成立了图书馆。1984年5月，新建的图书馆落成使用。该馆面积为4300平方米，通风采光条件良好，内设有6个书库，面积1466平方米；2个学生阅览室，1个学生自习室，面积1362平方米，共有500个阅览座位。1988年3月，该馆又建置了多功能（视听同步翻译，中文兼听）的视听室，设有60个座位。1989年9月，学校又在分校建成了一个图书分馆，面积700平方米。图书馆下设办公室、科技情报室、采编组、流通组和期刊组，至1989年9月，工作人员共32人，大专以上文化程度占50%。图书馆的藏书量得到了较大的充实，至1988年，藏书量为230085册，是1978年的6.6倍，订有中文期刊890种，报刊103种，西文刊物139种。馆藏中，船舶驾驶、船舶轮机管理、船舶电气与船舶导航等专业方面的书刊资料丰富。

1978年12月以来，学校实验室建设有了较大的发展。至1989年9月，建有以下实验室：航海模拟器实验室、雷达实验室、无线电导航仪器实验室、无线电电子技术实验室、气象实验室、船艺实验室、水上站（即水上训练中心）、自动化实验室、微机绘图实验室、主机实验室、辅机实验室、轮机工艺实习工厂、机械基础实验室、材料力学实验室、光弹实验室、电工实验室、电子技术实验室、船电实验室、通讯与导航实验室、物理实验室、化学实验室、计算机房等。学校教务处还设有电化教学研究室，该室1982年、1985年、1986年三次被评为交通部和福建省高等学校先进实验室。自1980年筹建以来，该室已自行设计、安装了高频通讯模拟室、英语实验室、听音室、视听室、放像室各一间，并将校、系和各专用教室连接成闭路电视网络，1988年建成广播卫星地面接收站，使全校或各系部可以接收自播自放音像和接收国内外音像的声像网络，并自制和编译航海科教系列片41部。

为解决学生实习问题，经学校积极争取，1980年，交通部从大连海运学院调拨给集美航专一艘400吨级的实习船，定名为"育志二号"。1981年7月，交通部又从长江航运局芜湖分局调拨两艘400吨级的货轮给学校作为教学实习之用。学校接收后将这两艘船分别定名为"育志三号"、"育志四号"。1982年2月。学校重新成立实习船队，承担航海学生的教学实习任务。每年实习期间，两艘实习船同时为各个班级进行为期两个星期的海上教学实习。实习船的航线一般是厦门——东山——南澳——汕头，再从汕头返回集美。通过海上教学实习，较系统地进行海上实操训练，从值班、操艇、起抛锚、陆标定位、磁罗经自差测定，到船舶性能冲程、回旋圈的试验和测定，以及救生消防演习等，均进行实习。遵照交通部关于"要充分发挥实习船的经济效益，提高教学和实习质量，使教学实习和生产运输相结合，在当地航运部门的统一安排下，努力达到自负盈亏"的要求，学校实习船队除了完成教学实习任务外，也积极参加生产营运。1986年4月，学校购置了一艘12700吨级的大型实习船，定名为"育志"轮。"育

志"轮对加强实践环节,培养航海人才起了积极的作用。该轮每次能安排实习学生77人,带队教师3人。既解决学生上船进行认识实习和部分毕业实习和毕业生上船见习换证,又为教师实船任职、考取高级船员适任证书创造了条件。"育志"轮航线主要在东南亚各国及我国各港,在完成教学实习任务的同时,也为学校创得了一定的经济效益。1991年2月3日,"育志"轮因长期超期"服役",经报交通部批准予以报废处理。2月4日,为解决学院教学实习的需要,交通部批准将广州远洋运输公司的"前进轮"无偿调拨给航海学院作为实习船,易名为"育华"轮。该轮总长153.9米,型宽19.4米,型深12.55米,载重为10400吨。3月,为了加强教学和生产实习,经交通部批准,学院向厦门工商银行贷款1800万元,从浙江省远洋运输公司购买了"浙莺"轮,易名"育美"轮。该轮系1974年7月波兰制造,船长122.09米,船宽17.03米,总吨5974.3吨,主机功率5500马力,船上实习和生活设备较齐全,有实习驾驶台和实习机舱各一个。

1978年12月,学校占地面积为128亩,建筑总面积为31258平方米;至1989年12月,占地面积增至291亩,比1987年增加了1.3倍,新建校舍总面积为50461平方米,全校建筑总面积为81719平方米,比1978年增加了1.6倍。在新建项目的同时,还进行了大量修缮和校园建设工作,改善了校园环境。学校加强了财务和物资管理,注意增收节支,千方百计办好膳食,校园绿化成绩优异,1986年被厦门市授予"花园式单位"的称号,并荣获"全国绿化先进单位"的称号。学校努力改善师生的生活条件,不断改善水电供应,加强医疗保健工作,搞好幼托工作,建立了招待所,成立了车队,开办了劳动服务公司。担负后勤总务工作的同志,长年累月工作在服务第一线上,管理大量日常生活琐事,涌现了一些勤勤恳恳为师生服务的"老黄牛","交通部先进工作者"陈清和就是其中一个突出代表。

(十)升格为集美航海学院

为适应我国海运事业的发展对高级航海技术人才的需求,并根据集美航海专科学校的办学条件,学校在1987年向交通部并通过交通部向国家教委提出将集美航海专科学校改为集美航海学院的报告。

1989年5月11日,国家教育委员会正式发出《关于同意建立集美航海学院的通知》。《通知》指出:集美航海学院由交通部与福建省人民政府共同领导,以交通部为主。学院发展规模为2000人,本、专科并存,修业年限本科为四年,专科为三年;招收初中毕业生的,专科修业年限为五年。9月15日,交通部发出有关集美航海学院行政领导班子任职的通知,任命陈心铭为集美航海学院代院长,喻志成、陈泰灿、吴炳煌为集美航海学院副院长。9月17日,中共交通部党组发出有关集美航海学院党委班子任职的通知,决定集美航海学院党委由吴景宁、曾讲来、喻志成、陈泰灿、邱奕福、陈厚进等六位同志组成。吴景宁任党委书记,曾讲来任党委副书记兼纪委书记。陈嘉庚生前好友、96岁的全国侨联主席张国基为集美航海学院写了校牌。9月21日,学校在福南堂隆重举行"庆祝集美航海学院建立大会"。交通部领导,福建省教委领导,厦门市

委、市政府和厦门驻军领导，各兄弟院校领导，以及有关航运单位与学院全体师生员工参加了大会。会议结束后，在校门口举行校牌揭幕仪式，交通部领导和省教委领导为"集美航海学院"校牌揭幕。

1990年3月7日，交通部对集美航海学院行政领导作了调整。任命喻志成为集美航海学院院长。陈心铭因年龄原因，免去代院长职务。

1990年10月21日，学院在福南堂隆重集会，热烈庆祝陈嘉庚先生创办水产航海教育70周年。在70周年校庆期间，学院还举行了陈嘉庚铜像揭幕仪式、文艺晚会、学术报告等活动，出版了《集美航海学院校史》、《诚毅篇》、《集美航海学院校友录》、《集美航海学院学报》及部分教学管理文件汇编等。航运企业和海内外校友为改善学院办学条件，纷纷慷慨赞助，共收到赞助款200多万元。应学院邀请，埃及阿拉伯海运学院派出以该院副院长E.M.埃伯德尔吉利尔博士为团长的四人代表团，参加70周年校庆活动。

交通部领导和省教委领导为集美航海学院揭牌（1990年9月21日）

集美航海學院

九十六岁張國基題

原全国侨联主席张国基题写校名（1990年）

1991年2月13日，交通部任命李连亭为集美航海学院副院长。1992年7月15日，交通部任命俞建洪为副院长。1993年5月13日，中共交通部党组决定：喻志成任中共集美航海学院委员会书记（兼）；陈泰灿任中共集美航海学院委员会副书记；免去吴景宁中共集美航海学院委员会书记、委员职务。1994年2月9日，交通部决定：任命滕元良为集美航海学院院长，免去喻志成集美航海学院院长职务。同日，中共交通部党组决定：集美航海学院党委书记喻志成留任一年；滕元良增补为集美航海学院党

委委员。1995 年 9 月 14 日,交通部决定:邱志雄任集美航海学院副院长(副局级);免去陈泰灿集美航海学院副院长职务。同日,交通部党组决定:陈泰灿任集美航海学院党委书记(正局级),免去其副书记职务;邱志雄兼任集美航海学院党委副书记,增补为党委委员;免去喻志成集美航海学院党委书记、委员职务。1996 年 8 月 19 日,交通部决定:赖强谋任集美航海学院副院长(副局级)。交通部党组决定:陈爱京任集美航海学院党委副书记(副局级),增补为党委委员;田西京任集美航海学院纪委书记(副局级),增补为党委委员。赖强谋增补为党委委员。1997 年 9 月 23 日,交通部决定:免去滕元良集美航海学院院长职务;邱志雄主持集美航海学院行政工作。交通部党组决定:免去滕元良集美航海学院党委委员职务。1998 年 7 月 1 日,交通部党组决定:田西京兼任集美航海学院党委副书记;免去陈爱京集美航海学院党委副书记、委员职务。

1998 年 7 月 6 日,交通部副部长张春贤和福建省副省长潘心城分别代表交通部和福建省在"中华人民共和国交通部 福建省人民政府关于集美航海学院划转福建省管理协议书"上签字。根据此协议书所述,经中华人民共和国交通部与福建省人民政府协调,一致同意撤销集美航海学院建制,并入集美大学,为集美大学航海学院,由福建省管理。邱志雄副院长出席了划转仪式。

航海教育在 20 世纪 80 年代获得大发展,进入 90 年代,开始招收本科生,各项事业更上一层楼。在发展中经历了集美大学的组建和实质性合并的历程,并逐步融入集美大学,成为其重要组成部分。

二、水产学院稳步发展

1979 年,经国务院批准,恢复上海水产学院和续办厦门水产学院,学院一分为二,两院于 1979 年 12 月起,各自独立办学。由于相当一部分教师和教学仪器设备、图书资料等随迁回上海,分校后的厦门水产学院面临的挑战是十分严峻的。但在学院党政领导班子的坚强领导和留在厦门水产学院的教职员工的艰苦努力下,学校的局面很快有了改变,逐步在集美扎下了根,并走上了稳定发展的道路。

(一)加强领导,夯实基础

1980 年 1 月 16 日,中共厦门水产学院委员会成立,张渝民任党委书记,黄晞任党委副书记。1981 年 12 月 23 日,张渝民兼代院长;1982 年 2 月,蓝天任党委委员、副院长,主持行政工作。同年 8 月 19 日,农牧渔业部党组任命石益为党委副书记。9 月 20日,张渝民他调。1983 年 11 月 16 日,根据农牧渔业部党组通知,新一届学院领导班子组成:石益任党委书记,黄拔泉任党委副书记;蓝天任院长,陈明义、洪惠馨任副院长;黄晞任顾问。

学院党政领导认真贯彻十一届三中全会精神,把学校工作重心转到教学、科研

工作上来。为搞好教学和科研,学校提拔了一批德才兼备的中青年专业人才,以充实院系两级领导岗位。同时扬长补短,认真办好分校时留在厦门的渔业机械、渔船动力机械、渔业电子仪器、渔船船体设计与制造等四个工科专业。1981 年,厦门水产学院独立招生,先招渔船动力机械、制冷工艺、海水养殖三个专业。1983 年又招收机制工艺专业,均为四年制本科。学校还创办《厦门水产学院》学报、校报,开展学术活动和对外宣传;制定专业教学大纲和教学计划,加强专业理论教学。1982 年1 月 12 日,厦门水产学院被国务院确定为首批有权授予优秀毕业生学士学位的高等院校之一。

1986 年 2 月,石益、蓝天离休后,根据农牧渔业部党组通知,组成新一届党的领导班子,黄拔泉任党委书记,陈志良为党委副书记,杨积庆、洪惠馨、陈朝兴任副院长,由杨积庆主持行政工作。这一届领导上任,正值我国社会主义建设进入"七五"计划时期,院党委于 1986 年 10 月制定了《关于学院"七五规划"和教育改革的意见》。提出了"一手抓改革,一手抓基础建设"及"上规模、打基础、抓改革、出效益"的工作方针。经过五年的努力,到 1990 年秋季,在校本专科生已达 1095 人(不含农业部干部管理分院和夜大学的学生);基本完成了教师、技术人员和管理干部各个系列的职称评聘工作,建立了结构比较合理的师资和工作人员队伍;开辟并建设新校区,投资 113 万余元添置一批实验设备和图书;学院的办学效益和教学质量稳步提高。

1990 年 11 月,农业部党组任命陈为发为副院长。同年 12 月 21 日,召开中共厦门水产学院全体党员大会,选举黄拔泉为书记,陈志良为副书记,杨积庆、陈为发为党委委员。这次党员大会总结了学院"七五"期间的工作,明确了"八五"计划期间和九十年代学院的奋斗目标。明确提出要进一步加强党对学校的领导,坚持社会主义办学方向,把德育放在学校一切工作的首位,大力加强专业建设,完善条件,保证重点,深化改革,提高质量,培养社会主义建设的合格人才。

(二)拓展专业,多层次办学

从 1984 年开始,为了使学院的专业设置进一步适应经济建设对人才层次结构的需要,学院实行以本科为主,兼办专科;学院还按国家统一的专业名录,对学院所设专业的名称和专业培养方向,进行全面调整;还按照加强部属院校与地方经济建设联系的精神,采取协议招生、委托代培、自费入学,开办成人夜校等方式,形成本科、专科、非全日制培训及继续教育四个办学层次。其中本科四年制设八个专业:海水养殖、淡水渔业、机械设计及制造、热能动力机械与装置、电子仪器及测量技术、制冷与冷藏技术、食品工程以及福建省教委委托办学的机械制造工艺与设备专业。专科两年或三年制八个专业:海水养殖、淡水养殖、食品检验、工业企业管理、水产品贮藏与加工、外经财务与会计、渔船机械修造、船舶修理与制造专业。成人教育有干部专修班(即"中央农业管理干部学院厦门水产学院分院")和夜大学。干部专修班有"工业企业管理"和"淡水渔业"两个专业,招收水产系统企事业单位在职干部,经两年培养,达到大学专科水平。干部培训还设有"专业证书班",夜大学设"机械制造工艺与设备"、"电子仪器及测

量技术"、"企业管理工程"、"财务会计"等专业,夜大学参照全日制相应专业的教学计划和教学大纲,每学期修完五至六门课程,学制三年,经严格考核,成绩合格者,发给夜大学毕业证书(专科层次)。此外,还与厦门市工人业余大学联合举办经济管理专业教学班。1990年还举办了全国水产系统鱼虾饵料高级研修班,帮助具有中级以上专业技术职务的中青年科技人员补充、更新、拓宽、加深知识和技能。

(三)改革教学,推进科研

学院以加强基础教学、拓宽知识领域、提高动手能力为目标推进教学改革。1984年以外语、物理、高等数学、生物、普通化学和工程制图等六门基础课和专业基础课为先导的教学改革获福建省优秀教学成果一等奖。

1985年,学院全面调整专业培养方向,修订教学计划。各专业课程中公共(基础)课约占总学时47%,专业基础课占40%～46%,专业课占9%～14%,加重了基础知识教学的分量。各专业全面开设选修课,引导学生吸收新知识,了解学科发展的新方向。实践周数达23～24周,包括实验课、习题课、教学实习、生产实习、毕业实习、毕业论文(毕业设计)、社会调查等。

为了加强教学改革的经验总结和教学研究,1984年初学院成立高等教育科学研究室,编辑出版了《高教研究》,广泛探讨我国社会主义高等教育的规律。

学院重视科学研究,发挥学院的专业优势,结合生产实际,大力开展以对虾和经济鱼类(鲷鱼、牙鲆、石斑鱼)为主攻方向,从苗种繁殖、双季养殖技术、饲料开发利用、病虫害防治等方面,形成系列化研究,并深入生产现场,提供咨询服务,为福建沿海水产业的高速发展作出切实贡献。在水产品保鲜加工方面,加强对水产加工基础理论探讨和保鲜加工工艺的研究,取得的成果经推广应用,有较好的经济效益。在渔业机械方面,加强经济适用的节能、助渔、导航仪器的研制。自行研制的几种型号定位仪已在南方沿海普遍应用,成为校办电子仪器厂的主导产品。1979年至1990年,学院承担了国家、部委、省科委、省水产厅等下达的科研课题147项,获得省级以上科技成果奖53项,其中4项获全国科学大会奖,发表科学论文600余篇,专著13部,许多科研成果已在生产中推广应用,取得了可观的经济效益和社会效益。

学院积极开展学术交流。主动邀请和接待国外学者来访,并经常邀请国内知名学者来校作学术报告,选送科技成果参加农业部、福建省、厦门市的科技成果展览会和新技术新产品展销会。学术刊物《厦门水产学院学报》自1981年创刊以来,质量不断提高。在1989年度全国优秀编辑质量评比中,《厦门水产学院学报》获得全省评比一等奖,全国评比三等奖。

(四)重视师资队伍建设

建设一支素质较高的师资队伍,是确保学院教育质量的前提。对于分校后的厦门水产学院来说,师资队伍建设更是当务之急。1981年之后,学院陆续接收了多批恢复高考后入学的大学毕业生和研究生,充实教师队伍。他们工作热情高、业务基

础好、年富力强。学校对青年教师执行定发展方向、定任务、定要求、定指导教师的"四定"方案。采取以在职进修为主，同时选派参加外校助教进修班、委托代培研究生、单科进修和参加农业部主办的外语培训班等，以提高他们的业务水平。为了使其中的业务骨干尽快地出成果，学院在 80 年代先后派出 15 人（次）前往前联邦德国、日本、美国、英国、泰国、丹麦、挪威、加拿大、奥地利等国学习，他们回国后成为各个学科的骨干。

截至 1993 年，学院拥有专任教师 233 人，其中副教授以上高级职称 52 人，占教师总数 22.31%；中级职称 106 人，占 45.5%。有硕士研究生以上学历 34 人，占教师总数14.6%；本科毕业 179 人，占教师总数 76.82%；教师中全国重点院校毕业和国外留学回国的共 167 人，占教师总数的 71.7%；本校毕业留校的仅 30 人，占教师总数12.9%，初步形成了一支多科性、多层次、水平较高、结构合理的师资队伍。

学院倡导教师为人师表，教书育人。多次召开教书育人和教学经验报告会，先后发布《关于进一步开展教书育人活动的决定》和《关于深入开展教书育人活动的决议》，明确教书育人要建立在新型师生关系基础上，把热情爱护和严格要求结合起来，使教书育人贯穿到教育工作的各方面和教学工作的全过程。福建省教育工会肯定水产学院"为全省高校教书育人"带了头，并推荐水院代表福建高校出席 1986 年 8 月全国教育工会在北京召开的高校教书育人研讨会。

（五）扩充校园、设备和各项设施

学院从上海迁来集美时使用原集美水产专科学校和集美华侨学生补习学校的校舍及设备。1977 年以后，陆续添建了办公大楼、综合大楼、小礼堂和单身教工宿舍等教学和生活设施。随着教育事业的发展，原有校舍和设施已不敷使用，且有的校舍需归还产权单位。为此，经农业部批准，学院征地建设新校区，按统一规划、分步建设的原则，先后建成学生宿舍、食堂、标准体育场、图书馆大楼、教学大楼及各项附属设施。新校区建成后，校舍总占地面积 267 亩，其中旧校区 170 亩，新校区 97 亩，建筑总面积7.4 万平方米。附设渔业机械厂、食品冷冻厂、电子仪器厂、印刷厂及海、淡水养殖场，建筑面积 1.37 万平方米。各类仪器设备 5329 台，总价值 536.3 万元。

1986 年学院建立水产生物陈列馆，陈列馆分为鲸馆和海洋生物陈列室两个部分。有鱼类标本 800 余种，具有专业特色和观赏价值。其中鲸馆陈列的抹香鲸是 1985 年12 月 22 日在福鼎县秦屿海湾发现的，当时共有 12 头抹香鲸在此集体冲滩搁浅。学院闻讯后立即组成了工作小组赶赴现场，选择一条保留得最为完整的雄鲸守护起来，进行测量，并将已被破坏的其他数条鲸鱼进行录像记录，解剖内脏，提取内脏标本。在当地县水产局、区政府和渔业队的支持下，租用一条渔船，将守护好的那头鲸鱼从海上拖运回校，制作标本，解剖研究。这头抹香鲸长 12 米，重约 20 多吨。巨鲸标本制作完成后，学校专门建馆陈列。

厦门水产学院新校区

三、体育学院充实提高

福建体育学院复办时基础薄弱,各方面条件比较艰苦,但学院领导和广大教职工同心协力、攻坚克难,经过几年的不懈努力,学院的办学条件有了很大改善,师资队伍得到充实,办学质量不断提高并逐步得到社会认可。

1984年5月,学院领导班子调整,慕香亭任党委书记,黄庆兴任院长,刘丽珍任副院长;黄庆兴、刘丽珍、黄维典、李元兴为党委委员。1987年10月,郑贤宗任党委副书记并主持党委工作。1988年4月,薛偕顺担任党委副书记。

学院的机构设置包括:党委办公室、组织部、宣传部、纪检委员会、团委、工会;院长办公室、人事处、总务处、教务处、科研处、图书馆、体育系、运动系、派出所。教研室设有:马列主义教研室、思想政治教育教研室、第一基础理论教研室、第二基础理论教研室、外语教研室、篮球教研室、足球教研室、田径教研室、体操教研室、武术教研室、重水教研室。

截至1992年底,学院有教职工283人,其中高级职称29人,讲师68人,助教66人。有国家级裁判10人(田径3人、武术3人、篮球和足球各1人、体操2人),一级裁判42人、运动健将4人,一级运动员26人。有21人荣获国家颁发的"新中国体育开拓者"荣誉证书。学院有一批骨干教师积极参与体育科学研究,取得可喜成果,其中黄庆兴教授的《中国青少年儿童身体形态、机能与素质的研究》1982年被国家体委授予体育科技成果一等奖。一批教师在各类体育学会、协会中担任重要职务,如林岐锡

1979 至 1986 年任中国排球协会副主席,洪正福是全国武术协会委员、福建省武术协会副主席,刘炳坤是福建省举重协会副主席,郑如赐是中国体育发展战略研究会委员、福建省体育理论学会主任,蔡芳川是全国高等师范院校体育专业教材编审委员,张丽珠是中国体育学会运动心理学委员会委员、福建省运动心理学研究会主任委员。一批教师积极参与各级各类体育比赛的裁判工作,如吴鹭江担任北京亚运会(1990 年 9 月至 10 月)田径英语裁判,林荫生担任武术技术裁判,等等。

在办学条件方面,学院在复办后先后兴建了教学大楼、办公大楼各 1 座,宿舍楼 7 座,标准田径场 1 个,1080 平方米的风雨跑道 1 条,50 米×25 米标准游泳池带 10 米跳台 1 座,球类练习馆 1 座,综合训练房 1 座,简易体操、武术、台球、举重训练棚共 5 座,还有室外练习场地及其他配套设备。实验室建设有运动解剖、运动生理、运动医学、运动生物化学等,占地 400 多平方米,图书馆有图书 7.5 万册,期刊 395 种。全院占地 163 亩,校舍面积 38833 平方米。

学院设置两个系两个专业,即体育系体育教育专业,运动系运动训练专业,学制四年,兼设五年制大专、两年制大专和体育函授班。本科生主要课程有:中国革命史、马克思主义原理、中国社会主义建设、教育学、外语、人体解剖学、人体生理学、运动医学、体育测量与评价、体育心理学、体育概论、学校体育学、田径、体操(艺术体操)、球类(篮球、排球、足球)、武术等专修技术课和专修课。介绍课有乒乓球、羽毛球、棒(垒)球、手球。任选课有计算机语言、体育管理、外国语,此外还有教育实习和毕业论文。培养目标是中等以上学校体育教师和体育专业人才。两年制大专生主要课程有:中国革命史、马克思主义原理、教育学、人体解剖学、人体生理学、运动医学、体育心理学、体育概论、学校体育学、田径、体操(艺术体操)、球类(篮球、排球、足球)、武术等专修课。选修课有运动生物力学、运动生物化学、体育统计、外国语。介绍课有举重、乒乓球、羽毛球、手球,此外还有教育实习。培养目标是初级以上的体育教师和其他体育人才。五年制大专生主要课程有:中国革命史、马克思主义原理、中国社会主义建设、教育学、人体解剖学、人体生理学、运动医学、体育心理学、体育概论、学校体育学、田径、体操(艺术体操)、球类(篮球、排球、足球)、语文(高中)、数学(高中),主修项目的理论与技术等专修课、专项训练课,选修课有运动生物力学、运动生物化学、体育统计、外语。介绍课有举重、乒乓球、羽毛球、手球,此外还有教育实习。培养目标是初级中学以上体育教师和其他体育专业人才。

1987 年 2 月,学院遵照国家体委《关于普通高校函授教育暂行工作条例的通知》,在省教委和上海体育学院的大力支持下,与上海体育学院联合举办函授教育,函授招生对象以具有高中毕业文化程度或同等学历的中学体育教师、县(市)少体校教练员,具有两年以上工龄者,体育系限收男生 38 岁、女生 35 岁以下,运动系限收男生 45 岁、女生 38 岁以下的在职教师。函授班属三年制专科。

学院积极开展教学改革和科学研究,根据国内外对体育院系学生理论水平要求逐步提高的发展趋势,提高学科学时数的比例,增设计算机语言、体育管理学、体育科研方法、人体测量等新学科,拓宽了学生的知识面,提高培养人才的质量。武术教研室重

视学生的能力培养,通过多年的教学实践,形成课前预习、课上讲解、演练各人课前预习的内容、教师讲评等连贯成套的教学方法和自己的教学风格。在基础理论的教学中,运动解剖学的教师自己动手制作了很多挂图和教具,深受学生欢迎。各教研室在人才培养方面,重视传帮带,由老教师负责对年轻教师在制定大纲进度和教材教法等方面进行引导,帮助青年教师迅速成长。实验室在体育教学、训练和科研中发挥了重要作用,实验课约占全课程的1/3左右。实验教学对于培养学生理论联系实际和独立分析问题、解决问题的能力起了积极作用,如运动解剖学的任课教师在讲授时,面对模型标本,在讲清骨和关节形态结构及肌肉的起止点后,再结合运动动作分析就能收到事半功倍的效果。实验室已成为师生进行科研的重要基地,不少实验论文参加省级或专业学术会议交流或在有关学术刊物上发表,有六篇在全国专业学术会议上宣读,获得好评。实验室还应各运动专项的要求,对考生进行身体形态机能的测定,提供有关选拔考生的参考资料。还应邀为参加省运动会的一部分运动员做了医务监护,为教练员合理安排运动负荷,以防止过度疲劳和运动创伤的发生。1989年冬训期间,应漳州女排训练基地的要求,为国家甲级女排队冬训做了医务监督和训量的评定。复办至1992年,学院共编著专著或教材24本,在省级以上刊物正式发表的论文273篇,在全国学术报告会上发言的有52篇,在省级学术报告会上发言的有57篇,其中一篇论文被亚运科学大会录用交流。

学院重视对外学术交流,1984年10月,日本青年友好之翼访华团一行20余人访问福建体院,观看了学院武术队表演。武术教研室主任洪正福副教授于1988年以福建省武术代表团总教练的身份,随福建省武术代表团访问日本国那霸市。1987年11月,福建体院男子排球队在漳州排球训练基地,迎战来访的尼泊尔国家男子排球队。英国皇家艺术协会客人于1987年11月访问福建体院,就中国太极拳哲学等问题交换看法。日本"国家拳道学"会馆馆长大西荣三先生于1988年2月访问福建体院,观看了学院散打集训队的训练,宾主就武道理论与技术等问题交换了看法。此外,还有瑞典、瑞士、菲律宾等外国友好团体来福建体院参观、访问。1989年,在福建体院30周年校庆时,举办"石化杯"海峡两岸武术观摩邀请赛,台北国术会一行24人和新加坡、日本客人参加了邀请赛,在两岸体育交流史上写下新的一页。

学院复办后为福建省培养了大批体育人才,特别是中学体育教师和体育运动教练员,为发展福建体育事业起了积极作用。体院的毕业生有的已成为国内外的著名运动员或教练员,如1979级运动系武术专业毕业生张小平,多次应聘到前联邦德国、奥地利任教;1984级毕业生王孝天,任国家水球队队长,多次参加国内外重大比赛,获第十届亚运会水球冠军。福建体育学院代表队参加1982年举行的"福建省第八届运动会",获金牌44枚,银牌59枚,铜牌47枚,团体奖杯9座。1986年第九届省运会,福建体育学院又获金牌28枚,银牌32枚,铜牌22枚。

四、财经学校升格为财政专科学校

1984 年 4 月 17 日，财经学校向福建省财政厅提出《关于将我校升格为财政专科学校的请示报告》。福建省财政厅认为"集美财经学校升格为专科学校是完全具备条件的。该校由陈嘉庚先生于 1920 年创校以来已有 64 年历史；开设专业比较齐全；师资力量比较雄厚，现有教学人员中，大学本科毕业的 61 人，大专毕业及相当大专水平的 36 人，现有讲师 19 人，获会计师、统计师职称的各 1 人，有十几位教学经验丰富的教师，他们独立编写过全国中专统编教材并曾发表过财经专业方面的论文；有一批素质较高的行政管理干部；教学设备比较配套；校园占地 120 多亩，建筑总面积 2.1 万平方米，可满足 1200 名学生上课、就餐、住宿及课余文体活动的需要；图书资料也比较丰富，专业图书已基本齐全"。并据此向省政府提出《关于集美财经学校升格问题的请示报告》，指出："我们研究拟将集美财经学校升格为集美财政专科学校，学制三年，开设财政、税务、企业财务与会计、对外企业财务与会计、基建财务与信用等五个专业，1985年开始招生，年招生 400 人，总规模为在校生 1200 人。"

1985 年 1 月 23 日，福建省人民政府下文指出，"为了使我省财税专业人才层次结构更趋合理，以适应经济管理现代化的需要，经研究，同意创办福建省集美财政专科学校，同时要继续办好集美财经学校"，"集美财政专科学校为省属高等专科学校，由省财政厅主管，省高教厅统管，学校近期规模暂定为在校学生 600 人，学制三年，列入省高校统一招生计划。专业设置和年度招生计划由财政厅与省计委、高教厅商定下达，课程设置和教学计划由学校报省高教厅审批。开办费由财政厅自筹，正常经费列入高等教育事业费开支"。

1984 年 1 月，学校调整党政领导班子，郑海生任党委书记，黄讯吉任校长兼党委副书记，刘益吾任副校长兼副书记，邱元拔任副校长。1984 年 12 月，洪文明任副校长，1987 年 1 月，李平贵任副校长。1985 年 1 月学校升格为财专后仍续办中专，实行"一套人马，两块校牌"。1987 年 9 月，正式成立专科学校的领导班子，以郑海生为党委书记，林品章为党委副书记兼主持工作的副校长，邱元拔为党委副书记，黄讯吉、洪文明为副校长。1988 年 10 月，林品章调离财专，由邱元拔兼任副校长并主持学校行政工作。1990 年 9 月，欧东义任副校长。12 月，刘振华任党委副书记。1987 年，省教委、省经济学界专家、教授葛家澍、侯文铿等来校座谈，研究"如何办好财政专科"等问题。此后，学校聘请葛家澍、邓子基为名誉校长，聘请钱伯海、余绪缨、侯文铿、杨贡淇、萨兆铃等为客座教授。并相继成立了学术委员会、教学工作委员会、学生工作委员会等机构。

学校升格后设四个系六个专业，财税系有财政和税务两个专业，投资经济系有投资经济管理专业，会计系有财务会计和审计两个专业，外经系有外经财务会计专业。各专业开设的主要共同课程有政治经济学、马克思主义哲学、中国革命史、思想政治教

育、财经应用写作、经济应用数学、大学英语、电子计算机基础及应用、经济法概论、体育等 10 门。财政专业开设的课程有会计学原理、工业会计、工业企业财务管理、国民经济和社会发展概论、财政学概论、金融概论、国家税收、国家预算、预算会计、国有资产管理概论、财经英语、财经公共关系学、证券市场、外国财政等，培养具有独立从事基层财政管理、行政事业单位会计工作的高等应用专门人才。税务专业开设的课程有会计学原理、工业会计、财政学概论、金融概论、税收概论、中国税制、税收管理、纳税检查、对外经济贸易概论、国际税收概论、税收审计学、税务英语、财经公共关系学等，培养具有独立从事基层税务管理工作的高等应用专门人才。投资经济管理专业开设的课程有投资学概论、建筑工程概论、基本建设预算、投资信用学、会计学原理、施工企业会计、建设单位会计、建设银行会计、金融概论、国际金融、证券投资、房地产开发与管理、项目评估、统计学原理与基建统计等，培养具有独立从事基层基本建设投资管理、建设银行、建设单位和施工企业会计工作的高等应用专门人才。财务与会计专业开设的课程有会计学原理、工业会计、工业企业财务管理、管理会计、工业企业经济活动分析、商业企业财务会计、会计英语、国家税收、中外合资企业会计、旅游会计、市场学概论、国有资产管理与评估、审计学基础等。培养具有独立从事基层企业财务、会计工作的高等应用专门人才。审计专业开设的课程有会计学原理、工业会计、商业会计、工业企业财务管理、审计学基础、工业审计、商业审计、经济效益审计、会计英语、财政与金融、、西方财务会计、西方审计学概论、基建审计、税收审计等。培养具有从事外部审计、内部审计和涉外审计工作的高等应用专门人才。外经企业财务会计专业开设的课程有会计学原理、工商会计、西方财务会计、中外合资企业会计、外贸会计、中外合资企业财务管理、涉外税收、西方经济学、国际贸易理论与实务、国际金融理论与实务、国际市场营销学、会计英语、英文打字等。培养具有从事外经企业财务会计和涉外税收等工作的高等应用专门人才。

学校在办好上述专业的基础上，还采取多种方式发展成人教育。1985 年，经福建省人民政府批准开办"函授中专班"。1987 年，经财政部批准，举办在职干部大专证书培训班，学制一年，填补了我省财政类专科层次的空白，是福建省财经教育史上的创举。此外，学校还办有短期单科培训班（财会专业、外经专业），岗位培训班（包括"进岗前培训"、"初级岗位培训"、"会计师岗位培训"），师资进修班（税务专业、外经专业、审计专业）等，形成服务社会的多层次办学格局，先后培训了 7400 余名在职干部，取得良好的社会效益，受到社会各界的好评。

学校升格后，教职员工努力探索，力争办出财专特色和水平。学校提出"重视基础，加强实践，发展智力，培养能力"的办学指导原则，采取一系列措施，充实办学条件，提高教学质量。上世纪 80 年代以来，集美财经学校和集美财政专科学校为福建省输送了一大批财经专门人才，他们中的很多人成长为财政、税务、会计、金融、外贸、审计等领域的中坚，为地方经济社会发展做出突出贡献。

1993 年学校更名为集美财政高等专科学校。

五、集美师专办出特色

1980 年初,学校有意创办艺术专业,成立艺术科,从厦门一中调来李家辉老师负责筹办艺术科美术专业的具体工作,张厚进、李福星、苏杰夫、陈云鹏、林金定、陈和平等参与筹办工作。当年夏季,从厦门、泉州、漳州三个地区招收了第一届 25 名美术专业的学生,学制两年。1981 年 3 月,学校接到省教育厅高教处的通知,于夏季开始面向厦漳泉地区招收音乐专业学生。学校成立招生小组,分别在泉州、漳州、厦门三个城市设立考点,招收第一届 20 名学生,外加一名培训生。1981 年 9 月学校根据教学管理的需要,将原有的艺术科分为音乐、美术两个学科。

1982 年至 1983 年是美术、音乐两个专业专科发展的兴盛时期。音乐学科在较短时间内引进了 8 位"文革"前毕业于中央音乐学院、上海音乐学院、天津音乐学院的专业骨干教师。美术学科也陆续引进一批早期中央美术学院、浙江美术学院毕业的教学骨干。音乐、美术两个专业优质的生源和较高水平的师资队伍,很快就展示出良好的教学成果。师生同台演出的音乐会,美术师生的优秀作品画展,引来一批批国内外艺术教育考察团的赞许,其中有美国音乐教育考察团、菲律宾、乌干达、新加坡等艺术教育团体。集美师范专科学校的音乐、美术专业,体现出了学校的办学特色,既为学校赢得了很大的声誉,也因此引来了一段与厦门大学艺术教育学院合办的插曲。

1982 年底,省委书记项南来校视察,学校领导在汇报工作时提到拟将音乐、美术作为学校的特色专业。项南听了很高兴地说:"你校艺术专业应当发展。"并当场提议,要把集美师范专科学校办成一所艺术教育专科学校。

1983 年,根据全省高等教育调整的需要,福建省有关部门决定:把集美师范专科学校的音乐、美术专业,作为创办厦门大学艺术教育学院的基础,其他专业暂停招生。这一决定使集美师专又一次面临发展的难题。学校领导为了寻求办学出路,经厦门市教育委员会的协调,以厦门师范的招生指标,继续招收了中专英语、美术、音乐等专业三个班级的学生。1984 年秋季,集美师专的音乐、美术两专业,以厦门大学艺术教育学院名义招收了 100 名学生。1985 年,厦门大学艺术教育学院的首届学生从集美师范专科学校迁入厦门大学艺术教育学院新校舍。1986 年,福建省有关部门重新决定集美师范专科学校各专业恢复招生。

1984 年福建省人民政府下文(闽政〔1984〕综 478 号),明确集美师范专科学校按二级局建制定格。1985 年,由于原校领导谢高明、张克莱、白枚等同志陆续离休,学校领导班子急需补充调整,中共厦门市委任命曾传兴为集美师专副校长,康大岩、潘世平为集美师专党委副书记;1986 年 1 月,中共福建省委任命詹龙标为集美师范专科学校校长,从而组成了集美师范专科学校新的领导班子。1988 年 1 月,中共厦门市委又任命林志渥为集美师专党委副书记;1989 年 7 月,任命杨克仁为集美师专副校长;1991 年 8 月,任命钟敏生为集美师专副校长,学校的领导班子得到了进一步充实。这一时

期学校开设中文、政教、英语、数学、地理、美术、音乐等七个专业学科。中文、数学、英语学制三年,其他专业学制两年。此外,各专业还招收部分委托代培生。学校的机构设有校长办公室、党委办公室、人事处、教务处、学生处、总务处(内设财务科、行政科、膳食科、基建科、校印刷厂、劳动服务公司)、团委会、图书馆、保卫科、教育工会、《集美师专学报》编辑部等。

在厦门市政府及省教委领导的支持下,学校自 1986 年起在集美孙厝村附近征地80 余亩,投资开辟新校区。新建办公楼、教学楼、食堂、图书馆、学生宿舍、教工宿舍等,使学校的设施设备逐渐得到完善。1987 年,孙厝新校区的建设陆续竣工,为迎接新学年开学,当年暑假,除了音乐和美术两专业以外,学校党政部门和其他五个系都迁入新校区。1992 年,为了更有利地发展学校的教育事业,经省有关部门批准,将学校下放归厦门市管理。从此,在厦门市委和市政府的关心与支持下,学校的办学条件更加完善,办学空间得到更大的拓展。

经过多年的努力,学校拥有了一支治学严谨、政治和业务素质都较好的师资队伍。广大教师在努力完成教学任务的同时,卓有成效的努力开展科研、创作活动。1988年,全校就有六名教师承担全国师专统编教材《中国现当代文学》、《古代汉语》、《现代汉语》、《法学概论》、《政治经济学》、《数学分析》等的主编、副主编或其他编写工作。一批教师的作品在省级、国家级获奖:李福星副教授的《海这一边》获 1988 年"中华杯"全国中国画大奖赛大奖;李福星老师和庄月君老师合作的《海角》获第六届全国美术展览会银牌奖;徐里老师的《天长地久》获第六届全国美术展览会铜牌奖(油画);黄永生老师的《追求》获第十一届亚运会体育画展选展;张厚进老师的《闽南七月果》及《蟳与虾》获全国水彩画选展;林泽洪老师的《行春》获"牡丹杯"国际书画大赛三等奖;吴石渊老师的儿童歌舞剧《大家来学五线谱》获全国学校儿童歌舞剧录像比赛二等奖;刘钟礼老师的《乐队小提琴的弓法和指法》由人民音乐出版社出版后,获河北省文艺振兴奖;林金定老师的《花鸟桃源仙境》在菲律宾中国艺术中心出版并选展;傅子玖教授的《陈嘉庚》(长篇传记小说)获河北省优秀图书一等奖;等等。此外,《集美师专学报》自 1982年创刊以来,陆续发表了各相关学科领域的一批批教学与科研成果。

1993 年学校更名为集美高等师范专科学校。1994 年 9 月,根据国家教委计字(1994)205 号文件,集美高等师范专科学校与集美学村其他四所高校合并组建集美大学,成为集美大学师范学院。继续承担着高等师范三年制专科教育和部分高等师范四年制本科教育的任务,主要为福建省和厦门市培养合格的初中教师。集美师专进入集美大学后的班子成员、学科调整情况附录如下:

1994 年 12 月,福建省委任命商振泰为集美高等师范专科学校校长,潘世平为校党委书记。1995 年 1 月省委又任命商振泰为更名后的集美大学师范学院院长,潘世平为中共集美大学师范学院党委书记。1995 年 11 月,中共厦门市委组织部任命王家回为集大师院党委副书记;1998 年 3 月任命董振力为集大师院党委副书记,施若谷为集大师院副院长。1997 年,数学专业首先升格为本科专业;1998 年中文、英语专业升格为本科专业。

六、水产学校贴近行业办学

1980 年 6 月学校更名为"集美水产学校"后，由福建省水产厅主管，接受地方党组织领导。学校实行党委领导下的校长负责制。1981 年 11 月 13 日，组成以秦嗣照为书记，沈志雄为副书记，陈玉麟、张琦、赵志成为委员的总支委员会。1984 年 6 月 23 日，省水产厅决定由林焕年任集美水产学校校长，李振宗、吴守忠为副校长，秦嗣照为调研员。1984 年 8 月 7 日，厦门市委宣传部研究同意，集美水产学校委员会由洪玉堂、林焕年、李振宗三位同志组成；洪玉堂任副书记。1985 年 6 月 11 日，洪玉堂兼任纪检书记，陈明辉任纪检专职副书记。1986 年 1 月 9 日，厦门市委组织部研究同意洪玉堂任集美水产学校书记。1988 年 5 月 23 日，任命施长顺为副书记。1988 年 2 月 16 日，省水产厅决定由洪天来、赵志成、吴守忠任集美水产学校副校长，洪天来同志主持行政工作。1989 年 6 月 19 日，省水产厅决定洪天来任集美水产学校校长（正处级）。同年 7 月 21 日，又任命施长顺为副校长。

学校根据福建省水产事业发展对人才的需求设置专业、培养中等职业人才。学校贴近行业设立渔捞、电讯、轮机、养殖、加工等五个专业。学校复办以后，基于形势和条件不同，经历了多种办学形式。刚复办时，招收初中以上（有初中一年至高中毕业）的工农兵学员，学制两年，以后也曾有两年、两年半、三年几种学制并存。1977 年恢复统一考试以后，招收高中毕业生，学制三年。1979 年 2 月，曾扩招轮机修造大专班，招收高中毕业生入学，学制两年。1985 年恢复招收初中毕业生入学，学制四年，其中新设的"水产经济贸易"专业，学制为三年。在严格执行教学大纲和教学计划的同时，学校充分挖掘潜力，发挥智力优势，开展多形式办学，分别举办渔业电信、加工制冷、外派船员、淡水养殖等委托代培在职中专班和各类水产技术培训班。1976 至 1990 年计办班 66 期，培训 3436 人。1988 年，学校受福州渔港监督处委托，并经农牧渔业部渔政渔港监督管理局批准，开始为厦、漳、泉地区的渔业船员举办"海上急救"、"海上求生"、"船舶消防"、"救生艇筏操作"等四项基本技能培训班。多层次办学，受到社会各界的欢迎，也得到省水产厅的表彰。省水产厅授予学校"科技教育改革及科普培训"二等奖，1989 年省水产厅授予学校"水产教育先进单位"。

至 1992 年，学校的专业设置为渔捞航海（原为海洋捕捞）、无线电通讯（原为渔业电讯）、轮机管理、海水养殖、淡水养殖、制冷加工、水产经济贸易等 7 个专业。各专业紧贴行业职业需要，设置基础课、专业基础课和专业课，并注重学生实践能力的培养，使学生一毕业就能很快适应岗位要求。其中渔捞航海专业的专业课有：渔具材料工艺学、渔业资源与渔场、渔航仪器、海洋捕捞技术、地文航海、天文航海、船艺、船舶货运、水手工艺、专业英语、渔业经济与管理。无线电通讯专业的专业课有：收报、发报、通讯设备、通讯业务、线路通报、电传打字、电码译电。轮机管理专业的专业课有：柴油机原理、柴油机结构、轮机修理工艺、机舱管理、船舶辅机、船舶电器设备、轮机自动化、企业

经济管理、专业英语。海水养殖专业的专业课有:海藻养殖、贝类养殖、海水鱼虾养殖、特种水产品养殖、饵料学、养殖机械、养殖工程、海产品加工、专业英语、渔业经济管理。淡水养殖专业的专业课有:池塘养殖、内陆水域增养殖、特种水产品养殖、饵料学、鱼病学、淡水捕捞、养殖机械、养殖工程、水产品加工、专业英语、渔业经济管理。加工制冷专业的专业课有:水产品检验分析、水产食品加工工艺学、冷冻工艺学、水产品综合利用、制冷机器与设备、冷库设计、制冷装置安装操作与维修、空气调节基础、制冷装置自动化、电冰箱原理与修理、专业英语、企业经济管理。水产经济贸易专业的专业课有:国际贸易、国际金融、进出口业务、中国外贸、世界市场信息、外贸英语函电、外贸英语会话。

学校复办以来,采取了在职进修、以老带新、开展教学观摩等方式,组织教师参加教学研究和科研活动,促进教师过好业务关、教学关和外语关,不断提高师资的水平,也取得一批研究成果。1989年,王仁毅老师精心制作的"正轴测椭圆比例尺",获第四届中国发明展览会铜牌奖。1990年,苏克己老师创造的"加工圆柱型石头专用车、磨床",获国家发明专利权及第五届发明展览会铜牌奖。1978年,黄宗强老师主持进行的《闽南台湾浅滩渔场鱼类资源调查》,获省科技进步二等奖。1982年,黄宗强的《福建海区虾类资源调查及捕捞技术研究》,获省科技进步一等奖。1979年和1989年学校先后派出教师参加国务院农林部、水产总局、水产司组织的全国水产中专统编教材及农民职业技术教育教材的编写,这些教材均先后由农业出版社出版发行。

学校在福建省水产厅的领导下,在各有关部门的支持下,得到了较快的恢复和发展。至90年代初期,全校拥有土地面积5.88万平方米,为集美原校址面积的4.5倍。拥有教学楼、图书及办公综合楼、电讯实验楼、师生宿舍楼等8幢,连同配套设施建筑面积达1.9万平方米,配有游泳池,400米跑道运动场,还有校内花园。学校坐落在风光旖旎的厦门特区,背靠仙岳山,西向筼筜湖,与市体育中心毗邻,环境优美,交通便利,是一个理想的办学场地。

七、轻工业学校坚持"学以致用"

复办后的轻工业学校是一所全日制工科中等专业学校,隶属福建省轻工业厅主管,学校经费主要由福建省财政厅拨款。学校贯彻德、智、体、美、劳全面发展的教育方针,培养有理想、有道德、有文化、有纪律,掌握一定现代化生产技术的管理知识和实际操作技能的德才兼备的轻工业人才。

学校坚持"学以致用"的教学方针,注重理论联系实际,讲求社会效益,针对企业需要,培养应用型中级技术人才,为省内外输送各类轻工业系统的管理和技术人才。

1978年4月,福建省轻工业局任命萨兆铃、蔡文华为副校长;11月,韩光伟任党支部书记兼校长,蔡文华任副书记兼副校长,萨兆铃仍任副校长。1980年1月12日,倪章屿任副校长;3月28日,任命林风为校长,韩光伟为党总支书记;9月12日,任命洪平为副校长。1981年3月14日,任命陆发政为副校长;6月24日,又任命林风、蔡文

华为党总支副书记。领导班子经多次调整后为：党总支书记韩光伟，副书记林风、蔡文华，校长林风，副校长蔡文华、倪章屿、洪平、陆发政。

1983年10月，经中共福建省轻工业厅党组研究决定，建立中共福建轻工业学校委员会，党委会由郭富之、洪平、林风、曹再扬、蔡文华等五位同志组成，以郭富之为副书记。10月26日，轻工业厅任命洪平为校长，陈德庆、曹再扬、蔡文华为副校长。同时设置办公室、人保科、教务科、学生科、总务科、伙食科、基础科、机电科、企管科、造纸科、制糖科、化工科、工会、校办工厂、第一党支部、第二党支部、第三党支部、第四党支部、共青团委员会等机构。1985年10月，增补陈德庆、洪秀辇、吴茂伟三位同志为党委委员，调整后的党委会由陈德庆、郭富之、洪秀辇、曹再扬、吴茂伟等五位同志组成，陈德庆任党委书记，洪秀辇任副书记，郭富之任纪委书记。同年，省轻工业厅任命汪存龙任集美轻工业学校校长，朱舒堂、曹再扬、余宏渡三位同志为副校长，蔡文华为调研员。1989年12月25日，汪祐喆、洪秀辇任副校长。同时，决定由陈子权任副书记，主持党委工作，陈德庆任纪委书记。1991年11月陈子权改任党委书记。

轻工业学校设有轻工机械装备、制浆造纸机械装备、制浆造纸工艺、甘蔗糖厂机械装备、甘蔗制糖工艺、日用陶瓷工艺、化学（轻工）分析、涉外企业管理、涉外会计等九个专业。各专业的课程设置从实际出发各有侧重，基础课程注重通识教育，专业基础课根据专业课学习的需要设置，专业课则根据岗位需要设置，旨在培养满足岗位需要的知识和技能。其中轻工机械装备专业的专业课有：机械安装与修理、机械工艺、设备管理、轻工机械及设备、包装机械等五门。制浆造纸机械装备专业的专业课有：安装与修理、制浆造纸工艺、制浆造纸机械设备、制浆造纸机械制造工艺、专业讲座等五门。制浆造纸工艺专业的专业课有：制浆工艺学及设备、造纸工艺学及设备、制浆造纸分析与检验、安装与修理、环境保护、纸厂设计概论、专题讲座等七门。甘蔗糖厂机械装备专业的专业课有：安装与修理，甘蔗制糖工艺过程，甘蔗制糖机械设备等。甘蔗制糖工艺专业的专业课有：制糖化学管理、制糖工艺学、制糖机械设备、甘蔗综合利用与环保、制糖工艺设计概论、淀粉糖等六门课。日用陶瓷工艺专业的专业课有：陶瓷工艺学、陶瓷热工过程及设备、陶瓷机械设备、陶瓷生产检验、陶瓷工厂设计概论、陶瓷材料物理性能、耐火材料、陶瓷造型基础、玻璃工艺概论等九门课。化学（轻工）分析专业的专业课有：工业分析、有机定量分析、仪器分析、生物化学、实验室管理讲座、选修《仪表》等六门。涉外企业管理专业的专业课有：涉外会计、涉外企管、经营管理学、进出口业务、质量管理、国际金融、技术经济学、管理会计、公共关系学等九门课。涉外会计（高中毕业入学）专业的专业课有：会计原理、涉外会计、管理会计、涉外经济法、涉外企管、国际金融、进出口业务等七门课。

学校还充分利用人才和设备的优势，开展多层次办学。1979年开始为轻工部、纺织部、安徽省轻工系统和省内有关部门和工厂举办企业管理干部培训班。1981年举办全国轻工系统管理师资培训班；1982年举办造纸技术干部培训班和糖品分析培训班；1983年，开始为纺织工业部举办计划、统计培训班共5期；1984年，同厦门感光材料公司签订代办感光化学职工中专班；1985年，开始为轻工业部举办外经干部培训班5期。

1979年至1990年计为10个省市短期培训各类轻工业人才43期,共2200多人次。

轻工业学校复办以后,十分重视师资队伍素质的提高,加大培养力度并从各地引进一批骨干教师。逐步形成一支老、中、青比例较合理、教学经验丰富、学识水平较高、业务能力较强的骨干教师队伍。在80年代,学校有20多位教师参加全国中等专业教材的编撰工作,编著了全国工科中专通用教材和全国轻工中专通用教材12套,参考资料4套,有30多位教师编写本校使用的教材、讲义、参考资料40多种。1989年试制成功"感光中间体",并取得较好效益。1992年为了协助华纶有限公司治理三废,净化环境,试制成功"三甘醇"废液提纯,并经省经委立项试产。各专业还为本省的工厂企业提供技术服务50多项,并结合学生毕业实习为工厂企业解决技术实际问题,推动轻工企业生产的发展。

1986年以后,学校的基本建设有了新的进展。学校所在地杏林区委、区政府积极协助学校解决困难,支持学校征地扩建校舍。1986年1月30日,轻工业部长杨波来校视察,决定由轻工业部资助兴建教学大楼,轻工业部先后拨款80万元,其余由省政府及省轻工业厅拨款,建成建筑面积5000平方米、总投资183万元的教学大楼。6月,印尼椰城玄坛公地藏王庙执事理事会决定给轻工业学校捐献14万美元建科技楼一幢,建筑面积为2050平方米。8月,由省投资兴建大礼堂兼食堂——"诚毅楼",建筑面积为2830平方米。1987年11月21日,在科技楼落成剪彩时,印尼椰城玄坛公地藏王庙执事理事会决定再捐资10万美元,资助建设图书馆大楼,1989年10月图书馆落成,建筑面积为2650平方米。教学大楼、科技楼、图书馆三座大楼建成后,校舍总建筑面积达4.2万平方米,校园占地面积121.4亩,学校教学、生产、生活设施逐步完善。1987年,学校被厦门市人民政府评为"文明单位",1989年被轻工业部评为"全国轻工业系统先进单位"。

八、华侨补校注重"因材施教"

华侨补校复办后,领导班子经过几次调整。1983年8月10日,福建省侨办党组传达国务院侨办通知,决定:庄恭武、邓金山任集美华侨补校副书记、副校长,陈加元任副校长。省侨办宣布庄恭武主持党政全面领导工作。1985年11月20日,中侨办任命李运城、邓金山、余秀兰为副校长。1986年6月,侨校复办后首次经党内选举,余秀兰任书记,汪其广任副书记。1987年12月16日,省侨办决定许仲经任集美华侨补校副校长(主持工作),1988年5月11日,改任校长。11月30日,市侨办同意新当选的支部成员分工,许仲经为书记,汪其广为副书记。

学校根据上级侨办指示精神,明确了办学思路,坚持从实际出发,因材施教,采取多形式、多层次办学,尽可能为侨务系统多培养人才。复办后的头七年,除了办好华侨学生补习班外,还开办大学先修班,招收朝鲜、蒙古华侨学生,印尼、缅甸、越南归国侨生,港澳学生,台籍青年和其他归侨及侨属子女计1914人,这些侨生分别编在大学先

修班文理科学习。经一两年补习教育后,再报考大专院校。学校在举办大学先修班时坚持按学校规定的录取分数线招收新生;坚持全面贯彻党的教育方针,培养学生德、智、体全面发展;坚持按实际文化程度合理编班,教学必须面向全体学生;坚持按照教学规律安排教学,科学地安排好总复习计划;坚持贯彻缺啥补啥,重点补习的教学方针,强调教师要吃透两头,有的放矢地进行教学;坚持以纲为纲,以本为本,狠抓双基培养能力,不搞题海战术;坚持贯彻理论联系实际的教学原则,精讲多练,讲练结合,突出重点,抓住关键;坚持贯彻启发式的教学法,注意培养学生的智力和能力;坚持实行教师岗位责任制,分科包干包到底,狠抓单元知识过关,理科教师严格按照大纲、教材要求,认真指导学生做好每个实验;坚持贯彻因材施教的原则,建立选修制度,加强课外辅导,及时补缺补漏。据不完全统计,至1985年底,大学先修班学生共有1167人在本市报考,其中有530名学生考取大专院校,90多名考取中专。除了举办大学先修班外,学校还以"一套人马,挖潜力,多层次办学"形式,培养各类人才。先后举办了两年制外事英语大专班、外籍学生汉语班、全省华侨农场中学数学教师的师资培训班、全国华侨农场中学英语教师的师资培训班、华侨大学预科班等。

1982年经国务院批准,华侨补校增设"集美中国语言文化学校",语言学校对华侨、外籍华人进行汉语教学,其原则是区别对象、因材施教、短期速成、学以致用,为适应不同对象的学习要求,采取多样化的办学形式,开设了一年制汉语基础班和两年制汉语专修班,至1985年底,共接收了127名日本、泰国、菲律宾、缅甸、印尼、美国、法国、罗马尼亚、澳大利亚的外籍华人和华侨学生入学。先后举办十期夏令营短期学习班,共接待和培育300多名美国、泰国、菲律宾和香港地区的学生和华文教师。为充分发挥师资和设备的潜力,学校还受省侨办和中旅社的委托,从1980年11月起,办了9期的旅游服务人员培训班,共培训了474名客房、餐厅、陪同等专业的服务人员。

1985年之后,学校各项工作走上正轨,工作重点转入以教学为中心。学校的规章制度进一步健全,学校讨论并规定校长和各处室的职责范围、教职工的工作量,并修订、重申《华侨补校教职工守则》、《华侨补校学生守则》等13种规章制度。1988年下半年开始,试行岗位责任制(含岗位津贴),各项工作逐步制度化,并力求符合按劳取酬的精神,从而调动了教职工的积极性。学校努力扩充教师队伍并提高教师质量,对在职教师进行教师专业技术职称的评定。加强教研和科研活动,学校领导及教导主任加强对教研组的领导,亲自兼课并深入教学第一线听课,以教研组为中心积极开展教学观摩和听课活动,总结教学经验,取长补短。学校还建立了学术论文研究小组,定期进行学术交流。一批论文在国际、全国或全省的学科研讨会、年会上交流。张富强、王易平合编的《初级汉语》,骆志平、李金钞合编的《中级华文教程》,陈桂德、叶鹏虹合编的《中级华语教程》等教材,也受到同行的重视。学校还根据侨生的特点,进行爱祖国、爱母校的教育,旨在让学生了解国情,了解祖国五千年文明史和近代以来受殖民主义者侵略的历史。学校经常以陈嘉庚倾资兴学和爱国爱乡的事迹来教育侨生,并加强纪律品德教育,使全校形成"勤奋、诚毅、团结、文明"的良好校风。

1989年秋季,经上级批准侨校开设华侨农场子女普通高中班(简称"侨农班"),主

要解决农场职工子女初中毕业后升高中的问题。1991 年 8 月,受省侨办委托,举办省侨务系统干部成人高考补习班。1992 年,省广播电视大学在集美侨校开设办学点,开设有工商企业管理和涉外文秘两个专科班(全部录取省侨务系统干部成人高考补习班的学员)和家用电器维修和服装设计与加工两个中专班(全部录取华侨农场应届高中毕业生)。从 1992 年至 2000 年省广播电视大学在集美侨校的办学点共招生九届,先后开设的专业有:工商企业管理、涉外文秘、会计电算化、计算机原理与技术、商务英语以及师范类英语、中文、数学等专业,学生总数 1670 多人。1992 年至 1998 年省电大集美侨校办学点的中专班共招生七届,开设的专业有:家用电器维修、服装设计与加工、会计电算化、港航管理等,学生总数 700 余人。由于教学管理严格、教学质量较好,集美侨校的办学点多次受省电大表彰。

九、集美中学成为“省重点中学”

集美中学恢复为全省重点中学后,领导班子的建设进一步加强。1980 年 11 月 18 日,厦门市委任命杨雀林任集美中学党支部书记并兼任校长。1981 年 9 月 1 日,厦门市人民政府决定郭秉烈任集美中学副校长。11 月 25 日,厦门市文教办党组决定黄德全任集美中学副书记。1983 年 3 月,黄德全调集美学校委员会工作。8 月,改任洪诗农为副书记。12 月,杨雀林调回市教委任职,陈少廷任集美中学校长。1985 年 5 月,市教科文委员会任命吴清泉、柯松江、杨焕顺为副校长。至此,学校新领导班子为:校长陈少廷,副校长郭秉烈、吴清泉、柯松江、杨焕顺等四人,洪诗农为党支部副书记。1987 年 3 月,陈少廷校长离休,郭秉烈副校长退休,市委组织部、市教委再一次调整集美中学领导班子,以吴清泉为党支部书记,洪诗农为副书记;柯松江为校长,杨焕顺、陈瑞仁为副校长。1989 年 9 月,党支部书记吴清泉辞职,副书记洪诗农主持党支部工作,1991 年 8 月,洪诗农改任书记。几届学校领导班子都能注意调动师生积极性,努力开展教育、教学改革,建立健全规章制度,不断改善教职工的福利,广泛联系国内外校友,为把学校办成首批重点中学做了许多工作。

1983 年,中共福建省委第一书记项南、省长胡平先后来集美中学视察,赞扬集美中学的办学条件和办学成绩。1984 年 4 月,省政府将集美中学列为全省首批办好的重点中学(闽政[1984]综 219),实行面向港澳台、面向东南亚、面向全省招生。按照“三面向”招生的要求,学校恢复招收侨生的传统,于 1984 年、1985 年两度组织招生组到香港招生,计有 54 名海外学生(其中香港学生 28 名、泰国华裔学生 17 名、菲律宾华裔学生 9 名)来集美中学学习,成为改革开放后第一批侨生,集美中学重新成为“侨生之家”。1987 年,省、市共同出资建成一幢专门接待侨生的“侨光楼”。

为了加强教师队伍建设,学校抽调得力干部解决“文革”及历史上的冤假错案,为受冤屈的教职工平反昭雪,使其心情愉快地重新投入教育、教学工作,学校恢复了“尊重知识、尊重人才”的新局面。学校还从外地引进了一些学有专长而且教学经验丰富

的教师，使集美中学的经验与外地、外省的同行得到交流。同时，学校也加大了对新分配来校教师的培训力度，以老带新，实行"传、帮、带"。在教学改革方面，学校以化学教研组和生物教研组为试点，在备课、处理教材、教学方法、效果检查以及师生在教与学之间的关系等方面做了一系列的研究，同时开展教学实验方面的研究，取得了一定的成果。化学组任志同和生物组林玉鹤因教改成绩突出，分别荣获省五一劳动奖章和"省三八红旗手"称号。学生课外活动丰富多彩，一批学生在全国和省市组织的学科智力竞赛、绘画比赛和体育比赛中取得优异成绩，为学校赢得荣誉。

这一时期集美中学的德育工作有声有色。1988年，市教委和学校倡建著名校友、抗日归侨女英烈李林烈士陵园，得到香港校友施学慨伉俪的捐助支持，1989年，李林园、李林馆在校内延平楼畔落成，薄一波、胡乔木、康克清、张国基、何东昌等先后题词。1990年省教委确定其为省级德育基地。政教处开展了丰富多彩的教育活动，工作取得了优秀成绩，1983年被评为市"五讲四美、为人师表先进集体"，1984年被评为市"建设社会主义文明先进单位"、1989年被评为市"教书育人先进单位"。学校连续10年承办省中学生德育夏令营，1991年、1992年荣获一等奖、特等奖。政教处主任郑玉宗1988年被评为市优秀政工干部，获特殊贡献奖，1989年被评为省优秀教师。

1978年4月，集美中学被收入《中国著名中学》。1992年《教育大辞典》将集美中学列为全国50所著名中学之一，福建省入选的有3所，另两所为福州一中和福建师范大学附中。

十、小学、幼儿园逐步完善

（一）集美小学

集美小学原为厦门市教育局直属小学，1987年12月以后，划归集美区教育局管辖。1979年，学校恢复校长制，市教育局调海沧中心小学校长林淑基来校任校长，"文革"前的副校长林银发也恢复原职，另一副校长为董伦福。1980年12月，集美小学被定为全省重点小学。1981年9月，成立中共集美小学党支部，调当时厦门师专教师卢季珍来校担任党支部书记，在党支部的领导下，党的教育方针在学校得到全面贯彻。1984年7月，林淑基调往厦门市教育局工作，庄福荫接任校长。1987年2月，卢季珍退休，由校长庄福荫接任党支部书记，副校长董伦福改任校长。1989年7月，校长董伦福调厦门，由严培基任副校长。

学校在80年代中期把加强对教职员工的管理作为提高教育教学质量的重要手段，建立健全了一批管理制度，使管理工作有章可循，以提高学校管理工作的水平。其中1985年3月制定的《教师工作管理制度细则》明确了党支部的任务、校长职责、副校长职责、教导主任职责、总务主任职责、总辅导员职责、教务员职责、教研组长职责、备课组长职责、年段长职责、班主任职责等，使各个岗位人员职责明晰。《教职员工工作

暂行规定办法》根据当时形势要求,参照兄弟学校有关执行情况,结合学校实际,以及各年级各科教材的深浅、作业的难易与辅导工作等情况制定教职工工作量暂行办法。《教职工考核暂行规定》分为考核系统、考核具体内容、考核分工、奖惩等部分。规定了教职工应该完成的教学工作量(指教师应担任课堂教学的课时量)、职务工作量(指教师的教学工作外,还应担负一定的教学职务和教育工作职务的工作量;例如班主任、备课组长、年段长、工会委员等职务)、集体活动量(指学校规定的政治学习、社会活动或教研、备课、教学活动等的有关活动工作量)。《教职工请假暂行规定》分为:请假的有关规定、病事假、旷职、旷工的处理、表扬与奖励及代课、公开课的津贴等部分。1987年10月,学校又制定了《岗位责任制条例》。除对党支部书记、校长、教导主任、总辅导员、年段长、班主任等职责有详细规定外,还制定了教师工作纪律12条、教师任职条件、教师岗位职责、总务处职责、会计工作职责、出纳工作职责、保管人员工作职责、卫生保健人员工作职责、图书管理人员工作职责、事务人员工作职责和财产管理制度等。学校还对教学常规、备课、课堂教学、批改作业、考试和质量分析、教研活动和教研经验总结等都作了具体的规定。

在学制方面,1978至1981年为五年,1982年改为六年。课程教材在1988年前采用四省一市教材,1988年改用全国统编教材。开设的课程有语文、数学、英语、历史、自然常识、地理、音乐、美术、思想品德、体育等学科,配备有英语、自然常识、体育、美术、音乐等科的专职教师。1992年,学校的教学班达到29个,在校学生1378人,教师78人。校舍有敬贤堂、三立楼、瀹智楼、尚勇楼等,总建筑面积6529平方米。除教室和办公室外,还设置了图书室、体育室、音乐室、美术室、实验室、科技室、电脑室、电化室、教具室、卫生室、少先队活动室、校史展览室、荣誉室等,教具达到国家规定的二类水平。

(二)集美幼儿园

1980年复办幼儿园时,市教育局指定谢韩英、黄碧华、陈秀珠三人组成临时领导小组共同主持集美幼儿园的工作。当年10月,厦门市教育局任命谢韩英为集美幼儿园园长,陈美珍为副园长,黄碧华为教养主任。1987年9月谢韩英园长退休,由副园长陈美珍主持幼儿园的全面工作。1988年1月,集美幼儿园划归集美区教育局管辖,成为集美区示范性幼儿园。行政和业务由集美区教育局直接领导,经费也由区教育局拨支。8月,集美区委组织部任命陈美珍为集美幼儿园园长。1990年10月,集美区教育局任命刘玉蓉为副园长。1991年底,集美幼儿园园长陈美珍退休,改以刘玉蓉为园长,陈玉霜为副园长。

为了做好全园的组织、管理工作,不断提高教育、教学质量,充分发挥各部门的作用,幼儿园成立了"园务委员会",由园长、副园长、教养主任、年段长、工会委员、财会人员组成。凡属全园性的重大问题,如制定全园工作计划,人员奖惩,规章制度的修订、废除等等,在认真调查研究、充分酝酿的基础上,由园务会议做出决议,再贯彻执行。

为科学管理幼儿园,使教工明确自己的职责范围,做到各在其位,各谋其职,各施

其权,各尽其责,幼儿园制定了规章制度和岗位责任制度。规章制度中最突出的一点是坚持坐班制。要求教师不论有课或无课均应准时到园上课或备课,无课教师在上班时间也不得随意外出。幼儿放学时间,每位教师都担负护送路队的任务。

幼儿园从 1981 年 9 月起,每年均招收年龄在三岁九个月至四岁六个月的小班幼儿,学制三年。1986 年 9 月起,同时招收年龄在四岁至四岁六个月的小班幼儿和年龄在四岁七个月至五周岁的新中班幼儿,学制分为三年和两年。幼儿园的课程是根据教育部颁发的《幼儿园教育纲要》的要求设置的,包括体育、常识、计算、语言、音乐(包括唱歌、舞蹈、律动、打击乐)、美术(包括绘画、泥工、手工)等。上课的节数和每节课的时间,是随年龄而递增的。其中小班每周 6 至 8 节课,每节 10 到 15 分钟;中班每周 10 至 11 节课,每节课 20 到 25 分钟,大班每周 12 节课,每节课 25 到 30 分钟。大班的末期可适当增加 5 分钟,为适应孩子入小学做准备。课程根据人民教育出版社出版的全国通用幼儿园各科教材及《幼儿园各科教学进度》的要求安排。作为全日制幼儿园,一日的活动由上午和下午两个半日活动组成。上午的半日活动,一般通过晨检(检查健康、精神面貌、卫生)、晨间接待、早谈、早操、两节作业课、点心、户外活动、排路队等内容组成。下午的半日活动,一般则安排午间接待、游戏或美工活动、散步、劳动、娱乐、户外活动、排路队等内容。

幼儿园的教学改革从 1983 年起逐步展开,主要表现在三个方面:一是贯彻《幼儿园教育纲要》精神,改革重智育、轻体育,重上课、轻游戏活动的现象。二是充分发挥幼儿各种感官,彻底改革"填鸭式"的课堂教学模式。三是试行《综合性主题教育》,在保证完成各科教育纲要的前提下,以认识环境(包括自然和社会)为主线,以主题的形式出现,把各科教学与日常生活、游戏、观察、娱乐、劳动等活动配合,加强横向联系,形成合理的知识结构网络,扩大幼儿知识范围,并使幼儿在同一阶段由于各科学习内容都有着相关联系,从而印象深刻。

经过不懈的努力,集美幼儿园管理更加规范,渐趋完善。1983 年被评为市、区的"精神文明先进单位"。1984 年被评为"文明礼貌月活动先进集体","美化绿化先进单位"。1989 年被市教委、市妇联、市总工会评为"先进幼儿园"。

十一、公共机构发挥更大作用

(一)集美工委的成立及其职能

1984 年 6 月 14 日,中共厦门市委(厦委[1984]144 号)文件根据省委、省政府(闽委[1984]综字 14 号)文件的批复,决定于 1984 年 7 月 1 日在集美正式成立"中共厦门市委集美工作委员会",作为市委的派出机构。厦门水产学院、福建体育学院、集美航海专科学校、集美师专、集美中学、集美校委会各派一位党的领导干部参加工委为委员,工委书记、副书记由市委派出的专职干部担任。郊委、郊区政府(当时尚未成立集

美区,集美隶属郊区管辖)与集美工委为同级单位。集美工委代表中共厦门市委,受厦门市委的委托,协调集美学村的规划建设、公共事务、公益事业及参加地方性的有关管理工作,同时协调地方各部门为集美院校服务;另一方面,发挥集美院校知识库的作用,为特区建设和岛外各区、县的经济建设服务。

1986年7月11日,中共厦门市委公布集美工委主要领导人名单,郑德发为书记,黄顺通、郑永华为副书记,吴景宁、黄德全、郑海生、康大岩、黄拔泉、慕香亭、余秀兰、陈水吉等为工委委员。集美工委成立后,与郊委、郊区政府协力筹划,在各院校、各部门的支持和配合下,做了一系列的工作,也办了一些实事。

1988年3月2日,中共厦门市委决定:"集美学校委员会改归集美工委代管,党务及行政工作由集美工委领导,海外与陈嘉庚先生生前有关的问题仍由市委统战部指导"。集美校委会由陈村牧、张其华、林承志任顾问,郑德发为主任,黄顺通、周冬月为副主任,杨习之、杨积庆、林志渥、李平贵、邓金山、柯松江、庄福荫、陈甲团、陈伟凯、陈忠信及陈嘉庚先生在香港的亲属代表一人为委员。1990年10月9日,中共厦门市委任命陈耀中为集美工委书记。1991年9月,市委组织部任命陈永水和陈忠信为集美学校委员会副主任。

1992年1月,"中共集美工委"撤销,其工作由"中共厦门市高等学校工作委员会"接办。集美校委会主任由中共厦门市委统战部部长陈洛兼任,陈耀中、陈永水、陈忠信为副主任。

80年代以来,集美学校委员会认真履行既定的职能,即"管理陈嘉庚先生的产业、旧居及部分公共设施;履行在香港集友银行的股权,管好、用好每年的股权和红利;联络海内外的校友,接待到集美参观游览的客人;负责与陈嘉庚先生在海外亲属的联系工作;以及研究、宣传陈嘉庚先生的爱国主义精神等等"。还组织开展了"纪念陈嘉庚先生创办集美学校七十周年"等大型庆典活动,收回了集美体育馆、集美印刷厂和集美图书馆,在香港集友银行的支持下成立"集友陈嘉庚教育基金会",与集美各学校共同发起创设"集美陈嘉庚研究会",大力支持集美校友总会的发展,与相关单位联合举办"嘉庚杯国际龙舟邀请赛",组织"抗日战争时期内迁校址"采访活动,等等。

(二)恢复集美学校校友会和《集美校友》复刊

1980年9月9日,厦门市人民政府以厦政[1980]155号文件批准恢复"集美学校校友会",颜西岳、黄长溪担任名誉理事长,陈村牧担任理事长,叶振汉、柯栋梁、邓远帆担任副理事长,柯栋梁兼秘书长。

集美学校校友会恢复后,永春集美校友联络处于1982年3月7日成立,泉州集美校友联络处于1982年12月19日成立,香港集美校友会于1982年9月间成立,惠安集美校友联络处于1983年7月24日成立。厦门、广州、上海、福州、汕头、大连等地的航海校友相继成立了校友会。在香港的航海校友则更早恢复了"旅港同学会"的活动。其他各校、各地校友组织也陆续成立,并开展活动。

1982年8月6日,应香港集美校友的邀请,集美学校校友会理事长陈村牧和校委

会主任张其华等 8 人组成"集美学校校友会访港代表团"访问香港。代表团在香港受到广大校友的热烈欢迎,许多校友还专程从美国、印尼、马来西亚、新加坡等地来港与代表团成员相会,共同回忆校主、母校、师长、同窗的难忘情谊,并畅叙如何促进祖国统一、发展母校的各种具体事宜。香港集美校友会就是在陈村牧的推动下酝酿成立的。

1984 年 1 月 4 日,集美学校校友会召开理事会,会议考虑到陈村牧理事长年事已高,同意他辞去理事长一职,并一致推选他为名誉理事长。根据陈村牧的推荐,会议选举叶振汉为理事长。新理事会的领导成员有:名誉理事长陈村牧、颜西岳、黄长溪、蔡启瑞,理事长叶振汉,副理事长柯栋梁、邓远帆、黄德全,黄德全兼秘书长,会议还决定集美各校增设常务理事各一人。为加强《集美校友》期刊的编辑力量,会议推举张咏青、吴玉液、王伯兰、陈纹藻、陈水扬、任镜波等组成该刊编委会,由张咏青任主编。

1984 年 6 月 25 日,校友会理事长叶振汉不幸病逝。11 月 13 日,校友会举行理事扩大会议,由名誉理事长陈村牧主持会议,会议对叶振汉理事长不幸逝世表示深切哀悼,并一致推选谢高明接任理事长一职。

12 月 3 日,校友会举行常务理事扩大会议,经谢高明理事长与有关方面协商研究,增选中青年理事组成新理事会。新理事会共有理事 70 人,其中新增加的 44 人,大部分是中青年校友,具有较广泛的代表性。新理事会名誉理事长为陈村牧、颜西岳、蔡启瑞、黄长溪、肖枫、张其华等 6 人,理事长谢高明,副理事长为柯栋梁、邓远帆、黄德全等 3 人,集美各院校领导 11 人为当然常务理事,黄德全兼秘书长,张咏青、陈纹藻为副秘书长,下设秘书处、联络部、宣传部。会议讨论成立"陈嘉庚研究会",推举谢高明为研究会会长,并决定《集美校友》为定期双月刊。

1985 年 3 月 22 日,在厦门市政协会议室举行集美学校校友会第三届理事会第一次全体会议,会议讨论的议题有:(1)集美校友会改为集美校友总会,各地、各校的校友组织均不设置总会。(2)研究筹建校友大厦事宜。(3)议定更改校庆纪念日。3 月 28 日,常务理事会又在集美校委会举行会议,就上述三个问题深入讨论,决定集美校友会正式更名为集美校友总会;校庆日改在校主陈嘉庚诞辰日,即 10 月 21 日。

1986 年 4 月 14 日,校友总会常务理事会在归来堂召开,谢高明理事长回顾了三届一次全体理事会以来成立"集美陈嘉庚研究会"、加强联络和接待工作、成立各校和各地校友会等工作,会后组织起草了《集美校友总会章程》,经反复征求意见,通过全体理事通讯表决后施行。

1988 年 12 月 23 日,校友总会召开常务理事扩大会议。会议讨论了集美校友总会与各校校友会的关系,各校校友会是总会团体会员,与各地集美校友会是兄弟合作的关系。并讨论了 1990 年四校(航专、财专、水校、轻工)70 周年校庆的协调配合、组织编写《集美学校八十年校史》和第三届校友总会任期届满换届等事宜。

1990 年 3 月 10 日,校友总会召开全体理事会,产生第四届理事会。陈村牧、蔡启瑞、黄长溪、肖枫、张其华等 5 人担任名誉理事长,颜西岳、王毅林、柯栋梁等 3 人为顾问,谢高明连任理事长,吴景宁、黄德全、邓远帆等 3 人为副理事长,邓金山任秘书长,杨习之为副秘书长,各校党政主要领导为当然常务理事,常务理事还有 20 人,理事 52

人。常务理事会四届一次会议决议设置联络部、财务部、宣传部、监事组等机构，各机构分别由彭垂拱、周冬月、任镜波、陈纹藻等校友负责。

1992年4月，集美校友总会理事长由老校友王毅林担任，吴景宁、黄德全、邓远帆为副理事长，原理事长谢高明改任顾问。

1980年12月25日，集美校友会恢复出版《集美校友》会刊。《集美校友》复刊词指出："集美校友的复刊，它的使命就是沟通和加强海内外校友与母校的联系；发扬母校创办人陈嘉庚先生爱国、爱乡、倾资兴学的精神，群策群力把母校办得更好。"《集美校友》的复刊，受到海内外校友的热烈欢迎和支持。它为沟通校友感情，起到了积极作用。

1984年，《集美校友》改为定期双月刊，并开辟了"陈嘉庚思想研究"、"各校新貌"、"各地校友会联谊活动"、"介绍事业上有成就的校友"、"抚今追昔怀念师生情谊"、"校友论坛"、"学村风光"、"名人轶事（限于校友）"、"人物专访"和"校友企业家"等栏目。

1986年9月25日，《集美校友》经福建省人民政府新闻出版管理处批准作为内部刊物出版。

1988年8月，《集美校友》主编张咏青赴港定居，陈村牧推荐由任镜波担任主编，并由主编聘请白少山和郑如赐担任副主编。

1991年8月，《集美校友》经国家新闻出版署批准作为国内外公开发行的期刊。

1992年12月28、29日，集美校友总会举行纪念集美学校播迁安溪等内地55周年，海内外校友重返安溪参观访问的活动。

（三）校委会收回图书馆、体育馆和印刷厂

集美学校图书馆创办于1920年，是为集美学校服务的综合性图书馆。图书馆建馆后，在陈嘉庚的亲切关怀和指导下，以其优质的服务和丰富的藏书而蜚声海内外。1966年6月，"文化大革命"开始，学校停课，图书馆闭馆，图书馆人员大部分下放或退职，馆务无人负责。1971年，集美各校有的被合并，有的停办，图书馆被列为解散对象。为了保护丰富的馆藏书刊资料，经市革委会同意，1972年3月，集美学校图书馆由厦门市图书馆接办，并更名为"集美图书馆"，成为厦门市图书馆的分馆。集美图书馆的性质也由学校图书馆转变为向集美各校和社会公众服务的公共图书馆。被接办时的藏书经清点后为173678册。并入厦门市图书馆后，集美图书馆作为一个分馆，仅承担流通服务工作，其他相关工作均由市图负责，当时的工作人员仅剩5名。

1980年8月28日，国务院侨务办公室专题座谈会建议集美图书馆退还校委会，由校委会管理。在各方努力下，厦门市政府于1989年5月30日召开集美图书馆归还集美学校委员会管理的移交会议，决定集美图书馆自1989年7月1日归还集美学校委员会领导和管理，性质仍为集美地区综合性公共图书馆。

1989年7月19日，为了继续办好集美图书馆，校委会邀请了航海、师专、财专、水院、中学等校的有关领导及各校图书馆负责人座谈，广泛征求办好图书馆的意见。座谈会进一步明确了集美图书馆为集美学村各级各类学校的服务性质和社会综合性

公共图书馆的定位,提出要办出自己的特色:第一,积极收集有关陈嘉庚先生的书刊,为研究陈嘉庚精神提供资料;第二,广泛搜集港、台、侨史料,为研究侨情服务;第三,广泛收集地方文献资料;第四,努力搜集经济特区有关资料;第五,充实工具书资料等。

归还校委会后的集美图书馆在市委统战部、集美校委会的关心、领导下,工作人员不断增加、藏书日益丰富、服务领域不断拓展,图书馆的各项建设进入一个全新的发展时期。

集美体育馆建于1953年9月,耗资7万多元,作为集美学校的公用设施。1963年2月,集美校委会又投入24万多元将之改建成为设备较完善的新体育馆。1970年12月,驻集美校委会的军代表把体育馆交集美中学代管,1974年又拨交厦门市体委使用。根据中央有关落实华侨政策的精神,经厦门市体委与集美校委会协议,1984年5月集美校委会收回集美体育馆。9月,体育馆大部分馆舍以每月750元租给集美师范专科学校作为学生宿舍。1987年12月,校委会投资92万元整修体育馆,使之面貌焕然一新,为各校开展校际体育活动创造了良好的条件。一些全国规模的体育比赛及省内外一些体育团队访问集美学村的活动,也在体育馆举行。

集美印刷厂由集美学校图书馆附属“印刷装订所”发展而来,1958年7月成立“集美学校印刷厂”。该厂是集美学校公用设施之一,为集美各校提供服务,隶属集美学校委员会管理。1970年12月,驻集美校委会军代表决定将印刷厂无偿划归厦门市郊区工业部门。根据中央有关落实华侨政策的精神,在厦门市政府、市委统战部、集美区政府等有关部门共同关心下,集美校委会与有关单位多次协商,就印刷厂的归属问题提出具体解决办法,即原集美学校公用设施之一的集美学校印刷厂虽已改名为“集美印刷厂”,仍决定移交归还集美校委会管理。1988年12月28日,在集美区工业局会议室举行移交协议书签字仪式。协议规定从1989年元旦起,集美印刷厂的产权、经营管理权属集美校委会。印刷厂收归校委会后,校委会与印刷厂领导对该厂的发展做了新的规划,目标是成为中型印刷企业,为集美学村的文化教育事业做出新的贡献。

十二、大力弘扬嘉庚精神

(一)成立“集友陈嘉庚教育基金会”

1986年12月,香港集友银行召开股东特别会议,会议通过如下决议:“自1987年财务决算年度起,每年从银行应派的普通股息中提取百分之十赞助集美学校(此款暂定5年,以后视情再议)”。1988年元旦,在股东年会上又决定从当年应派股息1000万港币中提取百分之十,即港币100万元给集美学校。此后,集美学校委员会与有关各方商议,一致同意将此款用于建立“集友陈嘉庚教育基金”,以继承和发扬陈嘉庚先

1984年2月9日，邓小平视察集美学校

邓小平为陈嘉庚先生诞辰110周年纪念册题词"华侨旗帜 民族光辉 陈嘉庚"（1984年）

生的兴学精神，永远纪念陈嘉庚先生的业绩。

根据上述决议，1988年10月21日，香港集友银行正式将1987年应派股息的百分之十即100万港币的本票（外汇）通知校委会。同时，提出如将此款存在香港集友银行，将给最优惠的利率照顾等。因当时基金会未正式成立，财务未建立，银行未开户，所有有关基金会的财务往来结算，均先由校委会代办。11月14日，经厦门市地方外汇管理领导小组办公室批准，同意将此笔外汇调出境外存入香港集友银行。并于11月26日又向国家外汇管理局厦门分局申请，"同意准予调出存入香港集友银行，存

本取息作为学校基金用汇"。该存款为定期存款存单,存款人集美校委会(集美陈嘉庚教育基金会)。1989年3月,郑德发赴港参加香港集美校友会第四届理事会就职典礼时,经与香港集友银行董事会商议,确定将"集美陈嘉庚教育基金会",改名为"集友陈嘉庚教育基金会",并于7月31日函告香港集友银行、中国银行、外管局等有关单位。

根据国务院规定,成立基金会必须有规范的名称和相应的组织机构,固定的住所,有与其业务活动相适应的专职工作人员,有合法的资产和经费来源。经与中国人民银行厦门市分行商议,确定先从存在香港集友银行的100万港币存单中,于1989年2月21日调回25万元,作为注册资金。并于3月28日请中国人民银行厦门市分行所属厦门企业证券评级所出具验资证明作为申请成立基金会的资金保证。

为了做好基金会的筹备工作,经香港集友银行与集美学校委员会共同研究决定:由中共厦门市委集美工委和集美校委会联合上报市委市政府及有关管理部门核准。经批准同意决定成立以柯雪琦为主任,林广兆为副主任及陈村牧、张其华、郑德发等五人组成集友陈嘉庚教育基金会筹备委员会,郑德发兼秘书长,负责筹备工作。

1989年6月9日,中国人民银行厦门市分行(厦人行[89]字第116号文)批复同意成立"集友陈嘉庚教育基金会"并要求持文到民政局办理社团登记注册手续。7月28日、9月21日向中国银行厦门市分行申请批准同意在中国银行厦门分行营业部开设外汇账户及集美支行开设人民币账户,便于财务的结算和资金调度运作。9月8日集友陈嘉庚教育基金会筹备委员会邀请香港集友银行负责人孙鸿基、吴文拱及香港集美校友会董事主席曾星如、集美校委会负责人讨论集友陈嘉庚教育基金会有关工作。郑德发汇报了基金会筹备情况、传达了中国人民银行厦门市分行批准成立的有关文件等。会议研究了召开成立大会等事宜。筹委会起草了《集友陈嘉庚教育基金会章程》和《集友陈嘉庚教育基金会奖教、奖学的评选实施方案》。

集友陈嘉庚教育基金会第一届理事会于1989年10月25日上午在厦门正式成立。理事长柯雪琦(市政协副主席),副理事长林广兆(香港集友银行副董事长)、陈联合(市侨联副主席)、郑德发(集美校委会主任),秘书长由郑德发兼任,理事会的主要成员由集美学村各院校的一位主要领导和集美校委会、市区侨办和侨联、华侨博物院等有关领导和陈嘉庚先生在国内的亲属及一些离退休老同志组成。聘请一些海内外知名人士、校友为名誉理事长和顾问。会议审议通过了《集友陈嘉庚教育基金会章程》和《集友陈嘉庚教育基金会奖教、奖学的评选实施方案》。10月25日下午,基金会在集美体育馆隆重举行首次颁奖会,有2000多位师生和海内外嘉宾、校友参加大会。对获奖的149名优秀教师和奖学试点的集美师专19名优秀学生进行颁奖。为了弘扬陈嘉庚先生尊师重教精神,努力提高师资队伍素质,1990年10月17日全体理事会讨论并通过《关于鼓励优秀生报考师范院校的实施方案》。

基金会成立后,始终遵照国务院《基金会管理办法》的规定,建立健全领导机构,配备工作人员(兼职),依照党的路线、方针、政策和有关规定,以弘扬陈嘉庚精神为宗旨,按基金会章程开展活动。集美校委会为基金会提供固定的办公地址和各种方便。基

金会建立健全财务制度,配备会计、出纳人员,建立独立的财务核算单位,严格按章程和有关财务制度办事,负责管理基金会的资金调度、使用,使其正常运作。基金会调款程序严谨,开支审批严格,基本资金完整无损。

1990年度开始,奖学的范围扩大到整个集美学村各院校及集美区属的20名优秀教师。1991年3月,为发扬集美学村体育运动的优良传统,培养体育人才,理事会决定设立体育单项奖。10月2日,在全体理事会上,增补陈耀中为副理事长,陈忠信为理事。从1987—1988年每年100万港元,1989—1991每年120万港元共计560万元港元,于1992年6月28日全部到位。

1992年10月8日,基金会召开全体理事会,会上正式推选陈洛为集友陈嘉庚教育基金会第二届理事会理事长,副理事长林广兆、陈联合、陈耀中,秘书长陈永水,理事:陈忠信、黄庆兴、陈为发、吴炳煌、邱元拔、潘世平、洪天来、汪祐喆、柯松江、许仲经、庄福荫、陈子权、蔡铭权、陈甲友、陈伟凯、林华明。

至1993年,基金会成立五年时间里,共奖励优秀教职工764名,其中有30位为突出贡献奖荣获者;有1109位优秀学生荣获奖学金,69位学生荣获体育单项奖,13位考入师范院校优秀生得到奖励。

1993年10月17日,第二届理事会理事长陈洛逝世,由陈耀中代理事长。1994年6月18日,召开全体理事会,推选陈耀中为第三届理事会理事长,副理事长吴文拱、陈联合、陈永水(兼秘书长)。

1999年9月2日,福建省民政厅下达(闽民社[1999]267号)文,经审核,集友陈嘉庚教育基金会符合《基金会管理办法》和《社会团体登记管理条例》规定,同意成立,准予登记。9月30日,集友陈嘉庚教育基金会办好重新登记注册手续,启用由民政厅颁发的新印章。2000年3月7日,集友陈嘉庚教育基金会顺利完成换届工作,推选出以柯雪琦为理事长的第四届理事会,陈永水为副理事长兼秘书长。6月28日,省民政厅发给集友陈嘉庚基金会社会团体法人登记证书(闽社证字第8031号),同年8月26日省民政厅在《福建日报》刊载社团登记公告(第25号)准予登记注册,具有法人资格,其合法权益受到国家法律保护。同年12月14日,集友陈嘉庚教育基金会取得组织机构代码:51216081—7号。

(二)成立"集美陈嘉庚研究会"

在纪念陈嘉庚先生创办集美学校70周年活动中,许多有识之士认为对陈嘉庚思想的研究应该进入一个新的历史阶段。1984年10月,陈嘉庚诞辰110周年国际学术研讨会在厦门大学召开,会上集美各院校学者商议建立陈嘉庚研究会。1985年1月14日由集美学校委员会、集美校友会、部分学校的领导和老师共同发起的"集美陈嘉庚研究会"正式成立,并选举13名理事,组成第一届理事会,推选谢高明为会长,陈村牧、肖枫等为顾问。研究会下设秘书、学术、资料三个组,理事和办事人员均为兼职。这是建国以后国内成立的第一个陈嘉庚思想学术研究机构。研究会确定"以学习、研究、宣传和发扬陈嘉庚爱国爱乡、倾资兴学的精神,为祖国四化建设事业服

务为宗旨"。规定在每年陈嘉庚诞辰日举行年会，进行学术交流，并委托集美中等以上院校轮流主办和出版年刊《陈嘉庚研究》。集美陈嘉庚研究会会址设在集美学校委员会。

集美陈嘉庚研究会成立后对收藏的有关陈嘉庚档案资料作了重新整理，将资料分为六大类：(1)陈嘉庚亲笔书信；(2)陈嘉庚的言论、著作及演讲词；(3)陈嘉庚年谱、传记；(4)中外人士对陈嘉庚的评论；(5)陈嘉庚逝世后的哀荣；(6)陈嘉庚遗嘱、语录。

1991年10月，集美陈嘉庚研究会换届选举，以谢高明为名誉会长，曾讲来为会长。研究会的工作进入正轨，研究队伍不断壮大，年刊的质量不断提高，取得了一批研究成果，在国内外的影响力也逐步提升，受到了社会各界的关注和重视。

(三)"陈嘉庚奖"、"陈嘉庚星"、"陈嘉庚国际学会"和"嘉庚杯"龙舟赛

1. 设立"陈嘉庚奖"

1988年1月，由陈嘉庚的侄儿、原新加坡中华总商会会长陈共存倡导的"陈嘉庚基金会"在北京成立，同时设立了陈嘉庚奖，以奖励有突出贡献的科学家，也是对陈嘉庚崇尚科学的纪念。因该奖规格高、水准高、评审严、影响大而被认为是中国的诺贝尔奖——最高科学奖。它设八个奖，主要奖励在数理科学、生命科学、化学科学、农业科学、医学科学、地球科学、信息科学和技术科学八个领域有突出成就的科技人才。因它的获奖成果突出，颁奖仪式隆重，受到各方面的高度评价。如1990年1月在北京举行第二次颁奖大会，时任中共中央总书记江泽民到会并讲话，同年11月在厦门大学举行第三次颁奖大会时，时任中央政治局常委、书记处书记李瑞环到会讲话；1991年11月在上海举行第四次颁奖大会则有时任国务院副总理朱镕基发来贺信，上海市市长黄菊讲话。1998年4月第七届颁奖大会首次到新加坡举行，新加坡总统王鼎昌为8名获奖者颁发奖金奖章。陈嘉庚的侄儿陈共存说这是新中两国科学界史无前例的盛事；中国科协主席周光召则指出，中华民族应该发扬陈嘉庚创办教育的精神，陈嘉庚奖"强调的是得奖者的学术成就，而最大的意义是在于用了陈嘉庚的名字"。"陈嘉庚奖"共评选8次、63位获奖者。2003年，在国务院领导的协调下，中科院和中国银行共同组成新的陈嘉庚科学奖基金会，所颁奖项也正式命名为"陈嘉庚科学奖"。

2. 命名"陈嘉庚星"

1990年3月31日，国际小行星中心和小行星命名委员会在国际《小行星通报》刊物上发布公告，为表彰和纪念陈嘉庚情系中华、赤诚报国的爱国精神，倾资办学、奉献社会的牺牲精神，奋斗不止、开拓创新的改革精神，将中国紫金山天文台于1964年11月9日发现的、编为第2963号的小行星正式命名为"陈嘉庚星"。小行星是太阳系中的一种特殊天体，大多集中在火星和木星的轨道之间绕太阳运行。第2963号小行星与太阳的平均距离为四亿三千万公里，绕太阳一周历时4.86年。获得国际小行星中心永久编号的小行星被确认和公布后具有历史性和永久性，即使千百年后，这一星名仍为国际所公认，从而使陈嘉庚的名字和陈嘉庚精神连同"陈嘉庚星"永载史册，遨游太空，与日月同辉、与宇宙共存。

11 月 5 日,"陈嘉庚星"命名大会在厦门大学礼堂隆重举行,时任中共中央政治局常委、书记处书记李瑞环出席大会并发表重要讲话。李瑞环赞扬陈嘉庚支持祖国人民的抗日战争和反帝反封建的民族民主解放运动,并在新中国成立后,积极参加祖国的社会主义建设,努力促进祖国的和平统一大业。李瑞环对陈嘉庚生前"倾家兴学",创办集美学村各级学校及厦门大学,培育了众多的人才,在海外侨胞中树立了为祖国、为家乡兴办教育的光辉榜样,表示了深切的怀念和崇高的敬意。出席大会的还有中国科学院院长周光召,中共福建省委书记陈光毅,福建省省长王兆国,国际著名化学家、诺贝尔奖获得者李远哲,陈嘉庚的家族代表陈共存,以及来自印尼、菲律宾、泰国的知名华侨。

3. 成立"陈嘉庚国际学会"

　　陈嘉庚国际学会 1992 年 8 月 20 日在香港成立,1996 年转移到新加坡注册,其宗旨是为了"弘扬陈嘉庚精神,凝聚各界精英,服务社会,造福人群"。陈嘉庚国际学会由诺贝尔奖获得者杨振宁、丁肇中、李远哲 3 位华人科学家与美国的加州大学柏克莱分校校长田长霖、香港大学校长王赓武等 5 人发起,由林绍良、李尚大、潘国驹、庄重文、徐四民、陈永裕、黄丹季、黄奕聪、李文正、李成枫、林子勤、庄启程、唐裕、施金城等 34 人共同倡议。有郭鹤年、马万祺、李兆基、黄克立、庄绍绥、施子清、林煤煅等来自美国、加拿大、德国、澳大利亚、日本、印尼、新加坡、马来西亚、菲律宾、泰国等国家和台湾、香港、澳门、福建等地区的人士 400 多人给予祝贺;还有文汇报、宋庆龄基金会、旅港福建商会、新加坡福建会馆、新加坡怡和轩俱乐部、厦门大学、厦门侨办、集美校友总会等各地 200 余个单位共同敬贺。学会定期出版会刊,还于 1995 年与厦门市政府联合创办集美大学工商管理学院。

　　"陈嘉庚国际学会"还参与发起在美国加州大学柏克莱分校建设"陈嘉庚楼"的活动。"陈嘉庚楼"1993 年 4 月 28 日奠基,1997 年 4 月 12 日举行落成庆典。加州大学柏克莱分校校长田长霖主持典礼,并与李远哲一起为大楼落成剪彩。这是美国高校历史上第一幢以华人名字命名的教学科研大楼,也是该校化学院中最重要的建筑物,而该化学院又是美国最优秀的学院,其化工科研成果卓著。"陈嘉庚楼"的经费由各地华侨、华人、校友捐献,多达 3000 多万美元。陈嘉庚国际学会秘书长潘国驹说:"陈嘉庚大楼的建成,不仅把陈嘉庚先生的名字和事迹,作为中华民族的典范介绍到西方,同时也把陈嘉庚精神带到大洋的彼岸,在异邦的土地上扎根传播,生生不息。"

4. 举办"嘉庚杯"龙舟赛

　　陈嘉庚生前积极倡导水上运动,曾经出资建造了两个海上游泳池,赞助建设福建航海俱乐部,为国家输送了一大批优秀体育人才。1953 年,他亲自督造龙舟 10 艘,组织村民和师生进行划船技术的正规训练。为提供良好的竞赛场地,1958 年又在临海风景优美之处,开辟一个规范化的大龙舟池,该龙舟池宽 200 多米,长 800 多米,可设航道 8～10 条,池中、池旁建有水榭亭台,既可作为主席台,也是登高赏景的好去处,池岸可容观众数万,四周高大密植的树木可供观众遮阳蔽荫。从 1951 年到 1965 年,集美学校举行了 15 届龙舟竞赛大会,陈嘉庚参加了其中 7 届大会。1985 年端午节开

始,集美学校委员会和相关学校在集美定期举办由学村居民及各学校参加的龙舟赛,设流动"嘉庚杯"。1987 年 6 月 11 日,由中国龙舟协会、福建龙舟协会、中华全国体育总会厦门分会暨集美学校委员会联合在集美龙舟池隆重举办"厦门'嘉庚杯'国际龙舟邀请赛",参加比赛的有名扬四海的广东顺德队,有实力雄厚的澳大利亚队,有顽强拼搏的香港队,有久经考验的澳门队,有朝气蓬勃的日本长崎队,有毅力超群的福建队,有苦练战技的厦门集美队。"嘉庚杯"龙舟赛从此升格为国际赛事,其规模、水平和影响都大大提高。

(四)纪念陈嘉庚先生创办集美学校 70 周年

1981 年 7 月 1 日,胡耀邦《在庆祝中国共产党成立 60 周年大会上的讲话》中说:"深切怀念对中国人民革命胜利作出了重要贡献的著名爱国人士杨虎城、陈嘉庚、张治中、傅作义等先生"。1981 年 8 月 12 日,陈嘉庚先生逝世 20 周年,集美各校校友纷纷发表文章表示纪念。中央、福建省、厦门市各级领导及集美各校散布在世界各国、各地的校友都希望在 1983 年陈嘉庚创办集美学校 70 周年之际举行隆重的纪念活动。为了做好筹备工作,专门成立了以胡平省长为主任委员的"纪念陈嘉庚先生创办集美学校 70 周年筹备委员会",由卢嘉锡、林一心、庄明理、张格心、郭瑞人、张克辉、黄长溪、许良枫、陆自奋、邹尔钧、颜西岳、肖枫、张可同、陈村牧、张其华、叶振汉等 16 人任副主任委员,肖枫兼秘书长。

1983 年时任国家主席李先念视察集美学校

1983 年 10 月 21 日,纪念大会隆重举行,全国人大常委会副委员长、华侨事务委员会主任叶飞,全国政协副主席杨成武,全国人大常委会委员、全国台联会会长林丽韫,全国人大常委会委员、华侨事务委员会副主任何英,国务院侨办副主任庄炎林,全国侨联副主席庄明理、王汉杰,国家经济体制改革委员会副主任童大林,经贸部副部长魏玉明,财政部顾问谢明,商业部顾问黄凉尘,中国银行副董事长常彦卿,国际信托投资公司副总经理毕际昌,国务院特区办公室主任何椿霖,海关总署副署长高祚,省市领导同志项南、胡平、伍洪祥、曾鸣、黄长溪、陆自奋、邹尔均,厦门市侨联主席颜西岳,集美学校校友会理事长陈村牧等出席了纪念大会。香港集美校友会主席庄重文、香港华丰国货公司董事长许东亮、澳门侨联主席梁披云、香港《文汇报》社长李子诵、香港福建同乡会理事长张问强、香港福建体育会理事长林诚致、香港福建商会理事长黄光汉、香港厦大校友会理事长庄启程等参加了大会。出席大会的还有来自美国、菲律宾、泰国等 13 个国家和地区的 200 名校友;来自全国 18 个省、市、自治区的 800 名校友;以及集美学村大、中(专)、小学和幼儿园的师生员工代表。

1983 年 10 月 21 日,叶飞、杨成武为陈嘉庚铜像揭幕

21 日下午三时半,陈嘉庚先生铜像揭幕典礼在归来园隆重举行。坐落在陈嘉庚先生故居西侧的"陈嘉庚先生生平事迹陈列馆"也在 21 日正式开放。陈列内容分三部分:"经商南洋,情深乡国";"倾资兴学,百折不挠";"赤诚爱国,鞠躬尽瘁"。陈列品以照片、图表、实物为主,形象地介绍了华侨领袖陈嘉庚先生爱国的一生。

集美各校分别开放了校史展览室和教育成果展览室,通过照片、图表、模型、论著、校友书信等反映教育成果和校友事迹,介绍各校的演变和发展,校友们兴致勃勃地参观了展览。在纪念活动期间,还举行了丰富多彩的文娱、体育活动。240 余名国内外

记者参加了这次庆祝活动,中央、省、市和海外的报刊、电台发表了报道、专论、评述等,报导这次庆祝活动的盛况。中央和地方还分别录制新闻电影片、电视片。此外,还出版了《集美学校七十年》及《陈嘉庚先生创办集美学校七十周年纪念刊》。

纪念陈嘉庚先生创办集美学校 70 周年活动之后,集美学校委员会和航海、财经、水产、轻工、中学等校每隔 5 年或 10 年都进行纪念活动,缅怀陈嘉庚先生,弘扬嘉庚精神,总结办学经验,广泛联系校友,凝聚各界力量,促进学校教育事业的发展。

第
九
章

跨越

　　1993 年至 2003 年，"跨越"成了集美学校迈进新世纪的主旋律。1993 年 10 月 21 日，福建省、厦门市联合举办"纪念陈嘉庚先生创办集美学校 80 周年"大型活动，在福南堂举行的纪念大会上，省政府副秘书长李子宣读了省政府《关于筹建集美大学的决定》，由此拉开了组建集美大学的序幕。集美大学的实质性合并及其跨越发展是集美学校这一时期的最强音。与此同时，水产学校升格为海洋学院，侨校成为华侨大学华文学院，其他各校和公共机构都获得快速发展。

一、联合组建集美大学

1990年代,在总面积不到两平方公里的集美学村,五所大专院校紧紧相连,有的只是一墙之隔,其中集美航海学院、厦门水产学院、集美高等师范专科学校三所院校还分别辟有新校区。五所院校总在校生数约6000人。五校都各有一套完整的行政管理机构,五个基础部、五个图书馆、五个运动场。五校分属不同管理部门,其中集美航海学院归属交通部管理,厦门水产学院归属农业部管理,福建体育学院归属福建省人民政府管理,集美财政高等专科学校归属福建省财政厅管理,厦门高等师范专科学校归属厦门市人民政府管理。五校虽近在咫尺,但各自为政、封闭办学、科类单一、资源难以共享。

中共中央、国务院1993年颁布《中国教育改革和发展纲要》提出:"九十年代,高等教育要适应加快改革开放和现代化建设的需要,积极探索发展的新路子,使规模有较大发展,结构更合理,质量和效益明显提高。""高等教育的发展,要坚持内涵发展为主的道路,努力提高办学效益。"在这一新的形势下,改变集美各大专院校"条块分割"、"小而全"的办学体制,联合组建集美大学,实现陈嘉庚"本校将来应改为大学"的夙愿,逐步成为各方共识。

(一)集美大学的筹建

从20世纪80年代中期至1990年代初,集美学校部分专家和教师即以撰写论文、进行课题研究和召开学术会议等多种形式探讨建立集美大学的有关问题。这期间,集美校友、印尼企业家李尚大分别给中央、省、市有关领导写信,恳切要求政府筹办集美大学。陈嘉庚的胞侄陈共存也多次向国家教委和国家领导人提出办集美大学的要求。1993年3月21日,钱伟长、汪慕恒、陈心铭、洪惠馨、张乾二、赖万才、张楚琨等七位全国政协委员,向全国政协八届一次会议提交了《关于组建集美大学的建议》提案。4月30日,陈嘉庚国际学会发表了《建议筹办集美大学公启》。

1993年4月15日,福建省省长贾庆林在省委、省政府在厦门举行的现场办公会议上说:"集美学村要继续遵循陈嘉庚先生的办学宗旨,积极创造条件,依靠社会集资和华侨捐资办学,在集美学村创办一所面向海内外侨胞、港澳同胞和台湾同胞的综合性、开放型、国际化的集美大学。"5月3日,省政府省长办公会议决定:"调动各方力量把集美学村建设好、管理好,形成自己的文化特色。在集美学村办集美大学的可行性方案,请省教委提出。"7月15日,厦门市政府在集美航海学院召开筹建集美大学规划预留用地现场办公会议。同时,集美各大专院校对于联合组建集美大学相继以书面形式表示了明确态度。

集美航海学院表示:"关于组建集美大学的方案,我院已书面呈报交通部,并表示了我院党政领导基本支持该方案的态度。交通部教育司领导口头答复:成立集美大学的思路是对的,教育司赞成改革,支持有利于航海教育改革的各种举措。有关领导体

制等重大问题,等待省、市有关方面去进一步商议。"

厦门水产学院表示:"我院完全同意联合组建集美大学的建议。这个建议符合《中国教育改革和发展纲要》的精神,符合农业部关于'一校两制'、'一校多制'的改革思路。组建集美大学有利于弘扬陈嘉庚先生倾资兴学的精神,有利于引进外资侨资,有利于发展与地方联合办学,也有利于提高学校的办学效益,促进学校的发展,扩大学校的影响,提高学校的声誉。"

福建体育学院表示:"坚决拥护、支持在集美学村有关院校的基础上联合组建综合性的集美大学。"

集美财政高等专科学校表示:"组建集美大学是贯彻《中国教育改革和发展纲要》的精神,是适应社会主义市场经济对教育的要求,是我市创办'教育城'的重大举措,也是继承和发展陈嘉庚先生开创的集美学村教育事业的新路子。我院党政领导及全校师生一致拥护省、市政府的决策,同意组建集美大学的'原则意见'和'整体方案',决心与全市、全学村的兄弟院校通力合作,共同办好'集美大学'。"

集美高等师范专科学校表示:"我们认为,把集美学村的五所高校联合起来,组建多科性的,面向海内外的开放型、国际化的综合性大学,是一条应该积极探索的发展道路。我们表示坚决拥护。"

7月底,福建省、厦门市教育主管部门领导率航海学院、水产学院等主要领导赴京,带着福建省和厦门市领导的意见,向交通部、农业部、国家教委征求意见。8月13日,福建省人民政府向交通部、农业部发出了《关于联合办集美大学有关事宜的函》,并于8月29日在厦门召开会议商讨联合组建集美大学事宜,福建省、农业部、厦门市以及水产学院、体育学院、师专、财专的主要负责人等30多人参加。交通部和航海学院则没有派人参加。

9月18日,农业部代表洪绂曾、福建省人民政府代表贾庆林、厦门市人民政府代表洪永世签订关于筹建集美大学的协议书。协议书规定:集美大学由农业部、福建省人民政府、厦门市人民政府,以厦门水产学院、福建体育学院、集美财政高等专科学校、集美高等师范专科学校为基础联合筹建。建立集美大学筹建委员会。10月15日,福建省人民政府发出《关于筹建集美大学的决定》,决定指出:为了加快集美学村高等学校改革与发展的步伐,提高办学质量和效益,为社会主义现代化建设培养更多的高级专门人才,经农业部、福建省人民政府、厦门市人民政府研究,决定联合筹建集美大学。集美大学筹建期间,各校仍为独立的办学实体,其隶属关系、干部配备级别、服务方向、经费渠道、招生与生源计划、毕业生就业计划,以及职称评定、业务活动、对外学术交流、出国考察、师资进修培训等方面的待遇保持不变,集美大学经国家教委批准正式建立后,由联办各方委托福建省人民政府为主负责管理。筹建工作计划3～5年完成。

10月21日,福建省、厦门市联合举办"纪念陈嘉庚先生创办集美学校80周年"大型活动,在福南堂举行的纪念大会上,省政府副秘书长李子宣读了省政府《关于筹建集美大学的决定》,并公布了集美大学筹建委员会名单。主任委员:贾庆林(福建省省长),副主任委员:王良溥(福建省副省长)、洪绂曾(农业部副部长)、洪永世(厦门市市

长）。委员：卓友瞻（农业部渔业局局长）、孙翔（农业部教育司副司长）、李子（福建省政府副秘书长）、朱永康（中共福建省委宣传部副部长）、郭荣辉（中共福建省高校工委副书记、省教委主任）、潘心城（福建省财政厅厅长）、叶品樵（福建省教委副主任）、江金和（福建省计委副主任）、林国清（福建省人事局局长）、林铭侃（福建省政府侨务办公室主任）、朱亚衍（厦门市委常委、副市长）、王榕（厦门市副市长）、黄拔泉（厦门水产学院党委书记）、黄庆兴（福建体育学院院长）、邱元拔（集美财政高等专科学校校长）、詹龙标（集美高等师范专科学校校长）。委员会下设办公室，郭荣辉兼任办公室主任，副主任和成员由农业部、省有关部门和厦门市及院校负责人组成。筹委会办公室负责日常工作。

其间，国务院总理李鹏从北京寄来题词："弘扬嘉庚精神，办好集美大学"。国务院副总理李岚清也寄来了题词："弘扬陈嘉庚办学精神，为进一步振兴教育多做贡献"。

弘扬嘉庚精神 办好集美大学 李鹏 一九九三年十月

弘扬陈嘉庚办学精神 为进一步振兴教育多做贡献。 李岚清 一九九三年十月廿五日

李鹏（时任国务院总理）题词　　　　李岚清（时任国务院副总理）题词

12月30日，中共福建省委书记、省长贾庆林主持召开集美大学筹建委员会会议，研究加快集美大学筹建工作的问题。会议决定，1994年9月前，向国家教委正式申报建立集美大学。省政府、厦门市政府按1：2的比例拨出专项经费，支持集美大学筹建和办学。1994年，省政府拨款500万元，厦门市政府拨款1000万元，主要用于引进师资、增加设备，以及为申报建立集美大学创造必备条件。

　　1994年1月8日，集美大学筹建委员会在集美体育馆揭牌，集美大学筹建工作正式起步。5月8日，郭荣辉、邓渊源、黄拔泉等集美大学筹建办领导与航海学院领导商谈集美大学筹建工作，表示希望和欢迎航海学院尽早加入集美大学，并请航海学院领导向交通部领导转达这一热烈而恳切的愿望。表示目前组建集美大学只能是松散联合，优势互补，资源有价共享。联合办学一定要有利于各学校建设和发展，航海学院是陈嘉庚先生亲手创办，在集美学村资历很老，在海内外影响很大，也是实力最雄厚的学院，航海学院如不参加集美大学将是一个很大的缺陷。福建省把集美大学的建立当作省里的一件大事，也是作为向海内外华侨、校友的一个交代。希望航海学院领导转达这一意见，并希望得到交通部的回音。次日，航海学院即将此意见转呈交通部教育司及相关领导。

　　7月21日，交通部致函福建省人民政府（《关于集美航海学院参加筹建集美大学事的函》），同意集美航海学院参加集美大学的筹建。并提出五点意见：同意集美航海学院作为联合办学的院校之一，本着共同规划、联合管理、优势互补、条件共享的原则，参加集美大学的筹建。集美大学成立后，对办学方针、办学规划、管理体制和机构设置等重大问题的处理及决策，应采取联合办学的各方协商一致的原则。集美航海学院在集美大学中是独立的办学实体，仍具有现有的法人地位，面向全国交通行业的办学方向和办学特色以及领导关系、经费渠道、干部管理等保持不变。学校名称采取一校两牌，即"交通部集美航海学院"和"集美大学航海学院"。集美航海学院享有当地政策给予地方院校的同等优惠政策。

　　9月9日，省委书记贾庆林在集美航海学院召开加快筹建集美大学座谈会，会议形成了《关于加快筹建集美大学座谈会纪要》，提出：厦门市要尽快划定集美大学新规划区900亩用地红线，今年实征150亩，其余预征。对征用的土地，厦门市有关部门要给予支持和优惠，征地费每亩不超4万元，经费来源由今年省市拨付的1500万元解决，教学综合楼争取年内动工。省、厦门市政府每年按1：2的比例划拨集美大学建设专项经费，保证对学校的长期投入。集美大学实行由联办各方委托福建省人民政府为主管理的体制。集美航海学院和厦门水产学院要积极争取交通部和农业部增加教育基建投入，在保证正常经费和按规模投入之外，厦门市政府将以交通部、农业部增加投入部分，按1：1的比例拨给配套经费。集美大学校级领导班子要在集美大学挂牌时宣布，具体人选可由各方推荐，请省委有关部门尽快提出人选，报省委审批。

　　9月21日，福建省人民政府正式行文国家教育委员会，申请建立集美大学。次日，福建省委书记贾庆林、省长陈明义率省、市有关部门的负责同志前往国家教委就建立集美大学的有关问题，与国家教委常务副主任张孝文进行了会谈。关于建立集美大学，张孝文表示：对集美大学的审批，国家教委将积极支持，特事特办。关于集美大学领导体制，要明确以省为主。并表示，岚清同志对建立集美大学很支持，希望集美大学在管理改革和资金筹措等方面创造出经验。

　　10月8日，国家教委向福建省人民政府、交通部、农业部、厦门市人民政府下发了《关于同意将集美学村五所高等学校合并组建为集美大学的通知》。通知指出：同意将集美学村现有的集美航海学院、厦门水产学院、福建体育学院、集美财经高等专科学校和集

美高等师范专科学校合并组建为集美大学。集美大学由福建省人民政府、交通部、农业部、厦门市人民政府联合办学，实行由福建省人民政府、交通部、农业部、厦门市人民政府共同领导管理，以福建省人民政府为主的领导管理体制。新建的集美大学是一个整体，下设航海学院、水产学院、体育学院、财经学院、师范学院等。集美航海学院和厦门水产学院分别改为集美大学航海学院和集美大学水产学院后，由原隶属关系确定的建校规模、经费渠道、资产产权与管理、招生与毕业生调配计划、干部配备级别和人事管理体制等都暂保持不变；原厦门水产学院、福建体育学院、集美财经高等专科学校、集美高等师范专科学校等校分别改为集美大学水产学院、集美大学体育学院、集美大学财经学院、集美大学师范学院后，原建制撤销。

10 月 5 日，中共中央办公厅秘书局致函国家教委、福建省委，送来江泽民总书记为集美大学题写的校名。

10 月 20 日，陈嘉庚先生诞辰 120 周年纪念大会在集美隆重召开。当日上午举行集美大学校牌揭幕式，中共中央政治局委员、国务院副总理李岚清，省委书记贾庆林

1994 年 10 月 20 日李岚清、贾庆林为集美大学校牌揭幕

为集美大学校牌揭幕。揭幕仪式由厦门市市长洪永世主持，省长陈明义在揭幕仪式上讲了话。国家教委为集美大学成立发来贺信。下午，中央、省、市有关领导为集美大学新校区综合教学楼举行了奠基典礼。

集美大学正式挂牌成立的当日，省委即任命王建立为集美大学党委书记、黄金陵任校长，但党政领导班子尚未建立。五个学院一切工作继续独立运行，重要文件必须抄报集美大学书记、校长。校部临时抽调人员的编制、工资及一切待遇仍由原所在学校负责。

（二）集美大学完成实质性合并

集美大学合并初期，由于航海学院和水产学院由原隶属关系确定的建校规模、经费渠道、资产产权与管理、招生与毕业生调配计划、干部配备级别和人事管理体制等都暂保持不变；体育学院、财经学院、师范学院原经费渠道、干部配备级别和人事管理体制等也未发生变化。因此，合并后的集美大学实际上是一个松散的联合体，也就是一种后来被人们戏称为"独联体"的办学格局。

1."四方联席会议"

1995 年 5 月，交通部、农业部、福建省人民政府、厦门市人民政府四方签订《关于

集美大学办学协议》,协议中明确规定:建立集美大学办学联席会议制度。由交通部、农业部、福建省人民政府、厦门市人民政府委派司、局级干部参加,其主要职责是审议听取校长的工作报告;研究、协调、解决联合办学中的重大事宜,对涉及到联办各方有关的重大事宜,须经联办各方协商一致后实施。

四方联席会议实际上是在松散联合状态下形成的联办各方共商集美大学办学重大事项的特殊机制。5月4日召开第一次联席会议。会议形成的《会议纪要》指出:关于集美大学校本部管理机构设置和人员编制,本着高效精干、简政放权、减少重复交叉的原则抓紧组建和配备。校本部机构设置和干部,按比例从各学院选调,选调人员的编制、工资、补贴及有关待遇保持不变。为了多渠道筹措办学资金,促进学校的建设和发展,同意设立集美大学教育发展基金会。会议还通过了《集美大学联席会议议事制度》,指出集美大学联办四方联席会议议事制度是交通部、农业部、福建省人民政府、厦门市人民政府研究、协调和解决集美大学联合办学中重大事宜的基本准则。联办四方联席会议议事的主要内容包括:听取和审议集美大学校长年度工作报告;研究、协调和解决联合办学中的重大问题;协商确定《交通部、农业部、福建省人民政府、厦门市人民政府关于集美大学办学协议书》中的未尽事宜;形成和通过《会议纪要》。会议期间,还举行了集美大学航海学院、水产学院、体育学院、财经学院、师范学院授牌仪式。第二次、第三次四方联席会议分别于1996年4月26日、1997年12月27日在厦门召开。

2. 成立党委常委会和校务委员会

1995年5月19日,中共福建省委批准成立中共集美大学委员会。12月6日,福建省委下发《关于集美大学领导体制问题的通知》:集美大学实行党委领导下的校长负责制。集美大学党委设常务委员会,由书记、副书记、党员正副校长和所属各学院党委书记组成。集美大学设校务委员会,由校长、书记、副校长、校办主任和所属各学院院长及有关专家、学者组成。集美大学校长、副校长实行任期制,原则上每届四年。下发《关于中共集美大学委员会设立常务委员会的通知》:王建立、曾讲来、黄金陵、黄拔泉、陈泰灿、辜建德、陈志良、林耀坤、潘世平任委员。王建立任党委书记,曾讲来任党委副书记。下发《关于集美大学校务委员会组成人员的通知》:由黄金陵、王建立、辜建德、陈志良、林敏基、杨积庆、滕元良、黄庆兴、邱元拔、商振泰、张是勉组成校务委员会。同时,中共福建省委任命辜建德、陈志良、林敏基为集美大学副校长。

3. 李岚清的一系列讲话、指示、批示

1995年12月25日,国务院副总理李岚清来厦召开加快集美大学体制改革步伐座谈会。国家教委党组书记、主任朱开轩,国家教委副主任周远清,福建省委书记贾庆林、省长陈明义以及厦门市主要领导、集美大学领导参加了座谈会。李岚清副总理发表了重要讲话,他说:领导体制方面,集美大学现在校部有党委,院里也有党委,如果上下党委发生意见不一致,怎么办?希望眼前一段时间改革工作可以稳妥一些,但不能时间拖太长,要锐意改革,步伐大一点。我对集美大学寄予厚望,而且不但是国内,国外也很关注集美大学。要真正把陈嘉庚先生的爱国思想、办学精神以及办学的模式予以继承和发扬。"集美"这个名字很值钱,是金字招牌,所以我们要把它办成名副其实

的金字招牌的大学。我对此抱有充分的信心。

1996年8月，国家教委在北戴河召开全国高教管理体制改革座谈会期间，李岚清副总理专门对集美大学改革与发展工作作了重要批示："希望集美大学要加大实质性改革和合并的步伐，提高教育质量和办学效益。"

1997年1月19日，李岚清副总理到福建省考察，对集美大学的改革工作又作出重要指示：集美大学的合并，我认为存在两个问题，一是领导体制没有调整好，二是行政管理一定要一元化。要合并，就要以省统筹安排为主，不能松散管理。根据近期学校合并的经验来看，先松散的联合一般不成功，合并好的都是一步到位。集美大学的问题请省委、省政府进一步关心，把合并、调整工作做好。我们一定不能辜负陈嘉庚先生当年倾家办学的一片报国的苦心。

3月，李岚清副总理再次作出批示：我主张厦门大学、集美大学不仅由部委同省共建，而且应由部委、省、市共建，把这两所大学集中力量办好。5月25日，李岚清副总理出访归来，在厦门机场作短暂停留，在听取了市领导的工作汇报后，询问了集美大学的有关情况，提出要做好部、委、省、市共建工作，要求厦门方面要多管事。

为了贯彻李岚清副总理一系列讲话、指示、批示精神，省委、省政府，市委、市政府高度重视，要求集美大学尽快提出改革方案。集美大学立即组织力量，广泛开展调查研究，召集了多次以"如何办好集美大学"为主题的座谈会，并于1996年初完成《集美大学管理体制改革总方案》。在1996年9月9日集美大学首届校董会成立大会上，福建省省长陈明义要求集美大学抓住机遇，认真贯彻落实李岚清副总理的一系列重要指示，积极做好资源共享、优势互补，加快由松散型向紧密型过渡，在管理体制、拨款体制、计划体制改革上有新的突破。在这次会上，获邀担任集美大学校董事会副主席的李尚大校友发来书面发言稿，指出：一定要依靠政府的力量，将各个院校的旧积习、旧圈圈统统冲破。要做到集美大学的校务通盘计划，统一管理，财政也要统一管理，要有健全的组织。校长要有实权，有最后的决定权。

为贯彻落实李岚清副总理的指示精神，王良溥副省长召开专题会，专门研究这项工作，初步确定航海学院也要列入改革方案。

1997年3月26日，国家教委副主任周远清等来集美大学检查工作。周远清说：今年国家教委重点抓11所学校的改革，集美大学是其中的一所。集美大学目前的进展情况离李副总理"实质性合并"的要求还很远，院、校关系的处理上，以院为主的提法与国家高教法不太一致。

4. 加快体制改革步伐

1997年5月3日，中共福建省委决定调整集美大学领导班子，任命张向中为中共集美大学委员会书记，辜建德为集美大学校长、中共集美大学委员会副书记。5月24日，省教委在福州召开集美大学党委常委会、校务委员会会议，讨论加快集美大学管理体制改革的意见。省教委主任朱永康组织与会集美大学领导学习中央和省委、省政府有关高教体制改革的文件以及有关领导的讲话精神，会议重点讨论了省教委5月8日向省委、省政府提出的《关于加快集美大学办学与管理体制改革的意见》。为加快集美

大学体制改革步伐,学习兄弟院校合并办学的先进经验和做法,7月15日至23日,福建省委宣传部陈俊杰副部长率省委宣传部和省教委有关领导、集美大学有关领导赴扬州大学、上海大学、南昌大学学习取经,就合并办学过程中的体制改革、机构设置、干部管理、学科调整与建设、师资队伍建设、后勤工作改革等问题进行调研。

8月7日,省委召开常委会,认真学习李岚清副总理有关办好集美大学的重要讲话精神,听取了省教委关于集美大学改革工作的汇报,研究了集美大学体制改革方案。会议决定成立集美大学体制改革领导小组,统筹协调集美大学的实质性合并工作。在1998年1月召开的省人大会议上,加快集美大学改革步伐作为一项重要工作写进政府工作报告。

1998年2月21日,国家教委党组书记、副主任陈至立视察集美大学,并召开座谈会。陈至立同志在座谈会上发表讲话说:关于集美大学的实质性合并工作,农业部认为应由省政府来统一领导,水产学院的划转毫无问题。交通部从划转的观念上讲也没有问题,主要是希望将来在资金投入上要使得学校不受损失。国家教委在这方面会尽力帮助福建省、厦门市以及集美大学跟交通部把这些问题很好地协商下来。

2月23日,贺国强省长主持召开了省长办公会议,专门听取了集美大学体制改革领导小组的汇报,对集美大学实质性合并的一些重要问题作了认真研究。

7月6日,在教育部周远清副部长的主持下,交通部、农业部和福建省政府在北京签订了集美航海学院、集美大学水产学院划转福建省管理的协议,这标志着集美大学的实质性合并工作进入了具体实施阶段。

7月20日,贺国强省长在集美大学召开实质性合并工作座谈会。他在会上说:"李岚清副总理亲自抓扬州大学和集美大学两个点的改革,他先表扬扬州大学,说我们进展不快。我刚调福建工作回北京时去李副总理处,他没谈别的,就和我谈集美大学的合并工作,嘱咐我要亲自抓一抓。去年,李副总理来福州出席内贸工作会议期间,在省里召开的一个座谈会上,李副总理再次提出要加快集美大学合并步伐。还有中央全会期间,我和明义同志在北京开会,李副总理见到我们又谈了这个事。他非常关心集美大学,而且做了很多工作。"此次会议议定:集美大学以省人民政府为主领导管理,由省和厦门市共同建设。为确保集美大学实质性合并工作顺利进行,决定从省直有关部门和厦门市抽调专人组成工作小组进驻集美大学,工作小组的主要任务是开展调查研究,根据省委、省政府的指示精神,制订集美大学实质性合并的实施方案,帮助集美大学在8月底前完成水产学院和航海学院由农业部、交通部划转我省管理的交接工作,以及体育学院、财经学院、师范学院、工商管理学院由省有关部门、厦门市政府划归集美大学管理的交接工作,10月底前完成校部机构设置和人员配备工作,年底制订并实施学科结构的调整方案,同时提出学校改革和发展的规划。

7月23日,农业部、福建省人民政府联合下文《关于变更集美大学水产学院行政隶属关系的通知》。8月6日,省委、省政府工作小组进驻集美大学,经过近一个月的调查研究,工作小组提出了《集美大学实行实质性合并的若干意见》。9月25日,贺国强省长主持召开办公会议,专题研究《集美大学实行实质性合并的若干意见》。9月30日,陈明

义书记主持召开省委常委会,原则通过了《集美大学实行实质性合并的若干意见》。

1998年10月13日,福建省人民政府上报《关于集美大学实质性合并工作情况的汇报》。10月14日,李岚清副总理在此上报件上批示:"我赞成集美大学以福建省管理为主,由省和厦门市共建,有关各校实行实质性合并,希望大家同心协力,通过教育资源的合理配置和充分利用,提高办学效益和教育质量,把集美大学进一步办好。"

5. 实现实质性合并

11月12日,中共福建省委办公厅、省人民政府办公厅下发《关于批转〈关于集美大学实行实质性合并的若干意见〉的通知》。通知指出:集美大学以省政府为主管理,由省和厦门市共同建设。学校实行党委领导下的校长负责制。校党委实行常委制。学校实行校、院(系)两级管理。学校为正厅级,院(系)为正处级。学院不作为一级行政机构,主要负责组织和协调学院所属各系的教学、科研和学生工作。校院原有干部的待遇保持不变,实行"老人老办法,新人新办法"。工商管理学院是集美大学的重要组成部分,继续执行中外合作办学模式的试点,学院暂不定级别。各学院的编制、人事(含职称)、劳动工资管理工作统一集中到集美大学。从1999年1月1日起,各学院的预算内、外收支,基本建设计划全部划归集美大学统一管理、统一核算、统筹安排。原交通部、农业部和厦门市政府、省教委、省计委、省财政厅拨付给航海学院、水产学院、师范学院、财经学院和体育学院的教育事业费和基本建设投资,比照国务院办公厅国办发[1998]103号文件通知精神,从1999年1月1日起划转省财政,纳入省级教育事业费和基本建设投资预算。省教委作为集美大学的主管部门,按照省财政厅、计委的年度预算安排,负责管理集美大学教育事业费和基本建设投资,并下达集美大学实施。集美大学实质性合并后,基建实行统一的管理制度,按省属高校进行管理。

11月23日,福建省教委和福建省财政厅、厦门市人民政府在福州举行了集美大学财经学院、集美大学师范学院办学协议书签字仪式。11月25日福建省教委下发《关于集美大学体育学院划归集美大学领导管理的通知》。27日,福建省教委、福建省财政厅联合下发《关于集美大学财经学院划归集美大学领导管理的通知》。至此,集美大学所属的各学院已经全部完成划转工作。

1999年1月6日,省委宣传部常务副部长陈俊杰在集美大学宣布了经省委研究决定的集美大学校领导班子成员和所属学院的党政主要负责人名单:党委书记张向中,副书记辜建德、曾讲来、陈志良,纪委书记林耀坤。校长辜建德,副校长商振泰、邱元拔、邱志雄、苏文金。巡视员陈泰灿,助理巡视员林敏基、李连亭、俞建洪。航海学院党委书记赖强谋、院长郑为民;水产学院党委书记蔡金萱、院长张雅芝;体育学院党委书记李金水、院长郑旭旭;财经学院党委书记黄德棋;师范学院党委书记潘世平、院长施若谷。2月4日,校党委公布了校部党、政部门和所属各学院党、政副职以及院部机构的负责人名单。全校党政群团处级机构由70个减少到25个,处级干部由95人减至55人,大量的干部调整充实至教学、科研第一线。校党委部门设:党委办公室、组织部、宣传部、统战部、学生工作部、党校。校行政部门设:校长办公室、人事处、教务处、师资处、财务处、总务处、基建处、科研处、产业处、资产管理处、学生处、保卫处、离退休

工作处、外事办公室、招生办公室。各学院只设院办公室、教学科研办公室、学生工作办公室,负责教学科研的组织和学生管理工作。中层干部宣布后,新任的干部即日到位,随即开始筹组所属的科级机构。

至此,集美大学实质性合并工作基本完成,实现了"统一的学校主体、统一的机构和领导、统一的管理制度、统一的发展规划、统一的学科建设"。1999 年 4 月 18 日,李岚清副总理在《关于集美大学实质性合并情况的汇报》上报件上批示:"看到此件很高兴,经过几年的工作终于实现了预定目标。我赞成省与厦门共建,要多为厦门的经济和社会发展服务。希望集大的全体师生员工团结奋进把集大进一步办好。"

6. 工商管理学院的管理体制问题

在集美大学实质性合并的过程中,还涉及集美大学工商管理学院的管理体制问题。1995 年 3 月 13 日,福建省教委下文正式批准成立集美大学工商管理学院,其中对其体制问题作了两点明确规定:"集美大学工商管理学院由厦门市人民政府和陈嘉庚国际学会联合创办,是隶属于集美大学的二级学院。""集美大学工商管理学院的发展纳入集美大学的总体规划,办学规模及专业设置要根据福建省及厦门市的经济社会发展需要,统筹考虑。1995 年设置国际企业管理专业和理财学专业。"1996 年 11 月22 日,集美大学工商管理学院董事会成立。学院实际运行模式采用的是董事会领导下的院长负责制,具有独立法人资格,人、财、物相对独立。1998 年 10 月 19 日,李尚大先生在集美大学校董会会议上指出:"旧的山头铲除了,新的山头为什么不能一起铲除呢? 我认为集美大学工商管理学院应该与其他学院一样,同步进入实质性合并。1993 年,海外华侨、华人呼吁成立集美大学,一方面是为了实现陈嘉庚先生要在集美办大学的遗愿;而更主要的方面,还是为了适应中国高教体制改革的需要,打破'条块分割'的格局,走出一条资源共享、优势互补,提高办学质量和办学效益的路子。所以,工商管理学院应该考虑如何适应高教体制改革的需要,同时并入集美大学。"他还指出:"这几年,工商管理学院办得不错。她可以把自己的长处和优点,带进集美大学,发挥带头与示范的作用,同时在合并后的资源共享、优势互补中,弥补自身的不足。因此,我再次建议省、市政府应该积极地同有关方面协调,研究出一条便于工商管理学院参加实质性合并的妥善办法。或者是仿效厦门市与厦门大学联办厦门大学医学院的模式。"10 月 20 日,洪永世市长与陈共存先生就集美大学实质性合并中涉及工商管理学院的问题进行了会谈。陈共存转述了他 10 月 19 日与集美大学辜建德校长会谈的情况。他说,辜校长表示工商管理学院可以由厦门市政府、陈嘉庚国际学会和集美大学三方联办,辜校长本人乐意出任学院董事会秘书长,集美大学在人、财、物方面将会尽力支持工商管理学院,并支持工商管理学院继续试验新的办学模式。陈共存认为,通过三方共同努力,能够把工商管理学院办得更好,但在集美大学实质性合并后,工商管理学院要保持相对独立性,避免传统办学陋习的影响,继续尝试新的办学模式,在集美大学各学院的国际化进程中发挥带头作用。洪永世市长指出,集美大学实质性合并是中央和省政府的决定,有利于集美大学的整体发展,各有关方面都应该支持工商管理学院参加实质性合并。考虑到工商管理学院中外联办的特性,其进入实质性合并要

经学院董事会研究通过。厦门市政府将一如既往地支持工商管理学院探索中外合作办学新模式,进行办学体制改革和逐步走向国际化的试验。工商管理学院是由省里还是集美大学与厦门市政府、陈嘉庚国际学会联办,要由省里决定。2000年9月,集美大学工商管理学院由原来的厦门市人民政府和陈嘉庚国际学会两方联办改为由厦门市人民政府、陈嘉庚国际学会和集美大学三方联办,由集美大学校长担任工商管理学院代理院长。

7. 全校教学教辅单位进行重组与合并

1999年实质性合并后,集美大学对全校教学教辅单位进行重组与合并,在保留实质性合并前业已设立的航海学院、水产学院、体育学院、财经学院、师范学院、工商管理学院的基础上,对相关或相近的学科专业再次进行调整,深化了学科专业的整合,先后组建了艺术教育学院(1999年2月)、成人教育学院(1999年2月)、社科系(1999年4月)、信息工程学院(1999年8月)、机械工程学院(1999年8月)、职业技术学院(2000年2月)、轮机工程学院(2001年2月)、生物工程学院(2001年2月)、航海职业教育学院(2001年2月)、计算科学与应用物理系(2002年7月)、海外教育学院(2002年10月)、诚毅学院(2003年4月)。2000年9月,原副厅级的水产学院党委书记蔡金萱调任副校长,航海学院党委书记赖强谋调任校长助理,体育学院党委书记李金水调任工会主席,师范学院党委书记潘世平调往厦门城市职业学院任党委书记,这样学院就不再有副厅级的干部了。五个老学院经过学科专业重组和人员调整,逐渐淡化了老学院的观念,"一校意识"逐步形成,实行校院两级管理的条件也基本成熟。

8. 召开集美大学第一次党代会

2001年10月21日至22日,中国共产党集美大学第一次代表大会召开。出席大会的正式代表180人、特邀代表39人、列席代表14人。大会总结了集美大学组建七年来的成绩和经验,分析了集美大学所面临的形势和存在的问题,提出了"十五"期间加强党的建设,推进学校改革发展事业的目标和任务。明确学校的定位为"面向特区、面向海洋、面向海内外,在国内和东南亚地区具有一定影响的多科性大学"。会议讨论通过了《集美大学"十五"计划和2010年发展规划纲要》,指出:集美大学是一所以本科教育和培养应用型人才为主的省属多科性大学,到2005年,全日制普通本专科在校生达到15000人以上,其中本科生保持在80%以上,研究生教育开始起步,本科教学质量明显提高,科学研究稳步发展,建设一批在省内有较大影响的学科和专业,总体办学实力有较大增强。到2010年,全日制普通本专科在校生达到18000人以上,其中本科生保持在80%以上,研究生教育初具规模,学科群建设形成明显的优势和特色,适度发展基础学科,建成一批在省内领先的学科和专业,造就一批在省内外有一定学术知名度的专家,教学质量和办学效益总体上进入省属本科院校前列。大会选举产生了集美大学第一届党的委员会和纪律检查委员会。杨国豪、邱元拔、张向中、陈志良、林耀坤、商振泰、辜建德、曾讲来、蔡金萱当选为党委常委,张向中当选为党委书记,辜建德、曾讲来、陈志良当选为党委副书记,林耀坤当选为纪委书记。集美大学第一次党代会的召开,是学校真正实现实质性合并的标志。

（三）成立集美大学校董会

在高等学校管理体制改革的进程中，一些高校通过设立校董会或基金会等机构，多渠道筹措资金、集思广益，提高了办学效益和学校知名度。集美大学在筹建过程中也积极酝酿成立校董会。1995年4月20日，集美大学上报《关于筹建集美大学董事会的方案》，请示成立集美大学董事会。福建省委、省人民政府对集美大学成立董事会的设想表示大力支持。8月2日，福建省委常委、宣传部部长赵学敏来集美大学检查工作，传达了省委书记贾庆林的指示，要求集美大学加紧筹备董事会，省委常委研究决定由陈明义省长担任董事长。8月31日至9月5日，集美大学校长黄金陵、党委书记王建立、董事会筹备处主任任镜波，专程赴京向交通部、农业部汇报成立董事会的设想，同时征求拟请担任董事会名誉职务的中央和部门领导（包括老同志）的意见。交通部、农业部两个部的有关领导表示支持成立集美大学董事会。农业部还明确由副部长洪绂曾、副司长韩惠鹏代表农业部参加集美大学董事会。交通部领导表示，对集美大学的改革，交通部一定支持。参加董事会的成员，交通部可以跟农业部一样规格。赴京人员先后联系或登门拜访了项南同志、张楚琨先生、陈乃昌同志、王汉斌副委员长、彭德清同志、卢嘉锡副委员长、钱伟长副主席、周远清副部长、庄炎林同志、国侨办廖晖主任等，这些领导同志都表示支持集美大学成立董事会，有的同意担任董事会荣誉职务。4日晚，贾庆林书记从西藏到北京，集大赴京人员前往其住处汇报在京工作情况，并请示筹备董事会的下一步工作。12月25日，李岚清副总理在厦门召开加快集美大学体制改革步伐座谈会，在谈到集美大学成立董事会时说，还是用"校董会"比较好，与企业的董事会区别开来。

1996年4月间，集美大学向拟聘请担任校董的海内外有关人士发出请帖，征询意见。省委书记贾庆林、省长陈明义还分别写信给印尼企业家、集美校友李尚大先生，邀请他担任校董会副主席。8月21日，福建省人民政府办公厅正式批复成立集美大学校董会，并定于9月9日召开集美大学首届校董会成立大会，省领导出席会议。

1996年9月9日，集美大学首届校董会成立暨第一次会议隆重召开。出席会议的有集美大学高级顾问李引桐先生、庄炎林先生，校董会名誉主席、省委书记贾庆林，校董会主席、省长陈明义，校董会副主席、省委副书记何少川，校董会副主席、副省长王良溥，校董会副主席、厦门市市长洪永世，校董会副主席、省教委主任郭荣辉，校董32人、来宾35人，共67人。王良溥主持会议。贾庆林、陈明义为校董会揭牌；贾庆林向校董会授印；贾庆林、陈明义、洪永世分别向校董会顾问、副主席、常务董事、董事颁发聘书。陈明义在会上致辞。他说，集美大学的建设和发展，与福建的改革开放和现代化建设紧密相连。希望集美大学要认真贯彻落实《中国教育改革和发展纲要》，以江泽民同志1996年在四所交通大学负责人座谈会上的讲话精神和李岚清副总理的一系列重要指示为指导，全面适应现代化建设的需要，全面提高办学质量和效益，统一思想认识，积极做好资源共享、优势互补，加快由松散向紧密型过渡，在管理体制、拨款体制、计划体制改革上有新的突破，实现提高办学质量和办学效益的目标；希望联办各方加

强协作，调动各方面的办学积极性，为集美大学的改革和发展创造更好的条件；希望海外侨胞、港澳台同胞及社会各界人士，在陈嘉庚先生"爱国兴学"的旗帜下，携起手来，继续关心和支持集美大学的建设和发展；期望海内外各位董事，加强对学校的指导和帮助，多提宝贵意见，积极参与学校重大事务的咨询和决策，进一步联络海内外各界人士，促进学校对外交流与合作，帮助培养和培训教师，引进优秀人才，多方面筹集资金，加快集美大学的建设，共同把集美大学办成一所有较高水平、有较大影响的大学。会议审议并通过了校长工作报告，审议并通过了《集美大学校董会章程》、《集美大学基金会章程》。讨论并通过了《致集美校友、乡亲和各界人士的一封信》，号召海内外人士共同支持集美大学。

1996 年 9 月 9 日，集美大学校董会成立

集美大学校董会是学校重大事务的宏观决策机构。校董会的宗旨是：遵照党和国家的教育方针、政策和有关法规，调动各方面的积极性，以多种形式帮助集美大学的建设和发展。校董会的职责是：定期听取校长的工作报告，提出改进学校工作的意见。对学校办学方向、办学方针及规划、教学、科研、基建、财务等重大问题进行审议、决策和监督。向海内外宣传集美大学，联络各界热心教育事业的人士，为集美大学提供改革和发展信息，筹集办学资金，引进先进教学设备，帮助改善集美大学的办学条件。推荐和组织海外专家学者来校讲学、参加科学研究，积极为学校出国进修人员和开展国际学术交流创造条件。协助学校扩大海外生源，推荐品学兼优学生来校学习，对回原居住地的毕业生的就业给予关心帮助。

校董会每届任期四年。校董会常务校董会议每年一次，全体校董会议每两年一次，必要时经主席、副主席决定，可召开特别会议。校董会闭会期间，授权秘书长主持校董会日常工作，并对校董会负责。中共福建省委书记是当然的校董会名誉主席，福

建省人民政府省长是当然的校董会主席。

集美大学首届校董会顾问：卢嘉锡、钱伟长、李远哲、李引桐、孙炳炎、彭德清、项南、庄炎林、陈乃昌；名誉主席：贾庆林。主席：陈明义。副主席：何少川、王良溥、李尚大、洪善祥、洪绥曾、洪永世、郭荣辉。秘书长：黄金陵

随着政府部门领导职务的变动，集美大学校董会领导职务也有所变动。1997年7月24日，担任北京市市长的贾庆林同志在集美大学请求他继续担任集美大学校董会职务的信函上批示："感谢集美大学的信任，同意担任校董会顾问。"9月7日，召开首届校董会第一次常务校董会议。增补贾庆林、黄克立为首届校董会顾问；陈明义为名誉主席，不再担任主席；贺国强担任主席，增补朱永康为副主席，辜建德担任秘书长。

1998年10月19日，召开首届校董会第二次全体会议。增补潘心城、路明为副主席；王良溥、洪绥曾不再担任副主席。

1999年10月17日召开首届校董会第二次常务校董会议。增补陈永栽为顾问；习近平担任主席，贺国强不再担任主席。

2000年11月12日，集美大学第二届校董会成立，同时举行第一次全体会议。第二届校董会顾问：贾庆林、卢嘉锡、钱伟长、李远哲、李引桐、孙炳炎、黄克立、陈永栽、庄炎林、陈乃昌。名誉主席：陈明义。主席：习近平。副主席：何少川、潘心城、朱亚衍、李尚大、张春贤、张宝文、朱之文。秘书长：辜建德

习近平（时任福建省省长、集美大学校董会主席）在集大校园种下一棵凤凰木
（2000年11月12日）

2001年12月19日召开第二届校董会第一次常务校董会议。宋德福为名誉主席。增补黄瑞霖为副主席，何少川不再担任副主席。

2002年12月18日召开第二届校董会第二次全体会议。卢展工担任主席，增补张昌平为副主席。习近平不再担任主席，朱亚衍不再担任副主席。

2003 年 10 月 21 日召开第二届校董会第二次常务校董会议，校董会主席、省委代书记、省长卢展工在校董会上肯定了集大的进步，并首次宣布省政府将集美大学列入福建省重点建设高校，给全校师生极大的鼓舞和鞭策。

2004 年 10 月 21 日，增聘交通部副部长翁孟勇为校董会副主席。

2005 年 10 月 20 日第三届校董会第一次常务校董会议召开，黄小晶省长为校董会主席。

2006 年 10 月 20 日第三届校董会第二次全体会议增聘 3 位校董。

2007 年 12 月 29 日第三届校董会第二次常务校董会议增聘陈桦、刘赐贵为校董会副主席。

2008 年 10 月 20 日第四届校董会第一次全体会议召开，邀请 19 位海内外知名人士加入校董会，其中交通运输部副部长高宏峰、农业部副部长张桃林为校董会副主席。

2009 年 10 月 21 日第四届校董会第一次常务校董会议召开，邀请 7 位海内外知名人士加入校董会，苏文金校长任秘书长。

2010 年 11 月 7 日第四届校董会第二次全体会议召开，邀请 6 位海内外知名人士加入校董会。

2011 年 10 月 28 日第四届校董会第二次常务校董会议召开，苏树林省长为校董会主席，厦门市市长刘可清为校董会副主席，邀请到 11 位省市领导和社会知名人士加盟校董会。

2012 年 12 月 1 日，第五届校董会第一次全体会议召开，省长、校董会主席苏树林发表了重要讲话。会上宣布了第五届校董会成员名单，并向常务校董、校董颁发了聘书。

集美大学校董会以"弘扬嘉庚精神，办好集美大学"为宗旨；"有钱出钱，有力出力，有主意出主意"是广大校董的心愿。每年一次的校董会全体会议或常务校董会议，众多领导、热心人士和企业家共聚一堂，为学校的改革与发展献计献策，为学校对外开展合作与交流牵线搭桥，为帮助学校的建设慷慨解囊，这已成为集美大学的一个独特优势。校董会成立以来，为学校的建设与发展筹集到的资金已超过 4.0 亿元（截至 2012 年 11 月），这些捐助有的用于设立学科建设基金，有的用于设立奖教、奖学或助学金，有的用于帮助学校改善办学条件，为学校的发展和办学水平的提高起到了重要的作用。

（四）通过本科教学工作合格评价

本科教学工作评价是国家教育管理部门对高等学校教学质量高低进行评判的一种方式。是对一所高校办学水平及其综合实力的全面评价。教育部根据不同类型的高校制订相应的评价指标体系和标准，集美大学教学工作评价采用《综合大学本科教学工作合格评价指标体系》，它反映了教育部对综合性大学教学工作的基本要求。按照要求，接受评价的学校要根据评价指标进行自评，找出教学工作中存在的不足之处和弱项，撰写出自评报告并提出整改措施，然后接受教育部派出的评价专家组进校考察。专家组考察后形成的评价结论，经教育部审核后向社会公布。

1. 三年评建

1996年4月，刚组建不久、尚未实现实质性合并的集美大学本科教学工作合格评价正式起步。5月23日，成立集美大学教学工作评价领导小组，组长辜建德，副组长曾讲来、陈志良、林敏基，成员杨积庆、李连亭、黄庆兴、洪文明、杨克仁、张是勉。下设评价办公室。各学院也相应成立学院教学工作评价领导小组。

从1996年4月教学评价工作正式起步至2001年11月教育部专家进校复查（2002年9月教育部正式下文公布评价结论），集美大学教学评价工作历经三年评建（1996年4月至1999年10月）和两年整改（1999年11月至2001年11月）。

第一阶段（1996年4月至1997年10月），全面自评自查，阶段性整改，迎接省教委的阶段性检查。1996年4、5月，在全校开展教学工作评价的学习、宣传、动员和试点工作。组织各学院领导和教务处认真学习有关教学工作评价的文件，收集全国有关院校开展教学工作评价的资料，明确开展教学工作评价的意义，理解并掌握教学工作评价的指标体系。6月至12月，各学院分别进行自评自查。各学院在总结试点经验的基础上，分别按照学院的类别对照国家教委的工科、农林科院校以及综合性大学等不同的评价指标体系进行自评，明确各项硬件指标未达标所需增加的各项投资，向学院的教育主管部门报告，并最终形成包括学院基本情况、自评方式、评价结果及各项评分的依据、存在的主要问题和改进工作设想等内容的自评报告以及学院的发展规划。校评价办公室汇总各学院自评材料，组织校内专家组（包括特邀部分国家教委专家组成员及各级教育主管部门的负责同志），按照综合性大学指标体系对全校教学工作进行自评，并完成自评报告和学校发展规划。1997年1月至8月，全面进行整改和建设。包括加强全校校风和学风建设；加强师资队伍建设和学科建设，召开集美大学首届师资工作会议；进行合格课程、优秀课程和重点学科评选，组织青年教师进行课堂教学观摩评比活动；各学院根据自评存在的差距，加强建设，重点做好整改工作。9月至10月，校内自评总结汇报。组织校内领导及有关专家听取各院、系教学工作评价小结，筹办集美大学教学成果展览，迎接省教委及国家教委有关领导和专家对学校教学工作评价的阶段性检查和调研工作。

与此相配套，学校从1996年8月起，用一年的时间重点建设计算中心、电教中心、语言中心、电子文献中心和计算机网络管理中心。1997年10月13日，集美大学教育和科研计算机网（JMU—NET）正式开通，成为在中国教育和科研计算机网（CER-NET）正式注册的一个校园网。JMUNET向下联结各学院，向上通过厦门大学（XMUNET）接入中国教育和科研计算机网（CERNET），并贯通了和因特网（INTER-NET）的联系，实现全校、全国、全世界的信息共享。这是集美大学组建后的一项重点建设项目，曾被誉为集美大学从松散型走向紧密型联合的"希望工程"。

1997年10月13日，福建省教委派出专家组，对集美大学本科教学工作合格评价进行阶段性成果检查。农业部派有关负责人来校指导，国家教委有关部门负责人、专家也驻校考察调研。检查组经过全面考察后认为，集美大学紧紧抓住教学工作这个核心，加大投入，加快建设，办学条件有较大的改观。尤其是五个中心的启用，增强了学

校的综合实力。集美大学在当时特定的发展阶段中，坚决贯彻李岚清副总理以及省委、省政府关于加快改革步伐的指示精神，积极推动学校的实质性联合，通过抓教学合格评价这一突破口，明确了联合的重要性，增强了主动性，形成了强大的凝聚力。通过这次对教学工作的综合性检查，专家们还提出，希望集美大学所属各学院的各个主管部门支持集美大学加快实质性联合步伐，改革分散办学管理体制，建立新的办学管理体制，合理配置人、财、物资源，提高办学效益。在 10 月 15 日下午举行的专家组评议意见反馈会上，福建省教委副主任王豫生在讲话中指出，对集美大学来说，在现阶段开展教学工作评价，的确是一项增强凝聚力的工程，对学校今后的改革发展至关重要，能够促进集美大学的实质性合并。

第二阶段（1997 年 11 月至 1998 年 12 月），以教学评价促进实质性合并，深化管理体制改革。在教学工作评价过程中，各方面都深切感受到松散联合状态下教育资源分散、师资力量分散、办学规模和办学效益难以明显提高等弊端日益凸显，体制问题已成为制约集美大学发展的瓶颈，实质性合并势在必行。1998 年初，集美大学实质性合并工作正式摆上了议事日程，至 1999 年 1 月 1 日，集美大学所属各学院的预算内、外收支，基本建设计划全部划归集美大学统一管理、统一核算、统筹安排，实现了教育部提出的合并大学"五个统一"的要求。集美大学校部集中有限财力，加强硬件建设，改善教学条件，特别是"五个中心"的建设，被称之为集美大学实质性合并改革过程中的"凝聚力工程"。而这类建设是各学院过去想做而又无法做到的，使大家亲身感受到联合办学的优势。因而，大家能够心往一处想，劲往一处使，为了一个共同的目标，提高教育质量，加强学科建设，提高办学层次和规模效益。教学工作评价促进了学校的团结和联合，促进了学校的发展，推进了学校实质性合并的进程。

第三阶段（1999 年 1 月至 1999 年 9 月），深入自评自查，全面整改，迎接教育部的正式检查验收。1999 年 3 月 16 日，教育部下发《关于 1999 年本科教学工作合格评价专家组赴集美大学等 20 所高等学校考察的通知》（教高司［1999］11 号），通知安排1999 年 10 月 10 日至 15 日，教育部将组织专家组对集美大学进行本科教学工作合格评价的现场考察。因此，迎接教育部评价专家组的现场考察成为集美大学该年度工作的重中之重，也是集美大学实质性合并后的第一件大事。10 月 9 日至 15 日，教育部委派的普通高等学校本科教学工作合格评估专家组一行 12 人，对集美大学本科教学工作进行了现场考察。10 月 9 日，恰逢 14 号强台风正面袭击厦门，学校部分教学设施受到严重破坏，整洁的校园环境一夜间变得满目疮痍。原定于当日开始的本科教学工作合格评价也被迫推迟一天。专家组在校考察期间，潘心城副省长、省教委朱永康主任、王豫生副主任等专程赴集美大学看望了专家。专家组按照《综合大学本科教学工作合格评价方案》，在认真研究、全面考察的基础上，形成了对集美大学本科教学工作的评估意见。

专家组充分肯定了集美大学几年来办学的主要成绩，认为集美大学：办学指导思想明确，办学工作思路清楚；实现了实质性合并，增强了办学实力和凝聚力；注重师资队伍建设，调动了广大教师的积极性；建立了比较健全的规章管理制度，教学管理开始

走向规范化轨道;弘扬嘉庚精神,重视大学生思想道德素质教育;积极筹措办学经费,努力改善办学条件。但同时直接指出了集美大学办学过程中存在的主要问题:由于学校本科教育历史较短,基础较弱,实质性合并还不到一年时间,学科调整和重组尚处在起步阶段,因此,还存在一些制约学校建设和发展的问题。1.部分课程教学质量不高,达不到培养目标要求,学生掌握基本理论和基本技能不够扎实;教学内容和课程体系改革刚刚开始,并且发展很不平衡;毕业论文、毕业设计作为本科教学中进行综合训练的重要环节,一些院系要求不高,管理不严,选题不当,指导不力,质量较差,有的问题还很突出。2.教师数量不足,教学负担过重,影响水平和素质的提高;有些学科缺乏学术带头人,形不成高水平的学科和教学梯队,断层比较严重;科学研究不够广泛和活跃;教学和科研信息比较闭塞,缺少与同行的交流。3.虽然建立了比较健全的教学管理规章制度,但贯彻执行不够得力,教学质量监控体系尚不完善。4.部分基础课教学实验室、实习基地设备数量不足、仪器陈旧、性能落后;一些主要基础课实验未达到教学要求;图书资料比较短缺。

专家组离校后,集美大学校领导组织全校师生员工认真学习专家意见,召开一系列座谈会和专题整改工作会议,本着严谨求实的科学态度,找问题,找差距。要求大家以积极的态度认真对待专家意见,全校各个部门、单位和全体教职工要从各自的部门和岗位职责出发,切实提出整改意见,制定整改措施,全力以赴做好整改工作。

2. 两年整改

1999 年 11 月,集美大学广大干部教师即投入紧张的教学评价整改工作之中。11月中旬,经过广泛讨论和修改,《集美大学本科教学工作合格评价整改计划》出台,该计划提出:在整改过程中,要坚持思想观念的转变与具体整改相结合,坚持各单位和个人的整改与全校的统一整改相结合,坚持严格管理与加强建设相结合。在思想上要提高认识,在组织上要具体落实,在经费方面要予以重点投入。该计划同时上报教育部高教司、福建省教委,并下发校内各单位。12 月 7 日,颁布《集美大学毕业设计(论文)工作暂行规定》,开始对毕业设计(论文)进行专项整改。12 月,福建省教委向教育部高教司建议:推迟对集美大学本科教学工作合格评价的结论进行讨论,由教育部在适当的时候再组织专家组对其进行考察,视下一阶段的整改情况作出结论。

2000 年 1 月 7 日,集美大学召开实验室工作委员会会议,讨论实验室建设整改方案。1 月 10 日至 14 日,召开集美大学首届教代会"校务公开"专题会议,辜建德校长专门就正确认识教学工作评价、投入全面整改等工作进行动员。2 月 22 日,校党委书记张向中在中层干部会议上提出"全力以赴抓好教学评价整改工作"。3 月 21 日,制订下发《集美大学教学工作合格评价整改工作日程安排》,明确本年度整改项目及责任人。

3 月 26 日,教育部高教司下发《关于集美大学继续进行本科教学评建工作的通知》(教高司[2000]35 号),文件指出:"根据专家组考察意见和普通高等学校本专科教学工作评估专家委员会审议意见,经认真研究决定,集美大学继续开展本科教学评建工作。教育部将在适当时候,根据评建实际情况,组织专家组进校复评。""希望学校及其主管部门认真研究专家组的评估意见,团结合作,开拓进取,针对学校教学工作的薄

弱环节,进一步加强教学工作的各项基本建设,努力提高教育质量。"

7月6日至9日,国家海事局审核组对集美大学"船员教育和培训质量体系"进行更名的附加审核,并予以认可。8月14日,福建省省长习近平、副省长潘心城、厦门市市长朱亚衍等省市领导来集美大学视察指导工作,习近平省长肯定了学校的办学思路,要求学校发挥优势,不断创新。9月25日,下发《关于继续开展本科教学工作合格评价的通知》,对新一轮本科教学工作合格评价进行具体安排,同时确立教学工作评价作为今后教学管理常规性工作的制度。12月22日,颁布《集美大学校内本科教学工作评价指标体系(试行)》,建立校内本科教学工作评价体系。2001年1月14日,制订下发《集美大学教学工作合格评价整改工作日程安排》,明确2001年度整改项目及具体责任人。

3. 通过合格评价

2001年3月15日,教育部高教司下发通知,安排于2001年11月对集美大学进行复评。11月13日,由北京大学原常务副校长王义遒教授率领的教育部专家组一行6人进驻集美大学,对学校进行了为期3天的本科教学工作合格评价复查的现场考察。集美大学两年来的整改成果,"迎评"期间的浓厚氛围,各管理部门的高效运转,特别是广大师生员工万众一心、众志成城所表现的强大凝聚力,给教育部专家们留下了深刻印象,得到专家的一致赞赏。教育部专家组通过听取校领导的汇报、查阅有关材料、召开座谈会、问卷调查、检查教学基本设施等形式,全方位地考察了集美大学的本科教学工作条件、质量及其两年的整改成果。专家们认为,集美大学通过三年的建设和二年的整改,取得了长足的进步,为今后的发展与提高奠定了基础,全校师生员工对学校的发展前途充满了信心。专家进一步指出:学校在深入分析校情的基础上,进一步明确了办学指导思想,调准了学校发展目标的定位和人才培养目标的定位,办学思路清晰,育人工作的中心地位和质量意识得到强化,学校党政一把手作为教学质量的第一责任人,为提高本科教学质量尽心尽力;在师资队伍建设方面下大力气,为教师提高师德修养、学术水平和教学水平创造条件,使队伍整体结构和素质有了明显改善;通过多方筹措办学经费,使教学基本条件得到明显改善;积极进行校内管理体制改革,加强管理队伍建设,教学管理人员的素质有明显提高,教学管理朝着规范化、制度化方向前进了一大步;在对学生毕业环节的管理方面,严格要求、规范化管理方面有明显进步。此外,学校在营造校园文化氛围,提高学生综合素质方面作出了努力。专家们同时还要求学校今后应进一步调整学科(专业)结构,理顺关系,优化资源配置;要高度重视师资队伍建设;要在新形势下认真处理好规模与质量、发展与投入、教学与科研、改革与建设的关系,保持本科教学质量持续提高的走势;继续加强扩大与社会的联系,开展校企合作,研究在新形势下如何为培养应用型人才创造较好的、培养实践能力的环境和条件;要尽可能利用现代化教育技术,提高教学的效益与效果。同时要求学校要大幅度更新、补充图书资料,以满足教学和科研的需要。专家还希望学校在体制调整之后如何尽快实质性融合并更快上水平、多校区办学和培养高水平应用型人才等三个方面创造经验,做出示范。

2002年9月13日,教育部下发了《关于公布河北大学等35所学校本科教学工作评估结论的通知》(教高函[2002]21号),通知指出,集美大学等11所学校本科教学工作评估结论为合格。至此,集美大学历时五年多的本科教学工作合格评价画上了圆满的句号。

(五)研究生教育起步

申请成为硕士学位授予单位是集美大学合并初期确立的三项重大办学任务(实质性合并、教学工作评价、申请成为硕士学位授予单位)之一。实质性合并和进行本科教学工作评价这两项任务的相互交融、互相促进,有力地推进了学校的改革和发展工作。特别是1996年4月至2001年11月,集美大学本着"以评促建,以评促改,重在建设和改革"的宗旨,经过三年评建和两年整改,本科教学工作取得长足进步。本科教学工作合格评价的顺利完成是申请成为硕士学位授予单位的前提条件。

福建省是"海洋大省",水产养殖、海洋运输、电子信息等是福建省和厦门市的支柱产业,而福建省在工科高级专门人才培养方面又相对较为薄弱。集美大学作为以培养应用型人才为主的省属多科性大学,地处厦门经济特区,位于对台工作的第一线,承担了对台"三通"的研究工作,是福建省唯一一所培养海洋运输、水产养殖高级专门人才的高等学校,水产养殖学、轮机工程和交通信息工程及控制是其特色学科,在国内同类院校中有一定影响,且这三个学科当时在福建省均无研究生教育。"十五"期间我国食品工业发展实施"升东拓西"战略,东部地区应重点发展高新技术产品,提高食品工业整体水平。根据国家的总体部署,福建省食品工业发展的重点应放在应用现代化高新技术来加速食品产业的进一步发展,而福建省高级食品专业人才严重缺乏,成为福建省食品工业发展的一个主要制约因素。集美大学的食品科学已有20多年的本科办学历史,具有比较稳定和富有学术成果的研究方向,如食品生物技术和食品工艺技术在国内具有鲜明的特色和研究实力,在集美大学设立食品科学硕士点,对于发展福建省食品高新技术和改造传统产业均具有重要意义。

"十五"期间,集美大学学科建设根据福建省建设"海洋大省"、"海洋强省"的要求,继续发挥航海、水产传统学科在全国同类学科中具有一定影响的优势,发扬航海、水产专业应用型人才广受用人单位欢迎的传统,进一步加强航海、水产学科建设;根据21世纪高新技术产业发展的趋势、中国加入世贸组织和福建省经济产业结构调整对人才的需求以及厦门市建设"信息港"的要求,重点发展生物、经济、信息和机械学科;根据集美大学与港、澳、台和东南亚地区有着广泛联系的优势,积极开展中华传统武术体育项目交流活动,促进体育学科的发展。经过几年的建设,集美大学教学科研设施和实验实习基地的建设已初具规模,其中航海船舶操纵模拟器、轮机操纵模拟器、轮机自动化机舱等实验室居国内领先水平;水产养殖、食品与生物工程、海上智能交通系统、现代设计与制造技术中心、冰蓄冷中央空调测试系统等五个重点实验室建设项目初步建成,可为研究生教育提供必要的基本物质保障。经过不懈努力,特别在经费上加大投入,人才的不断引进、充实,学科的进一步调整、建设,2003年6月,集美大学通过了国

务院学位委员会第九次新增硕士学位授予单位整体条件的评估,新增成为硕士学位授予单位。首批获得批准的硕士点包括水产养殖学、食品科学、轮机工程和国民经济学四个学科,各学科基本情况如下。

水产养殖学:该学科具有 30 年的本科办学历史,是福建省内唯一的水产养殖学科,主要研究方向是水产养殖生态与病害防治和水产养殖与生物技术。经过长期的探索,已形成了一套较规范的教学、科研和学生管理制度,有一支治学严谨、学有所长、素质优良、结构合理的师资队伍,专任教师中,博士 11 人,留学回国人员 10 人,具有高级职称教师的比例达 50%,部分教师已被外单位聘为博士生、硕士生导师,并已招生独立培养。有稳定的科研项目来源和充足的科研经费,有较完备的实验设施,具有较好的硕士生培养条件。2003 年在研项目 74 项,科研经费 570 多万元,其中国家自然科学基金 4 项、独立主持国家 863 项目 2 项,与他校合作获国家 863 项目资助项目 4 项。

食品科学:该学科有 20 多年的本科办学历史,具有比较稳定和富有学术成果的研究方向,主要研究方向有食品生物技术和食品工艺技术,在国内具有鲜明的特色和研究实力。该学科有教授 5 人,副教授 15 人,其中厦门大学兼职博导 1 人,博士 5 人,留学回国博士 2 人,学术带头人及学术骨干长期从事本科教学与科研工作,具有教学和科研方面的实力,有指导或协助指导研究生的经验;2003 年承担的科研项目 30 多项,在研经费近 160 万元,其中国家自然科学基金 1 项,有 1 项成果获省部级奖励,有 7 项成果获得发明专利,有 4 项科研成果被采用,直接经济效益 1000 多万元。科研实验条件、教学图书资料和实验设备等相关硬件设施较为完善。

轮机工程:该学科设有轮机工程本科专业,为我国航运企事业单位培养了大批高素质的应用型人才,在国内以及东南亚具有相当影响,是我国高等航海教育和船员培训的重要基地之一。主要研究方向有现代轮机管理工程和船舶动力装置自动控制技术。该学科有教授 5 人,副教授 18 人,博士 3 人,以中青年骨干教师为主要科研力量,在研项目与经费逐年提高。2003 年在研科研项目 28 项,在研科研经费 103 万元,已具备多项科研平台和科研仪器设备。多位教师已具有指导研究生的工作经历,教学图书资料和实验设备等相关硬件设施较为完善。

国民经济学:该学科综合经济学科专业和经济管理专业的师资力量,形成了一支以中青年骨干教师为主,学历、职称、年龄结构较为合理的学术梯队,有教授 6 人,副教授 17 人,博士 3 人。该学科点具有良好的本科教学基础,培养的本科生专业适应面广,社会用人单位反映好。有较好的教学和科研基础,在宏观经济理论政策与经济管理理论方法研究方面已有一定成果,在理论研究的基础上,注重理论与实际相结合,理论研究与社会服务相结合,在经济管理方法研究、中西财税比较、财政金融理论政策运用、贸易理论与实证研究、海峡两岸经济关系研究等方面已形成一定科研特色,并在为福建省、厦门市经济建设服务方面做出一定成绩。

集美大学成为硕士学位授予单位,既是集美大学办学水平得到认可、办学层次得到提升的标志,对于集美学校而言,更是实现了研究生教育"零"的突破,从而使陈嘉庚创办的集美学校的办学体系更加完备,意义十分重大。

二、水产学校升格为"厦门海洋职业技术学院"

至1993年,集美水产学校已发展成为有一定规模的中等职业学校。1993年后,学校提出"从严治校、依法治校"、"发挥学校办学历史悠久的优势,创办高等水产职业学校,创办国家级重点中专学校"、"创办一流学校、培养一流人才"、"迎接挑战、再创佳绩"的奋斗目标。全校齐心协力,校园呈现出一片生机,教学质量不断提高,教职员工爱岗敬业,学生数量猛增,基础设施进一步完善,成为全国水产中专教育的一面旗帜。1993年被确定为"省、部级重点中专学校",1994年1月被福建省人民政府授予"科技服务农业先进单位",同年8月被农业部授予"农业中专教育改革先进单位",2000年5月被国家教育部批准为"首批国家级重点中专学校"。2003年2月8日,学校获准升格为"厦门海洋职业技术学院"。

(一)深化教育改革,适应市场需要

这一时期,水产学校在深化教育改革过程中大胆探索,适应市场经济需要,多形式多渠道办学,在不断改善办学条件的同时,大力加强教师队伍建设和学生管理工作。

1. 调整专业设置,适应市场经济需要

面向社会办学,使得学生"招得进来,留得住,走得出去"。经过几年的市场调查论证,及时进行专业的调整:一是保留船舶驾驶、轮机管理、水产养殖等具有行业特色的老专业;二是对部分老专业进行改造,如将通讯导航(原渔业电讯)专业拓展为电子技术应用;三是开设海洋环保、计算机应用、电子商务、商务英语等新专业。船舶驾驶、轮机管理是集美水产学校的传统专业,具有悠久的历史,培养了相当数量的普通船员和高级船员。但随着我国加入WTO,专业认证越来越严格,必须通过国家海事局认可,学生才能从事航运事业,学校经过近一年的努力和争取,得到了国家海事局的支持、认可,学校具有国际海事组织《STCW78/95公约》要求的资质,获准设立交通系列的船员培训机构,能为国内外客户提供符合本国和国际法规要求以及航运业需要的支持级船员,这使两个老专业又焕发活力。经过调整,学校设有轮机管理、船舶驾驶、汽车运用工程、电子技术应用、制冷与空调、机电一体化、市场营销、经济贸易、水产养殖、海洋环保、食品工艺与检测、商务英语、电子商务、计算机及应用、通信技术等15个专业。从2001年起学校各专业招收初中毕业生入学,学制均为三年。学生数从1993年的591人增加到2002年的2581人。

2. 多形式多渠道办学

1997年,集美水产学校与上海水产大学联合办学,在学校设立"上海水产大学福建函授站"。设有水产养殖、机电一体化、制冷与空调、市场营销、电子商务、资源与环保等6个大专学历脱产班专业。设有水产养殖、制冷与空调、市场营销等专业大专学

历函授班。1998年经福建省劳动厅批准，建立"福建省集美水产学校职业技能鉴定站"，1999年起国家劳动和社会保障部先后在学校设立"特有工种职业技能鉴定站"、"全国计算机信息技术考试站（OSTA）"、"农业部远洋渔业二级培训网点"。2000年12月中国人民解放军炮兵学院函授部在学校设立"中国人民解放军炮兵学院福建函授辅导站"，2002年10月加拿大国家英语考试厦门中心也在学校设立。这些机构的设立和办学，拓宽了学校办学方向，加强了同兄弟单位的联系，有力地促进了教师素质的提高，不但具有深远的社会影响，同时也给学校带来了良好的经济效益。

3. 积极开展科研学术活动

学校在深化教育教学改革的同时，积极开展科研学术活动，在鱼虾贝的引进推广、苗种生产和病害防治以及渔业资源调查等方面取得显著的成绩。为福建省和厦门市海洋产业做出了积极的贡献。胡石柳的《鱼状黄姑鱼人工育苗与养成技术研究》课题获1997年福建省水产厅科技进步一等奖、1999年福建省政府科技进步三等奖，《杜氏鱼人工育苗与养成和病害防治技术的研究》获1999年厦门市科技进步二等奖。王仁毅的《正轴测图尺》发明获国家专利，《香烟套筒》获1995年中港发明展览会优秀发明奖。同时很多教师利用课余时间积极撰写论文，据不完全统计，从1993年至2002年11月，集美水产学校教师在全国各种报刊撰写论文228篇，其中CN级以上的有33篇。不少教师还积极参加全国水产职业学校教材的编写和农业部统编教材的协编工作，其中有3本教材由水校教师担任主编。

4. 建立质量管理体系

学校以建立船员教育培训机构为契机，全面引入质量管理体系，提高学校管理水平。根据《船员教育和培训质量管理规则》要求，成立了质管办，并成立体系文件筹备小组，把全校行政规范性文件纳入质量管理体系，召开全校教职工大会宣传贯彻《中华人民共和国船员培训管理规则》和《中华人民共和国船员教育和培训质量管理规则》，对学校建立船员教育和培训质量体系进行总动员。2001年6月18日，学校船员教育和培训质量体系正式建立并开始试运行。经过近一年的不懈努力，到2002年4月，学校的船员教育和培训质量体系顺利通过国家海事局的审核。建立质量管理体系，把先进的管理模式引入学校的行政管理，给学校带来全新的质量管理观念和管理方式。工作讲程序，管理有依据，评价重证据，有行为有记录，使"依法治校、依法治教"落到实处。

5. 实行全员聘任制

1999年学校率先在行政、后勤实行全员聘任制，严格定岗定员，以岗位管理代替身份管理，学校根据工作任务需要将行政后勤工作分解成若干岗位，公开岗位职数、岗位职责、岗位系数、任职条件。教职工根据岗位职责与自己具备的条件填写1～3个岗位志愿，竞争上岗。学校坚持公正、公开，竞争择优、平等自愿、统筹兼顾和集体讨论的原则，努力做到人尽其才，才尽其用，事职相符，精干高效。实行全员聘任制当年减少了行政岗位11个，待岗2人，辞退临时工10人，增强了教工的忧患意识，有效地调动了大家的工作热情和积极性。学校还鼓励教师多上课、上好课，按课时发放补贴，多劳

多得。岗位靠竞争、收入靠贡献的观念深入人心。2000 年学校又从"有利于提高工作效率、有利于提高学校的办学水平,有利于保持学校稳定"的高度,进行机构合并和调整以及新一轮的聘任,将原有 12 个行政科室合并为 9 个,学校食堂实行社会化管理,原有膳食人员被精减后应聘到门卫、勤杂等岗位。2002 年学校进行第三轮行政后勤的全员聘任工作,这次重点是对中层干部、专业室主任进行"德、能、勤、绩"全面考核,成绩显著的干部予以提拔重用。

6. 加强学生教育管理

在学生中加强"诚毅"校训的教育,新生入学要参观校史陈列室,分发《学生手册》,进行纪律教育,到厦门国防园进行军训。在学生管理工作中,实施管理与服务并重的模式,提出"一切为了学生、为了学生一切、为了一切学生"的指导思想,要求教职员工牢固树立全心全意为学生服务的思想,真诚热爱学生,尊重学生的人格和个性,关心他们的思想、学习和生活,努力引导、帮助广大青年学生在德智体等方面全面发展。适时地进行国情和形势教育,利用重大纪念活动,进行爱国主义、集体主义及艰苦奋斗、勤俭节约的教育,同时加大基础道德教育与日常行为规范养成教育,使广大学生在世界观、人生观、价值观方面有一定的认识和提高。

(二)加强师资队伍建设,改善办学条件

1. 加强师资队伍建设

学校要求教师要具有高尚的道德情操,精湛的业务水平,高超的实践能力,开拓的创新观念,慈母般的爱心。规定专业教师到生产第一线实践,要一专多能,鼓励在职教师报考研究生班学习,加强"双师型"教师队伍的建设,有 40 多位教师成为"双师型"教师,占专任教师的 35.7%。学校还在教职工中广泛开展师德教育,编印《教师手册》、《21 世纪怎样做教师》的小册子,制定教师职业道德规范与"十不准"规定。倡导老师发扬"烛光"精神,树立良好的世界观、人生观、价值观,爱岗敬业,做到"学高为师、身正为范",做好育人工作。

2. 改善办学条件

学校投入大量资金,先后建成了一批具有较高水准的实训设施:设备先进的航海模拟驾驶室、模拟海船机舱、模拟消防系统、救生艇释放系统等;建有动力实验室、金工实训车间、电工电子实验室、化学实验室、生物实验室、多媒体教室等 41 个实验室,配备了各种设施设备,基本满足了学生实验、实训的需要。学校还建成了校园局域网,闭路电视网和校园电话网。

学校打破"等、靠、要"的老观念,大胆举债办学。1996 年学校实验楼在到位资金仅 60 万元的情况下破土动工,一边施工、一边筹措资金,首次向企业借款,终使建筑面积 7800 平方米,投资近 700 万元的实验楼于 1998 年 6 月交付使用。当年的新生因此比往年扩招了 300 多名,产生了很好的经济效益。1998 年又一次举债建学生公寓楼,建筑面积 4050 平方米,投资 460 万元,于 1999 年 9 月如期竣工,当年招收新生 709 名,使在校生达 1666 人。随后,再次举债兴建集食堂、礼堂于一体的综合楼(面积

5800 平方米,工程投资 600 万元)及图书馆楼(面积 3500 平方米,投资 300 万元),于 2000 年 7 月学校 80 周年庆典时如期交付使用,受到了海内外校友的一致好评。2002 年投资 400 万元,建筑面积 2800 平方米的学生公寓楼于 2003 年新生入学时投入使用。学校通过"借款—还款—再借款—再还款"的良性循环,产生了可观的经济效益。至 2001 年底不但还清全部借款而且使学校的基础建设、硬件设施和校园环境逐年改善。学校建筑面积是复办至 1995 年 20 年间建筑面积的 2 倍。

(三)升格为厦门海洋职业技术学院

随着社会主义市场经济体制改革的进一步深化和教育体制改革的不断深入,中专教育面临着前所未有的困难和挑战,遭遇招生难、管理难、就业难的困境,面临着生存的危机。学校审时度势,清醒地认识到,只有提高办学层次,学校才能生存,才能发展。2000 年 8 月 29 日,福建省人民政府(闽政府[2000]文 285 号)发出关于审批设立高等职业学校有关事宜的通知。这为学校争取申办高等职业学院提供了有利依据。

2001 年 9 月,学校先期申办五年制小高职"水产养殖"专业获得批准,2002 年列入招生计划。同时学校积极邀请"国家海洋局第三海洋研究所"、"厦门大学海洋与环境学院"、"集美大学水产学院"、"福建省海洋研究所"、"福建省水产研究所"等单位的专家教授进行申办厦门海洋职业技术学院的论证。专家们一致认为:21 世纪是海洋的世纪,开发海洋发展海洋经济,是新世纪各国争先抢占科技和经济的一个重要特点,未来的海洋产业是高新技术产业之一,更需要重视海洋教育和海洋科技人才的培养。福建地处我国东南沿海,海域面积广(13.6 万平方公里),海岸线长达 3300 公里,居全国第二位,申办厦门海洋职业技术学院是实施"科教兴省"、"教育强省"和建设海洋经济强省的战略需要,将有利于与世界职业教育接轨,有利于开展海峡两岸海洋渔业的科技交流与合作。因此,组建厦门海洋职业技术学院,培养面向渔业、面向浅海养殖业实用人才是必要的。专家认为,集美水产学校创办于 1920 年,1951 年办集美水产商船专科学校、1958 年创办集美水产专科学校、1978 年增办轮机修造大专班、1997 年以来同上海水产大学联合开办函授和脱产大专班,在 80 多年的水产、航海人才的培养过程中,已建立了具有本校特色的教学实验的设施和环境,有丰富的教学和管理经验,良好的科研条件和实习培训基地。长期以来,学校重视基础理论和实验技能的训练,培养了治学严谨、开拓进取的良好校风,拥有雄厚的师资力量,能胜任开设高职教育的相关课程。学校已基本具备国家教育部"高等职业学院设置"的条件。

2002 年 7 月 17 日福建省海洋与渔业局(闽海渔[2002]194 号文)成立厦门海洋职业学院筹备领导小组。9 月 27 日,学校迎接福建省教育厅高等院校设置评议专家组到校进行申办厦门海洋职业学院专家考察评估。经过福建省教育厅专家的考察和评估,一致同意厦门海洋职业技术学院组建并上报福建省教育厅,提交福建省高等学校设置评议委员会审议。11 月 20 日省高校设置委员会举行审议会议,与会专家一致同意集美水产学校组建为"厦门海洋职业技术学院"。2003 年 2 月 8 日,福建省人民政

府以闽政文[2003]29号文,批准在集美水产学校的办学基础上设立厦门海洋职业技术学院。学院以全日制高等专科教育为主,同时开展各种形式非学历教育。学院全日制在校生规模暂定为3000人。

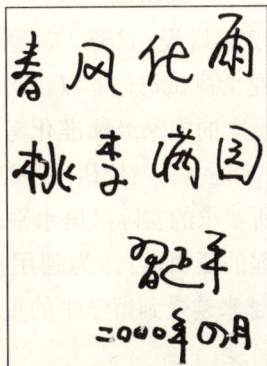

2003年2月8日,集美水产学校升格为
厦门海洋职业技术学院

习近平(时任福建省省长)为纪念
陈嘉庚先生创办水产航海教育80周年题词

厦门海洋职业技术学院于2003年4月29日揭牌成立。2003年秋季开始招收高职学生1150人,其中五年制高职500人,海洋船舶驾驶50人、轮机管理50人、制冷与空调100人、电子与信息技术100人、物流管理100人、食品检验与质量管理100人。三年制高职650人,海洋船舶驾驶150人、轮机管理50人、资源与渔政管理50人、商务英语100人、电子与信息技术200人、海洋技术100人。集美水产学校从此跨入"高职"行列,成为当时全国唯一的以"海洋"冠名的高等职业技术学院。

这一时期,水产学校的领导班子组成如下:

校长:洪天来(1989.6—1998.6)、陈明达(1998.6—)。

书记:洪玉堂(1988.1—1993.11)、洪天来(1994.5—1999.3)、陈明达(副书记主持工作1999.3—2001.2)、陈寿华(2001.2—2001.5)。

副校长:赵志成(1988.2—1994.2)、吴守忠(1988.2—1998.6)、施长顺(1989.7—1995.3)、张友鹏(1995.8—)、陈明达(1995.8—1998.6)、林永佳(1998.6—2002.3)、吴云辉(1998.6—)。

副书记:洪天来(1990.11—1994.5)、施长顺(1988.5—1995.8)、吴守忠(1994.5—1998.8)、林永佳(1997.10—2001.2)、陈明达(2001.2—)。

三、华侨补校成为华侨大学华文学院

1993年底,福建省侨务干校因原校舍被临时借用作为办公场所,从福州迁来集美侨校,该校办的两个农场子女职业高中班(统计班、茶果班)随同迁入集美侨校。省侨务干校迁入后,福建省侨办先后举办了华侨农场企业干部培训班和侨务后备干部培训

班，由集美侨校负责管理和实施教学计划。此外，还负责接待省侨办邀请的海外华文教师和学生团队。1996年，省侨务干校迁回福州。

1995年，国家汉语水平考试委员会办公室在集美侨校设立福建唯一的汉语水平考试（HSK）定点考场。承办（HSK）初、中等和（HSK）基础汉语水平考试，每年举行两次。2002年增设（HSK）高等汉语水平考试，每年举行一次。中国汉语水平考试（HSK）是为测试母语非汉语者（包括外国人、华侨和中国国内少数民族学员）的汉语水平而设立的国家级标准化考试。凡考试成绩达到规定标准者，可获得相应等级的《汉语水平证书》。《汉语水平证书》可作为达到进中国高等院校入学学习专业或报考研究生所要求的实际汉语水平的证明，可作为汉语水平达到某种等级或免修相应级别汉语课程的证明，可作为聘用机构录用汉语人员的依据。因此，中国汉语水平考试（HSK）越来越受到留学生的重视和欢迎，学校在承办考试的过程中也扩大了影响，提高了知名度。

侨校是一所外向型的学校，重视海外的交流活动。先后向菲律宾、意大利、泰国、印尼、匈牙利、美国、老挝等国家派出教师数十人次，开展师资培训、教材编写和直接授课等工作，为推广汉语，传播中华文化，交流华文教育信息，以及培养海外华文师资发挥了积极作用。1993年3月，集美侨校（集美中国语言文化学校）与马来西亚霹雳州怡保市培南中学结为友好学校。1995年5月，集美侨校（集美中国语言文化学校）与菲律宾怡朗华商中学结为友好学校，并为该校派遣教师。

1997年2月，根据国务院侨办的指示，集美侨校成建制并入华侨大学，成立华侨大学集美华文教育中心。任命李基杰为校长，金宁、邱凯华为副校长。1998年9月，国务院侨办批准华侨大学华文学院正式挂牌。华侨大学党委书记李红兼任华文学院院长，邱凯华（主持工作）、金宁、李辉为副校长。同年，华侨大学华文学院获准设立华文系汉语言本科专业，招收华裔学生和外国留学生，学制4年，为海外培养通晓汉语的应用型人才。毕业生回国后发挥所学的专长，从事与汉语有关的旅游商贸工作或在当地大学和华文学校从事教学工作。

1997年2月，集美侨校成建制并入华侨大学

华文学院成立以后，华侨大学加大了对华文学院投入，学校在教学、科研和软硬件建设等各方面都取得了长足的进步，学校的校舍已全部收回并投资近4000万元进行改造或重建。集美侨校原来的学生宿舍南侨一至南侨四、南侨五、南侨八、南侨九和南侨十三已全部重建或改造成设备齐全、方便舒适的学生公寓，可容纳1500名境内外学生。南侨十六改造成崭新的教学大楼，共有大教室30间，小教室14间，阶梯教室3间（其中2间为多媒体阶梯教室）。2001年新建的综合楼投入使用，楼内有学生

餐厅、多功能厅和小型学术会议厅。2003年,新建了学院南大门,南大门设计新颖,与嘉庚建筑群融为一体。此外,学院还投入大量资金修建了有200米塑胶跑道的运动场和健身房等体育运动场所和设施。校园绿化美化等方面也有大量的投入,校园面貌焕然一新。学院图书馆藏书7万多册,中外文期刊250多种。电子图书馆也已建成启用。

华文学院是教育部首批公布的有资格招收外国留学生的学校之一,是国务院侨办对海外开展华文教育的主要基地。设有华文系、预科部、高职部、培训部和华文教育研究所等教学和科研机构,至2003年,学院拥有教职工91人,其中高级职称14人,中级职称35人,还有多名外籍教师。有20名教师属于专职华文教师(语言类),其中17人持有对外汉语教师资格证书。在校学生已突破1000人,其中境外学生和留学生近400人,超过学生总数的1/3。

1998年,印尼国内出现动乱,大批华裔学生涌向国外,其中就有300多名华裔青少年来到合并后的华文学院避难和学习。他们中不少是小学和初中学生,年纪最小的只有8岁。学校领导和老师克服困难,在学习和生活上对这批学生给予充分的照顾和关怀,多数学生都能逐渐适应新的环境,安心留下来学习。

学院积极开展海外华文师资培训与学生夏(冬)令营的工作。经常举办或接待来自菲律宾、马来西亚、印尼、澳大利亚及香港等国家和地区的各类华文教师进修团、参观访问团,各类学生夏(冬)令营和短期来华学生,取得了良好的效果。从2001年起,学院每年都确定一个主题,举办一次大型文化艺术节系列活动。活动内容既突出语言文化教学的特色,开设汉语技能表演、校园放歌、征文比赛、中国书画欣赏等语言文化类活动,又举办了各国服饰表演、美食节等民俗、手工、饮食等类活动,创造多元文化并存,丰富多彩的校园文化生活。学院针对学生的兴趣,举办学术讲座、专家论坛、教授论坛等活动,定期聘请专家学者作有关学习、人文、文学、环保、心理等内容的讲座或报告。学院除了在校内开展丰富多彩的校园文化活动外,还利用节假日和寒暑假组织学生到校外进行语言实践和社会实践。参加国务院侨办组织的中国文化寻根之旅、客家文化考察活动、海上丝绸之路考察活动、茶文化实践活动等。还相继建立了茶文化、陶瓷文化实践基地。这些活动促进了学生对中国现实和中国优秀传统文化的了解,开拓了华文教育的空间,促进了中外文化的交流。学院独特的多元文化并存的校园氛围,以及境内外学子学习、生活的情况受到中国新闻社、《人民日报海外版》、《华声龙脉网》、《福建日报》、《福建侨报》等新闻媒体的广泛关注和报道。此外,也有许多境外生的习作在《华侨大学报》、柬埔寨《华商日报》等境内外媒体上刊登。

学院还积极开展对外交往,先后组团前往印尼、马来西亚、日本、菲律宾、泰国、美国等国家进行学术访问和招生宣传,多次组团参加在境内外举行的各种研讨会,扩大对外交流与影响。学院积极探索华文教育的新模式,走海外合作办学的道路,多种办学形式并进,拓展华文教育空间。2002年4月,华文学院与菲律宾密三密斯光华中学结为友好学校。同年10月与菲律宾侨中学院结为友好学校,11月与菲律宾宿务圣心学校结为友好学校。

2002年9月学院领导班子调整，华侨大学副校长关一凡兼任华文学院院长，金宁（主持工作）、赵明光、张胜林为副院长，邱凯华为党总支书记。

2002年9月，华文学院经上级批准增设对外汉语本科专业，专门培养对外汉语教师。这是华文学院第一个以国内生为对象的本科专业。

四、轻工业学校抓住机遇勇于开拓

1993年至2003年，集美轻工业学校紧紧抓住我国全面实施科教兴国战略、加大教育改革力度和加大对中等职业教育统筹力度并大力发展高等职业教育的机遇，克服受高中热、高校热冲击而出现的招生难、就业难困境，发挥办学历史悠久、师资雄厚、专业不断创新、设施先进、特区区位优越的优势，特别是"集美·嘉庚"金字招牌优势，以市场需求和产业变化为导向，因时制宜，牢牢把握稳定、改革、发展主线，既积极开拓，又扎实稳妥，使学校进入发展速度最快、效益最明显、影响最深远、成效最显著、特色最突出的一个时期，为学校的长远发展奠定了坚实的基础。

（一）顺应需求改造专业，拓展办学形式

在1991、1992年，轻工业学校制糖机械、制糖工艺专业毕业生，受到制糖产业变革不景气影响，无法对口分配，人才培养模式受到挑战；同时，有部分学校开始跨行业兴办专业。为适应产业调整对人才的需求变化，学校经过论证并报经省轻工业厅、省教委批准，将制糖机械专业改造为计算机专业，制糖工艺专业改造为日用化工专业，并完成各课程教学计划、教学大纲的制定，将1991年起入学的该两专业的学生转入对应专业学习，1993秋开始向全省招收计算机及日用化工专业学生。

1995年，学校根据行业出现的新变化，在原有专业基础上增设经济信息、经贸外语、环境监测、服装工艺（三明纺织学校教学点）、机电技术应用（三明纺织学校教学点）五个专业，学制四年。同时开设市场营销专门化（成人中专）专业，学制三年。并完成各课程教学计划、教学大纲的制定，学校的专业建设上了一个新台阶，同时也逐步进入跨行业办学轨道。1996年，造纸机械不再招生。1997年，增设电子技术应用、人事劳动管理专业，学制四年。1998年，增设陶瓷造型设计、国际商务、人事劳动管理、机电一体化专业，将原造纸工艺改造为轻工工艺，学制四年。

2000年，学校增设电脑会计、市场营销专业，文科类学生学制从四年改为三年。2001年，所有专业学制全部从四年改为三年，各专业课程教学计划、教学大纲四年制计划全部重新修订成三年制计划。

2003年创办信息处理与应用、图形图像设计与制作、网络管理与维护三个软件中职专业，以及模具设计与制造、电脑美术设计、物流管理、电子商务等专业。开展软件认证教育模块教学培养人才模式的试点。3月向省教育厅申报分析化学和机电一体化专业为重点专业，陶瓷工艺美术为特色专业。另外，电子技术应用、电子商务、物流

管理、商务英语、软件工程等作为校内重点专业加强建设。

学校在1999年建成校园网。2000年新设数控实验室，添置教学数控机床3台；新建轻工自动机实验室、陶瓷美术画室。2001年，在校北区建陶瓷美术实训中心。2003年4月投资建设化学标准化实验室和机电PLC可编程实验室，以保证重点专业建设需要。

学校的招生规模从1999年开始有大幅度的增加，1999年17个专业招收1100名学生，在校生3291人。2000年，招生的专业有轻工机械、分析化学、日用化工、陶瓷工艺、造纸工艺、涉外企业管理、涉外财会、计算机等19个专业，新生925名学生，在校生3578人。2001年，按"资源与环境类"、"加工制造类"、"信息技术类"、"商贸与旅游类"、"财经类"、"文化艺术与体育类"、"社会公共事务类"七大类（涵盖19个专业）招收学生879人，在校生3686人。2002年，仍按七大类招收学生1260人，在校生3962人。2003年，按机电类、信息类、轻化工类、经贸类、美术类招收初中毕业三年制学生2400人，在校生达4800人。

1993年以来，学校积极拓展办学形式，先后在德化职校、南安市总工会设立教学点，开始与当地政府、企业、学校联合办学，学校起到骨干示范、办学辐射作用。根据当年生源充足、学生求学欲望强烈及人才需求状况，经上级认可，学校招收4个成人中专班（196人）和两个职工中专班学生。还与15个省市进行协作代培招生。1994年，学校与连城成人中专、上杭职业中专、诏安县委党校、厦门十中、同安一中开展联合办学。1995年，增加三明纺织学校教学点，永定侨荣职业学校、漳州糖厂子弟学校（后合并到漳州一职校）、泉州华侨中学、晋江罗山中学、漳平电专（1997年）办学点。1995年与天津轻工业学院尝试联合举办造纸工艺专业三年制函授大专班。1996年与天津轻工业学院联合举办造纸工艺函授自考（两年）大专班。1997年，与天津轻工业学院联合举办企业管理、轻工机械函授和自考大专班。1998年，与天津轻工业学院联合举办企业管理、造纸工艺、轻工机械（函授、自考），与苏州城建环保学院联合举办环境监测（函授），与景德镇陶瓷职工大学联合举办陶瓷工艺（脱产），与福州大学联合举办办公自动化、化工工艺（自考），与厦门大学联合举办国际贸易（自考）大专班。继续教育由学校继续教育基地辐射到全省，为厦门地区和全省的国有企业、个体和民营企业服务。1997年、1998年，学校为国有大型企业惠泉啤酒集团公司举办了三期《企业管理》骨干培训班，受到省人事厅的充分肯定。学校从1996年底开始筹建和申办职业技能鉴定站，1997年6月获得福建省劳动厅（闽劳技[1997]23号）批准，颁发《职业技能许可证》和《国家职业技能鉴定站》牌，学校技能鉴定工作实现直通车，这在厦门市区学校尚属第一家。学校开辟的第一批鉴定工种有陶瓷类（17种）、分析工种（6种）、计算机文字录入员（1种）、机械类（5种），计29个工种。1998年，鉴定工作走出校门，与社会各单位开展鉴定工作合作，并在德化职业技术学校成立"福建省陶瓷行业培训中心"。在拓展鉴定项目的同时，学校着手相关职业技能鉴定实训室的建设，分别建成维修电工基地，家用视频设备维修、原子吸收分光光度实验室等。1999年增加永安技校办学点；挂靠福建高级工业学校，开办轻工机械、分析化学专业三年制高职班。与厦门大学联

办《国际贸易》(自考两年)、《计算机信息管理》(自考两年),与景德镇陶瓷职工大学联办《陶瓷工艺》(脱产三年),与天津轻院联办《企业管理》(函授三年),与天津师大联办《工业分析》(自考两年),与南京理工大学联办《机电一体化》(自考两年),与苏州城建环保学院联办《环境监测》(函授三年),与集美大学联办《通信技术》(小自考两年)。2000年,挂靠集美大学,开办机械及自动化、陶瓷美术专业三年制高职班。与福州大学联办《化工工艺》(小自考两年),与天津师大联办《工业分析》(小自考两年),与福建师范大学联办《环境工程与管理》(小自考两年),与景德镇陶瓷职工大学联办《陶瓷美术装潢设计》(脱产两年),与天津轻院联办《企业管理》(函授三年)。2001年,挂靠集美大学开办陶瓷美术设计专业五年制高职班。2002年,增设晋江第五中学办学点。与天津轻院联办《轻工工程化》(函授四年)、《企业管理》(函授三年),与景德镇陶瓷职工大学联办《陶瓷美术设计》(脱产两年),与南京理工大学联办《机电一体化》(自考两年),与天津师范大学联办《工业分析》(小自考两年),与福建师范大学联办《环境工程与管理》(小自考两年),与福州大学联办《化工工艺》(小自考两年)。2003年,挂靠漳州职业技术学院开办机电技术应用、工业分析与检验、工艺(陶瓷)美术初中毕业五年制高职班。增设安溪陈利职校、漳浦职专办学点。

(二)加强制度建设和学生教育管理

1993年,学校将教学系统岗位职责、教学制度、教学文件管理制度、教学质量、教学秩序管理制度、实训教学管理制度修订汇编成册,并完善科室责任制。制定提高课酬、拟定教师职务岗位职责条例。1993年开始规范财务制度,实行部分经费划块控制,差旅费试行划块包干,在校学生医药费限额包干。1994年,又作出加强学校财务管理若干规定。1993年制定《关于实行班主任例会规定》,并实行班主任值班制度。

1996年起,学校执行、修订教职工学年考核规定,制定试行《集美轻工业学校校内课贴、岗位津贴分配方案》,建立激励机制。1997年,学校制定了《教师课堂教学质量测评量化考核实施办法》,重新制定《教师工作细则》。并根据国家教育部《教师资格认定的过渡办法》及福建省教育厅《关于实施教师资格过渡工作的通知》精神,积极稳妥地做好学校教师资格认定工作,首批认定96名教师,16名实训指导教师。1999年,学校重新制定《集美轻工业学校教师行为规范》,并制定《行政兼课教师和外聘教师必须参加教研活动的规定》。2000年制定《制(修)订教学计划和更动课程的审批程序》、《学校教材管理工作操作方案》。同年开始对学校教师实行量化管理,修订《教师工作量计算办法》、《集美轻校专任教师期中、期末考核暂行规定》、《集美轻工业学校教师课堂教学质量测评量化考核实施办法》,制定《任课教师课堂教学测评表》。通过国家级重点中专评估及第四、第五轮文明学校评估,进一步形成比较规范、科学、合理的教学制度。2000年,学校拟定《集美轻工业学校教职工职务聘任试行办法》、《集美轻工业学校专任教师期中、期末考核暂行规定》、《集美轻工业学校非专任教师期中、期末考核暂行规定》、《集美轻工业学校校内津贴分配暂行规定》等四个议案提交校第五届教代会审议。2001年五届二次教代会通过《集美轻工业学校教师工作量计算方法》。当年

学校出台《集美轻工业学校学分制实施办法》，重新制定《教学巡视管理制度》。当年12月，学校成立行政、后勤岗位职责核定小组，着手定员定岗调查摸底基础工作，形成了《行政、后勤岗位职责》文件提交五届三次教代会讨论。2002年7月，五届三次教代会通过《集美轻工业学校教师量化考核方案》。2003年2月25日，按照福建省人民政府（闽政办[2002]162号）《关于转发省人事厅（关于在事业单位试行人员聘用制度的实施意见）的通知》精神，实质性启动全员聘任工作。这一年，学校还制定和完善了《公文处理暂行规定》、《印章管理使用暂行规定》、《档案管理暂行规定》、《行政议事规则》、《接待工作制度》、《关于厉行节约若干问题的规定》等文件，要求科室、各支部认真贯彻执行，依法行政，规范管理，提高效率。

1993年，学校在学生中开展"做轻校主人，创文明校园"活动，在厦门市辖区学校率先实行学生佩戴管理卡制度，将管理15项制度装订成册（后编成《学生工作手册》）。1994年成立学校生管组，加强对学生的管理。同年，对学生管理工作进行改革，变统一管理为学生科、团委指导下的以专业科为片区的两级管理，并设立专业科团总支、学生分会，在各学生班级中开展创百分活动及推行创星级宿舍评比活动，创办《宿舍简报》，使生管工作走向制度化、科学化。1995年，对学生提出"十要十不要"。为加强形势教育，学校拨出专款，为学生购买电视机，实现班班有电视。为使学生实现由合格学生到合格公民转变，校团委举办首届成人宣誓仪式（从此开始每年举办）。1996年，学校团委开展"我为特区添光彩"活动，团组织建设深入宿舍，组建宿舍团小组，启动社区援助计划。学生科制定学生工作十项要求，完善创百分评分制度。1997年，制定学生德育工作十项制度，邀请"特区杰出青年事迹报告团"到校举办报告会，举办"向不文明行为告别"千人签名活动，为东孚小学捐赠希望书库，与5名贫困小学生结对子。举办"迎回归，爱中华"系列教育活动。1998年，修订集美轻工业学校学生行为准则。1999年，校团委推出"树轻校学生文明形象"计划，实施《集美轻工业学校团支部工作目标管理考核方案》，探讨学生工作系统化信息管理办法。为加强学生管理力度，学校设立专业科副科长，专司学生管理，参加学校综合治理值班巡查。1999年底2000年初，制定《班主任手册》，使班主任工作更加规范化。2000年，将学生管理制度汇编成册，内容包括文明班级考评、学生个人行为综合积分、奖惩条例、班主任职责及考核等相关内容，实施《集美轻工业学校学生量化管理方案》。每年举办学生素质培训班，积极探讨对学生的综合教育措施与实施途径。根据福建省劳动和社会保障厅、福建省教育厅（闽劳社[2001]527号）《关于在福建省中等职业学校全面推行"双证书"制度的通知》精神，学校于2002年1月11日作出推行"双证书"制度的决定，规定从2000级起，每位学生至少必须获得一项与本专业有关的国家级职业资格证书方可毕业及推荐就业。2003年，学校进一步完善学生管理规定，制定《集美轻工业学校学生日常行为规范细则》和《集美轻工业学校学生干部综合素质考核细则》。

（三）加强师资培训，提升教学科研水平

1994年提出《关于参加"五大"生学习、进修、培训的规定》。同年学校成为福建省

人事厅审定公布的首批省级继续教育基地。经过多年努力,学校的师资队伍结构有了可喜的变化,高级讲师从 1995 年 21 人,发展到 2003 年 37 人。2001 年,学校作出《关于在职进修研究生层次学习的管理规定》及《补充规定》,使师资学习、进修进入规范化、正常化轨道。针对国家加大对中等职业技术教育统筹力度和调整力度的状况,学校一方面积极争取升格为大专层次,另一方面多方设法建立和稳定一支专业结构合理、数量充足的师资队伍,先后与厦门大学研究生院取得联系,开办机电、化学工程、分析化学、社科和市场方向研究生课程班,共有 63 名年轻教师参加学习。同时,支持教师报考厦大、福大、福师大的英语、化学、数学、物理、中文、体育等专业的教育硕士研究生班,共有 23 名教师考取相关学校。截至 2002 年底,通过在职进修共有 23 名教师取得本科学历,16 人取得专科学历,30 人次参加 15 门课程进修。2003 年 5 月 5 日,学校在网络上发布人才需求信息,拟建立后备兼职教师人才库;为提升办学层次,提高培养人才的规格,树立学校品牌,7 月 9 日,校长办公会决定聘任外籍教师。

学校鼓励教师参与各类教材编写、参与企业技术改造,开展科学研究工作。学校还一直是全国轻工中专教育研究会常务理事学校,福建省中专教育常务理事学校,福建省职业教育学会常务理事学校,福建省轻工中专教育副会长学校。"八五"、"九五"期间,学校是全国轻工中专分析化学专业建设指导委员会副主任学校、主任学校单位,全国轻工中专经济管理专业建设指导委员会主任学校单位,全国轻工中专日用化工专业建设指导委员会副主任委员单位,及硅酸盐、造纸专业建设指导委员会理事、委员单位。学校先后负责制定全国轻工中专工业分析专业、涉外企业管理专业指导性教学计划,并制定这两个专业 9 门主干课程的教学大纲,加强专业建设,带头面向生产、科技第一线,改革或增补相关专业课程内容,同时拓展专业外延。发挥国家级重点中专的示范和骨干作用。学校负责制定全国轻工中专经管专业、日用化工专业评估体系指标。学校多位教师担任相关专业教育学会、教学研究会、课题组领导,积极参与教材编审编写及论文撰写工作,在全国轻工中专学校起领头羊作用。

(四)改善办学条件,办学成效显著

1993 年,学校新建 56 套教工住宅楼,建筑面积计 4514 平方米,累计建筑面积 42053 平方米,占地面积 116.65 亩。1995 年,新建教工宿舍 1312 平方米。1996 年,因台风袭击,原校办工厂陈旧受损,学校在原址将旧实习厂拆除改建,建筑面积 1688 平方米。1998 年,新建学生公寓 3910 平方米。1999 年由原学校黄楼旧招待所拆除改建学生公寓楼 4230 平方米。同年,在学校北区新征土地 21.52 亩;2002 年 8 月动工兴建教学办公综合楼,总建筑面积 6081.95 平方米。2003 年 3 月 17 日,校长办公会议决定在北区征地 30～50 亩,用于建设田径运动场和其他体育运动场馆。

学校的固定资产 1993 年为 906.4 万元,2002 年为 2943 万元。图书藏量为 11.41 万册,2002 年为 13.07 万册。

为推进信息化管理,学校于 1999 年 9 月设立信息中心,投资 20 多万元,进行了校园网一期工程建设。校图书馆率先实现图书借阅、管理自动化。2000 年秋季,学校又

投入 60 多万元进行校园网二期工程建设，新建 48 座电子阅览室，为所有科室配置办公电脑，并建立全校范围的快速以太网。在此基础上，学校先后利用 DDN 专线、AD-SL 拨号与国际互联网链接，建立学校网站，开通对外信息交流。2003 年，校园网光缆接入厦门市教育城域网，实现教育资源共享，校园内光纤联网主干升为千兆网。同时，试用浙江大学"校校通"软件平台，建立学校资源数据库，提高了办公效率。

2002 年，学校投入百万元资金，建立多媒体网络实验室，实现不到 8 名学生便可拥有一台中高档多媒体电脑，并在所有教室配置多媒体教学系统，保证现代化教学和远程教学需要。新建电教投影教室、电脑语音室，适应模块教学需要。2002 年 6 月，福建省教育厅指定学校为厦门市中专学校学生计算机及教师 NIT 会考考试中心。2003 年，运用 ATA 考试平台，率先完成计算机、物理、数学、语文、外语等课程机考题库命题工作。

学校的后勤社会化进程也继续推进，全面实行食堂承包责任制。取消校门口店面，拆墙透绿，建设校内超市。停办校内幼儿园、校内招待所，停开学校往厦门的定时班车。成立中心采购组，对学生生活用品、劳动工具、5 千元以上物品采购、设施维修、基建等项目，推行采购招投标制度，一律向社会公开招投标或议标，不仅为学校节约了大量资金，也大大改善了风气。为加强监督，学校成立校务公开领导小组、监督小组及办公室，及时公布学校重大事项。学校还大力开展社会服务，积极为企业或人才交流中心举办各种培训班，受到了社会的广泛赞扬。学校通过多种形式办学和开展社会服务，不仅取得良好的社会效益，也取得不错的经济效益。

学校还大力开展对外交流，在加强科研及安排学生生产实习过程中，与一大批企业保持良好交往。1998 年，学校设立爱心基金会，惠泉啤酒集团有限公司捐助 60 万元。学校与福建纺织化纤有限公司、省盐业公司、青山纸业有限公司、南纸股份有限公司、厦门翔鹭涤纶、厦门新凯、厦门正兴轮胎、厦门金达威制药、厦门华懋纺织、福建三化、同安同乙高岭土公司、同安东兴陶瓷公司、集美东龙陶瓷公司、厦门建发美术公司、漳州双菱有限公司、龙岩造纸实业有限公司等企业，保持长期的学术及人才互动关系。学校还依托各专业委员会，积极开展院校间学术交流活动，共同探索专业课程建设，编写专业教材。学校于 1993 年 4 月，接受印尼椰城玄坛公地藏王庙执事理事会捐赠 10 万港元用以购置计算机。1995 年，设立"何明宗教育基金"。1996 年年底设立"何明宗、林淑惠教育基金"，奖励品学兼优的学生及平和籍学生和有突出贡献的教师。

1993—2003 年，学校取得一系列荣誉：1993 年，省委省政府授予"福建省文明学校"称号。1994 年，学校被确定为国家级重点普通中等专业学校；被厦门市委、市政府命名为"厦门文明单位"。1995 年，省委省政府授予"第五届省级文明学校"称号；共青团省委、省教委授予"省文明校园建设先锋杯奖"。1997 年，厦门市委、市政府保留其"厦门市文明单位"称号。1998 年，省委、省政府授予"第六届省级文明学校"称号。2000 年，学校再次被评为国家级重点中专；保留"福建省文明学校"称号。2001 年，厦门市授予"花园式单位"称号。2003 年，省委、省政府授予"省级文明学校"。一批教师

在平凡的岗位上取得不平凡的业绩，受到各级各类表彰。据不完全统计，1993—2003年，获得省级及以上荣誉的有：陈星华（全国优秀教师）、陈子权（福建省优秀党员）、洪秀辇（福建省优秀教育工作者）、汪祐喆和吴金花（全国轻工系统优秀教师、优秀教育工作者）、陈子荀（福建省优秀教师）、李昌彧（福建省学校共青团工作先进个人）、黄美吉（省模范教育工作者），等等。学校的体育工作成效显著，1993年夺得省中专第四届田径运动会女甲总分第二名，女乙第三名；1994年6月，学校男排获省中专学校第四届排球赛冠军。1995年获省中专第五届田径运动会女甲总分第一名并破六项赛会纪录。1998年，在厦门市职业学校首届田径运动会上，获13枚金牌，团体总分第一名。2000年5月，学生男子排球队在第六届省中专排球赛上荣获冠军。2001年12月，获省中专第七届田径运动会女子甲组团体冠军，男子甲组团体亚军。2002年6月，获得第七届省中专男子排球赛亚军。12月，夺取厦门市职业学校第三届田径运动会团体总分第二名。

（五）隶属关系变化和领导班子建设

1998年1月5日，省轻工业厅党组（闽轻党办[1998]第1号）通知，学校实行校长负责制。1994年6月，陈子权、汪存龙、汪祐喆、洪秀辇、沈立心组成新一届党委；党委书记陈子权，校长汪存龙，副校长汪祐喆、洪秀辇。1998年9月至2002年11月，校长汪祐喆，党委书记汪存龙，党委副书记、纪委书记洪秀辇，副校长沈立心、庄铭星。

1993—2000年，学校隶属福建省轻工业厅。由于国家机构改革，政府职能改变，原省轻工业厅改制为轻纺工业总公司。福建省人民政府闽政办（[2000]168号）《福建省人民政府办公厅转发省教育厅、省委编办、省计委、财政厅、人事厅、审计厅关于调整省政府部门、单位所属学校管理体制实施意见的通知》指出：集美轻工业学校、福建化工学校、福建工艺美术学校由教育厅负责调整并入高校；闽政[2000]191号文通知，集美轻工业学校与福建化工学校合并成集美职业技术学院并入集美大学。随后，福建省委办公厅闽委办[2000]4号、闽委办[2000]49号文通知集美轻工业学校与福建化工学校先划转省教育厅管理，成建制后并入集美大学，但以上均未执行。2002年1月，学校划转福建省教育厅主管。

2002年12月，省教育厅对学校领导班子进行调整，闽教党[2002]30号通知：沈立心兼任中共集美轻工业学校委员会副书记，主持学校党政工作；庄敏琦、王培元、叶建峰为副校长（教育厅对集美轻工业学校和福建化工学校领导进行交流，原学校副校长庄铭星调任福建化工学校校长兼党委书记，原学校企管科长周学庆任福建化工学校副校长，原福建化工学校纪委书记叶建峰任集美轻工业学校副校长）。2003年中层干部进行相应的部分调整。

在办学过程中，学校得到了各级领导的关心与支持。轻工业部部长于珍、副部长潘蓓蕾，福建省副省长刘金美，教育部副部长王明达等先后到校视察。1997年10月19日，全国政协委员、国家教育工会主席方明同志到校视察。2000年10月，学校欣逢建校80周年，原轻工业部部长杨波亲临学校参加校庆。省委书记陈明义，省人大常委

会副主任王建双,省委常委、常务副省长张家坤,轻工业厅厅长梁模、副厅长吴经奋等领导题词勉励。

五、集美中学成为"省一级达标校"

1993—2003 年,集美中学克服了重重困难,先后通过了省二级达标校和一级达标校验收,学校的硬件设施得到了很大的改善,师资队伍建设取得新的进展、教学质量有了明显的提高,校友工作广泛开展,开放办学成效显著,学校的影响力和声誉进一步提高。

(一)加强班子建设,明确奋斗目标

1993 年,学校的领导班子是:书记洪诗农,校长柯松江,副校长冯沿江、胡训生。1995 年 2 月,洪诗农书记退休,冯沿江副校长兼任副书记,主持党务工作;校长柯松江调出(1995 年 7 月)。1995 年 1 月,福建建阳一中校长、历史科特级教师徐胜年作为人才引进厦门,担任学校副校长。8 月,经市教委党组研究,由徐胜年副校长主持学校行政工作。1997 年 3 月,市教委党组研究任命徐胜年为校长(厦委组干[1997]004 号)。1998 年 10 月,冯沿江不再担任副校长兼副书记,洪蕴溟任副书记。1999 年,厦门市面向全国招聘集美中学校长。2000 年 2 月,经市委常委会研究决定,聘任原新疆建设兵团二中副校长刘卫平为集美中学校长、党总支副书记。12 月,兼任校党总支书记。2002 年 8 月,李聪明担任副校长。

根据有关文件精神,学校不再分重点中学和非重点中学,而分为一级、二级、三级达标校和未达标校。1996 年底前,所有重点中学必须实现达标。1996 年 1 月,学校制定了《集美中学"九五"期间(1996—2000 年)发展规划》,提出:"抓住两个机遇,争上两个台阶"的发展目标,即 1996 年实现省二级学校达标,登上第一台阶;借 1998 年 80 周年校庆契机,力争在本世纪末实现省一级学校达标,迈入全国 1000 所示范性普通高中行列。厦门市教委也将集美中学定级达标列入计划。学校对薄弱环节认真进行整改,提出"奋战一百天,实现二级达标"。5 月 9 日、10 日,学校接受省普通中学二级学校定级验收,顺利通过。8 月 14 日,省教委下文(闽教中[1996]79 号)确认集美中学为"福建省普通中学二级达标学校"。

1997 年 12 月,经过酝酿、评估,学校提出:马不停蹄,继续努力,冲刺省一级达标学校验收。制定了具体的实施方案,项目分解,责任到人。2000 年 5 月,申报省一级达标学校,6 月 7 日通过市验收。2001 年 1 月,顺利通过省一级学校达标验收,办学进入一个新里程。

(二)改善硬件设施,加固改造危房

由于学校长期未建教工宿舍,教师住房困难,教师队伍一度不稳定,影响了学校的

发展。学校积极反映，王毅林等老领导多次呼吁，引起市委、市政府的重视，洪永世市长多次视察学校。1994年，市政府把"集美中学100套教工住宅分期解决，第一期于今年内动工兴建，力争于1995年教师节前交付使用"作为当年教师节为教师办的八件实事之一。9月，市计委立项，第一期36套，建筑面积2520平方米，造价202万元，市财政补助88.2万元，其余由教师自筹解决。建设用地位于黎明楼后空地。1995年2月28日正式开工，12月竣工。紧接着，学校申请第二期建设，1995年7月，厦计投资[1995]188号文同意进行第二期建设，共64套，建筑面积4480平方米，造价360万元，市财政补助156.8万元，其余由教师自筹解决，建设用地同第一期。1994年6月23日，校五届教代会通过《新建教工住宅分配方案》。两期教工住房1999年5月前全部竣工，教工乔迁新居，解决了教工住房难的问题，稳定了教师队伍。

1996年，王毅林老校长向市委、市政府递交《关于办好集美中学、集美小学的倡议书》，呼吁市里支持集美中学改善办学条件，引起市领导重视。中学的团结楼为学生宿舍楼，有900多名学生居住。该楼建于1957年，面积7527平方米，设计使用年限20年，无抗震能力，钢筋竹筋混合使用。1997年4月，经市房屋安全鉴定办鉴定为局部危房。同时，中学原有校舍，由于布局、面积、不实用等原因，已经不能适应学校发展的需要和教育发展的需要，急需新建一幢科学楼。厦门市重视学校校舍修缮，多次投入资金，但不能根本解决问题。学校建议彻底改造，1997年3月，申请建设科学楼、学生食堂、宿舍综合楼，得到省市领导的重视。5月26日，6月26日，根据省委书记陈明义、市委领导的批示精神，市政府邓渊源副秘书长会同市各部门现场办公，研究解决学生宿舍楼兴建问题。要求在新楼落成之前要加固补强，保证学生安全，资金在协调解决之前，可由市教育附加费垫付。根据国家教委有关标准，宿舍楼应有面积4000平方米，食堂应有2000平方米，预计资金600万元。7月，洪永世市长批准同意，厦计社会[1997]057号给予立项，兴建学生食堂、宿舍综合楼，共6层，底层为食堂，2～6层为宿舍，框架结构，保持嘉庚建筑风格，可容纳1000名学生住宿。资金由集美校委会承担400万元，市财政预算外教育专项经费中补助230万元。该项目列入1998年市委、市政府为民办实事项目。为让学生有更好的实践基地，学校也将生物园建设提上议事日程，拟建面积达1200平方米。1996年，学校校围、西门门房动工兴建。1997年2月，学校办好《国有土地使用证》，解决了长期遗留的问题，使校园用地受国家法律保护。

1997年5月12日，受市委领导委托，市委统战部部长、市政协副主席、集美校委会主任陈耀中莅校，检查80周年校庆筹备工作，考察新建科学楼事宜。1998年2月，王毅林老校长会同在厦著名校友蔡启瑞、黄长溪、张乾二、张其华、张奋生、洪敦枢等向市委、市人大、市政府、市政协递交《关于建设集美中学科学楼的呈阅件》，引起重视。2月23日，市政协副主席庄威由王毅林老校长等陪同来集美中学调研，听取集美中学教育现状及发展情况汇报，实地考察了科学楼建造地址。不久，科学楼建设被列入市"增投"项目和第四批基建计划，由市政府投资500万元，集美校委会支持600万元。9月

18日,市重点工程办公室负责人及市教委杨炳炎副主任等来校商讨科学楼建设进度安排,要求集美中学当年要完成600万元增投资金。10月17日上午,隆重举行科学楼奠基仪式。2000年5月,基建投资1142万元的现代化、多功能的科学楼投入使用,建筑面积8500平方米。2001年9月份,厦门市中学第一座400米塑胶环形跑道运动场在集美中学建成投入使用,工程投资509万元,大大改善师生运动和体锻条件。学校大门和西边道路也先后建成,新学年正式投入使用。

2000年10月,黎明楼、延平楼被鉴定为C级危房。道南楼、南薰楼鉴定为B级危房。学校积极研究对策,提出楼房重建、改造设想和计划,上报市政府和市教委。2001年8月,洪永世书记、朱亚衍市长等率有关部门负责人视察集美中学,研究南薰楼、延平楼、黎明楼保护与改造工作。10月份,经市委、市政府研究,南薰楼、延平楼、黎明楼三幢楼归属集美中学,加以保护改造,面积约15000平方米,由市政府、校委会各出1/3资金,另1/3向校友募捐解决。2002年9月,延平楼、黎明楼改造工程正式动工,着重保护历史风貌和嘉庚建筑特色。2003年4月23日,张昌平市长、吴凤章副书记等领导率各部门负责人视察学校校舍维修改造工作,研究决定,增资100万元对侨光楼进行装修,使其外观与周围嘉庚建筑风格一致,工程不久动工。2003年9月,延平楼改造如期竣工;10月,黎明楼改造工程竣工。南薰楼基础加固工程基本完成。

2001年9月,印尼校友李尚大先生和新加坡李氏基金李成义先生决定捐助1500万港元巨资,建设集美中学福山楼(体育馆),支持学校创建国家示范性高中。10月底,市计委同意集美中学新征地2300多平方米,与原有2000多平方米地一起作为建设用地。至年底,海外资金到位700万港元。2002年1月获市计委立项,新征地2300多平方米。9月10日教师节,福山楼奠基,市人大洪永世主任、市委吴凤章副书记、市政府江曙霞副市长等莅临关心,捐资者代表吴定基先生、李雪蕾女士出席并讲话。12月,福山楼正式破土动工建设。2003年7月,福山楼顺利封顶,进行外装修,迎接集美学校90周年校庆和集美中学85周年校庆。

2002年9月,校园网工程完成,全校实现联网。12月,各处室、年段配齐电脑,"四机一幕"进入初中、高中教室,教学手段逐步现代化,极大地方便师生学习、工作。

1994—2003年,在厦门市委、市政府的重视下,在市教育局、集美校委会的支持下,集美中学基建投入达7000多万元,教学设备投入700多万元,按照一级达标学校标准配备仪器设备,学校办学条件大大改善,校容校貌发生了很大变化,为学校顺利通过省一级达标学校验收和争创国家示范性高中打下了坚实的物质基础。

(三)提高教学质量,推进教改实验

1990年代中后期,学校把提高办学质量作为实现国家示范性高中目标的突破口,先后制定了《集美中学教育教学管理及考核奖励暂行办法》、《教学常规细则》、《教学质量评估及奖励暂行办法》等一系列文件,加强教学管理和师资队伍建设,坚持走科研兴校之路,以现代教育理论和新课程理念为指导,深化课堂教学改革,强化学风建设,关注学法指导,坚持分层教学,在课堂上给学生更大的自主学习空间。学校把高一年工

作重点定位在：德育工作应侧重学生行为、学习习惯的养成，以创建良好的班风、学风为目标；教学工作应"缓坡、小步"，有利于全体学生尽早适应高中学习为准则。针对学生心理波动大的特点，学校采取积极的措施：一方面，让数据"说话"，如省质检后，刘卫平校长以集美中学历届学生省质检与高考成绩对比分析的翔实数据及学生的个案为例，让分数较理想的学生懂得，不到最后胜负仍难于预料；让分数不理想的学生看到自己仍有希望。另一方面，学校要求任课教师应寓思想教育于学法指导之中，如以试卷、练习面批方式，及时指出学生学习中存在的问题，并提供相应的学习策略，最大限度地抑制非智力因素对学生学习的消极影响。

为了提高生源质量，2001年，省教育厅批准集美中学面向全省招收部分普通高中新生（闽教〔2001〕发131号），当年学校面向漳州、龙岩、泉州等三个设区市各招收15名学生，共招收45名应届初中毕业生。在招生过程中，学校注重招收家境贫困、品学兼优的学生。当年有来自龙岩、泉州地区的10名优秀生，学校免收住宿费和学费，并每个月发给助学金，他们也得到了各界的关心资助。2002年，招收了来自安溪、南安、晋江、长汀、连城等地的22名学生。此举使集美中学恢复了办学的光荣传统，对于改善学校高中生源、提高办学质量都有积极意义。

2000年4月，学校成立教科室，聘任袁本宁为主任，2002年8月，聘任省优秀专家、特级教师、原连城县进修学校校长蒋宗尧为主任。还公开聘任优秀教师任教研员。为保证教育科研工作规范化、制度化，学校出台了《关于鼓励教职工从事教研等活动的决定》《集美中学教学管理制度》《教研员工作职责》《教研组长工作职责》《备课组长工作职责》等。学校推行"名师工程"，着眼于全面提高教师素质，制订继续教育实施计划，举办邓小平理论、师德教育、现代技术教育、计算机等培训班，开展了"师徒结对"活动。积极培养中青年教科研骨干教师和学科带头人，选送教师参加国家级、省级和市级骨干培训，鼓励教师进修。到2002年，共有高级教师36人，学科带头人6人，学科骨干10人，有2位教师获得研究生学历，2位教师参加骨干教师国家级培训。学校还积极引进骨干教师和北京师大、东北师大毕业生。

2000年10月，开始在高一年进行研究性学习教改实验。2001年9月，学校在全省首创网络信息技术实验班，以初一年2个自然班为实验对象，结合新课程的理念在各学科中全面推开，探索信息技术与学科课程的整合，实现学生学习方式的革命。此外，初中分层次教学、校本教材开发等也相继开展。2001年11月，学校被市教委列为国家课程改革厦门实验区中学综合基地校。

为了让教师开阔眼界、提高素质，学校加大了"请进来，走出去"力度，除了到北京、天津、上海、广东学习先进经验，积极开展海外交流外，还邀请教育发达的大城市的特级教师来听课、评课、讲学；邀请高校的领导、专家讲学；邀请校友中的专家、学者回母校为师生作学术报告；邀请海外友好学校的师生来校交流；争取有影响的活动在集美中学举办。这些举措对教师成长起到很好的促进作用，也扩大了学校的影响。

学校常年聘请外籍教师授课，提高学生的英语听、说、读、译能力，受到欢迎。2002年12月，经国家外国专家局批准，学校获得外聘专家资格，是全省为数不多的有外聘

专家资格的中学之一。2002 年 9 月，吴良川先生和陈秦生先生来校义教，分别担任英语教师和足球教练，两人被授予集美中学"荣誉教师"称号。

2000 年 4 月，学校与集美大学师范学院共建，探索直通车人才培养模式，探索新时期素质教育新途径；学校特聘集美大学 12 位教授、副教授为集美中学客座教师。11 月，与上海市育才中学签订建立友好学校协议书。双方合作内容和办法主要有：定期互访、资料开放、学术交流、教师培训、挂职见习、学生活动等。2002 年 1 月，经省政府外事办批复，同意集美中学与香港福建中学建立友好学校关系。11 月 11 日，刘卫平校长赴港，两校签订友好学校协议书。

学校坚持开放办学，努力通过拓宽交流渠道，加强友好往来，互通有无，增进友谊，开阔视野，激励普通教师的积极性，促进办学的开放性，推动办学上层次、上水平。2001 年 5 月，集美中学教师应邀组团访问香港福建中学，这是学校普通教师首次出境考察学习，拉开对外交流的序幕。此后，每次派往海外交流学习的代表团中都包含普通教师，大大促进了教师的积极性。仅 2001—2002 年，就有 16 批教师 50 多人次到海外访问，进行友好交流，拜访联络校友，足迹遍及香港、澳门、新加坡、泰国、澳大利亚、马来西亚、德国等。学校与各地名校如湖北黄冈中学、新疆兵团二中、上海建平实验中学、上海爱国中学等联系密切，每年都要接待全国各地和海外许多学校的考察团队。

2002 年 3 月，省教育厅将集美中学与福州三中等 12 所学校列为选派优秀初中毕业生赴新加坡留学的单位。选派优秀初中毕业生赴新加坡留学为中新两国友好合作项目。当年 8 月，集美中学 2 名学生被选拔到新加坡公教中学、莱佛仕女中学习。

学校通过加强培养和继续引进全国各地骨干教师，使师资队伍日益壮大。至 2003 年，学校有教育部聘请的"课改"专家 1 人，福建省委、省政府表彰的优秀专家 1 人，市级以上骨干教师及在市级以上学术团体担任骨干的教师 20 多人，硕士研究生 6 人，特级、高级教师 45 人，一级教师 65 人。有 6 位骨干教师申报了"特级教师培养对象"，更多的教师积极考研。还有两位教师分别被推荐到新西兰和英国进修培训。

经过几年的努力，学校的教育质量有了较大的提高。1997 年高考上线率 72%，本科上线超过 90 人，专科上线超过 180 人，取得恢复高考制度以来的最好成绩。以后每年都有新突破。1999 年高考上线率 87%，本科上线 70 人，陈斌斌勇夺厦门高考理科状元，数学获全省最高分 900 分，被北京大学录取。2000 年高考上线率 97%，本科上线 101 人。2001 年高考上线率超过 95%，本科上线超过 170 人，游陆同学被清华大学录取。10 名"诚毅班"学生也全部上线，其中 8 人上本科线，5 人上重点线。2002 年高考上线率超过 97%，本科线超过 180 人，超额完成市下达任务，是厦门市完成任务最好的重点中学。2003 年高考，集美中学上线率达 100%，其中本科上线率突破 70%，达 219 人，本科上线人数与 2000 年的 101 人相比，三年内实现本科上线人数翻一番，并跃居厦门市前四名。如此显著的进步，与学校坚持贯彻"以德立校、以法治校、以改促校、以研兴校"的办学理念是分不开的。

高中会考、中考也年年有进步。2001 年高二年会考五科平均优秀率 65.4%，超过

一级学校 60％的标准。其中物理优秀率为 69.28％，化学 63％，历史 74.6％，生物 78.05％。2002 年高二年会考平均优秀率 74％，其中历史达 98％，物理达 93％，大大超过省一级学校标准。2002 年，中考考入一级达标校的达 100 名，直升大专 15 人，为历年之最。同时，一批教师的教育教学成果在全国和省里获奖。一大批学生在各级各类学科竞赛中取得好成绩，为学校赢得了荣誉。

（四）重视德育工作，形成育人特色

1994 年 2 月，学校成立党总支，党的建设和思想政治工作得到进一步加强。学校组织学习贯彻《爱国主义教育实施纲要》、《中共中央关于进一步加强和改进学校德育工作的若干意见》等重要文件精神。1995 年 12 月，学校设立"关心下一代工作委员会"。1996 年 2 月，学校建设的李林园（省中小学德育基地）成为厦门市首批命名的"市爱国主义教育基地"。

1997 年，学校认真执行《厦门中小学教师师德规范十不准》和福建省制定的《中小学教师职业道德规范》，加强师德教育。7 月，发展了第一位学生党员林祥毅（同年考入四川联大）。9 月被评为"市级文明学校"，而后又被市委、市政府授予"市级文明单位"称号。为了贯彻国家教委颁发的《关于当前积极推进中小学实施素质教育的若干意见》，学校制订了《集美中学贯彻中学德育大纲的分年级要求（试行稿）》，使德育工作更有针对性。在学雷锋活动中，响应市委、市政府向不文明行为告别的号召，学礼仪，讲文明，树新风。

学校继承和发扬爱国主义的光荣传统，充分利用集美得天独厚的教育资源（陈嘉庚故居、纪念馆、归来园、鳌园、李林园、李林纪念馆和校史陈列馆等），努力开拓新时期德育工作的新渠道，常年开展学习陈嘉庚、学习李林、学习解放军、学习英模先烈活动，每年举办省德育夏令营、运动会、科技节、体育节、美育节以及各种比赛，最大限度向学生开放图书馆、电脑室、劳技室、实验室、形体训练室等，建立"海蓝蓝"心理咨询辅导中心，努力转化后进生，促进行为规范的养成，寓德于教，寓教于乐，使学校成为学生求知的学府、成长的乐土、温馨的家园，形成了独特的德育特色。

学校的团委会、学生会、少先队工作走上正轨，做出成绩。主持、协助青年业余党校、业余军校、学生广播站、电视台、义务导游队工作。学生近 3000 人次参加义务导游队活动，接待了世界各地游客近 3 万人次，受到社会的好评。2001 年 5 月，团委会被团市委授予"特区建设青年突击队"称号，12 月，被评为省中等学校"迈好青春门，走好成人路"主题竞赛活动优秀组织奖。学校被评为厦门市学校卫生工作先进单位。2002 年 9 月，被团市委授予"市五四红旗团委"称号。

2000 年 9 月学校创办校报——《集美中学》报，香港校友杜成国大力支持。校报独树一帜，并办出特色，创出品牌。校报四开四版，每月出版一期。著名书法家、澳门校友梁披云题写报名，王毅林、任镜波、杜成国为顾问，刘卫平校长任总监，林红晖任执行总编。校报坚持"弘扬嘉庚精神，树立名校形象，创建文化品牌"，坚持"报道学校动态，宣传校友情谊，繁荣校园文化"，寄赠全国各地以及东南亚各个国家和地区，成为师

生、家长、校友之间,学校、社会、家庭之间"沟通信息的桥梁、联系情感的纽带,施展才华的园地"。校报发表和推荐的许多文章被各级报刊选用,在各级比赛中获奖,部分文章汇编成书——《飞扬的青春》,被誉为"不愧为名校人文教育的丰碑,可代表当代中学校园文学的最高创作水平。"《集美中学》报受到领导、专家的肯定,被评为"全国优秀校园文学报刊",成为团中央《中学生》杂志协办单位。2002年10月,国家总督学顾问、中国国际教育交流协会会长、原国家教委副主任柳斌为《集美中学》报题词。

2000年12月,全省第一家学生电视台——集美中学"诚毅"学生电视台成立,试播第1期节目。学生电视台积极宣传嘉庚精神,反映多彩校园生活,让家长了解学生生活,让社会关注集美中学,让学生参与实践,让学生展现自我,取得明显的效果。创办之初,即与集美电视台共同推出《校园生活》栏目,每周一档,节目内容由学生自己撰稿、拍摄、主持、播音。2001年,由学生电视台制作的电视专题片——《我的一天》获得厦门市中小学校园电视节目展播一等奖。

2003年7月,旨在提高学校文化品位,美化校园环境的一批校园文化建设工程全面动工兴建,海内外校友、社会各界人士和企业积极捐款赞助。主要建设项目有:道南楼前群雕铜像《嘉庚精神,薪火相传》;科学楼壁雕《十年树木,百年树人》;青石文化柱8根;郭沫若题词石刻;系列石头文化小品;邓小平、陈嘉庚语录石刻等,进一步完善了育人环境。

(五)凝聚校友力量,举办校庆活动

1993年10月21日,学校举行建校75周年纪念大会,有来自内地和港、澳、台、泰国、新加坡、菲律宾、印尼、马来西亚、缅甸、澳大利亚、美国等11个地区和国家的来宾、校友近千人参加纪念活动,人数之多,分布之广前所未有。海内外校友欢聚一堂,共商学校发展大计。

1998年10月是陈嘉庚先生诞辰124周年暨创办集美中学80周年,为了筹备校庆,学校制定了十年发展规划和校舍布局调整方案。争取到市政府拨维修专款246万元,对道南楼、南薰楼、延平楼进行局部翻修、改造和装饰。学校还设立董事会,筹集发展基金,实行公办民助的办学模式。为广泛联络校友,应香港集美校友会董事主席施学慨的邀请,陈少庭、洪诗农、林锦伙赴香港,共商校庆事宜。学校校友会编辑了《桃李争艳》(集美中学知名校友录)第一集,由香港庄平畴校友资助出版,收录了海内外65位知名校友事迹。学校还整理、充实了校史陈列室,创办校刊《南薰》,出版第一集。1994年1月,校友会换届选举,产生第三届理事会,理事长为黄德全。校友会获得市教委、教育工会、教育基金会"重教奖"。1996年2月,《桃李争艳》第二集出版。

1996年11月,来自泰国、北京、广州、福州、泉州等地的校友会负责人汇聚母校,拟订了80周年校庆的《活动意见》和《倡议书》。1997年1月,徐胜年校长、原书记洪诗农出访香港、泰国,进行联络校友、筹备80周年校庆工作。2月12日,召开筹备会议,就集美中学恢复海外华文教育、兴建科学楼、发动校友捐助等进行了讨论,并制订

了 1997 年筹备计划。3 月 15 日，校友会举行第三届理事会第三次扩大会议，转达了泰国张家军等校友"把校庆办成世界性校友返校大联欢活动"的提议，拟以组届为单位，广泛发动校友返校参加活动。大家一致认为，校庆前要对校园进行科学规划，争取海外招生，争取科学楼建设立项，按时出版校史，拍好电视专题片，筹办好 124 位知名校友展览。4 月，召开闽南地区校友校庆筹备会。年底发出《新年致校友一封信》。

1998 年 10 月 17 日、18 日，厦门市纪念陈嘉庚先生诞辰 124 周年暨创办集美中学 80 周年大会及系列活动在集美隆重举行，取得圆满成功。17 日上午的纪念大会在集美归来园陈嘉庚先生铜像前举行，省市领导、有关部门领导、陈立人等海外陈嘉庚先生的亲属，李尚大先生等著名校友，各组届校友，师生及各界来宾等 4000 多人参加大会。会后，在团结楼旧址，举行科学楼奠基仪式。下午举行了一场高质量的文艺联欢演出，除了香港校友、泰国校友组织节目参演外，大多数节目皆由师生排练演出，也是对学校第二课堂活动、素质教育的一次检阅。晚上，香港集美校友会在厦门宾馆举行纪念陈嘉庚先生诞辰 124 周年、庆祝集美中学建校 80 周年、集美侨校建校 45 周年暨慰问离退休教工联欢晚宴。18 日上午，集美中学邀请了新老一辈杰出校友代表蔡启瑞、陈煌为师生作了一场生动的报告，掌声如潮，师生深受感动、鼓舞和教育。海内外校友还分组届、班级活动，重温同窗之谊，共话师生之情。

校庆前，《中国名校丛书·集美中学》由人民教育出版社正式出版，《陈嘉庚与集美中学》举行首映式，并分别在市、省和中央电视台播出。《陈嘉庚与集美中学学生》编辑印刷成册。10 月 20 日，84 个单位和 800 多位校友联名在《厦门日报》全版刊登了祝贺广告。活动影响广、收获大、成效显著。《人民日报》海外版、香港文汇报、《福建日报》、《厦门日报》、《厦门晚报》、《厦门商报》、《福建侨报》、《鹭风报》、厦门电视台一、二套等新闻媒体都对此次活动作了重要报道。《厦门日报》、《集美校友》校庆期间出了专版和特刊。

2000 年 6 月 17 日，召开集美中学校友会第四届理事会第一次会议，林锦伙任校友会理事长。2002 年 6 月 16 日，学校为筹备 85 周年校庆召开首次会议，来自闽南地区、老三届、集美校友总会的校友代表、领导出席会议。2003 年，学校工作围绕着"迎接省一级达标学校复评、创建国家示范性高中"和"集美学校 90 周年校庆、集美中学 85 周年校庆"两个中心进行。除了配合集美学校 90 周年校庆筹委会工作，还抓紧集美中学 85 周年校庆各项筹备工作：召开校友会理事会议、组届会议、离退休会议、分工会议，制作纪念品（个性化邮票），撰写集美学校 1993—2003 年校史（中学部分），协助《集美学校知名校友录》（续）编写，出版校报校庆彩色特刊，制作成果展示展版，抓紧校园文化建设工程，在新闻媒体宣传沟通、宣传校友事迹，接待校友来访，发函邀请海内外校友、嘉宾等等。

六、集美小学形成鲜明特色

集美小学是福建省首批重点小学和全国百所名校之一。在 20 世纪 90 年代，学校的办学条件得到了很大的改善。1997 年，作为厦门革命的发源地之一、厦门第一个共青团支部诞生地的"三立楼"改建工程被确立为厦门市政府为民办实事项目之一，在市、区两级政府和集美校委会的大力支持下，共筹资 800 万元改建"三立楼"，改建后的"三立楼"建筑面积 6400 平方米，是一幢多功能、规范化的教学楼，改建工程于当年年底竣工。可容纳 1000 余人的敬贤大礼堂也在 1993 年进行整体翻建的基础上，于 1998 年又进行回音设备改造，教学楼建立了语音室。1998 年初，拆除尚勇楼、瀹智楼，在两楼原址上新建了较为规范的 200 米环行跑道运动场。2001 年更新调整图书阅览室和自然实验室，并通过省级验收。2002 年完善了电脑室、多媒体教室。2003 年筹建了校内网，完善了教师电子备课室。到 2003 年，学校的校园占地面积 22011 平方米，教学设施日趋完善齐全，教学仪器及设施均达国颁Ⅰ类配备标准。教学班 30 个（其中含一个特殊教育辅读班），在学生 1260 名，教职工 74 名，其中专任教师 71 名。校园内绿树成荫，花草拥簇，环境优雅，是少年儿童理想的学园和乐园。

1993—2003 年期间，学校历任校长胡亚才、刘清辉、刘盛民等都能继承传统、博采众长、与时俱进、开拓进取。学校全面贯彻党的教育方针，高举陈嘉庚先生爱国主义旗帜，严守"诚毅"校训，提出"从严治教"、"面向全体、全面发展、培养特色人才"的办学思想，积极实践"尊重学生自主、倡导嘉庚精神、重视环境熏陶、强调道德实践"的教育主张，逐步形成了鲜明的办学特色：开发"认识集美、弘扬嘉庚精神"校本课程，满足学生全面发展的需要；以人为本，求真创新、注重发展学生个性特长。学校的教学质量稳步提高，历届毕业生参加区小学毕业会考均获得好的成绩，学生的个性得到充分张扬。

为了实现"育名师、建名校、筑品牌"的办学理想，实现"实验性、示范性、高质量、有特色"的发展目标，几年来，集美小学致力于教育教学改革。在学校管理上，树立"以人为本"的管理意识，充分发挥教代会、工会的协调、促进作用，加强了对师资的培训、管理。2001 年，学校实行校长负责制，加大了学校内部管理体制的改革，教师实行岗位责任制，工资实行结构制，调动了教师工作的积极性和主动性，教学上也稳步推进。2001 年学校被市教委定为首批课程改革综合实验基地校。在教学改革进程中，学校坚持以科研促教研，走科研兴校的路子，形成科科有课题的教育教学特色。学校的"诚毅精神与小学德育实效性研究"德育课题被列入省级科研课题之一。语文科"扩大阅读，提高学生的表达能力"列为市级科研课题，在全省获得较大的反响。另有课题"自主探究学习方式在语文学习中的应用"已被列入省级子课题；全校性的课题"小学生学习能力发展性评价研究"和数学科的"问题自主解决"被列为区级科研课题。全体实验

教师进行了认真实践、试验,也取得了可喜的成效。2000—2003 年,学校有 33 篇质量较高的课改经验总结论文、案例在省市交流和在 CN 级刊物上发表,有 100 多篇论文在全国、省、市等各级评比中获奖。教师们精心设计、执教的各种教学观摩课也在全国、省、市获奖。其中,国家级 3 名、省级 3 名。先后有 14 名教师讲授了 21 节市级公开课。真正起到了"课改实验基地校"、"区级示范校"的作用。

在科研课题研究的带动下,全体教师把挑战当成机遇,用全新的教育理念武装自己,积极参与继续教育,努力成为开拓创新型的新时代教师。74 名教师中,本科学历的 4 人,大专学历的 49 人,学历达标率达 100%,有 25 人评上小学高级教师。几年来,有 11 名教师获市级以上政府和教育行政部门嘉奖。有 8 位教师成为市级骨干教师。

师爱化春雨,桃李尽成长。经过师生的共同努力,学校形成了生动活泼主动学习的风气,课堂上学生可以畅所欲言地提出不懂的问题、不同的看法,可以收集各种资料论证自己的观点,可以自由、平等地和老师讨论,甚至辩论;下课后,学生可以随心所欲地进行"学术交流",成立自己的"太阳风文学社"、"英语角"、"小螺号广播站",建立自己的"问题银行"、"缤纷作品集"、"个人网页"……丰富多彩的活动激发了学生的学习兴致。一年一度的"艺术节"、"体育节"、"科技月"和数十个课外小组的常年活动,给每个人提供了施展才华的天地,大家在选择中学会选择,在尝试中学会负责,在参与中发展自我。学校鼓励学生参加全国、省、区等各级各类学科竞赛,近三年时间就有 400 多人次获各类奖励,学校也屡获殊荣。学校少先大队被命名为"全国红旗大队",1999 年被评为"厦门市十佳红领巾阵地",2002 年被授予"厦门市十佳红领巾少先大队";家长学校荣获厦门市"优秀家长学校"称号。2002 年被市委宣传部、文明办和市教育党工委授予"厦门市文明学校",2003 年 2 月被市委、市政府授予"文明单位"。

七、集美幼儿园建成"省标准实验幼儿园"

集美幼儿园作为我国历史上最早由中国人个人创办的学前教育机构之一,自创办以来历经沧桑,曾经两度遭受摧残而停止办理。1980 年复办后,顺应改革开放的潮流,在市、区、镇政府和有关部门的大力支持下,幼儿园各方面工作都有了长足的进步。1998 年 4 月,集美幼儿园以 883.38 分的优良成绩通过"省标准实验幼儿园"的验收。还先后被评为"厦门市先进幼儿园"、"厦门市先进教研组"、"福建省先进幼儿园"、"厦门市爱国卫生先进单位"、"集美区民主管理先进幼儿园"。

幼儿园积极争取各级政府部门的重视与支持,先后投入了 200 多万元有计划地对园舍进行改造。1994 年在"葆真堂"后的一片旷地上建成了一幢配套齐全的三层教学大楼。1998 年,对"葆真堂"进行重新翻建。2002 年对养正楼、群乐楼、熙春楼进行维修改造,极大地解决了师生教学活动场所。在此基础上,幼儿园进行了重新布局,配置各种设备设施。为幼儿在园生活、学习提供了丰富的物质条件,为教工的教育教学提

供了便利。

为了更好地培养幼儿的多种兴趣,发展幼儿良好个性,养成勇于探索的精神,幼儿园在各班内创设了适合幼儿年龄特点,能促进幼儿各方面发展的活动区域。教师为幼儿提供了真实的、具有层次性的、便于幼儿操作的成品、半成品材料,激发幼儿学习兴趣,为幼儿动手能力和独立解决问题能力的发展提供了条件。为了保证幼儿在户外场地上有丰富的活动设施设备,幼儿园因地制宜地充实户外的活动材料。种类齐全、丰富多彩的户外娱乐设施常常使幼儿流连忘返,孩子们在玩中技能得到了锻炼,身心获得了愉悦。

集美幼儿园是"陈鹤琴教育科研基地"。陈鹤琴先生独到的教育思想是该园工作的指导思想。陈鹤琴先生提出:大自然、大社会是活教材。新纲要也提出:幼儿园应充分利用自然环境和社区的教育资源,扩展幼儿生活和学习的空间。在这一原则的指导下,集美幼儿园开展《利用区域人文资源培养幼儿的爱国主义情感》课题研究,此课题被列为中国教育研究会"十五"课题之一。

幼儿园的质量要好,首先必须有一支作风正、思想好、业务精的保教队伍。集美幼儿园专职教师全部毕业于幼师专业,其中 53％的教师学历达大专,一部分正参加大学本科、大专的函授、自考学习。教师普通话测试水平合格率 100％,总成绩居集美区之首。教师计算机考核合格率 100％。有两名市级优秀青年教师在园任教。集美幼儿园还从加强道德教育入手,通过学文章、听讲座、座谈会、优秀教工的现身说法等途径,及时表扬耐心细致教育和精心照顾幼儿的老师,使全园教职工增强了自身的责任感,把爱幼教事业、爱孩子的情感渗透到实践工作中,逐步形成了"积极向上,团结协作,求实开拓"的良好园风。幼儿园要求老师们要与幼儿建立良好的师生关系。作为幼儿的启蒙教师,对幼儿必须以理解、信赖为基础,在与幼儿的接触过程中,教师对每个幼儿的兴趣、爱好、个性差异都要全面了解,善于根据每个幼儿的实际情况,使幼儿感到老师像妈妈,从而为建立良好的师生关系打下坚实的基础。幼儿园还提出要从幼儿的特点出发,建立团结友爱的班集体。幼儿伙伴间的情感交流,是幼儿渴望的心理环境,它会使幼儿感到安全,这是接受良好教育的心理基础。通过教师精心引导、教育、鼓励,孩子们养成了团结友爱、乐于助人的品格,为今后的人生道路奠定了坚实的人格基础。

八、校委会支持各校建设

1994 年,厦门市委任命时任统战部部长陈耀中兼任集美校委会主任。1995 年 7 月,市编委批转省机构编制委员会(闽编[1995]41 号文)《关于厦门市集美学校委员会机构规格问题的批复》,确定集美校委会机构规格相当正处级。集美校委会的内部机构有:办公室、宣传接待科、联络科、房管基建科、人事保卫科。下属单位有:集美图书馆、市政园林科、集美印刷厂。

由于历史的原因,集美校委会的许多珍贵档案资料没有得到很好的整理和保管。1993年初,校委会领导和市档案局领导对此十分重视,拨出专款并亲临现场指导,组织相关人员对陈嘉庚先生遗留下来的极为珍贵的档案资料及学村院校的校史等进行分类整理,及时抢救了这些十分宝贵的历史资料。同时,对陈嘉庚先生生平事迹陈列馆、故居的展橱进行更新、增补,进一步丰富了展室内容,受到了海内外校友和游客的好评。

1993年,集美校委会先后投入大量资金,支持各院校建设。其中,投入1880万元人民币兴建"嘉庚公园"以及维修集美中学、集美小学校舍等,拨款70万元资助集美幼儿园新建教学楼。拨款3万元资助集美水产学校建"陈嘉庚铜像"。

1993年10月21日至23日在集美隆重举行"纪念陈嘉庚先生创办集美学校80周年"活动,集美校委会积极参与筹备。时任全国政协副主席钱伟长等中央、省市领导及两万多位海内外嘉宾、校友和集美师生员工、群众参加了纪念活动。活动的主题是纪念集美学校80周

弘扬嘉庚先生伟大的爱国主义精神,促进经济腾飞,教育发达和祖国统一大业

贺集美学校八十周年校庆
一九九三年九月 乔石

乔石(时任全国人大常委会委员长)题词

年,弘扬陈嘉庚先生倾资办学的精神,研讨集美学校和厦门市教育发展的未来。围绕着这一主题,纪念活动丰富多彩,取得了圆满成功。

1994年10月21日,是陈嘉庚先生诞辰120周年纪念日。集美校委会在省、市政府、政协的指导下,围绕"纪念陈嘉庚先生诞辰120周年活动"为中心开展工作。10月20日,在集美福南堂召开纪念大会,国务院副总理李岚清等领导同海内外来宾及福建省、厦门市各界人士共1500多人参加,并在嘉庚公园举行"嘉庚公园"开园典礼。此外,校委会还与集美校友总会、厦门党史研究室联合出版陈嘉庚丛书共11个专辑,并积极支持《集美校友》、《陈嘉庚研究》刊物的出版发行,多方面多渠道宣传陈嘉庚爱国爱乡、倾资办学精神。与厦门市委宣传部联合编辑出版的《集美学校八十年纪念册》获得厦门市对外宣传图书奖。

经过1993年集美学校80周年校庆及1994年纪念陈嘉庚先生诞辰120周年活动,校委会对所属展馆及德育基地设施不断加以充实、完善,取得显著成效。1995年11月,"陈嘉庚先生生平陈列馆"被授予"福建省爱国主义教育基地"。在此基础上,校委会在宣传接待工作方面也作出了较大的贡献,全年共接待了10余个国家、地区的重要宾客及海内外游客7万余人。其间还接待了胡锦涛、吴邦国、李铁映、任建新、罗干

弘扬嘉庚爱国精神振兴中华教育事业

江泽民 一九九四年十月一日

赤子丹心照汗青

李瑞环 一九九四年

江泽民（时任中共中央总书记、国家主席）题词　　　　　李瑞环（时任全国政协主席）题词

等中央领导人及 60 多个省、市级以上单位的领导 250 余人，接待南斯拉夫联盟共和国总统佑兰·利利奇一行等重要外国友人近 700 人。

1996 年 4 月 28 日，在市委、市政府的支持下，校委会配合中共厦门市委党史研究室、集美校友总会在集美小学三立楼联合召开集美学校建党 70 周年座谈会，市委、市政府领导出席会议并发表重要讲话，高度评价了陈嘉庚先生早年创办教育、培养人才的崇高爱国精神。同年，陈嘉庚纪念胜地先后被命名和推荐为市、省、全国性的爱国主义教育基地。校委会被福建省绿化委员会授予"绿化红旗单位"。

积极支持集美学村文教事业的发展，做好上下协调工作，是校委会的任务之一。1996 年，校委会筹款 100 万元支持集美大学建设，同时积极向市领导和有关部门反映集美小学的危舍改造问题，使之列入厦门市 1997 年为民办实事项目。1997 年，校委会拨出专款 300 万元支持集美小学教学楼改建，拨出 30 万元支持集美中学学生宿舍楼及食堂的改建、扩建，为整个学村教育事业协调发展做出了应有的贡献。校委会积极开展对海外集美校友、集美族亲及有关社团的联络工作，1997 年，校委会主任陈耀中，副主任陈永水、陈忠信等到香港参加集友银行股东大会期间，广泛联络在港有关社团与集美校友，积极为母校的发展和厦门特区的建设搭桥铺路。

325

1998年5月,市委统战部领导到校委会召开办公会,讨论研究校委会1998—2001年的发展规划。在市委统战部的关心支持下,校委会于6月、11月、12月三次聘请有关专家、学者座谈"陈嘉庚纪念胜地"的建设问题,收集了许多宝贵的意见和建议,为科学制定规划奠定了良好的基础。1998年是旅游年,也是厦门市争创优秀旅游城市年。集美鳌园和嘉庚公园作为厦门市四大旅游景区之一,责任更加重大。校委会专门成立创卫领导小组、创旅领导小组和管辖旅游景区领导小组,采取一系列措施,对所属景区进行清理整顿、规范管理,对故居、归来园、鳌园、嘉庚公园、学村大门和办公大楼等进行大范围的整修,并装饰了夜景灯,为集美的夜景增添了光彩。龙舟池污水治理继续进行,涵闸改造工程也全部竣工,从而促进龙舟池及中池、内池的水体循环,改善了龙舟池的水质。

1999年十四号台风使集美风景区遭受巨大的破坏。鳌园驳岸倒塌近40米,石雕损失31幅,大游泳池驳岸倒塌40米,归来园围墙部分倒塌等等。校委会对此均及时加以抢修,并提高了抗台风能力,使嘉庚遗产得到及时的维护。

为加大力度宣传嘉庚先生爱国爱乡、倾资兴学精神,校委会在1999年出资配合中国大百科全书出版社出版百个爱国主义教育基地丛书《华侨旗帜,民族光辉》,配合中央文献出版社出版《陈嘉庚》。隆重举行集友陈嘉庚教育基金会颁奖大会,当年共评出4名突出贡献奖获得者,96名奖教金荣获者,412名奖学金荣获者,9名"鼓励优秀生报读师范院校奖"荣获者,并对两名被录取为研究生的教师进行奖励、表彰。同年,校委会还首次拨出专款,用于扶助特困学生。1999年,校委会从香港集友银行调入港币结汇人民币2534.12万元,用于支持集美学村教育事业的发展,先后投入476万元重建肃雍楼,投入500万元重建博文楼,支持华侨博物院扩建680万元,支持集美中学建设550万元等。

2000年,校委会从香港集友银行调入港币4100万元结汇成人民币4307万元,用于支持集美学校教育事业发展及支持集美社公益事业建设共771万元,支持华侨博物院建设620万元,用于校委会基建工程417万元。

2001年1月1日,在校委会的全力支持下,重建竣工的博文楼正式投入使用,集美图书馆迁进新馆。该馆建筑面积3520平方米,有职工18名,藏书30余万册,年接待读者量近20万人次,成为具有浓厚特色的公共图书馆。集美图书馆先后获得集美区"文明单位"、"十佳文明窗口"等荣誉称号。7月,校委会党支部被市委统战部机关党委评为先进支部。10月,校委会又荣获市双拥工作先进单位称号。8月12日,在陈嘉庚先生逝世40周年之际,校委会在中国侨联、省市政府及省市侨联的支持下,邀请海内外嘉宾数百人,在集美举行"缅怀嘉庚先生业绩、弘扬爱国爱乡精神"纪念活动,并委托市委党史研究室编辑、中央文献出版社出版陈嘉庚丛书一套五册。为加快陈嘉庚纪念胜地的建设,根据市委专题会议纪要(《关于集美城区和集美学村规划建设和管理问题现场办公会议纪要》)及市委领导批示精神,校委会于9月份邀请中国博物馆学会理事长吕济民等4位国家文物局专家,对陈嘉庚纪念胜地进行考察,听取专家建议和意见,并组织有关人员奔赴湖南、北京、天津、辽宁等地就纪念馆的规划建设、管理等问

题进行了学习考察。12月,校委会再度邀请专家对陈嘉庚纪念胜地进行考察,提出建议。校委会在综合多方的意见和建议后认真地加以研究讨论,形成《赴湖南、北京、天津、辽宁等地考察纪念馆建设的报告》以及《国家文物局博物馆专家考察陈嘉庚纪念胜地的建议》呈报市领导,圆满完成纪念胜地建设的前期工作。2001年,校委会从香港集友银行调回股息收益2100万元,用于支持集美文教公益事业发展,其中用于集美公益事业建设的共448.5万元,华侨博物院74.5万元,校委会基建工程829万元,集美嘉庚体育馆1000万元。

2002年,校委会发挥各方力量,加大对外宣传,对外联谊和接待工作。与厦门海外联谊会、市楹联协会共同举办"嘉庚杯"海内外楹联大赛,征集对联一万幅,并邀请海内外专家进行评审,获奖的23幅作品汇编成册。支持和协助集美校友总会开展对外联谊工作,密切联系海外校友感情,进一步扩大交流。支持集美区政协完成《陈嘉庚的亲属、族亲和事业襄助者》、《陈敬贤》两本书的编辑出版工作。同时,校委会领导还出访澳大利亚、新加坡和参加香港集友银行股东大会,拜会澳大利亚全澳华人联谊总会、新加坡中华总商会、陈嘉庚国际学会、香港集友银行、香港厦门海外联谊会、香港集美校友会等有关社团、乡亲和校友,向他们通报集美学校90周年纪念活动前期筹备工作和陈嘉庚纪念馆的筹建情况。2002年10月,国家旅游局正式公布陈嘉庚纪念胜地为国家旅游局4A景区。与此同时,经过长时间准备的陈嘉庚纪念胜地ISO14001环境认证体系进行试运行,景区的管理与服务水平取得突飞猛进的发展。

1994年至2002年间,校委会从香港集友银行调回股息收益共15875万元,用于集美学校教育事业发展2467万元,嘉庚遗业维护建设、支持公益事业8900万元,社会资助项目(敬贤公园、嘉庚体育馆)1786万元。

九、校友总会"联络校友、服务母校"

集美校友总会"以发扬集美学校创始人陈嘉庚先生爱国兴学精神,加强海内外校友联系,统一祖国,振兴中华为宗旨",积极发挥联络校友、服务母校、促进祖国统一的重要作用。《集美校友》作为总会会刊,在宣传集美学校、联络校友感情、增进校友情谊等方面发挥着十分重要的作用。

1993年2月7日,香港集美校友会在湾仔新光酒楼举行创会十周年庆典,集美校友总会及集美各校组团前往庆贺。4月10日,集美校友总会在集美敬贤堂隆重举行《陈村牧执教集美学校六十年》一书首发式。该书由任镜波主编,香港经济导报社出版,全部费用由香港吴镜秋校友赞助。1993年初,陈嘉庚先生创办集美学校80周年纪念活动筹委会成立。贾庆林省长为主任委员;集美校友总会顾问陈村牧为副主任委员;集美校友总会理事长王毅林、顾问谢高明为委员。10月21日,纪念陈嘉庚创办集美学校80周年大会在集美福南堂隆重举行。

1994年3月29日,集美校友总会在陈嘉庚先生故居举行全体理事会,进行换届

选举,推选出以王毅林校友为理事长的第四届理事会。第四届理事会共有理事 120 名,其中常务理事 46 名。邓金山校友为秘书长。同年,总会组织编写出版《陈嘉庚丛书》共 11 辑;举办"嘉庚精神在我心中"征文活动,历时一年,有 140 名个人和单位获奖。

1995 年 6 月 20 日,集美校友总会与集美校委会、集美大学联合举行纪念抗战胜利 50 周年座谈会。

1996 年 1 月 11 日,集美校友总会召开常务理事会,一致赞同筹建"陈村牧教育基金会",会议并通过"陈村牧教育基金会章程（草案）"。基金会的发起人为:王毅林、叶亚伟、庄鼎水（菲律宾）、许炽颖（台湾）、张述、张奋生、张乾二、李永裕、李清涵（香港）、陈宏坦（美国）、陈纹藻、陈章彬（马来西亚）、陈超群（新加坡）、陈毅中、林鹤龄、杨惠碧、施金城（印尼）、柯栋梁、高墀岩、黄长溪、曾国杰、蒋诚育（台湾）、谢高明、蔡启瑞、谢凤泽（美国）。泉州集美校友会为陈村牧基金首捐十万元人民币。1998 年 4 月 30 日,集美校友总会召开理事长扩大会议,暂定陈村牧教育基金会为"集美校友总会陈村牧基金",以符合社团管理有关规定。1999 年 12 月 25 日,集美校友总会在集美敬贤堂举行陈村牧基金首次颁奖。第五届全体理事及集美学校师生代表 500 余人出席颁奖大会。海内外有 6 个校友会及 29 位校友获得这一殊荣;王毅林理事长说:颁奖旨在表彰为弘扬、宣传陈嘉庚精神做出突出贡献的集美校友,以促进嘉庚精神继续发扬光大。

1996 年 4 月 15 日,集美校友总会举行祝贺"李陆大星"命名座谈会。

1999 年 4 月 16 日,集美校友总会在集美敬贤堂召开全体理事会,推选出以王毅林校友为理事长的第五届理事会,副理事长为吴景宁、张向中、李泗滨、陈永水、陈毅中、黄德全;秘书长为陈永水（兼）。9 月 22 日,王毅林理事长致电台湾中部集美校友,对台湾 9.21 大地震受灾的校友表示亲切慰问。2000 年 3 月 9 日,集美校友总会、集美校委会、集美学村各院校组团参加香港集美校友会纪念陈嘉庚校主诞辰 125 周年暨香港集美校友会第九届理监事会就职典礼。10 月 21 日,集美大学航海学院、财经学院,集美轻工业学校,集美水产学校,分别在各校隆重举行纪念陈嘉庚先生创办职业教育 80 周年。集美校友总会领导前往各校祝贺。2001 年 3 月 24 日,集美校友总会理事长王毅林应香港集美校友会的邀请,率团赴港出席《集美学校校友名人录》赠书仪式。期间,王毅林理事长多次拜会旅港集美校友。

2002 年 1 月 12 日,在集美校友总会全体理事会上,王毅林校友由于健康原因,正式辞去理事长职务。会上推举王毅林为总会名誉理事长。根据王毅林的提议,并经会议讨论通过,由原常务理事、《集美校友》主编任镜波校友任常务副理事长、代理事长;黄德棋校友任副秘书长。会议还确定任镜波兼任《集美校友》杂志社社长,由陈经华任《集美校友》主编。10 月 12 日,集美校友总会组团参加北京集美校友会举行的深秋聚会,并看望该会德高望重的 93 岁老理事长陈乃昌校友。10 月 20 日,集美校友总会组团参加泉州集美校友会成立 20 周年庆典活动,代理事长任镜波在会上发言,盛赞泉州集美校友会取得的成绩和成功经验。同年,《集美校友》刊物被省新闻出版署、省侨办、省外宣办评为"质量高、影响大"的省优秀乡刊乡讯刊物。为办好《集美校友》刊物,海内外校友大力支持,有钱出钱,有力出力。早在 1990 年 3 月,泉州集美校友会即首捐

十万人民币,几年来李尚大先生先后捐赠十数万元支持办刊,集美各校历任领导也很重视和支持办刊工作,使得刊物越办越好。

2003年5月31日,集美校友总会在集美大学财税培训中心举行换届选举并召开第六届第一次全体理事会,会议产生了以任镜波为理事长的新一届理事会,张向中、李泗滨、陈永水、汪祐喆、翁新杰为副理事长。会议一致通过两项决定:一是总会章程修改意见,修改后理事长任期为四年(原为五年);二是补充各校校董为校友。李尚大校友、叶联意校友、香港集美校友会、泉州集美校友会、北京集美校友会等发来贺电,新加坡李氏基金向集美校友总会捐赠50万港元(其中30万港元为捐赠陈村牧基金)。新一届理事会提出"一个宗旨"(弘扬嘉庚精神)、"两个功能"(联谊校友、服务校友)、"三个服务"(为校友服务,为母校服务,为社会服务)。并提出集美校友总会工作要以真诚求理解,以服务求支持,以奉献求发展。

8月,集美校友总会设立德慈助学金,每年补助50名学生,每人1000元,当年实发5万元。

第十章

新局

　　进入 21 世纪，集美学校的发展呈现出崭新的局面。以集美大学和华侨大学华文学院为代表的高等教育规模扩大，办学层次提升，并逐步走上以质量为核心的内涵式发展道路；以海洋职业技术学院为代表的高等职业教育和以轻工业学校为代表的中等职业教育抓住了国家大力发展职业教育的机遇，蓬勃发展，迈上新台阶；以集美中学、集美小学为代表的基础教育和以集美幼儿园为代表的学前教育，突出素质教育，促进学生全面发展，呈现良好的发展态势。

　　2013 年，在集美学校即将迎来百年大庆之际，集美大学顺利通过了国家学位委员会新增博士学位授予单位立项建设验收，取得博士学位授予权。这不仅为集美学校百年校庆献上大礼，也使得集美学校的教育体系更加完善，实现了从学前教育（幼儿园）、基础教育（小学、初中、高中）、职业教育（高职、中职）、高等教育（专科、本科、硕士研究生、博士研究生，以及成人教育、海外教育等）的全覆盖，集美学校成了可以从幼儿园读到博士的地方。

一、集美大学推进内涵建设

2003年以来,集美大学的办学规模进一步扩大,多层次办学的格局逐步形成,新校区的建成使得办学条件有了根本的改善。在这种形势下,提高办学质量,走内涵式发展道路就成了必然的要求和唯一的选择。学校抓住发展机遇,凝心聚力,攻坚克难,各项事业强劲发展,以质量为核心的内涵建设成绩显著,学校在新的更高的发展平台上展现出崭新的局面。

(一)领导班子的变化

2005年11月中旬,中共集美大学第二次代表大会隆重召开。会议选举产生了中共集美大学第二届委员会和中共集美大学纪律检查委员会,讨论通过了《集美大学"十一五"规划和2020年远景目标》。12月,集美大学校领导班子成员进行了调整。杨国豪任中共集美大学委员会常委、集美大学副校长,关瑞章任中共集美大学委员会常委、集美大学副校长,黄德棋任集美大学校长助理,叶美萍任集美大学校长助理、组织部长。2006年1月,根据省委、省政府有关文件(闽政文[2006]64号)通知,校党委常委、校长助理黄德棋被任命为集美大学副校长,蔡金萱因年龄关系不再担任集美大学副校长职务。9月,据省委、省政府有关文件通知,叶美萍任中共集美大学委员会常委、副书记。2008年12月,根据省委、省政府有关文件通知,罗良庚任中共集美大学委员会委员、常委、副书记、中共集美大学纪律检查委员会书记;林耀坤因年龄关系不再担任中共集美大学委员会副书记、常委、委员和中共集美大学纪律检查委员会书记职务;邱元拔因年龄关系不再担任中共集美大学委员会常委、委员、集美大学副校长职务。

2009年9月9日,中共福建省委组织部有关负责同志到集美大学宣布了中共福建省委、福建省人民政府关于集美大学校长的任免决定:苏文金任集美大学校长,辜建德因年龄原因不再担任集美大学党委副书记、常委、委员、校长等职务。

2010年5月11日上午,集美大学召开领导干部任职宣布大会。会上宣读了中共福建省委关于集美大学党委书记的任免决定:辜芳昭任集美大学党委委员、常委、书记,张向中因年龄原因不再担任集美大学党委书记、常委、委员等职务。

2013年7月3日,省委决定郑志谦任集美大学党委常委、副校长,于洪亮聘任为集美大学副校长,庄祥生任中共集美大学纪律检查委员会书记,罗良庚不再兼任纪委书记,关瑞章因年龄原因不再担任集美大学党委常委、副校长。

(二)以"优秀"成绩通过市科教学工作水平评估

对全国普通高等学校进行本科教学工作水平评估,是教育部为进一步加强国家对高等学校教学工作宏观管理与指导的重要举措。教学评估的原则是"以评促改,以评促建,以评促管,评建结合,重在建设"。相对社会的各种评价来讲,政府的评估更具有

权威性,更具有社会影响性。评估结果的公布对于学校的社会形象和社会地位具有广泛而深远的影响,直接影响到学校招生、学科发展、学生就业、国际国内合作等一系列问题,直接影响着学校的生存和发展,同时,评估也是集国家级专家"会诊"学校、加强学校教学基本建设、教学管理、文化建设的良好契机。通过教学工作水平评估,能促使各级教育主管部门重视和支持高等学校的教学工作,促进学校自觉按照教育规律不断明确办学指导思想、改善办学条件、加强教学基本建设、强化教学管理、深化教学改革、全面提高教学质量和办学效益、提高我国高等学校本科教学水平、教育质量和办学效益。同时评估将促使学校领导、管理人员、教师和学生把主要精力集中到教学工作中来,以确保教学质量的不断提高。

1. 全面启动"迎评促建"工作

按照教育部的安排,集美大学将在 2007 年接受教育部对学校本科教学工作水平评估。2004 年 10 月,学校全面启动本科教学工作水平评估"迎评促建"工作。学校成立评建工作领导小组、评建工作办公室、教学评建专家组,制定评估工作方案、计划及各项指标体系和数据表。各学院(系)、图书馆也成立专门的评建工作小组。学校按照本科教学工作水平评估要求加强教学基本设施的建设,加强学科建设,深化教学改革,水平评估工作有了良好起步。10 月至 12 月,全校按照教育部指标体系开展了自评自查工作。

2006 年 2 月 21 日,学校召开中层以上干部(扩大)会议,宣布 2006 年为"教学质量年",以教学评估为抓手,通过加强师德师风建设、完善教师教学考核机制、加强课程建设和管理工作、大力推进教学改革、加强对各教学环节的质量管理等一系列行之有效的措施,全面加强教学质量建设。3 月 22 日,"集美大学科学人文素养百名学者系列讲座"开场,为首场讲座开讲的是易中天教授,开讲的题目是"中国文化中国人"。"集美大学科学人文素养百名学者系列讲座"开场之后,许多著名学者、专家应邀来校作高水平学术讲座。9 月 18 日,辜建德校长主持召开集美大学教学工作评建领导小组会议,提出 2006—2007 学年"迎评促建"工作的任务:重点是校内自评自查和诊断性评估,各学院(系)应重点从教材、课堂教学、实践教学几个方面狠抓落实;要切实发动广大师生员工,争取做到"人人关心、人人了解、人人参与、人人监督"学校的评建工作;从"新校区、新设备、新成果、新面貌、新水平"等五个方面落实评建工作。9 月,学校首次学生网上评教工作顺利完成。

9 月 24 日,《光明日报》以《集美大学双向发展培养体育人才》为题,报道集美大学体育人才培养工作。12 月 10 至 13 日,集美大学邀请本科教学工作水平评估专家组一行 8 人,对学校本科教学工作进行诊断性评估。12 月,集美大学首批教学示范岗位评选产生,共有校级示范岗 8 人、院级教学示范岗 9 人。校、院两级教学示范岗位,在全校各本科课程主讲教师中公开选聘,择优聘任,聘期一年。聘期内,学校将给予校级教学示范岗 1 万元、院级教学示范岗 5000 元的特聘岗位津贴。此举旨在调动教师从事教学工作的积极性,树立教学上的先进典型,充分发挥名师在教学中的示范作用,促进教学质量的不断提高。

2. 打好迎评攻坚战

2007 年 1 月 11 日,集美大学本科教学工作水平评估自评报告撰写工作正式启动。1 月 20 日,学校第八届教学工作会议暨迎接本科教学工作水平评估全面动员大会召开。校党委书记张向中作题为《万众一心,齐心协力为本科教学工作水平评估取得优异成绩而努力奋斗》的动员报告;校长辜建德《全校动员,全力以赴,做好迎评促建冲刺阶段各项工作》的部署;副校长杨国豪作题为《以评促建,团结拼搏,全力开创我校本科教学工作新局面》的工作报告。3 月 6 日,颁布《集美大学 2007 年本科教学评建工作计划》,提出 2007 年为"迎评争优年",打好迎评攻坚战,力争以优秀成绩通过教育部本科教学工作水平评估。随后,学校成立了"本科教学迎评创优领导小组"和"迎评指挥部",指挥部下设迎评创优专项建设组和迎评创优工作组。与此同时,各学院、各部门则以座谈会、动员大会、演讲会、知识竞赛、签名活动等多种形式开展"迎评争优"活动,部署迎评创建工作。7 月 16 日开始在全校范围内进行毕业设计(论文)、试卷检查工作。8 月 24 日,教育部本科教学工作水平评估专家委员会副主任、江汉大学名誉校长李进才教授应邀来校指导迎评创建工作,并作本科教学工作水平评估专题报告。8 月 25 日,来自全国 100 多位从事陈嘉庚教育思想研究的专家、学者聚集集美大学,参加由中国高等教育学会主办、集美大学承办的陈嘉庚教育思想研讨会。本次研讨会主题是:弘扬陈嘉庚爱国主义精神,振兴中华教育事业,推进高等教育改革发展。9 月 7 日,举行本科教学工作水平评估 100 天倒计时牌揭幕仪式,标志着学校全面进入了迎评创优的最后冲刺阶段。

10 月 15 日,学校本科教学工作水平预评估汇报会在国际学术交流中心报告厅召开。集美大学本科教学工作水平评估预评估工作展开,由福建省教育厅邀请,来自全国各地的评估专家组成的专家组以正式评估的程序,对集美大学本科教学工作进行评估,以查找问题并检验迎评准备工作。

3. 接受实地考察评估

12 月 16 日至 12 月 21 日,教育部赴集美大学本科教学工作水平评估专家组一行 13 人对集美大学本科教学工作进行了实地考察评估。考察期间,专家组认真听取了辜建德校长《弘扬嘉庚精神,继承优良传统,扎扎实实提高办学水平》的工作汇报,观看了专题片《弘扬嘉庚精神,铸就新的辉煌》;审阅了学校自评报告、支撑材料和原始档案,参观了学校教育教学成果展、师生画展;参加了学生文化素质教育活动;考察了学校图书馆、网络中心、物理实验中心、计算机基础实验中心、工程训练中心、艺术综合训练中心、体育场馆等公共基础教学设施;考察了船舶工程重点实验室、水产科学技术与食品安全重点实验室、航海技术实验室、水产试验场等相关学院的实验室;考察了整园、基石广场等爱国主义教育基地;考察了"清华山"实习船、厦门引航站等校外实习基地;考察了学生宿舍、食堂等生活设施;走访了航海学院等 17 个二级学院和学校办公室、教务处、学生处、人事处、财务处、科研处、资产管理处、招生办公室、质量管理办公室、教学督导办公室、就业指导中心、团委等职能部门;分别召开了校领导座谈会、机关中层干部座谈会、主管教学副院长座谈会、中老年教师代表座谈会、青年教师代表座谈

会、学生代表座谈会等 6 个专题座谈会；考察了学生的早操、晚自习以及图书馆阅览情况，并随机与领导、师生员工进行交流；考察了航海类专业基本技能竞赛，随机抽取了86 名学生分别进行计算机、大学英语、物理实验、工程训练等方面的基本技能测试；随机听课 33 门次，调阅了 33 个专业 1063 份毕业论文（设计），34 门课程 49 个班 1302 份试卷，60 份实验（实习）报告。

专家组充分肯定了学校始终坚持正确的办学方向，认真贯彻执行党的教育方针，坚持育人为本的办学思想，以科学发展观为指导，以服务地方经济社会发展为己任，大力弘扬嘉庚精神，秉承"诚毅"校训，特别是五校合并之后，学校领导班子团结务实、开拓创新，广大师生员工爱岗敬业、朝气蓬勃、奋发努力、改革创新，在教学、科研、社会服务等各个方面取得了显著成绩，为国家特别是福建省和厦门市及海峡西岸经济区的经济建设和社会发展做出了重要贡献。

专家组从六个方面系统评价了学校的办学成绩：

一是办学指导思想明确，办学思路清晰，定位准确，教学中心地位突出。学校在长期的办学实践中，全面贯彻党的教育方针，坚持"规模、结构、质量、效益"协调发展，走内涵发展为主的道路，办学指导思想端正，定位准确。学校高度重视教育思想的转变和教育观念的更新，确立了"育人为本，质量立校，人才强校，突出特色"的办学理念。学校始终把教学质量作为生命线，正确处理教学工作与其他工作的关系，本科教学工作的中心地位突出。

二是大力加强师资队伍建设，师资结构合理，发展态势良好。学校实施"人才强校"战略，科学制定师资队伍建设规划。以全面提高教师队伍素质为目标，积极引进和培养学术带头人、中青年骨干教师，采取了一系列加强师资队伍建设的举措，成效明显，形成了一支数量充足，结构合理，与学校定位、学科专业发展相适应，发展趋势好的师资队伍。

三是教学基本设施建设成效显著，育人环境优美，教学条件优良。学校加大教育教学投入，加强教学软硬件建设，不断优化资源配置，尤其是近年来多渠道筹措资金投入新校区建设，办学条件得到了极大改善，网络、图书、体育场馆等基础设施先进，营造了优美、和谐的育人环境，能很好地满足本科教学和人才培养的需要。

四是高度重视学科专业建设与教学改革，不断提高教学质量。学校主动适应行业和区域社会经济发展需要，调整和优化专业结构，加强建设，形成了航海、水产、体育等特色鲜明、优势明显的学科和专业。学校以培养具有创新精神和实践能力的应用型高级专门人才为目标，优化人才培养方案，更新教学内容，完善课程体系，强化实践环节，加强教材和精品课程建设，改进教学方法和教学手段，教学质量不断提高。

五是教学管理科学规范，质量监控体系运行有效。学校高度重视教学管理队伍建设，积极开展教学管理研究，不断完善教学管理体制和各项管理规章制度，采用现代管理手段和技术，建立健全了行之有效的教学质量监控体系，严格执行各种规章制度，实行激励与约束相结合，保证了教学工作的正常运行和教学质量的不断提高。

六是学风校风优良，社会声誉好。学校坚持"以人为本"，重视教风和学风建设，弘

扬嘉庚精神，践行"诚毅"校训。广大教师爱岗敬业，严谨治学，从严执教，教书育人，形成了良好的教师风范。学生尊师爱校，勤奋好学，明礼诚信，作风朴实，实践能力强，课外科技活动和文化素质教育丰富多彩。毕业生以其特有的"诚毅"品格，得到社会的高度评价，社会声誉好。

专家组高度赞扬了集美大学在长期的教育实践中形成的以"嘉庚精神立校，诚毅品格树人"为主线的鲜明办学特色。学校时刻不忘用嘉庚精神凝聚海内外力量支持学校建设，大力度推进高等教育管理体制改革，较快实现了实质性合并办学，呈现生机勃发之势。学校将嘉庚精神贯穿于立德树人的全过程，以嘉庚先生艰苦创业、爱国爱乡、倾资兴学、奉献务实的崇高精神教育感染学生；秉承嘉庚先生的"诚毅"校训，注重建设以弘扬嘉庚精神为重要价值取向的校园文化，着力将嘉庚精神和诚毅品格内化为集大师生的优良品质；继承发扬嘉庚先生注重实科教育理念，高度重视实训实践基地建设，突出培养实践能力强、富有社会责任感的高素质应用型人才。学校培养的具有"诚以待人，毅以处事"品格的学子，广受社会认可。

同时，专家组提出，建议学校更加重视师资队伍建设，着力提升青年教师的教学科研水平。积极创造条件，加速培养和大力引进高层次、高水平的学科带头人和学术骨干，加强教学与科研团队建设，为学校长远发展目标的实现奠定更加坚实的基础。

4.评估结论为"优秀"

2008年3月22日，教育部本科教学工作水平评估专家委员会投票通过集美大学评估结论为"优秀"。本科教学工作水平评估优秀的成绩来之不易，这是全校师生员工共同努力的结果。抓住本科教学工作水平评估的机遇，对于集美大学未来的影响是深远的。首先，得益最大的是学生，通过教评，学校重视教学，提高教学质量，保证了师资队伍的数量，提高了教学水平，改善了办学条件，新建了许多教学大楼和实验室，增添了许多设备，不少同学说，现在到了图书馆，真不想出来。通过教评，大大增强了学校教学、科研力量，这就为提高科研能力，创造更多科研成果，申请更多硕士点乃至冲击博士学位授予单位奠定了坚实的基础。通过教评，也大大提高了学校的知名度和社会公众对学校的信任。最重要的是通过教评，全校师生员工彼此更了解，更团结，更了解学校的办学指导思想，更热爱学校，这是最大的收获，有了这一支队伍，有了这么多热爱学校的师生员工，学校就会真正强大起来。

2008年6月25日，集美大学隆重召开"本科教学评建工作总结表彰暨整改再动员大会"，集美大学本科教学工作又开始了新的征程。

（三）研究生教育的快速发展

集美大学2003年被正式批准为硕士学位授予单位，国民经济学、轮机工程、食品科学、水产养殖四个学科专业新增为硕士学位授予点。增列的四个硕士学位授予学科专业中，国民经济学主要研究方向为宏观经济运行与调控和经济管理理论与方法，轮机工程主要研究方向为现代轮机管理工程和船舶动力装置自动控制技术，食品科学主要研究方向为食品生物技术和食品工艺技术，水产养殖主要研究方向为水产养殖生态

与病害防治和水产增养殖与生物技术。

2004 年 9 月，首批硕士研究生入学。首批硕士研究生共 32 人，分别就学于国民经济、轮机工程、食品科学、水产养殖四个专业。其中有 14 名是集大本校毕业生，另外 18 名分别是厦门大学、中国农业大学、郑州大学等 16 所大专院校毕业生。

2006 年，集美大学 15 个二级学科被增列为硕士学位授权学科，至此，集大共有 19 个二级学科硕士学位授权点，研究生教育的学科门类从 3 个拓展到 8 个。增列的 15 个二级学科硕士学位授权点是：马克思主义中国化、财政学、体育人文社会学、体育教育训练学、中国古代文学、比较文学与世界文学、应用数学、水生生物学、微生物学、机械设计与理论、交通信息工程及控制、船舶与海洋结构物设计制造、农产品加工及贮藏工程、渔业资源学和会计学。

2008 年，国务院学位委员会下发《关于做好 2008—2015 年新增博士、硕士学位授予单位立项建设规划的通知》（学位［2008］30 号），学校根据通知要求，编制完成《集美大学新增博士学位授予单位立项建设规划》以下简称"规划"），提出以"水产学"和"船舶与海洋工程"2 个学科为授权学科，以"食品科学与工程"、"交通运输工程"2 个学科为支撑学科进行立项建设。经福建省学位委员会专家组会议答辩和投票，集美大学被确定为福建省 2008—2015 年新增博士授予单位立项建设单位并上报国务院学位委员会。2010 年 2 月，国务院学位委员会发布《关于同意实施 2008—2015 年新增博士、硕士学位授予单位立项建设规划的通知》（学位［2010］8 号），集美大学正式成为新增博士学位授予单位立项单位。

2010 年，国务院学位委员会第二十八次会议审议批准通过了 2010 年增列为博士和硕士学位授权一级学科的名单，其中，集美大学"应用经济学"、"体育学"、"中国语言文学"、"数学"、"生物学"、"交通运输工程"、"船舶与海洋工程"、"食品科学与工程"、"水产"共 9 个一级学科获得硕士学位授予权。

从 2008 年正式启动立项建设以来，集美大学以学科建设为核心，以立项的授权学科和支撑学科为重点，对照立项建设规划和一级博士点申报要求，全面加强学科建设，取得显著成效。

在师资队伍方面，截至 2012 年 12 月，学校具有高级职称的教师占专任教师的 54%，比 2007 年底的 39.7% 提高 14.3%；专任教师中博士（含在读）共 435 名，比 2007 年底的 192 名（含在读）增加 243 名。引进"闽江学者"特聘教授 2 人，"闽江学者"讲座教授 7 人。

在科研方面，涉海学科特色日益凸显，所发起或参加的协同创新联盟以及主持的高层次项目均与海洋经济相关。科研合同经费 2007 年为 3156.7 万元，2008 年到 2012 年每年为 4077.3 万元，5176.3 万元，6111 万元，9034.9 万元和 1.0738 亿元，年均合同经费达到 7027.5 万元；获 863 项目、国家自然科学基金、国家科技支撑计划等国家级科研项目 70 项，获省部级科研项目 331 项，获国家发明专利 39 项；获省部级以上奖励 35 项，其中国家科技进步二等奖一项（排名第二）；SCI/EI/ISTP 收录论文数 702 篇。均已超额完成规划指标。

在平台建设方面，2008 年前学校没有省部级创新平台。2008 年立项建设以来，新增 6 个省部级创新平台，11 个厅级重点实验室/工程研究中心。另外，还新增了科技部"国家级坛紫菜科技特派员创业链（基地）"、农业部"大黄鱼遗传育种中心"等科技服务平台，超额完成规划指标。

在研究生教育方面，2007 年学校没有一级学科硕士点，2008 年以来新增 9 个一级学科点（覆盖 56 个二级学科硕士点），并成为工程硕士专业学位授权点，专业学位硕士领域从 2 个增加到 10 个，获批成为开展授予同等学力人员硕士学位工作的授权单位和面向香港、澳门、台湾统一考试招收港澳台研究生单位。在校研究生数从 2007 年的 188 人增加到 2012 年的 1041 人（含专业学位）。

在重点学科方面，2007 年学校仅有水产养殖、轮机工程 2 个二级省重点学科，立项建设以来新增 9 个二级省重点学科、8 个一级省重点学科，其中水产、船舶与海洋工程 2 个一级学科为福建省特色重点学科。

2011 年 7 月 5 日至 8 日，福建省学位委员会组织专家组进校对集美大学立项建设工作进行中期检查，专家组在《集美大学新增博士学位授予单位立项建设中期检查报告》中认为："集美大学整体建设成效显著，已达到了新增博士学位授予单位立项建设中期建设目标"，并同意学校提出的在 2012 年底接收验收的建议。

2012 年 11 月，国务院学位办下发《关于做好立项建设博士、硕士学位授予单位验收工作的通知》（学位办[2012]55 号），学校的新增博士学位授予单位立项建设正式进入验收阶段。根据文件要求，学校完成了两个《立项建设博士学位授权一级学科简况表》并报福建省学位委员会进行审查和公示后提交国务院学位委员会学科评议组成员进行评审。2013 年 1 月，顺利通过国务院学位委员会学科评议组评审。省学位委员会于 2013 年 1 月 30 日至 2 月 2 日聘请专家组进校进行整体验收，内容包括听取学校领导关于学校立项建设整体实施情况的报告，审阅自评报告和其他有关文件资料，考察学校公共服务体系和授权学科重点实验室和工程研究中心建设情况，并形成验收报告，认为集美大学具备博士学位授予单位的整体条件。

2013 年 7 月，国务院学位委员会第 30 次会议批准集美大学为博士学位授予单位，船舶与海洋工程、水产 2 个一级学科为博士学位授权学科。

（四）新校区建设顺利完成

1. 新校区建设势在必行

从 2003 年开始，全国很多地区开始了大学城建设。新校区建设对集美大学来说，势在必行。根据省政府的正式批复，"十一五"期间学校在校生将达到 2.5 万人，至少需要新建 32 万平方米校舍才能满足需要，因此新校区建设是无法回避的问题。1994 年 9 月 9 日，贾庆林同志召开加快筹建集美大学座谈会，当场拍板划定 900 亩土地作为集大新校区建设用地，为集美大学未来的发展预留了空间。为了实现学校的发展目标，拓展学校的发展空间，必须进行新校区建设。为此，学校在校长办公会、党委常委会上反复讨论这项决策的可行性和实现的途径，在教代会上详细说明了新校区建设的

意义和资金来源的可靠性,并在 2004 年 8 月召开科学发展观专题研讨会,统一了全校中层干部的思想。经过各项民主程序,新校区建设取得了广大教职工的大力支持。黄小晶省长对集美大学新校区建设也非常重视,在他亲自过问下,新校区建设立项获得省发改委顺利批准并支持了 1000 万元先期启动资金,厦门市委、市政府也拨付了 7000 万元用于支持新校区建设,新校区建设工作顺利启动。学校抓住有利时机,努力争取到银行贷款,科学调度资金,积极进行新校区建设。同时为了保证建设质量,还采用了代建制,经市建设局批准聘请厦门路桥建设集团有限公司作为代建单位,负责所有工程招标、现场管理,不仅提高了效率,保证了质量和工期,而且省去了很多麻烦。代建单位还将所得代建费的一半捐给学校。短短几年时间,学校完成了新校区 32 万平方米校舍和诚毅学院新校区 28 万平方米校舍,以及老校区 10 万平方米校舍的建设任务,学校面貌大为改观,为学校的可持续发展奠定了良好的基础。

2. 新校区建设历程

新校区设计招标工作于 2003 年初完成,11 家国内外知名建设单位参加竞投,经过专家的层层选拔与审定,最终同济大学建筑设计研究院中标。设计方案中材料选择、颜色搭配、功能划分等元素的组合与运用最能体现"嘉庚建筑"的特色与内涵。2005 年,完成新校区可行性研究报告的编制及专家论证,获得省发改委的立项批复;完成土方回填及人工湖土方开挖;基本完成新校区主要道路、给排水管网、道路路基及水泥稳定层施工;15 栋学生公寓顺利开工,完成桩基础及地下室底板的施工;文科大楼桩基础完成施工招标并进场施工;学生食堂及生活服务中心、综合教学楼、理科大楼、综合体育馆等项目完成施工图设计。2006 年、2007 年新校区建设工程全面推进。2008 年 5 月全部建成投入使用,包括文科、理科大楼,综合教学楼,有 5000 个座位的体育馆,有 1 万人看台座位的风雨操场,可同时容纳 1 万人就餐的食堂,以及 3 幢、每幢 17 层高的学生公寓楼。

3. 新校区主要建筑一览

序号	楼 名	概 况
1	尚大楼	尚大楼,楼高 124 m,共 24 层,建筑面积地下 7000 m^2、地上部分 30270 m^2,是新校区标志性建筑。大楼设有各类办公室、会议室、接待室、地下停车场等用房,是学校行政管理中心。2006 年 3 月开工,2007 年 12 月竣工。
2	吕振万楼	吕振万楼,楼高 32 m,共 5 层,建筑面积 9775 m^2,大楼设有院办公室、教师工作室及各专业实验室。是文学院和政法学院的行政办公及教学大楼。2006 年 9 月开工,2007 年 9 月竣工。
3	庄汉水楼	庄汉水楼,楼高 32 m,共 5 层,建筑面积 9775 m^2,大楼设有院办公室、教师工作室及各专业实验室。是外国语学院的行政办公及教学大楼。2006 年 9 月开工,2007 年 9 月竣工。
4	陈延奎图书馆	陈延奎图书馆,楼高 35.3 m,共 5 层,框架结构,建筑面积 23919 m^2,设有电子阅览室、期刊室、文献阅览室、500 人多功能报告厅等功能用房,现藏书 211.97 万册,是学校师生学习、科研的重要场所。2006 年 7 月开工,2007 年 10 月竣工。

续表

序号	楼名	概况
5	章辉楼	章辉楼,楼高 33.1 m,共 5 层,建筑面积 10783 m²,大楼设有学院办公室、教师工作室、影像技术研究中心、数学系统与科学研究中心等各专业实验室及其他配套用房。是理学院的行政办公及教学实验楼。2006 年 7 月开工,2007 年 9 月竣工。
6	陆大楼	陆大楼,楼高 33.1 m,共 5 层,建筑面积 8162 m²,大楼设有学院办公室、教师工作室、基础实验室和计算机专业实验室等各专业实验室及其他配套用房。是计算机工程学院的行政办公及教学实验楼。2006 年 7 月开工,2007 年 9 月竣工。
7	材塗膳厅（万人餐厅）	材塗膳厅,楼高 11 m,为二层框架结构,建筑面积 15034 m²,设有大餐厅和特色餐厅,可容纳近万名学生用餐,是目前省内最大学生食堂。2006 年 1 月开工,2006 年 12 月竣工。
8	月明楼	月明楼,楼高 14.2 m,为二层框架结构,建筑面积 8087 m²,设有超市、书店、多功能舞厅、700 人报告厅、棋牌室、学生社团办公室等功能用房,为学生提供生活服务、文娱活动、休闲购物等服务,是学生生活服务和活动中心。2006 年 1 月开工,2007 年 12 月竣工。
9	美岭楼	美岭楼,楼高 31.6 m,为五层框架结构,建筑面积 9650 m²,内设 90 人(6 间)、130 人(18 间)、300 人(1 间)等规模教室共 25 间,是学校公共教学楼。2006 年 7 月开工,2007 年 9 月竣工。
10	建发楼	建发楼,楼高 31.6 m,为五层框架结构,建筑面积 11310 m²,内设 90 人(6 间)、180 人(12 间)、360 人(1 间)、500 人(2 间)等规模教室共 21 间,是学校公共教学楼。2006 年 7 月开工,2007 年 9 月竣工。
11	禹州楼	禹州楼,楼高 31.6 m,为五层框架结构,建筑面积 11796 m²,内设 90 人(8 间)、130 人(24 间)等规模教室共 32 间,是学校公共教学楼。2006 年 7 月开工,2007 年 9 月竣工。
12	中山纪念楼	中山纪念楼,楼高 34.95 m,五层框架结构,建筑面积 11150.2 m²,设校史展室、多功能厅、校友总会办公用房等,是学校的展览馆。2006 年 9 月开工,2007 年 12 月竣工。
12	光前体育馆	光前体育馆,楼高 41.9 m,建筑面积地上 15068.56 m²,地下 7587.84 m²。比赛场地达 2200 m²,可举行篮球、排球、羽毛球、乒乓球等比赛,可容纳约 5000 名观众,馆内还设有乒乓球室、健身房、力量房、运动员休息室、器材室等用房。2006 年 9 月开工,2008 年 9 月竣工。
14	端景楼	端景楼,为三栋连体的学生公寓组团,楼高 23.6 m,均为七层框架结构,建筑面积 17166.85 m²。2005 年 11 月开工,2006 年 9 月竣工。
15	锦霞楼	锦霞楼,为三栋连体的学生公寓组团,楼高 23.6 m,均为七层框架结构,建筑面积 2570.02 m²。2005 年 11 月开工,2006 年 9 月竣工。
16	弘毅楼	弘毅楼,为三栋连体的学生公寓组团,楼高 23.6 m,均为七层框架结构,建筑面积 17189.78 m²。2005 年 11 月开工,2006 年 9 月竣工。

序号	楼　名	概　况
17	道远楼	道远楼,楼高 23.6 m,为三栋连体的学生公寓组团,楼高 23.6 m,均为七层框架结构,建筑面积 16908.83 m²。2005 年 11 月开工,2006 年 9 月竣工。
18	建安楼	建安楼,楼高 23.6 m,为三栋连体的学生公寓组团,楼高 23.6 m,均为七层框架结构,建筑面积 16908.83 m²。2005 年 11 月开工,2006 年 9 月竣工。
19	集友楼	集友楼,包含 3 幢 17 层的高层公寓楼,楼高 59.164 m,建筑面积 55380 m²;公寓可容纳 6860 个学生,每间公寓设有卫生间、淋浴间、阳台,配置有电话、电视端口、网络信息点、电热水器、空调等设施;每幢学生公寓设置一卡通系统、智能用电管理系统、安全监控系统等,配有开水间、洗衣间、管理房等功能用房,为学生提供安全舒适的生活环境。2007 年 1 月开工,2008 年 9 月竣工。
20	庄重文夫人体育中心	风雨操场建筑面积 7455 平方米,400 米标准塑胶田径场达到国家Ⅱ级田径场标准,可举行各类田径比赛;主看台内设 100 米风雨跑道,提供教学和辅助训练之用;主看台的膜结构造型优美,全场可容纳 8000 多人观看比赛。

4. 入选新中国成立 60 周年"百项经典暨精品工程"

新校区传承了集美独具特色的嘉庚式建筑风格,融合了西洋和中国传统风格,融合了园林、绘画、雕刻等多种艺术形式,闽南风味的燕尾脊,"嘉庚瓦"坡屋面,红色墙砖配以精雕细琢的石材墙面,西洋风格的窗套、窗楣,富有韵律的廊拱,形成了鲜明独特的"嘉庚建筑"风格,在闽南、福建乃至全国独树一帜。

2009 年 10 月 29 日,在北京人民大会堂,集美大学新校区工程与北京天安门广场建筑群、长江三峡水利枢纽工程、中国载人航天发射场工程、青藏铁路等重大工程一同入选新中国成立 60 周年"百项经典暨精品工程"。它也是全国唯一入选的高校建筑、全省仅有的两项入选工程之一。

事实证明,新校区建设的决策是科学的、及时的,如果当年没有建设新校区,集美大学的发展将受到极大的制约,集美大学也就不可能有今天的面貌。

(五)推进内涵建设,提升办学质量

集美大学确定 2006 年为教学质量年。学校进一步完善教师教学工作制度和教师教学考核机制,全面开展课堂教学效果评价工作。设立"教学示范岗位",推动优良教风建设。加强专业、课程建设,加快精品课程建设力度。规范教材选用制度,大力提倡使用先进教材。加强实践教学,构建实践教学体系。加大对毕业设计(论文)的过程管理和质量监控力度,提高毕业设计(论文)的质量。加强对各教学环节的质量管理,健全教学质量的保障和监控体系。通过教学质量年,以教学评估为重要抓手,全面加强学校的教学质量建设。

2007 年,学校根据国家教育部等有关文件精神,对 2007 年本科专业人才培养方

案进行了修订。其基本原则是:坚持德育为先,提高学生思想道德素质的原则;坚持强化基础教育,增强人才适应性的原则;坚持课程体系整体化和学生全面发展原则;坚持加强实践教学,注重实践能力培养的原则;坚持教育创新,注重学生创新精神培养的原则;坚持统一性和多样性相结合、注重个性发展的原则。这一年,集大本科教学质量与教学改革工程取得进展,成绩显著:轮机工程专业和财政学专业被列为国家级特色专业建设点。轮机工程和机械设计制造及其自动化2个专业获省级第一类特色专业建设点。小学教育专业人才培养模式创新实验区项目被评为2007年度省级人才培养模式创新实验区。微生物学教学团队和机械工程学科教学团队被评为2007年度省级教学团队。生命科学基础实验中心和工程训练中心获"福建省实验教学示范中心"的称号。《企业理财学》、《机械原理》、《中国古代文学》、《有机化学(含实验)》、《机械设计基础》、《WEB编程技术》、《会计学》、《船舶辅机》、《财政学》、《运动生理学》、《航海雷达与APPA》等11门课程获得2007年度福建省精品课程。另外,15个大学生创新性实验项目被批准立项。

2008年,集大本科教学质量再上新台阶,《船舶电气设备及系统》、《武术专项理论与实践》、《生化工程》、《食品分析》、《外国文学》、《社区工作》、《航海自动化基础》等7门课程入选福建省精品课程。财政学、法学和会计学等3个专业被评为2008年度福建省特色专业建设点。轮机工程学科教学团队和水产养殖学教学团队被评为省级教学团队。

2009年4月,学校五项教学成果荣获福建省第六届高等教育教学成果奖。其中《船舶轮机工程专业人才培养模式的创新与实践》和《水产养殖学本科实践教学创新体系的建立和实践》荣获省级教学成果奖一等奖,并由省教育厅推荐参评国家级教学成果奖。蔡振雄、刘菊东和黄衍电3位教师被评选为福建省第五届高等学校教学名师。6月,《船舶柴油机》、《软件工程》、《生物统计与计算机辅助分析》、《排球》、《教育学》和《电脑音乐》等6门课程新入选为福建省精品课程,省级精品课程总数达到31门。11月,教育部、财政部联合公布2009年度国家级实验教学示范中心建设单位名单,集美大学海上专业实验教学中心名列其中。这是集美大学国家级教学示范中心建设零的突破。

2010年6月2日上午,福建省高校高水平运动队评估工作领导小组及专家组一行来到集美大学,对田径、武术、游泳项目迎接"教育部关于申请建设高校高水平运动队评审确定工作"的准备情况,以及篮球、排球项目高水平运动队的申报工作进行了初评。专家组对学校各项目高水平运动队评估与申报材料进行了检查,并对场馆建设情况等进行了实地考察。6月28日,国家社会体育指导员培训基地在集美大学体育学院揭牌。7月1日至3日,以上海海事大学副校长肖宝家为组长的交通运输部海事局船员教育和培训质量体系审核专家组一行五人,对我校船员教育和培训质量体系实施了证书再有效审核。专家组通过听取汇报、审核文件、现场访谈、查看活动记录和考察航海设施设备,认为集美大学船员教育和培训质量体系文件非常完善,既全面又精炼,质量体系的运行是连续和有效的,能够保证船员教育和培训的质量,满足学校质量方

针和目标的要求,完全符合《中华人民共和国船员教育和培训质量管理规则》规定的再有效条件。8月底,杨国豪教授领衔的轮机工程学科教学团队入选国家级教学团队,这标志着学校在"质量工程"建设方面取得新成果,实现了国家级教学团队零的突破。航海技术和水产养殖学两个专业入选第六批国家级高等学校特色专业建设点。

2011年11月,集美大学"全国重点建设职业教育师资培养培训基地"顺利通过教育部评估。2011年,热能与动力工程专业新增为省级特色专业建设点,航海技术教学团队新增为省级教学团队,陈水利、杨贵华2位教授荣获福建省第七届高等学校教学名师奖,《船舶货运》等3门课程新增为省级精品课程,社会体育专业人才培养模式创新实验区入选2011年度福建省本科教育人才培养模式创新实验区建设项目,50个项目获省级大学生创新性实验计划项目立项。2011年学校启动了"培养应用型人才新模式"、"卓越工程师教育培养计划"、"卓越小学教师教育培养计划"和"实施海峡两岸船员培训、考试和发证合作方案"等4个福建省教育改革试点项目,其中"培养应用型人才新模式"改革试点项目被确定为福建省高校创新人才培养改革试点重点项目。学校成立了教育改革试点项目领导小组,先后出台了《集美大学本科专业人才培养方案修订的指导性意见》、《集美大学"卓越工程师教育培养计划"专业培养方案制订的指导性意见》和《集美大学"卓越工程师教育培养计划"工作方案》,进一步明确了应用型人才培养的目标与定位,更加优化人才培养体系。2011年学校新增与美国底特律大学等5所国外高校和机构签署合作协议,新增与香港教育学院等6所港澳台高校或机构签署合作协议。"全国涉海高校教务联盟"12月在青岛成立,学校是20所联盟高校之一,"联盟"将推动涉海高校之间课程对接和学分互认,为涉海高校开展本科生联合培养、交换培养、教学资源共享和教学研究提供支持和帮助。

2013年1月14日,学校召开"第十四届教学工作会议暨博士学位授予单位立项建设验收动员会",苏文金校长作了题为《深化教学改革,以质量提升为核心谋求内涵式发展》的工作报告。报告显示,截至2012年底,集美大学现有本科专业64个,其中经济学5个、法学2个、教育学5个、文学4个、理学9个、工学21个、农学3个、管理学8个、艺术学7个。为适应社会需求并结合办学条件和特色,2012年申报新增"船舶电子电气工程"和"学前教育"2个专业。投资学专业新增为学士学位授权专业。11个专业入选为福建省本科高校"专业综合改革试点"项目,其中3个专业被推荐为国家级"专业综合改革试点"项目。"专业综合改革试点"项目从教学团队、课程与教学资源、教学方式方法、实践教学环节、教学管理等五个方面进行建设与改革。学校推进人才培养模式改革,修订了本科专业人才培养方案和课程教学大纲。以培养"知识、能力、素质"三位一体的应用型人才为主线,构建了"突出应用、强调能力、推行开放、推进创新、注重个性、重视复合"的人才培养体系。突出人才培养适应经济社会发展需要的导向,突出实践育人环节,突出应用型人才培养特色和培育学生"诚毅"品格的特质,更加适应高等教育新的形势和要求。"应用型人才培养新模式"在全校各专业中实施;"卓越工程师教育培养计划"在10个专业及方向进行试点,2011级有1000多名学生参加试点班的学习;"卓越教师教育培养计划"在3个专业中设立基地班,2011级有

140 名学生参加学习。启动"卓越农林人才教育培养计划"及"卓越法律人才教育培养计划"，将于 2013 年开始实施。为引入优质课程资源和先进管理理念，创新人才培养模式和提升创业指导水平，学校与台湾中原大学合作共同实施"校校企"闽台高校联合培养人才项目，2012 年开始招收机械设计制造及其自动化、光信息科学与技术、通信工程、艺术设计等 4 个专业 200 名学生。此外，2012 年开展第六批教育教学改革立项，共立项 248 项，其中重点项目 20 项、一般项目 104 项、学院自筹资助项目 124 项。推进和完善主辅修制度和学生转专业工作。2012 年有 1000 多人修读第二专业，有 75 位同学分别转入交通运输等 19 个专业。

学校大力加强课程改革与建设，推进专业课教学改革。2012 年出台《集美大学关于推进专业课教学改革的实施意见》，倡导启发式、探究式、讨论式、参与式教学，全校共遴选 239 门专业课程制订方案，进行教学内容与教学方法的改革，结合人才培养定位，调整多种教学方法的平衡点、侧重点，逐步实现由知识"灌输"式教学向师生共同探究式教学转变，由教师授业解惑教学向合作式教学转变，由单一的课堂讲授向多样化教学方式转变，由注重理论教学向产学研结合转变，由传统的闭卷考试向多种考核方式转变。大力开展精品课程建设立项及验收工作。启动校级精品资源共享课建设立项工作，《教育排演》课程由福建省推荐教育部作为 2012 年度教师教育国家级精品资源共享课立项建设候选项目。做好"十二五"国家级规划教材推荐工作，鄂大伟教授主编的《多媒体技术基础与应用》(第 3 版)入选第一批"十二五"普通高等教育本科国家级规划教材。

学校大力加强实践教学，2012 年获中央财政支持地方高校发展专项资金 1800 万元、服务海西重点项目资金 1500 万元，学校自筹经费 400 万元，新建和更新了一批实验室或实验设备。加强规划，编制了《集美大学文科实验室建设方案》，重点建设 7 个文科实验室，总建设预算资金 2540 万元，分三年完成。大力加强校内外实践教学基地建设，在交通运输部和地方政府支持下，筹措资金建造教学实习船，该项目总投资预计约 2.4 亿元，船型为钢质全焊接结构，单机，单桨。驾驶台和教学实习区域位于船的尾部，可同时满足 138 位师生在船实习。船舶长 200 米宽 32 米，在满足教学、实习和科研需求的前提下，核定货仓容积约 6.5 万立方米，续航力约 7000 海里。船上设有多功能教室、实习驾驶台、水手工艺操作间、轮机拆装工艺实习操作间等，并配备必要的实习设备。还设置航海技术研究室等科研场所，预留相应科研空间。至 2012 年底，船舶设计招标工作已完成。学校还自筹 100 万元改造 1 艘共建实习船。海上专业实验教学中心国家级实验教学示范中心通过验收。7 个校外实践教育基地入选省级"大学生校外实践教育基地"建设项目，其中"集美大学——中海散货运输有限公司工程实践教育中心"被福建省推荐为国家级"大学生校外实践教育基地"建设项目。学校启动实施"大学生创新创业训练计划"，出台了《集美大学"大学生创新创业训练计划"项目管理办法》，实施 80 项校级大学生创新创业训练计划项目，其中 30 个项目由福建省教育厅推荐，作为国家级大学生创新创业训练计划项目报教育部审核备案，50 个项目入选省级大学生创新创业训练计划项目。

2012年9月,学校船员教育和培训质量管理体系通过交通运输部海事局的中间审核与新增船员培训项目体系附加审核。

2012年,学校面向全国31个省(市、自治区)录取本科新生6486人(面向厦门非师范类专业107人)、少数民族预科生142人;在福建、安徽、河南等省份首次进入本一批录取;成为首次面向香港免试招生的63所内地高校之一;毕业生初次就业率达91.19%,年底就业率达94.71%。学校与美国安德鲁大学、澳大利亚查理斯特大学、西班牙巴塞罗那大学签订合作协议,与日本东京海洋大学签订了学生交流协议。选送20名本科生分别到日本新潟产业大学、长崎大学、札幌学院大学和美国安德鲁大学交流学习,推荐8名毕业生赴德国攻读硕士学位,启动了大学生暑期赴美社会实践项目。暑期派出20位英语教师前往英国ISIS学习中心进修交流;派出赴菲志愿者31人,赴泰志愿者21人。该年度共聘用外专外教66人。与8所台湾高校签署了学术交流协议,选送65名学生分赴台湾澎湖科技大学、建国科技大学、中原大学、中华大学等4所协议高校进行为期一个学期的短期研修;澎湖科技大学选派了14名学生来学校进行一个学期的学习交流;实施"校校企"闽台高校联合培养人才项目。开始执行同香港教育学院的合作协议,选派2名同学到该学院进行为期一个学期的学习交流。

(六)党建思政工作成绩显著

2004年,学校在党风廉政建设、思想政治教育、基层党组织建设、校容校貌、校园文化建设等方面取得明显的实效,被评为2002—2004年全省高校思想政治工作年会先进会员单位、福建省科技拥军先进单位、厦门市文明学校、厦门市双拥工作先进单位,被省教育厅作为福建"平安校园"先进单位并推荐教育部参评全国高校综合治理先进单位。

2005年上半年,学校在全省高校率先开展保持共产党员先进性教育活动。按照上级有关部门统一部署,学校顺利完成各阶段的工作任务,取得了良好的成效。厦门市委第三督导组对集大先进性教育活动所取得的成效给予了充分肯定。

2002年3月至2005年3月,学校开展创"福建省党的建设和思想政治工作先进高等学校"活动,2005年3月以优异的成绩顺利通过由省委组织部、省委宣传部、省委教育工委联合组成的省评估组的评估,随后学校被省委授予"2002—2004福建省党的建设与思想政治工作先进高等学校"荣誉称号。

2002年起,学校在被评为福建省模范"职工之家"的基础上,积极开展争创全国模范"职工之家"活动。2005年3月,集大以高分顺利通过创建"全国模范职工之家"验收组的考核、验收。2005年5月,中华全国总工会授予集大工会"全国模范职工之家"称号。

2006年3月,学校出台四项政策引导和鼓励毕业生面向基层就业。自2006年起,凡到西部地区和艰苦边远地区就业、参加"大学生志愿服务西部计划"、参加"大学生志愿服务欠发达地区计划"和自主创业的应届毕业生除享有现行优惠政策外还可享受学校新推出的奖励政策。符合条件的毕业生除可享受1000~4000元的奖金外,

服务期满后考取集美大学硕士研究生的经济困难学生,可优先申请困难补助和助学贷款。

2006年9月,食品安全年会在北京人民大会堂隆重召开,集大后勤集团被授予"全国食品安全示范单位"荣誉称号。11月,后勤集团荣获"全国高校伙食工作先进集体"荣誉称号。12月,省委省政府表彰新一届全省精神文明建设先进集体和先进个人,集大荣获"全省精神文明建设先进集体"称号。

2007年1月,集大被省纪委、省人事厅、省监察厅授予"全省纪检监察系统先进集体"荣誉称号。3月,集大保密委被中共福建省委保密委、省国家保密局授予"福建省2003—2006年度保密工作先进集体"荣誉称号。3月,中共福建省委教育工作委员会、福建省教育厅联合下文,委托集美大学建立全省高校辅导员培训基地,具体负责辅导员形势与政策教育教学能力培训。5月,集大被授予"2004—2006年度福建省大中专毕业生就业工作先进集体"荣誉称号。7月,集大组织编写的《陈嘉庚精神读本》由厦门大学出版社正式出版发行。该书详细介绍了陈嘉庚光辉的一生,阐释了陈嘉庚精神的深刻内涵。9月,学校正式开设《陈嘉庚精神》课。

2008年5月,举世震惊的四川汶川大地震发生后,集大师生员工踊跃捐款支援地震灾区,全校捐款总计达420多万元。

2009年1月,第十届省级文明学校实地考评组对学校进行考评。8月,学校被中共福建省委、福建省人民政府授予"第十届省级文明学校"光荣称号,至此,集大已经连续两届获得省级文明学校称号。3月至8月,学校以"坚持科学发展、强化内涵建设、创新体制机制、服务海西先行"为活动主题,以"建设海峡名校"为实践载体,开展深入学习实践科学发展观活动。全校18个学院党委、10个直属党总支、374个党支部、7455名党员投入学习实践活动中去。活动期间,学校共制定了六个方面58项整改落实项目,并于年底前落实了所有整改项目。5月,理学院院长陈水利教授获省"五一"劳动奖章、水产学院王志勇教授获市"五一"劳动奖章荣誉称号。2010年6月11日,学校召开创先争优活动动员部署大会,对在全校党的基层组织和广大党员中深入开展创先争优活动进行动员部署。6月18日,学校荣获"福建省大学生心理健康教育工作先进单位"称号。

2011年1月9日,周宇博教授入选第二届(2010)厦门市年度十大影响力人物。3月22日,学校召开"十二五"发展规划说明会,全体校领导,全校中层以上干部,双代会代表,各民主党派、团体负责人和离休干部党总支、退休教职工党委正副书记参加了说明会。会上,校党委书记辜芳昭作题为《集美大学"十二五"发展规划重大问题和总体战略》的主题发言。4月27日,学校召开三届三次教职工暨工会会员代表大会,审议通过学校的"十二五"发展规划。6月30日下午,学校隆重举行中国共产党成立90周年庆祝大会。9月底,学校荣获"福建省学生资助工作先进单位"。

(七)学生各类竞赛成绩突出

2003年以来,集大学生参加各级各类科技、文体类竞赛,取得优异的成绩。

2003 年在"高教社杯"全国大学生数学建模竞赛中获一、二等奖；在第六届全国大学生电子设计竞赛中，获全国比赛二等奖 1 个，福建省赛区比赛一等奖 1 个；在第八届"挑战杯"全国大学生课外学术科技作品竞赛中，首次选送的三件作品全部入选并分获二、三等奖；在省第十二届大学生运动会上，获丙级田径项目团体总分第一名，包揽游泳项目全部金牌，男女篮球队均获冠军，武术项目获 14 金 1 银。

2004 在厦门国际马拉松大赛中 1 人获 5 公里第一名，1 人获市民组全程第一名；在第三届"挑战杯"福建省大学生创业计划竞赛中获 1 金 3 银；在第七届全国大运会上，获 3 金 2 银 3 铜；在全国大学生数学建模比赛中，1 个队获全国本科组二等奖，3 个队获福建省一等奖；在第四届"挑战杯"全国大学生创业计划竞赛决赛中，获 1 金 1 银 1 铜；在飞利浦中国大学生足球联赛福建赛区比赛中荣获冠军。

2005 年在由交通部和教育部联合主办的全国航海类院校纪念郑和下西洋 600 周年系列教育活动中，集大学生获得最能体现航海技能的 4000 米荡桨比赛金牌。在第九届"挑战杯"飞利浦全国大学生课外学术科技作品竞赛中，集大选送的两件作品均获三等奖。在全国全省数学建模竞赛、电子设计大赛、大学生英语竞赛等多种赛事中，集大学生也取得了优异的成绩，其中，数学建模比赛获全国二等奖 1 项，省一等奖 5 项；电子设计大赛获全国二等奖 2 项，省一等奖 1 项；大学生英语竞赛获全国特等奖 3 项，全国一等奖 3 项，全国二等奖 17 项。同时，集大学生科技创业者协会被团中央授予"全国优秀学生社团"荣誉称号。

2006 年 5 月，集大陈秋斌同学在第四届世界帆船女子 470 级十五轮比赛中，荣获冠军，这是中国选手在世界帆船运动会中获得的首枚金牌；集大辩论队在福建省第七届大学生辩论赛暨第五届海峡两岸大学生辩论赛福建选拔赛中获亚军。6 月，在福建省大学生机械创新设计大赛中，集大学生获一金二铜的好成绩。7 月，第四届世界合唱比赛在厦门举行，集大学生合唱团在青年混声组比赛中夺得金奖银牌。8 月，集大在福建省大学生运动会田径项目中获体育专业组团体总分、金牌总数和破纪录总数 3 项第一。9 月，集大代表队在 2006 年"厦门国贸杯"海峡两岸高校赛艇挑战赛中勇夺冠军。10 月，集大代表队在 2006 中国机器人大赛暨首届 RoboCup 中国公开赛中，获一个二等奖和一个三等奖。10 月，在第五届"挑战杯"飞利浦中国大学生创业计划竞赛中获得一银二铜的好成绩，并荣获高校优秀组织奖。11 月，集大学生在"CCTV 杯"全国大学生英语演讲大赛半决赛中全部获得一等奖；在第二届中国人日语作文比赛中获一等奖。

2007 年 11 月，集大林凡同学在"好运北京"第九届世界武术锦标赛中获得女子南拳冠军。至此，集大已有 7 位世界冠军。11 月，集大代表队在"第三届全国大学生机械创新设计大赛慧鱼竞赛（2007）"中荣获大赛一等奖。11 月，集大在第十届"挑战杯"全国大学生课外学术科技作品竞赛中获 3 个三等奖，总成绩列福建省高校前茅，并被授予"全国高校优秀组织奖"。

2008 年 2 月，在第二届全国艺术新秀选拔活动青年组舞蹈项目决赛中，集大学生舞蹈队表演的三人舞《花茉莉》荣获金奖。5 月，在 2008 联发房产"嘉庚杯""敬贤杯"

海峡两岸龙舟赛上,集大男女代表队分别获高校组第一名的好成绩。6月,在第五届"挑战杯"福建省大学生创业计划大赛中,集大获2金、6银、7铜的好成绩,名列全省前茅。6月,集大在第四届全国大学生跆拳道锦标赛暨第二十五届世界大学生运动会选拔赛上,获4金、3银、3铜的好成绩。6月,在"路达杯"第二届福建省大学生机械创新设计大赛中,集大获1个一等奖、3个二等奖、10个三等奖。8月,在北京奥运会期间特色比赛——2008北京武术比赛中,集大林凡同学获女子南拳、南刀两项合一项目金牌。8月,在第三届海峡两岸高校赛艇挑战赛暨北大—清华赛艇邀请赛上,集大荣获冠军。11月,第六届"挑战杯"中国大学生创业计划竞赛中,集大2件作品获银奖、1件作品获铜奖。12月,集大JMU机器人足球队在2008中国机器人大赛暨Robocup中国公开赛上,分别获得仿真2D组和仿真3D组的二等奖和三等奖。

2009年3月,集大学生科技创业者协会网站荣获全国"十佳学生创意类网站",成为福建省属高校唯一获得"第三届全国高校百佳网站"殊荣的网站。在第十一届"挑战杯"中国大学生课外学术科技作品竞赛中,集大学生4件作品获得铜奖。在第九届"挑战杯"福建省大学生课外学术科技作品竞赛上,不仅获得了集大参赛以来的首次特等奖,而且还获得一等奖2个、二等奖2个,三等奖3个,总成绩名列全省高校前茅,并荣获"优秀组织奖"。此外,在全国三维数字化创新设计大赛、大学生数学建模竞赛、大学生英语竞赛的获奖名单中,集大都榜上有名。在第六届香港国际青少年艺术盛典总决赛中,集大学生张亚飞获得西乐类钢琴项目特等金奖,是第一位在该项决赛中拿到特等金奖的福建赛区选手。学校的青年志愿者工作也获得了多项荣誉:4位学生获"福建省服务北京奥运会、残奥会优秀青年志愿者"称号,3位学生获"第十二届投洽会优秀会务志愿者"称号。

2011年10月20日,第十二届"挑战杯"中国移动全国大学生课外学术科技作品竞赛终审决赛在大连降下帷幕。集大组织参赛的5件作品全部获奖,其中二等奖作品1项、三等奖作品3项、"西安世园会"项目三等奖作品1项。海上专业学生参加"2011中国海员技能大比武",获高校组团体总分第二名。在全国大学生英语竞赛中,2位同学获全国一等奖,5位同学获全国二等奖,10位同学获全国三等奖;叶建辉同学在全国英语演讲比赛中闯入全国十强。11月初,工商管理专业1113班陈鸿杰在第八届全国残疾人运动会上,以1.98米的跳高成绩,打破了福建跳高名将吴燕聪保持多年的1.97米的全国纪录和亚洲纪录。组团参加福建省第14届大学生运动会,获普通本科高校组第二名、体育专业组第一名;参加第二届亚洲大学生跆拳道锦标赛,获2枚银牌。

2012年9月,在伦敦残奥会上,魏燕鹏同学夺得男子100米蝶泳S8级银牌和男子4×100米混合泳接力项目金牌,陈鸿杰同学获得男子跳高F46级项目铜牌。在第九届全国大学生运动会上集大获得三金一银一铜的好成绩。11月,在第八届"挑战杯"复星中国大学生创业计划竞赛终审决赛中,集美大学选送的2件作品荣获一银一铜的好成绩,并首次荣获"评委推荐特色奖",并被授予"高校优秀组织奖",总成绩继续位于省属高校前列。

（八）领导的关怀和省部、省市共建

1. 领导的关怀

2004年10月16日，在社会各界隆重纪念陈嘉庚先生诞辰130周年之际，集美大学陈嘉庚先生铜像落成。来厦视察的中共中央政治局常委、全国政协主席贾庆林，福建省委代书记、省长卢展工一行莅临集大，为铜像落成揭幕。陈嘉庚先生铜像树立在集美大学校部中心广场，铜像高2.5米，基座宽1.5米。揭幕仪式后，贾庆林一行参观了嘉庚图书馆和艺术教育学院。期间，贾庆林询问了学校领导学校目前的发展状况，并和正在图书馆自习的大学生亲切交谈。在艺术教育学院音乐厅里，贾庆林一行听取了辜建德校长所作的工作汇报，观看了反映集大近年改革发展的电视片《让金字校牌更加闪亮》，欣赏了艺术学院两位同学的汇报表演，并和学校领导合影留念。离开学校时，贾庆林叮嘱校领导"一定要把集美大学办好，好好努力，更有作为"。贾庆林十分重视、关心和支持集大的发展，在主持福建省委工作期间，亲自担任集大筹建委员会主任委员、集大校董会第一任名誉主席，多次莅临学校检查指导工作，此次又亲临学校参加陈嘉庚先生铜像揭幕仪式，极大地鼓舞了全校师生。

贾庆林、卢展工为集美大学陈嘉庚先生铜像揭幕（2004年10月16日）

2005年7月15日，国务委员陈至立到集大考察。文化部部长孙家正，国务院副秘书长陈进玉，教育部副部长袁贵仁，科技部副部长刘燕华，以及省市有关领导陪同考察。考察中，陈至立对集大近几年取得的成绩给予了高度评价，她说："集美大学实现实质性合并后，在短短几年里，各项办学工作上了一个新台阶，校园面貌发生了巨大的变化，所取得的成绩充分说明，集美大学的合并工作非常成功，也成为中国教育改革的

一面旗帜。这些成绩的取得，是各级党委、政府和广大教育工作者创造性工作的结果。这种创新和创造性的工作，让更多的莘莘学子有机会进入高校学习深造，对此，我们应当珍惜这种创造而不是否定这种创造。"她指出："集美大学要发扬陈嘉庚先生创办集美学校的光荣传统，发挥优势，坚持特色，为社会培养更多应用型人才。'诚毅'两字是著名爱国侨领陈嘉庚先生一生品性和办学理念的写照，如今，嘉庚先生亲手创造的嘉庚建筑风格不仅在集大得以延续，而且这种办学育人的理念也得到发扬和光大。"就学校今后的发展，陈至立希望集美大学继承和发扬陈嘉庚先生创办集美学校的光荣传统，发挥优势，坚持特色，为社会培养更多应用型人才。

2007年8月7日，教育部部长周济在省委常委、省委教育工委书记陈桦，副省长汪毅夫，厦门市市长刘赐贵及教育部、省市相关部门领导的陪同下视察集美大学。周济部长一行参观了学校360度视景船舶操纵模拟器，听取了辜建德校长的工作汇报。听完辜建德校长汇报后，周济部长说："我这次一到福建省，省委领导就建议我要到集美大学来看看，说明福建省委、省政府是很关注集美大学的发展，集美大学这几年发展得很好。"

2011年10月20日下午，中共中央政治局委员、国务委员刘延东一行莅临集美大学视察。在学校陈延奎图书馆，刘延东与校领导班子和师生亲切交谈。刘延东充分肯定了集美大学在提高教学质量、服务经济社会发展等方面所取得的成绩，希望学校要继续深入学习胡锦涛总书记"七一"重要讲话和在庆祝清华大学建校100周年大会上的重要讲话精神，贯彻落实全国教育工作会议精神和《教育规划纲要》，把提高教育质量作为学校核心工作，突出办学特色，走内涵式发展道路。和刘延东一起来校考察的领导有：中科院院长白春礼，教育部副部长鲁昕，科技部副部长王志刚，文化部副部长赵少华，中科院副院长詹文龙等。福建省委书记孙春兰、省长苏树林和张昌平、于伟国、陈桦、刘可清等省市领导陪同考察。在图书馆二楼，刘延东听取了校党委书记辜芳昭对学校办学历史、实质性合并12年来取得的成绩、学校发展思路和正在开展的重点工作等方面的汇报。来到图书馆三楼阅览厅，刘延东与正在学习的同学们亲切交谈，询问他们的学习和生活情况。最后，她对全校师生提出了殷切希望。她说，中国特色社会主义建设关键在人才，基础在教育，我们的老师要忠诚于党的教育事业，要做好人才培养工作。同学们要好好学习，掌握本领，将来用智慧、青春和力量为我们国家的发展、为中国从大国向现代化强国迈进、为中华民族的伟大复兴做出应有的贡献，也为世界、为人类文明的进步事业做出更大的贡献。她请校领导转达对全校3万多名师生员工的问候。现场的师生对刘延东的重要讲话报以热烈的掌声。辜芳昭代表学校表示，我们一定不辜负刘延东国务委员和各级领导的期望，努力工作，把学校办得更好！

2011年10月28日上午，苏树林省长出席集美大学第四届校董会第二次常务校董会议，并发表讲话。会前听取了苏文金校长对学校办学历史、实质性合并以来的主要办学成绩和今后的主要发展思路的介绍，并会见了海外校董。

2012年12月1日上午，苏树林省长出席集美大学第五届校董会第一次全体会议并发表了重要讲话。他代表中共福建省委、代表福建省人民政府向来自海内外的校董

刘延东(时任中共中央政治局委员、国务委员)视察集美大学(2011年10月20日)

和来宾表示诚挚问候和衷心感谢,充分肯定了学校各项事业取得的新进步,特别在学科建设、科技创新、空间扩展、协同共建等方面实现了新突破。他强调,集美大学今后的发展要着重做好以下五个方面的工作:一要进一步弘扬嘉庚精神,二要进一步凸显行业特色,三要进一步提升创新能力,四要进一步激发办学活力,五要进一步发挥好校董的作用。

2. 福建省人民政府与交通部共建集美大学

2007年10月15日,福建省人民政府、中华人民共和国交通部签署《关于共建集美大学的意见》(闽政[2007]31号),全文如下:

为了充分发挥集美大学水运交通主干专业学科的特色和优势,继续弘扬嘉庚精神,促进集美大学的建设与发展,为福建省和全国培养航运高级应用型人才,根据《国务院关于进一步调整国务院部门(单位)所属学校管理体制和布局结构的决定》(国发[1999]26号)精神,结合福建省和集美大学的实际,经福建省人民政府和交通部协商,就共建集美大学的有关事宜提出如下意见:

一、为适应我国水运交通事业发展和海峡西岸经济区的建设,福建省和交通部通过共建方式,促进集美大学进一步提高航海教育质量和办学水平,使集美大学水运交通学科、专业成为国内外具有较高知名度的学科专业,将集美大学建设成为我国高素质船员教育与培训的重要基地。

二、福建省将集美大学作为重点建设的高等学校,积极支持集美大学的建设与发展,根据福建省财政的实际情况,按照省属高校经费投入的正常比例,逐年增加对学校教育事业费和日常经费的投入。交通部继续在学科专业建设、教育改革、师资培养、对

外交流、信息沟通、实践教学、招生就业等方面对学校给予指导和支持。

三、福建省和交通部将统筹规划并通过多种方式支持学校水运交通学科及相关实验室的建设，保持该学科的优势。支持学校创建福建省重点学科和重点实验室，并达到全国先进水平。

四、福建省和交通部共同支持学校航海类专业的建设，鼓励学校在办好现有专业的同时，积极发展社会急需的交通特色专业，并加大对其政策引导和支持力度。福建省支持集美大学在为交通水运事业培养专门人才的同时，更好地为海峡西岸经济区的建设服务。

五、福建省将进一步创造条件，推进和支持学校深化改革，建立自主办学与自我约束相结合的运行机制。交通部继续指导学校水运交通学科学术带头人的培养工作，支持学校承担交通科研课题和科研成果转化、推广工作，继续支持集美大学做好全国交通系统职工的培训工作。

六、其他合作和共建内容由福建省和交通部根据需要协商确定，并建立日常协商机制。福建省教育厅和交通部科技教育司为具体联系单位（部门）。

3. 福建省人民政府与厦门市人民政府共建集美大学

2012年8月22日下午，福建省人民政府、厦门市人民政府签署共建集美大学协议，省委常委、厦门市委书记于伟国，省委常委、副省长陈桦出席仪式，省发展和改革委、省财政厅、省教育厅及厦门市政府办、市发展和改革委、市教育工委、市财政局领导，全体校领导参加协议签署仪式。仪式由省教育厅副厅长刘平主持。福建省人民政府副秘书长李强、厦门市副市长黄强分别代表省政府和市政府签署了省市共建集美大学协议。

省市共建集美大学协议包括原则意见和具体措施，其中在原则意见中明确：集美大学是福建省重点建设的省属高校，实行省市共建共管的管理体制。具体措施则包括省政府对集美大学的支持，省市共同帮助集美大学化解银行贷款债务，厦门市对集美大学的支持。协议还提出集美大学要更好为厦门市发展服务的要求。协议内容如下：

为了进一步凝聚更大的力量，促进集美大学可持续发展，把集美大学办成有特色、高水平的大学，更好地为福建省、厦门市和海西发展做更大贡献，福建省人民政府、厦门市人民政府就进一步完善省市共建共管集美大学办学体制达成如下协议：

一、省市共建共管的原则意见

集美大学是福建省重点建设的省属高校，实行省市共建共管的管理体制。保留集美大学校董会现行组织架构和部、省、市政府领导在校董会兼职的基本格局，增加厦门市发展改革委、财政局为校董会成员。集美大学的发展规划、学科设置和重大建设项目等重大事项，应首先征求厦门市人民政府意见，学校的基建规划和建设项目由厦门市人民政府审批。福建省人民政府继续与交通运输部共建集美大学，继续推动与农业部、国家海洋局等共建集美大学。

二、省市共建共管的具体措施

（一）省政府对集美大学的支持

省级财政按 2012 年年初预算基数，继续安排集美大学办学经费，即教育事业费 15897 万元，离退休经费 5444 万元，医疗经费 856 万元。继续安排事业专项经费，其中共建经费 400 万元，学校奖助学金仍按省属高校的做法予以安排，学科建设、研究生创新基地等专项按有关规定申报评审后予以安排，重点高校建设专项经费仍按省属学校予以安排，并全力协助争取中央财政支持地方高校发展专项资金；原每年 2000 万元新校区建设专项经费延续安排至 2017 年，用于支持集美大学建设。

（二）省市共同帮助集美大学化解银行贷款债务

集美大学 2010 年 6 月底锁定银行贷款债务 10.38 亿元，2011 年，在省级财政帮助下，已化解债务 2.35 亿元，学校 2011 年底的银行贷款余额为 8.03 亿元。厦门市与集美大学用 5 年时间，积极化解银行贷款债务。为了减轻学校银行利息负担和争取中央奖补资金，厦门市 2012 年通过调度资金方式先予安排偿债资金 3.21 亿元，省级财政积极向中央争取奖补资金并如数奖给集美大学。中央、省、市三级力争今年（2012 年）底明年（2013 年）初共同筹集 6 亿元支持集美大学化解债务，其中由省级财政提前安排新校区建设专项经费 0.71 亿元。

（三）厦门市对集美大学的支持

厦门市人民政府帮助集美大学改善教职工待遇，集美大学教职员工（含离退休）的工资福利参照厦门市属本科高校标准执行，具体由厦门市与集美大学共同协商实施。增加集美大学的正常办学经费，集美大学相关办学经费按厦门市属高校标准拨补，2013 年预算，达到生均拨款 1.2 万元，所需增支由厦门市承担。支持集美大学加强内涵建设；支持集美大学建成博士学位授权单位；发挥集美大学特色学科专业优势，在建设教学科研平台及安排科研项目等方面给予倾斜支持；专项支持学校加强人才队伍建设。

三、集美大学要更好为厦门市发展服务

集美大学按尽可能优惠厦门的招生原则招生，为厦门市人才培养做更大的贡献。根据厦门市经济社会发展的需要，在厦门市的统筹指导下，提升、改造集美大学现有科研平台。围绕厦门市经济发展方式转变和产业结构调整，整合集美大学优势学科专业资源，组建新专业和研发平台，培养紧缺急需人才。开展科技创新，转化科研成果。

二、诚毅学院的创办及其发展

2002 年 11 月 21 日，省教育厅同意筹建集美大学诚毅学院（闽教发［2002］188 号），12 月 30 日，集美大学诚毅学院筹备领导小组成立。

2003 年 3 月 15 日，签订集美大学诚毅学院合作办学协议，明确学院是集美大学创办并直接管理的独立学院，由集美大学教育发展基金诚毅基金募资兴办。3 月 26 日，集美大学诚毅学院项目前期立项获得批复。4 月 12 日，福建省人民政府批复同意设立集美大学诚毅学院（闽政文［2003］159 号）。6 月 20 日，集美大学诚毅学院正式成

立。诚毅学院作为民办二级学院实行董事会领导下的院长负责制，具有独立法人资格，实行相对独立管理。首批开设 8 个专业，招生 1000 人。8 月，诚毅学院正式向全国招生。8 月 30 日，2003 级普通本科新生报到，8 个专业共计 1160 名学生入学，居当年全省独立学院招生数之首。10 月 8 日至 10 日，学院接受省教育厅专家组检查评审，专家组认为集美大学诚毅学院具备独立学院初办的必要办学条件，建议报教育部予以审批确认。10 月 20 日召开首届董事会第一次会议，会议推举张向中担任董事长，集美大学校董会副主席李尚大担任监事长，王景祺、邱季端、曾琦任副董事长，黄晞、陈亚包任副监事长，辜建德担任诚毅学院院长。当日，学院举行揭牌仪式，张向中、李尚大为院牌揭幕。12 月 22 日，成立中共集美大学诚毅学院首届总支部委员会，郑力强任书记、朱晨光任副书记。

2003 年 10 月 20 日，李尚大、张向中为集美大学诚毅学院揭牌

2004 年 2 月 5 日，厦门市人民政府批准学院新校区建设用地（厦府〔2004〕地 37 号），一期用地总面积 353 亩。4 月 15 日，教育部确认集美大学诚毅学院为独立学院，办学资格获教育部的审批。5 月 17 日，诚毅学院新校区隆重奠基。新校区建设计划 2005 年上半年完成土建和配套工程，并进行室内设施配置，秋季学生全部入住。9 月 21 日，诚毅学院举行迎新大会，万元重奖优秀新生，旨在调动学生学习积极性，培养良好学风，勉励学生充分利用学院资源，加强自主学习能力，并以"诚毅"校训教导学生为人处世要忠诚、刚毅。学院在迎新工作中，实行"服务、管理、协调"三管齐下，营造出热情周到、规范有序、安全高效的氛围，充分展示了诚毅学院的崭新形象。10 月，诚毅学院首开《陈嘉庚与陈嘉庚精神》课程，作为面向大一新生开设的必修课，旨在引导和帮助学生自觉学习、继承和弘扬陈嘉庚精神，树立正确的世界观、人生观、价值观，培养爱国主义和无私奉献精神。10 月 20 日，学院董事会会议同意新校区建设总投资 6.3 亿元人民币。其中：集美大学教育发展基金会投入 8000 万元，以社会化 BOT 形式筹资 1 亿元用于学生公寓建设，学院向银行贷款 4.5 亿元。

2005 年 1 月 13 日至 14 日，教育部独立学院专家组来学院开展办学条件和教学工作专项检查。专家组听取了学院领导的工作汇报，检查了学院的办学条件和教学管理的文件资料，视察了学院新校区建设工地，视察了水上站校区、科学馆校区、航海校区、财经校区等诚毅学院临时校区，并到教务部检查相关资料、与教务部工作人员进行

访谈。1月20日，诚毅学院举行首届董事会第二次会议，进一步明确了学院发展目标，提出要把学院办成具有鲜明办学特色、较高教学水平、优良办学条件、良好社会声誉的多科性新型高校。3月15日，学院全面推广《陈嘉庚与陈嘉庚精神》课程，这是在新生中开设此课程取得初步成效后，进一步在全院学生中推广。6月，《陈嘉庚与陈嘉庚精神》课程教材编印发行。7月，学院引进厦门大学和集美大学后勤集团饮食中心分别经营学院食堂，引入竞争机制，改变了传统大学食堂独家经营模式。引进包括邮政、中国移动、中国联通、中国电信、厦门大学商业中心等在内的20几个商家进驻学生活动中心为学生服务。8月，引进珠海丹田物业管理有限公司负责学院楼宇管理、安全保卫、清洁、绿化、维修，图书馆值守、上架，教学楼多媒体、体育器材管理、影剧院及体育场场馆管理等，实现了后勤社会化。

9月12日，中共集美大学诚毅学院委员会成立，郑力强任党委书记，朱晨光、连志崧任党委副书记。学院七个教学系同时成立7个直属党支部。9月25日，新校区启用，《厦门日报》以《一期工程正式投用——集大诚毅学院新颜迎新生》报道2005级新生报到场面。《福建日报》（10月19日、10月26日、11月2日）分别以《嘉庚故里起鸿图——写在集美大学诚毅学院新校区建成启用之际》为题发表长篇通讯报道学院新校区建设，以《为有源头活水来——集美大学诚毅学院创新办学机制展现蓬勃活力》为题发表长篇通讯报道学院办学改革发展成果，以《百年树人今日事——集美大学诚毅学院培养应用型高级专门人才受欢迎》为题发表长篇通讯报道学院教学成果。10月20日，学院董事会首届三次会议原则通过《集美大学诚毅学院"十一五"规划和2020年远景目标》，增补杨国豪、关瑞章担任董事，同意学院新校区建设总投资增至6.9亿元人民币，并同意追加贷款人民币5000万元。2005年，学院校园一卡系统推新使用三层架构模式有效保证数据安全，同时与集美大学建立通用消费系统，实现"一卡在手，走遍大校园"。学生宿舍使用校园一卡通智能购电系统、洗衣机系统、门禁系统、考勤系统、图书馆借书，实现数字化校园的管理模式。

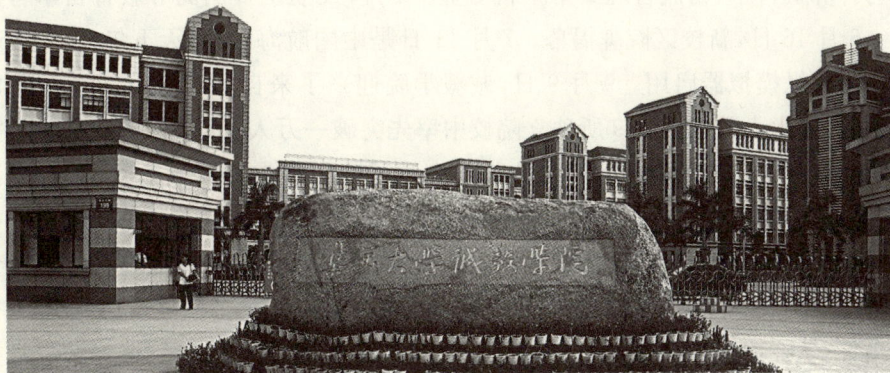

2005年9月25日，诚毅学院新校区启用

诚毅学院与集美大学新校区全景

2006年2月20日，诚毅学院建成国内首家采用RFID智能馆藏管理系统的图书馆并正式对外开放，从根本上提升了图书馆自动化程度。3月8日，诚毅学院获准举办专升本教育，计划招生约500名，这是福建省第一次在独立学院试点举办专升本教育。3月30日，教育部专家组来学院检查《普通高等学校学生管理规定》贯彻执行情况。专家组检查后对诚毅学院做出"以人为本，教育先行；细微之处，体现爱心"的评价。4月15日教育部专家组进校检查中外合作办学项目。专家组对集美大学在与美国库克大学建立合作办学项目三年多的实践过程中能不断总结经验并取得了可喜的成绩表示祝贺。并对集美大学诚毅学院一流的教学设施及办学环境给予充分的肯定，对集美大学举办中外合办学项目引进优质的教育资源、强化英语教学、开设特色课程深表赞同。6月14日，《光明日报》以《大潮托起一颗星——集美大学诚毅学院快速发展探析》为题发表长篇通讯报道学院发展成果。6月17日，学院举办首届"校园开放日"活动，接受学生家长及社会各界的参观与咨询。7月16日，国务委员陈至立一行视察了学院教学楼，参观了学生食堂、公寓和图书馆，并与师生们亲切合影留念。11月，诚毅学院加快教学基本设施建设步伐，基础实验室和专业基础实验室渐成规模，为实践教学的开展构筑了优质的平台。专业实验室则依托校本部，实行资源双向共享。

2007年1月，院长办公会议审议通过了《集美大学诚毅学院学生申诉处理暂行办法》，并成立了诚毅学院学生申诉处理委员会，受理学生的申诉。3月21日，学院新增信息与计算机科学、物流管理2个本科专业。4月，设立全日制高等教育自学考试专修班。6月16日，新校区院牌揭幕。7月11日是中国航海日，当天下午，学院360度视景船舶操纵模拟器启用。9月9日，诚毅学院迎来了来自23省（市、区）的近3000名新生，在校生人数在全省9所独立院校中率先突破一万人。10月，省委教育工委任命集美大学党委副书记叶美萍同志为集美大学诚毅学院党委书记。12月29日，"景祺楼"揭牌，印尼BSG集团主席、集美大学常务校董、诚毅学院副董事长王景祺和福建省人民政府侨务办公室主任曾晓民为"景祺楼"揭牌。福建省人民政府决定对王景祺先生予以立碑表彰并授予"福建省捐赠公益事业突出贡献奖"金质奖章、奖匾和荣誉证书。当日，学院董事会首届五次会议同意增补集美大学党委副书记、诚毅学院党委书记叶美萍为诚毅学院董事。

2008年3月3日，诚毅学院全面启动"独立学院教育工作资格评估"工作。10月21日，学院召开董事会二届一次会议，通过集美大学诚毅学院章程和董事会章程（修

订稿);通过第二届董事会、监事会组成人员。12月,学院撰写报送的《大力建设校园文化 营造和谐育人氛围》获"2008年全国高校校园文化建设优秀成果"评选三等奖,是唯一获奖的独立学院。

2009年1月,学院获"实施国家学生体质健康标准"省级先进单位称号和"2008全国校园文化先进单位"。2月23日,获准增设数学与数学应用、现代教育技术、动植物检验检疫3个专业。6月,学院团委被团中央确定为共青团基层组织建设和基层工作试点单位,开展为期一年的试点工作。这是福建省独立学院中唯一被确定为试点单位的团组织。6月2日,学院接受福建省大中专毕业生就业工作检查评估,获得"优秀"等级。6月12日,《福建日报》头版头条以《在美妙的音乐殿堂中徜徉》报道原中共中央政治局常委、国务院副总理李岚清在集美大学诚毅学院影剧院举办"中国近现代音乐专题讲座暨音乐会"的盛况。

10月21日,集美大学诚毅学院董事会召开二届二次会议,聘任苏文金担任诚毅学院院长,增补李川羽为董事、监事长,增补辜建德为副董事长,增补苏文金为董事、秘书长。当日,镌刻着80条陈嘉庚先生重要言论和珍贵语录的碑廊在诚毅学院300米长廊揭幕,正式与师生见面。11月21日,李尚大先生铜像落成,吴灿英、李川羽、李龙羽、张向中、苏文金、辜建德共同为李尚大铜像揭幕。11月28日至12月13日,由中国文联、中国戏剧家协会、厦门市政府主办的第十一届中国戏剧节在厦门市举行,京剧《浮生六记》、山东梆子《运河老店》、闽剧《别妻书》等4台好戏相继在诚毅学院影剧院登台演出,为厦门市民及学校师生献上一场历时半个月的艺术嘉年华。

2010年3月,经教育部批准,诚毅学院新增舞蹈学、车辆工程、机械电子工程3个本科专业,至此学院已有本科专业31个。4月8日,福建省2010年"质量工程"项目评审结果公布(闽教高〔2010〕34号、35号、36号),学院工商管理、软件工程专业获批为特色专业建设点,电子商务教学团队为省级教学团队,数字电路与逻辑设计、ERP原理与应用、体育教学法、外国文学为省级精品课程。8月10日,福建省第六届高等学校教学名师奖名单公布(闽教高〔2010〕96号),杨孔庆教授获评为省级教学名师。9月6日,郭士正被评为2010年福建省优秀教师。11月7日上午,学院举办"陈文确陈六使图书馆"揭牌仪式。省侨办主任曾晓民,厦门市委副书记、政法委书记陈炳发,陈文确陈六使先生后裔,海内外校董嘉宾和学校领导师生500多人一同见证了这一时刻。7日下午,诚毅学院董事会二届三次会议隆重召开,会议推举集美大学党委书记辜芳昭为董事长,推举张向中为名誉董事长。11月22日上午,陈文确陈六使先生铜像和纪念墙在诚毅学院揭幕。新加坡驻厦门总领事馆总领事郑美乐,陈嘉庚先生的亲属、陈文确陈六使先生的亲属后裔等出席仪式。

2011年1月,诚毅学院图书馆正式开通了以手机为媒介的"手机图书馆"服务。该项服务引入移动通讯的先进技术,使读者可以随时随地了解图书馆信息、使用图书馆资源、享受图书馆服务。3月,学院启用指纹识别系统,规定考生进入考场不仅需要扫描本人的校园卡信息,还需要扫描本人的指纹信息,全部吻合之后才能进入考场。4月下旬,学院正式运行网络(电话、短信)报修系统,借助网络平台极大便利了全院师生

的日常生活,受到学院师生的喜爱和热捧。从校园"一卡通"到网络报修系统,借助先进科技大力开发物联网技术,提高了校园管理和服务的现代化、智能化水平。4月9日,2011年福建省教育改革试点项目(闽政办[2011]83号)公布,学院"经济学科实践教学模式"改革试点(试点专业:财政学、金融学、国际经济与贸易)、"创新创业教育"改革试点(试点专业:软件工程、机械工程及自动化、工商管理)、"中外合作管理类本科人才培养模式"改革试点(试点专业:工商管理、国际会计)入选。4月23日,诚毅学院第一次党员代表大会召开,叶美萍当选学院党委书记,郑力强、朱晨光、连志崧为副书记。5月,学院辅导员杨琳获"2011全国高校辅导员年度人物"入围奖。6月2日,郭士正获福建省第七届高等学校教学名师奖。11月26日晚,第三届全国大学生电子商务"三创"(创意、创新及创业)挑战赛举行总决赛,诚毅学院共有三支队伍挺进全国决赛并且全部获奖。其中,诚毅学院的牧之创业团队以"驭行导航"项目夺得全国特等奖中的第一名。11月21日,著名表演艺术家章金莱(六小龄童)应邀在诚毅影剧院举行了一场题为"行万里重温童梦,平坎坷缘定猴王"的讲座,受到学生热捧。12月,学院被团中央学校部确定为"全国100所高校团组织微博体系试点高校"。

2012年1月1日,学院图书馆正式加入教育部中国高等教育文献保障系统(CALIS)。2月16日,《校本文化的发掘与传承——"嘉庚精神"和"诚毅"校训的教育实践探索》获省高校校园文化建设优秀成果优秀奖。2月20日,9名交换生奔赴台湾建国科技大学学习。3月,引进御翔餐饮管理有限公司经营学院三楼美食餐厅,真正引进社会企业为学生提供餐饮服务。4月23日,软件工程、航海技术、电子商务、机械工程及自动化4个专业被确定为省本科高校"专业综合改革试点"项目。5月1日,学院增列为学士学位授予单位,国贸等26个专业增列为学士学位授权专业。6月14日,根据教育部专家组论证,确定诚毅学院为参加2012年国家级大学生创新创业训练计划高校。6月25日,陈莉恒同学获第一届全国小学教育、学前教育专业师范生职业技能大赛获一等奖。8月,学院选派6位教师赴英国研修交流。2012年,学院申报的《发挥品牌优势,构建思想政治教育新模式——"鹭江讲坛"举办纪实》获首届全国民办高校党的建设和思想政治工作优秀成果评选活动优秀奖。

三、华文学院凸显办学特色

华侨大学华文学院以传播中华文化、发展海外华文教育、促进中外文化交流为己任,是国务院侨办首批批准的华文教育基地。2003年被国家汉办确定为支持周边国家对外汉语教学的重点学校;海外华文教育被评为福建省重点学科。2005年、2009年连续两年被国务院侨务办公室评为"全国侨务系统先进单位",2008年学院被全国绿化委员会授予"全国绿化模范单位"称号。近年来,随着世界"汉语热"的蓬勃兴起,华文学院迎来了事业腾飞的黄金时期,学科建设蒸蒸日上,海外华文教育迅猛发展。

华文学院现有华文系、预科部、高职部、培训部和华文教育研究所等教学和科研机

构,形成了多层次多形式的办学体系,有华语与华文教育、汉语言文字学二个硕士研究生专业,对外汉语、华文教育、汉语言三个本科专业,同时开设汉语言、商务英语、秘书学、会计电算化四个专科专业,大学预备教育、短期华文师资培训、海外学生冬(夏)令营。汉语言等相关专业,以招收海外华侨华人及外国人为主,设有本、专科学历教育和初级、中级、高级非学历的汉语进修班,培养全面掌握汉语交际技能,了解中国文化的汉语人才。2008 年 1 月,华文学院与文学院联合申报的"中国语言文学类专业"被国家教育部确认为"高校特色专业建设点"。

学院十分重视师资队伍建设,经过调整、引进和培养,已逐渐发展成为一支职称结构、学历结构、年龄结构合理的高等学校师资队伍。学院现有教职工 125 人,其中教师 61 人,正高职称 10 人,副高职称 23 人、中级职称 27 人;教师中具有博士学位 13 人、硕士学位 25 人,占教师总数的 62.29%。

近 10 年来,学院共承担省部级以上课题 26 余项(国家教育部、国家汉办课题 6 项,省部级课题 20 余项),共发表学术论文 480 多篇,出版专著、合著 20 余部;学院先后主办了"国际华文教育研讨会"、"国际华文教育与华文文学研讨会"、"华侨大学世界华文教育论坛(香港)"等三次国际学术研讨会,并取得显著成效。2010 年,协办第二届海外汉语方言国际学术讨论会、全球化时代华文写作与海西文化传播国际研讨会。

在教学方面,汉语言专业注重因材施教,根据教育教学规律和第二语言教学特点,在汉语知识传播和语言技能的训练中,重视中华文化的引导,培养华裔学生的民族文化意识,加大实践性环节,注重实用性。对外汉语专业的教学突出实践性环节,平时安排学生参加华裔学生汉语夏令营的教学和管理工作,组织高年级学生赴菲律宾和其他国家从事夏令营教学及汉语教学实践,学以致用。

学院的招生地区分布广泛,生源从原来的东南亚各国,扩展到以东南亚华裔学生为主,并有亚洲、欧洲、美洲、大洋洲的外国留学生。学生来自 44 个国家和地区。学生就业情况良好,汉语言专业毕业生中,多名学生在所在国外交部、驻华大使馆及大学任教,成为中华文化的传播者和友谊的使者。

为了缓解华文师资严重缺乏的现状,学院自 2003 年开始实施华文教育奖学金项目,与印尼、泰国、菲律宾、越南、老挝、柬埔寨、蒙古、缅甸等国家的华文教育机构合作,招收有志于从事华文教育的华裔青年来校学习,学生在校学习四年,完成汉语言本科学历教育。

学院在服务华侨华人社会的基础上积极融入主流社会,开展华文教育。学院成功启动了为泰国培训汉语人才项目,迄今已举办七届泰国政府官员中文学习班。2012年,已拓展到印尼、菲律宾等国家。

2002 年以来,学校每年承担"菲律宾华裔青少年学中文夏令营"项目,开设汉语、书法、绘画、剪纸、武术等课程。接受培训的菲华青少年已有 3000 多名。2006 年开始与国务院侨办、菲律宾华教中心、菲律宾侨中学院在菲律宾联合举办"中华文化大乐园夏令营",旨在充分利用暑期长假,以"寓教于乐"的方式为菲律宾华裔子弟提供学习中华语言文化、了解祖籍国的机会,已培训学员 5000 多人次。此项目已发展至泰国各地

区。

2006年5月，学校和泰国农业大学合作成立泰国农业大学孔子学院，学院选派具有多年教学经验的教师赴泰工作。孔子学院立足曼谷积极开展各项汉语培训教学及文化推广活动。2008年5月国家汉语国际推广领导小组办公室批准孔子学院设立汉语水平考试（HSK）考点。

2009年12月，学院与缅甸福星语言与电脑学苑合作开办的孔子课堂正式挂牌。积极开展中华文化体验暨汉语图书教材、HSK考试、BCT考试和丰富多彩的中国元宵喜乐会、美食节文化活动等。

近年来，学院组织教师参加国侨办、国家汉办、省侨办组织的华文教育专家团巡回讲学，赴英国、巴西、菲律宾、泰国讲学，对当地中文教师进行集中培训。2007年4月起，学院与泰国留学中国大学校友总会、泰华通讯记者协会、泰国华侨语言培训中心等单位联合举办"泰国华文教师暑期培训班"，共培训泰国华文教师300多名。

学院还在印尼雅加达、泗水、廖岛三地举办自学考试，为海外培养高学历师资，参加学员约220人。2008年4月起，华文学院与泰国东方文化书院联合举办"泰国中文高等教育自学考试"学习班。同年，华文学院和文学院合作与泰国华侨崇圣大学联合开办中文研究生硕士班。在印尼泗水、雅加达两地开办中文研究生课程班。

学院重视与海外的交流，积极支持海外华文教育。十年来，先后向菲律宾、印尼、泰国、老挝、文莱、韩国、英国、美国、匈牙利、意大利、保加利亚、巴西等国家外派教师200多人次，对推广汉语、传播中华文化起到积极的作用。

2008年12月，华文学院成功承办了国务院侨办"第一届中华文化知识竞赛优胜者冬令营"系列活动。2009年10月，在由国侨办主办的"第一届世界华文教育大会"中，华文学院承办的"首届中华文化知识竞赛总决赛"取得圆满成功。2010年，再次承办国务院侨办"第二届海外华裔青少年中华文化知识竞赛优胜者冬令营"活动。

学院在学生工作方面充分把弘扬中华优秀的文化传统、团结互助的精神、爱国爱乡的情怀，包容并蓄的胸襟和思想品德教育有机地结合起来，积极努力探索为海外华侨华人服务的途径和方法，在学生思想教育、学生活动以及教育管理方面形成了一套自己独有的特色。2005—2006学年度，2002级对外汉语班级被教育部、共青团中央评为"全国先进班集体"。2005年，学院艺术团编排的节目《鼓韵》和舞蹈《凤求凰，三重门》，在参加教育部主办的"全国首届大学生文艺汇演"中，分别荣获一等奖和三等奖的好成绩。2008年，舞蹈《莎蔓》入选第二届全国大学生文艺展演，并荣获一等奖。

十年间，来自44个国家和地区的学生带来了他们特有的文化和思想。在组织学生活动方面，学院坚持以中华传统文化为主线的同时，吸收异域文化的精华，使校园文化呈现多元化，彰显出独特的魅力。在中国传统节日举办的活动有：汉语技能大赛、演讲比赛、大学生辩论赛、十佳歌手大赛、中国武术、剪纸、茶文化等；以了解各国民风民俗的活动有：泼水节、圣诞节、水灯节、东南亚美食节等充满异域风情的活动。

开展社会实践考察活动是增进海内外华裔青少年对祖籍国的了解，培养其对祖籍国的感情最直接、最有效的方法之一。学院以此为主线，利用寒暑假及节假日，先后组

织"中国茶文化""南方剪纸""闽南古民居文化"以及中国寻根系列之北京古都之旅、东北冰雪之旅、中国巴蜀文化行、江西文化探寻、山西平遥文化、武夷丹霞文化等社会实践考察团。

学院大力加强与国内外相关机构的交流与合作。在国内,加强与厦门市人民政府外事办、侨办以及与泰国驻厦门总领事馆、菲律宾驻厦门总领事馆和其他兄弟院校之间的密切联系。在海外,学院和泰国、印尼、菲律宾、马来西亚、美国、英国、加拿大、荷兰、西班牙、日本、韩国、老挝、柬埔寨、缅甸、越南等国的数十所海外华文教育机构建立了友好关系,有的还缔结为姊妹友好学校。近年来,学院圆满完成了泰王国诗琳通公主、澳门特首何厚铧、泰王国上议院议长素春·差里科、泰国普吉市市长许得意、泰王国驻华大使马纳塔等重大接待活动。此外,先后接待了来自海内外各类访问团、嘉宾达千余人次。

为增进海内外校友的情感联系,发掘信息和智力资源,汇集各界力量支持学院华文教育事业发展。2008年,华文学院(集美华侨学生补习学校)举办了建校55周年的庆典活动,接待600多名来自海内外的嘉宾校友。2009年,经多方努力,学院恢复华侨大学华文学院(集美华侨学生补习学校)校友总会。

为扩大招生规模,不断提高在海外的影响力,学校于2005年、2006年、2007年相继在泰国、印尼、菲律宾设立了代表处,成为学校开展华文教育的桥头堡,在联系海外校友,开展夏令营工作,加大学院在海外的招生宣传力度等方面起了重要作用。

近十年来,学院的基建投资约5974万元,完成改建、新建建筑物、道路维修共40626.88 ㎡;对嘉庚风貌建筑群加以翻建维修、防震加固等面积已达到旧建筑物面积90%,整个校园焕然一新。更新添置华文教育实验平台、建设语音实验室,多媒体教室设备共投入资金288万元。提升了学院办学能力,使学院能够适应海外华文教育发展的需求,为学院发展奠定良好的基础。

这一时期,华文学院的领导班子变化情况如下:关一凡兼任院长(2002.05—2010.02),金宁任常务副院长(2001.06—2009.08),邱凯华任党总支书记(2001.12—2005.06),赵明光任副院长(2002.09—2012.07)、任党总支书记(2005.09—2012.07),张胜林任副院长(2002.09—2004.02),陈旋波任副院长(2004.05—2012.07)、任院长(2012.08—),张灯任党总支副书记(2006.04—2012.07),陈捷任副院长(2006.04—2008.06),李晓洁任副院长(2008.06—),孙汝建任院长(2010.03—2012.07),林祁任副院长(2010.01—2012.07),纪秀生任党委书记(2012.08—),胡培安任副院长(2012.08—),李善邦任副院长(2012.08—),王坚任党委副书记(2012.08—)。

四、海洋学院迎来发展新契机

2003年以来,厦门(集美)海洋职业技术学院迎来了发展新契机。学校在翔安建成了新校区,极大地改善了办学条件,办学规模不断扩大,教学质量有了新的提高。

（一）加强领导班子建设

2004 年 2 月 14 日,省海洋与渔业局任命学院第一届行政领导班子,院长陈明达,副院长余云翼、黄瑞,助理调研员甘细福。2 月 17 日,经省海洋与渔业局党组任命,报厦门市教育局党工委同意,成立学院党委领导班子,陈明达任党委副书记,主持学院党务工作,张友鹏任副书记兼纪检书记,甘细福、吴云辉为党委委员。2 月 18 日,学院考核任命阮基成、黄新富等中层干部,并调整设立了学院的内设党政组织机构及教辅机构。5 月 14 日省编委同意学院机构规格为相当副厅级。8 月 24 日下午,省委教育工委在学院中层以上干部及副高以上职称教师会议上,宣布任命陈明达为院长。

2006 年 5 月 17 日,福建省委任命宋建华为学院党委书记。9 月 6 日,省海洋与渔业局任命徐庆生为纪委书记。2007 年 3 月 10 日下午,福建省委调研组在省委常委、教育工委书记陈桦的带领下,莅临学院翔安校区检查指导学院发展及党建工作。陈桦肯定海洋学院办学特点很鲜明,专业设置充分体现海洋特色;学校办学的实践性比较强;学校改革推进力度比较大。希望海洋学院今一要强化统筹发展,二要强化内涵建设,三要强化党建工作。6 月 27 日上午,学院加挂"集美海洋职业技术学院"校牌。

2008 年 7 月 1 日,省海洋与渔业局任命张友鹏任学院党委副书记(正处),徐庆生任学院纪委书记(正处),余云翼、黄瑞任学院副院长(正处)。2009 年 8 月 27 日,学院召开中层以上干部会议,宣布省海洋与渔业厅党组任命杨琳为厦门海洋职业技术学院副院长,主持学院院务工作。2010 年 5 月 6 日,省海洋与渔业厅党组决定林光纪任学院副书记、副院长,徐庆生任副书记,张友鹏改任厦门海洋职业技术学院调研员。5 月 13 日上午,学院召开中层以上领导干部会议,宣布省委关于杨琳任学院院长的决定。6 月 18 日,省海洋与渔业厅任命刘志东为学院副院长。2012 年 6 月 14 日,福建省海洋与渔业厅任命文孟莉为副院长(试用期一年)。

（二）建设新校区,改善办学条件

"十五"期间,学院投入近 2000 万元用于校园基础设施和教学设施设备建设,新建成一栋教学楼 6800 平方米,大小教室共 59 间;对校园进行综合改造装修,改善了学生住宿及行政办公等条件,使校园面貌焕然一新;建成航海、电子等一批较为先进的实验室和计算机教室、多媒体教室,基本满足了教学的需要;改造图书馆的设施设备、增加图书藏量,购买电子图书期刊,提高了图书馆的信息化水平。2004 年初,学院启动了翔安新校区建设的前期申请立项工作,厦门市政府批给学院翔安新校区用地 1000 亩,2005 年 6 月完成第一期 407 亩的征地工作,6 月 25 日,学院翔安校区第一期用地正式动工,翔安校区的建设开始进入实质性的阶段。7 月 29 日上午,翔安文教区在学院新校区用地举行了开工典礼。翔安校区第一期总建筑面积 10.4 万平方米,包括学生公寓、食堂、教学楼、实验楼、图书馆和行政办公楼全面开工建设,2006 年 4 月 19 日上午,翔安校区主体工程封顶仪式在翔安校区建设工地隆重举行,当年秋季投入使用,为做大做强海洋学院奠定了基础。9 月 23 日,1100 名新生入驻翔安新校区,成为学院第

一届在翔安新校区就读的高职生。新校区建成后,学院拥有思明和翔安两个校区,占地面积 713 亩,全日制在校生 7000 多人,专兼职教师 370 多人;建有能基本满足学生实训和顶岗实习的校内实训室 102 个、校外实习基地 121 个;教学仪器设备总值 4546 万元。设有航海技术系、生物技术系、工商管理系、信息技术系、机电工程系和基础部,在已设置的 28 个专业中,海洋类专业占 15 个,覆盖海洋经济五大产业,是全省海洋类专业设置最齐全的高职院校,其中轮机工程技术、水产养殖技术、食品加工技术是省级精品专业。

2006 年 9 月,厦门海洋职业技术学院翔安新校区揭牌

(三)加强教育教学管理

学院依照"质量立校、人才兴校、特色强校、文化铸校"的办学理念,秉承诚以待人、毅以处事的"诚毅"校训,坚持"立足海洋,依托厦门,服务海西,面向全国,培养海洋经济领域生产、建设、服务和管理第一线需要的高端技能型人才"的办学定位,力争成为海洋产业高端技能型人才培养中心、职业技能培训中心和应用技术推广服务中心。

2004 年初,学院按照高等学校管理模式建立院系两级管理体制,学院各项工作逐步走入正轨。学院将 ISO9000 管理理念引入高职教育教学管理,使学院升格后的管理逐步规范化,提高了学院行政管理的工作效率,保证了教育教学人才培养水平工作的质量。学院大力推进人事制度改革,对新进人员实行聘用合同制管理,使学院用人机制更加灵活。将水电维修、绿化、保安等移交物业管理,后勤工作更加规范。学院实行二级分配体制,为创造"吸引人才、用好人才"的良好环境,增强学院的发展动力提供了体制保障。

学院根据高职高专院校教育教学管理的特点,修订和完善了教学管理制度,使教

学计划、教学运行、教学督导、教学质量考核等教学管理工作有章可循，教学管理比较规范。学院加强对整个教学体系的监控，建立动态的检查机制，健全课堂教学质量评价体系，制定了教师教学工作质量评价标准；加强院系两级教学检查，强化课堂管理。学院成立了教学工作委员会和督导工作委员会，并制订了相应的工作条例，促使教学检查、评估工作经常化、规范化。学院加强了教学改革，学院出台了重点课程建设方案、毕业设计（论文）管理规定等文件使教学质量不断提高。学院还制订了学分制实施的原则意见和若干细则，从学生现有知识结构和学院的教学条件出发，进行学分制教学改革试点工作。2006年1月22日，学院举行一届二次教代会，讨论审议《学院分配制度改革方案》，为进一步营造"留住人才、吸引人才、用好人才"的有利环境，为学院二次创业提供强有力的机制保证。

学校建立并运行船员教育与培训质量体系。2004年12月3日至6日，接受上海海事局审核组专家对船员教育和培训质量体系进行中间审核及附加审核，并获通过。2005年5月27日，福建海事局、厦门海事局专家对学院船员培训项目扩大规模进行审验。6月23日取得船员教育和培训质量体系证书。2007年3月29日至4月1日，国家海事局质量体系审核组一行五人对学院船员教育和培训质量体系进行中间审核。学院船员教育和培训质量体系顺利通过中间审核。5月30日至6月1日，上海海事局审核组一行五人莅临学院，对船员教育和培训质量体系进行再有效审核。经过三天的审核，审核组认为学院船员教育和培训质量体系运行是持续有效的，能够确保船员教育和培训的质量，此次审核予以通过。2010年12月4日至12月5日，交通部部海事局现场核验组一行六人对学院开展的海船船员培训项目进行现场核验。学院海船船员培训项目申请获得批准。

（四）提高办学水平和效益

学院加大人才引进工作力度，师资队伍整体素质显著提高。2003年至2006年共引进各类师资人才100余名，其中硕士研究生或具有高级职称人才45名；40位青年教师在职攻读硕士学位，组织专业教师参加职业资格考评员培训或到企业实践，教师的整体素质得到提高；2005年学院共聘任兼职教授或名誉教授10位，指导学院专业建设，培养专业带头人。学院科研工作取得进展，2004年完成2项市级自然科学科技项目，并获厦门市科技进步"二等奖"，2005—2006年申报并获得省海洋与渔业局自然科学科技项目4项，2006年申报并获得厦门市科技项目1项，学院启动了院级重点课程建设和社科等方面的科研立项，举办"人才培养工作"经验交流会，活跃我院的学术氛围。

"十一五"期间，学院多种办学形式取得突破，办学水平得到提高，2006年顺利通过教育部高职高专院校人才培养工作评估，已设置高职专业30个，拥有省级精品专业3个，市级重点专业1个，省级精品课程10门，省级教学团队1个，省级教学名师2名，农业部高职高专教学名师2名，科研水平逐步增强，获得教育部教指委、省市有关部门科研项目25项；中国·海峡项目成果交易会（6·18）对接项目21项，实用新型发

明专利 16 项;获得优秀教学成果 10 项;教师公开发表论文显著增加;办学条件得到改善,累计投入 2.2 亿元,完成翔安校区一期工程 407 亩建筑面积 11 万平方米建设,投入 2000 余万元改善实验实训条件,建有校内实验实训室 99 间,中央财政支持的实训基地 2 个、省级财政支持的实训基地 2 个,与海尔集团、戴尔集团等 100 多家企业建立校企合作;社会声誉显著提高,新生平均报到率达 90%,位列福建省高职院校前茅;"十一五"期间,学院累计为社会输送毕业生 6800 余人,平均就业率达 93%;社会服务能力明显提升,积极开展船员培训和技术培训,累计培训人数达 16400 多名。

2004 年 7 月 16 日至 8 月 15 日,学院第二届高职生计划 1000 人招生工作圆满完成。当年招生专业增加到 12 个,并跨省到黑龙江、江西、河南、湖南四省招生。11 月 15 日省教育厅批准学院新增制冷与空调、食品加工技术、国际商务三个专业。2005 年 1 月 11 日,由胡石柳老师主持的"双棘黄姑鱼人工繁育与养殖技术研究"项目获厦门市科技进步二等奖。根据福建省教育厅《关于公布 2005 年度福建省高等学校成人本专科专业名单的通知》(闽教高[2006]38 号)文件精神,学院获准新增水产养殖技术、食品加工技术、旅游管理、航海技术、轮机工程管理等五个成人专科专业,自 2006 年秋季招生。成人专科专业增加到 11 个。9 月 20 日学院被授予福建省"平安校园"称号。11 月 30 日至 12 月 3 日,以江苏大学原校长蔡兰教授为组长的福建省高职高专院校人才培养工作水平评估专家组一行 10 人,顺利完成对学院的人才培养工作水平评估。12 月 23 日,学院隆重举行翔安校区落成典礼。2007 年 1 月,学院新增国际金融、食品营养与检测两个新专业。2008 年 3 月,学院就业工作被福建省大中专毕业生就业工作领导协调小组检查评估为优秀。4 月 26 日至 27 日,学院举行二届一次教代会,审议并通过了《关于学院思明校区土地资产处置的意见》《学院 2007 年财务决算执行和 2008 年财务预算》等文件,修订完善了《学院岗位津贴分配方案》文件。5 月 1 号,厦门首届水手文化节在美丽的五缘湾帆船港开幕。本次活动以"体验水手生活,感受海洋文化"为主题,学院航海技术系 200 多名学生参与各竞技项目的组织和秩序维持,并提供技术支持。"5.12 汶川大地震"发生后,学院广大教职工、学生踊跃为汶川大地震捐款,截至 5 月 20 日,全院师生(含离退休教职工)共捐款 12.573 万元。5 月底,学院《水产动物学》、《家用电子产品维修》、《水产微生物》、《船舶柴油机》、《国际贸易实务》等五门课程被评为省级精品课程。"轮机工程技术"专业被评为省级精品专业。8 月,学院新增"光电子技术"、"港口业务管理"、"商务日语"、"数控技术"等四个专业。9 月,李林春副教授主编的"十一五"国家级规划教材《水产养殖操作技能》入选教育部 2008 年度普通高等教育精品教材。航海技术(水上实训中心项目)被评为 2008 年福建省高等职业教育实训基地建设项目。11 月 15 日至 20 日,学院承办全国农业职业教育 2008 年学术年会,共有 70 多所农业职业院校 150 多名代表参加了本次学术年会。

2009 年 2 月 25 日学院被市委市政府授予 2006—2007 年度"文明学校"及创建第二届全国文明城市先进单位,张仁强同志荣立创建文明城市三等功。3 月,教育部授予学院全国第二届大学生艺术展演活动"优秀组织奖"的荣誉称号。5 月,黄瑞副院长

荣获福建省高校教学名师称号。《水产动物疾病防治技术》和《船舶电气设备及系统》被评为 2009 年度高校省级精品课程。"电子信息工程技术"项目被评为 2009 年福建省高等职业教育职业实训基地建设项目。9 月,学院水产养殖技术专业被确定为 2009 年度福建省高职精品专业。2010 年 4 月 7 日,学院《AUTOCAD》、《水产品加工技术》、《航海气象学与海洋学》等 3 门课程确定为省级精品课程。6 月 5 日—7 日,学院选送的 14 份作品参加第六届"挑战杯"福建省大学生创业计划竞赛,共获得 5 个金奖、3 个银奖、3 个铜奖,学院被授予"校级优秀组织奖"荣誉称号。7 月 22 日,学院食品加工技术职业确定为 2010 年福建省高职教育精品专业,《高职水产养殖技术专业工学结合教学体系改革与创新教学改革综合实验项目》确定为 2010 年福建省高职教育教学改革综合试验项目。

2011 年 3 月 1 日,学院首批 11 名师生正式启程,前往台北海洋技术学院进行为期一学期的交流学习。5 月 22 日,学院"生产性实训基地建设"改革试点(试点专业:食品加工技术)、"校企联合培养高技能人才"改革试点(试点专业:水产养殖技术)、"大类招生试点"等 3 个项目被列为福建省教育改革试点项目。5 月 23 日学院成为首批厦门市服务外包人才实训基地。6 月 2 日,学院党委委员、生物技术系系主任吴云辉副教授被评为"福建省普通高等学校教学名师"。7 月 28 日,学院的《名特水产养殖技术》和《外贸单证》两门课程被评为 2011 年度福建省省级精品课程。9 月 3 日,学院黄瑞副院长和李碧全老师获得第二届全国农业职业教育教学名师称号。9 月 16 日,学院被认定为第一批海洋渔业船员一级培训机构,是全国唯一入选该批海洋渔业船员一级培训机构的高职院校。12 月 27 日,学院公布 2011 届毕业生年度就业率,毕业生总人数 2247 人,就业率达 100%,居全省高校首位之首,就业创业工作均走在福建省高校前列,被福建省公务员局大中专就业指导办公室评定为 2011 年就业工作免检单位。12 月 31 日,福建省教育厅、福建省发展和改革委员会、福建省财政厅(闽教高[2011]124 号)确定厦门海洋职业技术学院为福建省示范性高等职业院校立项建设单位。

2012 年 4 月 11 日,省教育厅下达 2012 年福建省示范性高职院校单独招生改革试点指导性招生计划,学院首次试点单独招生。单独招生专业有国际航运业务管理、旅游管理、工商企业管理(汽车管理方向)、电子信息工程技术、制冷与冷藏技术、食品加工技术、水产养殖类,招生计划共 260 名。4 月 20 日,由教育部组织的全国第五届暨福建省第六届"路达杯"机械创新设计大赛在龙岩学院隆重举行。学院的作品"智能家具开窗器"和"管道机器人"荣获一等奖,"多功能扫把"获得二等奖,且作品"管道机器人"成功晋级国家级比赛。4 月 25 日,省海洋与渔业厅党组任命汤忠民为学院副书记。6 月 4 日,学院在第七届"挑战杯"福建省大学生创业计划竞赛中获得专科组二金、四银、四铜及五个优秀奖的佳绩,同时再次荣获"校级优秀组织奖"。6 月 29 日,学院机电系教师程玮、林宝金指导,学生蔡益辉、沈艺彤、张小刚、胡伟雄、苏晓荃制作的作品——"智能家居开窗器"荣获 2012 年全国职业院校校企合作项目二等奖。12 月 2日由机电系陈家欣、杜小雷老师指导的"海之子"团队参赛作品《管道清洗机器人》荣获全国三维数字化创新设计大赛现场总决赛工业与工程方向二等奖。

（五）依托行业办学，加强对外合作

学院依托行业办学优势，成立了学院董事会，积极探索"人才共育、过程共管、责任共担、成果共享"的合作办学机制。与省水产研究所等省海洋与渔业厅直属企事业单位、世界 500 强泰国正大集团、戴尔公司、海尔公司等大中型企业建立了紧密型校企合作关系，开办"正大班"、"海大班"、"海堤班"、"银祥班"等订单班。

2007 年 9 月 25 日，学院和德国国际管理与经济学院签署了两院合作办学的协议书，合作举办"汽车管理"专业，面向全省招收应届和历届高中毕业生及同等学历者，每年招收学生 200 名。学生学习期满，成绩合格，颁发学院及德国国际管理经济学院的高等职业文凭。2008 年 6 月 15 日，学院与广东海大集团签订校企合作协议。2010 年 1 月 13 日，学院与台湾南荣技术学院签署了合作办学协议。4 月 19 日下午，学院与 NEC 东金电子（厦门）有限公司、厦门宏泰发展有限公司校企合作签约仪式在翔安校区隆重举行。4 月 20 日，学院与德国国际管理与经济学院签署了合作办学补充协议。5 月 20 日上午，学院与厦门银祥食品有限公司签署订单培养学生的校企合作协议。

五、轻工业学校"做强做大"

2003—2013 年，是国家实施科教兴国战略，大力发展职业教育的重要时期。继 2002 年国务院召开全国职业教育工作会议，发布《关于大力推进职业教育改革与发展的决定》之后，2005 年国务院又发布《关于大力发展职业教育的决定》，职业教育进入蓬勃发展的春天；2010 年，国务院发布《国家中长期教育改革和发展规划纲要（2010—2020 年）》，职业教育又迎来发展新契机。轻工业学校紧跟时代步伐，抓住发展机遇，牢牢把握稳定、改革、发展主线，既积极开拓，又扎实稳妥，认真落实科学发展观，从"做大做强"到"做强做大"，从"又快又好"到"又好又快"，为福建省乃至全国职业教育事业做出积极的贡献，发挥示范作用。

这期间，学校继 1980、1994、2000 年被评为国家级重点中专学校后，2004、2006 年又通过国家教育部评估，成为福建省唯一一所连续五次获得"国家级重点"称号的中专学校；继 1993、1995、1997 年被评为厦门市文明单位、福建省文明学校后，2003、2005 年又连续获福建省文明学校称号。2005 年，学校还获得福建省人民政府授予的"福建省就业再就业先进单位"，是我省唯一获此殊荣的中专学校；2007、2010 年再次被省公务员局、人力资源开发办公室、教育厅授予"福建省大中专毕业生就业工作先进集体"。

（一）管理体制与领导班子

2004 年 5 月，省教育厅闽教党〔2004〕14 号决定：沈立心任集美轻工业学校校长，范听川任中共集美轻工业学校委员会书记。2006 年 4 月，省教育厅闽教人〔2006〕44 号文通知：正式任命沈立心为集美轻工业学校校长。2007 年 1 月，省教育厅闽教干

[2007]9号决定：沈立心任集美轻工业学校校长，庄敏琦、叶建峰、周学庆、林岩任集美轻工业学校副校长；闽教党[2007]8号决定：沈立心任中共集美轻工业学校委员会书记，庄敏琦同志任中共集美轻工业学校委员会副书记。

根据省委机构编办、省教育厅、劳动和社会保障厅、财政厅闽委编办[2007]210号《福建省中等职业学校机构编制标准等问题的暂行意见》文件精神，2007年初学校进行中层机构的改革。新中层管理机构设置8个行政工勤部门（党政办公室、教务科、学生科、总务科、人事科、招生就业办公室、保卫科、财务科）、9个教学教辅部门（机电科、化工与美术科、商贸科、基础科、思想政治教育科、继续教育中心、信息中心、技能中心、教学改革研究室）和2个群众组织（工会、团委）。其中党委办公室与校长办公室合并为党政办公室，化工科改为化工与美术科，企管科改为商贸科，大专站改为继续教育中心，鉴定站改为技能中心；新成立思想政治教育科；撤销人保科、伙食科、监察室、图书馆、基建办、校办厂、印刷厂、造纸科的科室建制；2008年8月，机电科拆分为机械与自动化科和电信科。2007年年初全面调整、配备了中层干部。

2008年10月，依闽政文[2008]334号《福建省人民政府关于同意福建化工学校和集美轻工业学校划转厦门市管理的批复》，学校划转厦门市管理。划转以来，学校顺利进行了岗位设置管理和绩效工资改革。

2009年4月22日，厦委编[2009]40号《关于集美轻工业学校领导职数配备和内设机构设置的批复》，同意学校机构规格为"相当正处级"，核定领导职数6名；内设党政后勤管理机构8个，分别是：办公室、人事科、财务科、招生就业办公室、保卫科、学生科、教务科、总务科，核定内设党政后勤管理机构领导职数16名。

2010年1月27日，厦门市政府专题会议研究"集美轻工业学校可与福建化工学校合并，统一集中在福建化工学校办学，原址规划新创办一所工业高等职业院校……"（未实施）。6月13日，市政府常务会议研究通过创办"厦门城市职业学院集美轻工分院"方案，决定"集美轻工分院"隶属厦门城市职业学院管理。9月1日，市委常委会原则同意厦门城市职业学院集美轻工分院办学方案，由市教育局组织实施（未实施）。10月，根据国务院办公厅《关于开展国家教育体制改革试点的通知》，学校列为厦门地区职业院校集团化办学改革试点学校（厦门城市职业学院牵头）。

2011年2月24日，市政府召开专题会议研究集美轻工业学校与福建化工学校资源整合问题。7月6日、13日，市发改委、市教育局批复轻、化校整合提升项目计划。2012年，市规划局邀请同济大学、华南理工、厦门合道设计院进行轻、化校整合提升项目方案设计，并通过专家评审。

2013年3月13日下午，市教育局领导到校召开轻工、化工两校干部大会，宣布市教育工委、教育局任免决定，任命福建化工学校校长、党委书记张永强兼任集美轻工业学校校长、党委书记，沈立心校长、书记因工作调整（之前已被任命为厦门城市职业学院副院长、党委委员），不再担任轻工业学校领导职务。文件同时任命其他领导互相兼任对方学校领导职务。

轻化校整合提升办学，是市委、市政府整合优质教育资源，增强学校办学实力，做

强做大职业教育,提升办学层次的重要决定。两校整合已列入市教育局 2013 年工作计划。此举标志轻化校整合进入实质性实施阶段。

(二)专业建设与办学规模

学校坚持以就业为导向,按照国家、地区产业经济结构的调整和劳动力市场的需求,改造老专业,创办新专业,实施技能紧缺人才培养培训工程,努力打造就业市场上有影响力的骨干专业品牌。

2003 年创办信息处理与应用、图形图像设计与制作、网络管理与维护三个软件中职专业,开展软件认证教育模块教学培养人才模式的试点,增设模具设计与制造、电脑美术设计、物流管理、电子商务等专业,专业数达 29 个;分析化学和机电一体化 2 个专业被评为省级重点专业。招生 2430 人(其中挂靠漳州职业技术学院招收机电技术应用、工业分析与检验、工艺美术初中毕业五年制高职学生 120 人),在校生达 4869 人。

2004 年新开设或改造的专业有:数控技术应用、计算机及外设维修、机械加工技术、电子电器应用与维修、生物化工、化学工艺、染整技术、环境治理技术、商务日语、产品质量监督检验、涉外文秘、物业管理、保险、金融事务、装潢美术等 15 个中专专业,新增物流管理、商务英语、电子信息工程技术等 3 个五年制大专专业,专业总数达 39 个;数控技术应用、计算机网络技术及应用、现代物流管理 3 个专业被评为第二批省级重点专业。招生 1980 人(其中挂靠厦门海洋职业技术学院招收物流管理、商务英语、电子信息工程技术专业,挂靠漳州职业技术学院招收陶瓷艺术设计、工业分析与检验、机电一体化专业五年制高职学生 280 人),在校生达 5340 人。

2005 年新增了与新兴产业和现代服务业相关的汽车维修、旅游管理等专业,老专业改造和专业名称规范后,总专业数 40 个;模具设计与制造、国际商务与报关 2 个专业被评为第三批省级重点专业,成为全省重点专业数最多的学校之一。招生 2547 人(其中挂靠厦门海洋职业技术学院招收商务英语、物流管理、电子与信息技术、数控技术应用专业五年制高职学生 213 人),在校生规模 6355 人。

2006 年纳入招生计划的专业扩大到 51 个,达历史最高,招生 3150 人,在校生规模 6884 人。2007 年经过调整,计划招生专业 43 个,招生 2502 人,在校生规模突破 7000 人,达 7140 名。2008 年计划招生专业数调整为 39 个,实际招生专业 30 个,招生 2965 名,在校生规模 7672 名。

2009 年划转厦门市管理后,计划招生专业 33 个,实际招生专业 28 个,其中电子技术应用、计算机技术应用、旅游服务与管理、会计、产品质量检验等 5 个专业被评为市级骨干专业。根据市教育局专业调整意见,并贯彻科学发展观,缩减招生规模,招生 1607 名,在校生规模 6293 名。

根据市教育局《2010 年厦门市中等职业学校专业调整与建设计划》,下达学校 2010 年招生计划 21 个专业,招生 1168 名,在校生规模 5250 名。

学校《"十二五"专业建设规划》及《2010—2011 专业调整与建设计划》确定 19 个重点发展的专业,紧密结合厦门教育服务产业工程。

学校还在校外设立了一系列办学点，并与贵州轻工职业技术学院、新疆玛纳斯县职业中专学校、青山纸业股份有限公司等开展合作办学。2009年，省教育厅、省人事厅、省政府外事处下文《关于同意集美轻工业学校招收外国留学生的批复》（闽教合作〔2009〕260号），学校正式获招收外籍学生资格，中职学校招收外国留学生，在我省当属先例。当年招收6名泰国留学生。

学校进一步完善自学考试、成人高考助考制度，继续做好与漳州职业大学、南昌大学、天津科技大学、福州大学、集美大学等高校的合作，开展函授、远程网络学习和其他成人学历教育，让学有余力、愿望迫切的学生有机会进行更高层次的学习。

（三）改善办学条件，增强办学实力

2003年6月，教学办公综合楼（现为信息中心办公和学生宿舍、教室综合使用）建成投入使用，框架六层机构，总建筑面积6081.95平方米。进行校办工厂加层改造（原2层基础上加建1层）。完成新配电室建设。教学设备投入200多万元，建成机电实训中心、信息技术中心、轻化实训中心、美术实训中心。全面改造学生食堂，改造学生宿舍、澡堂，为学生创造一个舒适的学习生活环境。

2004年1月，学校征用学校北侧建设用地的申请得到国土资源部的批复（国土资函〔2003〕541号）。2005年3月5日，厦门市人民政府发布征地通告（厦府〔2005〕38号），同意学校征用杏林、内林居委会共96127平方米的建设用地。学校聘请专家做了包括新旧校区的校园规划。造价1875万元的教学实训楼（敬贤楼）于6月18日正式开工建设。2006年11月9日，教学实训楼竣工，总面积3.2万平方米，包括行政办公室、教室、机电实训中心以及可容纳千人进膳的第三食堂、2个超市、9间小卖部等，极大改善学校的办学条件。第三食堂首次引入集美大学餐饮集团经营，改善师生用餐环境，提高管理服务水平。教学投入400万元，添置信息化教学设备。建成第二期校园监控系统，平安校园获得保障。

2007年完成北面新校区征地工作。敬贤楼投入使用，部分科室搬迁到敬贤楼办公，更新、改造了办公设备，大大改善教学实训和办公条件。2008年完成了校前区的改造和新校门的建设工程。2009年启动校舍安全工程，存在安全隐患的校舍委托厦门市房屋安全鉴定所进行安全鉴定和市建设与管理局进行抗震安全技术论证。2010年校安工程一期建设项目（学生宿舍）顺利开工，该项目建设面积1.14万平方米，高度11层，是学校首栋小高层建筑，标志新校区建设进入实施阶段。2011年初拆除4栋存在安全隐患的旧楼房（1、6、7、10号楼），厦门爆破工程公司以零费用中标，节省的38万元经教育局批准转为绿化费用；绿化工程建设于11月顺利完成，成为学校一道亮丽风景。6月份，校前区3栋校舍加固工程开工，并按期完工。后因学校整合提升改造、校园整体规划的需要，拟对3栋楼立面进行修缮，以与将来新校区的建筑风格保持协调一致，而没有如期交付使用。

根据厦门市人民政府专题会议精神（〔2011〕89号会议纪要）和市发改委的批复，学校积极开展"整合提升"项目前期工作。主要有：征用北边约8.6公顷的土地，作为

学校扩建用地;市规划局对新旧校区进行整体规划、设计,规划总建筑面积约 17 万平方米;市财政投资 2.8 亿元,进行旧校舍改造和新校区建设。

学校信息化工作取得可喜的成绩,信息化水平处于领先地位,特别是基于信息化平台应用的 ISO 流程,标志数字校园建设已初具雏形。2011 年,获得市财政专项经费199 万元支持,用于校园网改造与升级,采用锐捷公司的核心网络设备,十万兆核心交换机,万兆汇聚交换机,千兆接入交换机,百兆到桌面,全面可控可管理,强化网络安全管理。同时,校园遍布无线上网点,主要教学区各教室同时有线网络连接到多媒体控制台。学校还参与了教育部《中等职业学校管理信息标准》课题的建设,并作为标准应用的示范单位。

(四)加强教学教研,深化教育改革

2007 年年初,学校被省教育厅确定为首批福建省半工半读试点学校。根据省教育厅《转发教育部关于职业院校试行工学结合、半工半读的意见的通知》精神,学校认真组织开展试点工作,先后与青山纸业、厦华电子、太古飞机、厦杏摩托、路达公司等20 多家企业建立"校企合作"关系;与厦门园博园、悦华酒店、友达光电、新加坡 FICC公司等 10 多家企业实行"订单"培养。学校积极推行工学结合、校企合作、顶岗实习人才培养模式,加强半工半读工作的管理,进一步完善顶岗实习制度,确保实习教学健康、有效地开展。2009 年牵头成立了"厦门市机械职教集团",并参与组建"福建省轻工职教集团"、"福建省服装鞋业职教集团"、"厦门市商贸职教集团",在联合培养人才、共建实训基地、加速应用型人才的培养、安排学生实习、教师实践和企业员工培训等方面构建校企合作平台,实现职业教育与行业、企业人才需求的良性互动。2011 年与福建联盛纸业有限公司联合办学,订单培养造纸工艺专业学生 28 名;与厦门向阳坊食品有限公司共建烘焙食品实训基地,订单培养食品专业(烘焙技术)人才,开创了在校内建立生产线的校企合作先例。

学校修订了《教学组织管理控制程序》、《学籍管理控制程序》、《教材建设控制程序》、《专业设计与专业改造控制程序》、《教学管理控制程序》等教学管理程序文件及配套作业指导书,并利用信息化教务管理平台,使教学管理、教师测评更加科学化、规范化。以适应职业岗位需求为导向,遵循职业岗位工作实际和技能型人才成长规律,加强实践教学,实行发展性评价,把学习过程、平时表现和考核成绩分别按权重记分。结合市级科研课题"课堂有效教学研究"、"魅力课堂研究",开展一系列教学方式方法改革,如机械、电子、化工等课程试行"项目教学法","任务驱动教学法"、"网络辅助教学法",在商贸、旅游服务类专业,强化职业化训练,培养职场所需的相关素质。思想政治教育科率先在全市进行德育课程改革,把《职业生涯规划》列入必修课,把《人际沟通与礼仪》、《心理健康》、《美育》列入课堂教学,形成教育部部颁课程和校本课程、选修课程相结合的课程体系,大胆尝试案例教学、实践教学、情景教学、探究性教学,发挥学生的自主性,参与教学活动,改变过去纯理论教学为增强情感、提高能力训导。

在教学研究与教材建设方面,沈立心校长主持的国家级课题——《机械类专业以

就业为导向的课程设置》研究取得显著成果；沈立心、庄敏琦、陈向农同志参与全国教育科学"十五"规划重点课题——《基于就业为导向的职业教育专业教学改革的研究与实践》研究，经过专家评审，通过结题验收，被中国职业技术教育学会教学工作委员会评为二等奖。

（五）参与技能竞赛，展示办学成果

学校积极组织师生参加全国和省市大型赛事，并取得可喜成绩。在全国职业技能大赛中，2007 年获得计算机网络及应用银牌。2009 年获单片机银牌，数控车、数控铣、普通车、汽车二级维护、汽车喷漆五块铜牌。2010 年获一金、二银、六铜的优异成绩，其中"制冷与空调设备组装与调试"金牌，是厦门市获得的唯一一枚金牌，也是福建省获得的 2 枚金牌之一。2011 年获 4 项二等奖，分别是：数控铣工，数控机床装调与维修（团体），建筑 CAD（2 项）；7 项三等奖，分别是：工业产品设计技术（CAD），电气安装与维修（团体），数控铣工，车工，女式春夏时尚成衣款式设计、立体造型与纸样修正，时装模特，楼宇智能化系统安装与调试（团体）。

在全省职业技能竞赛中，2008 年学生组获 2 项二等奖，5 项三等奖；教师组获 2 项三等奖。2009 年获 2 项一等奖，3 项二等奖，2 项三等奖。2010 年获 4 项一等奖，8 项二等奖，7 项三等奖。2011 年学生组获 5 项一等奖，8 项二等奖，4 项三等奖；教师组获 1 项二等奖。市赛及其他市级以上各项技能竞赛，据不完全统计，近五年师生共获一等奖 102 项（次），二等奖 172 项（次），三等奖 191 项（次）。

在各类体育竞赛中，2008 年学生女子排球队获福建省职业院校第九届排球赛冠军。2009 年学生女子篮球队获福建省职业院校第十一届学生篮球赛冠军，男队获第 6 名；女子排球队代表厦门市教育系统参加厦门市第十八届运动会，获女子甲组季军。2010 年福建省中职学校第九届田径运动会，我校代表队获 1 项第二、1 项第三、1 项第五、2 项第六、2 项第七、5 项第八和团体总分第十一名的好成绩，并获"精神文明奖"。

（六）坚持德育为先，做好立德树人

在师德教育方面，学校本着"德为师之本，无德无以为师"的原则，提出"办人民满意的教育，做人民满意的教师"的职业理想，坚持长期开展群众性的师德建设活动，把师德建设作为思想政治工作的第一要素，作为教师队伍建设的一项常规工作，取得明显成效，形成了良好的师德氛围。2008 年教师节前夕，学校开展"学习英模教师弘扬伟大师魂"主题活动，举行"师德师范承诺书"宣誓和集体签名活动。全体教师在写着"十年树木、百年树人，百年大计、教育为本，追随嘉庚、光大诚毅，学高为师、德高为范，忠诚教育、依法执教，家校合作、服务社会，严谨治学、诲人不倦，廉洁从教、爱生如子，因材施教、公正公平，钻研业务、提高学识，互帮互助、携手共进，言传身教、率先垂范"承诺的横幅上庄严地签上自己的名字。

学校努力摸索中等职业教育的德育工作模式，在《中等职业学校德育大纲》明确的德育目标、基本任务的引导下，突出以就业为导向的德育工作的主流模式，根据不同年

级学生的不同特点,"分年段、分阶段,逐级提升"的模式,使德育工作序列化,实现循序渐进的育人过程。按照社会主义核心价值体系的要求,把德育有机融入各学科教育教学中,深入开展以敬业、诚信为重点的职业道德教育。在具体措施上:一是完善制度,强化管理。修订《学生管理手册》,编印《新生入学指南》,落实班级目标管理,指导、配合物业加强生管老师值班制度和各类学生巡查制度;开展新生入学教育(军训),并于每学期开学初对全体学生进行"教育周"强化教育训练,加强日常行为规范管理。二是重视和支持班主任和学生干部的工作,发挥团队管理作用。通过举办班主任培训班,完善班主任考核制度,提高班主任工作的艺术和水平;加强学生干部队伍的建设,发挥学生干部自我教育、自我管理、自我服务的重要作用。三是重视发挥业余团校、业余党校阵地作用,利用第二课堂育人作用。通过开展各种学生喜闻乐见、寓教于乐的文体活动和主题班会、主题团日活动,让学生受教育、长才干。四是关心特殊群体,重视做好学生心理健康教育、后进生转化和特困生的补助工作。建立心理咨询室,成立心理健康者协会,在培养学生健康的心理素质和健全的人格方面发挥重要作用;通过举办后进学生校规校纪学习班、个别谈心、表现跟踪、家校联系、党员挂钩等形式,后进生思想转化工作取得明显成效。五是重视正面引导,发挥典型示范作用。

近五年来,全校 7480 名(次)学生受到校级和省、市三好生、优秀学生干部、优秀团员等表彰,245 个班级受到校级和省、市先进班级表彰,其中质检 0503 班被评为全国先进班集体。2009 年,廖保玉荣获"全国模范教师"、"全国教育系统巾帼建功标兵"光荣称号,受到市委、市政府的表彰;2010 年,吴友明获"福建省优秀教师"表彰。

六、中学课改成效显著

(一)新课程改革见成效

2003 年以来,学校深入开展素质教育,"提质减负",教学质量年年攀升,成效显著。2006 年学校落实新课程实施纲要,始终把育人放在突出的地位。学校认为,学生做人不合格,学习再好没有用,将来可能会成为社会的残次品、危险品。学校在抓学生学习方面,更多的是在提升学生学习品质上下功夫,教给学生能力,让学生学会,会学,让学生养成一个受益终生的好的学习习惯。在福建省,甚至在全国,集美中学执行国家课程标准是最严格的,不增加一个课时,不删减一个课时。学校老师开齐、开足、开好每一节课,让学生的情感、态度、价值观和学习、身体健康和谐地发展。2006 年 12 月 16 日至 17 日,"聚焦课堂高中新课程教学大型活动"在集美中学举行,华东师大博导霍益萍教授、全国著名特级教师陈钟梁莅临听课指导。2007 年 4 月 14 日至 15 日,"激活课堂全国高中新课程实验教学研讨活动"在集美中学举行,人教社有关专家章建跃博士等莅临指导,来自广东、安徽、四川等地的老师和厦门地区的老师同备一堂课。同上一堂课。5 月 10 日,为积极稳妥地推进高中新课程实验工作,学校与市教育局基

教处、市教科院共同举办了第四届"激活课堂"高中新课程实验选修课教学研讨活动。来自厦门约 1500 余人参加了此次活动,并特邀请福建省普教室的领导和各学科高中教研员参加,活动取得圆满成功。"激活课堂"正成为厦门老师耳熟能详的一个品牌。"激活课堂"采取"推门听课"的形式,来自上海、浙江和福建各地的专家、教师一起走进教室,与学生一起听课。课后专家与老师们进行了坦诚、深入的交流。通过此类活动的开展,对高中新课程实验在厦门市乃至整个福建省的实施起到积极的推动作用。

新课程实施以来,学校的办学质量逐年提高。2009 年,实施新课程的第一届学生参加高考,考分达到本一线的学生突破 100 人,达 122 人;2010 年,高考本一上线 181 人;2011 年本一突破 200 人(不含艺体生),达到参考人数的 40%。而高中入学时的学生,只有一个班达到重点大学的任务线。初中也从全市排名 20 提升到前 10,多年来为岛外的第一名。2012 年高考本一上线人数首次突破 200 人,本一录取率为 38%,本科录取率为 92%。学校荣获厦门市义务教育均衡发展先进校荣誉。

集美中学的课改经验,引起了同行的高度关注。2011 年 6 月 13 日,省教育厅组织专家组到学校调研,专家们认为集美中学是真搞课改,是搞真课改。专家们要求学校继续在课堂教学上下更多的功夫,把"少教多学,提质减负"这个集美中学首创的福建省课改一号课题搞扎实,为福建创造更多的经验。

2009 年 12 月,《集美中学素质教育读本》由北京科教创新书刊社策划,中国戏剧出版社正式出版。这套读本共 5 本,是语文、数学、英语、生物、化学。这套素质教育读本是集美中学新课程实验中的一个见证,一个收获。它记述了集美中学进行新课程改革实验,把新课程教学理念化为具体行动、落实在课堂教学实践中的历程,展示了集美中学教师对新课程实验的热情与投入,创造与激情,耕耘与收获。

(二)高中部建设显气派

2004 年 4 月,继投入 4020 万元改造加固南薰楼等三楼之后,又一项大工程——道南楼加固工程获得立项,投资达 4178 万元。

2006 年 8 月 25 日,厦门市市长张昌平等到集美调研,定下集美中学新建高中部有关事宜。高中部建设工程于 2008 年 90 周年校庆时奠基,2009 年 3 月 18 日厦门市发改委批复同意集美中学高中部项目投资概算[(厦发改社会(2009)15 号)]:"项目新征地 73203.425 平方米,人防地下室面积 3386 平方米。建设内容包括:教学实验楼、图书综合楼、文体楼、学生宿舍和食堂、人防地下室、室外运动场、室外配套工程等。""项目投资概算 11335 万元(不含土地配套使用费),其中建安工程投资 10413 万元,工程建设其他费用 922 万元。资金来源:中央预算内专项新疆高中班补助 220 万元,集美校委会安排 8250 万元,市财政预算内基建拨款 600 万元,学校自筹 2265 万元"。2009 年 7 月动工。2011 年 1 月 24 日,厦门市发改委批复同意增加建设内容和调整投资概算[(厦发改社会(2011)8 号)]:"在学生食堂综合楼 A 栋加建九至十三层,增加学生宿舍建筑面积 3317 平方米,即集美中学高中部项目总建筑面积由 54671 平方米调

整为 57988 平方米。""集美中学高中部项目总投资概算由 11335 万元调整为 12017 万元,增建学生宿舍引起投资概算增加 682 万元,其中:建安工程费用 635 万元,工程建设其他费用 47 万元。增加投资概算 682 万元的资金来源:集美中学校友出资 200 万元,集美校委会出资 361 万元,市财政预算内基建拨款 121 万元。"

2011 年 10 月 15 日,学校在新校区隆重举行新校区落成暨 93 周年校庆庆典活动,中共厦门市委常委、副市长臧杰斌,中共厦门市委教育工委、市教育局局长赖菡,集美区区长李辉跃等出席活动。香港集美中学校友会捐资种树,并组成百人祝贺团前来庆贺。香港李凤翔、杜成国,泰国韩南强等校友向学校捐资建楼,其中杜成国捐资 338 万元。

集美中学新校区

为了让学生在搬入新校区之后,还能了解学校的历史,了解学校的文化,学校在嘉庚文化建设上做了很多功课:在楼宇风格上保留嘉庚建筑风貌,同时增设学校文化元素,比如院士雕塑,嘉庚群雕,名人书简,中外文化长廊、校友文化长廊,以老校区楼名命名路名等等。这些文化元素将在学生心目中持续发挥作用,而且会随着时间的推移,其作用将会越来越明显。

2012 年 2 月,集美中学高中部新校区正式投入使用。

(三)新疆班管理出经验

2005 年 4 月,根据中共中央办公厅、国务院办公厅、教育部办公厅文件精神,2005 年秋季,集美中学高一年招收一个"新疆班"40 人。学校由此成为福建省接受新疆学生的首批学校。学校创造一切条件,提供一切平台,让他们接受最好的教育,让他们健康成长。在集美中学这个大家庭里,他们接受嘉庚先生的阳光雨露,和当地的学生友好相处,尊敬师长,给学校带来了新的文化元素,是学校新的办学特点之一。学校管理新疆班的经验得到上级的高度评价,走出了校门,走出了厦门。

2006 年 2 月《集美中学》报开辟两个专板介绍新疆内高班的 07 年 6 月 23 日,新疆维吾尔族自治区党委副书记、自治区代主席 乌鲁木齐市第六十六中学首届区内初中班学生毕业典礼,对毕业生 和希望。他的讲话不仅在"内初班"的学生中,而且在内地新疆高中班的同学 热烈

反响。2008 年 1 月 11 日，新年前夕，新疆班的买买提明等 119 名学生给自治区党委副书记、自治区代主席努尔·白克力寄去了一封热情洋溢的信件，汇报了他们的学习收获、成长体会和幸福生活，并决心不辜负党和国家的深情关爱、不辜负家乡人民的殷切期望，立志成为建设祖国、建设新疆的栋梁之才。

2009 年 7 月 5 日，新疆乌鲁木齐市发生打砸抢烧严重暴力犯罪事件。造成人员伤亡，财产损失巨大。这是一起境内外三股势力有指挥、有行动、有预谋、有组织的打砸抢烧事件，其目的就是要破坏民族团结，挑起民族对立，破坏安定团结的社会局面。"7.5"乌鲁木齐严重打砸抢烧暴力犯罪事件发生后，学校采取多种措施加强对师生进行民族团结教育。圆满完成 4 批送、接新疆班学生任务。7 月 28 日，新疆教育厅向厦门市教育局发来感谢函，感谢厦门市全力以赴，无私援助，周密部署，用行动教育了内高班学生。8 月 27 日，教育部、中央统战部、中央政法委、国家民委联合召开了大力加强内地民族班民族团结教育和学校管理工作会议，刘卫平校长赴京参加。8 月 29 日，刘卫平校长接受福建电视台、厦门电视台联合采访，介绍集美中学响应党中央、国务院的号召，在办学过程中，坚持党和国家的教育方针和民族政策，坚持德育为先，以人为本；坚持把弘扬爱国主义精神与内高班学生思想政治教育结合起来，努力办好内地新疆高中班的做法和经验。

2008 年首届新疆班学生毕业以来，学生 80% 考入重点大学，其中 2009 年新疆维吾尔族学生奴力亚考入北京大学。2011 级新疆班 35 位学生参加高考，32 人考上本科院校，其中 8 名同学被全国著名高校录取，雷鹏同学以 647 分成为福建新疆学生的最高分，被北京航天大学录取。

（四）重获"侨生摇篮"美誉

集美中学之所以声名远播，一是因为陈嘉庚，二是因为"侨生摇篮"之美誉。由于方方面面的原因，学校一度停招侨生。为了恢复"侨"的特色，历届教育局的领导以及关心集美中学的校友都不断地出主意，想办法。

2004 年 2 月 11 日，福建省教育厅、省人民政府外事办、省公安厅联合下文，批准集美中学具备接受外国学生（闽教合作〔2004〕7 号），2007 年学校获得省物价局、财政厅、教育厅收费标准核准（闽价费〔2007〕275 号）。2003 年学校获得国家外专局聘请外国文教专家单位资格认可。2005 年省教育厅批准集美中学与西澳大利亚坎宁学院联合举办"高中双学历课程班"（闽教合作〔2005〕94 号），2006 年学校获得省物价局、财政厅、教育厅收费标准核准（闽价费〔2006〕414 号），课程班因故未招生，2009 年起复办。

2006 年 3 月 13—16 日，新加坡中正中学（义顺）师生 45 人莅临集美中学游学。9 月 7 日，集美中学与新加坡中正中学（义顺）签订友好学校协议书。9 月，福建省教育厅确定集美中学为"汉语国际推广中学实习基地的中学"。

2007 年 2 月，刘卫平校长和林红晖主任率团访问泰国，在泰皇宫受到诗琳通公主的接见，双方用汉语友好交流。当年 8 月，诗琳通公主派谢淑英同学到集美就读，从一个略懂中文的小女孩，经过刻苦学习，通过高中各科学业会考，取得毕业证书，到 2010

年 7 月考入厦门大学法律系,她成为新时期学校海外教育的一个成功范例。同年,又有十几位泰国学生莅校短期培训,然后跟班就读,直到毕业。恢复了学校面向海外招生的办学特色和光荣传统,开创了外事工作的新局面。

2008 年 12 月 29 日,集美中学一年一届的迎新年海内外师生大联欢活动盛大举行。3000 名师生和 525 名海外学生一起狂欢迎接新年的到来。525 名海外学生来自国务院侨办、中国海外交流协会与省侨办、省海外交流协会联合主办,集美大学、集美中学承办的"2008 年中国寻根之旅福建冬令营"活动的印度尼西亚、马来西亚、澳大利亚、菲律宾、文莱、新西兰等的 380 多名华裔青少年。来自华侨大学华文学院主办的印度尼西亚、欧美地区(美国、英国、加拿大、澳大利亚、日本)华裔青少年冬令营学生。人数之多,范围之广,为历年之最。活动中,澳大利亚、马来西亚、文莱、新西兰的 50 名学生,欧美地区 66 名华裔青少年,还和集美中学学生结成对子,交友沟通,联谊参观,走进家庭,体验生活。

2009 年 2 月 11 日,福建省首批海外华文教育基地授牌仪式在全省侨办主任会议期间举行。会上,省侨办正式宣布,命名 31 所学校为福建省首批海外华文教育基地。集美中学名列其中。

2011 年 4 月 8 日下午,在泰国张祥盛校友陪同下,泰国教育部副部长,泰国女亲王、博仁大学副校长隆玛妮耶察·缴吉丽亚,博仁大学中文国际学院丁钟贤院长一行访问学校。就泰国与集美中学联合办学、在集美中学设立泰国中国东南培训中心、集美中学推荐学生报考博仁大学等事宜交换意见。5 月,泰国五个学校和集美中学签订关于派送泰国学生到集美中学学习的协议。

2012 年 2 月,为深化闽港澳教育交流合作,省教育厅组织有关学校赴港澳开展教育交流合作。庄小荣校长应邀参加,并与中华基督教谭李丽芬纪念中学签订友好协议。4 月 14 日,友好学校香港福建中学师生莅校交流。5 月 16 日,由中央统战部牵头组织的台湾中华基金会台北兰州国中师生一行 24 人,在中央、省、市统战部陪同下莅校访问。5 月 26 日,友好学校新加坡中正中学(义顺)3 位教师、24 位学生莅校学习、交流。6 月 26 日,友好学校香港中华基督教会谭李丽芬纪念中学师生 20 人莅校交流。7 月 22 日,学校选派 5 位学生前往德国参加欧洲体育爱好者夏令营。7 月 25 日,选派 6 位教师、22 位学生访问新加坡中正中学(义顺)。8 月,张勤勇副书记、钟良发老师带领部分学生访问合作办学学校——澳大利亚坎宁学院。8 月 26 日,2012 汉语桥——东盟中学生夏令营师生 20 人走进集美中学,走进学生家庭。作为中国、新加坡两国教育部中学生交流项目,7 月 18 日,学校选派 1 位教师、10 位学生赴新加坡交流。11 月 18 日,新加坡中学生代表团(俊源中学)12 位师生莅校交流,进课堂,结对子,入家庭。11 月 22 日,新加坡华裔青少年中国闽南文化冬令营师生一行莅校考察,活动由厦门市委统战部、集美校委会组织。

(五)举办 90 周年校庆

2003 年 11 月 19 日,纪念陈嘉庚先生创办集美中学 85 周年大会在运动场隆重举

行。来自海内外的近 3000 位嘉宾、校友欢聚一堂。同日举行集美中学福山楼体育馆主体工程落成典礼、"嘉庚精神薪火相传"雕塑落成典礼。香港校友萧忠明捐资设立奖教基金（首次颁发 20 万元人民币），并捐资 32 万元人民币支持集美中学校园文化建设。

2006 年 10 月 15 日，集美中学校友会第五届理事会成立，郑玉宗任理事长，积极联络校友，参与校庆筹备，编辑出版《桃李争艳》。

2008 年 10 月，学校举行 90 周年校庆，这是一次规模大、规格高、水平也高的校庆。厦门市四套班子领导都参加了庆祝大会，海内外 2000 多名校友回到母校。90 周年校庆的内容非常丰富。编印了《集美中学文化解读》（90 周年校庆画册）；国家级出版社正式出版《集美中学教学科研论文精选集》（1999—2008 年）、《海韵书香》（学生校园文学作品集）、《春风吹和煦》（"嘉庚杯"全球华人征文大赛作品选）、《个性与发展》（全国新疆内高班年会论文集）；编印知名校友事迹集《桃李争艳》（港澳篇）、《桃李争艳》（泰国篇）；校史展览馆重新布展开馆；进行 1999—2008 年 10 年办学成就宣传（《厦门日报》、香港《大公报》、《福建教育》、《集美校友》等）；承办全国新疆内高班年会；举办"嘉庚杯"全球华人征文大赛；承办中影集团《男生日记》首映式；集美中学高中部新校区奠基；南薰诸楼维修纪念碑落成；出版《中国名校——集美中学校园十大名景》邮政明信片；在师生中进行"校兴我荣"教育；联系校友，宣传校友，团结校友；10 月 18 日举行建校 90 周年庆典大会、捐资典礼、文艺演出、知名校友报告会、组届座谈会、校友摄影展览等。（新加坡校友吴端景、香港校友萧忠明分别捐款 200 万元；）10 月 19 日香港集美校友会在厦门翔鹭国际大酒店举行 3000 人规模的海内外新老师生大联欢。

2012 年 2 月，庄小荣校长访问香港集美中学校友会。2 月，初中 80 组高中 42 组第 37 次春节联欢活动，来自海内外的近百位校友参加。5 月，学校申报厦门市"捐资兴学"奖（2010—2011 年），杜成国获金质奖，李凤翔、蔡明兴获银质奖，吴泉水、萧忠明、陈言和吴承飞、泉舜集团、厦门诚毅地产有限公司、李尚大慈善基金会、厦门祥禾门窗有限公司获铜质奖。

（六）校园文化春风化雨

学校坚持素质教育的办学方向，在"提质减负"中下功夫，坚持让学生"自我学习、自我管理、自我评价"的管理理念，放手让学生做主人，放手让学生做尝试，放手让学生做管理者。学生社团红红火火。学校一年两次运动会均由学生主持，教师只是教练、导演。一年一度的中外学生大联欢内容丰富，有写春联、猜谜语、古诗文朗诵、歌咏比赛、文艺演出等活动，已成为学生最喜爱的传统节目。学生班班有歌声，文艺、体育活动继续保持良好的战绩。市运动会比赛高中组田径获亚军，初中组足球获亚军；《我为马拉松喝彩》获 2010 年市级金奖。2009 年，学校被评为福建省田径传统项目学校，2010 年，学校被评为足球传统项目校。

2003 年 11 月，由中国作协创研部、人民文学杂志、中国校园文学杂志联合举办的"首届全国中学九十九家文学社刊（报）"评选结果揭晓，《集美中学》报荣膺"特别奖"。

2006 年 7 月，第四届"叶圣陶杯"全国中学生新作文大赛，集美中学一等奖 6 人，

南薰文学社获"全国50佳校园文学社团",20位初中学生参加颁奖会及夏令营活动。同年,全国青少年冰心文学大赛揭晓,大赛组委会授予集美中学"全国青少年冰心文学大赛文学摇篮"称号和"全国青少年冰心文学大赛组织金奖"。

集美学村的文化气息和集美中学独一无二的美丽建筑吸引了许多剧组来这里拍摄。由中影集团投资的20集电视连续剧《男生日记》将主场景设在集美中学,剧中有三分之二的镜头在学校拍摄,剧中的学校因此改名为集美中学。学校这次参与拍摄的学生有一两千人次,同学们借此了解一部剧是怎样拍摄的。一些同学的表演还得到了导演的好评,对学校挖掘文艺人才也是好机会。

集美中学航模兴趣小组,参加各类比赛成绩斐然。2008年参加在泉州举行的福建省"我爱祖国海疆航海模型比赛"中,共获三项个人第一,并荣获女子团体总成绩第一,男子团体总成绩第二。当年12月在杭州萧山举行的第九届"我爱祖国海疆航海模型暨建筑模型比赛"中,林翔燕同学获一等奖。2009年08,在海南举行的第十届"我爱祖国海疆航海模型比赛"中,王加庆获"扬帆号"现场制作冠军,杨雪芬获"嘉年华"自航亚军。

2012年1月,集美中学荣获福建省第十一届文明学校。7月,集美中学党总支被福建省委授予全省"创先争优"先进基层党组织。

(七)领导班子与师资队伍

2006年9月,刘卫平校长被评为特级教师和省优秀中小学校长;2007年8月,被评为厦门市拔尖人才,9月10日,获首届厦门市"优秀校长"称号。

2009年3月5日,市委教育工委、市教育局研究决定,谢艺明任集美中学副校长(厦教工委[2009]15号)。4月22日,中共厦门市委机构编制委员会批复(厦委编[2009]38号),同意福建省厦门集美中学机构规格为相当正处级,核定领导职数4名,分别是校长1名(可高配正处副局级)、副书记兼纪检书记1名(可高配正处级)、副校长2名(可高配正处级),党组织领导由行政领导兼任;内设党政后勤管理机构领导职数14名。教研室机构规格为相当正科级,核定领导职数为1正1副。

2011年9月20日,中共厦门市委教育工委宣布,庄小荣任集美中学校长、书记,刘卫平任厦门六中校长。2012年8月,原厦门二中副校长、副书记蒋思彬调任集美中学副校长,原集美中学校长助理时建军调任厦门二中副校长。

2013年1月,集美中学首届党委成立。庄小荣、张勤勇、李聪明、谢艺明、蒋思彬、林红晖、王志毅为党委委员,庄小荣任党委书记,张勤勇任党委副书记兼纪委书记。

2005年3月,李琪琪被全国妇联授予全国"巾帼建功"标兵。2006年5月,学校投入百万引进优秀师资。2007年9月10日,林春源、夏光明获得首届厦门市"杰出教师"称号。黄李力被评为"全国模范教师暨2007全国教育系统巾帼建功标兵"。2009年学校荣获"福建省五一劳动奖状",罗文明老师获"厦门市五一劳动奖章"。2011年1月,在省教育厅、总工会主办的福建省首届中小学教师教学技能大赛中,潘登远老师获高中物理一等奖,刘伟老师获高中数学二等奖。6月,集美中学"我们班的共产党员"

获全国中小学创先争优活动优秀活动载体评选三等奖,该活动载体为福建省遴选上报并获奖的3个优秀载体之一,也是厦门市唯一获奖的中小学创先争优活动优秀活动载体。9月,韩安娜被评为2011年市中考优秀评卷教师,陈永春为体育优秀裁判教师,曾昕、杨爱兰被评为市优秀班主任,赖春葵被评为市优秀年段长。2012年7月,邹标在中国教育学会化学教学专业委员会举办的全国第十一届化学实验教学创新竞赛中荣获一等奖。9月,杨晓婷被厦门市教育局评为厦门市中小学优秀年段长,任巧红、韩冬被评为市中小学优秀班主任。12月,黄仪在福建省教育厅、福建省总工会举办的福建省第二届中小学教师教学技能大赛中荣获二等奖。

七、小学、幼儿园成为"省级示范校(园)"

(一)小学推进素质教育

2003年以来,集美小学以推进素质教育为核心,以促进教师发展为途径,以提高管理水平和教学质量为主题,以优化教育资源和办学条件为手段,以服务于区域经济和社会发展为宗旨,进一步完善学生教育、教师发展、质量管理的办学体系,全力营造"以人为本,人尽其才,德才兼备,均衡发展"的办学环境,注重培养学生的技能与特长,用文化的方式探索有效的生命化教育教学模式。打造常规管理、特色兴校的品牌,成为首批全国课程改革实验校之一。

2005年5月26日,学校被省教育厅授予"省示范学校"。12月24日至25日,学校成功举办全国基础教育新课程校本教研与课堂教学课改互动论坛。2006年10月,学校被确定为"全国青少年思想政治工作基地校"。2009年12月,学校通过"义务教育标准化学校"验收,并被福建省人民政府侨务办公室确定为"福建省海外华文教育基地"。2010年11月,学校获得"厦门市文明学校"称号。2011年11月,学校被省普教室确定为"福建省首批基础教育学科教学研究基地学校"。

学校根据现有条件和发展趋势,提出打造学习型教师队伍,完善"诚毅教育"校本课程,满足学生全面发展的需要,到2015年把学校建设成国内外(尤其是东南亚)知名的特色名校。

(二)幼儿园成为"省示范性幼儿园"

集美幼儿园自1998年4月以优良的成绩通过"福建省标准实验幼儿园"的评估验收、1998年10月被省教委授予"福建省先进幼儿园"的称号后,2009年12月又顺利通过"福建省示范性幼儿园"的评估,成为省示范性幼儿园。

2003年,集美校委会、区政府、集美街道又投入资金对1926年建成的养正楼、群乐楼、熙春楼进行改造翻修。经过改造,幼儿园园舍焕然一新。2006年以来幼儿园又对厨房、储藏间、功能室、围墙、大门、二楼露台进行扩建、重新装修和铺设塑胶地面,使

幼儿园的附属设施更加完善、规范化、标准化。设备设施配套齐全,各种功能室设置分明,教学设备、教玩具依据省优质幼儿园的标准配置,满足了幼儿的探索欲望和动手操作的需求,为幼儿主动学习、自主学习提供丰富的物质条件。幼儿园内建有一个小植物园,植物种类繁多,色彩艳丽,四季常青,给幼儿园带来了生机。集美幼儿园是厦门市最漂亮、建筑风格最独特、绿化面积最大的幼儿园之一。至 2011 年底,集美幼儿园有幼儿 445 名,有 12 个教学班(大班、中班、小班各 4 个),教职工 50 名(行政人员 3 名,专任教师 25 名,保管 1 名,保健医生 1 名,保育员等 20 名)。专任教师 100% 达大专及以上学历。

幼儿园根据国家颁布的《幼儿园教育指导纲要(试行)》,更新和提升教师的教育教学观念,明确幼儿是学习的主体,教师是幼儿学习的支持者、合作者和引导者。同时,集美幼儿园秉承陈嘉庚先生"葆有童真、养正品行"的办学思想,以幼儿发展为本,开展主题探究活动,以省编的《主题活动指导》和《领域活动指导》为教材,结合幼儿的兴趣特点以及师幼互动而产生的生成活动为教学材料,开展以幼儿自主选择,同伴合作、自己动手操作学习的区域活动学习形式,根据健康、社会、科学、语言、艺术等五大领域课程的全面性、均衡性和系统性,有目的、有计划地开展教学活动,使幼儿的身心健康、和谐地发展。

2008 年至 2011 年,幼儿园开展《整合社区资源构建幼儿园园本课程的实践研究》的区级课题研究,并于 2011 年 6 月顺利结题。研究中,教师将教研与科研有机结合,把课题特色教育渗透到各个领域和一日活动之中,并及时总结研究成果,撰写论文、随笔和案例,有 6 篇课题相关的论文收入市级汇编,同时开发出新的园本课程(园本主题活动材料)12 本。

幼儿园注重开展多种形式的家园互动,帮助家长提高育儿水平。如开展专题家教讲座,请家长到幼儿园助教活动,也利用家园宣传栏、对外公开栏、分发家长一封信等形式加强家园联系,结合主题开展的需要或者是节日庆典活动,开展多种形式的亲子活动,家园互动的形式多样化、常态化,增强了教育的家园合力。

作为省示范性幼儿园,集美幼儿园为社区 0~3 岁幼儿的家长定期提供科学育儿、早教咨询活动,让家长接触科学的育儿理念、更全面地了解自己的孩子,进而提高科学育儿的水平。与灌口片区和后溪片区的幼儿园、学前班建立"手拉手"共建关系,集美幼儿园每学期定期开展送教下乡活动,向片区幼儿教师展示教学活动,并对片区民办幼儿园进行管理带动,有教研活动,听课、评课指导等,充分发挥了幼儿园的示范作用。

集美幼儿园传承和弘扬陈嘉庚"葆真养正"的幼儿教育办学理念,对"葆真养正"教育思想进行与时俱进的发扬与创新,进一步丰富葆真养正的内涵,以顺应时代发展和幼儿发展的需要,构建"葆真养正"的办学特色。提出"葆真"旨在葆有幼儿本真、纯真的天性,"养正"意在幼儿良好习惯、品行的养成教育。"葆真养正"教育主要是以幼儿应有的生活习惯、学习习惯、礼仪习惯、安全行为、品德行为为纬线,以幼儿小班、中班、大班的三个成长阶段为经线,针对不同年龄阶段幼儿的身心特点、成长规律,由低到高,由浅入深,分层递进,螺旋上升,整体构建幼儿行为习惯养成教育体系。在"养正"

教育中,坚持家庭、幼儿园、社会教育相结合,一日生活、领域教学、游戏相结合,环境创设、施教者群体相结合,遵循幼儿身心发展规律,注重幼儿行为习惯的培养与情感培养相结合,通过看、听、体验,让幼儿从内心深处产生积极的道德情感,经过幼儿感知、感受、体验、内化,逐步形成良好的品德行为习惯,为孩子未来人生的成功发展奠定基础。

八、校委会致力于弘扬嘉庚精神

2003 年 10 月,福南堂重建工程(建筑面积 8056 平方米)正式验收,如期交付使用,保证集美学校 90 周年纪念大会和专场文艺晚会在福南堂顺利举行。10 月 21 日,举办纪念陈嘉庚先生创办集美学校 90 周年活动,国务委员陈至立到会致辞、高度赞扬嘉庚先生。同时为陈嘉庚纪念馆奠基,该馆占地约 10 万平方米,建筑面积 1.1 万平方米,总投资约 1.8 亿元。

2004 年 2 月,陈嘉庚纪念胜地被中共福建省委文明办、福建省建设厅、福建省旅游局授牌为"福建省文明风景旅游区示范点"。5 月 18 日,中共中央政治局委员、书记处书记、中宣部部长刘云山考察景区时,对陈嘉庚的伟大业绩和崇高精神给予高度的评价,对景区讲解服务表示充分的肯定,并要求中央媒体对基地在开展爱国主义教育,尤其是将嘉庚精神融入青少年的品德教育的先进事迹和做法给予宣传和报道。之后,中央电视台、中央人民广播电台、人民日报、福建电视台、福建东南电视台、厦门日报等先后进行了连续报道。6 月 21 日,厦门市委常委、统战部长欧阳建兼任集美学校委员会主任。7 月,被中宣部等四部委联合授予"全国爱国主义教育示范基地先进单位"。当年被评为"国家 4A 级旅游景区"、"厦门市十大城市名片"。10 月 21 日,省、市政协联合举办纪念陈嘉庚先生诞辰 130 周年活动。集美学校委员会配合市委宣传部编辑、出版《集美学校九十周年纪念册》,配合市、区政协编辑出版《嘉庚建筑图谱》,推出了《嘉庚杯征联作品选集》,受到市委、市政府表彰,荣获"捐资兴学尊师重教"的光荣称号。集美图书馆顺利通过国家(区)一级图书馆的评级工作。协助集美校友总会编辑出版《陈村牧与集美学校》。

2005 年 3 月,陈嘉庚纪念馆正式开工。2005 年 6 月 22 日,集美图书馆被国家文化部评为"一级图书馆"。11 月 18 日厦视二套开始连续播出六集专题文献纪录片《陈嘉庚》(该片 2003 年 10 月在央视连续播出)。集美图书馆二期及集美小学综合楼正式开工,建筑面积 3500 平方米,总投资约 500 万元,其中集美图书馆使用 2000 平方米,集美小学使用 1500 平方米。11 月 26 日,陈呈任集美学校委员会副主任。

2005 年,嘉庚公园被厦门市公园管理协会评为二级专类公园,并通过 4 星级公园达标验收。

2006 年 6 月,集美学村早期建筑经国务院核定并颁布列为第六批全国重点文物保护单位,此前,陈嘉庚墓(鳌园)已列为全国重点文物保护单位。首届"嘉庚杯"、"敬贤杯"海峡两岸龙舟赛隆重举办。大会邀请了来自台湾、金门、厦门台商协会、厦门各

区、集美各校及有关单位的 51 支参赛队 1500 多名运动员参加龙舟竞渡。8 月 15 日，陈呈兼任陈嘉庚纪念馆馆长。10 月 9 日集美学校委员会被省文明办、省建设厅、省旅游局评为全省创建文明风景旅游区工作先进单位。

2007 年 5 月 5 日至 6 日，《我心目中的陈嘉庚》专题片在央视"百家讲坛"栏目隆重开讲。6 月，第二届"嘉庚杯"、"敬贤杯"海峡两岸龙舟赛举办，共有 60 支龙舟队参赛，其中有 8 支台湾队伍参赛，台湾方面还组织 2 个观摩团莅临赛场观摩交流。2007 年，协助香港集美校友会筹办首届世界集美校友联谊大会暨香港集美校友会成立 25 周年庆典活动，协助出版大会特刊。与集美校友总会联合举办纪念陈村牧先生诞辰 100 周年座谈会暨《学村牧歌》首发式活动。

2008 年 2 月 18 日，中共厦门市委机构编制委员会下发《关于调整福建省厦门市私立集美学校委员会机构编制问题的批复》（厦委编〔2008〕6 号）文件，同意福建省厦门市私立集美学校委员会机构编制作出如下调整：福建省厦门市私立集美学校委员会加挂陈嘉庚纪念馆牌子，增设内设机构陈嘉庚纪念馆，增加内设机构领导职数 1 正 2 副，增加人员编制 12 名。增编后，人员编制总计为 39 名，经费渠道按原体制不变。2008 年，第三届海峡两岸龙舟赛成为国家级赛事。共有 65 支龙舟队参赛，其中包括荷兰、台北等 8 支境外队参赛。2008 年，集美图书馆迎来 90 周年馆庆。10 月 21 日，陈嘉庚纪念馆举行盛大开馆仪式，全国政协副主席万钢出席，103 名陈嘉庚先生的海外后裔也出席了开馆仪式。

2009 年 2 月 8 日，中共厦门市委机构编制委员会根据中共厦门市委会议纪要精神，同意福建省厦门市私立集美学校委员会机构规格仍为相当正处级，核定领导职数 3 名，分别是主任 1 名（可高配正处副局级）、副主任 2 名（可高配正处级），党组织领导由行政领导兼任；内设机构规格仍为相当正科级，核定内设机构领导职数 11 名。5 月，举办第四届"嘉庚杯""敬贤杯"海峡两岸龙舟赛，有来自海峡两岸及美国、马来西亚、香港等国家和地区的 70 支龙舟代表队参赛。2009 年，基本陈列《华侨旗帜 民族光辉——陈嘉庚》荣获"福建省第一届博物馆陈列展览精品奖"。参与编辑《李尚大画传》和《纪念李尚大》两书。

2010 年上半年，嘉庚公园的"陈嘉庚廉洁奉公事迹展"正式对外开放，该展览还被中纪委和监察部命名为第一批 50 个全国廉政教育基地（福建省共两个）。第五届"嘉庚杯""敬贤杯"海峡两岸龙舟赛有来自海峡两岸及新加坡、香港等国家和地区的 76 支龙舟代表队参赛。9 月为纪念抗日战争胜利 65 周年，举办"陈嘉庚与南侨机工"展览。2010 年，委托陈嘉庚长孙陈立人先生从新加坡国家图书馆复制陈嘉庚创办的《南洋商报》（1923 年 9 月 6 日至 1983 年 3 月 15 日期间）35mm 微缩胶卷 662 卷。

2011 年 2 月 27 日，协助泰国集美校友会在泰国曼谷举行第二届全球集美校友联谊大会，协助出版精美画册《湄南河畔诚毅歌》和《魅力集美》等宣传品。4 月至 9 月，陈嘉庚纪念馆举办"走进嘉庚建筑展"、"开天辟地的大事变—中国共产党创建史"、"走向共和—辛亥革命历史文物图片展"等 8 次临时展览。9 月成功举办福建省"嘉庚杯"讲解比赛，陈嘉庚纪念馆讲解员取得一等奖 1 名、二等奖 2 名、三等奖 2 名的好成绩。

5月21—22日,举办第六届"嘉庚杯"、"敬贤杯"海峡两岸龙舟赛,共有73支来自海峡两岸及新加坡、澳门、香港等国家和地区的龙舟代表队2000多名运动员参赛。

2011年11月28日,厦门市委常委、统战部部长黄菱兼任集美学校委员会主任。

2012年3月9日,《集美学校百年校史》编撰座谈会在陈嘉庚纪念馆召开,编撰工作启动。4月28日,成立陈嘉庚先生创办集美学校100周年纪念活动前期筹备工作小组(厦委办[2010]29号),各项筹备工作有序开展。6月9日—11日,举办第七届"嘉庚杯"、"敬贤杯"海峡两岸龙舟赛,84支代表队(其中台湾22队)参加了比赛。8月8日,陈嘉庚纪念馆成为副处级独立法人事业单位。

集美学校委员会自成立以来,历任主任名单如下:

姓　名	任　职　时　间
陈朱明	1956年1月—1966年
杨新容	1975年4月—1982年11月
张其华	1982年11月—1988年3月
郑德发	1988年3月—1990年10月
陈耀中	1990年10月—1992年4月
陈　洛	1992年4月—1993年
陈耀中	1994年—2004年
欧阳建	2004年—2011年
黄　菱	2011年—

九、校友总会传承"嘉泽"、凝聚力量

2003年10月1日,由总会理事长任镜波、副理事长张向中主持,由朱晨光、梁振坤主编的《集美学校80—90周年》校史和由白少山主编的《集美学校校友名人录》(第二辑)正式出版。10月19日晚,集美校友总会在厦门宝龙大酒店举行纪念陈嘉庚先生创办集美学校90周年海内外校友联欢会。这是总会为配合省市政府举行的庆祝活动而组织的系列活动之一,也是总会自成立以来独立组织的最大规模的活动。李尚大、李陆大等知名校友及各地校友代表、嘉宾400多人参加联欢活动。福建省副省长汪毅夫应邀出席。12月27日,总会举行2003年年会,同时举行纪念陈嘉庚先生创办集美学校90周年征文比赛及"成国杯"摄影比赛颁奖仪式,同时举行的还有德慈助学金颁发仪式。2003年实施德慈助学金的第一年,共资助贫困学生50名,每生1000元,共颁发助学金5万元。该项助学金第3年至第8年,每年资助100名,每名2000元。

2004年3月5日,集美校友总会召开理事长扩大会,决议在德慈助学金的基础

上,倡议设立"嘉泽"助学金。会议同时决议,在征求陈村牧亲属的意见后,将陈村牧基金从奖励校友转为扶助在校贫困生。3月15日,集美校友总会发出《关于建立嘉泽助学金》的倡议。"嘉泽"意为嘉庚之恩泽。用"嘉泽"二字命名助学金,以表达受嘉庚先生恩泽的万千校友对校主的感念之情,同时表达广大集美校友和仁人志士弘扬嘉庚精神,光大嘉庚先生济贫兴学事业,让嘉庚恩泽代代相传的意愿。6月25日,总会与集美中学联合举办"纪念叶振汉校长逝世20周年座谈会"。会后,《集美校友》、《集美中学报》出了专栏和专版。8月29日,总会举行纪念陈村牧先生逝世8周年暨《陈村牧与集美学校》首发式。这本书,由总会聘请总会理事原同安二中校长蔡鹤影撰写、由李尚大校友捐资出版。10月21日,总会举办"纪念陈嘉庚先生诞辰130周年报告会",印发《集美学校校歌》,在各校开展学唱校歌活动。12月12日,总会组团参加泰国集美学校校友会举行纪念陈嘉庚先生诞辰130周年暨校友会成立20周年活动。

2005年1月8日,举行年会,颁发各项助学金计12.6万元。10月21日,总会在集美福南堂隆重举行纪念陈嘉庚先生创办集美校友会暨《集美校友》杂志85周年大会。来自海内外的近千名集美校友、乡亲和嘉宾欢聚一堂,共襄盛举。副省长汪毅夫、厦门市市长张昌平、省侨办和著名校友李尚大、蔡启瑞以及海内外校友会纷纷发来贺信、贺电。12月25日举行年会,颁发各项助学金计18.5万元。

2006年1月25日,任镜波理事长拜访集美区委书记曾晓民,请求帮助总会物色建设会馆的用地。3月2日,总会正式向集美区委、区政府申请建设会馆的用地。3月17日,总会理事长扩大会议讨论通过要筹建会馆。4月5日,中共集美区委专题会议决定(集委专2006第04号),结合同集路集美段旧城改造,在北段A区建设集友大厦,作为新侨联大厦和集美校友总会会馆。两单位各占一半,会馆部分由校友总会出资。4月14日,总会召开理事长扩大会议,任镜波理事长通报了集美区委、区政府支持会馆用地和李尚大校友承诺由他兄弟认捐人民币300万元的喜讯。4月28日,总会在集美轻工业学校举行通报会,由任镜波理事长向各母校领导汇报总会建设会馆事宜,得到各母校领导的支持。会后,集美中学捐助10万元、集美轻工业学校捐助30万元、厦门(集美)海洋职业技术学院捐助15万元、集美大学捐助100万元、华侨大学华文学院(集美侨校)捐助5万元。总会为了建会馆还发出了《致集美校友书》,"希望能得到广大校友的支持,尤其热切盼望得到一些事业有成、热爱母校、乐于奉献的校友的支持与帮助"。致校友书还承诺了捐资鸣谢办法:"一、凡捐助的个人或集体,不管金额多少,将在《集美校友》设置捐助芳名榜上予以公布;二、凡以个人名义捐助人民币1000元以上者,以集体组织名义捐助人民币1万元以上者,将在会馆内予以勒石鸣谢。"11月13日,总会理事长扩大会议决定增聘集美校委会副主任陈呈校友为副理事长。同时成立换届筹备小组,由李泗滨副理事长担任组长。12月24日,总会举行2006年年会暨村牧、德慈、嘉泽三项助学金颁发仪式,颁发各项助学金计27.2万元。

2007年3月9日,总会与校委会、集美大学、集美中学联合举行李陆大校友追思会。6月24日,总会召开第七届校友代表会议,选举产生第七届理事会。任镜波校友连任理事长,张向中、陈呈、李泗滨、陈永水、汪祐喆、翁新杰、宋立武为副理事长,黄德

祺为秘书长。10月7日，在厦门市委统战部和集美学校委员会的支持下，由香港集美校友会主办的"集美校友首届全球联谊大会"在香港九龙国际展贸中心召开。为了支持这次活动，总会协助香港集美校友会做了许多联络沟通和提供稿件、编辑会刊的工作。在宋立武、翁新杰两位副理事长的资助下，总会组织了有41人参加的代表团赴港联谊。任镜波理事长在联谊会上发言，热情宣传广大集美校友感念校主、回报母校的事迹和风尚，并坦诚提出校友会工作应该把"联络校友，回报母校"摆在首位。11月23日，总会和校委会在集美大学"村牧楼"举行"陈村牧先生诞辰100周年暨《学村牧歌》首发式"，市委统战部、省市金门同胞联谊会、市农工民主党、安溪县政府、集美区政府、集美区政协、泉州集美校友会、集美各母校的领导和代表，以及陈村牧先生的亲属等，共有150多人参加。12月25日，举行年会，颁发各项助学金计26万元。

2008年2月24日，总会任镜波理事长等走访广州陈嘉庚纪念中学，并同他们建立了友好往来的关系。广州市陈嘉庚纪念中学是广州市第三十中学更名的，其前身国立第二侨民师范学校是抗战时期陈嘉庚先生极力向国民政府倡议创办的，目的是为南洋华侨中小学校培养师资。陈嘉庚纪念中学把"诚毅忠公"定为校训；他们精心设计建造了"嘉庚廊"和体现"诚、毅、公、忠"的大型浮雕，还编印了校本课程试验教材《嘉庚精神伴我行》。4月22日，任镜波理事长一行到泉州参加李陆大校友诞辰85周年、李陆大星命名12周年座谈会暨《侨海星光》画册首发式。11月2日，集美校友、印尼华社领袖、集美大学校董事会副主席、尚大集团董事长李尚大先生在新加坡家中安详辞世，11月16日下午，总会和校委会、集美大学、集美中学一起在集美福南堂举行李尚大先生追思悼念大会。中共中央政治局常委、全国政协主席贾庆林，中共中央政治局常委、国家副主席习近平，全国政协原副主席罗豪才发来唁电并敬送花圈。各界人士1200余人参加了追悼会。

2009年1月6日，举行年会并颁发各项助学金计26.4万元。8月22日，集美水专水产校友会龙岩分会成立。总会应邀组织祝贺团前往祝贺。9月20日，泉州集美校友会举行庆祝新中国成立60周年的大型活动。任镜波理事长代表总会向泉州集美校友会赠送"嘉庚学子遍天下，集美校友是一家"的锦旗。这是总会第一次提出这个口号。11月21日，总会参与在集美大学尚大楼举行的李尚大先生逝世一周年纪念大会。省市领导、李尚大先生亲属及亲朋好友、李尚大故乡及其生前捐助单位的代表、集大师生代表500多人参加了纪念大会。会上还举行了由任镜波、陈经华等主编、由著名画家黄永玉校友题写书名的《李尚大画传》、《纪念李尚大文集》赠书仪式。

2010年1月8日，举行年会并颁发各项助学金27.9万元。6月1日，集美校友总会网页开通。6月9日，总会与集美大学音乐学院联合举办旅美青年小提琴演奏家黄茜卡独奏音乐会。6月22日，在航海校友林茂兴的促成下，总会与南洋船务有限公司签约，该公司从2010年起，在总会设立"南洋船务海事助学金"，每年捐助10万元人民币，为集美大学和厦门（集美）海洋职业技术学院航海类专业的贫困生提供资助，每年名额50名，金额每名2000元。该公司还从2010年起，每年投入3万元，资助集美校友总会开展陈嘉庚英语知识竞赛活动。8月23日，总会组织了17人的参访团，由任

镜波理事长率领，到台湾"看宝岛，访校友"，拜访了 20 多位在台湾的老校友和他们的第二代，这是 60 年来的第一回。10 月 11 日，杜成国校友在总会设立杜成国助学金，捐款 80 万，存本取息，每年用于帮助集美中学贫困生。10 月 19 日，由集美校友总会举办的纪念陈嘉庚先生创办集美校友会暨《集美校友》90 周年大会在集美福南堂隆重召开，中国侨联主席林军为大会题词："继承集美校风，发扬嘉庚精神"。福建省委常委、厦门市委书记于伟国发来贺信。来自香港、澳门、台湾、美国、澳大利亚、泰国、菲律宾、印尼等国家和地区以及北京、上海、广州等国内省市的 39 个校友会的计千名代表出席纪念大会。同日在陈嘉庚纪念馆举行《校友论坛》。

2011 年 1 月 5 日，举行年会并颁发各项助学金计 38.4 万元。2 月 27 日，总会组团参加在泰国曼谷举行的第二届全球集美校友联谊会。这是第一次在国外举行的全球集美校友联谊会。会前，《集美校友》编辑部帮助编辑了《湄南河畔诚毅歌》特刊，并撰写提供了有关陈嘉庚生平事迹、集美各校沿革和集美区情况的文稿，在泰国四家华文大报和一家杂志上发表，各报连登三天，影响很大。任镜波在会上作了"感恩校主、奉献爱心"的发言，呼吁校友们多关心母校，为维护、发展校主的遗业而努力。3 月 14 日，总会增设自辉助学金。从 2011 年起每年由航海校友陈自辉捐赠人民币 4 万元，向集美大学、厦门（集美）海洋职业技术学院和集美轻工业学校的 20 名贫困生提供资助，每生 2000 元。7 月 3 日，总会召开第八届校友代表会，选举产生第八届理事会。任镜波校友三任理事长，张向中、陈呈、李泗滨、陈永水、汪祐喆、翁新杰、宋立武连选连任副理事长，增选叶美萍、秦祥东为副理事长。陈呈兼任秘书长。聘请陈明义、蔡启瑞、张乾二等三位德高望重的老学长为荣誉理事长，10 位老领导、老学长为名誉理事长，53 位老领导和相关部门的领导为顾问。9 月 7 日，由集美校友总会主编、钟国平执编的《王瑞庭海上专业助学金十年》一书在集大航海学院举行颁发仪式。9 月 14 日，总会和集美大学联合举办《纪念罗明同志诞辰 110 周年报告会》。12 月 7 日，举行年会，颁发各项助学金计 25.7 万元。

2012 年 1 月 4 日，总会增设林启仁助学金。从 2012 年起，每年由林启仁校友捐赠人民币 5 万元，向集美大学和厦门（集美）海洋职业技术学院的 25 名贫困生提供资助，每生 2000 元。4 月 11 日，经总会八届二次常务理事会审议通过，增聘厦门市委常委、市委统战部部长、集美学校委员会主任黄菱为集美校友总会第八届理事会名誉理事长；增聘厦门市委统战部林汉义副部长为集美校友总会第八届理事会顾问。4 月 19 日，经批准，集美校友总会的主管部门正式从厦门市政协台港澳侨和外事委员会转到市委统战部。5 月 7 日，北美集美校友会在加拿大温哥华举行成立大会，总会发贺信祝贺。7 月 2 日，总会增设莆田水产校友助学金。由林茂苍校友每年捐赠人民币 3 万元，向集美大学和厦门（集美）海洋职业技术学院的 15 名贫困生提供资助，每生 2000 元。12 月 19 日，总会在集大财税宾馆举行 2012 年度助学金颁发仪式。这次颁发的助学金一共有八项：陈村牧助学金、嘉泽助学金、南洋船务海事助学金、杜成国助学金、林启仁助学金、陈自辉助学金、林树德助学金和莆田水产校友助学金，是历年来最多项的一次。共有 245 人获得资助，总资助金额 34.5 万元。

附　录

集美学校校史沿革大事记
（1913—2013）

时　间	事　件
1913 年 1 月 27 日	集美小学校开学，奠定集美学校的基石。
1917 年 2 月	女子小学开学。
1918 年 3 月 10 日 12 月	集美师范和中学正式开学，公布校训和校歌。 报请教育部立案，定名为"集美师范学校"，附设中学及男、女小学。
1919 年 2 月	幼稚园开园。
1919 年 6 月	设立"集美学校永久基金"。
1920 年 2 月 8 月 9 月 11 月	水产科正式开学。 商科正式开学。 设立集美医院。 设立图书馆。
1921 年 2 月 2 月 23 日 4 月 6 日 9 月 10 月	女子师范正式开学。 定"福建私立集美学校"为总校名。 厦门大学假集美学校即温楼、明良楼开学。 集美学校分为师范、中实（包括中学、水产科、商科）、女师（女小隶之）、小学、幼稚园等 5 个部。 《集美周刊》创刊。
1922 年 9 月	设立科学馆。
1923 年 10 月	各界"承认集美为中国永久和平学村"。
1924 年 1 月 3 月	水产科改称为水产部，商科改称为商业部。 设立教育推广部。
1925 年 1 月	水产部改称为高级水产航海部。 1925 年至 1927 年，开办高级师范选科，分为文、理、史、地、艺术、体育各系。
1926 年 3 月 11 日 9 月	农林部正式开学。 开办国学专门部。

时　　间	事　　件
1927 年 3 月 9 月	各部改组为校,师范部改为高级中学校(6 月,改称为师范学校),附设前期师范和后期师范;女子师范部改为女子初级中学校,附设前期师范和女子小学;高级水产航海部改为高级水产航海学校;商业部改为商业学校;国学专门部改为国学专门学校;农林部改为农林学校。学校体制改为校董制,校董代表校主监察各校一切事宜。 集美幼稚师范学校成立。国学专门学校因师资问题,移并厦门大学文科代办。
1929 年 6 月	师范、中学又合并为中学校。
1931 年夏	试验乡村师范学校成立。
1933 年 2 月 12 月	商业学校增办高级商科;幼稚师范增设艺术专修科。 高级师范、乡村师范、幼稚师范合并为师范学校。
1934 年 2 月	公布《福建私立集美学校组织大纲》
1936 年 2 月 20 日 6 月 29 日 8 月	二校主陈敬贤在杭州病逝。 福建省政府以"统制"为名,通令全省私立师范学校停办。陈嘉庚函电请求保留集美师范学校,无效。集美师范学校停止招生。 师范学校与中学合并办学,至 1940 年最后一组学生毕业即停办。
1937 年 6 月 10 月 12 月	陈嘉庚提出《复兴集美学校守则十二条》,聘陈村牧为校董。 日寇侵入金门,厦门集美已成为前线。10 月 13 日,师范中学迁往安溪文庙;10 月 27 日,商业学校迁往安溪后垵乡。 12 月 7 日,农林学校迁往安溪同美乡;12 月 16 日,水产航海学校迁往安溪官桥乡。
1938 年 1 月 3 日 6 月 8 月	集美学校举行临时全校校务联席会议,决定:各中等学校一律迁入安溪县城文庙校舍,合并办理,定名为"福建私立集美联合中学",各校改设为科。 集美小学迁往同安县第三区石兜。 集美小学分设同安石兜、霞店、珩山三处。
1939 年 1 月	水产航海、商业和农林各科脱离联合中学,定名为"福建私立集美职业学校",迁往大田县。中学改称"私立集美中学"。
1940 年 10 月 25 日 10 月 31 日 11 月 1 日 11 月 13 日	陈嘉庚到安溪看望集美师生。 陈嘉庚回集美查勘校舍被日军炸毁情形。 陈嘉庚视察集美小学。 陈嘉庚视察在大田的集美职业学校。
1941 年 2 月 8 月	集美小学迁回集美,仍在孙厝、崃上、珩山设立分校。 水产航海、商业和农林各自独立为校,称为高级水产航海职业学校、高级商业职业学校、高级农业职业学校。中学高中部迁往南安县诗山乡。初中部仍设在安溪文庙。
1942 年 2 月 8 月	中学高中部改为高级中学,初中部改为初级中学。 为方便闽南各县渔民子弟就学,高级水产航海职业学校从大田迁到安溪南街。
1944 年 2 月	省教育厅将"省立高级水产职业学校"委托集美高级水产航海职业学校代管,1946 年夏分出,迁往莆田县。

续表

时　间	事　件
1945 年 5 月 8 月	高级中学、高级商业职业学校迁往安溪，高级农业职业学校迁返集美。 高级水产航海职业学校迁返集美。
1946 年 1 月	高级中学、高级商业职业学校、初级中学全部迁返集美。
1947 年 2 月	因生源问题，高级农林职业学校停办。
1949 年 9 月 23 日 11 月 11 日	集美解放。 国民党飞机轰炸集美学校，8 名师生遇难。各校第二次搬迁到附近农村上课。
1950 年 8 月 9 月	各校全部迁回集美校舍。高中与初中合并称为集美中学。 陈嘉庚定居集美。
1951 年 1 月 16 日 8 月 9 月 10 月	教育部电准试办集美水产商船专科学校，2 月开始招生，由集美高级水产航海职业学校负责办理。 集美水产商船专科学校独立成校。 省立高级水产职业学校并入集美高级水产航海职业学校。 省立高级航海机械商船学校（原址在福州马尾）的航海科并入集美高级水产航海职业学校。
1952 年 9 月 12 月 1 日 12 月 15 日	厦门大学航务专修科与集美水产商船专科学校两校合并，在集美成立国立福建航海专科学校。 集美高级商业职业学校改名为"福建私立集美财经学校" 集美高级水产航海职业学校改名为"福建私立集美水产航海学校"。
1953 年 8 月 12 月	根据高教部决定，国立福建航海专科学校迁往大连，并入 1953 年 3 月由东北航海学院与上海航务学院合并成立的大连海运学院。 集美华侨学生补习学校开学。
1956 年 1 月	陈嘉庚决定把集美学校董事会改组为集美学校委员会，聘请各校领导及有关人员共 17 人，组织成立"福建省厦门市私立集美学校委员会"（简称"校委会"）。
1956 年秋	集美财经学校改归福建省工业厅领导。
1957 年 1 月 8 月	福建私立集美水产航海学校划归水产部、交通部领导。 增办侨属子女补习学校。
1958 年 3 月 5 月 6 月	水产航海学校分为两校，定名为"私立集美水产学校"和"私立集美航海学校"。水产学校归水产部领导，航海学校归交通部领导。 增办"集美水产专科学校"。 交通部决定将航海学校下放给福建省领导，8 月校名改为"厦门集美航海学校"。
1959 年 3 月	泉州食品工业学校、厦门纺织学校并入集美财经学校，校名改称"集美轻工业学校"。
1960 年 2 月 9 月	省交通厅决定筹办"福建交通专科学校"，在集美航海学校附办。后又决定独立办理，于 1960 年 8 月 5 日迁往闽侯枕峰。 轻工业学校增办大专部，校名改称为"福建集美轻工业学院"。
1961 年 8 月 12 日 11 月	陈嘉庚在北京逝世。 "福建省厦门市私立集美航海学校"改称为"福建集美航海学校"

时　间	事　件
1962 年 3 月	集美轻工业学院大专部分停办,恢复"集美轻工业学校"旧称。 省交通专科学校的中专部分并入集美航海学校。
1964 年 1 月	集美航海学校重新归属交通部领导,定名"集美航海学校"。
1965 年 1 月 2 月 8 月	集美各校校舍大调整。 集美轻工业学校正式分为轻工、财经两校。财经学校定名为"福建财经学校",轻工学校迁往南平,与南平造纸学校合并,定名为"福建轻工业学校"。 交通部将集美航海学校下放给广州海运局领导。
1966 年 6 月	"文化大革命"开始,各校停课"闹革命"。
1967 年 10 月	没有复课的"复课闹革命"开始。
1968 年 8 月	"工宣队"进驻各校。
1969 年 2 月 12 月	集美中学初中部恢复招生,学制两年。 集美财经学校被迫停办。
1970 年 1 月 6 月 12 月	集美水产学校、集美水产专科学校、集美幼儿园被迫停办。 集美航海学校停办,并入厦门大学海洋系,教职员除部分转到厦门大学外,其余均下放到中、小学和其他单位。 集美轻工业学校被迫停办。 集美学校委员会被迫停止活动。
1971 年 2 月 9 月	集美中学高中部恢复招生,学制二年。 国务院、中央军委决定上海水产学院迁往福建。
1972 年 1 月 2 月 5 月 11 月 1 日	集美华侨补校被迫停办。 厦门大学海洋系航海专业搬回集美航海学校校址,开展教育革命。 福建省革命委员会决定搬迁来闽的上海水产学院定址集美,改名"厦门水产学院",归福建省领导。 厦门水产学院在集美正式开学。
1973 年 8 月 1 日 9 月	福建省革命委员会政治部、生产指挥部根据国务院"科教计字(1973)192"文件批复,联合发出《同意厦门大学航海系改办集美航海学校的通知》,决定复办集美航海学校,划归交通部远洋运输总公司领导。 福建省革命委员会批准福建财经学校复办,划归省财政厅领导。
1974 年 1 月 6 月 9 月	福建轻工业学校复办。 福建水产学校复办。 福建省体委在集美原福建航海俱乐部的旧址上创办福建体育学校。
1975 年 2 月 4 月 9 月 9 月	福建水产学校借厦门东渡渔港为临时校舍。 集美学校委员会恢复办公。 福建轻工业学校因校舍困难,停招生一年。 集美中学在杏林办分校。
1977 年 9 月	福建水产学校在厦门仙岳山南麓建设新校区。

续表

时　间	事　件
1978 年 1 月 2 月 9 月 12 月	厦门水产学院归属国家水产总局和福建省双重领导，以国家水产总局领导为主。 福建水产学校迁厦门仙岳新址上课。 集美华侨学生补习学校复办。 集美航海学校升格为集美航海专科学校，直属交通部。 在福建体育学校的基础上复办福建体育学院，由省文教办及省教育局负责统管，省体委分管。
1979 年 4 月 5 月	经国务院和省、市批准，重新成立"厦门师范专科学校"。 教育部和国家水产总局通知：恢复上海水产学院，厦门水产学院在厦门继续办学。原厦门水产学院一分为二，1980 年上半年，上海水产学院迁回上海。
1980 年 6 月 7 月 8 月 9 月	福建水产学校恢复原名"集美水产学校"。 厦门师范专科学校改称"集美师范专科学校"。 国务院侨办会议确定"恢复并继续办好集美学校委员会"。 集美幼儿园复办，集美学校校友会恢复工作。
1982 年 9 月	在集美华侨学生补习学校增设"集美中国语言文化学校"。
1983 年 1 月 10 月 10 月 18 日	经省人民政府批准，福建财经学校恢复原名"集美财经学校"。 举行"纪念陈嘉庚先生创办集美学校七十周年"活动。"陈嘉庚生平事迹陈列馆"正式开放。 时任国家主席李先念视察集美学村并题词："学习陈嘉庚先生为发展祖国教育事业而奋斗的精神。"
1984 年 2 月 9 日 5 月 6 月 9 月	邓小平视察集美学村并为《陈嘉庚》画册题词："华侨旗帜 民族光辉 陈嘉庚" 集美学校委员会收回集美体育馆。 中共厦门市集美工作委员会正式成立。 集美航海专科学校开始招收五年制专科班。
1985 年 1 月 6 月	成立"集美陈嘉庚研究会"。经福建省人民政府批准，集美财经学校创办大专，定校名为"集美财政专科学校"。 福建轻工业学校恢复原名"集美轻工业学校"。
1988 年 1 月	成立"集友陈嘉庚教育基金"，香港集友银行决定每年提取 100 万港元作为基金。成立"陈嘉庚基金会"及设立"陈嘉庚奖"。
1989 年 1 月 5 月 11 日	集美学校委员会收回集美印刷厂。 经国家教委批准，集美航海专科学校升格为"集美航海学院"。
1993 年 10 月 15 日	福建省人民政府发出《关于筹建集美大学的决定》（闽政〔1993〕综 311 号）文件。
1994 年 1 月 8 日 10 月 5 日 10 月 20 日	集美大学筹建委员会在集美体育馆揭牌。 江泽民为集美大学题写校名。 在纪念陈嘉庚先生诞辰 120 周年之际，由集美学村原有的集美航海学院、厦门水产学院、福建体育学院、集美财政高等专科学校和集美高等师范专科学校五所院校合并组建的集美大学正式成立，李岚清、贾庆林为集美大学校牌揭幕。

时　间	事　件
1995 年 3 月 13 日 5 月	福建省教委批准成立集美大学工商管理学院,由厦门市人民政府和陈嘉庚国际学会联合创办,是隶属于集美大学的二级学院。 交通部、农业部、福建省人民政府、厦门市人民政府四方签订《关于集美大学办学协议》。
1996 年 11 月 22 日 9 月 9 日	集美大学工商管理学院董事会成立,实际运行模式采用董事会领导下的院长负责制,人、财、物相对独立。 集美大学首届校董会成立。陈明义任校董会主席,贾庆林任校董会名誉主席。
1997 年 2 月 9 月 7 日	根据国务院侨办的指示,集美侨校成建制并入华侨大学,成立华侨大学集美华文教育中心。 集美大学召开首届校董会第一次常务校董会议,贺国强任校董会主席。
1998 年 4 月 7 月 6 日 9 月 11 月 23 日 11 月 25 日 11 月 27 日	集美幼儿园通过"省标准实验幼儿园"的验收。 交通部、农业部和福建省政府在北京签订了集美航海学院、集美大学水产学院划转福建省管理的协议。 经国务院侨办批准,华侨大学华文学院正式挂牌。 福建省教委和福建省财政厅、厦门市政府在福州举行了集美大学财经学院、集美大学师范学院办学协议书签订仪式。 福建省教委下发《关于集美大学体育学院划归集美大学领导管理的通知》。 福建省教委、省财政厅联合下发《关于集美大学财经学院划归集美大学领导管理的通知》。
1999 年 1 月 10 月 17 日	集美大学实现实质性合并。 集美大学召开首届校董会第二次常务校董会议,习近平任校董会主席。
2000 年 5 月 9 月	集美水产学校被国家教育部批准为"首批国家级重点中专学校"。 集美大学工商管理学院改由厦门市人民政府、陈嘉庚国际学会和集美大学三方联办。
2001 年 1 月	集美中学顺利通过省一级学校达标验收。
2002 年 9 月 13 日 12 月 18 日	集美大学通过本科教学工作合格评估。 集美大学召开第二届校董会第二次全体会议,卢展工担任主席。
2003 年 2 月 8 日 4 月 6 月	集美水产学校获准升格为"厦门海洋职业技术学院"。 集美大学成立诚毅学院(独立学院)。 集美大学通过国务院学位委员会新增硕士学位授予单位整体条件的评估,新增成为硕士学位授予单位。国民经济学、轮机工程、食品科学、水产养殖四个学科新增为硕士学位授权学科。
2004 年 10 月 16 日	集美大学陈嘉庚先生铜像落成,贾庆林、卢展工为铜像落成揭幕。
2005 年 5 月 26 日 6 月 22 日 7 月 15 日 10 月 20 日	集美小学被省教育厅授予"省示范学校"。 集美图书馆被国家文化部评为"一级图书馆"。 国务委员陈至立视察集美大学。 集美大学召开第三届校董会第一次常务校董会议,黄小晶任校董会主席。
2006 年 6 月 12 月 23 日	集美大学 15 个二级学科被增列为硕士学位授权学科。 集美学校早期建筑经国务院核定并颁布列为第六批全国重点文物保护单位。 厦门海洋职业技术学院新校区(翔安校区)落成。

附录

续表

时　间	事　件
2007 年 10 月 15 日	福建省人民政府、中华人民共和国交通部签署《关于共建集美大学的意见》（闽政［2007］31 号）。
2008 年 3 月 22 日	教育部本科教学工作水平评估专家委员会投票通过集美大学评估结论为"优秀"。
5 月	集美大学新校区建成投入使用，新校区占地 1100 亩，校舍面积 60 万平方米。包括文科、理科大楼，综合教学楼，有 5000 个座位的体育馆，有 1 万人看台座位的风雨操场，可同时容纳 1 万人就餐的食堂，以及 3 幢、每幢 17 层高的学生公寓楼。
10 月 21 日	陈嘉庚纪念馆开馆。
2009 年 10 月 29 日	在北京人民大会堂，集美大学新校区工程与北京天安门广场建筑群、长江三峡水利枢纽工程、中国载人航天发射场工程、青藏铁路等重大工程一同入选新中国成立 60 周年"百项经典暨精品工程"。它也是全国唯一入选的高校建筑、全省仅有的两项入选工程之一。
12 月	集美幼儿园通过"福建省示范性幼儿园"的评估，成为省示范性幼儿园。
2010 年 2 月	国务院学位委员会发布《关于同意实施 2008—2015 年新增博士、硕士学位授予单位立项建设规划的通知》（学位［2010］8 号），集美大学正式成为新增博士学位授予单位立项建设单位。集美大学 9 个一级学科成为硕士学位授权学科。
2011 年 10 月 15 日	集美中学新校区落成。
10 月 20 日	中共中央政治局委员、国务委员刘延东一行视察集美大学。
10 月 28 日	集美大学召开第四届校董会第二次常务校董会议，苏树林任校董会主席。
12 月 31 日	福建省教育厅、福建省发展和改革委员会、福建省财政厅（闽教高［2011］124 号）确定厦门海洋职业技术学院为福建省示范性高等职业院校立项建设单位。
2012 年 8 月 22 日	福建省人民政府、厦门市人民政府签署《共建集美大学协议》。
2013 年 1 月	集美大学新增博士学位授予单位立项建设授权学科通过国务院学位委员会学科评议组评审。
2 月 1 日	集美大学新增博士学位授予单位立项建设通过省学位委员会专家组的整体验收。
7 月 19 日	经国务院学位委员会第 30 次会议审议批准，集美大学被确定为博士学位授予单位，船舶与海洋工程、水产 2 个一级学科为博士学位授权学科。
2013 年 10 月 21 日	厦门市隆重举行"纪念陈嘉庚先生创办集美学校 100 周年"系列活动。

主要参考文献

1.《集美学校廿周年纪念刊》,集美学校廿周年纪念刊编辑部 1933 年出版。

2.《集美学校最近三年来概况》,集美学校校董办公室 1940 年 6 月出版。

3.《集美学校编年小史》,集美学校校董会 1948 年 5 月出版。

4.《集美学校七十年》,校史编写组编,福建人民出版社 1983 年 9 月出版。

5.《集美学校八十年校史》,周日升主编,鹭江出版社 1993 年 7 月出版。

6.《集美学校 80—90 周年(1993—2003)》,朱晨光、梁振坤主编,中央文献出版社 2003 年 10 月出版。

7.《集美航海学院校史》,骆怀东编著,厦门大学出版社 1990 年 9 月出版。

8.《陈嘉庚教育文集》,王增炳、陈毅明、林鹤龄编,福建教育出版社 1989 年出版。

9.《南侨回忆录》,陈嘉庚著。1993 年集美陈嘉庚研究会翻印。

10.《陈嘉庚言论集》,陈嘉庚著,新加坡怡和轩俱乐部、新加坡陈嘉庚基金、中国厦门集美陈嘉庚研究会联合出版,2004 年 10 月。

11.《新中国观感集》,陈嘉庚著,新加坡怡和轩俱乐部、新加坡陈嘉庚基金、中国厦门集美陈嘉庚研究会联合出版,2004 年 10 月。

12.《陈嘉庚年谱》,陈碧笙、陈毅明编,福建人民出版社 1986 年出版。

13.《陈嘉庚传》,陈碧笙、杨国桢著,福建人民出版社 1981 年出版。

14.《教育事业家陈嘉庚》,王增炳、骆怀东编,教育科学出版社 1989 年出版。

15.《陈嘉庚 华侨旗帜 民族光辉》,曾昭铎著,中央文献出版社 1999 年出版。

16.《陈嘉庚精神文献选编》,黄金陵、王建立主编,福建人民出版社 1996 年出版。

17.《回忆陈嘉庚》,全国政协文史资料研究委员会、全国侨联、福建省政协合编,1984 年出版。

18.《陈嘉庚精神读本》,林斯丰主编,厦门大学出版社 2007 年出版。

19.《陈嘉庚研究文集》,陈少斌著,集美陈嘉庚研究会编印。

20.《陈村牧与集美学校》,蔡鹤影著,中央文献出版社 2004 年 8 月出版。

21.《南侨机工抗战纪实》,陈毅明、汤璐聪编,鹭江出版社 2005 年 8 月出版。

22.《陈嘉庚在归来的日子里》,张其华著,中央文献出版社 2003 年 7 月出版。

23.《陈敬贤先生纪念集》,集美区政协、集美陈嘉庚研究会编。

24.《厦门市集美中学》,人民教育出版社 1998 年出版。

25.《集美周刊》(1930—1949 年)，集美学校校董会出版。

26.《南国侨乡的教师摇篮——陈嘉庚创办师范教育的沿革与发展》，吴石渊、施若谷主编，2008 年 10 月。

27.《集美财经三个里程碑(1973—1998)》，洪文明主编，2008 年 9 月。

28.《陈嘉庚研究文选》(上、下)，曾讲来主编，厦门大学出版社 2007 年 9 月出版。

后 记

经过 16 个月的努力,《集美学校百年校史》(1913—2013) 的书稿完成,即将付印。回顾百年校史的编写历程,颇有感触,特附记如下。

一

2012 年 2 月 26 日,集美学校委员会召开全体会议,研究"纪念陈嘉庚先生创办集美学校 100 周年"系列活动筹备工作。会上决定组织编写《集美学校百年校史》,并明确编写工作主要由集美大学承担,集美各校和相关机构配合,校委会副主任陈呈负责联系落实。2 月 27 日,集美大学苏文金校长指派宣传部部长林斯丰与陈呈衔接,具体落实百年校史的编写工作。

3 月 2 日,陈呈到集美大学,与林斯丰等商议百年校史编写事宜,就编写工作思路、编写组人员组成、第一阶段工作安排等达成共识。3 月 9 日,校委会在陈嘉庚纪念馆召开《集美学校百年校史》编撰工作座谈会,听取有关专家对百年校史编写的意见和建议。3 月 12 日,编写组在集大宣传部召开编写组成员会议,讨论工作分工和编写体例等问题。3 月 19 日,编写组在集大宣传部讨论编写大纲,并提出需要各校及相关单位提供资料的清单。

3 月 29 日,校委会在陈嘉庚纪念馆召开百年校史编写工作会议,集美各校代表参加会议。市委统战部副部长林汉义在会上对校史编写工作提出要求,陈呈在会上通报了百年校史编写的有关情况,林斯丰就百年校史的编写思路和大纲作了说明。会议要求各校在 4 月 30 日前向编写组提供相关资料。

8 月 26 日,校委会召开百年校史编写工作汇报会,林斯丰代表编写组汇报了阶段性工作完成的情况,与会人员还对编写组提交的部分初稿进行了审议,提出修改建议。

2013 年 1 月 29 日,校委会在陈嘉庚纪念馆召开《集美学校百年校史》编委会,审议编写组提交的百年校史初稿,并决定将初稿作为《征求意见稿》向有关专家和集美各校征求意见。3 月 10 日,专家意见和各校的修改意见相继反馈,编写组着手对初稿进行修改。

4 月 17 日,校委会在陈嘉庚纪念馆召开《集美学校百年校史》编委会第二次会议,

审议编写组提交的百年校史第二稿,提出进一步修改的意见。会议还研究了后续工作计划和有关出版的问题。

5月20日,《集美学校百年校史》(1913—2013)修改稿完成,提交编委会审定,并送编委会顾问王毅林、张其华、郑德发、陈耀中、欧阳建等老领导审阅。

7月15日,编写组在对修改稿作进一步修改完善后交付出版社排版。

二

16个月来,百年校史的编写工作经历了"苦辣酸甜",现在终于呈现在大家面前。能按计划完成编写任务,为集美学校百年校庆献上一份礼物,编写组无比欣慰。

校委会为百年校史的编写工作提供了很好的保障,但编写组只是一个"草台班子",没有"专业人士",没有"时间保证",以"业余"的水平和"业余"的时间,"苦干加巧干",虽然完成了编写的任务,但一定存在不少错漏,恳请读者批评指正。

市委统战部副部长林汉义直接领导百年校史的编写工作,校委会副主任陈呈全程协调编写及出版工作,并提供了一些重要资料。林斯丰负责大纲的编制和全书的编写(其中第九章的部分内容由梁振坤编写)、统稿、修改和插图选择等工作。张培春、梁振坤、朱晨光参加了各阶段的讨论和初稿、第二稿、修改稿的修改。集美大学殷之明、黄煜,海洋学院阮基成、轻工业学校李昌彧、中学林红晖提供了所在学校较为详尽的资料,华文学院、集美小学、集美幼儿园和集美图书馆也都及时提供了相关资料,还有许多同志为编写组提供资料、提出建议等。

在编写过程中,集美大学图书馆自建的陈嘉庚研究数据库发挥了很大的作用,使编写组能够用现代技术手段获取大量的校史资料,也使编辑使用这些资料更为便捷。校委会办公室、陈嘉庚纪念馆的有关人员对编写组的工作也给予了大力支持。

在百年校史初稿征求意见的过程中,各校分别征求了有关领导和老师的意见,并作了书面反馈。校委会副主任陈忠信和陈少斌、任镜波、周日升、陈经华、陈新杰等老同志也认真审阅了初稿并提出了修改意见。

中共厦门市委常委、统战部长、集美学校委员会主任、百年校史编委会主任黄菱审阅了百年校史修改稿,并为百年校史作序。

谨此一并致谢!

《集美学校百年校史》编写组

2013年7月

图书在版编目(CIP)数据

集美学校百年校史：1913～2013/《集美学校百年校史》编写组，林斯丰主编. —厦门：
厦门大学出版社，2013.9
ISBN 978-7-5615-4761-8

Ⅰ. ①集… Ⅱ. ①集… ②林… Ⅲ. ①校史-厦门市-1913～2013 Ⅳ. ①G527.573

中国版本图书馆 CIP 数据核字(2013)第 209590 号

厦门大学出版社出版发行

(地址：厦门市软件园二期望海路 39 号 邮编：361008)

http://www.xmupress.com

xmup @ xmupress.com

厦门集大印刷厂印刷

2013 年 9 月第 1 版 2013 年 9 月第 1 次印刷
开本：787×1092 1/16 印张：25.5 插页：8
字数：558 千字
定价：80.00 元
本书如有印装质量问题请直接寄承印厂调换